BEITRÄGE ZUM BUCH- UND BIBLIOTHEKSWESEN

HERAUSGEGEBEN VON MAX PAUER

BAND 30

1990

Otto Harrassowitz · Wiesbaden

VON GÖSCHEN
BIS ROWOHLT

Beiträge zur Geschichte
des deutschen Verlagswesens

Festschrift für Heinz Sarkowski
zum 65. Geburtstag

Herausgegeben von Monika Estermann
und Michael Knoche

1990
Otto Harrassowitz · Wiesbaden

CIP-Titelaufnahme der Deutschen Bibliothek

Von Göschen bis Rowohlt : Beiträge zur Geschichte des deutschen Verlagswesens ; Festschrift für Heinz Sarkowski zum 65. Geburtstag / hrsg. von Monika Estermann u. Michael Knoche. – Wiesbaden : Harrassowitz, 1990
(Beiträge zum Buch- und Bibliothekwesen ; Bd. 30)
ISBN 3-447-03047-X
NE: Estermann, Monika [Hrsg.]; Sarkowski, Heinz: Festschrift; GT

© Otto Harrassowitz, Wiesbaden 1990
Das Werk einschließlich aller seiner Teile ist urheberrechtlich geschützt. Jede Verwertung außerhalb der Grenzen des Urheberrechtgesetzes ist ohne Zustimmung des Verlags unzulässig und strafbar. Das gilt insbesondere für Vervielfältigungen, Übersetzungen, Mikroverfilmungen und die Einspeicherung und Verarbeitung in elektronische Systeme.
Gesamtherstellung:
MZ-Verlagsdruckerei GmbH, 8940 Memmingen.
Printed in Germany
ISSN 0408-8107

INHALTSVERZEICHNIS

Wulf D. von Lucius
Vorwort VII

Stephan Füssel
»Ich versage mir jetzt das Vergnügen, Ihr Verleger zu sein...«
Der Briefwechsel zwischen Georg Joachim Göschen
und Carl Simon Morgenstern 1

Wulf D. von Lucius
Anmut und Würde. Zur Typographie des Klassizismus in Deutschland . 33

Horst Meyer
Eine ›Deutsche Buchhandlung‹ in London. Zu James Remnants
Sortimentskatalog von 1795 64

Reinhard Wittmann
Ein wissenschaftliches Verlagsanerbieten im Jahre 1806 79

Doris Fouquet-Plümacher
Georg Andreas Reimer und Johann Friedrich Cotta 88

Cornelia Blasberg
Adalbert Stifter und sein Verleger Gustav Heckenast
Eine andere Geschichte des »Nachsommers« 103

Herbert G. Göpfert
»Gelingt es Ihnen, das Interesse des Publikums rege zu halten?«
Zu Briefen von Ernst Eckstein und Alfred Graf Adelmann an
Albert Last in Wien 122

Manfred Stürzbecher
Medizinische Verlage mit besonderer Berücksichtigung Berlins 140

Heinz Götze
J. F. Bergmann Verlag 150

Günther Pflug
Eugen Diederichs und Henri Bergson 158

JUSTUS H. ULBRICHT
»Die Quellen des Lebens rauschen in leicht zugänglicher Fassung...«
Zur Literaturpolitik völkischer Verlage in der Weimarer Republik . . .   177

HANS-ALBRECHT KOCH
Ernst Sander und der Verlag Philipp Reclam   198

MURRAY G. HALL
»Daß man förmlich jeden Tag vor einer neuen Situation steht.«
Aus dem Alltag des Paul Zsolnay Verlags in den dreißiger Jahren   207

PAMELA SPENCE RICHARDS
Der Einfluß des Nationalsozialismus auf Deutschlands
wissenschaftliche Beziehungen zum Ausland   233

MICHAEL KNOCHE
Wissenschaftliche Zeitschriften im nationalsozialistischen Deutschland   260

EDDA ZIEGLER
Ro-Ro-Ro und seine Leser. Zur Entstehungs- und Rezeptionsgeschichte
von Rowohlts Rotations Romanen   282

BERTOLD HACK
Ilustrierte Bücher. Ein Gespräch   307

HERMANN STAUB
»Arbeiten und nicht verzweifeln.« Das Archiv des Verlags
Karl Robert Langewiesche (Königstein) im Historischen Archiv
des Börsenvereins (Frankfurt)   336

BIBLIOGRAPHIE DER VERÖFFENTLICHUNGEN VON HEINZ SARKOWSKI . . .   369

REGISTER DER PERSONEN- UND FIRMENNAMEN   375

VORWORT

Totum me libris dedo – dieser Satz des Erasmus aus einem Brief klingt jedem ernsthaften Bücherfreund lebenslang im Ohr, und er spürt daraus ebenso eine warmherzige Begeisterungsfähigkeit, Fülle des Erlebens mit dem Buch wie die Bereitschaft zu pflichtstrenger Arbeit für das Buch. Für Heinz Sarkowski, einen wahrlich ernsthaften Bücherfreund, darf dieser Satz gewiß Geltung beanspruchen: sein Lebensweg ist beruflich und außerberuflich – aber gibt es solch eine Trennung für Menschen dieses Schlages eigentlich wirklich? – ganz vom Buch bestimmt und dem Buch gewidmet. Nach dem Schulabschluß wurde er im Sortimentsbuchhandel tätig und wechselte dann, weiterhin in Lübeck, in eine Druckerei über. Darauf folgten Jahrzehnte als Hersteller in bedeutenden deutschen Verlagshäusern, (so bei Hauswedell, S. Fischer, Cotta, Insel, Piper, Beck) zuletzt als Herstellungsleiter des Springer-Verlags in Heidelberg. In den Jahren seiner Tätigkeit hat sich das äußere Erscheinungsbild dieses großen Hauses entscheidend gewandelt und maßstabbildend auf diesem Gebiet gewirkt.

Der Vielfalt seiner beruflichen Tätigkeit in Sortiment, Druckerei und Verlag entspricht die verblüffende Wissensfülle Sarkowskis in allen Bereichen mit einer Liebe auch für entlegene Details, mit denen er seine Gesprächspartner und Leser zu beeindrucken weiß. Das Verzeichnis seiner Veröffentlichungen am Schluß dieses Bandes beweist es aufs deutlichste: von bibliographischen, verlagsgeschichtlichen und biographischen Aufsätzen spannt sich der Bogen bis zu Themen wie Verlagskalkulation, Kolportagebuchhandel und Drucktechnik.

Als mustergültig und dem Antiquar unentbehrlich gilt seine Bibliographie des Insel-Verlags, ebenso gerühmt die nicht nur lesenswerte, sondern bei aller Detailgenauigkeit höchst lesbare Geschichte des Bibliographischen Instituts. Bleibend wichtig auch die reizvolle Zusammenstellung von Autorenbriefen über Typographie und Buchgestaltung. Neuland beschreitet er auch mit seiner klugen aus intimer historischer und praktischer Kenntnis heraus entstandenen Studie über die Entstehung des Herstellerberufs, in der ganz wesentliche Aspekte der Verfeinerung des Leistungsspektrums der Verlage im 19. und 20. Jahrhundert deutlich werden. In allem vermag Sarkowski dabei den Eindruck von Sicherheit und Fundiertheit zu vermitteln, Ungenaues ist ihm ein Greuel, und es kann schon geschehen, daß er mit dieser Genauigkeit im Fachgespräch seinen Mitdiskutanten Geduld abfordert. Nachgeben, wenn er sich im Recht weiß, ist seine Sache nicht.

Seine nicht zuletzt mit der Erarbeitung der Insel-Bibliographie noch vertiefte Neigung zu Bibliophilie und Buchgestaltung konnte er wirksam werden lassen als Mitherausgeber und Herausgeber mehrerer Jahrgänge von »Imprimatur«. Auch hier spürt man, daß bei Sarkowski, wie es Georg Ramseger einmal konzis formuliert hat, »... der Praktiker, der Theoretiker und der Historiker allzeit verbunden waren. Der eine diente jeweils den beiden anderen als Zuträger.« Hierin ist Heinz Sarkowski eine einmalige Persönlichkeit in der Buchwissenschaft. Ebenso hat Sarkowski als langjähriges Mitglied der Historischen Kommission des Börsenvereins deren Arbeit mit seiner Einsatzbereitschaft und seinem Wissen stetig gefördert. Auch dies verdient dankbar vermerkt zu werden.

Daß der Tüchtige auch Glück haben solle, ist ein schöner Wunsch aus moralisierenden Kinderbüchern (auch dazu gibt es natürlich Gedrucktes aus der Feder Sarkowskis), aber keineswegs immer der Fall. Sarkowski hat diesen großen Glücksfall – vielleicht den überhaupt denkbar größten Glücksfall, der einem besessenen Archivaliensucher und Bibliographen begegnen kann – wirklich erlebt: mit der Wiederauffindung und von ihm dann intensiv betriebenen Wiederzusammenführung und nun seit nahezu einem Jahrzehnt sich vollziehenden Erschließung des Springer'schen Verlagsarchivs. Ihm könnte der Blick in die juwelenschimmernden Schatzhöhlen orientalischer Märchen sicher nicht jenes Lustgefühl vermitteln, wie der prüfende Blick durch die quasi jungfräulichen Dokumente nach deren jahrzehntelangem Dornröschenschlaf. Da hat nun der Vielseitige das Thema gefunden, das ihn wohl nicht mehr loslassen wird, auch über die in Arbeit befindliche Verlagsgeschichte des Springer-Verlags hinaus – die über 5000 Faszikel bieten mehr Stoff, als einer (auch bei Sarkowskis Fleiß) aufarbeiten könnte. Schon jetzt hat er in Publikationen deutlich gemacht, daß Wissenschaftsgeschichte nicht im geringsten etwa weniger aufregend und historisch bedeutsam zu sein braucht als Literaturgeschichte.

Diese Festschrift – eine Gabe von Buchbesessenen und Mitstreitern aus den verschiedensten Berufsfeldern der Buchwelt – hätte sich Heinz Sarkowski vermutlich selbst schreiben können: die Themenvielfalt hätte ihm keine Probleme bereitet.

So finden wir auch hier, ganz seiner Arbeitsvielfalt entsprechend, Typographie, Wissenschaftsgeschichte, Verleger- und Buchhändlerporträts, Autoren–Verlegerbriefe, Archivarbeit und anderes miteinander versammelt. Möge er dies alles freundlich entgegennehmen, einen Augenblick milde gestimmt in der Festesfreude des 65., zu dem ihm unser aller Glückwunsch gilt, verbunden mit der Hoffnung, noch viel von ihm zu lesen und zu lernen.

April 1990   Wulf D. von Lucius

STEPHAN FÜSSEL

»Ich versage mir jetzt das Vergnügen, Ihr Verleger zu sein...«

*Der Briefwechsel zwischen Georg Joachim Göschen und
Karl Simon Morgenstern*

Der Beruf des Buchhändlers erfordert »Bildung und edle Gesinnungen. Sein Betragen muß der Würde seines Berufs gemäß sein; er muß gebildete Menschen anständig zu behandeln wissen, und von dem Eifer belebt sein, die Wissenschaften zu befördern, insofern dadurch das Wohl der Menschen befördert wird; sonst ist er nichts weiter als einer aus der Klasse derer, die etwas zu Markte bringen – um Geld zu lösen.«

Eine hohe Meinung von der kulturellen Aufgabe des »Buchhändlers« spricht aus diesen programmatischen Thesen Georg Joachim Göschens (1752-1828) in seinen *Gedanken über den Buchhandel und über dessen Mängel* vom Jahre 1802.[1] Neben den selbstverständlichen kaufmännischen Fähigkeiten, der »Kenntnis der Waren« und der »merkantilischen Erfahrung«, zählt für ihn die fruchtbare Auseinandersetzung mit den Ideen und den Interessen der Autoren zu den wesentlichen Merkmalen eines guten Verlegers. In Göschens umfassender Korrespondenz spiegelt sich dieses Selbstverständnis, aber auch das gewandelte Verhältnis[2] zwischen Autor und Verleger wider: In Anerkennung der Autorenrechte an der »Ware« Buch räumt er den Autoren nicht nur angemessene Honorare ein, sondern ebenso ein Mitspracherecht an der äußeren Erscheinungsform der Bücher, an Formatwahl, Illustration und Drucktypen. Göschens weit verstreuter Briefwechsel spiegelt darüber hinaus sein waches Interesse an den geistigen und literarischen Strömungen seiner Epoche, an sozialaufklärerischen Impulsen wie an klassisch-humanistischen Ideen wider, mitunter aber auch herzliche persönliche Bindungen. Einzelne wiederentdeckte Briefe Göschens wurden daher in der vergangenen Zeit immer wieder publiziert, da sie für die Autor-Verleger-Beziehung in der Zeit um 1800 von exemplarischem Gehalt sind.[3]

---

1 Göschen: Gedanken, § IV, Nr. 6. Die vollständigen Titel der zitierten Schriften sind im Literaturverzeichnis aufgeführt.
2 Zur Frage der Schriftstelleremanzipation vgl. grundlegend Haferkorn: Schriftsteller (1964); v. Ungern-Sternberg: Wieland (1974); Ders.: Schriftsteller und literarischer Markt (1980); Rosenstrauch: Buchhandelsmanufaktur (1986).
3 Vgl. u. a. Blumenthal: Das glückliche Jahr (1975); Samuel: Ein Brief (1979); Schelle: Wielands Beziehungen (1977); Zeman: Ein Goethe-Autograph (1979); Schelle: Wielands Briefwechsel (1985); Göpfert: Lesende Landleute (1987); Weyrauch: Jede Arbeit (1988).

Im Mittelpunkt der nachfolgenden Ausführungen soll nicht ein einzelnes Schreiben, sondern eine bisher unbeachtete, umfangreiche Korrespondenz zwischen Göschen und dem Dorpater Professor und Bibliothekar Karl Simon Morgenstern (1770-1852) stehen, die sich in der Wissenschaftlichen Bibliothek Tartu, im Deutschen Literaturarchiv in Marbach und in der Staatsbibliothek Preußischer Kulturbesitz in Berlin erhalten hat.[4] Sie ist geeignet, Aufschlüsse über Göschens bislang wenig beachtetes Verlagsprogramm nach 1800, seine typographischen Bestrebungen, sein Bemühen um eine Ausgabe lateinischer Klassiker sowie seine buchhändlerischen Aktivitäten zu bieten. Da Autor und Verleger über zwei Jahrzehnte unterschiedliche Interessen verfolgten – der Verleger auf der Suche nach einem wissenschaftlichen Kommentator, der Autor auf der Suche nach einem Verlag für seine Vorträge und literarischen Versuche –, ermöglicht der Briefwechsel Einblick in differenzierte Verhandlungsstrategien.

In den neunziger Jahren des 18. Jahrhunderts ist Göschens literarisches Verlagsprogramm[5] geprägt durch die vierfache Wieland-Ausgabe (seit 1794), die Prachtausgabe von Klopstocks Werken sowie die 16bändige Dramenausgabe Ifflands. In der Mitte der neunziger Jahre taucht die Idee einer Ausgabe der »vorzüglichen Werke der lateinischen und griechischen Classiker« in verschiedenen Ausgaben auf.[6]

Gemeinsam ist diesen Großunternehmungen, daß Göschen sie in der eigenen Druckerei (zunächst in Leipzig, seit 1797 dann in Grimma) in hervorragender

---

4 Ich danke den genannten Bibliotheken und Archiven für die Überlassung der Kopien und Filme. Besonders danke ich der Direktorin der Wissenschaftlichen Bibliothek der Universität Tartu, Estnische SSR, Frau Laine Peep, für die freundlichen Auskünfte und die Erlaubnis, aus den Briefen Göschens an Morgenstern zu zitieren. Die Briefe befinden sich in der UB und im Archiv der UB Tartu, vgl. unten Anm. 15.

5 Zur Verlagsgeschichte von Göschen vgl. immer noch die Monographie seines Enkels Viscount Goschen, London 1903, bzw. in deutscher Übersetzung Leipzig 1905. – Verf. bereitet eine Arbeit über die »Bedeutung Göschens als Mittler der Literatur der Aufklärung und der Klassik« mit einer vollständigen Verlagsbibliographie nach Autopsie vor, die mit über eintausend nachweisbaren Titeln ein neues Licht auf Göschens verlegerische Aktivitäten werfen wird. – Der Göschen-Briefwechsel soll durch die Arbeitsstelle zur Erforschung der Geschichte des Buchwesens in der Herzog August Bibliothek, Wolfenbüttel, in absehbarer Zeit ediert werden; vgl. Weyrauch: Jede Arbeit, S. 56, Anm. 2. – Verf. dankt dem Leiter der Arbeitsstelle, Erdmann Weyrauch, für freundliche Unterstützung sowie Paul Raabe und Herbert G. Göpfert für vielfältige Anregungen.

6 Zur Idee der Klassikerausgabe vgl. Goschen: Göschen, Bd. II, S. 172ff. – Göschen an Böttiger vom 22. Februar 1798: »In der Ostermeße werden wir nun recht ausführlich von unsern römischen Claßikern schwatzen müßen. Haben Sie die Güte doch bey Zeiten sich darauf vorzubereiten.«, Sächsische Landesbibliothek Dresden, Msc. Dresd. h 3 r, Bd. 59, Nr. 36. – Die Briefe werden in diesem Beitrag diplomatisch getreu wiedergegeben, lediglich die sehr unregelmäßige Interpunktion Göschens wird stillschweigend normalisiert.

typographischer Ausstattung herzustellen plante.⁷ Die Ankündigung der großen Wieland-Ausgabe im Intelligenzblatt der *Allgemeinen Literatur-Zeitung* betont:

»Eine vollständige, gleichförmige und schöne Ausgabe der Wielandischen sämmtlichen Schriften ist gewiß der allgemeine Wunsch des Zeitalters [...]. Die, in allen Städten Deutschlands niedergelegten, Proben zeugen, wie ich hoffe, von meinem guten Willen, bey dem rühmlichen Streben nach typographischer Vollkommenheit nicht zurück zu bleiben. Sollten diese Proben gefallen, so darf ich mir den Beifall nicht selbst zueignen; er gehört den würdigen Männern, deren Talente mich dabei unterstützt haben. Die schönen lateinischen und dem Auge wohltuenden Lettern sind von Herrn Prillwitz in Jena geschnitten und gegossen [...].«⁸

Die »Prillwitz-Antiqua« wurde zum Markenzeichen seines Verlages und die insgesamt gute typographische Ausstattung zum Gemeinplatz in den zeitgenössischen Rezensionen und der Verlagsgeschichtsschreibung.⁹

Die Anfertigung von vergleichbar geeigneten griechischen Lettern für die Ausgabe des griechischen Neuen Testamentes (in der Bearbeitung des Jenaer Theologen Johann Jakob Griesbach, 1803-07) und der *Ilias* und *Odyssee* (in der Bearbeitung von Friedrich August Wolf, 1804-08) zeigen sein erneutes Bemühen, einen den Texten adäquaten Satz zu ermöglichen. Der Auftrag an den Jenaer Schriftschneider Johann Carl Ludwig Prillwitz zum Entwurf von neuen griechischen Typen »nach Bodoni« stand am Beginn der Planung für eine »ganze Suite von griechischen Classikern«, wie Karl August Böttiger 1796 schrieb.¹⁰

Als Göschens Vertrauter Böttiger die Terenz-Ausgabe übernahm, Christian Viktor Kindervater eine Lukrez-Ausgabe und Schlegel Catull, Tibull und Properz anbot¹¹, konkretisierte sich der Plan einer »Klassiker-Bibliothek« in verschiedenen Ausgaben. Die Einschränkungen am Markt durch die Wirren im 1. Koalitionskrieg ließen Göschen vor zu splendider Ausstattung zurückschrecken, er plante aber dennoch, »elegante Ausgaben zu liefern, die zwahr ohne Luxus aber, in dem Geist der Alten, Simplicität, Schönheit und Correcktheit haben«¹²;

---

7 Vgl. Debes: Göschen; Crous: Die erste Probe; Die Göschenschen Prachtausgaben.
8 Intelligenzblatt der ALZ Nr. 116 vom 2.11.1793.
9 Vgl. u. a. die Neue Leipziger Literaturzeitung, 3. Stück vom 5.1.1810 (über den ›Almanach von Rom‹, 1810), Sp. 33-36, hier Sp. 36: »Unnöthig würde es seyn, das Aeussere dieses Almanachs und die Schönheit der Kupfer zu rühmen, da diese schöne Neujahrsgabe von einer Verlagshandlung dargeboten wird, aus welcher man nur Vollendetes zu erhalten gewohnt ist«; vgl. Anm. 62.
10 Sächsische Landesbibliothek Dresden, Mcs. Dresd. h 37 »Vermischtes«, S. 9. – Verf. dankt der Horst-Kliemann-Stiftung des Börsenvereins für einen Zuschuß zur Bibliotheksreise im Oktober 1988 nach Dresden, Leipzig und Weimar.
11 Goschen: Göschen, Bd. II, S. 175.
12 Göschen an Böttiger vom 15. März 1796, Deutsches Buch- und Schriftmuseum (DBSM) der Deutschen Bücherei Leipzig, Göschen-Sammlung, Gruppe B, Kasten 1, [Kopien der Briefe Göschens an Böttiger] Bl. 25f.

diese Ausgabe sollte in kleiner Auflage auf gutem Papier erscheinen, daneben aber auch eine »wohlfeile«. Der Erlös der eleganten Ausgabe sollte zur Deckung der Kosten der wohlfeilen beitragen: »damit der Reiche dem Armen helfe«, ein von Göschen mehrfach praktizierter Grundsatz seiner Geschäftspolitik.[13]

Da Böttiger die Herausgabe der antiken Klassiker nicht allein übernehmen wollte[14], wandte sich Göschen an den Jenaer Philologen Heinrich Karl Abraham Eichstädt mit der Bitte um Mitarbeit, ohne aber damit die Verhandlungen mit den einzelnen Bandherausgebern aus der Hand zu geben.

Der erste erhaltene Brief Göschens an den jungen Professor Morgenstern, der gerade eine Stelle am Athenäum in Danzig angetreten hatte, datiert vom 28. Juni 1799; er nimmt darin einen Gesprächsfaden wieder auf und fragt nach dem Stand einer früheren Überlegung, die Werke des Horaz herauszugeben: »Ich bin so frey anjezt anzufragen, ob Ihre Muße Ihnen erlaubt hat, schon einige Vorbereitungen zu der Ausgabe des Horaz zu machen und, in welcher Zeit meine Hoffnung, diesen Schmuck der Römischen Litteratur aus Ihren Händen zu erhalten, durch Ihre Güte erfüllt werden kann?«[15] Göschen möchte die Klassikeredition gern mit dem von ihm hochgeschätzten Horaz beginnen: »Ein schöner Anfang macht die Fortschritte leicht, und ich wünsche, daß der Horaz von Ihnen gleich an der Spitze meiner Unternehmung stünde.«

Göschens besonderes Interesse an einer Mitarbeit Morgensterns wird auch dadurch deutlich, daß er ihn auffordert, sein Honorar nach Selbsteinschätzung »zu bestimmen« und dabei zu berücksichtigen, daß die Edition in verschiedenen Ausgaben genutzt werden solle. Das Interesse an Morgenstern war nicht unbegründet, da er als höchst begabter Nachwuchswissenschaftler galt.[16] 1770 in Magdeburg geboren, hatte er nach dem Besuch der dortigen Domschule seit 1788 in Halle bei Johann August Eberhard und Friedrich August Wolf studiert und war 1794 zum Doktor promoviert worden; er habilitierte sich noch im glei-

---

13 Über den Plan einer vierfachen Ausgabe seiner Werke schreibt Göschen an Wieland am 12. 11. 1791: »Jeder Kaufmannsdiener, jeder unbemittelte Student, jeder Landpfarrer, jeder mäßig besoldete Offizier soll Ihre Werke kaufen können.«, vgl. Goschen: Göschen, II, S. 39. Die Mehrfach-Ausgaben dienten Göschen gleichzeitig dazu, das Geschäft der Nachdrucker zu unterlaufen. Vgl. auch: Buchner: Wieland.
14 Vgl. Gerhardt: Böttiger–Göschen, S. 100.
15 17 Briefe Göschens an Morgenstern haben sich in seiner Handschriftensammlung erhalten (Wiss. Bibl. Tartu: Mrg. CCCXLII, F 3; 9 weitere im Archiv der UB Tartu: F. 4. nim. 1 s. – ü 194); sie werden im Text zusätzlich durch das Datum identifiziert.
16 Zu Morgenstern vgl. Recke/Napiersky: Allgemeines Schriftsteller-Lexikon, Bd. 3, S. 247–265; Thraemer in: ADB 22 (1885) S. 231-3; Lenz: Deutschbaltisches Lexikon, S. 528; Süss: Karl Morgenstern; von Engelhardt: Die Deutsche Universität, S. 46-57, weitgehend nach Süss: Morgenstern; vgl. ferner: Martini: Der Bildungsroman.

chen Jahr ebenfalls in Halle. Diese Arbeiten erschienen unter dem Titel *Commentationes tres de Platonis republica*. Sie wurden unter anderem von Christian Gottlob Heyne in den *Göttinger Gelehrten Anzeigen* gerühmt und fanden auch die Anerkennung Wielands.[17]

Die Hoffnung auf eine baldige Mitarbeit Morgensterns wurde aber enttäuscht, wie sich auch das gesamte Vorhaben zum Teil durch die Wirren des 2. Koalitionskrieges und zum Teil durch die langsame Arbeit der Editoren und der Herausgeber um einige Jahre verzögerte. In der Korrespondenz Göschens mit dem Hauptherausgeber Eichstädt (die sich in der UB Jena erhalten hat) legt Göschen im April 1801 einen Plan für die Klassikerausgaben der Jahre 1802-08 vor, in dem der Name Morgensterns bemerkenswerterweise fehlt. Auf eine diesbezügliche Nachfrage Eichstädts verspricht Göschen zwar, sich noch einmal an Morgenstern zu wenden, bemerkt aber eher resigniert: »An Morgenstern will ich nun auch schreiben... Aber ich zweifele, daß wir eine bestimmte Erklärung erhalten. Der Mann, glaub ich, läßt sich zu nichts bestimmen, sondern folgt blos seinem Genius und haßt alles Engagement...«.[18] Diese skeptische Einschätzung scheint sich in den kommenden Jahren mehr und mehr zu bewahrheiten, doch läßt Göschen nichts unversucht, auch weiterhin einen führenden Wissenschaftler für seine Edition zu gewinnen.

1802 war Morgenstern als Professor für Beredsamkeit, Klassische Philologie, Ästhetik, Literatur- und Kunstgeschichte an die neugegründete Livländische Landesuniversität nach Dorpat berufen worden; die ersten zwei Jahrzehnte dieser Universität für die Söhne der deutsch-baltischen Führungs- und Bildungsschicht[19] standen im Zeichen spätaufklärerischer Impulse, die der erste Kurator, der Dramatiker Friedrich August Wilhelm Klinger, und der erste Rector, Georg Friedrich Parrot, nachdrücklich umzusetzen suchten. Parrot definierte in seiner Eröffnungsrede die »Universität als Wortführerin sozialer Reformen«[20] und fand Unterstützung beim jungen Zaren Alexander I., der in der Gründungsakte vom 12./24. Dezember 1802 der Universität weitgehende Selbstverwaltungs- und Berufungsrechte und den Professoren Zensurfreiheit zugestanden hatte.

---

17 Göttingische Anzeigen von gelehrten Sachen. 111. Stück v. 12. 7. 1794, S. 1113-17; 99. Stück v. 20. 6. 1795, S. 993-1000. Starnes: Wieland, verzeichnet mehrfach Äußerungen Wielands, die eine Wertschätzung Morgensterns und seiner Schriften belegen, vgl. u. a. Bd. II, S. 193, Aufzeichnung Morgensterns vom 28. Juli 1797 über einen Besuch bei Wieland: »Er sagte noch manches Aufmunternde von meinen Kräften und Talenten.« – Böttiger kolportiert Wielands Einschätzung vom 30. April 1798: »Er ist mir gerade recht: er ist ein rechtschaffender Mann von feinem Sinn, ein gelehrter Mann«, ebd. Bd. II, S. 642.
18 Universitätsbibliothek Jena, Göschen an Eichstädt vom 8. 4. 1801, Sign.: EN. 18.113, S. 5.
19 Vgl. Wittram: Die Universität Dorpat; v. Engelhardt: Die Deutsche Universität; Peep/Kaegbein: Die Universitätsbibliothek Dorpat.
20 Wittram: Die Universität Dorpat, S. 61.

Gleichzeitig mit der Universität wurde auch eine Bibliothek für den allgemeinen Gebrauch eröffnet und Morgenstern zusätzlich zu seinen zahlreichen Lehrverpflichtungen zum Direktor ernannt. Er übte diese Funktion bis 1839 aus und prägte durch seine Anschaffungs- und Baupolitik sowie die innere Organisation das Ansehen dieser Bibliothek bis in die Gegenwart; ca. 60 000 Bände wurden in seiner Amtszeit – in der Mehrzahl nach seinen persönlichen Entscheidungen – erworben und nach den Kriterien der Sachkatalogisierung der Göttinger Universitätsbibliothek verzeichnet.[21] Diese gewachsene Bibliothek ist für wissenschaftsgeschichtliche Forschungen zur ersten Hälfte des 19. Jahrhunderts von großem Wert. Parallel dazu richtete Morgenstern ein Kunstmuseum und ein Kupferstich-Kabinett ein. In seinen umfangreichen Tagebuchnotizen findet sich seine Selbsteinschätzung: »Als erster Bibliothekar der Universität schuf ich ihr eine ausgewählte Bibliothek in allen Fächern, wirkte durch die Wahl der Bücher zum Teil auf die Kultur des Ortes, wo ich lebte.«[22]

Im Verhältnis zu Göschen hatte diese Statusveränderung zwei unterschiedliche Folgen: Der Bibliothekar aus Dorpat kaufte für die Bibliothek vom Verleger aus Leipzig zahlreiche Verlagsproduktionen (jeweils in der besten Ausstattung) und bat um Vermittlung in- und ausländischer Bücher; der Philologe aus Dorpat kam wegen seiner vielfältigen Organisationstätigkeit in der Bibliothek, seinen repräsentativen Pflichten als Festredner sowie der 16stündigen Lehrverpflichtung nur sehr wenig zur geregelten philologischen Arbeit, zu den geplanten Editionen. Die weitere Korrespondenz ist von dieser zweifachen Interessenlage geprägt.

Am 21. September 1803 nimmt Göschen die Korrespondenz wieder auf und übersendet Morgenstern – auf eine Bestellung des Leipziger Buchhändlers Paul Gotthelf Kummer hin – die hervorragendsten Stücke seiner Produktion: Griesbachs griechisches *Neues Testament* (1. Teil), die Kupfer zu Klopstocks und Wielands Werken und als Geschenk das Lehrgedicht *Der Gesundbrunnen* von dem Arzt Valerius Wilhelm Neubeck: »Letzteres bitt' ich dem Museo zum Andenken meiner wenigen Bemühungen um die Typograph[ie] aufzuheben.« Göschen schätzt damit die künftige Bedeutung der Universitätsbibliothek und des Kunstmuseums für seine Geschäftsbeziehungen, aber auch die Qualität seiner typographischen Prachtwerke richtig ein. Rhetorisch gewandt – durch den Mund eines

---

21 In der Vorrede zu seinen ›Auszügen aus den Tagebüchern und Papieren eines Reisenden‹, Dorpat/Leipzig 1811 (s. u. Anm. 67), S. V, hebt Morgenstern ausdrücklich den Besuch der »musterhaften« Göttinger Bibliothek hervor.
22 Peep/Kaegbein: Die Universitätsbibliothek Dorpat, S. 475 f., nach Morgensterns ›Gedanken‹ in der UB Tartu, Sign.: Mrg. DXXXVI.

Dritten – kommt er auf die geplante Edition zurück: »Martyni-L[aguna][23] schrieb mir neulich: Je mehr ich von dem Herrn Hofr[ath] Morg[enstern] lese, je mehr wächst meine Achtung für ihn, aber die Univers[ität] in Dorpat wird ihn wohl unseren Ausgaben entziehen.« Und Göschen fügt in die weitere Erläuterung des Editionsplans ein: »Möchten Sie doch auch mit den philos. Schriften dabey seyn. Darf ich nicht hoffen, daß sie den Hor[az] oder die philos. Schriften des Cicero bear[beiten]?« Gleichzeitig kündigt er das baldige Erscheinen der Homer-Ausgabe von Morgensterns Lehrer Friedrich August Wolf an.

Morgenstern wird in seinem Antwortschreiben auf diese Angebote eingegangen sein, denn im erhaltenen Brief Göschens vom 19. 5. 1804 bietet er ihm in jedem Fall günstige Konditionen an: »Wollen Sie den Horaz für mich bearbeiten, so verlege ich Ihre Ausgabe mit Vergnügen.« Auch der Jenaer Professor Christian Gottfried Schütz sei bereit, die philosophischen Schriften Ciceros zu bearbeiten: »Nun weiß ich mit der größten Gewißheit, daß der bescheidene Mann augenblicklich zurücktritt, wenn Sie sich der Arbeit unterziehen. Ich lege also die Sache ganz in Ihre Hände...« Dem Brief fügt Göschen seinen Ostermeßkatalog mit einer Sonderankündigung des *Corpus scriptorum latinorum* bei, in der er die grundlegend neue philologische Qualität und die – der Bedeutung der Werke entsprechende – typographische Gestaltung der Textsammlung anpreist:

»Jetzt ist die erste Lieferung der von Herrn Ober-Konsitorialrath Böttiger und Herrn Hofrath Eichstädt angekündigten Ausgaben römischer Klassiker erschienen, und wird, wie ich mit Zuversicht hoffen darf, die gerechten Erwartungen aller unpartheyischen Kenner befriedigen, nicht bloß durch die äußeren Vorzüge derselben, sondern auch vornehmlich durch ihren innern Werth. [...] Die Bogen werden nach den sorgfältigsten Correkturen und nach der letzten Revision des Herrn Magister Schäfer, gelehrten Herausgebers des Herodot und des Longus, mit größter Genauigkeit abgedruckt, so daß diese Ausgaben, in Rücksicht der Correcktheit, den besten, welche erschienen sind, an die Seite gestellt werden können.«[24]

Aber nicht die Mitarbeit an dieser in jeder Beziehung gediegenen Klassikerausgabe interessierte Morgenstern vordringlich, sondern die Drucklegung seiner Festansprache am 12./24. Dezember 1803, dem Geburtstag des Zaren. Göschen

23 Pseudonym für Karl Friedrich Martini (1755-1824), Hofmeister in Dresden und Warschau, der die Briefe Ciceros herausgab: M. T. Ciceronis et Clarorum Virorum Epistolae decem et sex libris comprehensae. Adhibita multorum locorum correctione scriptorum pariter atque editorum librorum praesidio castigatus edidit Joannes Aloysius Martyni-Laguna. Vol. I, pars. I. 1804.
24 ›Corpus scriptorum latinorum cura Eichstadii et sociorum‹, Programmvorstellung im Anhang zum Katalog der Oster-Messe 1804; Ex.: DBSM Leipzig, ehem. Bibliothek des Börsenvereins der Deutschen Buchhändler, Leipzig, Sign.: Bö D VII 1574, S. [5f.].

willigte – »ob sie denn gleich keine Buchhändlerspeculation ist und seyn kann« – ein, versprach sie »schön zu drucken« und erbat das Manuskript mit den Wünschen für die Gestaltung: »Soll die Rede mit lateinischen oder deutschen Lettern im großen oder kl. Formate gedruckt werden?«

Dem Brief folgte wiederum ein Bücherpaket mit der Prachtausgabe von Klopstocks Werken (6 Bände mit Velin-Papier), den ebenfalls gediegenen, in der Prillwitz-Antiqua gesetzten Ausgaben von Alxingers *Doolin von Mainz* und *Bliomberis* sowie dem 2. Teil von Griesbachs griechischen Neuem Testament und der Brief-Ausgabe Ciceros von Alois Martyni-Laguna in der eleganten Ausgabe »auf sehr schönem geglätteten Velinpapier in klein Quart mit breitem Rande, wovon nur wenige Exemplare gedruckt werden«.[25]

Einen Monat später, am 12. Juni 1804 setzt Göschen den Reihenherausgeber Heinrich Karl Abraham Eichstädt vom Stand der Verhandlungen in Kenntnis: »Morgenstern hat mir geschrieben: daß er die Philos[ophischen Schriften] des Cicero nicht aufgegeben habe. Ich habe um Bestimmung des Termins gebeten und Schütz gleich Nachricht davon gegeben. Schütz ist so human, daß er die Orationen übernehmen will, wenn Morgenst[ern] die Philos[ophischen Schriften] liefert, und im Fall Morgenst[ern] nicht liefert, die Philosoph[ischen Schriften] wieder übernehmen will. Jezt hat mir Schütz die Fortsetzung der Rhetor[ischen Schriften] gesand.«[26]

Diese Hoffnung auf eine baldige Edition und Kommentierung aus der Feder Morgensterns war aber kurz darauf verflogen, denn schon am 15. 8. zeigt Göschen Verständnis für dessen Schwierigkeiten bei der Arbeit und versucht, wenigstens kleinere Arbeiten zu erhalten:

»Ich ehre Ihre Rücksichten, ich bin nicht zudringlich; ich begreife Ihre Delicatesse und die Schwierigkeiten, die Sie abhalten, eine bestimmte Zeit zu einer mühsamen Arbeit neben Ihren täglichen Amtsgeschäften fest zu sezen. Aber ich gestehe doch auch, es thut mir leid, daß Sie mir die Hofnung nehmen müssen, den Horaz und die philos. Schriften des Cicero aus Ihren Händen zu erhalten. Erlauben Sie mir wenigstens dise Bitte, daß wenn Sie in der Folge der Episteln 5 Satyren des Horaz und die philos. Schriften des Cicero mit Leben und Commentar heraus zugeben Lust und Musse finden, und ich dann noch unter den Verlegern herum laufe, und nicht schon durch die Pforte, wodurch keiner zurück kehrt, gewandelt bin, Sie mir solche anbieten.«

Morgenstern interessierte freilich der zweite Teil des Briefes um so mehr, in dem Göschen zusagt, »alles zu erfüllen, was Sie in Absicht der Rede über Winkelmann etc. in Ihrem Briefe verlangt haben«. Nur um einen Kupferstecher und -drucker möge sich Morgenstern in Dorpat selbst bemühen; diese Bitte Göschens führte zu einem ersten Kupferstich aus Dorpat, den der Universitätszei-

---

25 Ebd. S. [6].
26 UB Jena, Sign.: EN 18. 139.

Abbildung 1
Titelkupfer »J. Winkelmann« von Carl Senff, Dorpat 1804, nach einem Gemälde von Raphael Mengs.
In: Morgenstern: Winkelmann. Leipzig: Göschen 1805.

chenmeister Karl Senff nach dem bekannten Gemälde des Winckelmann-Freundes Raphael Mengs herstellte (Abb. 1.). Der Druck des Kupferstiches erfolgte dann doch in Leipzig, offenbar konnte Morgenstern nicht für die geforderte Druckqualität und geeignetes Papier in Dorpat garantieren. Ein Brief vom 15. März 1805 erhellt die kalkulatorischen Hintergründe, unter denen sich Göschen auf dieses Geschäft eingelassen hat: Morgenstern erhielt kein Honorar, sondern 100 Freiexemplare, davon 25 auf bestem Velin-Papier und 75 auf französischem Schreibpapier. Göschen selbst nahm 200 Exemplare in Verlag, »welche mir die Kosten wieder bringen sollen«, vom 2. Teil, der »Rede über den Einfluß des Studiums der griechischen und römischen Classiker auf harmonische Bildung zum Menschen«, ließ er zusätzlich 200 Exemplare auf einfacherem Druckpapier herstellen, da sie »doch mancher Schulmann und Jüngling zu haben wünschen wird«, und er sie so »wohlfeiler geben« kann.

Obwohl Göschen die Drucklegung dieser Reden nur aus verlagstaktischen Gründen übernahm, um einen Wissenschaftler für die Edition zu gewinnen, gestaltete er sie dennoch in keiner Weise nachlässig: »Ich wünsche, daß sie aus der Art, wie ich den Winkelmann zu Tage gefördert habe, ersehen mögen, daß es mein Wille war, Ihnen meine Achtung zu erweisen.« Den Themen (Winckelmann-Nachfolge und Studium der Antike) angemessen, wählte er bewußt die von Prillwitz geschnittene Antiqua (s. Abb. 2): »Ich wünsche, daß der Druck und das Äusere der Schrift Ihnen beweisen möge, wie hoch ich den neuren Werth derselben schäze.« Zusammen mit dem französischen Schreibpapier und dem Titelkupfer von Senff gehört der Druck zu den bemerkenswertesten Einzelpublikationen dieser Jahre.

Kaufmännisch war damit kein Geschäft zu machen, selbst der vollständige Verkauf der 200er Auflage konnte keine Deckung erwirtschaften, wie Göschen Morgenstern im Schreiben vom 12. Juni vorrechnet: »Ich habe 300 von der Rede gedruckt. Ich seze sie 1 [Reichstaler] 4 [Groschen] an, weil ich glaube, ein höhrer Preis würde den Abgang hindern. Dann geb ich den Buchhändlern 33/3 pc Rabatt[27], bekomme also für das Ex. 19 [Groschen]. 200 Ex. behalte ich zum Verkauf und diese können mich für Druck, Papier, Portrait, Porto nicht schadlos halten.« Auch eine 2. Auflage kann das Defizit nicht auffangen, und so gibt er die Rechte an den Autor zurück: »Auf dise 2te Aufl. mache ich keine Ansprüche. Sie haben völliges Recht, damit zu schalten und zu walten nach Ihrem Belieben.« In Kriegsjahren ist kein Markt für gelehrte Festreden. Auch die Klassiker-Ausgabe, die ein vergleichbares Publikum anspricht, findet in der gehobenen Aus-

---

27 Göschen: Meine Gedanken, S. 15: ›Nachtrag zu dem Gutachten. Zum Art. I, das Rabattgeben betreffend‹, bezeichnet 33⅓% als gewöhnlichen Nachlaß für die Sortimenter; vgl. auch Goldfriedrich, Geschichte, Bd. 3, S. 594 ff. im Zusammenhang mit der Debatte um ein Verbot des Kundenrabatts.

stattung keine Käufer. Die Quartausgabe müsse wohl eingestellt werden, »da das Publikum mich nicht im Geringsten dabey unterstützt. Vielleicht eröfnet sich Absaz nach England, wenn Frieden wird.«

Diese Hoffnung Göschens im Frühjahr 1805 erfüllte sich erst zehn Jahre später; mit der Kontinentalsperre 1806 war die Verbindung nach England gänzlich unterbrochen; der Handel mit Süddeutschland und mit Rußland kam zum Erliegen, die zunehmende Unsicherheit der Wechselkurse und der Wertpapiere erschwerten jedes Engagement im Ausland zusätzlich. Von dieser allgemein trostlosen Lage blieb auch die kleine Auflage von Morgensterns Buch nicht verschont; es wird noch 1829 im Verlagskatalog der Göschenschen Verlagshandlung als lieferbar verzeichnet!

Morgensterns Festreden

Auf die Bedeutung dieser Reden Karl Simon Morgensterns, von dem meist nur die Vorträge über den zeitgenössischen »Bildungsroman« in der Literaturwissenschaft beachtet werden[28], soll im folgenden näher eingegangen werden. Zunächst sei vermerkt, daß die Festreden am 12. Dezember, dem Geburtstag des Zaren, das herausragendste gesellschaftliche Ereignis im alten Dorpat waren; sie dienten gleichermaßen der Präsentation der Universität wie der Demonstration der Verbundenheit mit dem Zarenhaus.[29] Morgenstern nutzte seine Rede als Dekan auch zur Propagierung der von ihm vertretenen Fächer, im ersten Jahr 1802 für die Klassischen Sprachen und Literaturen, im zweiten Jahr 1803 für die Kunstgeschichte und Rhetorik. Die Rede über Johann Winkelmann[30] wurde in

---

28 Vgl. Selbmann: Zur Geschichte des deutschen Bildungsromans, Einleitung S. 10: »Der Dorpater Ästhetikprofessor Karl Morgenstern bliebe wohl vollständig in Vergessenheit versunken, wäre er es nicht gewesen, der dem Bildungsroman den Namen gegeben hat.« Morgenstern gewann seinen Begriff durch eine Analyse der Romane des Dorpater Kurators Friedrich Maximilian Klinger; seine drei betreffenden Vorträge gibt Selbmann ebd., S. 45-99, neu heraus: ›Über den Geist und Zusammenhang einer Reihe philosophischer Romane‹ (Vortrag 1810, gedruckt 1817/18), ›Über das Wesen des Bildungsromans‹ (Vortrag 1819, gedruckt 1820), ›Zur Geschichte des Bildungsromans‹ (Vortrag 1820, gedruckt 1824). Eine kritische Würdigung und Relativierung von Morgensterns literaturgeschichtlicher Bedeutung bei Martini: Der Bildungsroman.

29 Vgl. Süss: Morgenstern, S. 133: »Der Redner wurde im Viergespann zum Universitätsgebäude gebracht. Da der Universität nur drei Pferde zur Verfügung standen, zwei des Domvogts und das Wasserpferd des botanischen Gartens, so machte die Beschaffung des vierten Rosses gelegentlich Schwierigkeiten. Morgensterns Auftreten war dabei, zumal im ersten Jahrzehnt, ein wesentliches Stück akademischen Lebens.«

30 Zur richtigen Schreibweise des Nachnamens mit »ck« vgl. zeitgenössisch die Miszelle Böttigers ›Winckelmann oder Winkelmann?‹ in der ›Zeitung für die elegante Welt‹, Nr. 118 vom 14. 6. 1810, Sp. 933f.

der Druckfassung an den Anfang gestellt, durch das Titelkupfer von Winckelmann zusätzlich betont und auch durch eine größere Type hervorgehoben. Morgenstern zeichnet darin die Gestalt Winckelmanns in einer idealischen, »klassischen« Größe, in der sich die Welt der Antike für die Gegenwart personifizierte. Er übernimmt die Eigenstilisierungen Winckelmanns[31] aus seinen römischen Briefen und überzeichnet sie noch einmal. Die für Winckelmann konstitutiven Schlüsselbegriffe »Freiheit« und »Freundschaft«[32] werden vielfältig variiert, die Fakten dabei mehrfach umgewertet: Winckelmanns eher bescheidenes Salär als Sekretär des Kardinals Allessandro Albani wird so zur tugendhaften, lobenswerten »einfachen und mäßigen Kost und Lebensweise«, der Mangel an eigenen Bediensteten als beglückende Schlichtheit einer in sich ruhenden Persönlichkeit, die ihr Kaminfeuer selbst, aber »mit Myrtenholz«, entzündet. In völliger Umkehr der Abhängigkeitsverhältnisse des für Diktate und Archivierungen mitreisenden Sekretärs schreibt Morgenstern über Winckelmann: »Nachmittags fuhr er meist mit seinem Hausgenossen, Cardinal Albani, auf dessen prächtige Villa vor Rom...«[33]

Morgenstern zeichnet das Idealbild eines Gelehrten mit phänomenalem Gedächtnis, verblüffender Interpretationsgabe und scharfer Urteilskraft, dies alles in einem »männlichen Verstande« verbunden, im Vollbesitz der griechischen ›andria‹ (der Mannestugend), kurz: er war »ein antiker Mann« (S. 43), selbst sein Stil war »von hoher antiker Einfalt und Würde« (S. 32). Die Ähnlichkeit »seiner Seele mit einer Seele aus der schönsten Griechenzeit« wurde sinnfällig nachgezeichnet. Auch die Tradition der Märtyrerviten kommt zum Tragen: Winckelmann fiel durch ruchlose Mörderhand, verzieh aber noch auf dem Sterbebett seinem Peiniger.

Morgenstern bleibt mit seiner Einschätzung im Rahmen der zeitgenössischen Winckelmann-Bewunderung; er selbst freilich sieht sich als einzigen legitimen Biographen Winckelmanns, da allen anderen bisher das rechte Verständnis für diesen außergewöhnlichen Gelehrten gefehlt habe. Michael Huber (der Über-

---

31 Osterkamp: Winckelmann in Rom, weist nach, daß das Winckelmann-Bild der Zeitgenossen und des 19. Jahrhunderts weitgehend auf eine Selbstinterpretation und -stilisierung in seinen Briefen zurückzuführen ist: »Wer Winckelmann war und wie er in Rom lebte, wußten seine Zeitgenossen nur von ihm selbst«, ebd. S. 206. Osterkamp spricht von der »Exklusivität einer fast vollständig auf seiner Selbstdarstellung beruhenden deutschen Außenwahrnehmung«, ebd. S. 205.
32 Vgl. ebd. S. 211 ff.; S. 222 f.
33 Morgenstern: Winkelmann, S. 54. – In Goethes Würdigung »Winkelmann und sein Jahrhundert« liest man korrekter: »Über alles förderte ihn das Glück, ein Hausgenosse des Kardinal Albani geworden zu sein.« Goethe: Winkelmann, Münchner Ausgabe, Bd. 6.2., S. 367.

setzer der zweiten französischen Ausgabe der *Geschichte der Kunst des Altertums*[34]) verfüge nicht über die darstellerische Kompetenz, er habe »keine kräftige Schilderung, überhaupt keine vom rechten Standpunkt genommene Ansicht« eingenommen. Die Studenten können erahnen, daß es Huber an der – im epideiktischen Genus geforderten – Parteilichkeit fehlte und damit sogar an rhetorischem Grundwissen. Der »rechte Standpunkt« fehle auch Christian Gottlob Heyne (in seiner *Lobschrift auf Winckelmann*, 1778[35]), der – und hier wird Morgenstern in seiner moralischen Qualifikation überdeutlich – für Winckelmanns Charakter »keinen zureichenden Maßstab in sich finden konnte« (S. 29). Auch Karl Wilhelm Dassdorf (der Herausgeber der Briefausgabe) mußte scheitern, »weil er sich in Winkelmann's Wesen und Lage nicht genug versetzen konnte«.[36] Diese Fähigkeit und die notwendige Seelenverwandtschaft postuliert Morgenstern einzig für sich. Die Parallelität wird bereits im Einleitungssatz deutlich, in dem sich Morgenstern mit Winckelmanns Worten (an den geliebten jugendlichen Freund Friedrich Reinhold von Berg) an seine jungen Studenten in Dorpat wendet. Der Livländische Geheime Rat von Berg (1736-1809)[37] war in Dorpat kein Unbekannter; und Morgenstern wendet sich an seine Hörer, seine »edlen jungen Freunde«, mit dem gleichen grundlegenden Ratschlag wie Winckelmann an Berg in einem Brief vom 3. November 1762 aus Rom: »Gewöhnen Sie sich an das eigene Denken, und suchen Sie Ihre eigenen Gedanken zu entwerfen. Ein einziger eigener Gedanke, welcher Ihnen neu scheint, ist einen ganzen Tag werth. Alsdann werden Sie eine ungefühlte Wollust schmecken, die in der Zeugung im Verstande besteht.«[38] Winckelmann wird so zum Vorbild für alle Studenten, wie er es für seinen Freund von Berg geworden war. Der »Mittler« Morgenstern wird zum Fürsprecher für die Studenten in einer Schlußapotheose: »Verklärter Geist, sieh auf das Land herab, das deines einziggeliebten Berg's Heimath ist. Sieh auf diese Jünglinge herab!«

---

34 J. J. Winckelmann: Histoire de l'art de l'antiquité, traduite de l'allemand par Michael Huber. 3 Bde. Leipzig 1781.

35 Christian Gottlob Heyne: Lobschrift auf Winckelmann, welche bei der Hessen-Kasselischen Gesellschaft der Altertümer den ausgesetzten Preis erhalten hat. Kassel 1778. – Morgensterns Urteil über den hochangesehenen Göttinger Philologen Heyne, der zur Generation seiner akademischen Lehrer gehörte, wirkt noch schärfer, da er ausdrücklich sein Bedauern darüber artikuliert: »Es thut mit leid hinzu fügen zu müssen, daß auch ein sehr feiner Menschenkenner, Heyne, beyläufigen Winken zufolge, die er über Winkelmann's Charakter fallen läßt, für diesen keinen zureichenden Maßstab in sich finden konnte.« – Morgenstern: Winkelmann, S. 29.

36 Winkelmanns Briefe an seine Freunde. Hrsg. v. K. W. Dassdorf. 2 Bde. Dresden 1777/80 – Morgenstern: Winkelmann, S. 70, Anm. 53.

37 Vgl. Lenz: Deutschbaltisches biographisches Lexikon, S. 52; Süss: Morgenstern, S. 137.

38 Johann Joachim Winckelmann: Briefe. In Verb. mit Hans Diepolder hrsg. v. Walther Rehm. 3. Bd. Berlin 1956, Nr. 521, S. 268-271, hier S. 270. – Zitat bei Morgenstern: Winkelmann, S. 3.

Diese Stilhöhe steht in krassem Gegensatz zu dem unmittelbar anschließenden Teil der Rede, in der die höchst prosaische Vermeldung der Preisaufgaben vorzunehmen war, die in der Philosophischen Fakultät lautete »Wenn und wie wurde die Verbindung zwischen Livland und Deutschland geknüpft?« (die dann keinen Bearbeiter fand, wie bei der Verkündigung im nächsten Jahr 1804 vermeldet wurde) und in der 2. Klasse »Lassen sich die Gesetze der Flächenanziehung auf die Randanziehung der Flüssigkeiten in den Gefäßen... auf die Phänomene der schwimmenden Körper gegen den Rand der Gefäße anwenden, und wie lassen sie sich darauf anwenden?« (die nur einen Bearbeiter fand, der nicht als preiswürdig befunden wurde).

Auch des zweiten Teils der akademischen Feier, den sich anschließenden Ehrenpromotionen, entledigte sich Morgenstern ohne jeden rhetorischen Glanz. Nach dem flammenden Plädoyer an die versammelte Jugend vergibt er die Ehrendoktorwürde an den »siebzigjährigen Greis, den Königlich Preussischen Consistorialrath und Rector der Domschule zu Magdeburg, Gottlieb Benedict Funk«[39], ein »zwar nicht bogenreicher, aber scharfsinniger, fein denkender Schriftsteller« (S. 59), und an »August Wilhelm Hupel, Pastor in Oberpahlen, auch den Siebzig nahe« für seine regionalgeschichtlichen Studien.[40] Ihre Verdienste nur notdürftig in Unsagbarkeitstopoi kleidend, rettet sich Morgenstern in ein Oxymoron und ehrt sie als »Jünglingsgreise«.

Die zweite gedruckte Rede – im Jahr zuvor am Geburtstag des Zaren gehalten – ist ein vergleichbar glühendes Plädoyer über die Vorzüge der alten Sprachen, die neben zahlreichen formalen Vorteilen zur »harmonischen Bildung des Menschen« beitragen. In der Tradition Ciceros und Quintilians beschwört er das Erziehungsideal eines universal, an Verstand und Gefühl gebildeten Menschen. Der ethische Gewinn im Umgang mit den antiken Autoren wird mit eindringlichen Worten beschrieben, alle Mittel der rhetorischen *persuasio* nutzend: rhetorische Fragen stehen hier neben emphatischen Bekenntnissen. Die Rede beruhte weitgehend auf der Übersetzung seiner in lateinischer Sprache gehaltenen Danziger Antrittsvorlesung, blieb aber – trotz der Zitation aller zeitgenössischen positiven Argumente für die Klassische Bildung – deutlich an der Oberfläche; Morgenstern entschuldigt sich bei seinen Lesern:

---

39 Funk war ehemaliger Rektor der Magdeburger Domschule und Lehrer Morgensterns, dem er zeitlebens verbunden blieb, vgl. Thraemer: Morgenstern, S. 231; Süss: Morgenstern, S. 7f. – Morgenstern erwähnt in der Vorrede zu seinem Reisebericht (Auszüge aus den Tagebüchern... 1811-13, S. V u. IX) zwei Besuche bei dem »väterlichen Freund, dem ehrwürdigen Greis Funk« in Magdeburg, 1808 und 1810.

40 August Wilhelm Hupel (1737-1819) vgl. Recke/Napiersky: Schriftsteller-Lexikon Bd. 2, S. 363-369 (mit Schriftenverzeichnis); Lenz: Deutschbaltisches biographisches Lexikon S. 349.

»Ich erhielt wenige, ohnehin geschäftsvolle Tage vor dem Feste von meinen Collegen den Auftrag, öffentlich zu reden [...]. Entfernt von meinen Büchern denn meine Bibliothek stand mit andern Sammlungen noch plombirt auf dem Zollamt in Riga, bis der gütige Kaiser, sobald Er es vernahm, einen besonderen Befehl zur ungehinderten Durchlassung ertheilte; und die öffentliche Bibliothek war damals an Büchern meines Faches noch ganz arm) sah ich mich nach einem populären Thema um, und fand es am nächsten in einem mir geläufigen Ideenkreise. Die, welche meine Schrift *de literis humanioribus* etc. gelesen haben, werden hier, die Anschließung an Zeit und Ort abgerechnet, eben nichts Neues finden.«[41]

Interessant ist jedoch eine am Rande erfolgte rühmende Gleichsetzung antiker Autoren mit zeitgenössischen Schriftstellern und Gelehrten, zu denen er Goethe, Schiller, Winckelmann und Johannes Müller rechnet: »Denn classisch ist, was in seiner Gattung vollkommen ist.« Morgenstern plädiert in diesem Kontext für ein entsagendes Arbeitsethos, das nicht nach weltlicher Anerkennung und äußerem Besitz strebt, sondern nach innerer Vollkommenheit. Er dürfte damit den Schullehrern, für die der Text gedacht war, aus der Seele gesprochen haben; auch Göschen kannte ihre Lage genau und ließ für sie diese Rede als eigene kleine »wohlfeile« Ausgabe für 6 Groschen auf Druckpapier herstellen. In anderen Zeiten hätten diese Reden für Göschen eine willkommene Ergänzung zur Klassikeredition sein können; doch auch dort stagnierte in diesen Jahren der Absatz bei der gehobenen Ausstattung, wie Göschen Morgenstern klagte. Ein Opfer der Zeitumstände wurde in diesem Jahr auch die Übersetzung Goethes *Rameaus Neffe* bei Göschen; 15 Jahre nach der Gesamtausgabe war es wieder zu einer punktuellen Zusammenarbeit gekommen, die wiederum zu keinem wirtschaftlichen Erfolg führte.[42]

Stellte Morgensterns Publikation für Göschen auch keine »Buchhändlerspekulation« dar, fand sie doch umfassend Berücksichtigung in der zeitgenössischen Literaturkritik. Gemeinsam mit der Goethe-Würdigung und Briefausgabe *Winkelmann und sein Jahrhundert* bei Cotta im gleichen Jahr 1805 wurde sie in der *Allgemeinen Literatur-Zeitung* (Halle) in vier Ausgaben[43] besprochen. Morgenstern kannte die hier publizierten Briefe an Hieronymus Dietrich Berendis (1719-82)

---

41 Morgenstern: Winkelmann, Vorrede S. Vf.
42 Goethes Übersetzung und Bearbeitung von Denis Diderots Dialog »Le Neveu de Rameau«, ›Rameau's Neffe‹, die zur Ostermesse 1805 in einer Auflage von 1500 Exemplaren erschien, fand nur schleppenden Absatz, so daß Göschen weder eine zweite Auflage noch den geplanten Druck des französischen Originals verwirklichte; auch Goethe schob das auf die Kriegshandlungen und die antifranzösische Haltung in diesen Jahren, vgl. Jensen, Quellen und Zeugnisse, Teil 4, S. 631-8, hier S. 637, Anm. 1.
43 Allgemeine Literatur-Zeitung. Halle und Leipzig. Band III (1806), Nr. 198 v. 19. 8. 1806, Sp. 337-344; Nr. 199 v. 20. 8. 1806, Sp. 345-352; Nr. 200 v. 21. 8. 1806, Sp. 353-360; Nr. 201 v. 22. 8. 1806, Sp. 361-363.

noch nicht und hatte sich (nach der Vorankündigung in der *Jenaer Allgemeinen Literaturzeitung*[44]) mehrfach bei Göschen erkundigt, wann sie erscheinen würden. Nun kamen beide Charakteristiken etwa zeitgleich auf den Markt.

Der anonyme Rezensent der *ALZ* beschreibt pointiert die Unterschiede beider Darstellungen:

»Wie ähnlich auch im Wesentlichen das von Göthe dem von M. entworfenen Gemälde ist und seyn muß, so verschieden ist die Manier beider Schilderer: denn stellte M. als Redner und Psycholog, so stellt G. mehr als Dichter dar. Geht der Psycholog von den Theilen auf das Ganze, sucht aus dem Einzelnen das Ganze zusammen zu setzen: so faßt hingegen der Dichter gleich anfänglich die Idee des Ganzen. Der Blick in die Tiefen der Menschennatur ist ihm geschärfter als keinem...«

Goethes Versuch, Winckelmann vor dem Hintergrund der Kultur des 18. Jahrhunderts als geschichtliche Gestalt zu sehen und zu deuten, trägt auch Züge einer Bekenntnisschrift, in der Winckelmann – »unser Winckelmann« – zum Zeugen der eigenen klassischen Kunstrichtung aufgerufen und als Ideal gezeichnet wird: »Eine solche antike Natur war, insofern man es nur von einem unsrer Zeitgenossen behaupten kann, in Winkelmann wieder erschienen...«[45] Die stärker psychologisierende und zweckgebundene Deutung von Morgenstern charakterisiert der Rezensent treffend: »Dem Zweck des Redners, Jünglinge durch ein großes Beyspiel zu wecken, entspricht es völlig, daß der Vf. sich über die Stimmung des bloßen Betrachters erhebt, und gewiß wird seines Enthusiasmus reine Flamme die Herzen der Zuhörer entzündet haben.«[46] Der Rezensent trifft damit auch die Selbsteinschätzung Morgensterns in seinem (handschriftlichen, unedierten) Tagebuch exakt; Morgenstern vermerkte: »Vieles in dieser Rede floss aus meiner innersten Seele, zumal in meiner damaligen Stimmung [...] Selten sprach ich mit diesem Feuer.«[47]

Der Verleger hatte mit dieser Selbsteinschätzung des Autors zu leben, der ihm bald darauf seine neuen Reden wiederum zum Verlag anbot. Doch läßt sich Göschen nicht wieder darauf ein, sondern weist Morgenstern am 4. August 1806 auf vielfältige andere, vordringlichere Arbeiten hin:

»Ich habe das Vertrauen zu Ihrer Güte und Freundschaft, das Sie es mir nicht übel auslegen, daß ich auf die angetragenen Reden Verzicht leiste. Ich kann bis Ostern 1807 nichts mehr unternehmen, weil ich bis dahin längst übernommene Sachen endlich einmal liefern und mich frey machen will [...]. Aus Liebe zur Thätigkeit habe ich bisher manchmal die Grenzen nicht vorsichtig genug gezogen, und habe deshalb auch manchmal die Lieferungszeit nicht genau einhalten können; daraus entstehen aber Unannehmlichkeiten, die ich künftig vermeiden will.

44 Intelligenzblatt Nr. 26 (1804), Sp. 201-7.
45 Goethe: Winkelmann, Münchner Ausgabe, Bd. 6.2., S. 352.
46 Allgemeine Literatur-Zeitung (wie Anm. 43), Sp. 343.
47 Süss: Morgenstern, S. 136.

Ich versage mir also, aus diesem Grunde, jetzt das Vergnügen, Ihr Verleger zu seyn, damit ich es künftig in andren Fällen besser seyn kann.«

Im gleichen Schreiben bestätigt Göschen, ein Exemplar der Winckelmann-Rede an den Fürsten von Dessau gesandt zu haben, gleich nachdem ihn Morgenstern – bereits am 4. 10. 1805 – darum gebeten hatte; offenbar war eine Eingangsbestätigung bisher ausgeblieben. Der Fürst Leopold Friedrich Franz von Anhalt-Dessau (1740-1817), der Bruder von Anna Amalie von Sachsen-Weimar-Eisenach, war ein bekannter Kunstfreund und Philanthrop, Bauherr von Schloß und Garten Wörlitz, vor allem aber im Dezember 1765 persönlich mit Winckelmann in Rom zusammengetroffen. Winckelmann berichtete mehrfach[48] enthusiastisch von dem Zusammentreffen: »Ich habe vor Freuden geweinet, einen so edlen Zweig aus einem wilden Stamm und einen Fürsten und patriotischen Deutschen zu Ehren unseres Volkes zu kennen.«[49] Dies Zusammentreffen war allgemein bekannt, auch Goethe erwähnte es in seiner Winckelmann-Würdigung.[50]

Eine Konstante in der Korrespondenz werden seit diesem Jahr die Grüße von und an Seume, der auf seiner Reise im Jahre 1805 auch Dorpat besucht und Morgenstern kennengelernt hatte; im Reisebericht *Mein Sommer 1805* hielt Seume fest: »Die Bibliothek ist schon ziemlich zahlreich und muß bald ansehnlich werden, wenn man die beträchtliche jährliche Summe von fünftausend Rubeln mit Wahl anwendet. Morgenstern lebt darin wie in einer Lieblingsschöpfung; und der Himmel gebe ihm viel schönen Genuß für seine Bemühungen.«[51] Die Ankäufe für die Bibliothek sind auch weiterhin ein problemloser Zweig der Beziehungen zwischen Göschen und Morgenstern. Über den Leipziger Buchhändler Paul Gotthelf Kummer[52] liefert er ihm die Homer-Edition Wolfs und

---

48 U. a. im Brief an Heyne vom 28. 12. 1765, vgl. Winckelmann: Briefe, hrsg. v. Rehm, III. Nr. 749; an Francke vom 18. Januar 1766, vgl. ebd. Nr. 755; an Riedesel ebenfalls am 18. Januar 1766, vgl. ebd. Nr. 756; an Stosch am 8. Februar 1766, vgl. ebd. Nr. 757; an Schlabbrendorf, ebenfalls am 8. Februar 1766, vgl. ebd. Nr. 758; an Genzmer vom 19. März 1766, vgl. ebd. Nr. 764 und öfter. – Über die Bedeutung des Besuchs eines regierenden Fürsten für Winckelmann vgl. Justi: Winckelmann und seine Zeitgenossen. 3. Bd., S. 360-367.

49 Winckelmann an Stosch vom 15. August 1766; vgl. Winckelmann: Briefe, hrsg. v. Rehm, Bd. III. Nr. 789, hier S. 197.

50 Goethe: Winkelmann, Münchner Ausgabe, Bd. 6.2., S. 377: »Er scherzt über seine Neigung zum Schulmeistern, zu unterrichten, zu überzeugen, da ihm denn auch wieder in der Gegenwart durch Stand und Verdienste bedeutender Personen gar manches Gute zuwächst. Wie nennen hier nur den Fürsten von Dessau...«

51 Seume: Mein Sommer, S. 65.

52 Göschen arbeitete mit Kummer vielfach in der Reformdiskussion und in den Buchhändler-Deputationen zusammen; vgl. Goschen II, S. 370; Goldfriedrich: Buchhandelsgeschichte III, S. 578 ff.; IV, S. 64 ff.; Schmidt: Deutsche Buchhändler, S. 1070 f.

JOHANN WINKELMANN.

EINE REDE

VON

D. CARL MORGENSTERN,

RUSS. KAISERL. HOFRATH, ORDENTL. PROFESSOR DER BEREDSAMKEIT UND ALTCLASSISCHEN PHILOLOGIE, DER ÄSTHETIK UND DER GESCHICHTE DER LITERATUR UND KUNST AN DER KAISERL. UNIVERSITÄT ZU DORPAT, DIRECTOR DER UNIVERSITÄTS-BIBLIOTHEK UND DES AKAD. MUSEUMS;

NEBST DESSEN

REDE

ÜBER DEN EINFLUSS DES STUDIUMS DER GRIECHISCHEN UND RÖMISCHEN CLASSIKER AUF HARMONISCHE BILDUNG ZUM MENSCHEN.

Mit Winkelmanns Portrait nach Mengs.

LEIPZIG, BEY G. J. GÖSCHEN. 1805.

Abbildung 2
Carl Morgenstern: Johann Winkelmann. Leipzig: Göschen 1805.
Ex.: UB Erlangen, Ltg. W. 36, Titelblatt

den dritten und vierten Teil von Griesbachs Neuem Testament. Im Jahre 1807 kauft Morgenstern für die Bibliothek einen Großteil der wissenschaftlich-literarischen Produktion der letzten Jahre:

- Johann Christian Adelungs *Aelteste Geschichte der Deutschen, ihrer Sprache und Litteratur bis zur Völkerwanderung.* (1806. Gr. 8°, XIV u. 402 S.)
- Karl August Böttigers zweite verb. Auflage von *Sabina, oder Morgenscenen im Putzzimmer einer vornehmen Römerin* (1806, 2 Theile. Mit Kupfern. 8°).
- *Empedoclis Carmina.* Hrsg. v. F. G. Sturz. Pars posterior. 8° maj.
- *Lustspiele des Terenz in freyer metrischer Uebersetzung.* 2 Bde. 1806.
- Schillers *Don Karlos Infant von Spanien* (Mit einem Titelkupfer. 1804. 8°, [2] u. 402 S.)

Bemerkenswerterweise waren die persönlichen Lektüreinteressen Morgensterns anders gelagert; da ihm der *Loebeneck* gut gefallen habe, empfiehlt ihm Göschen nun den neu verlegten (Ostermesse 1806) Roman von Ernst Wagner *Die reisenden Maler*. Am Rande erfahren wir daher von den neu ins Verlagsprogramm aufgenommenen, sozial ambitionierten Unterhaltungsromanen, die Göschen seit 1802 verlegte. Bei *Löbeneck* handelt es sich um den dreiteiligen Roman *Hermann von Löbeneck oder Geständnisse eines Mannes* (Leipzig 1805-06) des unter dem Pseudonym »Filibert« schreibenden Hauslehrers und Religionsschriftstellers Ludwig August Kähler (1775-1855).[53]

Ernst Wagner (1769-1812), der Verfasser der »reisenden Maler«, war auf Empfehlung von Jean Paul seit 1805 Kabinettssekretär des Herzogs Georg von Sachsen-Meiningen und erfreute sich auch im literarischen Bereich der wohlwollenden Förderung durch Jean Paul. Göschen schätzte diesen epigonalen Roman, der weitschweifige Naturschilderungen mit schablonenhaften Liebesgeschichten und Standeskonflikten sowie vereinzelter Exkurse zur Kunsttheorie verbindet, und preist ihn Morgenstern mit den Worten an: »Dies Produkt ist eins der schönsten unserer Litteratur.« Wagner selbst nennt er in dem Brief »ein ausgezeichnetes Genie«. Jean Paul übte am 6. Mai 1805 – noch dem Manuskript gegenüber – Detailkritik, lobte Wagners Arbeit aber: »Der neu und frei schauende und empfangende Geist – der frisch vortreibende, wie ein Mai, nicht wie ein Herbst – die weite Um- und Einsicht [...] und also die rechte Eigenheit, ist mein allgemeines Lob, so wie der Kunstsinn neben dem Natursinn. Göthisch episch und bezaubernd ist der Anfang – besonders der

---

53 Erbkam: [Artikel] Kähler in: ADB 15, S. 1-3 (ohne lit. Produktion); L. Geiger: Hermann von Löbeneck, ein hundertjähriger Roman. In: Gegenwart 72 (1906); vgl. auch erste Bewertungen seiner Romane bei Hartmann: Volksbildung, S. 421-9; Ex. des ›Hermann von Löbeneck‹: Thurn- und Taxis'sche Hofbibliothek, Sign. Bl. 511-513.

geniale Ab- und Aufzug des Mädchens – und das Ende mit den Zigeunern...«[54]

Leider fehlt der Antwortbrief Morgensterns mit seiner literarischen Einschätzung.

Neue Pläne

Nach einer Pause von fast zwei Jahren, am 9. Februar 1808, antwortet Göschen auf einen (verlorenen) Brief Morgensterns vom 12. November 1807. Er bedankt sich sehr für das Geschenk seiner (von der Universität Dorpat gedruckten) Festrede über Klopstock und bietet Morgenstern aus diesem Anlaß ein neues gemeinsames Buchprojekt an, eine Lebensbeschreibung Klopstocks im Rahmen seiner Werk-Ausgabe: »Da kam mir der Gedanke Sie zu bitten, mir ihre trefliche Darstellung des geistigen Lebens Klopstocks als eine Zierde und als Erläuterung mancher Klopstock[ischer] Werke zu meiner Ausgabe zu geben, welche mit den wenigen Bogen der Schriften der Meta einen Band ausmachen könnte. Ich habe gleich Ihr Elogium an Ebeling geschickt und ihn gefragt, was er von meinem Gedanken halte.«[55]

Band 10 von Klopstocks Werken bei Göschen war 1806 erschienen, und der elfte Band, die *Hinterlassnen Schriften* von Margareta Klopstock, sollte nach Göschens Wunsch zusätzlich eine Lebensschilderung Klopstocks enthalten. Der Herausgeber Christoph Daniel Ebeling[56] komme vermutlich nicht selbst dazu; zugleich erbittet Göschen auch »einige Winke zum Verständnis mancher dunkler Oden«. »Ich sage Winke, weil Klopstock selbst nur Winke wünschte. Ich fragte ihn selbst einmal wegen einiger dunklen Stellen in der Ode ›Delphi‹ und seine Erläuterung waren zwey Worte, die fast eben so dunkel waren.«[57]

---

54 Einige Briefe von Jean Paul an Ernst Wagner befinden sich im 12. Band von Ernst Wagner's sämmtlichen Schriften. Ausgabe letzter Hand besorgt von Friedrich Mosengeil. Leipzig, bei Gerhard Fleischer, 1828, hier S. 125f.; – Zur Vita Wagners vgl. die »Lebensgeschichtlichen Nachrichten« Mosengeils, ebd. Bd. 11, S. 1-112.

55 Dieser hier vorgestellte Briefwechsel kann nun erstmals erklären, warum ein zeitlicher Abstand von zehn Jahren zwischen Bd. 10 und 11 der Werkausgabe Klopstocks liegt.

56 Vgl. Tiemann: Ebeling.

57 1797 bereits hatte Göschen an Böttiger geschrieben: »...Die Oden von 1782 sind schwer an Gestalt, aber auch schwer zu verstehen. Das muß ein dunkles Jahr gewesen sein und dem armen Klopstock viele Krämpfe gemacht haben. Die Ode ›Delphi‹ soll freilich ein dunkles Orakel sein; aber was zu arg ist, ist doch zu arg. Die Singulare und die Plurale liegen da so verwirrt durcheinander, es fehlen so viele Artikelverbindungen, daß man nicht weiß, woran man sich zu halten hat. Ich habe diese Ode abgeschrieben und Klopstock gefragt, was die Pythia wohl meint in drey oder

Über die Abrundung der Werkausgabe hinaus möchte Göschen aber auch eine neue Reihe »zur Ehre der Nation« mit »Lobschriften auf unsere Unsterblichen« herausbringen, zu denen er neben Klopstock auch Luther, Lessing und Johannes Müller zählt. Er bittet Morgenstern um Geheimhaltung dieses Planes, »damit nicht ein anderer sie ausführt, der weniger Enthusiasmus dafür hat und mehr dabey verdienen will als ich«. Aus patriotischer Gesinnung zielt Göschen dabei nicht auf Gewinn, sondern auf höchste typographische und drucktechnische Qualität, auf die die Nation stolz sein soll – genauso wie auf die Lebensleistung der dargestellten Personen – »in dem Augenblick, da sie so viele Schande trägt«.[58]

Die Sorge Göschens um Geheimhaltung eines solchen Plans, der nie zur Ausführung gelangte, war berechtigt; Georg Voß in Leipzig etwa plante in diesen Jahren eine Reihe von »Lebensbeschreibungen berühmter Reformatoren«, deren Abschluß er am 5. Mai 1810 in der *Zeitschrift für die elegante Welt*[59] anzeigen konnte und die u. a. Biographien von Luther, Erasmus, Hutten und Melanchthon enthielt.

Aber Göschen erneuert auch seine zehn Jahre alte Bitte an Morgenstern, bei der Klassikerausgabe mitzuwirken: »Der Horaz erscheint in meiner Suite d. Class. nicht eher, als bis Sie ihn heraus geben. Eichstädt liefert nichts, weil er zu viel liefern wollte...[60] Ihren Horaz aber möchte ich mit Macht treiben, wenn

---

    vier Strophen...« DBSM der Deutschen Bücherei Leipzig, Göschen-Sammlung, Gruppe B, Kasten 1 [Kopien], Bl. 29-36, hier Bl. 30; vgl. Gerhardt: Böttiger – Göschen, S. 31.

58 Die Argumentation, mit guten Schriften zur Ehre der Nation beizutragen, findet sich u. a. bereits in der Ankündigung von Wielands Werken bei Göschen. Johann Wilhelm von Archenholz schreibt in der Minerva (Bd. 8, Hamburg 1793, S. 195-201, hier S. 196 f.:) »Dies hier ist die erste Unternehmung in Deutschland, durch eine prächtige Ausgabe der sämtlichen Werke eines Schriftstellers, nicht so wohl diesem, als seinem Zeitalter, in Hinsicht auf dessen Aufklärung, Geschmack, Kunstliebe, Dankbarkeit und Patriotismus, ein Monument zu setzen. Franzosen und Engländer haben dies oft zu ihrer Ehre gethan... Hier ist die Gelegenheit... die Ehre der Deutschen, bey der Mitwelt und Nachwelt durch die Unterstützung einer Unternehmung zu retten, die ausserdem so sehr mit unserm Vergnügen und dem reichhaltigen Unterricht verbunden ist.«

59 Nr. 90, Sp. 720.

60 Eichstädt lieferte die versprochenen eigenen Editionen nicht und überließ auch die Herausgebertätigkeiten, Korrespondenz mit den Autoren etc. weitgehend Göschen. 28 erhaltene Briefe Göschens an Eichstädt aus den Jahren 1801-1804 belegen diese ungewöhnliche Arbeitsteilung. Als Eichstädt dennoch im dritten Jahr wiederum eine pauschale Honorierung von 200 Reichstalern fordert, lehnt Göschen ab: »Die Erfahrung lehrt uns, daß ich bey der schriftlichen Verabredung zu Grunde gehen müßte, weil ich das Jahrgeld nicht fortgeben kann, wenn meine Preßen nicht immer fort drucken können [...]. Die Erfahrung lehrt uns nemlich, daß die Herausgeber nicht Wort halten, und daß auf bestimmte Lieferungen zu bestimmten Zeiten gar nicht zu rechnen ist. Der Topf, aus dem man nur nimmt, ohne ihn wieder aufzufüllen, giebt, wie der Beutel, endlich nichts mehr her. [...] Sie haben allerdings ein wenig schuld, daß die Sache so langsam geht;

mich nicht die Achtung zurück hielte, Ihnen etwas zu zu muthen, was Sie belästigen könnte.«

Um Morgenstern für diese Pläne geneigt zu stimmen, gibt Göschen seine ablehnende Haltung auf, weitere seiner jährlichen Festreden zu drucken. Das bereits vorliegende Manuskript der Rede über »Johannes Müller« wird er drukken, sobald er wieder das gewünschte französische Schreibpapier zur Verfügung hat.

Am 2. April schon kann Göschen auf den Antwortbrief Morgensterns vom 2./14. März reagieren, in dem Morgenstern offenbar den verschiedenen Plänen zugestimmt, zugleich aber auch einen Besuch angekündigt hatte. Göschen schreibt erfreut: »Ich lade Sie ein, einige Tage auf meinem Bauerngute ein freundliches Zimmer in einer der schönsten Gegenden Sachsens bey Grimma zu bewohnen, wo ich Ihnen einen reizenden Genuß ländlicher Freuden verspreche ohne Zwang, aber auch ohne Aufwand. Dort wollen wir unsere Projecte aufs Reine bringen.« Er verspricht, die Festrede über Johannes Müller, auch mit eventuellen Ergänzungen, zu drucken, bittet aber, den Verlag dem Rigaer Carl Johann Gottfried Hartmann zu überlassen, »nach einiger Zeit kann der ›Johannes‹ auch unter die Lobschriften aufgenommen werden«.

In einem der wenigen bisher wiedergefundenen Briefe[61] von Morgenstern an Göschen vom 14. Mai 1808 übersendet er Göschen die dritte abzudruckende Rede *Von den Grenzen weiblicher Bildung* und bittet ihn dringlich, diese Reden nicht nur zu drucken, sondern auch in Verlag zu nehmen: »Im schlimmsten Fall will ich selbst Ihnen die Druckkosten bezahlen, und Sie nehmen dann das Werkchen in alleinige Commission. Lieb wäre mir das freylich nicht, und verleidete mir freyl[ich] ein wenig dergl[eichen] Schriftstellerey.« Mit dem Rigaer Verleger Hartmann, der 1804 den Verlag von Johann Friedrich Hartknoch übernommen hatte[62] und den Göschen nachdrücklich empfohlen hatte, möchte er auf keinen Fall zusammenarbeiten, da er bereits in anderem Falle keine guten Erfahrungen gemacht hatte. Im übrigen geht er von den gleichen Bedingungen wie beim »Winckelmann« aus; d.h. er wünscht 100 Freistücke auf gutem Papier; ein Exemplar bittet er unmittelbar nach Herstellung an den Staatsrath Johannes von Müller nach Kassel zu senden, den er bald darauf besuchen will. »Ich freue mich herzlich darauf, Sie auf ihrer Villa zu sehn. Mein Urlaubsgesuch ist schon in Ptsbg [Petersburg].«

---

wären Sie mit irgend einem Autor hervor getreten, die Sache wäre anders gegangen.« Göschen an Eichstädt vom 12. Juni 1804; Universitätsbibliothek Jena, Sign. EN 18. 139.
61 Staatsbibliothek Preußischer Kulturbesitz, Berlin. Morgenstern an Göschen vom 2./14. Mai 1808; Sign.: Slg. Darmstadt 2f 1800 (2).
62 Schmidt: Buchhändler, 2. Bd., S. 378.

In der gleichen hervorragenden Ausstattung wie die Winckelmann-Rede, die der Rezensent der *ALZ* lobend hervorhebt[63], erschienen die drei Reden der Jahre 1804/05 unter dem Titel: *Johannes Müller oder Plan im Leben nebst Plan im Lesen und von den Grenzen weiblicher Bildung*[64] noch im Sommer 1808.

Im *Plan im Lesen* warnt Morgenstern die Studenten vor der allgemeinen »Lesewut«:

> »... die Deutschen bilden die ›erste der schreibenden und lesenden Mächte Europens‹. Aber was lesen Sie? Doch ihre Classiker? Wie Wenige thun's unter so Vielen! Tretet nur auf ein Viertelstündchen in eine Leihbibliothek: ihr werdet hören, was man fordert. Blättert nur ein wenig in Meßverzeichnissen und im Intelligenzblatt, welche Bücher öftere Auflagen erleben: ihr werdet sehn, wie weit Verbreitung des Geschmacks unter den Deutschen reicht in Vergleich mit der Vorliebe der Italiener, Franzosen und Engländer für ihre immerfort neu aufgelegten Hauptautoren. Wohl gibt es, was auch August Wilhelm Schlegel sagen mag, eine deutsche Literatur: ein deutsches Lesepublicum giebt es nicht, trotz der Lesewuth. Vor dieser nun soll der Studierende gewarnt seyn von dem Lehrer.«

Morgenstern ermahnt sie, nur die besten, die klassischen Autoren zu lesen, wobei er wiederum eine einprägsame Definition gibt: »Classisch hieß hernach alles, was in seiner Art als das Höchste gelten darf: bald mit Hinsicht auf das, was da ist; bald, wenn man den Begriff steigern wollte, mit Hinsicht auf das, was da seyn soll.« Klassische Schriftsteller sind die, »welche rein menschliches Interesse haben, indem sie den ursprünglichen Menschensinn für das Wahre, das Gute, das Schöne, unmittelbar, und nicht jeden besonders, sondern den dreyfachen Sinn zugleich beschäftigen; den Menschen im Menschen aus eignem, höhern Leben zu höherm Leben bilden.« (S. 67 f.) In der Beispielliste finden sich Homer, Sophokles, Pindar, Theokrit, Virgil, Horaz und Terenz, dann Dante, Petrarca, Corneille und Shakespeare, schließlich Klopstock, Goethe, Schiller und Wieland. Bei den Historiographen nennt er nach Herodot, Thukydides, Caesar, Livius und Sallust den Zeitgenossen und Geschichtsschreiber Friedrichs d. Großen, Johannes Müller.

Diesem hatte er im Jahr zuvor eine eigene Rede gewidmet. Müller diente ihm dabei als Exempel für seine didaktische These, daß das gesamte Leben nach einem festen, unumstößlichen Plan zu organisieren sei. Müller »wußte, was er wollte, und war ganz, was er sein wollte« (S. 37), er hatte früh die Bedeutung seines Lebens erkannt und sich dann – »dürstend nach Verdienst und nach unsterblichem Ruhme« (S. 19) – ganz in den Dienst der Historiographie gestellt.

---

63 ALZ Nr. 104 vom 14. 4. 1809, Sp. 847 f.: »Zum Beschlusse müssen wir noch des schönen Drucks dieser Reden erwähnen, der dem, längst rühmlich bekannten Verleger zur Ehre gereicht.«

64 Leipzig: Göschen 1808. 4°, VI u. 122 S. Preis laut Anzeige in ›Selene‹ 11/1808: 1 Reichstaler, 8 Groschen (auf Schreibpapier). – Exemplar: Thurn- und Taxis'sche Hofbibliothek, Regensburg: AW 772.

Die dritte Rede *Von den Grenzen weiblicher Bildung* hielt Morgenstern in seiner Eigenschaft als Visitator der Schulen im Gouvernement Finnland bei der Eröffnung der Kaiserlichen Töchterschule in Wyborg am 28. 7./9. 8. 1805, für deren Wiedererrichtung er sich besonders eingesetzt hatte.[65] Die Grenzen der Bildung werden eng gezogen: »... so werden die Töchter sich zu künftigen Gattinnen, Müttern, Hausmüttern vorzubereiten« haben. Im Mittelpunkt stehen daher die weiblichen Handarbeiten, Stricken und Nähen, Zuschneiden und Sticken sowie Gesang und Tanz. Der progressiven Einschätzung »Die Jungfrauen sollen aber ihr Leben weder vernähen und verkochen, noch versingen und vertanzen; die Frauen außerdem nicht bloß Kinder gebären und warten« steht aber wiederum die Einschränkung entgegen: »Eigentliche Gelehrsamkeit und tiefgeschöpfte Wissenschaft würden weit ab ... führen.« Sie sollten daher Unterricht in ihrer »Muttersprache« Deutsch erhalten und im Überblick Kenntnisse in Geographie, Geschichte, Schönschreiben und Rechnen. Französisch wird (mit dem jahrhundertealten Argument gegen Frauenlektüre) nur in Privatstunden gelehrt, damit die »Töchter der Bürgerclassen« nicht verführt werden: »Leicht könnte das durch einige Kenntnis dieser Modesprache der großen Welt beförderte Trachten nach den sogenannten Freuden dieser, die Zufriedenheit eines Mädchens stören, die etwa dem Meister eines Handwerks oder einem geringern Kaufmann usw als Gattin bestimmt wäre.« Der Rezensent in der Allgemeinen Literaturzeitung[66] klagt im Jahre 1809, daß später – wegen der »Eitelkeit mancher Mutter« – der öffentliche Unterricht in Französisch doch eingeführt werden mußte.

Göschen hatte mit dieser Drucklegung einem weiteren Wunsch Morgensterns Rechnung getragen, ohne jedoch mit seinen eigenen Plänen voran zu kommen. Der angekündigte Urlaub Morgensterns zog sich vom Juli 1808 bis zum Februar 1810 hin. In dieser Zeit reiste er durch Deutschland, Frankreich und Italien.

In der »Vorrede« zu seinem in Auszügen gedruckten Reisetagebuch[67] zeichnet Morgenstern die Reiseroute nach und listet die Namen von allen besuchten bzw. angetroffenen Gelehrten auf: in Weimar Goethe und Wieland sowie den »Jugendfreund« Johannes Daniel Falk[68], in Halle seinen Lehrer Eberhard, in

---

65 Morgenstern hielt in seinem Tagebuch über die Schule fest: »Ohne mich wäre sie noch jetzt, indem ich dies schreibe [1806], nicht vorhanden«; vgl. Süss: Morgenstern, S. 158f.
66 ALZ Nr. 104 vom 14. 4. 1809, Sp. 848.
67 Auszüge aus den Tagebüchern und Papieren eines Reisenden. Erster Band. Dorpat auf Kosten des Verfassers gedruckt bey M. G. Grenzius; Leipzig, in Commission bey P. G. Kummer 1811-13; Ex.: Thurn- und Taxis'sche Hofbibliothek, Regensburg, Sign.: LK 1170/1. (1. u. 2. Heft).
68 Süss: Morgenstern, S. 51 ff. schildert die enge Verbindung seit den Studententagen in Halle; Starnes: Wieland, Bd. II, passim, belegt u. a. vielfältige Besuche Morgensterns bei Falk in Weimar und gemeinsame Besuche bei Wieland in den Jahren 1795-99; über den Besuch im September 1808 ebd. Bd. III, S. 300.

Magdeburg seinen Schullehrer Funk, in Gotha Thümmel, in Kassel Johannes von Müller. In Göttingen lernte er Heyne erst jetzt persönlich kennen und besucht auch die dortige »musterhafte Bibliothek«. Auf der Rückreise machte er in Leipzig Station, wo er »Göschen und Schnorr, und zum letzten Male den wackern Seume wieder begrüßte«. Der Italien-Aufenthalt, so bedauert er, war von ihm nicht gründlich genug vorbereitet worden; das *Tagebuch* mußte daher vor der Drucklegung erst mit den einschlägigen Nachschlagewerken überarbeitet werden.[69]

In diesen Monaten kam er auch nicht dazu, die Klassikeredition voran zu bringen und in den ausländischen Bibliotheken wissenschaftlich zu arbeiten:

»In blühenderen Lebensjahren freylich hoffte der Verf., wenn ihm einst den lang gehegten Wunsch einer literarischen Reise zu befriedigen gewährt würde, dann einen großen Theil seiner Muße während der Reise in Aufsuchung und Vergleichung von Handschriften solcher alten Schriftsteller zu verwenden, mit denen er schon in früheren Jahren sich vorzugsweise beschäftigt hatte: hauptsächlich der Werke Platon's, der philosophischen Werke Cicero's und der Satiren und Episteln des Horatius. Später sah er ein, daß dazu, außer größerer Geduld und einer weniger lebhaften Empfänglichkeit für gewisse andere Gegenstände, als ihm von der Natur zugetheilt wurden, besonders ein ungleich längeres Verweilen in fremden Ländern gehöre, sollen Beschäftigungen dieser Art wirklich fruchtbar werden.«[70]

Im ersten Brief Göschens nach der Rückkehr am 21. August 1810 ermuntert er Morgenstern, die Reiseerlebnisse aufzuschreiben: »Lassen Sie Ihre auf der Reise gesammelten Schätze nicht die frische Farbe verliehren«[71], erinnert ihn aber auch sogleich an die Verabredung einer Klopstock-Lebensbeschreibung: »Ich habe die Schriften Meta noch zurück gelassen und werde sie bis nächstes Jahr verzögern, weil Sie es wünschen.«

Bereits am 14. November 1810 dankt Göschen für die »Aufsätze aus Ihrem Reiseportefeuille«, die ihm eine angenehme Ablenkung und Entspannung in der schlechten politischen und wirtschaftlichen Lage sein werden. »Der Tarif, die Confiscation der Colonial- und der engl. Manufactur-Waaren bringt eine solche Niedergeschlagenheit und Stockung in allen Gewerben hervor, daß man sich

---

69 Die Anmerkungen verweisen auf die gebräuchlichen zeitgenössischen historischen und kunsthistorischen Arbeiten. Häufig ist ein Hinweis zu finden, daß seine Erinnerungen oder seine Aufzeichnungen nicht mit ihnen übereinstimmen; typisch ist eine im 2. Heft (Florenz) beim Erhaltungszustand der Apollo-Statue gegebene Anmerkung (Nr. 145, S. 333): »Außerdem finde ich so eben in der neuen Ausgabe von Winkelmanns Geschichte der Kunst [...] ›die beyden Hände, die Nase und die auf dem Scheitel in einer Schleife gebundenen Haare‹ als Restauration angegeben, worauf ich nicht genug aufmerksam war. Daselbst finden sich feine Bemerkungen über den Geist dieses Werkes, die hier zu wiederholen zweckwidrig wäre.«
70 Vorrede der ›Auszüge‹, S. XIVf.
71 In seiner Vorrede, S. IX, begründet er u.a. die Drucklegung mit der »Aufforderung einiger Freunde und mancher achtungswerten Bekannten«.

aufrichten muß in einer besseren Welt, in dem Reiche der Wissenschaft und Kunst.«

Die allgemeine wirtschaftliche Lage erlaubt es ihm wiederum nicht, eine neue kleine Schrift von Morgenstern zu verlegen: »Unser Handel ist fast tod. In einer solchen Zeit hab ich weder Muth noch Reitz eine Beschreibung der Raphaelischen Gemälde zu drucken... Eine bloße Beschreibung, ohne Abbildung, würde, meiner Meinung, auch in einer beßern Zeit nur ein kleines Publikum gefunden haben.« Göschen schlägt vor, die Beschreibung später zusammen mit dem Reisebericht zu drucken. Sie erscheint dann erst zwölf Jahre später im Selbstverlag des Verfassers (*Über Raphael Sanzios Verklärung*. Dorpat und Leipzig 1822.)

Aber auch eine zweite Publikation lehnt Göschen ab, eine Beschreibung der Antiken in Paris. Wieder beruft er sich auf die äußeren Umstände, die einen solchen Druck unmöglich machen: »Sie haben vermuthlich vergessen, daß kein deutsches Buch [...] weder von Reisenden noch Buchhändlern ohne Erlaubnißschein nach Paris und Frankreich überhaupt eingeführt werden darf. Dieser Umstand allein benimmt mir alle Lust zu der Beschreibung der dortigen Antiken. Bieten Sie es einem französischen Buchhändler an. Ich glaube, es sei nöthig für dieses Buch, daß es in französischer Sprache erscheine.«[72] Eine Beschreibung der Pariser Antiken aus Morgensterns Feder ist nie erschienen, auch seine Reisetagebücher aus Frankreich sind Manuskript geblieben. Göschen hatte in diesem Jahr bereits den *Almanach aus Rom*, den er mit Friedrich Sickler und Christian Reinhart in zwei Jahrgängen 1810 und 1811 herausgab und der allgemein mit höchstem Lob bedacht wurde, aus finanziellen Gründen einstellen müssen,[73] konnte also kein neues Engagement auf dem engen Markt für Kunstfreunde eingehen. Auch die Reisetagebücher Morgensterns aus Italien verlegte er nicht, sie erschienen in drei Lieferungen 1811-13 in »Dorpat auf Kosten des Verfassers« und in Leipzig in »Commission bey P. G. Kummer 1811-13« – ohne Titelkupfer, die den Druck nur unnötig verteuert hätten, wie Morgenstern in der Vorrede erläutert.

---

72 Vgl. u. a. die Rez. in der Neuen Leipziger Literaturzeitung vom 5. 1. 1810, Sp. 33-36; Allgemeine Literatur-Zeitung (Halle) Nr. 55 (1810); Zeitung für die elegante Welt Nr. 1, 2, 3, 4 u. 19 (1810).

73 Die Korrespondenz mit dem Herausgeber Friedrich Karl Ludwig Sickler in Rom belegt die hohen finanziellen Verluste; am 12. Mai 1811 schrieb Sickler aus Rom an Göschen: »Leid thut es mir nur in mancher Hinsicht, daß unser Unternehmen nicht ganz so glückte, wie wir drei allerseits es vorausgesehen zu haben glaubten. Leid besonders um Ihret und um Reinhart willen, dem ich gern eine gewisse Einnahme jährlich dadurch zu sichern suchte. Indessen – man muß sich ja wohl in Alles fügen.« Staatsbibliothek Preußischer Kulturbesitz, Berlin, Sign.: Slg. Darmstadt 2i 1810(2), Sickler, Bl. 5-6.

Auf die nochmalige Anfrage Morgensterns lehnt Göschen am 16. März 1811 noch einmal den »raisonierenden Catalog der Antikengallerie« aus Paris ab. Er müsse direkt in der Gallerie verkauft werden: »In Deutschland ist nichts damit zu machen, denn unsere Landsleute schwatzen mehr von der Kunst als sie solcher sich hingeben und überdies interessiert man sich eben nicht angenehm für die Pariser Welt.« Die allgemeine politische und wirtschaftliche Lage, auf die Göschen dann ausführlich eingeht, läßt ihn resignieren: »Ich habe den mänlichen Entschluß gefaßt, nichts mehr zu unternehmen und meine Laufbahn zu beschliessen, ehe ich darin banquerott w[erde]. [...] Erlebt mein Sohn bessere Zeiten, so mag er das angefangene Werk fortsezen.« Und er schließt bedrückt: »Sie sehen wohl aus meiner Stimmung, daß ich die Erquickung meines Hügels an der Mulde bedarf.[74] Dort will ich auch Ihrer gedenken, bis ich dem alten Seume folge.[75] [...] Mein Plan ist, künftig in Grimma zu wohnen, weil Leipzig mir zu theuer ist, wenn ich nicht mehr darin verdienen kann.«

Der Briefwechsel wird durch die äußeren Umstände und die damit verbundenen inneren Hemmnisse für mehrere Jahre unterbrochen; in einer veränderten politischen Lage nach dem Wiener Kongreß und mit neuem Mut für verlegerische Unternehmungen meldet sich Göschen am 20. September 1815 wieder bei Morgenstern und fragt nach der seit Jahren versprochenen Biographie Klopstocks: »Wann könnte diese auch dem deutschen Vaterlande mit größerer Zuversicht übergeben werden, als im jetzigen Augenblicke?« Ebeling hätte endgültig seine eigenen Pläne aufgegeben, und Göschen möchte nun endlich den 11. Band der Werke mit den *Nachgelassnen Schriften* und einer biographischen Würdigung herausbringen. Morgenstern sagt erneut zu, kann aber keinen genauen Termin versprechen. Daraufhin druckt Göschen nun den 11. Band – um die *Vermischten Aufsätze* von F.G. Klopstock erweitert – und bietet Morgenstern den 12. Band für die Biographie an; Ebeling sei weiterhin bereit, mit Rat und Tat zur Seite zu stehen. Ende August 1816 nimmt Göschen einen hinhaltenden Brief Morgensterns zum Anlaß, ihn erneut zur Eile zu mahnen. Er möchte sich doch nun bald mit Ebeling in Verbindung setzen, »weil Ebeling, der gerade am meisten helfen kann und wird, schon sehr alt ist, und uns leicht wegsterben könnte«. Auch möchte Göschen nun die Werkausgabe »mit Eifer beenden«.

Auf eine erneute Anfrage Morgensterns, seine »vaterländischen Reden« in einer wohlfeilen Ausgabe zu drucken, antwortet Göschen zwar mit ausgesuchter Höflichkeit, lehnt aber unmißverständlich ab, da »kein großer Absatz zu rechnen ist«. Ebenfalls negativ bescheidet er seine Anfrage, seine Gedichtsammlung

---

74 Göschens Landhaus in Hohenstädt bei Grimma.
75 Seume war am 13. Juni 1810 in Teplitz gestorben.

zu drucken: »Noch schmerzlicher ist es mir aber, auch auf den Verlag Ihrer Gedichtesammlung Verzicht leisten zu müssen. Es werden in unsern Tagen so schrecklich viel Gedichtsammlungen gedruckt, daß das wenige Gute darunter vor dem Unkraute gar nicht aufkommen kann. Gedichte werden nur gekauft, wenn Sie den Namen eines gefeierten Sängers auf der Stirn tragen, und ich selbst habe manche nicht schlechte Gedichtsammlung gedruckt, die zu Makulatur wurde; so noch im vorigen Jahre Gedichte von Knebel, die über all mit dem größten Lobe angezeigt, und doch nirgends gekauft wurden.«[76]

Morgensterns Biograph Wilhelm Süss äußert sich vernichtend über die Qualität der Gedichte, sie seien »selbst als Dilettantenleistung mindestens nach heutigen Begriffen ganz ungewöhnlich schal«. Die 1818 gedruckte Gedichtsammlung *Töne vom Lebenspfad* wurde von den Rezensenten in »fade Töne vom Leben« umbenannt.[77] Auf seine Rechnung zu drucken und zu verkaufen, hatte Göschen Morgenstern freilich angeboten, um den Gesprächsfaden nicht ganz abreißen zu lassen. Auch seine Dienste als Lieferant von Eigen- und Fremdtiteln bietet er ihm nachdrücklich an: »Uebrigens kann ich Ihnen jede litt. Erscheinung Italiens verschaffen, und was ich nicht vorräthig habe, liefere ich 3 Monat nach Eingang der Bestellung. [...]. Bei dem jetzt wieder so lebhaften Gange des deutschen Buchhandels und bei dem lebendigeren Treiben, das auch in meine Handlung zurückgekehrt ist, würde es mir allerdings sehr erwünscht seyn, Ihre Commissionen und Aufträge zu erhalten.«

Der Antwortbrief Morgensterns hat sich im Deutschen Literaturarchiv in Marbach erhalten. Am 10./22. November 1816 anwortet er kühl, daß die »Lebensbeschreibung Klopstocks meinerseits unvergessen ist«, daß ihn die Herausgabe des 2. Bandes seiner Reisebeschreibungen nun aber vordringlich beschäftige. Da er die Herausgabe der *Dörptischen Beyträge für Freunde der Philosophie, Litteratur und Kunst* mit dem 3. Jahrgang einstelle, habe er an eine wohlfeile Neuausgabe seiner dort gedruckten Rede gedacht, zusammen mit den bei Göschen erschienenen. Er glaubte, sie Göschen »zuerst anbieten zu *müssen* [im Original unterstrichen]. Ich bin im übrigen gewiß, daß dieß Unternehmen dem Verleger nicht nachteilig seyn wird«. »Die kleine Gedichtsammlung erscheint nun zunächst auch nicht. Auf Gewinn ist dabey nicht zu rechnen (dies weiß ich sehr wohl)«, zu gegebener Zeit werde er sie auf eigene Kosten drucken lassen. Er legt es Göschen gegenüber sogar als Vorteil aus, sie in Dorpat herauszugeben, da der Druck »hier unter meinen Augen auch correcter Statt finden möchte«.

---

76 Noch 1845 verzeichnet der Lagerkatalog der Göschenschen Buchhandlung einen Bestand von 40 Exemplaren dieser Ausgabe von Karl Ludwig von Knebels ›Gedichten‹ (1815).
77 Süss: Morgenstern, S. 143 ff.

Er weist die Rolle eines Bittstellers von sich: »Bey Ihnen *anzufragen*, wäre mir nicht eingefallen, hätt ich mich nicht eines ausdrücklichen Worts erinnert, das Sie in Osmanstätt[78] hierüber mündl. mir sagten. Ich bin im übrigen himmelweit entfernt, jenes für irgend verbindlich zu halten; ich lege auf diese Kleinigkeit geringen Wert u. möchte in dieser Hinsicht keinem jemals Verbindlichkeit haben.«

Mit diesem Schreiben war die gegenseitige Interessenlage zerstört, fand das jahrzehntelange ausbalancierte Rollenspiel ein Ende. Göschen erhielt keine Klassikeredition und auch keine Lebensbeschreibung Klopstocks aus Morgensterns Feder, die ursprüngliche Hoffnung auf die Mitarbeit eines jungen, aufstrebenden Wissenschaftlers erwies sich als Fehlspekulation. Nach seiner Berufung nach Dorpat hat Morgenstern nur noch kleinere Schriften, Programmvorreden und Aufsätze verfaßt. Nicht nur Göschen wurde enttäuscht. Morgensterns Lehrer Friedrich August Wolf schrieb 1808 an Johannes von Müller – nach Erscheinen der Festrede: »Einen unvermuteten Anlass [zur Erneuerung ihres Andenkens] gab einer meiner ehemaligen Schüler, der Dorpater Morgenstern, dem man wenigstens nachrühmen muss, daß er sich noch immer in der Bewunderung edler und grosser Männer gefällt. Sonst erfüllt er leider wenige der Hoffnungen, die ich mir ehemals von ihm machte, und wird immer eleganter, eitler und fader.«[79]

Die Verdienste Morgensterns liegen auf den geschilderten Gebieten der Wissenschafts- und Bibliotheksorganisation in Dorpat.[80] Als Kunde von Göschens Verlags- und Buchhandlungsartikeln führt er die Korrespondenz noch bis in die Mitte der zwanziger Jahre weiter. Uns interessierte die Autor-Verleger-Beziehung, das Bemühen Göschens um einen geeigneten Editor und Biographen; dabei wurden einige Einblicke in seine Verhandlungsstrategien und die Programmgestaltung unter schwierigen wirtschaftlichen und politischen Rahmenbedingungen möglich. Göschen »versagte sich das Vergnügen«, Morgensterns Verleger zu sein, sein Briefstil aber war stets der »Würde des Berufsstandes gemäß«. Im letzten nachweisbaren Schreiben an Morgenstern vom 17. September 1824, das sich zum wiederholten Male mit der Abrechnung einer umfangreichen Buchlieferung beschäftigte, schloß er: »Erhalten Sie mir auch fernerhin Ihr gütiges Wohlwollen, und sollten Sie Leipzig einmal wieder besuchen, so rechne ich darauf, daß Sie mir die Freude machen, mich mit Ihrem Besuch zu beehren.«

---

78 Offensichtliche Verwechslung mit »Hohenstädt«; ein Zusammentreffen von Morgenstern und Göschen bei Wieland in Oßmannstedt ist m. W. nicht belegt.
79 Süss: Morgenstern, S. 80.
80 Zur zeitgenössischen und historischen Einschätzung Morgensterns vgl. Martini: Der Bildungsroman, S. 46 ff.

Literaturverzeichnis

Quellen

Berlin, Staatsbibliothek Preußischer Kulturbesitz
 Sammlung Darmstadt 2f 1800 (2); Slg. Darmstadt 2i 1810 (2).
Dresden, Sächsische Landesbibliothek
 Msc. Dresd. h 3 r, Bd. 59 u. 60; h 37 »Vermischtes«.
Jena, Universitätsbibliothek
 Briefe Göschens an Eichstädt, EN. 18. 102-140.
Leipzig, Deutsche Bücherei
 Deutsches Buch- und Schriftmuseum, Göschen-Sammlung
Marbach, Deutsches Literaturarchiv
 Brief Morgensterns an Göschen vom 10./22. Nov. 1816.
Tartu, Wissenschaftliche Bibliothek Tartu, Estnische SSR
 Mrg. CCCXLII, Bd. II, III, VI, VIII u. XI.
Göschen, Georg Joachim: Meine Gedanken über den Buchhandel und über dessen Mängel, meine wenigen Erfahrungen und meine unmaßgeblichen Vorschläge, dieselben zu verbessern. Bloß abgedruckt für die Herren Vorsteher und meine übrigen Collegen, zur Prüfung, Verbesserung und Ergänzung. [Leipzig 1802].
Goethe, Johann Wolfgang: Winkelmann und sein Jahrhundert. Tübingen: Cotta 1805.
Desgl. in: Johann Wolfgang Goethe. Sämtliche Werke nach Epochen seines Schaffens. Münchner Ausgabe. Bd. 6.2. Weimarer Klassik 1798-1806. Hrsg. v. Victor Lange u. a. München 1988, S. 195-400 u. Kommentar S. 1046-1064.
Morgenstern, Carl: Johann Winkelmann. Eine Rede von D. Carl Morgenstern [...] nebst dessen Rede über den Einfluß des Studiums der griechischen und römischen Classiker auf harmonische Bildung zum Menschen. Mit Winkelmanns Portrait nach Mengs. Leipzig, bey G.J. Göschen, 1805.
Morgenstern, Karl: Johannes Müller oder Plan im Leben nebst Plan im Lesen und von den Grenzen weiblicher Bildung. Leipzig, bey G.J. Göschen. 1808.
Morgenstern, Karl: Auszüge aus den Tagebüchern und Papieren eines Reisenden. Erster Band [Mehr nicht erschienen]. Dorpat, auf Kosten des Verfassers gedruckt bey M.G. Grenzius; Leipzig, in Commission bey P.G. Kummer. 1811-13.
Seume, Johann Gottfried: Mein Sommer 1805. [Erstausgabe 1806]. Hrsg. v. Peter Goldammer. Berlin 1968.
Wagner, Ernst: Sämmtliche Schriften. Ausgabe letzter Hand besorgt von Friedrich Mosengeil. 12 Bde. Leipzig, bei Gerhard Fleischer, 1827-8.
Wagner, Ernst: Die reisenden Maler. 2 Bde. Leipzig: Göschen 1806.

Forschungsliteratur

Bettmann, Otto: Georg Joachim Göschen und die Typographie. In: Zeitschrift für Deutschlands Buchdrucker und verwandte Gewerbe. S. 380-2.
Blumenthal, Liselotte: Das glückliche Jahr 1790: Zwei unveröffentlichte Briefe Schillers an Göschen. In: Jb d. Deutschen Schillergesellschaft 19 (Stuttgart 1975) S. 1-24.
Buchner, Karl: Wieland und Georg Joachim Göschen. Stuttgart 1875. (Beiträge zur Geschichte des Deutschen Buchhandels. Drittes Heft.)

Crous, Ernst: Die erste Probe Didotscher Lettern aus der Schriftgießerei J.C.L. Prillwitz zu Jena. Berlin 1926.

Debes, Dietmar: Georg Joachim Göschen. Die typographische Leistung des Verlegers. Leipzig 1965.

Engelhardt, Roderich von: Die Deutsche Universität Dorpat in ihrer geistesgeschichtlichen Bedeutung. München 1933 (Schriften der Deutschen Akademie Nr. 13).

Fischer, Ernst [Hrsg.]: Der Buchmarkt der Goethezeit. Eine Dokumentation. 2 Bde. Hildesheim 1986 (Texte zum literarischen Leben um 1800. Bd. 15)

Gerhardt, Luise: Karl August Böttiger und Georg Joachim Göschen im Briefwechsel. Leipzig 1911.

Göpfert, Herbert G.: Lesende Landleute. Zu einem Brief von Georg Joachim Göschen. In: Euphorion 8 (1987), S. 58-65.

Goldfriedrich, Johann [Hrsg.]: Aus den Briefen der Göschensammlung des Börsenvereins der Deutschen Buchhändler zu Leipzig. Leipzig 1918. (Jahresgabe der Gesellschaft der Freunde der Deutschen Bücherei für das Jahr 1918).

Goldfriedrich, Johann: Geschichte des Deutschen Buchhandels vom Beginn der klassischen Litteraturperiode bis zum Beginn der Fremdherrschaft (1740-1804). (Geschichte des Deutschen Buchhandels 3. Bd.) Leipzig 1909.

Goldfriedrich, Johann: Geschichte des Deutschen Buchhandels vom Beginn der Fremdherrschaft bis zur Reform des Börsenvereins im neuen Deutschen Reiche (1805-1889). (Geschichte des Deutschen Buchhandels 4. Bd.) Leipzig 1913.

Die Göschenschen Prachtausgaben. In: Vierteljahrsschrift für angewandte Bücherkunde 3 (1922) S. 72-75.

Goschen, Viscount: Das Leben Georg Joachim Göschens von seinem Enkel Viscount Goschen. Deutsche, vom Verfasser bearbeitete Ausgabe, übersetzt von Th. A. Fischer. 2 Bde. Leipzig: G.J. Göschen'sche Verlagshandlung 1905.

Haferkorn, Hans Jürgen: Der freie Schriftsteller. Eine literatur-soziologische Studie über seine Entstehung und Lage in Deutschland zwischen 1750 und 1800. In: AGB V (1964), Sp. 523-712.

Hartmann, Walter: Volksbildung. Ein Kapitel Literaturgeschichte der Goethezeit. Stuttgart 1985 (Stuttgarter Arbeiten zur Germanistik 158).

Jensen, Inge (Bearb.): Quellen und Zeugnisse zur Druckgeschichte von Goethes Werken. Teil 4. Die Einzeldrucke. Berlin 1984.

Justi, Carl: Winckelmann und seine Zeitgenossen. Hrsg. v. Walther Rehm. 3. Bd. 5. Aufl. Köln 1956.

Kiesel, Helmuth/Münch, Paul: Gesellschaft und Literatur im 18. Jahrhundert. Voraussetzungen und Entstehung des literarischen Marktes in Deutschland. München 1977.

Lenz, Wilhelm [Hrsg.]: Deutschbaltisches biographisches Lexikon. 1710-1960. Köln/Wien 1970.

Lorenz, M. Christian Gottlob: Zur Erinnerung an Georg Joachim Göschen. In: Jahresbericht über die Königl. Sächs. Landesschule zu Grimma. Grimma 1861.

Martini, Fritz: Der Bildungsroman. Zur Geschichte des Wortes und der Theorie. In: Deutsche Vierteljahrsschrift für Literaturwissenschaft und Geistesgeschichte 35 (1961), S. 44-63.

Osterkamp, Ernst: Winckelmann in Rom. Aspekte adressatenbezogener Selbstdarstellung. In: Rom–Paris–London. Erfahrung und Selbsterfahrung deutscher Schriftsteller und Künstler in fremden Metropolen. Hrsg. v. Conrad Wiedemann. Stuttgart 1988 (Germanistische Symposien VII), S. 203-230.

Peep, Laine und Paul Kaegbein: Die Universitätsbibliothek Dorpat in Vergangenheit und Gegenwart. In: Reval und die baltischen Länder. Marburg 1980, S. 473-488.

Raabe, Paul: Schiller und die Typographie der Klassik. In: Imprimatur. N.F. 2 (1958/60) S. 152-171.

Recke, Johann Friedrich von und Karl Eduard Napiersky: Allgemeines Schriftsteller- und Gelehrten-Lexikon der Provinzen Livland, Esthland und Kurland. Bd. 2. Mitau 1829; Bd. 3 Mitau 1831.

Rietzschel, Eva [Hrsg.]: Gelehrsamkeit ein Handwerk? Bücherschreiben ein Gewerbe? Dokumente zum Verhältnis von Schriftsteller und Verleger im 18. Jahrhundert in Deutschland. Leipzig 1982.

Rosenstrauch, Hazel: Buchhandelsmanufaktur und Aufklärung. Die Reformen des Buchhändlers und Verlegers Ph. E. Reich (1717-1787). Sozialgeschichtliche Studie zur Entwicklung des literarischen Marktes. In: AGB 26 (1986) S. 1-129.

Samuel, Richard: Ein Brief Friedrich von Hardenbergs an den Verleger Georg Joachim Göschen: Transcription und Erläuterungen. In: Literatur als Dialog – Festschrift zum 50. Geburtstag von Karl Tober. Hrsg. v. Reingard Nethersole. Johannesburg 1979, S. 267-282.

Schelle, Hansjörg: Wielands Beziehungen zu seinen Verlegern. Neue Dokumente. Teil III. In: Lessing Yearbook IX (1977) S. 166-258.

Schelle, Hansjörg: Wielands Briefwechsel mit Christian Friedrich von Blanckenburg und zwei Briefe Wielands an Göschen. In: Lessing Yearbook. Vol. 17 (1985) S. 177-208.

Schelle, Hansjörg: Ein unbekannter Brief August Wilhelm Schlegels an Georg Joachim Göschen. In: Christoph Martin Wieland, hrsg. v. Hansjörg Schelle. Tübingen 1984. S. 594-614.

Selbmann, Rolf (Hrsg.): Zur Geschichte des deutschen Bildungsromans. Darmstadt 1988 (Wege der Forschung Bd. 640).

Starnes, Thomas C.: Christoph Martin Wieland. Leben und Werk. 3 Bde. Sigmaringen 1987.

Süss, Wilhelm: Karl Morgenstern (1770-1852). Ein kulturhistorischer Versuch. In: Acta et commentationes Universitatis Tartuensis. Reihe B (Humaniora), Nr. XVI.2. Tartu 1928/29.

Thraemer, E.: [Artikel] Karl Morgenstern. In: ADB 22 (1885), S. 231-233.

Tiemann, Hermann: Christoph Daniel Ebeling. Hamburger Amerikanist, Bibliothekar und Herausgeber Klopstocks. In: Festschrift Heinrich Reincke (Zeitschrift des Vereins für Hamburgische Geschichte Bd. XLI) Hamburg 1951, S. 352-374.

Ungern-Sternberg, Wolfgang von: Chr. M. Wieland und das Verlagswesen seiner Zeit. In: AGB XV (1974), Sp. 1211-1534.

Ungern-Sternberg, Wolfgang von: Schriftsteller und literarischer Markt. In: Deutsche Aufklärung bis zur Französischen Revolution 1680-1789. Hrsg. v. Rolf Grimminger (Hansers Sozialgeschichte der deutschen Literatur Bd. 3) München/Wien 1980, S. 133-185.

Weyrauch, Erdmann: »... jede Arbeit ist mir verhaßt bey der man nicht ein edler Mensch bleiben kann.« Göschen an Archenholz. In: Wolfenbütteler Notizen zur Buchgeschichte XIII, 1988, S. 52-8, hier S. 56, Anm. 2.

Wittmann, Reinhard: Zur Verlegertypologie der Goethezeit: unveröffentlichte Verlegerbriefe an Heinrich Wilhelm von Gerstenberg. In: Jb. f. Internationale Germanistik. Jg. 8. Bern/Frankfurt a. M. 1976, H. 1, S. 99-130.

Wittmann, Reinhard: Buchmarkt und Lektüre im 18. und 19. Jahrhundert. Beiträge zum literarischen Leben 1750-1880. Tübingen 1982. (Studien und Texte zur Sozialgeschichte der Literatur Bd. 6)

Wittram, Reinhard: Die Universität Dorpat im 19. Jahrhundert. In: Deutsche Universitäten und Hochschulen im Osten, hrsg. v. Walther Hubatsch u. a. Köln und Opladen 1964 (Wiss. Abhandlungen der Arbeitsgemeinschaft für Forschung des Landes Nordrhein-Westfalen. Band 30), S. 59-86.

Zeman, Herbert: Ein Goethe Autograph aus dem Besitz Konrad H. Lesters. In: Jahrbuch des Wiener Goethe-Vereins Bd. 81/82/83 (1977/78/79), S. 309-313.

Wulf D. v. Lucius

Anmut und Würde

Zur Typographie des Klassizismus in Deutschland

Deutlicher als in den anderen großen Nationen Europas im 18. Jahrhundert hebt sich die in Deutschland kurzlebige Blüte des klassizistischen Stils von den Epochen davor und danach ab. Während in Italien und Frankreich während des ganzen 18. Jahrhunderts, insbesondere in der Architektur, die so häufig als der Typographie innerlich nächstverwandte Kunst betrachtet wird[1], wesentliche protoklassizistische Tendenzen erkennbar sind, treten in Deutschland ziemlich unvermittelt die geometrisch-rektangulären, grazilen Schöpfungen des Klassizismus gegenüber den schwingend-bewegten Formen des deutschen Barock auf, die den eigenständigen Beitrag der deutschen Baukunst zur europäischen Architektur des 18. Jahrhunderts dargestellt hatten.

Ebenso deutlich unterscheidbar begegnen wir etwa seit 1785 in der Typographie einem entschiedenen, bewußt als »neu« auftretenden Klassizismus in Deutschland, der aber nach 25jähriger Wirksamkeit auch wieder schnell (und betrüblicherweise praktisch ohne Nachwirkungen) endet, während in den genannten anderen Ländern ein lang ausklingender Nachhall der klassizistischen Formideale unverkennbar ist. Es wurde eben vorsichtig von einer etwa 25jährigen »Wirksamkeit« klassizistischer Formideale in der Typographie gesprochen und sehr bewußt nicht etwa von einer Periode, in der diese beherrschend gewesen wären. Im 18. Jahrhundert war nur noch im deutschen Sprachraum Zweischriftigkeit gegeben, d.h. ein Nebeneinander von Fraktur und Antiqua bei absoluter Vorherrschaft der Fraktur in wohl über 90% aller Druckwerke, manche Forscher sprechen sogar von 95%. Es ist ein bemerkenswertes Phänomen, daß auch in der kurzen Periode des Klassizismus, deren zeitliche Abgrenzung im Bereich der Typographie etwa von 1785 bis 1810 angesetzt werden kann, die weit überwiegende Verwendung der Frakturschriften in der Buchproduktion unverändert fortdauerte. Aufblühen und Ende der klassizistischen Typographie in Deutschland lassen sich also *nicht* in quantitativen, sondern ausschließlich mit qualitativen Kriterien beschreiben. Deren näherer Betrachtung ist die nachfolgende Arbeit gewidmet.

Angesichts der hervorragenden und eigenständigen Leistungen, die die klassi-

---

1 Hermann Zapf spricht kurz und bündig von Typographie als »zweidimensionaler Architektur«.

zistische Typographie in Deutschland aufzuweisen hat, sowie der Tatsache, daß sie zeitgleich mit den großen Werken der deutschen Klassik einhergeht, ist die Beschäftigung mit dieser Periode erstaunlich gering, abgesehen von der reichhaltigen und fundierten Literatur zu ihren beiden bedeutendsten Typographen, nämlich Unger und Göschen. In dreißig Jahrgängen des *Philobiblon* zum Beispiel findet sich kein Aufsatz zu unserem Thema, und insbesondere fehlt es, abgesehen von der inhaltsreichen und wichtigen Arbeit Georg K. Schauers an einem Versuch, die Typographie des Klassizismus nicht nur typenkundlich-bibliographisch, sondern aus einer allgemeineren Sicht heraus zu betrachten. Diese Lücke kann hier nicht geschlossen werden, das Anliegen ist aber, durch Einbeziehung grundlegender ästhetischer Tendenzen und Fragestellungen der Epoche die Typographie des Klassizismus als besonders charakteristische Ausformung derselben sichtbar zu machen.

1. Klassizismus als Programm des Idealen

Bei der Suche nach Kriterien, wo denn eigentlich der Klassizismus beginnt und das Barock aufhört, finden wir trotz der erwähnten Bewußtheit, mit der die Zeit den Übergang zum Klassizismus als starke Veränderung empfand, zunächst keine klare Bruch- oder Trennlinie vor, sondern feingestufte, gleitende Übergänge und schrittweises Vordringen zunächst klassizistischer *Ideen*, und erst danach entsprechender *Realisationen*. Sedlmayr spricht davon, daß dem Wirrwarr der Überlagerungen von Rokoko und Klassizismus »erst die große Vereinfachung durch den akademischen Purismus seit 1780 bis 1790 ein Ende« gemacht habe. Diese zeitliche Eingrenzung eines entwickelten »eigentlichen« Klassizismus ist für unsere Betrachtung der Situation im Bereich der Typographie von Bedeutung und wird gestützt durch Landsbergers Bemerkung, daß eine wirkliche Beziehung der (deutschen) Architektur zur Antike erst ab ca. 1785 zu verzeichnen sei. Klassizismus ist also nicht etwa schon mit der mehr oder weniger intensiven Anwendung antiker Formelemente vorhanden, sondern erst, wenn anstelle antiker Zitate und Versatzstücke ein konsequent an der Antike orientierter Gestaltungswille erkennbar wird. Es darf hier kurz angemerkt werden, daß im Bereich der Typographie die Beurteilung der Antiqua als »antiker« Schriftform bekanntlich auf einem Mißverständnis der spätmittelalterlichen Humanisten beruht, die die karolingischen Handschriften als Spiegel römischer Schriftkultur interpretierten. Insofern könnte es im strengen Sinne gar keine klassizistische Typographie geben – so hielt es konsequenterweise (mit genau dieser Argumentation) die große Europaratsausstellung »The age of Neoclassicism« 1972 in London, die Druckwerke bewußt ausklammerte und nur in einer ganz beiläufigen Nebenschau andeutete. Eine solche Ausgrenzung der Typographie aus dem (Neo-)Klassizismus mag zwar logisch sein, bringt aber keinerlei Erkenntnisgewinn, sondern führt vielmehr dazu, eine wichtige Ausprägung klassizistischer Kunst beiseite zu schieben.

Wenn wir versuchen, uns einige entscheidende Wesenszüge der Epoche des Klassizismus vor Augen zu führen, so ist sicher am wichtigsten, daß es eine Zeit großer intellektueller Bewegung und radikaler Änderung war – noch Baudelaire bewunderte die zielstrebige Konsequenz, mit der die Künstler der Zeit – allen voran repräsentiert durch David, »den eisigen Stern« – ihre vorgesetzten Ziele verfolgten. Kunst wird gleichzeitig zum Objekt wissenschaftlicher Betrachtung – nur konsequent im Jahrhundert des Szientismus. Es sei daran erinnert, daß erst um die Mitte des 18. Jahrhunderts eine eigentliche Kunstgeschichtsschreibung, beginnend mit Blondels Architekturgeschichte von 1752, einsetzt. Dieser verstandesmäßigen Orientierung der Kunst, diesem Primat der Kunsttheorie vor der Kunstausübung, hat im Bewußtsein der Zeitgenossen Winckelmann[2] die Bahn gebrochen mit der Auffassung, Voraussetzung der Schönheit seien Einheit und Einfalt, die Erhabenheit erzeugen (Schiller wird später von Würde reden), sowie Grazie und Natürlichkeit, wobei Grazie zwei unterschiedene Komponenten aufweist, nämlich die platonisch-ideenmäßige Harmonie (abstrakt-unsinnlich) und zum andern die sinnlich wirkende Anmut. Damit sind bereits die entscheidenden Stichworte, die auch die gesamte Diskussion um die klassizistische Schriftgestaltung und Typographie beherrschen, genannt. Hinzu tritt noch das Konzept der Idealisierung, d.h. einer Orientierung des Ideal-Schönen am Vorbild der Antike, die eine Entindividualisierung in sich trägt. Winckelmann sagt dazu: »Die griechischen Künstler reinigen ihre Bilder von allen persönlichen Neigungen, welche unseren Geist von der wahren Schönheit ablenken.«

Hugh Honour stellt in der Einführung zum Katalog der Londoner Ausstellung wesentliche, weitere Elemente dieser Epoche knapp und anschaulich zusammen: Moralische Qualitäten werden zugleich ästhetische: Wahrheit, Reinheit, Adel, Aufrichtigkeit – quasi ein Gegenprogramm zu den Vorstellungen des Rokoko. Der Neoklassizismus – so heißt die Epoche ja in den anderen Sprachen, was einen Hinweis darauf gibt, daß in all diesen Ländern ein Klassizismus in einem allgemeinen Sinne schon lang vorhanden war – war von seinem

---

2 Es ist ein aufschlußreiches Detail, daß Salomon Gessner sich mit der Frage, ob die Antiqua vorzuziehen sei, an Winckelmann wandte. Winckelmann versprach eine Antwort, doch sie ist uns nicht überliefert.

Ansatz her didaktisch belehrend, seine Schöpfer strebten eine Veredlung nicht nur der Kunst, sondern ebenso der Gesellschaft an.

Zu diesem Ideal der Aufrichtigkeit, der Ablehnung jeder Täuschung, gehört die Dominanz des *disegno* im Neoklassizismus – und könnte es eine der Typographie förderlichere Maxime in der Kunst geben als diese? Hugh Honour spricht davon, daß die Jahre um 1800 eine Unterbrechung der großen Linie des Illusionismus von Spätrenaissance und Barock bedeuten, eines Illusionismus, der sich dann im 19. Jahrhundert (in vielleicht niemals zuvor geahnter Vehemenz) wieder fortsetzt. Während der Beginn der klassizistischen Epoche sich als radikale Neubesinnung, als Wille zur Veränderung darstelle (Aktion und Innovation), sei sein Ausklingen ein schrittweises Verschieben der Akzente zu einer Phase von Antwort und Reflexion. Trotz der dem deutschen Idealismus so nahe scheinenden moralisch-pädagogischen Antriebskräfte des Klassizismus hat für dessen unvollkommene Rezeption und eher kritische Bewertung in Deutschland offenbar doch die stärkere Neigung zur Reflexion den Ausschlag gegeben.

Dies um so mehr, als der Klassizismus ungeachtet durchaus verschiedener nationaler Ausgangspunkte immer wieder als internationaler Stil verstanden wurde, so daß häufig vom europäischen Klassizismus die Rede ist: Im ausgehenden 18. Jahrhundert beherrscht dieser theoretisch geprägte, umfassende Stilwille die europäischen Länder. Der Bezug auf das – ob vermeintliche oder tatsächliche, sei dahingestellt – Vorbild der Antike führt notwendigerweise weg von national begrenzten Stilprägungen. Gerade in Deutschland hat eben wohl nicht zuletzt deshalb der Klassizismus in aller Regel in der Kunstwissenschaft unter einem negativen Vorurteil zu leiden gehabt – der fremde, oktroyierte Formkanon gegen das »Echte«. Wir werden diese Diskussion, deren späten Nachklang die nachfolgenden Sätze H. v. Einems noch spüren lassen, in der sehr emotional geführten Diskussion um Antiqua oder »deutsche Lettern« um 1790 wiederfinden. Von Einem beschreibt Grundzüge des Klassizismus in einem dieser Epoche gewidmeten Werk durchaus zutreffend und doch mit überraschend negativem Unterton:

»Das 18. Jahrhundert ist die Grenzscheide zweier Zeiten. In ihm endet die Epoche, die mit dem frühen Mittelalter ihren Anfang genommen und im Barock noch einmal einen großartigen Triumph hatte feiern können. Mit den politischen und geistigen Voraussetzungen der Französischen Revolution beginnt die Epoche, die auch die Gegenwart noch umschließt und deren Kämpfe, Aufschwünge und Niederlagen Inhalt und Schicksal unseres Lebens ausmachen.

Die Einheit der früheren Epoche liegt in dem objektiven Charakter ihrer Vorstellungsformen und Lebensäußerungen...

Um die Mitte des 18. Jahrhunderts war diese Epoche zu Ende. Die Kräfte, die die europäische Kultur immer wieder hatten erneuern und lebendig erhalten können, wichen Gegenkräften, die seit Jahrhunderten auflösend am Werk waren. Das gestalthafte Denken wurde zur Ausnahme, begrifflich abstraktes Denken zur Regel... Im 19. Jahrhundert ist es nicht mehr eine vorkünstlerisch geprägte Gegenstandswelt, die sich die Form der künstlerischen Verwirklichung sucht, sondern umgekehrt die heimatlos gewordene Kunst, die sich ihrerseits um würdige Themen bemüht. Das Verhältnis der Kunst zum Leben verwandelte sich in sein Gegenteil.«

Die Kunst des Klassizismus, die logisch rein (aufbauend auf den geometrischen Grundformen in ihrer Deutung durch die Baukunst der Antike) und zugleich allgemeingültig (auch moralisch verbindlich) sein wollte, hat in Deutschland nie eine dauerhafte Wirkung entfalten können – ihr Vorleben und Nachleben sind ungleich schwächer und kürzer als in England, Frankreich oder Italien. Etwas überspitzt könnte man – welch hintersinniger Gegensatz zum Anspruch der Endgültigkeit des antikischen Stils – von einer schönen Episode, einem glücklichen Augenblick sprechen. In ganz besonderem Maße gilt dies im Reich der Typographie.

2. Zielvorstellungen der klassizistischen Typographie

»Worin aber sollen wir sagen, daß das Schöne bestehe? Vielleicht in zwei Dingen vor allem: in der Harmonie, die den Geist befriedigt, indem sie zu erkennen gibt, daß alle Einzelteile eines Werkes sich der Gesamtidee unterordnen, und in den Proportionen, die das Auge oder vielmehr die Phantasie erfreuen. Diese trägt ja bestimmte Vorstellungen und Bilder in sich, und je mehr das Gesehene mit ihnen übereinstimmt, desto größer ist das Gefallen daran. Die Harmonie, die sich aus der Übereinstimmung der Teile ergibt, sobald diese ihr Dasein nicht dem Zufall, sondern einer planmäßig zu einem bestimmten Zweck vorgenommenen Wahl verdanken, unterliegt – soweit sie sich klar zu entfalten vermag – der Kritik der Vernunft.«

Spricht hier ein an Kant orientierter Vertreter des deutschen Idealismus? Mitnichten – es sind Sätze, die Giambattista Bodoni, der Erztypograph des Klassizismus, im Vorwort zum *Manuale Tipografico*, niedergeschrieben hat. Was könnte besser die Nationalgrenzen ignorierende Überzeugungskraft eines ästhetischen Idealismus dokumentieren als solch eine Redeweise eines italienischen Künstlers, der im Zweifel nicht eine Zeile, auch nicht indirekt, der philosophischen Ästhetik eines Kant oder Schiller gelesen hatte? Der Geist rationaler Allgemeingültigkeit, der Wunsch, etwas »endgültig« Schönes zu schaffen, war bis in die Arbeitsräume eines italienischen Kunst-Handwerkers gedrungen und vermochte diesen stets überlasteten, vielbeschäftigten Mann beredsam zu machen.[3]

In eben diesem Vorwort faßt Bodoni die für die klassizistische Typographie entscheidenden Grundvoraussetzungen zusammen. Wesentlich ist zuvörderst – ganz im Sinne der illusionsfeindlichen Vorherrschaft des *disegno* – die Befreiung von unnötiger Dekoration; reine Typographie, wie sie der von Bodoni geschätzte

---

3 Und das würde auch gelten, wenn vielleicht einer der gelehrten Freunde Bodonis aus der Parmenser Akademie hier die Feder geführt haben sollte.

Baskerville nach Jahrhunderten typographischer Verwilderung wieder belebte, ist das klare Ziel: »Ein Buch wird um so mustergültiger, je reiner die einfache Schönheit der Typen in ihm zum Tragen kommt.«[4] Das gilt nach Bodoni um so mehr, als »in den schönen Wissenschaften wie in der Philosophie der Geschmack der Kenner sich mehr und mehr dem Einfachen und Strengen zugewandt hat und eine Schönheit ohne jedes Ornament, das ja doch nur entliehen wäre (!), jeder anderen vorzieht«. Nach diesen mehr grundsätzlichen Erörterungen geht Bodoni konkret darauf ein, was denn die Umsetzung dieser Zielvorstellungen in der typographischen Praxis erfordert:

1. Regelmäßigkeit von Typen und Satz
2. Sauberkeit und Glätte, deren Voraussetzung gute Stempel (also exakte Technik) sind
3. Auswahl der besten Formen, »die in zarter und anmutiger Weise den schönen Gegensatz von Licht und Schatten zur Geltung kommen lassen«
4. Anmut der Komposition ohne Künstelei und Gezwungenheit

Das letztere Kriterium verweist auf einen scheinbar widersprüchlichen, dem Klassizismus ganz eigenen Gedankengang, wie er sich sehr ähnlich auch in der Gartenkunst der Epoche, etwa eines Brown oder Repton, wiederfindet: daß das mit höchster Bewußtheit und äußerstem Formwillen *Gestaltete* (sei es nun der aus Pflanzen komponierte Landschaftsgarten oder die aus Typen komponierte Buchseite) als Endergebnis ungekünstelt und ungezwungen, d. h. »natürlich« wirke. Natürlichkeit ist also mit höchster rationaler Intensität geplante Gestaltung, was im Grunde nur eine andere Ausdrucksweise für die angestrebte Endgültigkeit des Stils ist.

Als weitere Kriterien des gut gestalteten Buches nennt Bodoni:

– sorgfältige Reihung in geraden, völlig regelmäßigen Zeilen (womit die Typographie ganz zwanglos einem Hauptelement klassizistischer Architektur, dem Horizontalismus der Gliederung, gerecht wird)
– gleiche Wortzwischenräume
– Symmetrie der gegenüberliegenden Seiten (bis in die Höhe der Fußnoten)
– gleichmäßige Farbgebung, sattes Schwarz des Drucks (deutsche Bewunderer sprechen denn auch bei Göschen von »bodonischer Schwärze« als höchstem Lob)
– Glätte des Papiers

All diese Forderungen finden sich zum Teil fast wörtlich wieder bei Göschen und Unger und anderen Teilnehmern an der typographischen Debatte der Zeit (siehe dazu ausführlich mit zahlreichen Zitaten Debes und Schauer).

---

4 Schiller drückt es in einem Brief an Cotta ganz ähnlich aus: »Wir wollen alles vermeiden, was Schnörkel und Überladung ist, und Schnörkel heißt mir in einem Buche alles, was nicht Buchstabe oder Interpunktion ist.«

3. Technische Erfordernisse

Manche, ja die meisten der genannten Zielvorstellungen der Meistertypographen des Klassizismus mögen uns heute trivial erscheinen, so selbstverständlich und ohne übermäßigen Aufwand sind sie für jeden Setzer und Drucker realisierbar. Wie anders war aber der Ausgangspunkt von Satz- und Drucktechnik am Beginn des Klassizismus! Wie unvollkommen, nicht streng maßhaltig, häufig abgequetscht, ungleich und eher grau gedruckt, sind selbst die frühen Bodoni-Drucke der späten 60er und frühen 70er Jahre. Ganz gewiß haben sich die Zielvorstellungen der klassizistischen Typographie entscheidend erst mit greifbaren technischen Neuentwicklungen konkretisiert und akzentuiert – ebenso gewiß erscheint es mir aber, daß schrittweise sich stärker ausprägende Formvorstellungen wesentlicher Antrieb für Entwicklung und Durchsetzung technischer Neuerungen gewesen sind. Die Realisierung und kombinierte Anwendung der nachfolgend kurz genannten technischen Verbesserungen seit der Mitte der 80er Jahre (auch bei Bodoni nicht nennenswert früher) ist m. E. die einzig richtige Datierung für den Beginn der klassizistischen Typographie.

Zunächst geht es um erfolgreiche Steigerung der Exaktheit beim Schriftschnitt und -guß. Die bewußte Steigerung des Gegensatzes von kräftigem Grundstrich zu feinen (teils überfeinen) Serifen erforderte höchstes technisches Können in beiden Arbeitsphasen, aber ebenso eine verfeinerte Metallurgie, die das technisch-wissenschaftliche Jahrhundert bereitgestellt hatte.

Exakter Schnitt und gleichmäßige Schrifthöhe werden nur wirksam, wenn sie nicht in der Presse beim Druckvorgang verloren gehen bzw. verdorben werden. Daher war eine zweite entscheidende technische Verbesserung, die die zuvor nie erreichbare Druckqualität des Klassizismus ermöglichte, die eiserne Druckpresse, als deren Pionier Haas in Basel gilt (1772). Göschen lernte diese 1792 bei einer Schweizreise, die primär dem Einkauf erstklassigen Schweizer Papiers in Basel[5] galt, kennen, und übernahm sie sofort für seine neu eingerichtete Druckerei. Zur eisernen Presse traten die metallenen Stege, die allein die Gradlinigkeit der Zeilen und Ränder im Verlauf des Auflagendrucks garantieren konnten.

Das dritte Erfordernis – und davon reden die großen Drucker der Zeit ganz besonders viel – ist die Güte und Glätte des Papiers. Strahlende Weiße entsprach nicht nur in der Buchgestaltung einer der Idealvorstellungen des Klassizismus; Weiß, als Farbe der Aufrichtigkeit, Reinheit und Klarheit. Alle Druckpapiere der vorangegangenen Epochen vermochten diese Forderungen nicht zu erfüllen, und es liegt vielleicht eine gewisse Tragik in der Tatsache, daß Baskerville, einer

---

5 Insbesondere aus der Imhoffschen Papiermühle, deren Erzeugnisse selbst im europäischen Vergleich als allererste Qualität galten. Siehe ausführlich Weiß.

der geistigen Vorläufer klassizistischer Typographie und einer der Miterfinder des glatten Velinpapiers, auf Papiere druckte, die stark nachbräunen, und das zudem mit Druckfarben, die gelbbraun auslaufen; weswegen seine einst so hochgerühmten repräsentativen Druckwerke dem heutigen Auge, geschult an dem wenige Jahrzehnte später erreichten technischen Niveau der Meisterwerke des Klassizismus, eher unansehnlich erscheinen und die von den Zeitgenossen so gefeierte Leistung Baskervilles uns heute nur schwer nachvollziehbar machen.

Die Beschaffung des geeigneten, besten Papiers war stets ein Hauptproblem der Drucker des Klassizismus – durchweg auf allerhöchstem Niveau und ohne jeden Kompromiß hat es nur »der König der Drucker, der Drucker der Könige«, Giambattista Bodoni, gelöst. In Deutschland war dies, weil keine deutsche Papiermühle diese ersten Qualitäten zu liefern vermochte, immer eine Frage des Papierimports aus Holland bzw. bei allerersten Sorten aus der Schweiz, und das ergab in der Zeit der Napoleonischen Kriege größte Schwierigkeiten. So beschreibt Göckingk als Herausgeber der bei Unger gedruckten Sander'schen Luxusedition von Ramlers Gedichten, erschienen im Jahre 1800, die zahlreichen Ursachen für ein verzögertes Erscheinen, darunter auch: »Herr Sander machte auch sogleich Anstalt, die Ausgabe zu besorgen; allein die Schwierigkeit, während des Krieges Schweizerpapier zu erhalten, konnte er nicht eher als zu Anfange dieses Jahres überwinden.«

Ganz ähnlich entscheidend beurteilt Göschen die Frage der Papierbeschaffung, wenn er 1796 an Wieland, um weitere Manuskripte drängend, schreibt: »Imhoff könnte sterben, und dann fehlt mir das Papier.«

Mit der Beschaffung des feinen, glatten (d.h. ungerippten), weißen Velinpapiers allein und auch mit dem in der verbesserten Druckpresse sehr viel gleichmäßigeren Druck war es aber noch nicht getan: Eine wesentliche Verfeinerung, die für jeden Qualitätsdruck als unerläßlich galt, war das Glätten des Papiers. Hierfür gab es verschiedene Verfahren – einen Plattendruck oder ein Kalandrieren mit Walzen – zudem unterschieden, ob feucht oder trocken durchgeführt. Das Glätten kam zuerst in Frankreich und England auf und wurde besonders intensiv von Bodoni eingesetzt, Unger hatte es erstmals 1789 bei Goethes *Roemischen Carneval* – uns heute ein Prunkstück, während Goethe nur daran herumzumäkeln wußte – verwendet. Krünitz beschreibt das Glätten als eine »gleichförmige, in die Augen fallende Zurichtung, die dem Papier eigene Dichtigkeit verleiht«. Die heißfeuchte Glättung ergab die besten Ergebnisse, deren »vollkommene Glätte und den Lüster der Prachtausgaben eines Göschen«, ein Zeitgenosse 1802 hervorhebt. Sie war auch die teuerste. Bodoni fordert – nachdem er das Pergament zunächst als den idealen Druckstoff rühmt – folgerichtig das pergamentähnlich schimmernde, d.h. geglättete Papier, »ein schwieriges Geschäft, das viel

Geschicklichkeit erfordert«. Göschen schwärmt von der Papierfeuchtung, die einen »noch einmal so reinen Druck« ermögliche und ruft emphatisch: »Was wird Klopstock sagen, wenn er die folgenden Bogen sieht.« Die Art der Glättung war in verschiedenen Graden nach festliegenden Termini bestimmt, und es ist bekannt, daß Bodoni, dessen eigene Kapazitäten nicht ausreichten, immer wieder bei Haas in Basel (der uns hier also zum zweiten Mal als technischer Neuerer begegnet) glätten ließ, d. h. er investierte die Hin- und Rückfracht Parma/Basel und nahm die Risiken des Transports auf Lastkähnen und Ochsenkarren mit mehrfachem Umladen in Kauf für den gewünschten pergamentähnlichen Schimmer reiner Drucke – immer wieder besonders gerühmt etwa das Ergebnis bei seinem *Aminta* in Quart.

4. Luxus in schwieriger Zeit

Daß solch kompromißloser Perfektionismus sich in den Preisen der Drucke niederschlagen mußte, ist einsichtig, manchen Zeitgenossen schwindelte angesichts der Preise für Bodonis Drucke.[6] Da sich alle Meisterdrucker der Epoche einig darin sind, daß es der besten technischen Verfahren und des teuersten Papiers bedürfe, um einen schönen Druck zu erzielen, darf man die Buchkunst des Klassizismus als Luxuskunst geradezu definieren: Zum einen erforderte schon der von den Stilvorstellungen her angestrebte lichte Satz – Schiller spricht in seiner Korrespondenz mit Verlegern mehrfach von der gewünschten »spledniden Satzweise« – sehr großen Durchschuß (der nicht selten die Größe des Schriftkegels erreicht) und damit viel mehr Papier als bei ökonomischer Typographie.[7] Zum zweiten wurden diese Mehrkosten noch vervielfacht durch die ersten Papierqualitäten (eine Velinausgabe kostete bis zum Fünffachen einer Ausgabe auf normalem Papier) und die Kosten des Glättens. Es ist m. E. in Frage zu stellen, wenn etwa Debes behauptet, die typographische Qualität der vier parallelen Göschen'schen Wieland-Ausgaben gelte bis zur Volksausgabe auf einfachem Papier. Mir scheint das Gegenteil richtig: sowohl die Formvorstellungen (feinste Serifen, die zu einem sehr raschen Verschleiß der Typen führten, und großzü-

---

6 So erwähnt z. B. Göschen den horrenden Preis von 70 Dukaten für Bodonis Horaz in Folio – wie preiswert sind dagegen die (den deutschen Käufern dennoch gewaltig viel erscheinenden) 230 Taler für die 30 Bände der Wieland-Fürstenausgabe gewesen.

7 Allerdings darf man nicht vergessen, daß eine Tendenz zu übergroßem Durchschuß schon bei zahlreichen nicht-klassizistischen Büchern der 60er und 70er Jahre zu beobachten ist, und zwar aus dem Bestreben, aus wenig Text doch ein Buch zu machen. Der vielleicht zunächst gar nicht vorhergesehene Gewinn an Buchästhetik mag durchaus seine Wirkungen auf die diesbezüglichen Vorstellungen des Klassizismus gehabt haben.

gige Satzweise mit sehr breiten Rändern) als auch Materialideale der Zeit (weißer Schimmer edlen Papies im »anmutigen« Gegensatz zur bodonischen Schwärze) erfordern Luxusproduktion. Eine solche Definition eines ganzen Stils als Luxuskunst mag auf den ersten Blick abwegig erscheinen, ist es aber bei näherem Nachdenken nicht – es sei verwiesen auf die entsprechende (und m. E. sehr zutreffende) Definition des Art Déco als Luxuskunst durch Viktor Arwas. In gleicher Weise ist die Realisierung der gestalterischen Ideale des Klassizismus nur auf der Ebene des Luxusbuches möglich gewesen, und umgekehrt verband sich auch für die Zeitgenossen mit dem Begriff der Prachtausgabe wie selbstverständlich der Druck mit Antiqua. So begründete G. J. Göschen sogar sein Gesuch beim Leipziger Magistrat um eine Druckerei-Konzession ausdrücklich wie folgt: Er wünsche diese »nur zu dem eigenen Verlage, und zwar nur zu dem Theile deßselben, den ich mit dergleichen Lettern drucken lassen werde... Da überdies die Kostbarkeit dieser Art von Lettern, des dazu nöthigen schönen Papiers sowie der überhaupt dabey erforderlichen besonderen Behandlung es den hiesigen Buchdruckern nicht erlaubt haben würde, ohne ihren oder meinen Nachtheil die Fabrikatur zu übernehmen, weil sie zu der Ausführung auch gar nicht einmal eingerichtet sind«. Göschen plante also von vornherein eine auf höchste Qualität, auf Luxusdrucke, spezialisierte Druckerei.

Mit welch außerordentlichen Schwierigkeiten die Herstellung und der Verkauf solcher Luxusausgaben in den schwierigen 90er Jahren verbunden war, beschreibt überaus anschaulich und lebendig unter Einführung zahlreicher Originaltexte Viscount Goschen in der bekannten Biographie seines Großvaters. Göschen hielt gegen alle äußeren Widrigkeiten und sogar gegen die wohl ehrlich gemeinten Bedenken Wielands (»es kommt mir gerade so vor, als ob ich mich zum Baron oder Grafen machen lassen sollte«) an seinen Projekten der Prachtwerke fest: »... ich habe nun nichts zu sehen als Druck und Papier, nichts zu hören als das Knarren der Pressen und nichts zu denken als Glättmaschinen, schöne Schwärze, vollkommene Pressen, Correktheit des Druckes und das alles so lange bis der Wieland vollendet ist.« Göschen, der sich ja eine Spezialdruckerei für Luxusdrucke aufgebaut hatte, war sicher auch in einem gewissen Zugzwang, was sich in zahlreichen, dann nicht realisierten, großen Projekten zeigt.

Zur Zeitsituation einige Sätze aus Goschens Biographie:

»Zu Anfang des Jahres 1799 nahm Österreich seine Feindseligkeiten gegen Frankreich wieder auf, der Kongreß zu Rastatt wurde zersprengt, und alle Aussichten auf ein Wiederaufleben im Handel und Verkehr wurden vernichtet. Göschen war mutlos. Seine Klassikerausgaben waren für die Wohlhabenden bestimmt, »die elegante Bibliotheken« zu haben wünschten. Aber wer würde jetzt in einer solchen Zeit der Krisis Bücher kaufen? Unter solchen Umständen nahm sich Göschen vor, wenn auch widerwillig, seinen ursprünglichen Plan zu ändern und den prosaischen aber einträglicheren Bedarf der Schulen ins Auge zu fassen.

Sobald aber der Vertrag von Lunéville im Jahre 1801 die Aussicht auf einen zeitweiligen, wenn auch unsicheren Frieden eröffnete, kehrte seine alte unermüdliche Unternehmungslust wieder, und er beschloß, das Gebiet seiner Klassikerausgaben durch die Aufnahme auch andrer Autoren außer den Dichtern zu erweitern... So verflossen die Jahre 1801 und 1802, und nur Bruchstücke des Werkes erreichten Göschen. Am Ende des letztgenannten Jahres endlich glaubte er freier atmen zu können. Er schrieb an Böttiger am 4. Dezember 1802: ›Erschrecken Sie nicht, ich komme im Ernst zur Ostermesse mit Cicero Rhetoric., Cicero Epist., Tibullus, Plinius Epist., Eutropius. Noch mehr: ich bringe auch den ersten Band des prachtvollen Neuen Testaments und eines ebenso herrlich ausgestatteten Griechen...‹ Aber des Verlegers hoffnungsvolle Erwartungen sollten auch zur Ostermesse 1803 bitter getäuscht werden.«

Aber auch abgesehen von den ungünstigen Zeitumständen gab es eine breite (typisch deutsche) Debatte über die Berechtigung eines Bücherluxus, die hier nicht im Detail referiert werden soll. Besonders charakteristisch ist die seltsame Position zum Luxusbuch, die wir beim umtriebigen Weimarer Multi-Unternehmer Friedrich Justin Bertuch finden: Er druckt einerseits – recht sorglos und gewiß nicht im Geiste klassizistischer Typographie – sein berühmtes Kinderbuch in pädagogischer Absicht in Antiqua, »um die Abschaffung der deutschen Lettern durch die Kinderstube am sichersten zu befördern helfen«. Andererseits druckt er – dabei pragmatisch auf die Lesegewohnheiten des angepeilten breiteren Publikums Rücksicht nehmend – sein *Journal des Luxus und der Moden*, extrem nachlässig, ja häßlich in Fraktur, um dann auch noch (damit den Gegensatz zum anspruchsvollen Titel seiner Zeitschrift noch verstärkend) gegen einen Bücherluxus zu argumentieren, der nicht von entsprechenden Inhalten begleitet sei; er, der Modeverleger(!), sieht in vielen Luxusdrucken »oft bloße Ostentation ohne Sinn«. Bertuch und sein Verlag können also weder von Intention noch vom Ergebnis her der Buchkunst des Klassizismus zugeschlagen werden.

Wie wenige Namen sind es überhaupt, die wir in Deutschland nennen können (und in Italien oder Frankreich ist es nicht anders), die klassizistische Buchkunst hervorgebracht haben: Göschen, Unger (beide selbst druckend), Vieweg (zunächst gedruckt von Johann Georg Langhoff, später in Braunschweig selbst druckend u. a. auch für Nicolovius in Königsberg), Sander (der bei Unger drucken ließ), Friedrich Perthes in Hamburg, dem wir einige der edelsten klassizistischen Bücher verdanken, Gebrüder Gädicke in Weimar (u. a. druckend für Cotta, dem ähnlich wie Bertuch als Unternehmer sonst wenig an Typographie lag), Gärtner in Dresden (ebenfalls für Cotta), Frommann und Wesselhöft in Jena, auch diese neben Drucken für den eigenen Verlag u. a. für Cotta tätig.[8] Eine Besonderheit ist dabei die Tätigkeit Ungers für Cotta beim Musenalma-

---

8 Das prachtvollste Ergebnis aus dieser von Schiller geforderten Zusammenarbeit mit Druckern, die klassizistische Schriften besaßen, ist wohl die »Huldigung der Künste« von 1805 – ein ungewöhnlich schöner Druck in Quart, der technisch und ästhetisch an Bodoni heranreicht.

nach: aus typographischen Gründen hatte Schiller den Musenalmanach von 1796 an Michaelis in Neustrelitz gegeben, der ihn bei Unger drucken ließ. Daraufhin verstand sich Cotta ab 1797 auf Schillers Drängen hin bereit, seinen Musenalmanach mit der »schönen lateinischen Schrift« Ungers zu drucken. Dann gibt es noch eine Reihe sonst kaum hervorgetretener Firmen, die für kurze Zeit mit mehr oder weniger anspruchsvollen Druckwerken im Geiste des Klassizismus auftraten. Beispielhaft seien erwähnt Brede in Offenbach, Blothe in Dortmund, Zängl in München, I. H. C. Schreiner in Düsseldorf, Lebrecht Kell in Weißenfels (für C. E. Bohn ebda.) bis hin zur Schnoor'schen Buchdruckerey im fernen St. Petersburg oder den sehr gut geschnittenen »Stiebner'schen Schriften« der Frauenholzischen Kunsthandlung in Nürnberg, über die ich in der Literatur nichts finden konnte. Ähnliches gilt für die Bayrhoffschen Schriften aus Frankfurt oder Marburg. Zu untersuchen, wer hier für wen druckte, mit wessen Schriften, bietet noch reichen Raum für die typographische Forschung. Übersichtlicher stellt sich die Situation in Österreich dar, wo als klassizistische Drucker insbesondere J. J. Degen und Ignaz Alberti hervortreten, und in der Schweiz mit Haas. Schon bei der Gessner'schen Druckerei kann – obwohl einer ihrer Inhaber, der liebenswürdige Salomon Gessner, ein Protagonist des Klassizismus in Dichtung und Illustrationskunst ist – von klassizistischer Typographie (obwohl bahnbrechend in früher Verwendung der Antiqua im deutschsprachigen Raum) nur in beschränktem Maß die Rede sein.[9] Wohl aber kann man von einem frühen Vorspiel klassizistischer Typographie sprechen bei der in feiner Antiqua gedruckten *Lyrischen Bluhmenlese* von 1774 bei Weidmanns Erben und Reich, sowie den Klassikerausgaben aus Zweibrücken, den Editiones Bipontinae, der ausgehenden 70er Jahre.

Auch diese schmale, natürlich ergänzbare Liste der Häuser, die klassizistische Typographie hervorgebracht haben, unterstreicht die These von der Luxuskunst: Es würde quantitativ der Buchproduktion der Zeit kaum etwas nehmen, und kaum einer ihrer Texte wäre verschollen, wenn es die glückliche Episode der klassizistischen Typographie nicht gegeben hätte: wiewohl mit den ästhetischen Vorstellungen ihrer Epoche im Einklang stehend wie m. E. die Typographie niemals davor und danach, ist sie dennoch nur ein Goldrand an der Masse uninspirierter, bedarfsdeckender Alltagsproduktion, die sich, selbst wenn Verleger und Drucker es gewollt hätten, niemals zum Niveau klassizistischer Buchkunst hätte

---

9 Es ist dabei eigenartig, daß etwa die Ausgabe der Gessnerschen »Schriften« von 1770/72 in feiner grazilier Antiqua durchaus als frühklassizistisch angesehen werden kann, und um so schwerer erklärbar, warum die unstreitig aufwendigste und ambitionierteste Ausgabe der »Schriften«, die Quartausgabe von 1777, demgegenüber deutlich abfällt. Vermutlich war Gessners Aufmerksamkeit zu stark mit den Illustrationen befaßt, und die Typographie überließ man einem braven Faktor.

aufschwingen können, weil dies aus wirtschaftlichen Gründen nicht zu schaffen gewesen wäre.

5. »Didot'sche Lettern«

Die Typographie des Klassizismus hat aus den eingangs erwähnten Gegebenheiten heraus nicht in Deutschland ihren Anfang genommen, sondern in Italien und Frankreich. Ehe wir hierauf eingehen, verdient es als eigenartiges Faktum vermerkt zu werden, daß England, dem der Neo-Klassizismus ansonsten entscheidendste Impulse verdankt, – erwähnt seien nur Robert Adam und Josiah Wedgwood – in der klassizistischen Typographie beiseite steht, was sich bis in unser Jahrhundert denn auch in der Beurteilung Didots und Bodonis durch englische Typographen (etwa Stanley Morison) niederschlägt: die englische Typographie bevorzugt den Federduktus der Mediävalschriften und lehnt die klassizistischen, aus geometrischen Grundformen konstruierten Schriften ab.

Doch nun zur Entwicklung in Deutschland. Heinz Sarkowski weist sehr treffend darauf hin, daß sich die Ästhetisierung der Literatur etwa um 1770 in bestimmteren Ausstattungsvorstellungen und -wünschen der Autoren niedergeschlagen habe und dabei die deutschen Bücher beim Vergleich mit dem Ausland nicht gut abschnitten: »... zeigte es sich im Verlauf der allgemeinen geistigen Neuorientierung, die in der Literatur ihren Ausdruck fand, daß der traditionelle Ausstattungsstil den Autor nicht mehr befriedigte.« Deutschland bezog die demnach dringend benötigten Anregungen aus Frankreich und Italien – und mehr als nur Anregungen. Lange bevor in Deutschland der Schnitt eigener klassizistischer Typen begann, kamen klassizistische Schriften als Importe nach Deutschland: 1788 kauft Georg Jakob Decker aus Berlin Bodoni-Schriften in Parma, und insbesondere gründet Unger seine klassizistische Buchgestaltung auf ebenfalls seit 1788 bei Didot in Paris um den enormen Betrag von 30 000 Talern erworbene Schriften, die er auch, darin als Schriftgießer auf Lizenzbasis tätig, an andere verkauft. Schauer erwähnt, daß es wohl kein Zufall ist, daß die Verwendung der modernen klassizistischen Antiqua im weltoffenen Berlin beginnt und nicht im traditionsgebundenen Leipzig. Während Deckers Drucke mit Bodoni-Schriften keine identifizierbare Resonanz hinterlassen haben, ist dies um so mehr der Fall bei Ungers Drucken mit Didots Schriften[10], wobei Unger allerdings auch kräftig die Werbetrommel für »seine« Schriften rührte – selbst der Streit mit Breitkopf (der sich, obwohl im Grunde mehr zur Fraktur hingeneigt, zuvor auch um

---

10 G.K. Schauer spricht von Unger als dem seit 1790 »in vollem Glanz erstrahlenden Stern Berlins«.

Didots Schriften bemüht hatte) war der Bekanntmachung der Didot'schen Schriften sicher förderlich. Es ist hier nicht der Platz, näher der Vorgeschichte der französischen klassizistischen Antiqua von der Romain du Roi (von 1692) über Fourniers Abwandlungen dieser durch gesetzliches Verbot des Nachschnitts geschützten Schrift bis zu den in langjähriger Entwicklung erarbeiteten Schriften der verschiedenen Mitglieder der Familie Didot und ihrer Meister wie Waflard und Vibert nachzugehen, das hat z. B. Bohadti übersichtlich zusammengefaßt.

Wichtig ist es aber festzuhalten, daß mit der Romain du Roi, deren Entwicklung von einer Kommission der Académie Royale gelenkt wurde, die Tradition rational konstruierter Schriften (in diesem Fall basierend auf einem Quadrat mit 2304 Kleinquadraten) beginnt. Bohadti spricht dabei von den »zur Type sich vergeistigenden Schriften«. Die glanzvollen Drucke Ungers, denken wir an seinen herrlichen Theokrit von 1789 oder Ramlers Gedichte von 1800 (bei Sander), sind also in Originalschriften Didots gedruckt. Um so eindrucksvoller ist der völlig eigenständige Charakter der Typographie der Unger-Drucke, der noch vor Göschen den Charakter der deutschen klassizistischen Typographie prägt und die niemand je mit einem Druckwerk der Didots verwechseln oder auch nur für ähnlich befinden könnte. Der strengen und relativ dichten Faktur der Didot'schen Typographie steht – gestaltet aus ebendenselben Schriften! – bei Unger eine ungleich feingliedrigere, geschmeidigere und lebendigere Typographie gegenüber, die in all diesem unmittelbar an Bodoni gemahnt. Es wäre reizvoll herauszufinden, auf welch bislang nicht erkennbar gewordenen Wegen (und seien es auch indirekte) die deutsche klassizistische Typographie, wiewohl mit französischen oder nach französischen Vorbildern geschnittenen Typen arbeitend, ein Gesamtergebnis erzielt, das dem großen Bodoni ungleich näher steht als den klassizistischen Druckern in Frankreich. Erwähnt seien nur die Verwendung gestochener Medaillons auf den Titelblättern, die viel reichhaltigere und fein ausgewogene Mischung von Schriftgraden (nicht nur, aber ganz besonders hervorragend auf den Titelblättern) und der Einsatz von Linien bzw. Leisten.

Es wurde schon erwähnt, daß man bald in Deutschland begann, nach französischem Vorbild »Didot'sche Lettern« zu schneiden. An erster Stelle ist hier Prillwitz in Jena zu nennen, der durchaus achtbare und sehr harmonische Schriften schnitt, wenngleich nicht in der hohen Perfektion wie Didot. Im vom Wettbewerbsrecht noch nicht beengten Ton der Zeit kündigt er seine Schriften ganz unbefangen als »neue Didot'sche Lettern« an. Daraus entwickelte sich ein Konflikt mit Unger, der ausgerechnet Didot als »Gutachter« anrief. Aber das negative Urteil, das dieser über Prillwitz abgab, ist allzusehr das Urteil eines Beteiligten, als daß man es zu ernst nehmen sollte. Die typographischen Meisterwerke Göschens, die Fürstenausgaben von Wielands oder Klopstocks Werken oder der *Don Karlos* in der Antiqua-Ausgabe von 1801, widerlegen dieses Urteil durchaus und machen uns zudem darauf aufmerksam, daß Typographie sich eben nicht in der Schriftwahl erschöpft: das beweist ebenso das »bodonische« Ergebnis der Unger-Drucke mit Didot-Lettern als auch eben die vollendete Harmonie und Abgeklärtheit der Göschen'schen Drucke mit den nicht ganz vollkommenen Prillwitz-Schriften.[11] Wohin Prillwitz im einzelnen sonst noch seine Lettern verkaufte, ist offenbar noch nicht erforscht worden – eine »Genealogie« der deutschen klassizistischen Antiqua-Schnitte und ihrer Anwender wäre gewiß ein reizvolles Unterfangen typengeschichtlicher Forschung. Neben Prillwitz steht für die deutsche klassizistische Antiqua natürlich der künstlerisch bedeutendere Justus Erich Walbaum, dessen edle Typen viel deutlicher auf die Eleganz der französischen Vorbilder Bezug nehmen. G. K. Schauer beschreibt sie einfühlsam als »eine milde, friedliche Schrift, aber nicht ohne ein leises, unaufdringliches Selbstgefühl«. Die Walbaum gelangte in der Epoche kaum zur Anwendung, sondern mußte auf ihre Wiederentdeckung zu Anfang des 20. Jahrhunderts warten und ist erst seitdem fast ein Synonym für klassizistische Schrift bei uns geworden. Selbst Bertuch, der Walbaum sehr zum Umzug von Braunschweig nach Weimar im Jahre 1803 ermutigt hatte, hat keine Walbaum-Schriften verwendet. So betont denn auch Debes, wobei er als Biograph Göschens den mindestens ebenso bedeutenden Unger unerwähnt läßt: »Mit Prillwitzschen Lettern und Göschens Typographie, beide von ausländischen Vorbildern angeregt, gewinnt der deutsche Klassizismus seine eigene, ihm gemäße Form«, und an gleicher Stelle: »Das Gesicht des deutschen klassizistischen Buches wird geformt durch die von Prillwitz geschnittenen Lettern.« Eine eigene Untersuchung wert wäre hier die Entwicklung der Prillwitz-Schnitte in chronologischer Folge – schon ein ganz oberflächlicher Vergleich erweist hier eine deutliche Fortentwicklung. Erwähnt als dritter deutscher Schnitt sei schließlich die nach Schauers Urteil »überzüchtete« Bessemer Antiqua (um 1795), vermutlich von einem Goldschmied gestaltet und wegen ihrer extrem feinen Serifen praktisch nicht zu drucken.

---

11 Göschens Intentionen und Selbsteinschätzung werden deutlich in einem Brief an C. A. Böttiger, der sich auf seinen berühmten Luxusdruck von Neubecks »Gesundbrunnen« (1798) bezieht: »Mein Verdienst ist blos Druck und Glätte und Schwärze und in Ansehung dieser stell ich mich, ohne Schamröthe, mit Bewußtsein dreist neben Didot. Aber ich bin nicht Schriftschneider und nicht Gießer und hier ist Didot weit mehr als ich: denn er erfindet und bessert täglich und ich kome ihm nicht nach. Mir däucht, Freund, wir Deutschen sind jetzt im Luxus für unsere Kräfte weit genug.«

6. »Eine neue Art von deutschen Lettern«

Häufig wird vorschnell die teils lärmend geführte Diskussion um »deutsche« oder »lateinische« Lettern als ein Streit zwischen Klassizisten und deutschtümelnden Konservativen (man könnte ebensogut sagen, modernen Frühromantikern) gewertet. Einmal abgesehen davon, daß diese Debatte zumindest z. T. von handfesten wirtschaftlichen Interessen der Kombattanten mitbestimmt war, würde eine solche Deutung davon ausgehen, daß die Kunstauffassung der Klassizisten nichts als unmittelbar aus antiken Vorbildern herleitbare Formstrenge geduldet habe.

Bei näherem Hinsehen erweist sich diese Betrachtungsweise als verfehlt, vielmehr beobachten wir, insbesondere in England, schon sehr früh ein Miteinander von gothic revival und Klassizismus – erinnert sei etwa an die Ruinenromantik (die »follies« der Landschaftsgärten wie in Priory Park bei Bath) oder insbesondere daran, daß ausgerechnet Robert Adam, der eigentliche Schöpfer des Neoklassizismus (speziell der Innenraumgestaltung) sich nicht nur nicht scheute, etwa die »gotische« Unfreundlichkeit von Syon House, das einige seiner glanzvollsten neoklassizistischen Raumschöpfungen enthält, zu belassen, sondern daß er vielmehr sogar selbst auf Wunsch von Horace Walpole in Strawberry Hill einen neogotischen Bibliotheksraum entwarf. Norbert Miller spricht denn auch zu Recht davon, daß Robert Adam (der Erzklassizist schlechthin) »sich nie gegen das Gotische als Mode gewehrt« habe.[12] Noch weitergehend spricht Lankheit davon, daß der aus der Entwicklung vom Rokoko zur Romantik entstandene Klassizismus und die Neugotik »als verschiedene Lösungsversuche für dieselbe geschichtliche Situation am Beginn der Moderne« zu verstehen seien, und ähnlich äußert sich N. Pevsner: »Die ernsthaften Ästhetiker und Künstler des romantisch-klassizistischen Zeitalters sahen im griechischen Altertum wie im gotischen Mittelalter den Ausweg und das Heilmittel gegen die Oberflächlichkeit, die Frivolität und Dekadenz des 18. Jahrhunderts.« Noch weiter geht eine Vermutung von Gombrich, der in einem Aufsatz zur Beziehung der Stile zum Klassizismus andeutet, daß Winckelmann mit seiner Hinwendung zu den Alten, »Primitiven«, vielleicht erst in der Romantik seine volle Wirkung entfaltet habe. Wir gelangen damit zugleich zu der nicht leicht zu beantwortenden Frage, ob die Epoche des Klassizismus eigentlich als Abschluß einer größeren Sequenz innerlich zusammengehöriger Epochen oder – als eine Periode geistiger Wandlungsbereitschaft – eher schon als Beginn einer neuen Ära zu werten

---

12 Neben manchem weiteren Beispiel aus England (etwa Adams Culzean oder Knights Downton Castle) sei als deutsches Beispiel der Stilvermischung die Löwenburg bei Kassel (1793) erwähnt: ihr Architekt Jussow hatte intensive Studien in England betrieben.

wäre. Dabei kann dahingestellt bleiben, ob man diese dann wie von Einem eher skeptisch beurteilen oder im Sinne des Aufbruchspathos der Revolutionsjahre, die sich ja ganz der klassizistischen Formensprache bedienten, darin den Glanz einer neuen Zeit, die sich vom jahrhundertealten Ballast reinigt, erkennen will.

Betrachtet man nach solchen Vorbemerkungen noch einmal die Kriterien, die Bodoni für die Buchgestaltung formuliert hat, sieht man, daß diese alle *auch* mit einer Frakturschrift theoretisch erfüllbar sein müßten. Natürlich nicht mit den »schnörcklichten Mönchsschriften« oder »häßlichen Runen Teutschlands«, die die Befürworter der Antiqua in Deutschland so vehement als unerfreuliche Hinterlassenschaft der Vorzeit bekämpften, sondern mit einer gereinigten, aufgelichteten Fraktur, die dann analog zu den typographischen Vorgaben bei der Anwendung der klassizistischen Antiqua einzusetzen wäre – so wie die gotischen Eskapaden der englischen Architekten ja auch eine grazilisierte (klassizistische) Verwandlung gegenüber den Vorbildern erfuhren.

Eine solche eben nur auf den ersten Blick widersinnig erscheinende »klassizistische Fraktur« hat es denn ja auch tatsächlich gegeben, und es mutet nun geradezu wie innere Logik an, daß ihr Schöpfer Unger gewesen ist, der Wegbereiter der klassizistischen Antiqua-Drucke in Deutschland, den Renouard einmal den »Didot de l'Allemagne« genannt hat. Unger versuchte zunächst, eine solche Schrift bei seinem bewährten, von ihm sehr bewunderten Schriftlieferanten Didot in Paris in Auftrag zu geben. Zwei Versuche mißlangen, und Unger traute sich nicht mehr, Didot um Verbesserungen zu bitten. Um so delikater wurde Ungers Lage, als ihm Didot nach einiger Zeit eine dritte Version zuschickte, die dieser unaufgefordert erarbeitet hatte, die aber Unger wiederum nicht befriedigte. Da machte Unger sich selbst gemeinsam mit Gubitz ans Werk und schuf die nach ihm benannte Frakturschrift, die er in der berühmten *Probe einer neuen Art deutscher Lettern. Erfunden und in Stahl geschnitten von J. F. Unger*, Berlin, 1793 der Öffentlichkeit vorlegte.[13] Unger selbst beschreibt sein Vorhaben mit den Worten: »Ich habe bei diesen Lettern versucht, das Helle und Zarte der Lateinischen Schrift hineinzubringen, ohne nur einen Zug davon zu entlehnen« bzw. »wie ... unsere gewöhnlichen deutschen Lettern zu vereinfachen, das viele Eckige von den Gemeinen und das Krause, Gothisch-schnörklichte von den großen Buchstaben oder Versalien wegzuschaffen wäre.« Das anmutige Ergebnis, eine sehr harmonische und lesbare Schrift, überzeugt uns noch heute als die feinste Fraktur, die es je gegeben hat. G. A. E. Bogeng beschreibt deren dennoch

---

13 Daß auch Bodoni eine Fraktur geschnitten hat, gehört in einen anderen Zusammenhang, nämlich seine seit der Gehilfenzeit an der Vatikanischen Druckerei stetigen, aus wissenschaftlich-philologischen Motiven berührenden Bemühungen um Schnitte in den »linguis exoticis«.

unbefriedigenden Widerhall wie folgt: »Aber man verstand nicht recht, was die Fraktur wollte, sah nicht ihr eigentliches Ziel, das hinter den Grenzen des Antiqua-Frakturstreits lag... Seine neue Art deutscher Lettern sollte durch ihre Eigenschaften den Antiqua-Fraktur-Gegensatz überwinden, nicht ihn vertiefen.«

G. K. Schauer beschreibt das Ergebnis Ungers sehr zutreffend und anschaulich wie folgt: »Die von der Antiquaseite angeregte Helligkeit der kleinen Grade lag in der Luft... Entscheidend verändert ist das Gesamtbild, der Eindruck der Kolumne. Das Schriftbild ist leicht und hell, weil es offen ist. Die Zeile verlangt so viel Durchschuß wie eine Didot-Antiqua. Das heißt, es ist ein klassizistischer sehr stattlicher Zeilenabstand erforderlich.«

Aus der Sicht der Zeitgenossen, die im Schriftstreit (sei es aus ästhetischen oder emotional-nationalen Argumenten heraus) befangen waren, hatte eben Bertuch »recht«, wenn er Unger, den bisherigen Weggenossen, bei der Durchsetzung der Antiqua in Deutschland, dringend aufforderte, von diesem »Rückfall« in die Fraktur abzulassen. Und doch, welch ironische Verdrehung der Positionen: der angebliche Klassizist Bertuch, der als praktisch denkender Unternehmer fleißig mit verkommenen Schnitten herkömmlicher Fraktur druckt, gegen den wegweisenden Typographen Unger, der gerade aus der Erkenntnis der schwer änderbaren Lesegewohnheiten des großen Publikums den erfolgreichen Versuch unternahm, eine den Forderungen des Klassizismus entsprechende Fraktur zu schaffen. Genau das hätte doch der Pragmatiker Bertuch eigentlich brauchen können![14]

Ein wirklich klassizistischer (Luxus-)Druck in der neuen Fraktur existiert dennoch nicht, Unger selbst hat seine Schrift nur in begrenztem Umfang eingesetzt (z. B. in dem Journal der Romane), und dann nur auf einfachem Papier und ohne bodonische Schwärze. Als eindrucksvollstes Druckwerk in der Unger-Fraktur darf man vielleicht die neunbändige Shakespeare-Ausgabe von 1795 bezeichnen, deren zierliche Kleinoktavbände alle Qualitäten dieser Schrift erleben lassen. Schon beim Einsatz der klassizistischen Fraktur durch ihren Schöpfer fehlten also weitgehend jene weiteren Elemente, die nach Bodonis unabweislichen Kriterien ebenfalls vorhanden sein müßten, um klassizistische Drucke zu schaffen. Manchmal wird die Unger-Fraktur daher eher als die »Schrift der

---

14 Ähnliches kann man über die Jean-Paul-Fraktur aus dem Hause Breitkopf sagen, die ebenfalls das Ergebnis langjähriger Vorarbeiten gewesen ist und erst nach Breitkopfs Tod fertiggestellt wurde. Auch sie gelangte ebensowenig zu breiter Anwendung. Am Rande sei noch einmal bemerkt, daß bei diesem Schriften-Streit der an der Antike orientierten Klassizisten gegen die »gotische« Mönchsschrift weder die eine wirklich antik noch die andere etwa gotisch war – aber die Zeitgenossen haben es eben so gesehen und diese Begriffe verwendet.

deutschen Frühromantik« (so bei Schauer) bezeichnet. Allenfalls könnte man als Beispiel eines Miteinander von Klassizismus und »gotischer« Schrift vielleicht an Viewegs schöne Ausgabe von 1799 *Herrmann und Dorothea* denken, in der die feinen klassizistischen Illustrationen Catels samt ihren dekorativen Umrahmungen eine harmonische Verbindung mit dem lichten Fraktursatz auf sehr großem bestem Papier eingehen, wenngleich die verwendete Schrift eine übliche Fraktur ist. Überhaupt kann man einen gewissen Nachhall der klassizistischen Typographie in dem lichteren Fraktursatz der ersten zwei Jahrzehnte des 19. Jahrhunderts doch bemerken. Deutschland hatte also durch Unger eine Schrift erhalten, die entsprechende Entwicklungsmöglichkeiten anbot, sie kamen aber nicht zur Entfaltung, was gewiß auch mit den schwierigen Jahren der Revolutions- und Napoleonischen Kriege zusammenhing. Ganz kann aber eine solche Erklärung nicht befriedigen, denn immerhin hat die klassizistische Typographie in Deutschland gerade in den 10 Jahren nach Ungers *Probe einer neuen Art deutscher Lettern* ihre höchste Blüte erreicht. Die Ursache lag wohl auf einer grundsätzlicheren Ebene: die Erwartungen des Publikums waren gestimmt auf typographischen Klassizismus in Antiqua oder auf das Gebrauchsbuch in Fraktur – eine Vermischung erschien eher unerfreulich. So spottete denn ausgerechnet Schiller[15] – wobei sich ehrliches Eintreten für die Antiqua und der verletzende Stil vieler Xenien unschön mischen – in den *Xenien* 1796:

>»Lasset Euch ja nicht zu Ungers alldeutscher Eiche verführen,
>   Ihre styptische Frucht nähret kein reinliches Tier.«

Auch einem Schiller – der wohl hier zu sehr ein denkender, denn ein anschauender Ästhetiker ist – blieb offenbar verborgen, daß Unger alles andere erstrebt (und auch geschaffen) hatte, als »alldeutsche Eiche«, sondern etwas, das ein Zentralthema der deutschen Ästhetik immer wieder gewesen ist, die Vereinigung deutscher und romanischer Welt, die schwesterlich ineinandergelegten Hände der Germania und Italia.

Zusammenfassung

Es wurde darzulegen versucht, welche Voraussetzungen erfüllt sein müssen, um von klassizistischer Typographie sprechen zu können – bewußt wurde dabei auf die Einbeziehung klassizistischer Buchillustration verzichtet.

---

15 der in seinen Briefen an Cotta z. B. über die »Horen« so überaus klare und sachkundige Wünsche über alle typographischen Details wie Type, Zeilenzahl, Randbreite, Stellung der Kolumnenziffer, Leerzeilen etc. zu formulieren wußte.

Diese Bedingungen hat Bodoni im *Manuale tipografico* kanonhaft zusammengefaßt. Schon der Erscheinungszeitpunkt des *Manuale* (postum 1818) macht deutlich, daß hier eine Summe gezogen wird – dennoch wird mit völlig gleichen Argumenten bereits die Diskussion um klassizistische Typographie ab ca. 1790 in Deutschland, insbesondere durch ihre beiden Großen, Unger und Göschen, bestritten.

Die Arbeit vertritt die These, daß eine Erfüllung aller Erfordernisse notwendigerweise zum Luxusdruck führt und daß klassizistische Typographie außerhalb des Luxusdrucks nicht eigentlich existiert. Das gilt ebenso für Deutschland wie für Frankreich und Italien, und darin liegt sicher eine Ursache für die nur begrenzte Wirksamkeit dieser Vorbilder auf die allgemeine Buchproduktion.

Nachgegangen wurde der Frage, inwieweit Neogotik (als Vorklang eines romantisch orientierten Historismus) bereits zur Gedankenwelt des Klassizismus gehört oder zumindest sich beide gegenseitig nicht ausschließen. Diese Fragestellung ist für das deutsche Sonderproblem einer klassizistischen Frakturtypographie bedeutungsvoll: Gerade im Lande der Fraktur, der Zweischriftigkeit, gelang in der Typographie nicht, was in der Architektur Englands seit etwa 1760 vollzogen wurde: ein Miteinander von Antike und Gotik im Geist des Klassizismus.

Die ausgeprägt theoretische Fundierung des (Neo-)Klassizismus hat ihn in gewisser Weise als einen »endgültigen« Stil erscheinen lassen – es muß aber im einzelnen jeweils sorgfältig abgewogen werden, ob bzw. in welchen Bereichen der Klassizismus den Abschluß einer langen Entwicklungslinie durch Jahrhunderte darstellt und wo er andererseits ein markantes Zeichen eines Neubeginns darstellt. In der Typographie stellt der Klassizismus klar den Beginn einer neuen Ära dar – nie zuvor ist derart bewußt Typographie im Zusammenhang mit den künstlerischen Vorstellungen einer Epoche gesehen und tatsächlich gestaltet worden. Erst mit dem Klassizismus begegnen wir einer neuen Typographie, die – nach schlimmen vorangegangenen Verwilderungen im 17. und 18. Jh. und ebenso schlimmen wieder im 19. Jh. – ihren endgültigen Triumph im 20. Jh. erlebt. So hat die klassizistische Typographie aufgrund ihrer Reinheit und Logik, ihrer Besinnung und anspruchsvollen Selbstbeschränkung auf genuin typographische Mittel, in der Tat den Rang einer definitiven Typographie gewonnen und ist für uns der Maßstab schlechthin, obwohl sie in ihrer Epoche nur eine Episode, ein schöner Augenblick gewesen ist.

Legenden zu den Tafeln (S. 54-61)

Tafel 1:
Titelblatt zu F. Schiller, Über Anmuth und Würde. (erste Separatausgabe aus der Neuen Thalia) Leipzig, Georg Joachim Göschen 1793 (mit Prillwitz'schen Schriften, Originalgröße)

Tafel 2:
Textseite aus L. Bruni, Vita di Cicerone, Parma. Bodoni, 1804 (Originalgröße, Ränder reduziert)

Tafel 3:
Textseite aus (F. L. C. Grf. v. Finckenstein) Arethusa oder die bukolischen Dichter des Altertums, 1. Theil Berlin, Johann Friedrich Unger, 1789 (mit Didot'schen Schriften, leicht verkleinert, Ränder stark reduziert)

Tafel 4:
li. o.: Titelblatt zu T. Tasso, Aminta, Crisopoli (d. i. Parma), Bodoni 1796
re. o.: Titelblatt zu Arethusa, Berlin, Unger 1789
li. u.: F. v. Kleist, Hohe Aussichten der Liebe. Berlin, F. Vieweg (gedruckt v. Langhoff) o. J.
re. u.: F. Mohn, Goldenes A.B.C der Ehe. Düsseldorf, I. H. C. Schreiner [1800]
(alle stark verkleinert)

Tafel 5:
Textseite aus W. G. Becker, Der Plauische Grund. Nürnberg, Frauenholzische Kunsthandlung, 1799 (gedruckt mit Stiebner'schen Schriften, stark verkleinert, Ränder stark reduziert)

Tafel 6:
Didots dritter Versuch einer neuen Frakturschrift. (1793) Originalgröße, reproduziert nach G. A. E. Bogeng

Tafel 7:
Textseite mit Unger-Fraktur (Originalgröße) aus Journal der Romane 11. Stück (Louise u. Mailand). Berlin, Ungers Journalhandlung 1802

Tafel 8:
Kupfer u. Textseite aus J. W. v. Göthe, Herrmann und Dorothea, Braunschweig, F. Vieweg, 1799 (leicht verkleinert, Ränder stark reduziert)

ÜBER

ANMUTH UND WÜRDE.

AN

CARL VON DALBERG

IN ERFURTH.

Was du hier siehest, edler Geist, bist du selbst.
Milton.

LEIPZIG,
BEY G. J. GÖSCHEN, 1793.

Tafel 1

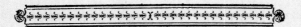

Incomincia il Proemio di Messer Lionardo d'Arezzo nella vita di Marco Tullio Cicerone fatta di Latino in volgare Toscano a petizione di Messer Hugno Hispagnuolo.

Essendo io, poco tempo è, ozioso, e desiderando leggere qualche cosa, per caso ebbi alle mani uno certo libretto tradotto di Plutarco, nel quale si diceva contenersi la vita di Cicerone, e benchè altre volte, e spesso io quello in greco letto avessi, niente di meno desiderando ancora leggerlo in latino, lo cominciai a trascorrere, e subito (perchè gli errori non erano oscuri) conobbi che colui che l'aveva tradotto, uomo buono, ma non assai dotto, parte per ignoranza delle let-

IV.
DER HIRT (*a*).

DAPHNIS.
MENALKAS.

Sing', o Daphnis, ein Lied, du zuerst, und dir folge Menalkas,
Singet nach Hirtenweis', ihr Jünglinge, nun ihr die Kälber
Wieder den Kühen zugeführt habt, und die Stiere den Färsen;
Mögen die nun vereint die Büsche durchirren und weiden,
5 Keiner der Heerd' entlaufend; du aber beginne, mein Daphnis,
Hier zur Rechten, und dort zur Linken erwiedre Menalkas.

(*a*) Es ist eine nicht zu erklärende Unregelmäfsigkeit in diesem Stücke, wenn man drey spielende Personen annimmt, weil der ungenannte Hirt alsdann, ohne Veranlafsung aus dem dramatischen Tone v. 14 in den erzählenden, und eben so v. 29 wiederum in den dramatischen fallen würde. Es scheinet, man müsse diesen also als den Alleinredenden ansehen, welcher den ganzen kleinen Vorgang dem Zuhörer berichtet. Dann dürfte man nur annehmen, dafs der Eingang des Stückes, der, wie in Virgils Ecl. VII. in einer Erzählung des Hirten, wie er zu den beyden andern gekommen, bestanden hätte, verloren gegangen sey, und es würde dem Stücke nichts an seiner Vollständigkeit gefehlet haben.

Tafel 3

AMINTA
FAVOLA BOSCHERECCIA
DI
TORQUATO TASSO
ORA
ALLA SUA VERA LEZIONE
RIDOTTA

CRISOPOLI
IMPRESSO CO' TIPI BODONIANI
MDCCXCVI

ARETHUSA
ODER
DIE BUKOLISCHEN DICHTER
DES ALTERTHUMS.

Laborum dulce lenimen.
Hor.

ERSTER THEIL.

BERLIN
GEDRUCKT UND VERLEGT VON JOHANN FRIEDRICH UNGER.
1789.

Hohe
Aussichten der Liebe.

Von
Franz von Kleist.

Zweite verbesserte Auflage.

Berlin,
bei Friedrich Vieweg, dem älteren.

Goldenes
A. B. C. der Ehe.

Zwey Gedichte
von
Fried. Mohn.

Düsseldorf,
bei I. H. C. Schreiner.

Tafel 4

Hochgeborner Graf,
Gnädiger Herr Oberkammerherr!

Ew. Excellenz habe ich die Ehre hiermit ein Werk zu überreichen, das wenigftens in Anfehung des Gegenftands, den es behandelt, *Ihren* Beifall einigermafsen zu gewinnen hofft. Vielleicht erhält es dadurch einigen Werth, dafs alle Theile der Naturgefchichte mit den vornehmften Merkwürdigkeiten und den Schilderungen der natürlichen Schönheiten, an welchen der Plauifche Grund fo reich ift, in demfelben zu einem Ganzen vereiniget worden find. Der reizende Bezirk, der mir vor Augen lag, brachte mich auf den Gedanken, einige Winke über zweckmäfsige, aber behutfame Verfchönerung der Natur einzuftreuen; doch find jene Äufserungen der wefentlichen Abficht diefer Befchreibung immer nur untergeordnet geblieben. Die Schwierigkeit des Unternehmens, fo mancherlei verfchiedene Stoffe in einander zu verfchmelzen, wird mich vielleicht

*

Tafel 5

Probe der von Herrn Didot geschnittenen Deutschen Lettern.

Beim Ausgange der Kirche gegen die andre Seite der Stadt hin, überrascht von dem Hügel herab, auf welchem Loretto liegt, der Anblick einer der reitzendsten Naturscenen. Ein weites, reich bebautes, mit Reihen von Fruchtbäumen durchschnittenes Thal, senkt sich an dem Fuß der Berge; darüber hin, und seitwärts hinaus schweift der Blick auf die gränzenlose Fläche des Adriatischen Meeres. Diese Segen und Freiheit athmende Aussicht gibt beßre Empfindungen wieder, und verdrängt jene, die der Anblick der Priestergewalt über des Volkes Blödsinn erregte. Sie verschwinden ganz, diese widrigen Eindrücke, je weiter man sich von Loretto entfernt und auf dem Wege nach Rom die hohen Appeninen ersteigt.

Tafel 6

113

Kämpfen geröthet waren, trat ihr nun gefaßt und ruhig entgegen.

Christiane, Du bist mir treu, sagte sie, wenigstens hast Du mich es oft versichert. Jetzt kommt es darauf an mir's zu beweisen. Ich brauche Deinen Beistand — wirst Du mir ihn versagen, wenn er mit Gefahr für Dich verknüpft ist?

Nein, versetzte Christiane entschlossen. Setzen Sie meine Ergebenheit auf die härteste Probe — sie wird dennoch bestehen. Ich wüßte nichts in der Welt, was ich nicht für Sie thun, oder wagen könnte.

Nun wohl, antwortete Louise, so laß uns die Dämmerung des Abends benutzen, und begleite mich zu Mailand. — Christiane sah sie verwunderungsvoll an.

Ich verstehe Dein erstauntes Auge, fuhr Louise fort. Aber könnt' ich in dieser dringenden Minute, wo Mailand vielleicht mit

Louise u. Mailand.   H

Tafel 7

Tafel 8

Herrmann.

Als nun der wohlgebildete Sohn ins Zimmer hereintrat,
Schaute der Prediger ihm mit scharfen Blicken entgegen,
Und betrachtete seine Gestalt und sein ganzes Benehmen
Mit dem Auge des Forschers, der leicht die Mienen enträthselt,
Lächelte dann, und sprach zu ihm mit traulichen Worten:
Kommt Ihr doch als ein veränderter Mensch! Ich habe noch niemals

Literatur

Barthel, Gustav (u.a.): Gestalt und Ausdruck der Antiqua. Stuttgart: Staatl. Ingenieurschule f. Druck. 1970.

v. Biedermann, Flodoard Frhr.: Johann Friedrich Unger im Verkehr mit Goethe und Schiller. Berlin: H. Berthold AG. 1927.

Benkard, Ernst: Giambattista Bodoni. Frankfurt a. M.: Bauersche Gießerei 1941.

Bodoni, Giambattista: Vorwort zum Manuale Tipografico (1818), dt. Übersetzung in: Franco Maria Ricci, Bodoni in Offenbach. Mailand F. M. Ricci 1988.

Bogeng, G. A. E.: Berühmte Druckschriften. I: Die Unger Fraktur. Heidelberg: Richard Weißbach, 1922.

Bohadti, Gustav: Justus Erich Walbaum, ein Lebensbild. Berlin: Staatl. Lehrinstitut für Graphik, Druck und Werbung. 1964.

Bohadti, Gustav: Friedrich Johann Justin Bertuch. Berlin und Stuttgart: H. Berthold 1968.

Breitkopf, J. G. J.: Nachricht von der Stempelschneiderey und Schriftgießerey. Mit Ergänzungen aufs neue herausgegeben von Wilhelm Hitzig und Heinrich Schwarz. Berlin: H. Berthold AG, 1925.

Ciavarella, Angelo: Catalogo del Museo Bodoniano di Parma, Parma 1968.

Debes, Dietmar: Georg Joachim Göschen. Die typographische Leistung des Verlegers. Leipzig: Institut für Buchgestaltung. 1965.

v. Einem, Herbert: Deutsche Malerei des Klassizismus und der Romantik 1760-1840. München: C. H. Beck. 1978.

Falk, Hermann: Giambattista Bodonis Typenkunst. (Beilage zum 13. Jahresbericht der Gutenberg Gesellschaft) Mainz 1913.

Geschichte des deutschen Buchhandels, 3. Band (1740-1804) von Johann Goldfriedrich. Leipzig: Verlag des Börsenvereins d. Deutschen Buchhändler. 1909.

Goschen, George J. Viscount: Das Leben Georg Joachim Göschens, dtsch. v. Th. A. Fischer. Leipzig: G. J. Göschen'sche Verlagshandlung 1905.

Hartmann, Günter: Die Ruine im Landschaftsgarten. Ihre Bedeutung für den frühen Historismus und die Landschaftsmalerei der Romantik. Worms: Werner'sche VlgsGes. 1981.

Hohenstein, Siglinde: Friedrich Justin Bertuch (1747-1822). Berlin, New York: W. de Gruyter. 1989.

Honour, Hugh: Neo-Classicism, in: The Age of Neo-Classicism (the fourteenth Exhibition of the Council of Europe). London 1972.

Kapr, Albert: Deutsche Schriftkunst. Dresden: VEB Verlag der Kunst 1955.

Lange, Günther Gerhard: Johann Friedrich Unger. Ein deutscher Meisterdrucker des 18. Jh. In: Imprimatur NF, Bd. VI (hrsg. v. Heinz Sarkowski und Berthold Hack), Frankfurt a. M. 1969.

Lühmann, Frithjof: Wandlungen der Buchgestaltung am Ende des 18. Jahrhunderts in: Paul Raabe (Hrsg.) Buchgestaltung in Deutschland 1740-1890, Wolfenbütteler Schriften zur Geschichte des Buchwesens, Bd. 5. Hamburg: Hauswedell, 1980.

Miller, Norbert: Strawberry Hill. Horace Walpole und die Ästhetik der schönen Unregelmäßigkeit. München: C. Hanser. 1986.

Rychner, Max: Salomon Geßner als Verleger in: Salomon Geßner 1730-1930. Gedenkbuch zum 200. Geburtstag. Herausgegeben vom Lesezirkel Hottingen. Zürich: Grethlein & Co. 1930.

Sarkowski, Heinz: Wenn Sie ein Herz für mich und mein Geisteskind haben. Dichterbriefe zur Buchgestaltung. Frankfurt: Mergenthaler-Linotype. 1965.

Schauer, Georg Kurt: Schrift und Typographie, in: Buchkunst und Literatur in Deutschland. 1750-1850. Hrsg. v. Ernst L. Hauswedell und Chr. Voigt, Bd. 1. Hamburg: Maximilian Gesellschaft. 1977.

Weiß, Wisso: Zum Papier der Wieland-Prachtausgabe. In: Gutenberg-Jahrbuch 1978, S. 26-31.
Wörner, Hans J.: Architektur des Frühklassizismus in Süddeutschland. München/Zürich: Schnell und Steiner 1979.
Zürcher, Richard: Salomon Geßner 1730-1788 in: Geist und Schönheit im Zürich des 18. Jahrhunderts. Zürich: Orell Füßli. 1968.

Horst Meyer

Eine ›Deutsche Buchhandlung‹ in London

Zu James Remnants Sortimentskatalog von 1795

Am 7. November 1798 schreibt Goethe, der soeben die Autorexemplare des ersten Stücks der *Propyläen* erhalten hat, an Cotta: »Nach London geben Sie ja wohl einige Exemplare an die dortigen Buchhändler in Commission. Es soll nun bald über Franzosen und Engländer und ihre Kunst hergehen.«[1] Der Vorschlag kommt nicht von ungefähr. 1798 ist das Jahr, in dem auch die literarische Öffentlichkeit Deutschlands nicht nur in Weimar wahrnimmt, daß im Sog des spektakulären Bühnenerfolgs des von Richard Brinsley Sheridan am Königlichen Theater in Drury Lane inszenierten Kotzebue-Stücks *Menschenhaß und Reue* eine ungeahnte Nachfrage nach deutscher Literatur eingesetzt hat. 1799 erscheinen nicht weniger als dreißig Kotzebue-Übersetzungen und -Bearbeitungen auf dem Londoner Buchmarkt, und Übersetzer, Verleger und Buchhändler partizipieren an der »literarischen Revolution«, über die nicht nur der Korrespondent der *Englischen Miscellen* berichtet.[2]

Während die Situation kurz vor der Jahrhundertwende bestens dokumentiert ist, sind für die neunziger Jahre, in denen ein verstärktes Interesse an deutscher Literatur sich anbahnt und der Handel mit deutschen Büchern in London überhaupt erst in Gang kommt, bisher nur wenige disparate Quellen erschlossen worden, die für den Entwurf eines zusammenhängenden Bildes der Entwicklung aber nicht ausreichen. An welche der »dortigen Buchhändler« Cotta Exemplare der *Propyläen* verschickt hat, wissen wir nicht. In erster Linie ist wohl, wie Dorothea Kuhn im Kommentar zum zitierten Goethe-Brief vermutet[3], an den Schweizer Constantin Geisweiler zu denken, dessen Londoner Karriere Lieselotte Blumenthal eingehend beschrieben hat.[4] Geisweiler war seit 1792 zunächst ausschließlich als Agent für den Basler Kupferstecher und Kunsthändler Christian von Mechel tätig, trat aber spätestens 1794 auch als selbständiger Verleger von Kunstblättern hervor. 1798 gründete er, wie Philipp Andreas Nemnich, der mit Abstand beste deutsche Beobachter des Londoner Buchgewerbes, berichtet,

---

1 Goethe und Cotta. Briefwechsel 1797-1832. Hrsg. von Dorothea A. Kuhn. Bd. 1: Briefe 1797-1815. Stuttgart 1979, S. 40.
2 Englische Miscellen. Bd. 1. 1800. S. 96.
3 Goethe und Cotta. Bd. 3/1. Stuttgart 1983, S. 121.
4 Lieselotte Blumenthal: Geisweiler und Weimar. Zu Rezeption deutscher Dichter in England um 1800. In: Jahrbuch der Deutschen Schillergesellschaft. 11. 1967, S. 14-46.

eine eigene Buchhandlung, die nach einer Ankündigung von 1799 ihren Sitz im Hause 54, Pall Mall hatte.[5] Der plötzliche Kotzebue-Boom gab Geisweiler den Anstoß, sich auf den Verlag von Übersetzungen gängiger deutscher Dramen und Prosatexte zu spezialisieren.

Bereits ein Jahrzehnt zuvor hatte indessen Henry Escher, wie Geisweiler gebürtiger Schweizer, den ersten deutschen Buchladen in London eröffnet. Über die Einträge in den zeitgenössischen Adreßbüchern hinaus sind bislang nur wenige Fakten zu seinem Unternehmen bekannt geworden. Im Mai 1796 legte er unter der Adresse 14, Broad Street, St. Giles einen *Catalogue of German, Latin, French, Italian and English Books* vor, der über tausend Titel umfaßte.[6] Auch Geisweiler läßt drei Jahre später seine Kunden wissen, daß er neben deutscher Literatur französische, italienische und englische Titel führen werde.

Noch nicht in allen Einzelheiten erforscht ist die Geschichte der im Januar 1794 in No. 63, Charing Cross eingerichteten ›Deutschen Lese-Bibliothek‹, die ihren Buchbestand ausschließlich über Joachim Heinrich Campes Braunschweigische Schulbuchhandlung bezog. Spätestens seit 1796 verfügte die Leihbibliothek über eine buchhändlerische Abteilung, in der die vom Braunschweiger Sortiment gelieferten Titel in Kommission angeboten wurden.[7] Im Frühjahr 1797 ging die ›Deutsche Lese-Bibliothek‹ in den Besitz eines nicht näher identifizierten J.W.L. Gebhart über, von dem Nemnich berichtet, er betreibe die »Commissionshandlung« als eine »Nebenbeschäftigung«.[8]

Von ganz anderer Statur muß hingegen ein weiteres auf den Handel mit ausländischen Büchern spezialisiertes Londoner Unternehmen gewesen sein, das die buchhandelsgeschichtliche Forschung bislang nur beiläufig wahrgenommen hat. Nemnich zögert nicht, es den Lesern seines Reiseberichts in leuchtenden Farben zu schildern. Die »vornehmste und reichhaltigste« deutsche Buchhandlung sei »die von Mr. Remnant, der mit seinem Bruder in Hamburg in solcher Verbindung steht, daß letzterer auch Deutschland mit allen englischen Büchern, die ihm aufgetragen werden, versehen kann«.[9] Über den Hamburger Zweig des partnerschaftlichen Unternehmens sind wir durch ein kurzes Kapitel in Bernhard Fabians Problemaufriß *English Books and Their Eighteenth-Century German Readers*[10], das in leicht erweiterter deutscher Fassung auch als Beitrag zur

---

5 Philipp Andreas Nemnich: Beschreibung einer im Sommer 1799 von Hamburg nach und durch England geschehenen Reise. Tübingen 1800, S. 456. – Weitere Details bei Blumenthal, S. 24.
6 Graham Jefcoate: The Deutsche Lese-Bibliothek and the Distribution of German Books in London, 1794-1800. In: The Library. 6th ser. 9. 1987, S. 347-364, hier S. 360.
7 Jefcoate, S. 354-355.
8 Nemnich, S. 456.
9 Nemnich, S. 455.
10 Bernhard Fabian: English Books and Their Eighteenth-Century German Readers. In: The

Festschrift für Rainer Gruenter erschienen ist[11], gut unterrichtet. Zu Beginn des Jahres 1788 eröffnete William Remnant, ein gebürtiger Londoner, der seit dem Ende der siebziger Jahre in Hamburg als Sprachmeister tätig war, in seinem Hause am Gänsemarkt eine englische Buchhandlung – die erste ihrer Art außerhalb Englands, wie es in einem späteren Werbetext heißt. Über das vorhandene Sortiment an neuen, älteren und seltenen englischen Büchern hinaus bot Remnant dem Publikum die schnellstmögliche Besorgung von entlegenen Titeln, Karten und Globen, Musikalien und Kupferstichen und sogar astronomischen und chirurgischen Instrumenten an.

Doch gerade im Besorgungsgeschäft mußte Remnant erhebliche Anlaufschwierigkeiten überwinden, die er in einer öffentlichen Erklärung vom März 1789, auf lokale Kritik reagierend, zu erläutern versucht hat.[12] Von Johann Wilhelm von Archenholz publizistisch unterstützt, vermochte er jedoch das Publikum von der Solidität seines Unternehmens zu überzeugen, und der langfristige geschäftliche Erfolg seiner Buchhandlung beweist zur Genüge, daß er die Marktchancen der englischen Literatur zum richtigen Zeitpunkt erkannt hat. Im weiteren Verlauf der geschäftlichen Entwicklung erwies sich die mit dem Bruder in London geknüpfte Verbindung als ein vorteilhaftes Arrangement, das beide Seiten in den Stand setzte, Such- und Besorgungsaufträge sowie die Vorgänge des Geldverkehrs gebündelt über einen einzigen Partner abzuwickeln. So hat es auch schon der in Handelsfragen versierte Nemnich als Zeitgenosse gesehen, der den Londoner Stützpunkt aus deutscher Perspektive bewertete: »Beyläufig bemerke ich, daß auch für uns in Deutschland eine solche mittelbare Verbindung nothwendig erforderlich ist, um Bücher, von welcher Art sie auch seyn mögen, aus England zu bekommen. Ich wüste also für Deutschland keinen bequemeren, sicherern und geschwinderen Weg, als den Mr. Remnant eröfnet hat.«[13]

Läßt sich die berufliche Karriere des Wahl-Hamburgers William Remnant bis auf wenige schlecht dokumentierte Phasen in den neunziger Jahren einigermaßen genau nachzeichnen, so liegt der buchhändlerische Werdegang des Londoner James Remnant, abgesehen von dem Zeitpunkt, den Nemnichs Reisebericht beleuchtet, noch weitgehend im Dunkeln. Aus den zeitgenössischen Adreßbüchern ist ermittelt worden, daß er seit 1793 einen Buchladen in St. John's Lane, West Smithfield führte, den er 1795 nach High Holborn und fünf

---

Widening Circle. Essays on the Circulation of Literature in Eighteenth-Century Europe. Ed. by Paul J. Korshin. Philadelphia 1976, S. 117-196, hier S. 143 bis 145 und 163-164.
11 Bernhard Fabian: Die erste englische Buchhandlung auf dem Kontinent. In: Festschrift für Rainer Gruenter. Heidelberg 1987, S. 122-144.
12 Vgl. den Abdruck des Textes bei Fabian, S. 128-129.
13 Nemnich, S. 455-456.

Jahre später in die High Street, St. Giles verlegte.[14] Konkrete Fakten zu Art und Umfang seiner Tätigkeit als »German Bookseller« lieferte bislang nur sein im Jahre 1800 erschienener *Catalogue of Foreign Books, Ancient and Modern*, der ausschließlich ältere und neuere wissenschaftliche Werke verzeichnet.[15] Von einem weiteren Katalog aus dem Gründungsjahr 1793, der gelegentlich in der einschlägigen Literatur erwähnt wird[16], konnte bisher kein Exemplar nachgewiesen werden. Diese empfindliche Lücke in der Quellenüberlieferung schließt aber stellvertretend ein bereits vor geraumer Zeit wohl nicht ganz zufällig im Hamburger Handel aufgetauchter Katalog von James Remnant aus dem Jahre 1795, der es uns erlaubt, einen Einblick in den Buchbestand des Sortiments und die Leistungsfähigkeit des noch jungen buchhändlerischen Geschäfts zu nehmen.[17]

Der kurze Kopftitel *James Remnant's Catalogue. Part II. 1795* signalisiert dem Leser, daß es sich bei dem neuen Angebot um eine Ergänzung des 1793 vorgelegten Katalogs handelt, der 1674 Nummern umfaßt haben muß. Die Titelzählung von Part II setzt mit Nr. 1675 ein und läuft bis Nr. 3081. Der 82 Seiten starke »zweite Teil« ist aber als selbständiger Katalog konzipiert worden, wie die neue Seitenzählung und Bogensignierung und auch das separate Sachregister deutlich genug anzeigen. Der äußere Anlaß für die Ausgabe des neuen Katalogs dürfte der Wechsel des Geschäftslokals zu Beginn des Jahres 1795 gewesen sein. Bis zum Herbst des Vorjahres ist Remnant in West Smithfield bezeugt. In einem Brief an James Edward Smith vom 14. September 1794 empfiehlt der Ornithologe John Latham dem Präsidenten der Linnean Society, für den er fünf Monate zuvor über den Hamburger Remnant ein Exemplar von Johann Christian Fabricius' *Entomologia systematica emendata et aucta* (1792-94) besorgt hat, den Rechnungsausgleich über »Mr. Remnant, No 6 St. Johns Lane, West Smithfield« vorzunehmen.[18] Nicht ohne Grund erscheint denn auch das vierbändige Werk des Kopenhagener Professors in James Remnants neuem Katalog, und überdies mit einer gesternten Nummer (2582*), die eine nachträgliche Einfügung in die Druckvorlage bezeugt.

Durchweg in plakativen Versalien gesetzt, macht der Haupttitel, den wir normalisiert wiedergeben, den potentiellen Käufer auf die Schwerpunkte des Angebots und die neue Geschäftsadresse aufmerksam: *A Catalogue of Ancient and*

---

14 Ian Maxted: The London Book Trades, 1775-1800. A Preliminary Checklist of Members. Folkestone 1977, S. 185.
15 Fabian, S. 140.
16 Maxted, S. 185.
17 Das benutzte Exemplar stammt aus der 217. Hauswedell & Nolte-Auktion vom 24. November 1976 (Nr. 419).
18 Zit. nach William Noblett: Dru Drury, his Illustrations of natural history (1770-82) and the European market for printed books. In: Quaerendo. 15. 1985, S. 83-102, hier S. 101.

Modern Books, in the European and Oriental Languages; (Particularly German); Now Selling For Ready Money At The Deutsche Buchhandlung, High (239) Holborn, London. ›Unterm Strich‹ bietet der Inhaber des Buchladens im Stile der Zeit die speziellen Dienstleistungen seines Unternehmens an: »Every Article of Literature, Published in Germany, Denmark, Sweden, Russia, Switzerland, etc. Speedily Procured to any Amount, by James Remnant, English and German Bookseller.« Obwohl er sich dem Publikum gegenüber als Spezialist für das kontinentale Buch ausweist, führt Remnant in der noch jungen ›Deutschen Buchhandlung‹ doch auch ein Sortiment von englischen Titeln, um sich gegen die Risiken des Auslandsgeschäfts abzusichern.

In einem kurzen ›Advertisement‹ an den Katalogleser benennt Remnant präzise die Haupthindernisse, die seit langem dem Buchimport aus Deutschland im Wege gestanden haben:

»Little having been imported from Germany than very expensive articles, which comprise a great value in small compass, chiefly on account of the very heavy duty, and other custom-house expences, the numerous smaller and most useful works published in that country and its neighbourhood, in all the dead and living languages, and in every class of literature, have been nearly totally lost to the learned and curious in Great-Britain« (S. [iii]).

Mag der Besitzer der ›Deutschen Buchhandlung‹ im einzelnen auch ein wenig übertreiben, um seine eigene Leistung als Importeur in ein günstiges Licht zu rücken, so geben die zahlreichen individuellen Klagen über die enormen Transportkosten und Zölle in den gelehrten Briefwechseln der Zeit ihm letzten Endes doch recht. Schon Justus Möser läßt in einem Brief aus London vom 24. Januar 1764 den ihm befreundeten Friedrich Nicolai an seinem Ärger über eine unverlangte Sendung teilhaben: »Vor einigen Tagen schickte mir ein Gelehrter aus Deutschland seine Schriften hieher, um sie der Königlichen Gesellschaft vorzulegen und ihm den Titel eines Mitglieds zu verschaffen. Sie mogten einen Thaler werth seyn; ich mußte aber hier fünf Pfund Sterling Porto dafür erlegen.«[19] Der von Nemnich hochgeschätzte Johann Gottlieb Burckhardt, seit 1781 lutherischer Pastor »in the Savoy«, hat die bis in die neuziger Jahre unveränderte widrige Situation 1798 auf die bündige Formel gebracht: »Der Transport und die Zollabgaben sind äusserst kostspielig, und wegen der weiten Entfernung müssen wir lange auf deutsche Geistesprodukte warten, welche uns neu werden, wenn sie in Deutschland schon alt sind.«[20]

Genaue Zahlen über die Höhe der Abgaben auf importierte Bücher fehlen bislang, da die einschlägigen Akten der Zollbehörden für die Zeit von 1780 bis

---

19 Justus Möser: Briefe. Hrsg. von Ernst Beins und Werner Pleister. Hannover 1939, S. 135.
20 Johann Gottlieb Burckhardt: Kirchen-Geschichte der Deutschen Gemeinden in London. Tübingen 1798, S. 23-24.

1800 nicht überliefert sind. An den seit dem frühen 18. Jahrhundert geltenden Bewertungsmaßstäben lassen sich indessen die Konturen der Importschranken für ungebundene ›neue‹ Bücher ablesen. »Books bound«, in aller Regel also Antiquaria, wurden pro Zentner mit einem Pfund Sterling bewertet, »Books unbound« dagegen bei gleichem Gewicht mit acht Pfund Sterling[21], und es ist zu vermuten, daß sich die Zölle auf ungebundene Bücher nicht wesentlich von den drastischen Abgaben auf importierte Druckpapiere unterschieden haben.[22]

Vor dem Hintergrund des von ihm selbst angeschnittenen buchhändlerischen Dauerproblems beeilt sich Remnant, seine fachliche Kompetenz in Fragen des Buchimports angemessen herauszustreichen. Im Laufe eines vierjährigen Aufenthalts in Deutschland habe er einige vorzügliche geschäftliche Verbindungen aufbauen können, die es ihm jetzt ermöglichten, Bücher, Zeitschriften, Karten und Stiche in allen Preislagen (»from the most trifling article up to any amount«) aus den schon im Titel genannten Ländern schnellstens gegen prompte Bezahlung zu besorgen. Setzt man die vier ›deutschen‹ Jahre für die Zeit von 1789 bis 1792 an, so drängt sich die naheliegende Vermutung auf, daß Remnant in der frühen Entwicklungsphase des Hamburger Unternehmens für seinen Bruder tätig gewesen sein könnte, zumal William Remnant in dem schon erwähnten Werbetext auch die Schweiz, Dänemark, Schweden, Polen und Rußland als die Länder bezeichnet, mit denen er Handelskontakte aufgenommen habe.[23] Angesichts des Fehlens jeglicher dokumentarischer Quellen bleibt jedoch eine solche Annahme vorerst reine Spekulation.

Im Unterschied zum Bruder in Hamburg, der seinen Kunden die Besorgung von englischen Büchern, »die nicht zu den seltnen gehören«, bei normalen Wetterverhältnissen innerhalb von sechs Wochen zusicherte, hat James Remnant es vorgezogen, sich nicht auf Lieferfristen festzulegen. Er hatte sich mit dem Umstand abzufinden, daß ein gesuchter Titel, der nicht in Hamburg greifbar war, zunächst vom Kommissionsplatz Leipzig oder vom Verlagsort angefordert werden mußte. Die Seepassage von der Elbe zur Themse war ohne Zweifel für den Bücheraustausch in beiden Richtungen der günstigste Handelsweg, aber sie hatte auch ihre klimatisch bedingten Tücken: In Frostperioden konnte der Hamburger Hafen nicht angelaufen werden. Der Entomologe Dru Drury, der seine *Illustrations of Natural History* im Selbstverlag vertrieb, bedrängt am 2. Oktober 1770 seinen Hamburger Korrespondenten Paul Dietrich Giseke, die Zahl der Exemplare zu melden, die der Buchhändler Johann Karl Bohn zur nächsten

---

21 Giles Barber: Book Imports and Exports in the Eighteenth Century. In: Sale and Distribution of Books from 1700. Ed. by Robin Myers and Michael Harris. Oxford 1984, S. 77-105, hier S. 85.
22 Vgl. hierzu John Feather: The English Book Trade and the Law, 1695-1799. In: Publishing History. 12. 1982, S. 51-75, insbesondere S. 74-75.
23 Fabian, S. 129.

Leipziger Ostermesse in Kommission nehmen soll (»Because I know during the winter ships cannot reach Hamburg on acco[un]t of ye Ice & therefore I would willingly send them before ye Frost sets in«).[24] William Remnant antwortet seinen lokalen Kritikern in der Erklärung vom März 1789 mit dem Hinweis auf den »sehr strenge[n] Winter, der alle Schiffahrt eine ungewöhnliche Zeitlang hemmte«[25], und die soeben eröffnete ›Deutsche Lese-Bibliothek‹ zeigt ihren Subskribenten in dem zu Neujahr 1794 ausgegebenen ersten Katalog eine Folge von fünfzig Titeln an, die »wegen der jetzt gehemmten Schiff-fahrt noch nicht [haben] ankommen können«, aber »mit erster Schiffsgelegenheit erwartet« werden.[26] Die von Remnant und seinen Londoner Konkurrenten in wendigen Formeln angebotene schnellstmögliche Besorgung nicht vorhandener Titel war demnach bei einer realistischen Betrachtung der Rahmenbedingungen des Buchimports nichts anderes als eine Geste guten Willens.

James Remnant läßt in seinem ›Advertisement‹ nicht unerwähnt, daß sein junges Unternehmen bereits spürbare Unterstützung durch »hochrangige Persönlichkeiten und Kenner der Literatur« gefunden habe, denen er jetzt, »wie versprochen«, eine Auslese aus den »besten Büchern« in deutscher Sprache vorlege. Überdies halte er in seiner Buchhandlung stets die neuesten »German Catalogues« (und damit sind wohl die Meßkataloge gemeint) zur Einsichtnahme und zum Kauf bereit, um dem spezialisierten Interessenten die Titelauswahl zu erleichtern. Im Katalog wird zudem als bibliographisches Auskunftsmittel das noch im Erscheinen begriffene vierbändige *Allgemeine Bücher-Lexikon* von Wilhelm Heinsius in den beiden Versionen auf Schreib- und Druckpapier angeboten.

Auf den ersten Blick vermittelt der *Catalogue of Ancient and Modern Books* den Eindruck eines wohlsortierten und in professioneller Weise für den Verkauf aufbereiteten Buchbestands. Das Titelmaterial ist geordnet nach Sprachen und Formaten, innerhalb der so entstandenen Sektionen alphabetisch nach Verfassern oder sachlichem Ordnungswort. Ein kurzer schematischer Index auf der Rückseite des ›Advertisement‹ erleichtert das Auffinden der einzelnen Sektionen. In der den Katalog eröffnenden deutschen Abteilung werden auch Bücher in niederländischer, dänischer und schwedischer Sprache angezeigt, die aber zahlenmäßig kaum ins Gewicht fallen. Nicht mehr als hundert Titel umfaßt das Ensemble der angebotenen französischen Bücher, zwischen denen sich drei italienische Werke verbergen. Bis auf fünf Titel stammen alle französischsprachigen Drucke aus Verlagen, die ihren Sitz außerhalb Frankreichs haben. Dies ist

---

24 Noblett, S. 97.
25 Fabian, S. 128.
26 Jefcoate, S. 351, der die Unterbrechung der Schiffslinie zu diesem Zeitpunkt wohl zu Unrecht als Folge der Koalitionskriege deutet.

nicht weiter verwunderlich, da Frankreich nicht zu den Ländern zählt, für die Remnant seine Dienste als Buchimporteur anbietet. Die lateinische Abteilung des Katalogs ist dagegen breit gefächert und nimmt auch Editionen der griechischen Klassiker, hebräische Bibeldrucke und lateinisch-arabische Lexika auf.

Johann Christoph Wolfs 1705 in Wittenberg erschienene *Historia lexicorum hebraicorum* sollte wohl zunächst den Schlußpunkt des Bücherangebots bilden, doch es folgt noch im gleichen Halbbogen mit fortlaufender Zählung ein 362 Titel umfassender ›Appendix‹, der nach der vorgegebenen formalen Gliederung die drei Sprachgruppen ergänzt und in einer vierten Abteilung eine Serie von 123 englischsprachigen Werken präsentiert. Möglicherweise hat Remnant eine größere Lieferung von der Leipziger Herbstmesse verspätet erhalten. Unter den Nachträgen findet sich gelegentlich ein auf 1795 vordatierter Druck, und mit Philipp Andreas Nemnichs *Polyglottenlexikon der Naturgeschichte* (Nr. 2742) wird ein Lieferungswerk angezeigt, das laut Katalogtext zur bevorstehenden Ostermesse vollständig vorliegen soll. Es ist aber auch denkbar, daß Remnant den Anhang nur zusammengetragen hat, um den neuen Katalog im Vergleich zu dem 1793 erschienenen nicht allzu schmal aussehen zu lassen. Zusammen mit den Nachträgen erreicht sein Angebot eine Titelmenge von rund 1400 bibliographischen Einheiten. Davon entfallen rund sechzig Prozent auf die deutschsprachigen Werke und weitere fünfundzwanzig Prozent auf die lateinischen. Die Restmenge füllen die französischen und englischen Titel zu gleichen Teilen auf.

Da die formale Gliederung des Katalogs es nicht zuließ, thematisch Zusammengehöriges an einem Ort unterzubringen, hat Remnant versucht, zumindest einige Spezialbestände aus dem zum Verkauf stehenden Sortiment durch ein nach Sprachen geordnetes Sachregister zu erschließen. Schon die bloßen Titelnummer-Reihen machen schlagartig sichtbar, daß er den Akzent auf die Naturgeschichte im weitesten Sinne setzt: Allein unter diesem Stichwort werden 84 Titel angezeigt. Hinzu kommen 84 Werke aus dem Gebiet der Botanik und 50 Arbeiten zur Mineralogie. Auch die unter ›Reisen‹ zusammengefaßten 68 Titel sind dem thematischen Feld der Naturgeschichte zuzuordnen, da sie nahezu ausschließlich der Gattung des Forschungs- und Entdeckungs-Reiseberichts angehören. Ein deutscher Katalogleser von heute wird nicht ohne weiteres verstehen, warum in dem 118 Titel verzeichnenden Registereintrag ›Physik‹ vorwiegend medizinische und pharmakologische Abhandlungen auftauchen. Remnant hat hier den zu seiner Zeit gängigen Begriff ›physic‹ (für Medizin) lediglich orthographisch ins Deutsche übersetzt. Ähnliches gilt für die ›Mappen‹ (aus ›Maps‹), hinter denen sich Karten und Stadtpläne verbergen.

Die Ausrichtung des Registers auf einige gewichtige Spezialgebiete schränkt zwangsläufig den Grad der sachlichen Erschließung des gesamten Angebots ein. Von den deutschen Büchern werden etwa fünfundsiebzig Prozent im Register erfaßt, von den französischen und lateinischen jedoch weniger als sechzig Prozent. Der Anteil der sogenannten schönen Literatur an Remnants Buchbestand ist zum Beispiel weitaus höher, als es die Titelzahlen zu den Stichworten ›Comödien‹ (31), ›Gedichte‹ (25) und ›Romane‹ (65) suggerieren, da Sammelausgaben eines Autors und von den ›Romanen‹ abweichende Prosagattungen nicht berücksichtigt worden sind. Die neuere deutsche Philosophie, die mit den Hauptwerken von Kant, Lessing, Herder, Moses Mendelssohn, Sulzer und Garve angemessen vertreten ist, wird ebenso konsequent ausgeblendet wie die ohnehin schwer zu erfassende Ratgeberliteratur vom Schreibmeisterheft bis zum Kochbuch, die sich in bunter Vielfalt über den Katalog verteilt.

Man muß Remnant freilich zugute halten, daß er mit der Akzentuierung der Naturgeschichte und der benachbarten Disziplinen verständlicherweise das Interesse des Kaufpublikums auf seine Spezialgebiete lenken wollte. Wie im ›Advertisement‹ angedeutet, sah er im Gelehrten und Naturforscher, im ›curieusen‹ Sammler und im Literaturkenner die Zielgruppe der ›Deutschen Buchhandlung‹. So betrachtet ist das Sachregister auch ein Indikator der zeitgenössischen Tendenzen auf dem Londoner Buchmarkt, insbesondere hinsichtlich der Chancen kontinentaler Literatur. Das Auftauchen eines gut sortierten Bestands an Abhandlungen zur Mineralogie in Remnants Katalog hängt aufs engste damit zusammen, daß die Leistungen der deutschen Mineralogen, wie man in Nemnichs zweitem Reisebericht aus dem Sommer 1805 nachlesen kann[27], sich in England besonderer Hochschätzung erfreuten. Die späte Karriere eines Rudolf Erich Raspe als Prospektor und Bergwerksexperte in Cornwall und im schottischen Hochland liefert hierzu ein anschauliches Exempel.[28]

Die Qualität des Sachregisters wird im übrigen durch mechanische und inhaltliche Fehler stark beeinträchtigt. Viele inkorrekte Titelnummern führen den Katalogleser in die Irre. Die dreibändige Ausgabe der *Trauerspiele* von Christian Felix Weisse wird man wohl kaum den ›Comödien‹ zuordnen können, und die Abhandlung des Göttinger Theologen Gottfried Less *Über das Christliche Lehramt* ist unter den ›Schulbüchern‹ fehl am Platze. Das zweibändige *Mineralogische und bergmännische Wörterbuch* von J. S. Schröter findet sich weder bei der ›Mineralogie‹ noch unter dem Stichwort ›Wörterbücher‹.

Auf ähnliche irritierende Ungereimtheiten stößt man auch bei der Kataloglektüre. Den buchhändlerischen Gepflogenheiten der Zeit entsprechend werden in der einzelnen Titelaufnahme formal konsequent Verfasser (durchweg ohne Vornamen oder Initialen), Sachtitel, Herausgeber (zumeist mit Initialen), Ver-

---

27 Philipp Andreas Nemnich: Neueste Reise durch England, Schottland, und Ireland, hauptsächlich in Bezug auf Produkte, Fabriken und Handlung. Tübingen 1807, S. 168.
28 John Carswell: The Prospector. Being the Life and Times of Rudolf Erich Raspe (1737-1794). London 1950, S. 156-235.

lagsort, Erscheinungsjahr und Ladenpreis mitgeteilt. Die besondere Aufmerksamkeit des Bearbeiters gilt der Beschreibung der Ausstattung des vorliegenden Buchs, die ja nicht zuletzt auch den geforderten Preis rechtfertigen muß. Zur Quartausgabe der 1793 bei Hammerich in Altona erschienenen Homer-Übersetzung von Johann Heinrich Voss lesen wir zum Beispiel: »4 Bände in Ppbd, mit lat. lettern. schön gedruckt auf velin papier« (Nr. 1719). Aber die im Prinzip angestrebte Genauigkeit der Titelaufnahme ist häufig nicht erreicht worden, weil ein des Deutschen unkundiger Setzer sich offenbar mit einer bisweilen unleserlichen Manuskriptvorlage hat abplagen müssen. Fehlende, versetzte und falsche Umlaute (»Mozärt«) durchziehen den ganzen Katalogtext. Normales u taucht als n auf: ›langes‹ s wird mit f verwechselt. Als ein tückischer Stolperstein erweist sich der Verlagsort Weißenfels, der in den Fassungen ›Wiessens.‹ (Nr. 2160) und ›Weisenfell‹ (Nr. 2288) nur noch mit einer Portion Phantasie zu erraten ist. Auf Remnants Handschrift geht ohne Zweifel die eigentümliche Schreibweise ›zauber‹ (für sauber) zurück, die der Setzer gegen seine Gewohnheit konsequent beibehält (»zauber druck und papier, und ein sehr zauber in Kupfer gestochenen Titelblatt« Nr. 2050).

Solche dem Termindruck und der ausgebliebenen Korrektur anzulastenden Versehen und Unebenheiten fallen kaum ins Gewicht, sofern sie nicht sinnentstellte Texte hinterlassen oder bibliographische Daten verdunkeln. Zum Inhalt von *Walchers nachrichten von der Arndel der Donau* (Nr. 1698) wird auch ein hydrographischer Spezialist nichts Konkretes sagen können, bis er sich aus dem *Allgemeinen Bücher-Lexikon* von Wilhelm Heinsius oder einem vergleichbaren Repertorium die Information besorgt, daß das zweibändige Werk »von den Strudeln der Donau« handelt. Die von Remnant angebotene 1787 in Leipzig erschienene »8te vermehrte Auflage« der *Leiden des jungen Werthers* (Nr. 2053) scheint auf den ersten Blick die heftige Nachfrage nach Goethes Roman zu bezeugen; es ist aber die Weygandsche »Aechte vermehrte Auflage«, ein Mischdruck aus der 1775 bei Weygand erschienenen »Zweyten ächten Auflage« und der 1787 von Göschen vorgelegten zweiten Textfassung.[29] Gemessen an der Gesamtmenge der angebotenen Bücher ist jedoch die Zahl der mit gravierenden Mängeln behafteten Aufnahmen relativ gering. Bei den neueren Werken, zu deren Beschreibung Remnant Verlagsankündigungen und -prospekte hat heranziehen können, sind einwandfreie Katalogeinträge in erfreulicher Dichte anzutreffen.

Zwischen den ›alten‹ und ›neuen‹ Büchern, die der Haupttitel ankündigt, besteht ein zahlenmäßiges Ungleichgewicht. Die aus dem Zeitraum von 1540 bis 1750 stammenden und durchweg gebundenen Antiquaria haben mit 109 Titeln nur einen Anteil von knapp acht Prozent am gesamten Buchangebot. Bis auf

---

29 Die Drucke von Goethes Werken. Bearb. von Waltraud Hagen. Berlin 1971, Nr. 88.

wenige Ausnahmen sind es Drucke in den alten Sprachen, für die sich die Handbibliothek eines kaufkräftigen Bibelforschers oder Philologen als angemessener Ort anbietet. Wohl zu Recht hat Remnant einige Spitzenstücke mit dem Prädikat ›rar.‹ oder ›rariss.‹ ausgezeichnet; denn der Bogen der Seltenheiten spannt sich von Elias Hutters auch in typographischer Hinsicht herausragender *Biblia Hebraica* aus dem Jahre 1587 bis zu Johann Jakob Scheuchzers *Kupfer-Bibel oder Physica Sacra*, die von 1731 bis 1735 in vier Foliobänden mit 759 Kupfertafeln aus der Wagnerschen Druckerei in Ulm hervorgegangen ist. Für das monumentale Werk wird ein Preis von £ 15-15-0 gefordert, der nach dem damaligen Kurs einen Gegenwert von 95 Reichstalern hatte.

Die ›neuen‹ Titel im Sortiment der ›Deutschen Buchhandlung‹ setzen sich nicht nur aus Neuerscheinungen der jüngsten Buchmessen zusammen, sondern gehen mit ihren Publikationsdaten bis in die sechziger Jahre zurück. Das wissenschaftliche und gelehrte Buch des 18. Jahrhunderts ist bekanntlich noch nicht dem Prozeß des schnellen Alterns unterworfen, und es wird auch im Gegensatz zur heutigen Praxis bei konstantem Preis langfristig am Lager gehalten. So kann Remnant die 1752 von der Waltherschen Hofbuchhandlung in Dresden aufgelegten *Œuvres mathématiques, physiques et philosophiques* von Maupertuis ebenso verlagsfrisch »in sheets« anbieten wie die 1761 bei Heidegger & Co. in Zürich erschienenen *Kennzeichen der Insekten, nach Anleitung Karl Linnaeus* von J. H. Sulzer. Die Kopenhagener Erstausgabe von Carsten Niebuhrs Beschreibung von Arabien aus dem Jahre 1772 steht in seinem Angebot »mit Kupfern und Karten« geheftet neben der 1773 im gleichen Verlag erschienenen französischen Übersetzung.

Zu den Novitäten im geläufigen Sinne können wohl angesichts der besonderen geographischen Situation von Remnants Buchladen alle aus den neunziger Jahren stammenden Werke gerechnet werden. Läßt man die im ›Appendix‹ angezeigten englischen Drucke beiseite, so erreichen die vierhundert ›Neuheiten‹ genau ein Drittel des insgesamt importierten Bestands. Um Remnants buchhändlerischer Preispolitik auf die Spur zu kommen und auch die von ihm selbst als »very good connexions« apostrophierten Bezugsquellen freizulegen, schien es ratsam, alle so definierten Neuerscheinungen an Wilhelm Heinsius' *Allgemeinem Bücher-Lexikon* (in der ›Verbesserten Auflage‹ von 1812) abzuprüfen, das unter dieser speziellen Fragestellung nützliche Dienste zu leisten vermag. Wer wie Hans-Joachim Koppitz den Heinsius als lückenhaftes und daher untaugliches nationalbibliographisches Repertorium abqualifiziert[30], übersieht freilich, daß das *Allgemeine Bücher-Lexikon* ein aus Verlagskatalogen zusammengetragenes

---

30 Hans-Joachim Koppitz: Zur Bibliographie der deutschen Buchproduktion des 18. Jahrhunderts. In: Zeitschrift für Bibliothekswesen und Bibliographie. 9. 1962, S. 18-30.

Verzeichnis lieferbarer Bücher ist, das naturgemäß weniger Titel aus den ersten als aus den letzten Jahrzehnten des 18. Jahrhunderts erfaßt. Von den vierhundert Remnantschen Novitäten der neunziger Jahre lassen sich achtzig Prozent im Heinsius nachweisen. Da Wilhelm Heinsius aber Kupferwerke ohne Text, Landkarten, Musikalien, Predigten und Gelegenheitsdrucke ohnehin nicht aufnimmt, ist die tatsächliche Nachweisquote noch höher zu veranschlagen.

Zu einem verblüffenden Ergebnis führt der Vergleich der im Heinsius dokumentierten »Verlags- und Laden- oder Leipziger Meß=Preise« (Bd. 1, Sp. XIX) mit den in London geforderten Katalogpreisen. Aus achtzig Stichproben ergibt sich der übereinstimmende Befund, daß Remnant mit einem ganz simplen Überschlag arbeitet: Der deutsche Ladenpreis wird nach der üblichen Kursrelation von sechs Reichstalern zu einem Pfund Sterling exakt umgerechnet und dann verdoppelt. Offensichtlich waren die so fixierten Preise elastisch genug, um die enormen Transportkosten und Importzölle aufzufangen. Sie bewegten sich überdies im Rahmen des inzwischen in London vorherrschenden Preisniveaus für englische Bücher, die sich aufgrund der kostspieligen Papierimporte und der steigenden Setzerlöhne in den neunziger Jahren drastisch verteuerten. Constantin Geisweiler, der die unglückliche Idee hatte, eine Rückübersetzung der Sheridanschen Bearbeitung von Kotzebues *Die Spanier in Peru* auf den Markt zu bringen, mußte sich den öffentlichen Vorwurf gefallen lassen, seine Ausgabe sei »noch einmal so teuer« wie das in Leipzig erschienene Original.[31]

Wie kaum anders zu erwarten, haben Remnants deutsche Konkurrenten in London sich ebenfalls der von ihm entwickelten Preisstrategie bedient. Die Kommissionsbuchhandlung der ›Deutschen Lese-Bibliothek‹ bietet ihren Kunden im Januar 1796 die bei Göschen erschienenen ersten drei Lieferungen der *Sämmtlichen Werke* Wielands in der wohlfeilen Ausgabe ohne Kupfer zum Preise von £ 2-7-0 an[32], die in Remnants Katalog noch mit £ 2-5-0 ausgezeichnet sind.

Auf dem deutschen Buchmarkt konnten freilich solche Preise, wie schon das Beispiel des Geisweilerschen Kotzebue zeigt, für aus England importierte Bücher nicht durchgesetzt werden. Der Hamburger Remnant hat im Dezember 1789 die Bände VI bis XII der zweiten Oktavausgabe von Gibbons *History of the Decline and Fall of the Roman Empire* zu einem Preis von 12 rthl. 12 ggr. angekündigt, in den ein Aufschlag von rund fünfundzwanzig Prozent auf den Londoner Ladenpreis eingerechnet war.[33] Er wird aber den teuren ›set‹ nicht verkauft haben, da er gleichzeitig die sehr erfolgreiche Nachdruckserie des Basler Verle-

---

31 Zit. nach Blumenthal, S. 19.
32 Jefcoate, S. 353.
33 Vgl. die näheren Angaben bei J. E. Norton: A Bibliography of the Works of Edward Gibbon. London repr. 1970, S. 94-96 und bei Fabian, S. 139.

gers Johann Jakob Thurneysen vertrieb, in der Gibbons Hauptwerk bereits zu einem weitaus günstigeren Preis vorlag. James Remnant in London blieb indessen der Zutritt zu dem schwunghaften Handel mit der Basler Serie verwehrt. Importe von Nachdrucken englischer Werke waren seit der Copyright-Akte von 1710 gesetzlich verboten. In seinem Katalog findet sich aber Thurneysens Nachdruck der 71 Bände umfassenden *Œuvres complètes* von Voltaire (»d'après la nouv. édit. de M. Beaumarchais« Nr. 2341), der um mehr als die Hälfte billiger angeboten wurde als die Kehler-Ausgabe, mit der Beaumarchais sich finanziell ruinierte. Die ›Deutsche Buchhandlung‹ wird die Ausgabe »en feuilles« vermutlich über den Buchhändler Ettinger in Gotha bezogen haben, der sich als Kommissionär tatkräftig für Thurneysen einsetzte.[34]

Anhand der im Heinsius aufgefundenen Verlagsangaben läßt sich nun auch der Kreis der Verleger näher beschreiben, zu denen Remnant als Sortimenter in engerem Kontakt gestanden hat. Den ersten Platz nimmt unangefochten Johann Christian Dieterich in Göttingen ein, aus dessen umfassendem Verlagsangebot an Beiträgen zu den beschreibenden Naturwissenschaften zahlreiche Titel im *Catalogue of Ancient and Modern Books* auftauchen. Von Dieterich hat Remnant auch die *Commentationes* der Göttinger Akademie, Romane von Knigge und Johann Gottwerth Müller und nicht zuletzt als Novität die erste Lieferung der Lichtenbergschen Hogarth-Erklärungen bezogen. Mit einer Serie von Werken zur Botanik, Mineralogie und Medizin ist der Mannheimer Verlag von Schwan und Götz vertreten. Das von Christian Friedrich Schwan selbst erarbeitete sechsbändige *Nouveau Dictionnaire de la langue Allemande & Françoise* steht ebenfalls in London zum Verkauf. Ähnliche thematische Akzente setzen die von der Waltherschen Hofbuchhandlung gelieferten Titel, unter denen sich auch Handbücher zur Münzkunde und Fortifikationskunst finden. Von Ettinger in Gotha hat Remnant vor allem Arbeiten zur Naturgeschichte übernommen, darunter auch die Erstausgabe von Goethes *Versuch die Metamorphose der Pflanzen zu erklären* aus dem Jahre 1790.

Von den süddeutschen Verlagen treten Metzler und Cotta im Londoner Katalog mit Abhandlungen zur Forstwissenschaft hervor, Raspe in Nürnberg mit botanischen und zoologischen Tafelwerken. Remnants wichtigster Partner in der Schweiz ist Steiner in Winterthur, der Verleger Johann Kaspar Lavaters. Die *Physiognomischen Fragmente* in der vierbändigen Erstausgabe von 1775-78 sind schon am hohen Preis von £ 27-0-0 als das Spitzenobjekt im Angebot der ›Deutschen Buchhandlung‹ zu erkennen. Steiner hat darüber hinaus die verkürzte

---

34 Martin Germann: Johann Jakob Thurneysen der Jüngere, 1754-1803. Verleger, Buchdrucker und Buchhändler in Basel. Basel und Stuttgart 1973 (Basler Beiträge zur Geschichtswissenschaft, 128), S. 43-44.

Ausgabe von 1786 sowie weitere aktuelle Titel zur praktischen Medizin und Gartenkunst geliefert. Auch die agile Typographische Societät in Bern hat zu Remnants Sortiment einiges beigetragen, neben französischsprachigen Nachdrucken der Forschungsreisen von Carsten Niebuhr und Peter Simon Pallas vor allem Untersuchungen über die helvetischen Alpen und Handbücher zur schweizerischen Geschichte.

Ungewöhnlich hoch ist die Zahl der Titel, in deren Impressum der Verlagsort St. Petersburg auftaucht. Davon stammen die meisten aus der Druckerei der Kaiserlichen Akademie, die mit eigenen Agenten in Leipzig vertreten war, aber auch über Hartknoch in Riga auszuliefern pflegte. Remnant hat aus dem Verlagsprogramm der Akademie alle lieferbaren Arbeiten Leonhard Eulers zur Mathematik, Optik und Astronomie angekauft, dazu ausgewählte Kartenwerke und Reiseberichte sowie eine Folge von neun Bänden der nicht nur von dem Rußland-Kenner Schlözer hoch eingestuften *Sammlung Russischer Geschichte* (im Katalogtext »Gedichte«) des Hofhistoriographen Gerhard Friedrich Müller. Die literarisch orientierten Petersburger Verleger Kriele und Johann Zacharias Logan haben ebenfalls das Londoner Bücherangebot angereichert. Aus Krieles Produktion ist *Fausts Leben, Thaten und Höllenfahrt in fünf Büchern*, ein Hauptwerk von Friedrich Maximilian Klinger, in der soeben erschienenen zweiten verbesserten Auflage erhältlich. Logan liefert neben Reiseberichten und der jüngsten Folge der *Neuesten Nordischen Beiträge* von Pallas auch eine preiswerte *Pharmacopoeia Rossica*.

Unser kurzer Überblick vermag freilich nicht die breite Sammlung der Verlage sichtbar zu machen, aus deren Fundus Remnant sein Sortiment zusammengetragen hat. Um die in England gefragten Arbeiten von Carl von Linné präsent zu halten, mußte er die einschlägigen Titel von sieben Verlagen in Kopenhagen, Hamburg, Leipzig, Göttingen, Frankfurt am Main und Erlangen anfordern. Immerhin zeigt die geographische Verteilung der Verlagsorte im Katalog der ›Deutschen Buchhandlung‹, daß Remnants forsche Ankündigung auf dem Titelblatt, er könne jedes gewünschte Buch aus »Germany, Denmark, Sweden, Russia, Switzerland etc.« besorgen, ein seriöses Angebot war.

Während wir über Remnants verlegerische Partner gut informiert sind, wissen wir über den geschäftlichen Erfolg der Buchhandlung in High Holborn und ihren Kundenkreis so gut wie nichts. Remnant hat nach dem Erscheinen des *Catalogue of Ancient and Modern Books* neu importierte Bücher regelmäßig im *Monthly Magazine* angezeigt.[35] Doch der schon erwähnte *Catalogue of Foreign Books* aus dem Jahre 1800 ist bereits das letzte Zeugnis seines buchhändlerischen Wirkens. Der Katalog erscheint in einer von den Koalitionskriegen erschütterten

---

35 Jefcoate, S. 360.

Krisenzeit, die im deutschen wie im englischen Buchhandel tiefe Spuren hinterläßt. Der Korrespondent der *Allgemeinen Zeitung* bezeichnet die Leipziger Ostermesse von 1801 unter dem Eindruck des desolaten Geschäftsverlaufs als eine »Menschen- und Geldleere Messe«.[36] In England beschleunigt sich die kriegsbedingte Inflation durch Mißernten und eine außer Kontrolle geratene Staatsverschuldung. Wechselseitige Embargos der kriegführenden Staaten bringen die Handelsschiffahrt in Bedrängnis. Die Krise spitzt sich zu, als im Frühjahr 1801 Kopenhagen von der englischen Flotte angegriffen wird und im Gegenzug dänische Truppen Hamburg und Lübeck besetzen. Der traditionelle Handelsweg des Buchhandels von Hamburg nach London bleibt vorerst gesperrt.

Schon im Februar 1801 schreibt Johann Christian Hüttner, einer der Hauptmitarbeiter am *Journal des Luxus und der Moden*, aus London an Bertuch: »Unsre hiesigen deutschen Buchhändler sind alle Hungerleider.«[37] Der sensationelle Kotzebue-Boom ist nur ein kurzfristiges literarisches Strohfeuer gewesen. Das Ende des Jahres 1801 hat keine der in den neunziger Jahren gegründeten deutschen Buchhandlungen überlebt. Die ›Deutsche Lese-Bibliothek‹ schloß ihre Pforten bereits im Dezember des Vorjahres. Geisweiler gibt den Buchhandel auf und endet als Weinhändler. James Remnant wird in den Adreßbüchern für das Jahr 1802 nicht mehr als ›German Bookseller‹ erwähnt. Den Restbestand seines Unternehmens versteigert Thomas King 1804 in zwei Auktionen.[38]

Der stets aus erster Hand informierte Philipp Andreas Nemnich zieht 1805 in seinem zweiten England-Bericht die Bilanz der traurigen Entwicklung: »Alle bisherigen Versuche, in London eine deutsche Buchhandlung zu etablieren, haben Schiffbruch gelitten.« Den Untergang der ›Deutschen Buchhandlung‹ lastet er freilich nicht den dramatischen Zeitumständen, sondern James Remnant selbst an. William Remnant habe die Londoner Buchhandlung mit großen Kosten eingerichtet, sein Bruder sei aber »kein guter Haushalter« gewesen. Hellsichtig wie kaum ein anderer sieht Nemnich jedoch schon einen Weg zur Regeneration des deutsch-englischen Buchhandels voraus, den später in der Tat viele beschritten haben: »Ein angesehener Buchhändler in London sagte mir, er würde seinen Sohn nächstens nach Leipzig schicken, um daselbst nicht nur den deutschen Buchhandel, sondern auch die deutsche Literatur, zu erlernen. Dies verspricht den sichersten Weg zu einer dereinstigen guten deutschen Buchhandlung in London.«[39]

---

36 Zit. nach Blumenthal, S. 39.
37 Ebenda.
38 Maxted, S. 185.
39 Nemnich, S. 169-170.

Reinhard Wittmann

Ein wissenschaftliches Verlagsanerbieten im Jahre 1806

Es heißt wohl Eulen nach Athen tragen, will man just dem Adressaten dieser Festschrift einen kleinen Beitrag zum Verhältnis zwischen wissenschaftlichem Autor und Wissenschaftsverleger widmen – denn niemand verfügt über eine so überwältigende Fülle einschlägigen Materials wie der Bewahrer und Kenner des Springer-Archivs. Doch ist dies auch eine schuldige Reverenz vor dem Manne, der so nachdrücklich wie kein anderer seit Jahren mahnend darauf hinweist, daß der Wissenschaftsverlag nach wie vor ein Stiefkind der Buchhandelshistorie ist. Dieses Manko zu beheben, hat Heinz Sarkowski selbst – insbesondere am Beispiel Springer – in besonderem Maße beigetragen und auch andere dazu angeregt. Dennoch bleibt unübersehbar viel zu tun: gerade die ältere Buchhandelsgeschichte vom 15. bis zum beginnenden 19. Jahrhundert hat hier großen Nachholbedarf. Was an verstreuten und versteckten Orten publiziert worden ist, vermag derzeit noch niemand zu überblicken, geschweige denn systematisch zu erfassen. Erst recht sind über die Fülle des Unpublizierten, ja Unbekannten keine Mutmaßungen möglich; wer würde sich heute noch die Mühe machen, wie einst Walter Krieg, auch nur die Vielzahl von Autographenkatalogen der letzten Jahrzehnte nach einschlägigen Materialien zu durchmustern? Der von avancierteren Disziplinen mitleidig belächelte positivistische Kärrnerfleiß, das geduldige Zusammentragen von Mosaiksteinchen gewinnt unter solchen Auspizien immerhin bescheidene Legitimierung – sie mag, so hoffe ich, auch diese Miszelle einschließen.

Der hier vorzustellende Brief im Umfang von vier engbeschriebenen Quartblättern hat weder eine Zelebrität zum Verfasser, noch ist er – soweit ersichtlich – an einen bedeutenden Verleger gerichtet; er mag just deshalb einen exemplarischen Einblick in den alltäglichen Geschäftsverkehr am Beginn des 19. Jahrhunderts bieten. Friedrich Benedikt Weber war, wie der kurze biographische Abriß in der *Allgemeinen Deutschen Biographie*[1] anmerkt, »einer der fruchtbarsten Schriftsteller« seiner Zeit auf ökonomisch-kameralistischem Gebiet. Geboren am 11. November 1774 in Leipzig, studierte er dort 1792-1796 Jurisprudenz und Kameralwissenschaften, absolvierte ein landwirtschaftliches Praktikum und habilitierte sich bereits 1799, also mit 25 Jahren als Privatdozent der Oekonomie- und Kameralwissenschaften an der Universität seiner Vaterstadt, wo er 1800 auch zum Extra-Ordinarius ernannt wurde. 1802 erhielt er einen Ruf als Ordinarius

---

[1] Allgemeine Deutsche Biographie, Band 41, S. 295f.

nach Frankfurt an der Oder und wechselte schließlich 1811 an die Breslauer Universität als ordentlicher Professor der Oekonomie- und Kameralwissenschaften, wo er am 8. März 1848 verstarb.

Neben seiner Lehrtätigkeit entwickelte Weber sehr rege schriftstellerische Betriebsamkeit – 29 teils mehrbändige Werke tragen seinen Namen, hinzu kommen mehrere Zeitschriften, die er insbesondere als Sekretär der ökonomischen Sektion der schlesischen Gesellschaft für vaterländische Kultur betreute. Nicht weniger als vierzehn seiner Veröffentlichungen sind bereits zwischen 1796 und 1805 erschienen; der gut dreißigjährige Autor besaß somit Erfahrung mit Verlegern, wobei auffällt, daß er von Anfang an darauf achtete, sich nicht an eine Firma zu binden. Einige der Bücher sind bei Benjamin und Gerhard Fleischer in Leipzig erschienen, andere bei Frölich in Berlin (der Verkauf des Geschäftes durch die Frölichsche Witwe am 28. März 1809 an die Herren P. Humblot und C. Duncker bezeichnet das Gründungsdatum des Verlages Duncker & Humblot), und schließlich bei Carl Darnmann, der 1797 das Sortiment von Friedrich Frommann in Züllichau gekauft hatte und laut *Verzeichniss der buchhändlerischen Geschäftsrundschreiben* mit dem Verlag nach Jena übersiedelte. Bei diesem Carl Darnmann hat Weber den ersten, zweiteiligen Band eines großen Sammelwerkes erscheinen lassen, das auf längeres Erscheinen berechnet war. Nun aber haben sich Autor und Verleger zerstritten – und Weber, klug (oder mißtrauisch) genug, nur über den ersten Band akkordiert zu haben, sucht deshalb nach einer neuen Geschäftsverbindung für die Fortsetzung des Werkes. Zu diesem Zweck richtet er das folgende Schreiben an eine leider nicht zu ermittelnde Firma, die offenbar von zwei Compagnons betrieben wird:

Frankfurt an d. O.
den 9t. Febr. 1806

Wohlgeborene
hochgeehrteste Herren!

Ew. Ew. Wohlgeboren erlauben mir, daß ich, ohne die Ehre zu haben, Ihnen persönlich bekannt zu seyn, Ihnen einen literarischen Antrag mache, deßen Annahme von Ihrer Seite mich sehr freuen würde, da sie mir den Wunsch erfüllte, eines meiner mir am meisten am Herzen liegenden Werke an eine so solide Buchhandlung, als mir die Ihrige bekannt ist, untergebracht zu haben.

Von meinem *systematischen Handbuch der deutschen Landwirthschaft* nähmlich *für wißenschaftlich gebildete Leser* sind im Jahr 1805. 2 Abtheilungen, die den ersten Band ausmachen, bey H. Darnmann in Züllichau erschienen. Schon nach der Erscheinung der ersten hatte ich leider Gelegenheit, mit H. Darnmann unzufrieden zu werden, der ein Betragen gegen mich annahm, welches weder dem wesentlichen Verhältniß zwischen Verleger u Schriftsteller angemeßen war, noch besonders mir, der es so sehr liebt, mit seinen H. Verlegern auch in freundschaftlicher Verbindung zu stehen, anders als höchst unangenehm seyn konnte, da es alle freundschaftlichen Verhältniße (S. 2:) zwischen mir u H Darnmann nothwendig aufhob. Ich bin seit vielen Jahren mit meinen andern H. Verlegern, H.

Gerhard Fleischer in Leipzig u H. Fröhlich in Berlin in so freundschaftlichen Verhältnissen, daß es mir um so mehr leid thut, von H. Darnmann nicht dasselbe sagen zu können. Ich schlug ihm also vor, unsre Verbindung mit dem Schluß des ersten Bandes gemeinschaftlich aufzuheben; welches er auch so einging, daß er an die ferneren Fortsetzungen meines Werkes gar keine Ansprüche und Rechte hat, zumal da ich mir gleich anfangs über eine zweyte Auflage ganz freye Gewalt, u Disposition vorbehalten hatte.

Die Fortsetzung dieses Werkes, dessen 1ste Abtheil. nicht nur H. GehR. Thaer in s. *Annalen 1805. Febr.* sehr gründlich recensirt, u dabey sehr empfohlen hat, sondern dessen beyde Abtheil. auch ganz neulich in den *Göttingischen Anzeigen* 1806. no. 4. vom 6 Jan. eine sehr schmeichelhafte Recension erfahren haben, habe ich nicht nur fest beschlossen, sondern auch bereits bis zur einen, größeren Hälfte des zweyten Bands bearbeitet, so daß ich versprechen kann, das Manuscript desselben ganz zu einer Zeit zu liefern, daß noch zu Joh. dieser 2te Band im Druck erscheinen könnte.

(S. 3:) Da Ihnen mein gedachtes Werk wohl nicht bekannt seyn wird, so würde ich Ihnen, wenn Sie auf meinen Antrag Rücksicht nehmen wollten, rathen, den Plan desselben selbst in der Vorrede der ersten Abtheilung nachzulesen. Die Hauptsache ist, daß mein Werk in einer streng systematischen Ordnung die wissenschaftlich gebildeten Leser oekonomischer Schriften (heutzutage eine gewiß sehr zahlreiche Claße von Lesern) in allem dem unterrichten soll, was ihnen nicht nur aus der Land- Garten- u Forstwirtschaft, sondern auch über die mit denselben verwandten technischen u mineralogischen Nebengeschäfte ingleichen aus der Jurisprudenz u d Staatswirthschaft (letzteres besonders in Rücksicht auf Besitz u Verwaltung, Rechte u Pflichten Kauf u Pacht der Landgüter) zu wissen nöthig ist; – verbunden mit einer möglichst sorgfältigen Benutzung der gesammten oekonomischen Literatur, die sich iedoch von meinem bey H. Fröhlich erschienenen Handbuch der deutschen oekonomischen Literatur dadurch unterscheidet, daß sie a) auch die wichtigsten *ausländischen* Schriften im *originale* anführt, b) alle wichtigen *einzelnen* Abh. über oekonomische Gegenstände, wie sie in vermischten Schriften stehen anzeigt; (S. 4:) c) von den in meinem Handbuch angezeigten einzelnen deutschen oekonomischen Schriften nur die vorzüglichsten und empfehlenswerthesten aushebt: so daß mein Handbuch der Landwirthschaft, und mein Handbuch der oekonomischen Literatur zusammen auch ein ganz (dh. denn doch hier, soviel als möglich) vollständiges Repertorium der gesammten oekonomischen Literatur ausmachen werden.

Ew. Ew. Wohlgeborhen können wohl glauben, daß nach diesem Plane mein Werk ein sehr großes Werk werden muß. Der zweyte Band, welcher die *Feldwirthschaft*, dh. den Getreidebau und Handelsfrüchtebau enthalten soll, wird gegen 35-40 Bogen in gr. 8. stark werden. Der dritte Band, der den Garten- Futter- und Waldbau enthalten soll, kann nicht kleiner werden; aber eher etwas weniges kleiner als größer wird der 4te von der Viehzucht, und den technischen und mineralogischen Nebengeschäften ausfallen. Der 5te endlich, der unter dem Titel *Landhaushaltungskunst* besonders eben das Juristische u Staatswirthschaftliche, was ein teutscher Landwirth über Kauf u Pacht der Güter u dgl wissen solle in sich fassen wird, soll auch Schemata zu landwirthschaftl. Rechnungen u Register, Tabellen u w. dgl. m. ist enthalten. Dieser Band (S. 5:) kann nahe an 50 Bogen stark werden, besonders mit den Schematibus.

Indeß muß ich bemerken, daß ich nur in sofern im Stande bin, schon itzt die Stärke der Bände zu bestimmen, als es mir die Materialien möglich machen, die ich zu den Vorlesungen gesammelt habe, welche von mir über alle iene Branchen der Landwirthschaft theils in Leipzig theils hier, seit 1799, gehalten worden sind.

Zu den Werken kommen noch vom zweyten Bande an nun mehrere Kupfer, die aber bloß instructiv zu seyn brauchen, da sie nur die neuesten, u empfehlenswerthesten Instrumente, Maschinen u. dgl. darstellen sollen. Die Zeichnungen dazu mache ich selbst oder lasse sie aus Kupferstichen nehmen; so daß sie nichts oder wenig kosten werden.

Dies ist denn nun das Werk dessen Fortsetzung und Vollendung ich Ihnen, meine Herren, zum Verlag hiemit antrage. Es ist kein kleines Unternehmen, weder für den Verfasser, noch für den Verleger; allein für beyde auch keine unverdienstliche Sache. Denn in der That ist ein Werk nach den vorgelegten Planen Bedürfniß.

Meine Bedingungen, unter welchen ich Ihnen dies Werk zum Verlage antrage, die Sie mir, gleich hier beyzufügen, (S. 6:) erlauben werden, sind folgende.

a.) Mit dem Drucke des zweyten Bands, wünschte ich, daß Mitte des künftigen Monats angefangen würde, damit derselbe Johannis vollendet seyn könnte – Ich kann binnen hier u 3 Wochen einen sehr beträchtlichen Theil des Manuscripts abliefern, u das Uebrige hoffe ich ganz sicher bis zu Anf. *Juni* vollendet zu haben. Alle Jahre wird dann wenigstens ein *Band* geliefert werden. Daß ich mehr liefern könne, bezweifle ich; da ich noch außerdem an meinem Handbuch der Staatswirthschaft, welches H Fröhlich verlegt, u meinen oekonomischen Sammlungen arbeite, u da ich, wenn mir auch die wenigen Collegia, die ich hier nur lesen kann, zwar viel Zeit zum Arbeiten übrig lassen, dennoch nicht gern mich krank arbeiten möchte.

b.) Ich erbitte mir für den gedruckten Bogen in dem großen Octav Format, u ganz demselben Druck, wie ihn H. Darnmann für den ersten Band (– gegen unsre Verabredung –) gewählt hat, 9 Thlr. pr. Courrant. Herr Fleischer giebt mir für den Sammler, der viel kleineres Format hat, u viel weitläufiger gedruckt ist, auch mir lange nicht soviel Arbeit macht, pro Bogen 7 Thl.

(S. 7:) Dieses Honorar bitte ich mir aus, daß mir alle halbe Jahre, zu Ostern od zu Michael, iedesmal 200 Thl. hier oder zu Leipzig ausbezahlt würden, auch wenn der Band, der das Jahr erscheinen sollte, noch nicht völlig abgedruckt wäre, wenn nur von mir ein gleichviel werther Theil des Manuscripts in Ihre Hände abgeliefert worden ist: den Rest des Honorars ieden Bands erbäte ich mir dann gleich nach dem vollendeten Abdruck desselben aus. Ew. Ew. Wohlgeborenen werden mir dies nicht übel deuten, wenn ich Ihnen sagte, daß ein solches Arrangement, (in welchem ich übrigens auch mit H. Darnmann stand, u mit H Fröhlich noch stehe) mir durchaus nothwendig ist, da ich kein Vermögen habe, sondern blos von meiner Besoldung, u meinem Verdienst leben muß; wo es mir denn sehr viel daran gelegen ist, zu gewissen Zeiten bestimmte Zahlungen an mich zu erwarten zu haben.

c.) Ueber eine zweyte Auflage des Werkes behalte ich mir ganz freye Gewalt zur Disposition bevor; doch gestatte ich die erste Auflage gern zu 1000-1100 Exemplaren. So stand ich auch mit H. Darnmann, u so stehe ich mit H. Fröhlich. Indeß will ich mir, wenn ich aus besondern zufälligen Ursachen einmal 100 Thlr ein ganzes Jahr in Vorschuß gehabt haben sollte, gern 5 pro C. Zinsen dafür anrechnen lassen; das erstere wird aber nicht leicht geschehen.

d.) Ich erbitte mir 16 Stück Frey- Exemplare, u davon 10 Ex. in Schreibpapier. Ich brauche soviel für den König u die Herrn Minister in Berlin u Dresden, denen ich meine Arbeiten zu senden pflege, u für meine Freunde.

(S. 8:) e.) Wäre es möglich, so wünschte ich die erste oder zweyte Correctur hier leisten zu können: wie es würcklich mit meiner bey H. Fröhlich gedruckt werdenden Staatswirthschaft der Fall ist. Herr Fröhlich schickt mir alle Woche die Bogen ieder Woche zu, u erhält sie mit dem nächsten Posttag bestimmt zurück, weil ich alles andere gegen die Correcturen liegen lasse. Bey dem täglichen Postwechsel zwischen hier u Berlin wird der Druck wenig oder nicht dadurch aufgehalten, u die Portokosten der Her- u Zurücksendung, die freylich der H. Verleger trägt, werden durch die Ersparniß der ersten oder zweyten Correctur in Berlin, die gewiß nicht unter 6 gr. zu haben ist (soviel machen beyde gerade aus) u durch den reinern Druck gewiß u ganz ersetzt. Sie sehen, daß meine Hand nicht die beste ist. Indeß braucht es nur eine Angewöhnung an sie.

Sollte Ihnen der Umstand, daß H. Darnmann den ersten Band in Verlag hat, unangenehm seyn: so bemerke ich, daß Sie ia nur um 15-20 Exemplare desselben immer auf dem Lager halten könnten, welches nicht viel kosten würde, da beyde Abtheil. nur 1 Rthlr. 14 gr. im Laden kosten. So könnten

Sie stets das ganze Werk liefern. Diesen Band itzt von H. Darnmann zu kaufen, halte ich nicht für rathsam; denn ich weiß, daß er sehr hoch damit hinaus will. Aber kömmt es einmal zur zweyten Auflage, so könnte ich diese Ihnen geben, da ich sie habe.

Ich habe Ihnen soweit einen sehr großen, langen Brief geschrieben; welches aber freylich nicht zu vermeiden war. Ich bitte um Ihre *baldmöglichste geneigte* Antwort; da es denn doch Zeit wird, mir einen neuen Verleger zu suchen, was ich bis itzt unterlaßen habe. Mit vorzüglicher Hochachtung habe ich die Ehre zu seyn

Dero ergebenster Diener

D. Weber Prof.

Ein offensichtlich selbstbewußter, von seinem Marktwert überzeugter Autor gibt sich hier zu erkennen – der Emanzipation des literarischen Autors, die im 18. Jahrhundert so entscheidende Fortschritte gemacht hatte, entsprach auch ein wachsendes Interesse der »Fachbuch«-Verfasser an den Früchten ihrer geistigen Arbeit. Der Universitätsprofessor Weber betrachtet seine Publikationen nicht mehr als Nebenprodukte der Kathedertätigkeit, sondern als festen Bestandteil seiner Existenzsicherung. Wie sorgfältig er auf die Sicherung seines geistigen Eigentums bedacht ist, geht schon aus der Tatsache hervor, daß er bisher und künftig nur das Recht einer ersten Auflage zum Verhandlungsgegenstand macht. Diese Möglichkeit verdankt Weber dem preußischen Landrecht vom Jahre 1791, das als erstes verlagsrechtliches Gesetzeswerk die bisherige Übung und Rechtsauffassung vom »ewigen Verlagsrecht« für obsolet erklärte. War zuvor mit dem Erwerb des Manuskriptes durch den Verleger nicht nur das Recht zu einer beliebigen Zahl von Neuauflagen, sondern auch zu neuen Ausgaben verbunden, so wurde nun präziser formuliert: Dank Friedrich Nicolais intensiver Mitwirkung fand die verlegerfreundliche Formulierung Aufnahme, das Verlagsrecht erstreckt sich »in der Regel auf alle folgenden Ausgaben des Werks« mit dem Zusatz: »Wer die ersten Teile eines Werkes im Verlag hat, hat in der Regel auch ein Verlagsrecht zu den folgenden Teilen«. Aber dem Recht des Autors ist erstmals Genüge getan mit dem ausdrücklichen Hinweis: »Wenn nicht in dem geschlossenen Vertrage ein Anderes verabredet ist.«[2] Der Jurist Weber hat diesen Passus genau gelesen und strikt zu seinen Gunsten anzuwenden verstanden. Ob er damit allerdings einen neuen Verleger geneigter machen konnte, sei dahingestellt.

Immerhin bedurfte ein solches Angebot intensiver Überlegung, denn es handelte sich nicht um ein schwerverkäufliches Spezialwerk, sondern um ein Fachgebiet, das gerade um 1800 besondere Chancen auf dem Buchmarkt besaß. Das Interesse an ökonomisch-technischen Handbüchern, Enzyklopädien, Magazi-

---

2 Vgl. Johann Goldfriedrich: Geschichte des Deutschen Buchhandels vom Beginn der klassischen Litteraturperiode bis zum Beginn der Fremdherrschaft (1740-1804) (Gesch. d. Dt. Buchhandels Bd. III). Leipzig 1909, S. 458f.

nen und Bibliotheken war im ausgehenden 18. Jahrhundert außerordentlich gestiegen, und gerade die land- und forstwirtschaftliche Literatur hatte einen enormen Aufschwung zu verzeichnen: das einschlägige Angebot in den Meßkatalogen hatte sich von 30 Schriften im Jahr 1770 auf 107 Titel im Jahr 1800 mehr als verdreifacht.[3] Gerade in Preußen entsprachen der so gesteigerten Produktion veränderte gesellschaftliche Bedingungen. Schon um die Jahrhundertwende waren hier rund 10 Prozent der adeligen Güter in bürgerlichem Besitz – nach der Aufhebung der Standesschranken 1807 stieg diese Zahl schnell weiter an. Den rund viertausend Adeligen, die ihre Güter selbst bewirtschafteten, standen neben den bürgerlichen Gutsbesitzern auch die bürgerlichen Generalpächter und Domänenbeamten gegenüber, deren Zahl man auf rund 2000 schätzt.[4] Diese Liberalisierung der Agrarverfassung in Preußen vermehrte das Bedürfnis nach entsprechenden Handbüchern; und in Webers Plan lag es ja, nicht allein land- und forstwirtschaftliche Themen abzuhandeln, sondern auch »Besitz und Verwaltung, Rechte und Pflichten, Kauf und Pacht der Landgüter«. Die Zielgruppe der »wißenschaftlich gebildeten Leser« war somit zweifellos vorhanden, die vorgeschlagene relativ hohe Erstauflage von 1000 bis 1100 Exemplaren bei einer kaufkräftigen Interessentenschicht nicht allzu riskant.

Solchen Vorzügen des Weberschen Angebotes standen jedoch schwerwiegende Nachteile und Gefahren gegenüber: Mit dem Jahr 1806 begannen »die sieben Leidensjahre auch des Buchhandels«, wie Goldfriedrich betont.[5] Am 17. Dezember dieses Jahres schrieb Perthes an Vieweg: »Deutschland trägt die bisherige Litteratur nicht mehr und noch weniger der bisherige Buchhandel! ein plötzlicher Sturz dieses Geschäfts hat mir seit vielen Jahren vorgeschwebt – diese Katastrophe wird entscheiden.«[6] Der jähe Abfall der Produktionsziffern setzte sich bis 1813 fort, und ähnlich erging es im Zeichen der Napoleonischen Machtpolitik auch dem Bücherverkehr innerhalb Deutschlands, der gerade zwischen Preußen und den norddeutschen Städten teilweise zum Erliegen kam. Die Handelswissenschaften erlitten in diesen Jahren den stärksten Rückgang aller Sachgebiete.[7] Wenngleich einzelne wagemutige Verleger gerade in diesen Krisenzeiten den Grundstein ihrer nachmals blühenden Firmen legten (so Brockhaus,

---

3 Vgl. Rudolf Jentzsch: Der deutsch-lateinische Büchermarkt nach den Leipziger Ostermeß-Katalogen von 1740, 1770 und 1800 in seiner Gliederung und Wandlung. Leipzig 1912, S. 300 ff.

4 Vgl. Reinhart Koselleck: Preußen zwischen Reform und Revolution (Industrielle Welt Bd. 7). Stuttgart 1967, S. 83 f.

5 Vgl. Johann Goldfriedrich: Geschichte des Deutschen Buchhandels vom Beginn der Fremdherrschaft bis zur Reform des Börsenvereins im neuen Deutschen Reiche (1805-1889) (Gesch. d. Dt. Buchhandels Bd. IV). Leipzig 1913, S. 10).

6 Ernst A. Dreyer (Hg.): Friedrich Vieweg & Sohn in 150 Jahren deutscher Geistesgeschichte. Braunschweig 1936, S. 182.

7 Vgl. J. Goldfriedrich: Geschichte (wie Anm. 5), S. 14.

Arnold und Tauchnitz), so mußte Vorsicht und Zurückhaltung gegenüber einem solch umfangreichen und kostspieligen Projekt doch einem nüchternen Verleger als Gebot der Stunde erscheinen.

Kaum weniger bedenklich mußten den Adressaten die meisten von Webers Konditionen vorkommen. Da es der Autor »bis itzt unterlaßen« hatte, eine neue Verbindung zu knüpfen, drängte die Zeit erheblich, wenn die Jahresfrist zwischen dem Erscheinen des ersten und des zweiten Bandes nicht überschritten werden sollte. Mochte die veranschlagte Zeit für den Druck noch einigermaßen realistisch erscheinen (drei Monate für 35 bis 40 Bogen in Großoktav), so war doch höchst fraglich, ob Weber der selbstgestellten Forderung wirklich genügen konnte, von Ende Februar bis Anfang Juni knapp 600 Druckseiten im Manuskript großteils erst entstehen zu lassen. Schließlich war nebem diesem Pensum, wie er selbst einräumt, ein weiteres Handbuch im Erscheinen, und außerdem mußten die »ökonomischen Sammlungen« fortgesetzt werden. Auch bei bescheidenen Lehrverpflichtungen und einer gewissen Versiertheit des gewandten Kompilators hieß dies, ein umfangreiches Buch pro Monat zu schreiben. Dabei ist auch Webers Arbeitsethos ein durchaus neuzeitliches: nichts mehr vom barocken Polyhistor, der sich allnächtlich bei trüber Funzel die Finger wundschreibt, sondern die Maxime, daß man sich »nicht gern (...) krank arbeiten möchte«. Ein Erscheinen zu Johannis war unter solchen Voraussetzungen höchst unwahrscheinlich.

Der entscheidende Punkt des Angebotes war natürlich das Honorar. Um den Vorschlag von 9 Talern preußisch Courant für den Großoktavbogen angemessen einzuschätzen, benötigte man entsprechende Vergleichszahlen, am besten aus ähnlichen Sachgebieten. Solches Material liegt jedoch nicht vor, so daß Daten aus anderen Bereichen heranzuziehen sind; dabei spielt der Umstand eine wichtige Rolle, daß Vergleichshonorare des ausgehenden 18. Jahrhunderts und erst recht solche aus den Jahren nach 1813 wegen der schnellen Konsolidierung der wirtschaftlichen Verhältnisse nicht berücksichtigt werden dürfen. Somit helfen auch die Musterkalkulationen wenig weiter, die Perthes 1816 in seiner programmatischen Schrift *Der deutsche Buchhandel als Bedingung des Daseyns einer deutschen Literatur* angestellt hat: er geht für historische Werke, die meist ein breiteres Publikum ansprechen, von 3 Louisd'or pro Bogen aus, also 15 Reichstalern.[8] Um 1795 dagegen waren, so das *Neue Archiv für Gelehrte, Buchhändler und Antiquare* auch renommierte Autoren trotz sinkender Kaufkraft noch mit einem Louisd'or pro Bogen zufrieden gewesen.[9] Zeitlich am nächsten kommen der Weberschen

---

8 Friedrich Christoph Perthes: Der deutsche Buchhandel als Bedingung des Daseyns einer deutschen Literatur. O. O. 1816, S. 20.
9 Neues Archiv für Gelehrte, Buchhändler und Antiquare, hg. von H. Bensen und J. J. Palm. Bd. 1, Erlangen 1795, S. 228.

Forderung zwei Belege aus dem Jahre 1808: Jean Paul wurden von Mohr 1808 für *Doktor Katzenbergers Badereise* 4 Louisd'or je Bogen angeboten[10], und August Wilhelm Schlegel offerierte demselben Heidelberger Verlag im gleichen Jahr seine Vorlesungen *Ueber dramatische Kunst und Litteratur* für zweieinhalb Carolin.[11] Dies entspräche zwanzig bis fünfzehn Reichstalern pro Bogen für belletristische bzw. kunsttheoretische Werke erstrangiger Schriftsteller (beide in normalem bzw. kleinerem Oktavformat). Webers neun Taler für einen Großoktavbogen können unter solchen Aspekten wohl nicht als krass überhöht erscheinen, ebensowenig aber mußte ein Verleger sich veranlaßt sehen, hier eine unerhört günstige Gelegenheit zu ergreifen. Bei geplanten 160 Bogen für das Gesamtwerk kam immerhin eine Summe von 1440 Talern zusammen.

Webers Bezüge an der kleinen Universität Frankfurt/Oder sind nicht zu ermitteln – für das Jahr 1805 nennt H. G. Göpfert einen Beleg für Lehrergehälter in Thüringen, die zwischen 50 und 150 Talern jährlich lagen (zuzüglich Naturaldeputaten).[12] Auch wenn man das Professorengehalt mit 250 Talern beziffern würde, bleibt doch unübersehbar, daß die schriftstellerischen Einnahmen für Weber einen wichtigen, ja überwiegenden Teil seiner Existenzsicherung ausmachten. Die halbjährlichen A-conto-Zahlungen von 200 Talern, die er mit dem angebotenen Werk zu erzielen hoffte, waren ja nicht die einzigen: hinzu kamen die Hefte des bei Fleischer verlegten *Oekonomischen Sammlers* mit sieben Talern pro Bogen und das *Handbuch der Staatswirthschaft* bei Frölich, das ebenso wie sein *Handbuch der ökonomischen Litteratur* auf längere Fortsetzung angelegt war. Der Produktionszwang von (populär-)wissenschaftlichen Autoren in beamteter Stellung zumindest an kleineren Universitäten scheint demnach kaum geringer gewesen zu sein als jener belletristischer Schriftsteller. Ein schwankendes Absatzhonorar stand nicht zur Debatte. Webers Angebot, Vorauszahlungen zu verzinsen, wenn er mit Manuskriptlieferungen im Rückstand bliebe, zeugt von seinem Bemühen, den Eindruck der Geldschneiderei zu vermeiden.

Daß Webers »Hand nicht die beste ist«, wie er selbst eingesteht, führte ihn zu dem Vorschlag, selbst die Fahnenkorrekturen auszuführen – in einem Umlaufverfahren, das nur bei so prompten Postverbindungen wie der zwischen Berlin und Frankfurt/Oder effizient war. Webers Brief bietet – und dies ist ein Hinweis auf die Nützlichkeit auch solch minderrangiger Dokumente – an dieser Stelle

---

10 Vgl. E. A. Dreyer (Hg.): Friedrich Vieweg & Sohn (wie Anm. 6), S. 178.
11 Erich Jenisch (Hg.): August Wilhelm Schlegels Briefwechsel mit seinen Heidelberger Verlegern. Heidelberg 1922, S. 23, 29. Wenig ergiebig in diesem Zusammenhang die Zahlen bei Walter Krieg: Materialien zu einer Entwicklungsgeschichte des Autoren-Honorars und der Bücherpreise. Wien u. a. 1953, S. 114 ff.
12 Herbert G. Göpfert: Bücherpreise: Kalkulationen und Relationen. In ders.: Vom Autor zum Leser. München 1977, S. 119-142, hier S. 123.

endlich einmal eine konkrete Zahl für die Korrekturkosten, die ansonsten in den verfügbaren, zeitgenössischen Kalkulationen[13] nur pauschal in Satz- und Druckberechnungen enthalten sind. Webers Formulierung, daß die erste und zweite Korrektur »beyde gerade« 6 Groschen ausmachen, ist nicht ganz deutlich: wenn sich das »beyde« auf die Portokosten für Hin- und Rücksendung bezieht, so wäre für einen Korrekturgang mit 6 Groschen pro Bogen zu rechnen – bei einem Werk mit 40 Bogen Umfang in Großoktav also ingesamt 10 Taler (eine eher marginale Summe, vergleicht man Perthes' Berechnungen für Druck- und Papierkosten in seiner Mustertabelle).

Hat sich Weber in seinem Schreiben bis hierher als durchaus buchhandelserfahren gezeigt, so verrät die Leichthändigkeit, mit der er abschließend ein Hauptproblem anschneidet, doch (echte oder vorgetäuschte) Unkenntnis der Geschäftsgrundsätze: Der Verleger des ersten Bandes, Darnmann, war offenbar verärgert über den Fortgang des Autors und wollte sich von Verlagsrecht und Beständen nur unter nicht akzeptablen Bedingungen trennen. Webers Vorschlag, der potentielle Verleger der Folgebände sollte zur Komplettierung jeweils 15-20 Exemplare dieses ersten Bandes auf Lager nehmen, übersieht, daß es sich dabei zwangsläufig um ein Verlustgeschäft handeln mußte. Denn während Darnmann dem Konkurrenten sicher keinen günstigen Rabatt einräumte, mußte dieser seinerseits den bestellenden Kollegen das Werk zum Nettopreis möglichst ohne Aufschlag weitergeben; Kapitaldienst- und Lagerkosten kamen hinzu.

Was letztlich den Ausschlag gab, daß die Berliner Compagnons Webers Angebot refüsierten, bleibt offen. Auch ein anderer Verlag hat sich nicht finden lassen, so daß das »Theoretisch-practische Handbuch der Feldwirthschaft« schließlich 1807 in zwei Bänden am Wohnort des Autors erschienen ist – bei einer ansonsten unbekannten »Academischen Buchhandlung«, vielleicht der Universitätsdruckerei und wohl gar auf Kosten Webers selbst. Nach 1810 hat es (laut Kaysers *Bücherlexicon*) F. Fleischer in Leipzig in seinen Verlag übernommen.

---

13 Vgl. die Angaben bei Göpfert ebda.

Doris Fouquet-Plümacher

Georg Andreas Reimer und Johann Friedrich Cotta

Johann Friedrich Cotta, der bedeutendste deutsche Verleger des frühen 19. Jahrhunderts, dem an Ansehen und Macht niemand seines Standes gleich kam, trug sich bei fortschreitendem Alter mit dem Gedanken, seinen Verlag – seine gesamten »buchhändlerischen Etablissements« – zu verkaufen, und zwar an den Berliner Buchhändler und Verleger Georg Andreas Reimer: Wer war Reimer, den der »Bonaparte unter den Buchhändlern«[1] als Ebenbürtigen auswählte, und wie war das Verhältnis beider untereinander, das zu einer solchen Offerte führte?

Reimers Ausgangslage war sehr bescheiden.[2] Er wurde 1776 als Sohn eines Schiffers und späteren Kaufmanns in Greifswald geboren, begann dort eine Buchhändlerlehre und ging 1795 nach Berlin, wo er seine Lehre 1796 beendete. Er hatte also keine Gelegenheit, auf dem Weg über ein reguläres Studium höhere Bildung zu erreichen, suchte aber nach Kräften, sich durch Lesen, Hören von Vorlesungen, Besuch von Theater und Konzert sowie durch guten Umgang fortzubilden. In Berlin übernahm er zum 1. Juni 1800 unter großen finanziellen Schwierigkeiten die Realschulbuchhandlung in Pacht, ein sich kaum tragendes Unternehmen. Allmählich gelang Reimer jedoch die finanzielle Sicherung des Verlags und dessen Erweiterung.

Einen entscheidenden Sprung vorwärts brachte ihn das Jahr 1815, in dem ihm eine große Geldmenge zufloß.[3] Er kaufte das schöne Sackensche Palais in der

---

1 Das Zitat stammt aus dem Brief von Karl August Böttiger an Cotta vom 23. Januar 1807, worin Böttiger Reaktionen zum Erscheinen des Morgenblatts beschreibt: »... Denn es ist mir schon zweimal in diesen Tagen begegnet, daß mir ganz wackere Leute, denen ich das Unternehmen empfahl, antworteten: ›Lesen wollen wirs, aber kaufen nicht. Cotta ist der Bonaparte unter den Buchhändlern. Er verschlingt uns alle!‹ Mich dünkt, Sie würden nie mehr gelobt, als durch diesen Tadel...« Briefe an Cotta. Das Zeitalter Goethes und Napoleons, 1794-1815. Hrsg. von Maria Fehling. Stuttgart, Berlin 1925, S. 486.
2 Es gibt nur sehr wenig und nur ältere Literatur über Reimer. Vgl. die Übersicht bei Fouquet-Plümacher, Doris: Jede neue Idee kann einen Weltbrand anzünden. G. A. Reimer und die preußische Zensur während der Restauration. In: AGB 29, 1987, S. 1-150, hier S. 3-14 (Lit.). – Einige Quellen auch bei dies. und Michael Wolter: Aus dem Archiv des Verlages Walter de Gruyter. Briefe, Urkunden, Dokumente. Berlin, New York 1980, Nr. 2-5, 8-15 und 17-23.
3 Die Herkunft dieses Geldes ist z.Zt. noch unbestimmt. Reimer erhielt es jedenfalls zu einem Zeitpunkt nach den Befreiungskriegen, als sein Verlag wie das gesamte Handels- und Wirtschaftsleben überhaupt daniederlag. (Vgl. Fouquet-Plümacher: Jede neue Idee, S. 12) Vgl. auch die Tabelle bei Hertel: Cotta [Anm. 10], Sp. 477/78.

Wilhelmsstraße, einer der damaligen Prachtstraßen Berlins, wo er ein großes Haus führte, richtete im Seitenflügel eine eigene Druckerei ein und kaufte eine Reihe Berliner Verlage und auch die Realschulbuchhandlung, 1822 die Weidmannsche Buchhandlung in Leipzig auf. Die Schwerpunkte seines Verlages lagen im wissenschaftlichen und literarischen Bereich. Die natur- und geisteswissenschaftlichen Fächer waren durch zahlreiche Autoren aus Universität und Akademie gut vertreten. Hinsichtlich der Literatur kann Reimer, wenn Cotta als Verleger der Klassiker gilt (Goethe, Schiller), als Verleger der Romantiker angesehen werden: Arnim, Görres, die beiden Grimm, E.T.A. Hoffmann, Kleist, Novalis, Jean Paul, die beiden Schlegel, Tieck, Uhland waren seine Autoren. Wie ihn die Zeitgenossen einschätzten, die auch schon den Vergleich Reimers mit Cotta anstellten, geht aus dem Nachruf des Börsenvereins hervor, der im *Börsenblatt für den Deutschen Buchhandel* vom 29. April 1842 auf der ersten Seite abgedruckt ist: »Mühsam und mit der ganzen Anstrengung seines kräftigen und feurigen Geistes hat er sich heraufgearbeitet von kleinen Anfängen bis zum Besitze einer Verlagshandlung, die an Werth und Umfang höchstes e i n e r, an Ehrenhaftigkeit und Gediegenheit des Verlags im Vaterlande k e i n e r weicht.«[4]

Wie Cotta weitete Reimer seinen Aktionskreis über das Verlagswesen hinaus aus: er investierte in ein Projekt zum Heringsfang in der Ostsee, das allerdings mit einem Verlust endete; er finanzierte die neue Verkehrstechnik, die zu dieser Zeit noch privat geförderte Eisenbahn zwischen Berlin und Potsdam.[5] Politisch war Reimer aktiv, jedoch nicht an führender Stelle wie Cotta, sondern eher im Hintergrund: Engagiert arbeitete er im Widerstand gegen die Napoleonische Herrschaft, war Verbindungsmann der sogenannten Patrioten und zog als Landwehrmann sogar ins Feld: 1813 kämpfte er in den Schlachten von Großbeeren und Hagelberg mit. Als Liberaler geriet er während der Restauration in große Bedrängnis; seine privaten und geschäftlichen Papiere wurden 1819 beschlagnahmt, unter dem Vorwand von Zensurvergehen wurde er verfolgt und mit dem Ziel vor Gericht gezogen, ihm die Gewerbeerlaubnis zu entziehen, d. h. ihn wirtschaftlich zu ruinieren. In der Stadtpolitik arbeitete er seit 1825 und wiederum 1828 als Stadtverordneter, ab 1831 und erneut ab 1837 als Stadtrat mit. Als Kunstliebhaber begann Reimer 1814/15 sogleich mit Einsetzen seiner finanziellen Bewegungsmöglichkeit eine Gemäldesammlung anzulegen. Mit einigen Künstlern war er persönlich bekannt, besonders mit Philipp Otto

---

4 Hervorhebung im Original. Auch in Arndts Nachruf in der Allgemeinen Zeitung Nr. 291 vom 18. Oktober 1842 (Beilage) heißt es, Reimer werde »immer mit Cotta zusammen genannt«.

5 Im Gedenkartikel der Vossischen Zeitung vom 30. April 1842 heißt es, Reimer habe die wichtigste Neuerung der modernen Industrie, die Eisenbahnen, »mit einsichtsvollstem Blick aufgefaßt«; er wird als Direktor der Berlin-Potsdamer Eisenbahn bezeichnet.

Runge, Caspar David Friedrich und Peter Cornelius.[6] Doch zeigt sich hier m. E. im Ganzen neben dem Liebhaber der Künste eher der Erfolgreiche, der sich – wie schon Philipp Erasmus Reich, der Vorbesitzer der Weidmannschen Buchhandlung – mit einer Gemäldesammlung ein Statussymbol schafft oder mit einer Ausstellung in seinem Palais – 1826 zeigte Reimer als Geste für den Philhellenismus eine »Kunstausstellung zum Besten der Griechen« – auf dem politischen Feld ein Signal geben will.

Reimer war also ein überaus erfolgreicher Mann, ein politisch sehr engagierter Bürger, der sich aus kleinen Anfängen in die vorderste Reihe der Verleger emporgearbeitet hatte. Er starb 1842.

Cottas Ausgangslage war sehr viel günstiger als die Reimers. Er wurde 1764 in Stuttgart in eine Drucker- und Verlegerfamilie geboren, studierte Jura und wurde 1785 Hofadvokat.[7] 1787 übernahm er unter finanziellen Mühen die Buchhandlung seines Vaters, die er in kurzer Zeit stabilisieren konnte. Mit Schiller (seit 1794) und später Goethe als Verlagsautoren, einem ausgebreiteten wissenschaftlichen Verlag und zwei von der gebildeten Welt gelesenen Blättern, der *Allgemeinen Zeitung* (1798ff.) und dem *Morgenblatt für gebildete Stände* (1807ff.)[8], war Cotta der größte Verleger deutscher Sprache seiner Zeit. Neben der eigentlichen Verlagsarbeit erwies Cotta sich auch als erfolgreicher Unternehmer in anderen Bereichen. Er erwarb Ländereien zu dem Zweck, Schafzucht nach

---

6 Zu Runge: Fouquet-Plümacher/Wolter: Aus dem Archiv [Anm. 2], Nr. 18. – Zu C. D. Friedrich: Börsch-Supan, Helmut: Caspar David Friedrich und Berlin. ›Der Anfang einer Vorgeschichte‹. In: Berlin in Geschichte und Gegenwart. Jahrbuch des Landesarchivs Berlin 1988, S. 51-80, hierzu S. 67f., 69ff. – Zu Cornelius: Peter Cornelius. Festschrift zu des großen Künstlers 100. Geburtstage. Von Hermann Riegel, Berlin 1883. – Peter von Cornelius. Ein Gedenkbuch. Hrsg. von Ernst Förster, 2 Bde., Berlin 1874.

7 Schäffle, Albert: Cotta. Berlin 1895. – Schiller, Herbert: J. F. Cotta. In: Schwäbische Lebensbilder 3, Stuttgart 1942, S. 72-124. – Riedel, Ulrich: Der Verleger J. F. Cotta. Ein Beitrag zur Kultursoziologie seiner Zeit und zur Verlagssoziologie. Heidelberg, Diss. phil. 1951. – Lohrer, Liselotte: Cotta. Geschichte eines Verlags 1659-1959. Stuttgart 1959, S. 47-95. – Cotta und das 19. Jahrhundert. Ständige Ausstellung des Schiller Nationalmuseums. Bearb. von Dorothea Kuhn. 1980. Quellen: Briefe an Cotta, vgl. Anm. 1. – Briefe an Cotta. Das Zeitalter der Restauration, 1815-1832. Hrsg. von Herbert Schiller. Stuttgart 1927. – Briefwechsel zwischen Schiller und Cotta. Hrsg. von Wilhelm Vollmer. Stuttgart 1876. – Goethe und Cotta. Briefwechsel 1797-1832. Hrsg. von Dorothea Kuhn. Bd. 1-3. Stuttgart 1979-1983. Vgl. auch Monika Neugebauer-Wölk: Revolution und Constitution. Die Brüder Cotta. Eine biographische Studie im Zeitalter der Französischen Revolution und des Vormärz. Berlin 1989.

8 Heyck, Eduard: Die Allgemeine Zeitung 1798-1898. München 1898. – Funk, Werner: Die Verfassungsfrage im Spiegel der Augsburger ›Allgemeinen Zeitung‹ von 1818-1848. Berlin 1977. – Kerlen, Dietrich: Cotta und das ›Morgenblatt‹. In: »O Fürstin der Heimath! Glükliches Stutgard!« Politik, Kultur und Gesellschaft im deutschen Südwesten um 1800. Hrsg. von Christoph Jamme und Otto Pöggeler. Stuttgart 1988, S. 353-381.

moderneren Methoden zu betreiben; er beteiligte sich an verschiedenen industriellen Unternehmen und ließ z. B. in Baden-Baden ein eigenes Hotel, den Badischen Hof, führen; schließlich gehörte er zu den Initiatoren und Finanziers der Dampfschiffahrt auf Bodensee und Rhein.[9] Ebenso aktiv wie erfolgreich wirkte er in der Politik: 1799 als Beauftragter der württembergischen Landstände in Paris; 1814 mit F. J. Bertuch im Auftrag der deutschen Buchhändler beim Wiener Kongreß wegen eines allgemeinen Nachdruckverbots[10]; ab 1815 im württembergischen Verfassungskampf und dann als Angehöriger der zweiten Kammer des Landtags bis 1831; des weiteren als maßgeblicher Mitgestalter beim Zusammenschluß des bayerisch-württembergischen und des preußisch-hessischen Zollvereins, dem Vorläufer des Deutschen Zollvereins. Er förderte die Künste, unterstützte z. B. Künstler durch Stipendien, Vorschüsse und Preise[11] und wirkte auch hier politisch: so vermittelte er z. B. die Boisseréesche Sammlung nach München.

Cotta vereinte also in sich die verschiedensten Kräfte und Begabungen zu einer starken Persönlichkeit, die mit Weitblick, Tatkraft und Durchsetzungsvermögen, Welterfahrung und der für schwierige Missionen nötigen Diskretion in vielen Bereichen Herausragendes leistete. »Das war ein Mann«, wie das vielzitierte Heine-Wort lautet, »der hatte die Hand über die ganze Welt«. Er starb 1832, im gleichen Jahr wie Goethe.

Es ist nicht bekannt, wann Reimer und Cotta sich zum ersten Mal begegnet sind; man kann aber gelegentliche Treffen auf der Leipziger Buchmesse mit einiger Sicherheit annehmen. Der erste briefliche Kontakt ist 1816 greifbar: am 24. Februar bittet Reimer Cotta, für ihn eine Zahlung an den Fürsten von Hohenlohe-Öhringen zu leisten, er werde dafür im Gegenzug hiesige Verbindlichkeiten Cottas übernehmen. Am Schluß des Briefes bedankt Reimer sich für »das günstige Zeugniß«, das Cotta dem Fürsten für ihn ausgestellt habe.[12]

Der eigentliche Briefwechsel beginnt 1823 und hat hauptsächlich die Übernahme der Reimerschen Edition der *Mémoires de Napoléon* durch Cotta zum

---

9 Lohrer: Cotta, S. 87. – Kerlen: Cotta, S. 369 f.
10 Hertel, Karin: Der Politiker Johann Friedrich Cotta. Publizistisch-verlegerische Unternehmungen 1815-1819. In: AGB 19, 1978, Sp. 365-564.
11 Lohrer: Cotta, passim. – Vgl. z. B. die beiden Preisaufgaben für Bildende Künste in den Propyläen 1799: Bd. 2, 1. Stück, S. 162 und Bd. 3, 1. Stück, S. 167.
12 Die Briefe Reimers an Cotta liegen im Cotta-Archiv des Schiller-Nationalmuseums in Marbach. Die Briefe Cottas an Reimer liegen im Verlagsarchiv de Gruyter Berlin. Beide Sammlungen sind unvollständig.
   Die Transkription erfolgt nach dem Original. Bei der Transkription der Cottaschen Briefe habe ich mich an die Vorgaben von Dorothea Kuhn, Goethe und Cotta. Briefwechsel [Anm. 7], Bd. 2, S. 316 f. angeschlossen.

Gegenstand, der Lebenserinnerungen sowie verschiedener Studien Napoleons, die nach dessen Tod (1821) in Frankreich zu erscheinen begannen. Reimer hatte die Publikation einer französischen und einer deutschen Ausgabe in Preußen übernommen, die als außerordentlich erfolgversprechendes Unternehmen begann, aber durch die in der Restauration verschärfte Zensur und Beschlagnahmen bei der Verfolgung Reimers als eines Liberalen und ›Demagogen‹ zu einem gewaltigen Verlustgeschäft wurde[13]: »... ich habe nie eine Unternehmung gemacht, die bei vervielfältigter Mühe, Sorgen schweren Kosten und Verdruß einen so bedrohlichen Verlust bereitete...« schrieb er am 22. Juli 1823 an Cotta. Die Übernahme der *Mémoires de Napoléon* durch Cotta ging nicht ohne Schwierigkeiten vonstatten; die brieflichen Auseinandersetzungen um Echtheit, Umfang und Finanzierung dieses Werks ziehen sich bis 1827 hin und werden von beiden Seiten mit großer Hartnäckigkeit geführt.

1823 war Cotta, der sich seinen »Geschäftsfreunden nun wol seit 10 Jahren persönlich entzogen« hatte (Reimer an Cotta am 9. April 1823), auf der Buchhändlermesse auch mit Reimer zusammengetroffen und hatte ihn dabei um Empfehlung für einen Korrespondenten gebeten. Reimer schildert seinen Erfolg im Brief vom 24. Juni 1823:

»... Allein der erste an den ich mich wandte (Varnhagen) hatte Ihren eigenen Antrag schon ablehnen müssen. Sodann sprach ich mit Schulz (der Verf. der Theaterkritiken bei Spener den Göthe jüngst so auszeichnete) der Ihnen aber seine Bereitwilligkeit zu Mittheilungen – bei Stegmann wo er mit Ihnen zusammentraf – schon zu erkennen gegeben hat. Ich glaube Sie können es mit ihm wagen, und er wünscht nur, bei mäßigen Ansprüchen auf Entschädigung, zu erfahren, welche Leistungen und in welchem Umfange Sie solche von ihm erwarten. Weiter wüßte ich eben niemand; denn Förster an welchen ich auch dachte ist theils Redactör einer hiesigen Zeitung, theils möchte er auch nicht ganz zuverlässig zu achten seyn.«[14]

Die weiteren Briefe enthalten überwiegend kurze Verhandlungen zu einzelnen Werken oder Ausgaben, z. B. zu Ciceros *Republik*, zu Jean Pauls Werken, zur Fortsetzung der Herausgabe von Friedrich Schlegels Werken oder zu Kleists *Penthesilea*, die bei Cotta erschienen war und nun in die von Ludwig Tieck bei Reimer herausgegebenen *Gesammelten Schriften* (1826) aufgenommen werden

---

13 Beschlagnahmt wurden die beiden Napoleon-Ausgaben, d. h. die französische Ausgabe und die deutsche Übersetzung, obgleich nur der erste Band der französischen Ausgabe umstritten war. Des weiteren wurde die Reimersche Hutten-Ausgabe beschlagnahmt. (Vgl. Fouquet-Plümacher: Jede neue Idee, Kap. 3 und 4).

14 Aus dem Brief Reimers geht nicht hervor, für welches Periodikum der Korrespondent arbeiten soll. Friedrich Schulz (1769-1845) war privatisierender Gelehrter und Theaterliebhaber; seit dem 1. Juni 1820 war er Theaterrezensent der Haude und Spenerschen Zeitung. Friedrich Förster (1793-1868) war 1817 aus politischen Gründen seines Lehramtes an der Artillerie- und Ingenieurschule in Berlin enthoben worden. Seit 1821 war er Redakteur der Neuen Berliner Monatsschrift, von 1823-1826 der Vossischen Zeitung.

sollte. Daneben ging es auch um verlagsferne Angelegenheiten, z. B. bat Reimer Cotta im Brief vom 20. März 1826, eine kleine Berichtigung zu einer Meldung in der *Allgemeinen Zeitung* über den Bankrott einer Berliner Firma, der Gebrüder Benecke, einzurücken.[15] Gelegentlich wünschte Reimer auch Hilfe bei heiklen Dingen, z. B. bei der Weiterbeförderung eines Briefs an den von der Berliner Universität vertriebenen Theologen Wilhelm Martin Leberecht de Wette, der eng mit Reimer und Schleiermacher befreundet war: »Verzeihen Sie daß ich Sie mit den Einlagen beschwere. Den Brief an de W.[ette] wage ich hier nicht zur Post gehen zu lassen; es geht hier wieder schlimm her.«[16]

Ohne persönlichen Kontakt untereinander traten Reimer und Cotta 1825 zusammen mit einer Vielzahl weiterer Konkurrenten beim Wettbewerb um Goethes Ausgabe letzter Hand an. Das Bekanntwerden dieses Plans und der, wie es längere Zeit schien, freie Wettbewerb um dieses ehrenvolle und gewinnbringende Unternehmen hatten zahlreiche Interessenten zu Angeboten angeregt.[17] Reimer schrieb Goethe und verhandelte mit dessen Sohn August über den Auftrag. Goethe schrieb darüber am 6. Juli 1825 an Zelter: »Persönlich gefiel er mir ganz wohl, ich hatte ihn schon früher gesehen. Auch seine Vorschläge waren einfach und tüchtig.«[18] Reimer hatte kein Honorarangebot gemacht, sondern geschrieben, daß er »jedem Vortheil für mich entsagend, mich mit der Ehre reichlich belohnt sehen würde« (Brief vom 6. Mai 1825), nähere Details sind nicht bekannt. Cotta ging ganz anders vor. Er machte keine zweckentsprechenden, vernünftigen Vorschläge, sondern überbot das höchste vorliegende Gebot ohne es zu kennen um zehntausend Taler. Er reagierte souverän und vorausschauend, er betonte den ideellen Rang des Unternehmens durch materiellen Einsatz, der sich später reichlich auszahlen sollte. Dieser Vorgang zeigt die Eigenart und den Charakter von Reimer und Cotta recht deutlich. Auf der einen Seite steht der nüchterne, praktisch denkende und rechnende Reimer, der hier neben der Ehre wirtschaftlichen Vorteil nur indirekt anstrebt. Auf der anderen

---

15 Der Bankrott der Gebrüder Benecke war in polemischer, ehrenrühriger Weise beschrieben worden. Reimer korrigierte diesen Bericht mit der Erklärung, daß die Brüder schuldlos in die mißliche Lage gerieten und sich ehrenhaft verhielten. (Allgemeine Zeitung Nr. 95 vom 5. April 1826, Beilage).
16 Brief Reimers an Cotta vom 24. Juni 1823. Zum Kontext vgl. Wilhelm Martin Leberecht de Wette in Weimar (1819-1822). Fünf Briefe an Georg Andreas Reimer. Von Eckhard Plümacher. In: Altes Testament und christliche Verkündigung. Festschrift für Antonius H.J. Gunneweg, Stuttgart 1987, S. 184-206.
17 Quellen und Zeugnisse zur Druckgeschichte von Goethes Werken. Teil 2: Die Ausgabe letzter Hand. Bearb. von Waltraut Hagen. Berlin 1982.
18 Reimer hatte Goethe am 17. Juni 1814 besucht. Vgl. Goethe, Werke (Weimarer Ausgabe), Abt. 5, Bd. 5, S. 113: »Riemer [lies: Reimer] welcher Zeichnungen aus den Nibelungen von Cornelius zeigte.«

Seite steht Cotta, der mit höchstem wirtschaftlichen Einsatz Ehre *und* materiellen Erfolg zu erwerben versteht.

Ein neues Blatt in der bis dahin rein geschäftlichen und lockeren Beziehung wird erst 1828 aufgeschlagen. Cotta reiste im Herbst dieses Jahres nach Berlin, um an den Verhandlungen um den Zusammenschluß des bayerisch-württembergischen und des hessisch-preußischen Zollvereins mitzuwirken.[19] Reimer lud ihn zum 23. September abends ein.[20] An diesem Abend in Reimers Haus beginnt die eigentliche Bekanntschaft von Reimer und Cotta, hier traten sie sich persönlich näher und lernten sich auf neue Art kennen und schätzen. Cotta traf Reimer als Kollegen, der ihm im beruflichen Feld in etwa gleich kam, der als Herr über ein großes Haus, das mit seinen Donnerstagsgesellschaften einer der Treffpunkte im damaligen gesellschaftlichen Berlin war, im Kreis hochstehender Männer mit Schleiermacher als Hausgenossen und Verbindungen in die höchsten Kreise sich als wirklicher Gesprächspartner erwies. In der Rückschau schreibt Reimer über dieses Zusammentreffen an Cottas Sohn Georg:

»... Erst in den späteren Lebensjahren war es mir gegönnt ihm näher zu treten und die Trefflichkeit seines Charakters, die Treue seines Gemüths und seine gediegene wesentlich dem öffentlichen Interesse zugewandte Thätigkeit kennen zu lernen und ich fühlte mich wahrhaft geehrt durch das Wohlwollen und Vertrauen dessen er mich würdigte, ja ich darf sagen, daß Alles was mir etwa noch in weiterer Beziehung zu thun oblag, immer bei der Ausführung den lebhaften Wunsch nach seiner Billigung mit sich führte.« (Brief vom 16. April 1833)

Im Frühjahr des folgenden Jahres hielt Cotta sich zu erneuten Zollvereins-Verhandlungen in Berlin auf und traf mit Reimer wiederum mehrfach zusammen. Am 7. Februar 1829 besuchte er z. B. zusammen mit ihm die Gesetzlose Gesellschaft, eine Vereinigung gebildeter und einflußreicher Männer, deren Mitglied Reimer seit ihrer Gründung (1809/10) war.[21] Ein weiterer gemeinsamer Besuch erfolgte am 2. Mai 1829. Ende Februar und Anfang März haben dann längere private Unterredungen stattgefunden, in denen der »Bonaparte unter den Buchhändlern« seine schwierigsten familiären und geschäftlichen Angelegenheiten mit Reimer erörterte, ja er bot ihm sogar seinen Verlag zum Kauf an. Reimer glaubte seinen Ohren nicht zu trauen und schrieb am 3. März 1829, einen Tag vor einer seiner Reisen nach Leipzig, an Cotta:

---

19 Hahn, Hans Werner: Geschichte des deutschen Zollvereins. Göttingen 1984.
20 Das Billett vom 21. September 1828 lautet: »In Erneuerung meiner gestern mündlich vorgetragenen Bitte ersuche ich Sie, Verehrtester, und Ihre Frau Gemalin es sich am Dienstag Abend (23.) zum Thee und Abendbrod bei uns gefallen zu lassen.«
21 Gästebücher der Gesetzlosen Gesellschaft zu Berlin. Bd. 2: 1821-1834. Im Besitz der Gesetzlosen Gesellschaft. (Benutzt wurde die Kopie der Schleiermacherforschungsstelle Berlin.)

»In sofern ich nicht annehmen soll, Verehrtester, daß Ihre jüngst ausgesprochene und heute wiederholte Aeußerung in Ansehung des Verkaufs Ihrer buchhändlerischen Etablissements nur ein bloßer Scherz gewesen, oder als ein flüchtig entstandener und leicht verflogener Gedanke zu betrachten sei, erlaube ich mir Sie zu ersuchen die Sache in nähere Erwägung zu ziehen, und ohngefähr in allgemeinen Grundlinien die Bedingungen zu entwerfen unter denen eine solche Veräußerung statt haben könnte. Ich habe Neigung und Aufforderung genug mich im Geschäft zu erweitern, da mancher meiner heranwachsenden Söhne, wenn Gottes Gnade sie erhält, dem Gewerbe des Vaters folgen dürfte, und welches bessere und gediegenere könnte ich ihnen erwerben, als das Ihrige? Soviel vorläufig. Bei meiner Rückkehr, wo ich Sie noch zu finden hoffe, werde ich mir nähere Aufschlüsse erbitten, oder, falls meine erste Voraussetzung gegründet seyn sollte, erfahren, daß eine angenehme Hofnung mir vereitelt wurde.«

Das Angebot Cottas war in der Tat so überraschend, daß Reimer es kaum glauben konnte. Leider wurden diese Verhandlungen nur mündlich in aller Diskretion geführt, so daß keine weiteren Quellen als nur diese wenigen brieflichen Hinweise vorliegen. Cotta wollte allerdings doch noch nicht direkt verkaufen, sondern suchte vorerst einen jungen tüchtigen Mitarbeiter. Im Rückblick schreibt er am 30. April 1831 an Reimer: »Was wir im J. 1829 besprachen wird mir immer wünschenswerther das heißt meine Handlung zu verkaufen oder einen tüchtigen Associé zu finden so daß ich oder die Meinen nach meinem Tod einen gewandten Vertreter meiner bisherigen Handlung hätten – Denken Sie über die Sache nach.«

Die Einschätzung des jungen durch den alten Cotta war offenbar so negativ, daß der Vater seinem Sohn die Übernahme und Weiterführung der Geschäfte nicht zutraute. Diese Geringschätzung müßte sich eigentlich der engeren Umgebung mitgeteilt haben, lassen sich solch gravierende Differenzen doch nicht auf Dauer verbergen. In der Literatur ist dazu wenig zu finden. Dort wird zwar auf die große Verschiedenheit der Charaktere hingewiesen, (»Georg von Cotta war in jeder Hinsicht ein seinem Vater diametral entgegengesetzter Menschentyp«[22]), sowie darauf, daß der Sohn im Verlag fast gar nicht in Erscheinung trat und vom Vater auch nicht an die Geschäfte herangelassen wurde.[23] Von der tiefen Geringschätzung des Vaters für den Sohn ist aber nirgendwo die Rede.[24] Das Verhältnis von Vater und Sohn Cotta dürfte also ein Beispiel mehr für die Schwierigkeit der Söhne großer Väter sein, aus deren übermächtigem Schatten herauszutreten und ein eigenes Leben zu gestalten. Wie bitter muß die

22 Lohrer: Cotta [Anm. 7], S. 96.
23 Ebd., S. 98.
24 Bei H. Schiller heißt es sogar: »Gegen Ende der zwanziger Jahre tritt Georg von Cottas Mitwirkung an der Leitung des Verlags in zahlreichen Briefen an seinen Vater [...] dokumentarisch in Erscheinung. Diese Briefe zeigen den jungen Baron [...] nicht nur mit allen Einzelheiten vertraut, er wirkt in ihnen auch als der vollberechtigte Vertreter seines Vaters...« (Herbert Schiller: Georg von Cotta. Verleger und Politiker 1796-1863. In: Schwäbische Lebensbilder, Bd. 2, 1941, S. 54-66, Zitat S. 58).

Situation für den Sohn gewesen sein, dem es nicht gelang, Achtung und Zutrauen des Vaters zu gewinnen – denn die spätere Geschichte des Cotta-Verlags zeigt, daß die Beurteilung des Vaters nicht zutraf. Die Einstellung des Vaters kann Georg von Cotta nicht verborgen geblieben sein, und spätestens nach dem Tod seines Vaters nahm er auch die Briefe Reimers zur Kenntnis, aus denen die Verhandlungen um einen fähigen Stellvertreter und Nachfolger deutlich hervorgehen. Doch noch in der neueren Literatur heißt es, daß Georg von Cotta zu dieser Zeit »immer mehr in die Rolle des Stellvertreters und Nachfolgers in der gesamten Geschäftsführung hinein« wuchs.[25]

Die 1829 mit Reimer laufenden Verhandlungen geben ein anderes Bild. Im Gespräch hatten Cotta und Reimer zunächst das Finden eines »tüchtigen Associé« verhandelt. Reimer hatte dabei den jungen Salomon Hirzel, der bei ihm eine Buchhändlerlehre gemacht hatte und mit seinem ältesten Sohn Karl zusammen in Leipzig die Weidmannsche Buchhandlung führte, vorgeschlagen. Nach diesem Gespräch war Cotta aus Berlin nach Hause zurückgekehrt und Reimer nach Leipzig gefahren, von wo er Cotta am 9. Mai 1829 eine kurze Nachricht sandte: »In Erfüllung meines Versprechens habe ich heute sogleich nach meiner Ankunft Herrn Hirzel erforscht in betreffs Ihres vertrauensvollen und ehrenden Antrags, und eile Ihnen, höchstverehrter Freund, den Erfolg mitzuteilen, der freilich nicht unseren Erwartungen entspricht. Es sind für ihn Verhältnisse vorhanden, die es ihm wünschenswerth machen sein Etablissement in Berlin zu begründen, wozu auch schon Einleitungen getroffen sind, die zwar noch zu keinem Endresultat geführt haben aber eben so wenig als abgebrochen zu betrachten sind. [...] Unter diesen Umständen lehnt er, mit Dank gegen Ihre Güte, den Antrag ab...«. Einen Tag später, am 10. Mai 1829, folgt ein ausführlicher Brief, der auch die zweite Möglichkeit – einen der Reimerschen Söhne zum Associé zu machen – ausschlägt und direkt von der Veräußerung des Cotta-Verlags spricht. Nach einleitenden Sätzen, in denen Reimer Cotta für das entgegengebrachte Vertrauen und die hohe Achtung dankt und ihn als »welterfahrnen, treflichen und redlichen Geschäftsmann«, als »wahren Freund der Menschheit mit dem treuen Sinn für die allgemeine Wohlfahrt« darstellt, heißt es:

»Ich kann daher nur mein Bedauern wiederholen, daß die Umstände die Ausführung Ihres Vorschlages nicht begünstigen, indem weder der junge Hirzel, den ich wie meinen Sohn betrachte, noch einer von meinen Söhnen darauf eingehen kann. Die Gründe, welche den ersten verhindern, habe ich gestern angegeben, und meinen ältesten Sohn darf ich so wenig von hier [Leipzig] entfernen, als meinen zweiten zur Beihülfe in Berlin entbehren.

Unter diesen Verhältnissen würde nur übrig bleiben, vielleicht nach Verlauf mehrerer Jahre, oder wie es Zeit und Gelegenheit zulassen, wenn Sie einmal der ganzen Verwaltung noch müder sind, wie zur Zeit, wo Ihre wiederholten Aeußerungen in dieser Beziehung mich aufgefordert haben mit

---

25 Neue Deutsche Biographie, Artikel Cotta, Sp. 379 (Lohrer).

Anfragen hervorzutreten, auf die Uebertragung des ganzen buchhändlerischen Geschäfts mit Ausschluß aller und jeder Nebenzweige, ja wo möglich auch des ganzen Zeitungswesens und der Journalistik, sich zu vereinigen. In diesem Betracht bin ich weder vor der großen von Ihnen ausgesprochenen Summe zurückgeschrekt, noch glaube ich, weil ich denn mit Hülfe meiner Söhne alles mehr auf einen Vereinigungspunkt zusammen wirkender Kräfte hinführen könnte, der Zeit und Thätigkeitsmittel zu entbehren, welche der erweiterte Geschäftskreis in Anspruch nehmen würde. Allein die Sache ist von zu großer Wichtigkeit von zu umfassender Bedeutung, als daß sie sich im Fluge erledigen ließe. Wenn es also jemals zu einer Ausführung kommen sollte, so würde ich gern auf Ihre Aufforderung dahin kommen, wohin Sie mich bescheiden würden, um nach Darlegung aller Umstände in ruhiger Erwägung gegenseitiger Uebertragungen und Leistungen zum Ziel zu gelangen. In jedem Fall darf ich von Ihrem Wohlwollen hoffen, daß im Fall Sie je eine solche Veränderung beabsichtigen Sie mich werden in Concurrenz treten lassen. Sie dürfen gewiß seyn, daß ich Ihr Vertrauen durch redliche Beachtung Ihres eigenen Interesses zu ehren wissen werde.«

Der Verkauf des Cotta-Verlags ist in den Gesprächen mit Reimer also sehr genau verhandelt worden, da der Umfang der Transaktion (z. B. Ausschluß der Journalistik) diskutiert und von Cotta auch ein – hoher – Preis genannt wurde. Die Höhe der Forderung ist natürlich nicht schriftlich festgehalten. Der Plan des Verkaufs wurde aber zunächst nicht weiter verfolgt und auch in den – wenigen – Briefen dieses und des folgenden Jahres (von denen nur die von Reimer an Cotta erhalten sind) nicht wieder berührt. Gegenstand dieser Briefe sind Verlagsprobleme, z. B. die Übernahme der Zeitschrift *Hertha* von Professor Heinrich Berghaus durch Reimer[26], die mögliche Fortsetzung des Werkes von Wilhelm Zahn über Herculaneum und Pompeii, die Reimer nach den Erfahrungen mit den bisher erschienenen zehn Heften »leider nicht auf eine zur Fortsetzung ermunternde Weise beantworten« konnte (Brief vom 12. Juni 1830), des weiteren der Eingangszoll für Bücher, gegen den Cotta bei seiner württembergischen Regierung eine Vorstellung einreichen sollte, und der Nachlaß des jung verstorbenen Waiblinger.[27]

26 Hertha. Zeitschrift für Erd-, Völker- und Staatenkunde. Hrsg. von Heinrich Berghaus und Karl Friedrich Vollrath Hoffmann. Bd. 1-14, Stuttgart und Tübingen: Cotta 1825-1829. Forts. unter dem Titel: Annalen der Erd-, Völker- und Staatenkunde ab 1830 bei Reimer.

27 Am 30. April 1831 hatte Cotta bei Reimer nach Waiblingers Nachlaß gefragt. Reimer antwortete am 18. Mai 1831:»Die Anfrage wegen Waiblinger kann ich leider nicht nach Wunsch beantworten. Mein Verhältniß zu ihm ist in ökonomischer Hinsicht von Anfang an ein ungünstiges gewesen und ich bin immer in Verlust und Vorschuß gewesen, wie auch jetzt noch bei seinem Ableben. Nichts destoweniger wendete sich ein seitdem auch schon abgeschiedener Freund des Verstorbenen an mich um Unterstützung für seine Hinterbliebenen und ich bin dabei nach Kräften beigesprungen, was nur in diesen Tagen einen erneuten Anspruch von dieser Seite herbei geführt hat, den ich aber unbeachtet lassen muß. Ein schriftlicher Nachlaß W'[aiblinger]s ist aber gar nicht in meine Hände gekommen, und mithin konnte ich auch schon darum keiner Leistung gegen ihn verpflichtet seyn, wenn auch jenes Verhältniß nicht unter uns bestände. Also hier kann ich leider die angesprochene Hülfe nicht geben.« Vgl. auch die Briefe Waiblingers an Reimer in: Wilhelm Waiblinger: Werke und Briefe. Bd. 5, Stuttgart 1982.

Erst am 30. April 1831 kommt Cotta in dem schon oben zitierten Brief auf die Verkaufsangelegenheit zurück, und Reimer antwortet am 18. Mai bereitwillig, aber vorsichtig:

»Kommt meine Reise [nach Stuttgart] aber zur Ausführung, so werde ich gern und mit Freuden mit Ihnen berathen, wie Ihr Plan Ihren geschäftlichen Verhältnissen eine andere und mehr gesicherte Stellung zu verschaffen am zweckmäßigsten ins Werk zu richten seyn möchte. Ist es in der Tat Ihr Ernst sich aus diesen ganz zurück zu ziehen, so steht meine Bereitwilligkeit noch immer gleich fest darauf einzugreifen, doch muß ich freilich erst genau wissen ob die mir zu Gebote stehenden Kräfte und Mittel auch genügen um *in vollem Maaße* Ihren gerechten Erwartungen zu entsprechen. Darüber darf ich denn auch Ihren Mittheilungen entgegen sehen.«

Reimer mußte diese Reise jedoch wegen Überlastung verschieben: »... die Geschäfte werden lastender und hängen mit bleierner Schwere an den Thätigen« (an Cotta, 23. Juni 1831). Das Treffen fand deswegen erst Ende August 1831 in Stuttgart statt. Bei dieser Gelegenheit ist der Verkauf des Cotta-Verlags gründlich und im Detail besprochen worden. Wiederum geben nur Briefe darüber Auskunft; Reimer schrieb im September aus Berlin: »In der Anlage sende ich Ihnen eine Skizze über die mögliche Behandlung der eingeleiteten Unterhandlung. Theilen Sie mir nun gelegentlich nach reiflicher Erwägung das Weitere mit.« Die Anlage ist leider nicht überliefert, doch ging Cotta in seiner Antwort vom 4. Dezember 1831 darauf ein. Er schrieb:

»Die Fragen der Geschäftsüberlassung beantworte ich kürzlich dahin:

ad 1, könnte ich mich wohl verstehen, das rein buchhändlerische Geschäft- und Journalwesen getrennt, abzugeben
2, die activa und Passiva lassen sich nicht wohl trennen
3, Es versteht sich, daß Alle Rechte und Verpflichtungen mit N. 1 übergehen müßten
4, Feststellung des Werthes –

Ihre Grundsätze sind nicht verwerflich, jedoch für den Käuffer zu hoch, wenn ich anders den brutto Absaz recht verstehe – Hierüber müßten wir uns noch näher verständigen – dieß würde wenn es nicht früher möglich seyn sollte, wohl zur Meße am geeignetsten seyn. Bis dahin wird es mir aber sehr angenehm seyn, Ihre weiteren Ansichten zu vernehmen.

Es hat mich ungemein gefreut, daß wir uns wieder gegenseitig aussprechen konnten. Ich wünsche umso mehr daß es bald wieder geschehen möchte als es bei mir die alte freundschaftliche u. achtungsvolle Gesinnung und Theilnahme wieder bestättigen konnte u. kann.«

Diese vier Punkte sind als einzige schriftlich über die Verkaufsverhandlungen zwischen Cotta und Reimer festgehalten, alles andere wurde mündlich und vertraulich verhandelt. Das nächste Zusammentreffen war zur Buchhändlermesse in Leipzig im Frühjahr 1832 vorgesehen. Reimer streifte im Brief vom 31. Dezember 1831, worin er seiner Freude über das bevorstehende Treffen Ausdruck gab, die Verkaufsverhandlungen nur kurz: »Angenehm ist es mir daß Ihre viel geprüfte Erfahrung meine Abschätzungsprinzipien nicht verwerflich findet.« Cotta konnte jedoch wegen seiner angegriffenen Gesundheit und wegen seiner politischen Verpflichtung nicht zur Messe im Februar kommen. Er bat Reimer, da schriftliche Verhandlungen mit zu großen Schwierigkeiten verbunden seien, es doch möglich zu machen, »hierher zu kommen und einige ruhige Tage unsern Angelegenheiten zu widmen«. Dieser Brief vom 2. März 1832 ist von anderer Hand geschrieben und von Cotta nur noch unterzeichnet. Es ist der letzte überlieferte Brief Cottas an Reimer. Das vorgesehene Treffen fand nicht statt, da eine in Berlin ausgebrochene Choleraepidemie Reimer an der Reise hinderte. Am 29. Dezember 1832 starb Cotta; mit ihm endete eine große Epoche seines Verlags.

Georg von Cotta, der Sohn, machte sich nunmehr mit Eifer daran, die Verlagsgeschäfte fortzuführen und nahm dabei auch zur Kenntnis, welchen Inhalt die Verhandlungen und Briefe zwischen seinem Vater und Reimer gehabt hatten. Er schrieb am 31. März 1833 an Reimer:

»Aus seinen Briefen an Sie, und zumal aus Ihren Antworten an denselben ersehe ich, daß Sie über Schäzung und vielleicht Ankauf buchhändlerischer Institute sich mit ihm besprochen. Auf das gewissenhafteste bemüht den Gang der JGCottaschen Buchhandlung nach allen ihren Zweigen, die wirklichen Nuzen bringen, und in jeder Beziehung gleichartig fortzusezen, ist doch der Gedanke sie ganz oder theilweise zu veräussern bey mir und meinen Miterben auch schon aufgestiegen und besprochen worden.«

Bekanntlich war bei Cottas Tod nicht ausreichend Barvermögen vorhanden, um die Tochter auszuzahlen, so daß Sohn und Schwiegersohn sich zur gemeinsamen Weiterführung des Verlags entschlossen. Reimer antwortete bereits am 16. April 1833 mit einem langen Brief, in dem er den Tod Cottas wie den »Verlust eines leiblichen Bruders« beklagt, und einen »kleinen Aufsatz zur Ehre seines Gedächtnisses – ich will es mein Glaubensbekenntniß über ihn nennen –« ankündigt. Der Aufsatz ist zwar begonnen, aber nicht vollendet worden.[28] Reimer schlug vor, wenn Georg von Cotta gleiche Ansichten über den Verlagsver-

---

28 Es sind zwei Blätter, nur der Text der ersten Seite ist ausgeführt: »Dem Andenken des Freiherrn J. G. [!] v. Cotta

Durch den todtlichen Hintritt dieses ausgezeichneten Mannes hat sowol die ⟨Literatur⟩ äußere Gestaltung und Bedeutsamkeit des literar. Verkehrs, welcher ursprünglich seine erfolgreiche Wirksamkeit gewidmet, als viele andre Zweige des gewerblichen Lebens denen sich seine rastlose Thätigkeit allmälig zuwandte, einen unersetzlichen Verlust gelitten. Schmerzlicher jedoch hat sein Tod alle diejenigen berührt, die sich seines nähern Umgangs erfreuten, und daher seinen ganzen Werth zu würdigen verstanden.

Es ist gewiß eine seltene Gabe des Geschicks wenn es jemand verliehen ist sich mit eben der Freiheit und Leichtigkeit in den untergeordneten Kreisen des bürgerlichen und gewerblichen Verkehrs zu bewegen, als in denen des öffentlichen Lebens und der Volkswohlfahrt. Ihm war beides im schönsten Verein zugetheilt, wie eines Theils der aus beschränkten Mitteln entsprun-

kauf habe wie sein Vater, das Nähere bei der Leipziger Ostermesse zu besprechen. Georg von Cotta konnte aber – oder er wollte nicht zur Messe kommen und schlug weiteren brieflichen Austausch vor. Reimer antwortete darauf am 20. Mai 1833, er wolle, da die Grundsätze der Schätzung feststünden, im Juni oder Juli zur weiteren Verhandlung nach Stuttgart kommen. Er bat, die dazu noch nötigen Unterlagen, vor allem eine Übersicht über die vorhandenen Bestände und den Absatz der Verlagsartikel, bereit zu legen. Die Antwort Georg von Cottas vom 23. Mai 1833 ist sehr aufschlußreich. Er schrieb: »Je länger ich diesem Geschäfte vorstehe um so mehr Freude finde ich an demselben, weßhalb ich es denn mit einem regeren Eifer betreibe. Das glänzende Resultat der Leipziger Messe bestärkt mich hierin, und hienge es von mir ab, so würde ich nie daran denken, daß ein Verkauf Statt finden könne. Der Auftritt meiner Miterben, und so viele Liebhaber, welche sich melden, und zwar so zahlungsfähige, ändern die Sachlage.«

Der mögliche Verkauf des Cotta-Verlags durch die Erben hatte sich nämlich auf der Ostermesse 1833 rasch unter den Buchhändlern herumgesprochen und wurde lebhaft diskutiert. Brockhaus signalisierte sein Kaufinteresse brieflich am 3. Mai 1833.[29] Er wiederholte sein Kaufgebot am 18. Mai, doch wurden hier im schriftlichen Verkehr natürlich nie konkrete Zahlen genannt.[30] Reimer war mit seinem Interesse nun nicht mehr allein, hatte aber die älteren Rechte und sicher den besseren Überblick.

Georg von Cotta scheint den Verkauf des Verlages nie gewollt und zunächst nur den äußeren Umständen, d. h. der infolge der Erbschaftsumstände wahrscheinlich nötigen Veräußerung, nachgegeben zu haben. Jedenfalls hat er sich rasch und gut nach seines Vaters Tod in die laufenden Geschäfte eingearbeitet. Da die Gegenwart des Vaters nicht mehr auf ihm lastete und er sich nun, im Alter von immerhin schon 36 Jahren, erstmals frei und selbständig bewegen und entscheiden konnte, nahm er jetzt aktiv und initiativ an der Verlagsarbeit teil. Die im Brief vom 23. Mai 1833 ausgesprochene persönliche Ablehnung des Verlagsverkaufs setzte er geschickt nach seiner Art um: Er vermied wie schon zur Messe auch weiterhin konsequent jedes Treffen mit Reimer.

Im August 1833 kam Reimer zum, wie er meinte sicheren oder mindestens sehr wahrscheinlichen Fortschreiten der Verhandlungen bis zu deren Abschluß nach Stuttgart und erfuhr dort, daß Georg von Cotta aus Rücksicht auf seine

---

gene hohe Flor seines zeitlichen Besitzstandes erkennen läßt, andern Theils die schönen Erfolge, welche er »[bricht ab]. Im Verlagsarchiv de Gruyter Berlin, Briefarchiv R1, Cotta.

29 Kramer, Henriette: Georg von Cotta (1796-1863) als Verleger. In: AGB 25, 1984, Sp. 1093-1276, hierzu Sp. 1112. – Brockhaus, Heinrich Eduard: Die Firma F. A. Brockhaus von der Gründung bis zum hundertjährigen Jubiläum 1805-1905. Leipzig 1905, S. 95.

30 Ebd.

Gesundheit bis auf weiteres nicht anwesend sei. Georg von Cotta entschuldigte sich umständlich und fügte diesem Brief vom 15. September 1833 ein Verzeichnis des Vorrats der gängigsten Verlagsartikel bei, so daß Reimer mit Recht annehmen konnte, sein Partner sei weiter an Verhandlungen mit dem Ziel des Verkaufs interessiert. Aber auch bei seinem zweiten Besuch in Stuttgart am 14. November 1833 traf er Cotta nicht an, sondern nur einen vorgeblich nicht unterrichteten Vertreter. Am folgenden Tag reiste Reimer dann, wie brieflich von Georg von Cotta ursprünglich vorgeschlagen worden war, weiter nach Augsburg, wo er ihn sicher anzutreffen annehmen mußte. Erneut wartete er umsonst, Cotta schützte eine Audienz beim König in München vor. Beide Male floh er also trotz vorausgegangener brieflicher Verabredung vor einem Zusammentreffen mit Reimer und versteckte sich; vermutlich suchte er Zeit zu gewinnen, gewiß war er zu unsicher, um ein offenes Wort gegenüber dem Mann zu wagen, mit dem sein Vater so engen und vertraulichen Kontakt gepflogen hatte.

Von der Rückreise schrieb Reimer aus Würzburg am 21. November 1833 einen aufschlußreichen Brief an Georg von Cotta, in dem er feststellt, »daß wir beide in gegenseitiger Täuschung unser Geschäft als abgeschlossen betrachteten«. Hier werden erstmals auch die Preisgebote, die bisher nur mündlich verhandelt worden waren, offen ausgesprochen. Reimer hatte Georg von Cotta danach wohl noch kurz in München gesprochen, wo dieser angab, daß Brockhaus »300000 Th mehr als 900000 Th zu geben bereit seyn möchte«, also 1200000 Thaler, eine astronomische Summe. Reimer antwortet darauf voller Ironie und Skepsis, daß er bei diesem Gebot »freundschaftlich dringend rathen würde, solches nicht von der Hand zu weisen, denn so viel kann niemand geben der ihm Stande ist Vortheile und Nachtheile des Anschlages gründlich gegeneinander abzuwägen...«; auch dürfte ein solches Angebot mit Sicherheit nie wieder jemand stellen. Brockhaus hatte in Wirklichkeit viel weniger geboten und in seinem Brief vom 4. Dezember 1833 die von Cotta mündlich geforderte Summe von 800000 fl. als zu hoch abgelehnt.[31]

Der Verkauf der Cottaschen Handlung war damit eigentlich erledigt. Es wurde zwar noch ein wenig weiter verhandelt, doch ohne Ernsthaftigkeit und wahres Interesse. Am 4. Februar 1834 bemerkt Reimer noch gegenüber Georg von Cotta, daß er weiterhin an der Transaktion interessiert sei, aber diese Interessenbekundung klingt bei aller Genauigkeit der Forderungen Reimers ziemlich unernst.[32] Im Brief vom 16. März 1834 schließlich erwartet Reimer nähere

---

31 Ebd.
32 Reimer ist Cotta dankbar, »daß Sie mir die Aussicht zur Erreichung meines Zwecks offen halten. Allein so schleunigs und auf dem von Ihnen bezeichneten Wege geht es doch nicht.« Georg von Cotta, dessen Brief nicht überliefert ist, hatte offenbar andere Prinzipien der Schätzung des Verlagsvermögens vorgeschlagen, um die Sache weiter hinzuziehen. Reimer fordert wieder eine

Unterlagen zur Ostermesse. Doch das wirkt, wie bemerkt, nur noch als Nachhutgefecht. Interessant an diesem Brief ist einzig die Nachricht von Schleiermachers Tod.[33]

Im Laufe des Jahres 1834, vermutlich bei oder nach der Ostermesse, versandeten die – m. E. von Georg von Cotta nie ernsthaft geführten – Verhandlungen um den Verkauf des Cottaschen Verlags. Die letzte diesbezügliche Nachricht findet sich im Brief Georg von Cottas an Reimer vom 3. November 1834: »Sollte je eine Sinnesänderung in der fraglichen Richtung bey mir und meinem Schwager entstehen, so versteht es sich, daß Sie zuerst in deren Kenntniß gesetzt werden.«

---

vollständige Inventur des Verlags inkl. des Bestandes an Makulatur sowie eine Aufstellung aller Verbindlichkeiten.

33 Schleiermacher war eng mit Reimer befreundet; er wohnte von 1817 bis zu seinem Tod am 12. Februar 1834 in Reimers Haus, dem Sackenschen Palais in der Wilhelmstraße 73. Reimer trauert um den Tod »meines ältesten und treuesten Freundes«.

Cornelia Blasberg

Adalbert Stifter und sein Verleger Gustav Heckenast

Eine andere Geschichte des ›Nachsommers‹

1925, eher gegen Ende der ersten Stifter-Renaissance, erschien im Jahrbuch der Nietzsche-Gesellschaft ein Beitrag von Ernst Bertram: *Nietzsche die Briefe Adalbert Stifters lesend*[1], von Hofmannsthals brillantem *Nachsommer*-Essay im gleichen Heft ein wenig ins Randdunkel gedrängt. Und doch birgt Bertrams Studie eine Entdeckung, die, richtig gelesen, Nietzsches überraschendes Lob des *Nachsommers* im *Wanderer und sein Schatten*[2] verständlich macht. Im Nietzsche-Archiv war dem Verfasser, vermutlich bei seinen Vorarbeiten zur mythologisierenden Nietzsche-Biographie (1929), die von Johannes Aprent 1869 im Verlag Heckenast herausgegebene dreibändige Ausgabe von Stifters Briefen in die Hände gefallen, die Nietzsche mit Lese- und Aufmerksamkeitszeichen versehen hatte. Vielleicht war es Zufall, daß nur Anmerkungen im zweiten Band, um das Erscheinungsjahr des *Nachsommers* 1857 herum, erhalten geblieben waren. Nicht zufällig dagegen ist, daß die meisten dieser Briefe an den Verleger Gustav Heckenast gerichtet waren, mit dem Stifter in jenen Jahren nach der Revolution in verändertem Ton, konzentriert und offen, über seine Dichtung korrespondierte. Hier wurde Kunst als »producierte« beim Namen genannt, als Arbeit am Schein, was Nietzsche gefallen mußte. Heckenast war der erste Leser des *Nachsommers* und – in Nietzsches Sinn – sicher der ausdauerndste; zehn- bis zwölfmal habe er sich in das Werk vertieft, gestand er Peter Rosegger.[3] Damit nicht genug: die dritte Auflage des *Nachsommers* von 1877 brachte Heckenast in einer eigenhändig gekürzten

---

1 Bertram, Ernst: Nietzsche die Briefe Adalbert Stifters lesend. In: Ariadne. Jahrbuch der Nietzsche-Gesellschaft, hrsg. von Ernst Bertram, Hugo von Hofmannsthal, Thomas Mann u. a., München: Verlag der Nietzsche-Gesellschaft 1925, S. 7-26.
2 »Der Schatz der deutschen Prosa. Wenn man von Goethes Schriften absieht und namentlich von Goethes Unterhaltungen mit Eckermann, dem besten deutschen Buche, das es gibt: was bleibt eigentlich von der deutschen Prosa-Literatur übrig, das es verdiente, wieder und wieder gelesen zu werden? Lichtenbergs Aphorismen, das erste Buch von Jung-Stillings Lebensgeschichte, Adalbert Stifters Nachsommer und Gottfried Kellers Leute von Seldwyla, – und damit wird es einstweilen am Ende sein.« Friedrich Nietzsche: Der Wanderer und sein Schatten. Menschliches, Allzumenschliches II, Aphorismus 109. In: Werke I, hrsg. von Karl Schlechta. Frankfurt/M., Berlin, Wien: Ullstein 1979, S. 921 f.
3 Schlosser, Anton: Adalbert Stifter und Gustav Heckenast, sein Freund und Verleger. In: Deutsche Arbeit. Monatsschrift für das geistige Leben der Deutschen in Böhmen. Jg. 4, Heft 12, Prag 1908, S. 810.

Fassung heraus (erst 1919 war der Originaltext wieder zugänglich) – und es ist zu hoffen, daß Nietzsches Lob für die stilistischen Qualitäten des Romans sich nicht auf diese ›gereinigte‹ Ausgabe bezog.

Das Band um Dichter und Verleger läßt sich noch enger schlingen. Wie im Fall der *Studien*, der *Bunten Steine* und des *Witiko* verkaufte Stifter das Verlagsrecht des *Nachsommers* bereits, bevor er das Werk vollendet hatte. Natürlich konnte sich Heckenast auf das Vorkaufsrecht berufen. Auf der einen Seite, weil Stifter den Verleger in romantischer Tradition zum Freund stilisierte: bereits im November 1842, ein Jahr nach Beginn der Geschäftsbeziehung, wechselte er die briefliche Anrede von »Euer Wohlgeboren« zu »Verehrter Freund« und schwor am 17. Juli 1844 feierlich: »daß ich nie einen anderen Verleger suchen werde als Sie.«[4] Vorausgegangen war allerdings ein fehlgeschlagener Versuch, Cotta einen Band Erzählungen anzubieten. Auf der anderen Seite war Stifter bei Heckenast chronisch verschuldet; in den früheren Jahren, weil er, der Botschafter des Maßhaltens, eben dieses nicht konnte: von den 6000 fl für die *Studien*-Bände mußten beispielsweise laut Vertrag vom 1. August 1850 sofort 3800 fl zur Tilgung bisheriger Schulden einbehalten werden. In den späteren Jahren – 1863 machte sich Stifters Lebererkrankung erstmals bemerkbar – verschlangen die kostspieligen Karlsbader Kur-Reisen das Schulratsgehalt und Heckenasts monatliche Rate, so daß er dem Verleger 1866 das Verlagsrecht an seiner Korrespondenz für 8000 Gulden anbot.

Dieser Gedanke war nicht neu. Präludiert im Brief vom 13. Mai 1854: »wer weiß, ob dieser Brief nicht gedruckt wird«[5], klang das Thema variiert im Februar 1856, nach längeren, sehr interessanten Ausführungen zum organischen Aufbau des *Nachsommers* wieder an: »vielleicht wird man einmal diesen Brief lesen...«[6] Heckenast widerstand der Versuchung bis zuletzt, zermürbt vom jahrelangen Warten auf das Manuskript des *Witiko*. Im April 1866, schon auf dem Rückzug, fuhr Stifter noch einmal sein stärkstes Geschütz auf:

»Was die Herausgabe meiner Briefe anbelangt [...]. Göthe sagt (24. Band Seite 5) ›Briefe gehören unter die wichtigsten Denkmäler, die der einzelne Mensch hinterlassen kann – was uns freut oder schmerzt, drükt oder beschäftigt, löst sich vom Herzen los; und als dauernde Spuren eines Daseins, eines Zustandes sind solche Blätter für die Nachwelt immer wichtiger, je mehr dem Schreibenden nur der Augenblick vorschwebte, je weniger ihm eine Folgezeit in den Sinn kam.‹ Beim Lesen dieser Worte reifte mein Entschluß. Daß ich einen Entgelt bezielte, liegt in meiner Lage, da ja

---

4 Stifter, Adalbert: Sämmtliche Werke in 23 Bänden, hrsg. von August Sauer und Gustav Wilhelm. Prag, Reichenberg: Sudetendeutscher Verlag Franz Kraus 1904-1939, hier Bd. 17, S. 125. Brief Nr. 48. A. Stifter an G. Heckenast, 17. 7. 1844. In dieser Ausgabe, nach der ich mich im folgenden richte, wird Stifters eigentümliche Orthographie beibehalten.
5 Ebd. Bd. 18, S. 225. Brief Nr. 286. A. Stifter an G. Heckenast, 13. 5. 1854.
6 Ebd. Bd. 18, S. 315. Brief Nr. 316. A. Stifter an G. Heckenast, 29. 2. 1856.

überdies auch diese Werke noch mehr das innerste Eigenthum meiner Seele sind als alle andern. Du kannst dich für jezt in dieser Sache nicht entscheiden [...]. Mit irgend jemanden andern abschließen, widerstrebt mir so, wie es mir bisher widerstrebte. [...]. Die Briefe gehören zu dir und deinen Kindern oder zu gar niemanden.«[7]

Dieser Brief läßt leitmotivisch einige jener Themen anklingen, die den später folgenden Überlegungen zum *Nachsommer* die Richtung weisen sollen. Zum einen wird der Charakter der letzten Verfügung deutlich, des Testamentarischen, der den Wunsch nach Überleben in der Schrift geschickt als Gewinnversprechen für den Verleger verkleidet. Zum andern beruft sich Stifter dabei auf niemand Geringeren als Goethe und siegelt mit dessen Namen die oben besprochene Verwandlung der flüchtigen brieflichen Notiz zum unsterblichen Dichterwort. Eine Wendung, die Geschäftssinn verrät, aber auch etwas anderes: das geheime Bewußtsein, daß der Nachruhm den Werken von *außen* angetragen werde, aus der Tradition heraus, in die sie sich potentiell einreihten. Im Innern reflektieren die Werke – das wird am *Nachsommer* zu zeigen sein – diese ihre Zukunft in dem Maße, wie sie den Tod metaphorisch in ihr Zentrum setzen.

I

Doch zunächst zu Stifter und Heckenast. Zu einigen Aspekten ihrer Beziehung liegen bereits Untersuchungen vor. Dem Bild harmonischer Freundschaft, das Irmgard Skrochs Dissertation (1946)[8] entwirft, arbeitet Klaus Amanns Aufsatz *Stifter und Heckenast. Literarische Produktion zwischen Ästhetik und Ökonomie* (1978)[9] entschieden entgegen. Mit guten Gründen, sieht er doch Heckenast als begeisterten Anhänger der ungarischen Revolution von 1848 und Stifter im Lager der Metternichschen Reaktion in ihrer terroristischen Verlängerung durch Windischgrätz. Zu den politischen Differenzen, die trotz gegenteiliger Beteuerungen lange schwelten, gesellten sich Ärgernisse wegen Verschuldung und finanzieller Abhängigkeit einerseits, wegen endloser Verzögerung der Manuskriptlieferungen andererseits.

Demgegenüber stellt sich die Frage, die nur scheinbar wieder auf das Freundschaftsbild zuläuft, nämlich, warum trotz dieser Spannungen (und wie) die Zusammenarbeit funktionierte. Sicher war das *Geschäft* mit dem Schreiben die

---

7 Ebd. Bd. 21, S. 197. Brief Nr. 696. A. Stifter an G. Heckenast, 8. 4. 1866.
8 Skroch, Irmgard: Stifter und Heckenast. Ihr Verhältnis aus den Briefen entwickelt. Diss. Wien 1946.
9 Amann, Klaus: Stifter und Heckenast. Literarische Produktion zwischen Ästhetik und Ökonomie. In: Vierteljahrsschrift des Adalbert Stifter Institutes Linz, Jg. 27, Folge 11/2, 1978, S. 47-58.

Basis des unsicheren Friedens. Stifter beteiligte sich – auf seine Weise – als kalkulierender Partner an diesem Geschäft; seine Zeilen bedeuteten Geld. Im Brief vom 9. Januar 1845 bat er den Verleger um Nachsicht wegen langwieriger Ausbesserungsarbeiten, die revidierte *Studien*-Fassung brächte jedoch »die ›Procente‹ unter dem Arm mit«[10]; am 28. Januar 1855 berichtet er halb ernst, halb ironisch, acht Bände in der »Fabrik« zu haben.[11] Späte Briefe an Amalia Stifter aus Kirchschlag kokettierten mit dem finanziellen Verlust, den die private Korrespondenz zur Folge hätte – natürlich augenzwinkernd, denn der Verkauf der Briefe war ja beschlossene Sache. Der Gewinn sollte Stifter und Heckenast auch nach dem Tod des Dichters verbinden, brächte im Geschäft mit dem Tod eine letzte Steigerung, wie Stifter selbst es formulierte:

»Für den Fall eines unvorhergesehenen Todes hättest du Dekung genug, denn es ist noch an Handschriften (wenn auch nicht ausgefeilt) in meiner Lade, daß es eine erkleckliche Summe machen würde. Und der Zauber des Todes, der für jeden Mann öffentlichen Wirkens eintritt, würde rascher Nutzen bringen, als es das Leben kann...«[12]

Stifter starb 1868 mit 12 894 Gulden Schulden allein bei Heckenast (für 7000 Gulden konnte man zu dieser Zeit ein Haus mit elf Zimmern, drei Küchen und Grundstück kaufen)[13], seine kostbaren Möbel gab die Witwe andernorts in Zahlung. Heckenast erließ Amalia Stifter diesen Betrag, standen doch auf seiner Habenseite neun Auflagen der *Studien* (sowie zahlreiche bibliophile Einzeldrucke der Novellen), fünf der *Bunten Steine*, drei des *Nachsommers*, drei Bände *Witiko*, Stifters *Briefe*, zwei Bände *Nachgelassene Erzählungen* und zwei Bände *Vermischte Schriften*, die zu seinen Lebzeiten erschienen.

Dieser Ausgleich der Temperamente qua Geschäft wurde durch eine – in Stifters Briefen dokumentierte (Heckenasts Nachlaß gilt als verschollen) – hartnäckige Arbeit am Freundschaftsmythos ergänzt und überhöht. Stifters hellhörige Nachforschungen, ob er noch in der Gunst des Verlegerfreundes stehe, die Unterwürfigkeits- und Ehrerbietigkeitsfloskeln verdecken weniger reale Vertrauenskrisen, als daß sie den bewußt hergestellten Öffentlichkeitscharakter der literarischen Korrespondenz reflektieren. Fernes und doch begehrlich in die Nähe gerücktes Vorbild waren die Weimarer Dioskuren. Stifter schrieb am 4. November 1856:

»Haben Sie den Briefwechsel Göthes und Schillers gelesen? Wenn nicht, thun Sie es. Wie haben sich diese zwei Männer gegenseitig gehalten und gefördert, wie waren sie sich Säulen gegen die Gemein-

---

10 Stifter, Adalbert: Sämmtliche Werke Bd. 17, S. 140. Brief Nr. 54. A. Stifter an G. Heckenast, 9. 1. 1845.
11 Ebd. Bd. 18, S. 250. Brief Nr. 297. A. Stifter an G. Heckenast, 28. 1. 1855.
12 Ebd. Bd. 20, S. 306. Brief Nr. 601. A. Stifter an G. Heckenast, 1. 6. 1865.
13 Amann, Klaus, a.a.O. S. 51.

heit der zahlreichen Kläffer gegen sie, deren Namen jetzt niemand mehr kennt. Sie und ich, wir sind keine Schiller und Göthe, aber halten und fördern können wir uns auch.«[14]

Ein doppelköpfiges Siegel der Zusammengehörigkeit schließt den Brief und den Bund. Heckenasts interessiertes Einverständnis läßt sich nur erschließen. Eine Quelle ist sein Briefwechsel mit Peter Rosegger, der Stifters ›Nachfolger‹ im Verlag Heckenast wurde – unter der Bedingung: »daß Sie unsern Stifter den besten der Dichter anreihen.«[15] So weit es in seiner Verlegermacht stand, stilisierte Heckenast Stifter zum klassischen Dichter, wie dieser selbst und nicht zuletzt das Verlagsinteresse es wollten. Emil Kuh, 1868 mit einer kritischen Betrachtung über Stifter im Wiener Verlag von Tendler & Comp. hervorgetreten, mußte sich 1872 mit der Studie: *Zwei Dichter Österreichs. Franz Grillparzer – Adalbert Stifter* der Heckenastschen Zensur beugen. Dazu der Verleger an Rosegger:

> »Es war eigentlich ein Glück, daß er das Buch *mir* zum Verlage anbot, d. h. ein Glück für Stifter. Ich kannte seine frühere Schrift über Stifter und so erklärte ich dann ganz offen, daß ich das Buch nur in dem Fall verlegen würde, wenn er sein Urteil über Stifter milderte. Ich ersuchte ihn, den ›Nachsommer‹, ›Bunte Steine‹ usw nochmals durchzulesen und trat mit meiner ganzen Überzeugung für Stifter ein. Kuh beschäftigte sich in den Sommermonaten vorigen Jahres eingehend mit Stifter und wie Sie sehen, hat er sein Urteil sehr bedeutend modifiziert. So wie *er* sich bekehren ließ, so wird seine Stimme, mit diesem Maß der Anerkennung, in gewissen Kreisen weitertönen und unserm geliebten Dichter neue Freunde zuführen.«[16]

Täuschte sich hier der Marktforscher- und lenker – 1872 brachen denkbar schlechte Absatzjahre für Stifters Dichtung an – zugunsten des Verehrers? Dem Leipziger Verlag Amelang, der nach Heckenasts Tod 1878 Stifters Schriften kaufte, hinterließ er jedenfalls kein leichtes Erbe, bis die Schutzfrist für die Werke 1899 erlosch. Hinter dem sanften Zwang, der an Heckenasts Stifter-Bild spürbar bleibt, lassen sich, historisch gesehen, andere Zwänge vermuten, die dem Aufstieg des ungarischen Verlegers in den unruhigen vor- und nachrevolutionären Jahren seine Richtung vorgeschrieben hatten.

Dieser Aufstieg war rasant. Mit knapp 23 Jahren übernahm Gustav Heckenast 1834 den Pester Verlag von Otto Wigand[17], nachdem er dort seit 1828 als Buchhändler gearbeitet hatte. Er erweiterte das Sortiment sofort durch Restaufkäufe bei anderen Verlegern und gründete auf diese Weise das erste moderne

---

14 Stifter, Adalbert: Sämmtliche Werke Bd. 18, S. 342. Brief Nr. 326. A. Stifter an G. Heckenast, 4. 11. 1856, s. auch Nr. 331, 460, 598, 745.
15 Schlosser, Anton: A. Stifter und G. Heckenast, a.a.O. S. 808, Brief vom 1. 4. 1871.
16 Ebd. S. 809, Brief vom 16. 6. 1872.
17 Zu Wigands Rolle als Vermittler zwischen österreichisch-ungarischem und deutschem Buchhandel sowie seiner Bedeutung für den Börsenverein s.: Rudolf Schmidt (Hg): Deutsche Buchhändler – Deutsche Buchdrucker. Beiträge zu einer Firmengeschichte des deutschen Buchgewerbes. Eberswalde: Schmidt 1908. Bd. 6, S. 1043-1047.

Antiquariat in Ungarn. 1836 wurde er Mitglied des Leipziger Börsenvereins. Auf dem deutschen Markt gewann er mit Übersetzungen ungarischer Dichter Profil, gleichzeitig begann er eine Literaturreihe in ungarischer Sprache aufzubauen: zu seinen Autoren zählten Jokai, Salamon, Eötvös, Bajza und Josika; volkstümliche Kalender kamen hinzu, eine *Sonntags-Bibliothek*, eine *Dorf-Bibliothek* (1873 waren es rund 900 Titel in ungarischer Sprache). Durch die Zusammenarbeit mit Otto Wigand in Leipzig, dessen Bruder Georg im ungarischen Kaschau und dem Verlag C. F. Mörschner in Wien spannte Heckenast seinen ungarisch-österreichisch-deutschen Aktionsrahmen auf, eine lukrative, aber politisch störanfällige Konstruktion. Hartnäckig, phantasievoll verwandelte er Rückschläge und Verluste in Modernisierungsstrategien: Als die Donau im März 1838 Lagerhalle und Druckerei überflutete, gründete er mit den geretteten Büchern die erste ungarische Leihbibliothek, 1841 erwarb er, inzwischen mit der Druckerei Landerer fusioniert, die erste Schnellpresse in Ungarn. Hier druckte Lajos Kossuth seine revolutionäre ungarische Zeitung *Pesti Hirlap*; 1845 ließ Heckenast seine eigene, die *Pester Zeitung*, erscheinen, die nicht selten Vorabdrucke und Rezensionen der laufenden Verlagsproduktion brachte. Eng verzahnte er die Glieder seines jungen Konzerns: den 1840 gegründeten *Bibliographischen Anzeiger* (er bestand bis 1845) nutzte er gleichzeitig als Werbeträger und als hochkarätiges Informationsorgan, das ihm weiten Überblick über die entstehende ungarische Literatur ermöglichte.

Die Aufbaujahre des Heckenastschen Verlags liefen parallel zum Aufschwung, zur Unterdrückung und zum Durchbruch der ungarischen Nationalbewegung. Der Verlag stand sogar in einer der vorderen Fronten. Otto Wigand, ein Freund des Reformers Stefan Széchényi, hatte das Land 1832 aus politischen Gründen verlassen. In Leipzig, traditionellem Zufluchtsort für in Ungarn verbotene Schriften (das konstitutionelle Sachsen war vergleichsweise liberal), profitierte er – ähnlich wie Philipp Reclam jun. und Gustav Mayer ebenda und Campe in Hamburg – vom geheimen Grenzverkehr zensurbedrohter Schriften. Heckenast geriet früh ins Visier der Metternichschen »Informationsbüros«, wurde ständig überwacht, verdächtigt, bespitzelt. Sein Verlagsprogramm unterstützte die liberalen Forderungen des Landtags von 1832/33 wie Einführung der ungarischen Sprache in die Gesetzgebung, Förderung der nationalen technologischen Entwicklung, Selbstbestimmung und eigene Verfassung. Dies war die eine Seite, die später, 1848, das Bild vom revolutionären Verleger kolorieren half, dessen Druckerei in der Pester »Preßfreiheitsgasse« Flugblätter im Namen von Lajos Kossuth vervielfältigte und der eigenhändig Fahnen für die kämpfenden Wiener Studenten stiftete.

Aber es gab noch eine andere Seite, und es ist schwer zu entscheiden, ob sie zunächst eher zufällig eine Art Gegengewicht bildete, oder ob dies bewußt von

Anfang an inszeniert wurde. 1839 erschien im Verlag Heckenast erstmals ein literarischer Almanach: *Iris. Taschenbuch für das Jahr 1840. Herausgegeben von Johann Graf Mailáth und Dr. Sigmund Saphir.* In ihren acht Folgen bis 1848 entsprach die *Iris* in dezent kostbarer Ausstattung ganz dem biedermeierlichen Zeitgeschmack.

>»Dieses elegante Taschenbuch, zugleich Coäv und Rival des ›Orpheus‹, enthält diesmal zwischen zwei kirschroten Taftdeckeln auf einem Papier, daß die Finger bei seiner Berührung wonnelächeln, recht gewählte Beiträge in gebundener und ungebundener Rede und sechs Stahlstiche, die durch Geschmack und fleißige, kunstreiche Ausführung gewiß einen ehrenvollen Vorderplatz in der diesjährigen Almanachgalerie einnehmen werden.«[18]

Mailáth hatte sich mit einem kühnen Satz auf das glatte und (über)bevölkerte Modenschau-Parkett der literarischen Taschenbücher begeben: durch einen Solidaritätsaufruf für den (hochwassergeschädigten) Verleger Heckenast war es ihm gelungen, 35 renommierte Autoren für den ersten Jahrgang zu gewinnen. Nur ungedruckte Beiträge sollten es sein, und die Erfolgsmixtur der einzelnen Bände sah die Gruppierung kürzerer lyrischer Texte um zentrale Novellen (Stifter, Bülow, Paoli, Tesche, Duller, Grillparzer, Großmann, Kölcsey u.a.) bzw. die historischen Studien des Herausgebers vor. Johann Graf Mailáth (1786-1855) stammte aus einer alten magyarischen Adelsfamilie, war kaisertreu aus Tradition, gehörte mit Grillparzer, Hormayr, Stadion, Gentz, Hammer-Purgstall zur geistigen Elite der Wiener Gesellschaft – und eigentlich doch nicht dorthin, denn in romantischem Sinne war er Ungar und bekannte sich dazu. Wenn es zunächst überraschend scheinen mag, die *Iris* als biedermeierliches Aushängeschild des freisinnigen Verlages Heckenast zu bezeichnen, kann doch nicht übersehen werden, daß da, wo das Verlagsprogramm Kulturen und Sprachen in ihrem Autonomiestreben polarisierte, es Mailáth eher um einen Brückenschlag zwischen Ungarn und Österreich ging, im tiefen Bewußtsein einer Schicksalsgemeinschaft. Nicht verwunderlich, daß der zweite Herausgeber, Sigmund Saphir (1806-1866), mit dem zweiten Jahrgang bereits wieder ausschied. Als Neffe des berühmt-berüchtigten Kritikers Moritz Gottlieb Saphir (von der Zeitschrift *Der Humorist*) und Mitarbeiter von *Der wahre Ungar* lenkte er die Aufmerksamkeit der Zensur auch auf dieses Produkt des Verlages Heckenast, und genau dies wollten die Herausgeber ja eigentlich vermeiden.

In der *Iris* für das Jahr 1842 gab Stifter sein Debüt mit der Erzählung *Feldblumen*, gleichzeitig übernahm er die Redaktion des Sammelbandes *Wien und die Wiener* für den Verlag. Charakteristischerweise – oder will es so nur die Legende?

---

18 Rezension von Franz Stelzhamer in: Wiener Zeitschrift für Kunst, Literatur, Theater und Mode. Nr. 207, Montag, 28. 12. 1840, S. 1653. Zitiert nach: Moriz Enzinger: Adalbert Stifter im Urteil seiner Zeit. Festgabe zum 28. Jänner 1968. Wien, Graz; Köln: H. Böhlau Nf. 1968, S. 32.

– begann seine Korrespondenz mit Heckenast aufgrund einer verzögerten Manuskriptlieferung, einem überraschenden Temperamentsausbruch des Dichters und spontanem Lob des Verlegers für den verspäteten *Hochwald*. Die Veröffentlichungen in der *Iris* förderten Stifters schnellen Ruhm; 1844, nach Erscheinen der ersten *Studien*-Bände, schlug dieses Verhältnis um: die *Iris* (und mit ihr der Verlag Heckenast) profitierten von Stifter. Der *Humorist* brachte es auf den Begriff:

> »Seit Jahren hat die ›Iris‹ das Publikum daran gewöhnt, ihr Erscheinen und ihren Wert von einer Novelle Adalbert Stifters unzertrennlich zu machen, man konnte ihn als Stammhalter des Taschenbuchs ansehen; wenn alles andere mittelmäßig war, so brachte das Taschenbuch wenigstens etwas von ihm, was sich über die Mittelmäßigkeit erhob.«[19]

Stifter intensivierte die Zusammenarbeit mit Heckenast, schlug ihm neue Autoren und Themen vor, setzte das Gütesiegel seines Namens unter Rezensionen des Verlagsprogramms. Ende 1846, vom Aufschwung beflügelt, trug er ihm ebenfalls eine neue Art des finanziellen Zusammenschlusses an: Heckenast willigte ein, Stifter in monatlichen Raten zu honorieren, damit dieser, der kurzfristigen Auftragsarbeiten müde, in Ruhe an einem Roman arbeiten könne. Der Geschäftserfolg gab ihm recht. 1847 erschienen, von der Presse gelobt, zwei weitere *Studien*-Bände. Im Wiener *Humoristen* konnte man eine Glosse von Moritz Gottlieb Saphir lesen: »Der Buchhändler Heckenast ist angekommen. Vor dem Hotel, wo er wohnt, haben sich zwölf hoffnungsvolle Novellisten getroffen, die alle im Begriff waren, die Carriere Stifters zu eröffnen.«[20]

Doch das Blatt hatte sich bereits gewendet. Laube kritisierte den *Waldgänger*, gedruckt in der *Iris* für das Jahr 1847, vernichtend, und der scharfzüngige *Humorist* übte sich in Polemik an der Erzählung *Prokopus* im folgenden Jahrgang: »In der Phantasie eines solchen Dichters, dessen Virtuosität in Naturbeschreibungen besteht, sieht es aus wie in dem Gehirne eines Kuckucks: die ganze Welt ist nur Wald und Flur, Grashalm, Tautropfen und Johanniskäferchen...« Die Schmähung schloß mit einer Verurteilung: »daß Stifter keine Kontinuation mehr besitze, sondern fertig geworden ist«[21], die, wenige Monate vor der Märzrevolution in Ungarn und Wien, einen historischen Schlußstrich unter die biedermeierliche Almanachliteratur zu ziehen schien.

Sicher ist deutlich geworden, daß politische Differenzen – selbst Stifters ungarnfeindliche Artikel in der *Linzer Zeitung* von 1849 änderten nichts daran –

---

19 Rezension von Seidlitz in: Der Humorist. Jg. 10, Nr. 284 vom 27. 11. 1846, S. 1142f.; zitiert nach Moriz Enzinger, a.a.O. S. 88f.
20 Der Humorist. Jg. 11, Nr. 252 vom 21. 10. 1847, zitiert nach: Adalbert Stifter: Sämmtliche Werke, Bd. 17, S. 430.
21 Der Humorist. Jg. 11, Nr. 268 vom 9. 11. 1847, S. 1069f.; zitiert nach Moriz Enzinger, a.a.O. S. 120f.

das Verhältnis zwischen Dichter und Verleger prinzipiell nicht stören konnten: es beruhte im Gegenteil darauf. Nach den Erfolgen der Märzrevolution in Ungarn, der Sanktionierung einer eigenen Verfassung durch Kaiser Ferdinand im April geriet Heckenast, der die ersten zensurfreien ungarischen Bücher gedruckt hatte, in die Mühlen der Gegenrevolution. Gegen das Kabinett Batthyany hetzte die kaiserliche Kamarilla den Banus von Kroatien, Jelačić, auf; im Dezember marschierte Windischgrätz mit seinen Truppen in Ungarn ein. Dem Wiedererstarken der Nationalbewegung, Kossuths vorschneller Proklamation eines freien Ungarn ohne habsburgischen Kaiser im Mai 1849 antworteten im Sommer die vereinten österreichisch-russischen Armeen. Dann begann mit Massenhinrichtungen der ungarischen Führer die Ära Schwarzenberg und die stetige Rückkehr zum Absolutismus. Der Verlag Heckenast überwinterte mit der Herausgabe von – vermutlich deutschsprachigen – Schulbüchern; dem Verleger warfen seine Landsleute deshalb vor, seine besseren Ansichten an das Geschäft zu verraten.[22] Teil dieses Geschäftes war Stifter trotz seiner »Emigration« nach Linz geblieben, wenn er auch im besonderen Fall des *Lesebuchs zur Förderung humaner Bildung* (1854) eher zum geschäftlichen Mißerfolg beitrug. Interessanter klingen seine brieflichen Angebote 1849, Heckenast auf dem Wege der Staatsdiplomatie zu »helfen« – eine Geste, die trotz der Möglichkeit, hochrangige Freunde dafür zu gewinnen, folgenlos blieb.

Mitte der fünfziger Jahre verlor der Aspekt politischer Balancierung in der Beziehung zwischen Dichter und Verleger vollends an Bedeutung. So unterschiedlich beider Erwartungen gewesen waren; vom status quo wurden sie gleichermaßen bezwungen. In Stifters Briefen gewannen nun Reflexionen zum eigenen dichterischen Schreiben die Oberhand, die Heckenast freundschaftlich, doch nicht ohne geschäftlichen Hintersinn, als Anreger und Kritiker in den Entstehungsprozeß der folgenden Werke einbanden. Dieser veränderten Situation muß sich die Betrachtungsweise anpassen; entsprechend möchte ich die verlagshistorische Perspektive zugunsten einer literaturwissenschaftlichen verlassen und versuchen, Stifters ersten nach der Revolution veröffentlichten Roman *Der Nachsommer* im Blick auf die Beziehung zwischen Dichter und Verleger zu lesen.

II

Es ist oft bemerkt worden – auch Nietzsches Lektüre bestätigt es –, daß die Korrespondenz zwischen Stifter und Heckenast in den Jahren der Arbeit am *Nachsommer* einen Höhepunkt freundschaftlicher Annäherung erreichte. Zunächst ist

---

22 Skroch, Irmgard, a.a.O. S. 20.

dies verwunderlich: Die 1850 zu spät herausgekommenen letzten *Studien*-Bände und die als »Jugendgeschichten« unglücklich titulierten *Bunten Steine* (1853) wurden von der Kritik mit Skepsis, fast mit Hohn über soviel (zu viel) Idylle bedacht. Was sich hier als Überdruß an stofflicher Wiederholung artikulierte, läßt sich auch anders deuten; so, wie es Stifter selbst 1865 in der Erzählung *Nachkommenschaften* tat. Die dortige Hauptfigur, der Landschaftsmaler Roderer, will ein Bild schaffen, das alle Erfahrungen seines Künstlerlebens umschließt, und bleibt gerade deshalb im Unfertigen, in vorbereitenden Skizzen stecken. Er produziert seriell, um einen leeren Mittelpunkt – das fehlende Hauptbild – herum. Auch Stifters Erzählungen vor der Revolution gehorchen dem seriellen Prinzip, variieren ein immer gleiches Thema, das sich der Darstellung eigentlich zu entziehen scheint. Wäre der Zwang zum Geldverdienen mit den Almanach- und Taschenbuchbeiträgen nicht gewesen, so läßt sich spekulieren, hätte keine dieser Novellen Gestalt gewonnen, wäre Skizze geblieben oder gar nicht niedergeschrieben worden. Für Abschluß und Kontur der Erzählungen sind innere Stimmigkeit und Notwendigkeit jedenfalls nicht allein verantwortlich. Das Gesetz der Serie bricht letztlich sogar den Willen zum Zyklus. Noch heute wird versucht, den Gesteinsnamen im Titel der *Bunten Steine* einen symbolischen Sinn abzuverlangen[23], ohne zu bedenken, daß Stifter hier, im Akt des Nachtragens (denn in den Journalfassungen trugen die Erzählungen bekanntlich andere Titel), sogar besonders deutlich machte, daß solche Sinnangebote täuschen können.

Doch zurück: Das »Hauptbild« fehlte, und Stifter wollte es, mit kräftigem Kolorit und dem Modegeschmack entsprechend, als historischen Roman nachliefern. Im Juli 1851 versprach er Heckenast den ersten Band *Rosenberger* zum nächsten Sommer, einen »patriotischen« Plan von 1847 zu einem Roman aus »babenberger Heldenzeit« aufgreifend. Doch auch hier überwucherten die historischen Vorarbeiten das literarische Projekt, das, allen Entgrenzungen zum Trotz, 1865 bis 1867 nur als *Witiko*-Trilogie erscheinen konnte. Dem »Hauptbild«, von Anfängen erstickt, gesellte sich auch bald ein »Nebenbild« hinzu. Am 16. Juni 1852 schrieb Stifter an Heckenast: »Wollten Sie mir nicht gelegentlich den Vogelfreund von Geiger zur Ansicht schicken, daß ich mich mit Ihnen über einen etwaigen Stich verständige, das Buch wird ein Roman in ein oder zwei Bänden, und soll die zarteste reinste und heißeste Liebe mit Glutfarben schil-

---

23 Requadt, Paul: Stifters ›Bunte Steine‹ als Zeugnis der Revolution und als zyklisches Kunstwerk. In: Adalbert Stifter: Studien und Interpretationen, hrsg. von Lothar Stiehm. Heidelberg: Stiehm 1968, S. 129-168. Desgleichen Selge, Martin: Adalbert Stifter. Poesie aus dem Geist der Naturwissenschaft. Stuttgart: Klett 1976.

dern.«[24] Hatte der Rückweg in die böhmische Geschichte im romantischen Sinne in die Heimat und Kindheit, zu den eigenen Problemen geführt, war der historische Sinn abgelenkt worden? Der *Nachsommer* entstand, scheinbar mühelos, *anstatt* des *Witiko*. Heckenast gegenüber nebelte Stifter sein neues Projekt ein; drang in den Verleger, diesen Roman – an dem er, weil er ja eigentlich *nicht* daran arbeitete, ohne Zeitdruck, nur dem »Inneren« verpflichtet, schreiben wollte – erst nach dem *Witiko* zu veröffentlichen. 1856, quasi als Entschädigung für den finanziellen Verlust durch das nicht approbierte »Lesebuch« (so die Sprachregelung der Korrespondenz), gab Stifter den *Nachsommer* zur Endredaktion frei.

Am 2. Januar 1855 hatte Stifter gegenüber Heckenast erwähnt: »Die Gestalt des alten Mannes, in die der Nachsommer gelegt ist, soll Ihnen gefallen.«[25] Der Name dieses Mannes ist dem Roman als Geheimnis, als Rätsel im Schnittpunkt dreier Lebensgeschichten (seiner eigenen, Mathildes, Heinrichs) eingeschrieben, muß entziffert werden: Gustav Risach. Historische Vorbilder der Figur, darin ist die Forschung sich einig, waren Andreas von Baumgartner und Wilhelm von Humboldt. Bei aufmerksamer Lektüre des Stifterschen Briefwechsels drängt sich jedoch noch eine weitere Lesart auf, die der Interpretation des Romans eine andere Richtung geben kann. 1850 wurde Heckenasts Ehe mit Ottilie Wigand geschieden, 1853 vermählte er sich wieder. Bereits Anfang Februar 1856 erkrankte Risa, seine junge Frau, so schwer, daß sie bald darauf starb. Stifter wollte den Verlegerfreund mit einem seiner merkwürdigen Kondolenzbriefe trösten, in deren Direktheit sein eigenes Erschrecken darüber mitzuschwingen scheint, daß die Wunde nicht heilen kann, wenn man sie benennt:

> »Recht weh geschieht mir darüber«, schrieb er, »daß ich Ihre Gattin nicht habe kennen lernen können. So kann sie mein neuestes Buch, bei dessem Niederschreiben ich oft an sie gedacht habe, weil Sie mir sagten, daß sie das Einfache und ich darf wohl hinzusezen das Edle meiner Schriften liebe, nicht mehr lesen, und ich habe ihr mit manchen Warmen Tiefen und Harmonischen darin Freude zu machen gewünscht.«[26]

Dies war der erste einer Reihe von Briefen, in denen die Tote beschworen wurde, in denen sie weiterlebte. Ihr Kult begann als Nachdenken über den Kult. Dichter und Verleger verstrickten sich. Am 12. Juni 1856 zeichnete Stifter eindrücklich seine Gedanken über den Tod als Metamorphose auf, als einen Prozeß, in dem Geborenwerden und Sterben nur Augenblicke sind. Die Apotheose des Leiblichen ist das unsterbliche Bild. Würde Heckenast sich der

---

24 Stifter, Adalbert: Sämmtliche Werke, Bd. 18, S. 114. Brief Nr. 225. A. Stifter an G. Heckenast, 16. 6. 1852.
25 Ebd. Bd. 18, S. 249. Brief Nr. 296. A. Stifter an G. Heckenast, 2. 1. 1855.
26 Ebd. Bd. 18, S. 311. Brief Nr. 315. A. Stifter an G. Heckenast, 18. 2. 1856.

»Macht edler und großer Todten« anvertrauen, könne Stifter ihm einen neuen Umgang versprechen,

»einen Umgang, der zwar besonders Anfangs, wo sich das Gemüth gegen den körperlichen Verlust so ungestüm wehrt, schmerzlich ist, den *ich* aber nicht missen und um keinen Preis mit schnellem und wohlthuendem Vergessen vertauschen möchte, einen Umgang, dessen Schmerz milder dessen Glük aber immer dauernder wird, *wie ein Nachsommer,* in welchem die Gewitter und die Hize aufgehört haben, aber eine milde Wärme und zarte Durchsichtigkeit alle Gegenstände rein und ruhig vor uns hinstellt abgeklärt und vorbereitet, daß einmal der nahe Winter sie in seine Hülle aufnehme, was für uns den Tod und das Weggehen von dieser Erde bedeuten mag. So haben Sie Ihre Risa noch, *und so hatte selbst ich sie jezt,* seit Sie mir durch Ihre Briefe bekannt geworden ist, und ich habe sie noch geistiger, da ich sie nie körperlich gesehen habe. *Ich werde sie nie vergessen, und werde bei jeder Zeile, die mir von einem edleren Gefühl eingegeben ist an sie denken* und mir vorstellen, ob und wie sie ihr gefallen würde.«²⁷

Von der Stilisierung zum Bild führte ein nächster Schritt zur feierlichen Übersendung der Photographie; am 20. 7. 1857 teilte Stifter mit, daß die Porträts von Risa und Gustav Heckenast (leihweise) im Linzer Wohnzimmer aufgehängt worden waren. Im September wurde der *Nachsommer* vollendet.

Wäre es nicht möglich, den geheimnisumwitterten Namen »Gustav Risach« als eine Art Verwandlung der Photographie von Gustav und Risa Heckenast in einen Schriftzug zu lesen? Den Text des *Nachsommers* als Denkmal für die Tote einerseits, als Zeichen der Verehrung und Freundschaft für den Verleger andererseits – so, wie beispielsweise Dürer im Holzschnitt »Die Marter der Zehntausend« (1495/96) seinen Freund und Mäzen Pirckheimer verewigte? Das verriete natürlich auch den Wunsch, den (am modernen Marktprinzip orientierten) Verleger in eben diesen Freund und Mäzen zu verwandeln. Einiges spricht dafür. So schrieb Stifter am 4. November 1856:

»Wenn schon bei dem Leben Ihrer geliebten Risa Ihr Herz sich mehr zu mir gewendet hat als in früheren Zeiten, was ich gewiß dem Einflusse dieses herrlichen Weibes auf Ihr ganzes Wesen verdanke, so hat der Schmerz über den Verlust dieses guten Engels [...] Sie noch näher an mich geführt.«²⁸

Im weiteren Verlauf des Briefes taucht ein bekanntes Namenspaar auf: Schiller und Goethe. Dem konkreten, nach 1858 so oft geäußerten Wunsch, den *Nachsommer* gemeinsam mit Heckenast zu verleben, prägt dieses doppelköpfige Emblem, das sich über »Gustav Risa(ch)« schiebt, ein Ideal auf: die Verwandlung des Gedenkens in Bilder und Worte, die überleben, das Ideal der dichterischen Unsterblichkeit. Gegenüber Heckenast formulierte Stifter diesen Gedanken versteckt als Lob für die Qualitäten seines Romans, so, als trete er an die Stelle seines ersten Lesers (nämlich Heckenasts):

---

27   Ebd. Bd. 18, S. 327. Brief Nr. 321. A. Stifter an G. Heckenast, 12. 6. 1856. (Hervorhebung von mir, C.B.)
28   Ebd. Bd. 18, S. 341. Brief Nr. 326. A. Stifter an G. Heckenast, 4. 11. 1856.

»Ich lese jezt den Nachsommer, und zwar zum ersten Male als Leser. Es sind hie und da Längen, die geändert werden müssen. Das Buch macht mir aber auch den Eindruk, wie Opiz schreibt, daß ihm *ein* Leser nicht hätte sollen fehlen: Göthe. Ich weiß es zuverlässig: Ihr Sohn wird die Früchte dieses Buches ernten, es hat eine Zukunft, weil es für das gegenwärtige Geschlecht zu tief ist, und erst reisen muß...«[29]

Für den Roman bedeutet dies: ihm ist der Tod ein-geschrieben, obwohl vom Tod nur selten und leichthin die Rede ist, ja, der Text sich mit den Leitmotiven des Sammelns und Bewahrens, des Ordnens und Kultivierens geradezu gegen ihn zu wappnen scheint. Doch ist dieses Netz nicht so dicht, daß es nicht Lücken gäbe, die eine weit größere Leerstelle ahnen lassen. Risachs »Rückblick«, die Erzählung von der leidenschaftlichen Liebe zwischen Gustav Risach und Mathilde, trägt der Rosenhauswelt und Heinrichs ›Bildungsgang‹ Begründung und Sinn an. Der Leser, der durch jene Inszenierung selbst zum Rückblicken auf den Roman gezwungen wird, kann das Angebot aber nur partiell annehmen, zu fadenscheinig ist das kausalgenetische Geflecht. Zwischen Erzählung und »Rückblick« klafft ein Riß, auf den stilistische Unterschiede ebenso hindeuten wie die zentrale Metapher des Nach-Sommers. Dieser *Nachsommer* ohne Sommer birgt eine fragile, erhoffte und sich selbst zurücknehmende Konzeption der Überwindung des Todes im »Bild« und in der Schrift.

Ein weiterer Gedanke läßt sich anfügen. Dem im Erzählvorgang genannten Tod – er betrifft Risachs Gattin und Mathildes Gatten – fehlt jede Spur von Tragik und Gewalt; es scheint, als habe sich die Gewalt in die zölibatäre Sprache des Romans und seine rigorosen Ordnungsentwürfe verflüchtigt. Doch ist die Stilisierung eines Toten zum Bild ein völlig gewaltfreier Akt? Die Dyade »Gustav Risa(ch)« wird zusätzlich noch äußeren Spannungen ausgesetzt. Es gibt einen Dritten, der sie gestiftet hat – so, wie Heinrich uns erzählt, daß Gustav Risach ihm seine Geschichte erzählt habe. Die Konstellation des ausgeschlossenen Dritten ist aus Stifters *Studien* bekannt. Die Erkenntnis oder besser: die Imagination, die Furcht, ausgeschlossen zu sein, führt dort jeweils zu zerstörerischer Eifersucht. Erinnern möchte ich an die Szene in der Studienfassung der *Mappe meines Urgroßvaters*, in der Augustin Brigitta im vertraulichen Gespräch mit ihrem Vetter Rudolf beobachtet, und jene in den *Feldblumen*, in der sich Angela und ihr Lehrer Emil näher kommen, als es dem Erzähler lieb ist. Die imaginäre Selbstentwertung des Beobachters, der Absturz seiner Gefühle, drängt den Helden der *Mappe* zum Selbstmordversuch, während der Erzähler in den *Feldblumen* einen ›Ersatzmord‹ aus der Erinnerung geschehen läßt: »In meiner Jugend geschah es einmal, daß ich mit einem Messer im Spiele meinen Bruder in die Seite stach, und als sogleich ein dunkler Blutbach das Kinderhemdlein netzte, und der rote

---

[29] Ebd. Bd. 20, S. 273. Brief Nr. 583. A. Stifter an G. Heckenast, 16. 3. 1865.

Fleck riesig weiterwuchs – damals verzweifelte ich, hielt mich für einen Mörder und wurde ohnmächtig...«[30] Strukturell birgt die Konstellation des Einen und der Zwei Begehren in sich, Eifersucht und Tötungswünsche. Doch in den beiden genannten Text-Fällen geschieht nichts: das Schuldgefühl (als Erinnerung oder als moralisches Gebot) erstickt die Aktion im Keim. Im Bild zurückgedrängter Aggression könnte auch ein Schlüssel zum Verständnis der so lähmend wirkenden Ruhe der *Nachsommer*-Welt liegen.

Auf der Ebene des brieflichen Austauschs heischte Stifter, »Geschwisterliebe« anbietend, den Platz der toten Gattin auszufüllen. Im April 1859 heiratete Heckenast jedoch die junge Ungarin Ilona Bajza, die Tochter des Nationaldichters Joseph Bajza; eine Ehe, von der Stifter dringend abgeraten hatte. Im Brief vom 7. Mai 1860 beklagte er sich bei Heckenast:

>»Schon sehr lange habe ich nichts von Ihnen gehört; es wird wohl die Schuld an mir liegen, denn ich habe schon lange nicht an Sie geschrieben. Zu einer anderen Zeit hätten Sie mich wohl gemahnt; aber jezt, da Sie Weib und Kind haben, mahnen Sie mich nicht. Ich könnte eifersüchtig werden, wenn die Sache nicht so natürlich wäre...«[31]

Thomas Keller analysiert in seiner *Nachsommer*-Studie die Figur des »dritten Anderen« als diejenige, über die sich zwischen den spiegelbildlich aufeinander bezogenen Paaren des Romans das Begehren konstituiert. Konkret: Heinrich begehrt Natalie, die Mathilde wiederholt, während sich im Verlauf der Erzählung erweist, daß Risach, der Mathilde begehrte, Heinrich präfiguriert. »Derjenige, der dasselbe wie der Andere begehrt, identifiziert sich mit dem Anderen und trachtet danach, ihm gleich zu werden.«[32] Gustav Risach rückt damit ins Zentrum des Romans, demgegenüber ist Heinrich nur der zwangsläufige Umweg des Begehrens. Der junge Drendorf ist auch als Erzähler nur scheinbar Herr über die kompositorisch gesuchten Ähnlichkeiten. Zwar diktiert er die Mortifikation des Lebendigen zu Bildern, Namen und Schriftzügen, doch wurde ihm seine auktoriale Macht lediglich auf Widerruf verliehen. Seine eigene ›Tötung‹ ist längst beschlossen: am Ende wird deutlich, daß, je mehr er ›reifte‹ und ›wuchs‹, sein individueller Spielraum desto kleiner wurde, bis er nur noch Erfüllungsgehilfe von Risachs Adoptionsplan war. Anders gesagt: Er muß sich als Produkt des Textes erkennen, als Marionette von »Gustav Risa(ch)«, ohne – das ist wichtig – daß *dieser* der Erzähler ist. Über die Rätsel, die die Gestalt »des alten Mannes«, die Heckenast gefallen sollte, dem Roman als Figur aufgibt,

---

30 Stifter, Adalbert: Studien. München: Winkler 1979, S. 112.
31 Stifter, Adalbert: Sämmtliche Werke, Bd. 19, S. 222. Brief Nr. 419. A. Stifter an G. Heckenast, 7. 5. 1860.
32 Keller, Thomas: Die Schrift in Stifters ›Nachsommer‹. Buchstäblichkeit und Bildlichkeit des Romantextes. Köln, Wien: Böhlau 1982, S. 228.

wirft »Gustav Risa(ch)« auch seinen Schatten auf die traditionelle Vorstellung von souveräner Autorschaft. Die gegenseitige Auslöschung des expliziten und impliziten Erzählers macht auf den Antagonismus zwischen Autor und Werk aufmerksam. Ist der Autor das Opfer, das, wie der Sommer dem »Nachsommer«, dem Überleben des Textes gebracht werden muß?[33]

III

Die dem *Nachsommer* anzumerkende Irritation über Grenzen und Möglichkeiten der Autorschaft hat auch eine verlegerisch relevante Seite. Das Stichwort gab Stifter in einem Brief an Heckenast, in dem er den Verkaufspreis der *Studien* im Hinblick auf spätere Auflagen (das Verlagsrecht erlosch damals dreißig Jahre nach dem Tod des Autors) kräftig erhöhen wollte: das Stichwort vom »geistigen Eigenthum«. Interessant ist, daß er am 5. November 1857, kaum zwei Monate nach Vollendung des *Nachsommers*, dem Verleger gegenüber andeutete: »Ich hätte Lust, einen Aufsaz über geistiges Eigenthum auszuarbeiten und es parallel mit dem materiellen zu führen, für das in allen europäischen Sprachen auf das beste gesorgt ist, und dessen lezter Boden in der Vernunft bei weitem nicht so fest steht als der des geistigen Eigenthums.«[34] Mit entsprechender Lektüre versorgte er sich auch: Aus einer Aufstellung der beim Nachlaß von Amalia Stifter verbliebenen Bücher geht hervor, daß Stifter die opulente Abhandlung von Oscar Waechter, *Das Verlagsrecht mit Einschluß der Lehren von dem Verlagsrecht und Nachdruck nach den geltenden deutschen und internationalen Rechten mit besonderer Rücksicht auf die Gesetzgebung von Oesterreich, Preußen, Bayern und Sachsen*. Stuttgart: Cotta 1857, besaß.[35]

Vielleicht schrieb er den geplanten Aufsatz nicht, weil er merkte, daß er weder die Ebene der allgemeinen Diskussion noch die der praktischen Problemlösung traf. 1835 hatten die Mitglieder des Deutschen Bundes beschlossen, das schriftstellerische Eigentum zu schützen. 1837 verbot ein preußisches Gesetz den Nachdruck eines Werkes für die Lebenszeit des Autors und dreißig Jahre darüber hinaus, 1845 sanktionierte die Bundesversammlung diesen Beschluß, 1867

---

33 Zur Metapher vom »Tod des Autors« s.: Michel Foucault: Was ist ein Autor? In: Schriften zur Literatur. Frankfurt: Fischer 1988, S. 7-31, bes. S. 11f.
34 Stifter, Adalbert: Sämmtliche Werke, Bd. 19, S. 71. Brief Nr. 355. A. Stifter an G. Heckenast, 5.11.1857.
35 Streitfeld, Erwin: Aus Adalbert Stifters Bibliothek: Nach den Bücher- und Handschriftenverzeichnissen in den Verlassenschaftsakten von Adalbert und Amalia Stifter. In: Jahrbuch der Raabe-Gesellschaft 1977, S. 103-148, hier S. 148.

endete das Klassikerprivileg.[36] Merkwürdig bleibt, daß Stifter so problemlos den »lezte[n] Boden« des »geistigen Eigenthums« in der »Vernunft« sah und den Widerspruch zwischen Vernunft und Besitz, zwischen dem Geistigen, Immateriellen und dem Eigentum darüber vernachlässigte. Oder – so die Vermutung – wollte er in dem geplanten Aufsatz begrifflich eindeutig fassen, was ihm im *Nachsommer* als Problem begegnet war? Das Urheberrecht beantwortete die Frage nach dem Autor in einem Aspekt: dem der produktiven Differenz zwischen Schöpfer und Werk. Nimmt man diese Differenz ernst, kann man einige »Lebens«-Zeichen entdecken, die Stifter in die Schrift, eben weil sie reproduzierbar ist, eingestreut hat.

Der *Nachsommer*, ›anstatt‹ der historischen Romane geschrieben, verweigerte sich von Anbeginn an der Eingliederung in einen Veröffentlichungs- und der Technik verpflichteten Produktionsplan. Die Geburtsmetaphern, die Stifter für den Entwurf bemühte, stehen im expliziten Gegensatz zur Maschinenmetapher; der *Nachsommer* als ganzer ist »organisch« gegliedert: »Der erste Band rundet die Lage ab und säet das Samenkorn, das bereits sproßt und zwar mit den Blättern vorwärts in die Zukunft des jungen Mannes und Nataliens und mit der Wurzel rückwärts in die Vergangenheit des alten Mannes und Mathildens.«[37] Der *Nachsommer*, dessen Erzählweise des planen Nacheinander den heutigen Leser eher an eine mechanische Entstehung denken läßt, orientiert die Etappen des Erzählten jedoch an einer qualifizierten Zeit (im alten Sinne der techné): am Gedanken, daß alles nur im richtigen Augenblick, zu *seiner* Zeit geschehen dürfe. Mit den Metaphern des Lebendigen schiebt sich das Sterbliche zwischen die Zeilen der Schrift. Hier ist es bereits in anderer Form anwesend: immer wieder und manchmal über Seiten hinweg unterbricht die wörtliche Rede den Erzählbericht. Diese Wertschätzung des unmittelbar Geäußerten teilte Stifter mit den zeitgenössischen Dichtern, den Romantikern, den frühen Realisten und nicht zuletzt den nimmermüden Vielschreibern der Unterhaltungsblätter. Zur gleichen Zeit, als die Ära des Nachdrucks für die Differenz zwischen Original und Kopie sensibilisierte, hatten Herder und nach ihm die Romantiker das vervielfältigte Wort als entfremdetes verworfen und das Volkslied, die mündliche Poesie wiederentdeckt. Der fortlaufend geschriebene und beliebig reproduzierbare Text geriet in Gegensatz zu den gesprochenen Worten, die immer – das macht ihre Qualität aus – fragmentarisch bleiben. »An die Einmaligkeit einer Existenz geknüpft, wird das Reden, um Geburt und Tod seines Sprechers zu bewahren, abreißen

---

36 Bosse, Heinrich: Autorschaft ist Werkherrschaft. Über die Entstehung des Urheberrechts aus dem Geist der Goethezeit. Paderborn, München, Wien, Zürich: Schöningh 1981, S. 9.
37 Stifter, Adalbert: Sämmtliche Werke, Bd. 18, S. 313. Brief Nr. 316. A. Stifter an G. Heckenast, 29. 2. 1856.

müssen: es ist diskontinuierlich geworden.«[38] In der maßvollen Komposition des *Nachsommers* halten sich Erzählung und wörtliche Rede bewußt im Gleichgewicht. Hinter »Gustav Risa(ch)s« nicht enden wollenden Monologen verbirgt sich also – aus dieser neu gewonnenen Perspektive heraus gesehen – etwas Lebendiges und gleichzeitig der Tod, der jedem Lebendigen droht. Allerdings der bejahte Tod, so läßt sich nun in Ergänzung zur obigen Interpretation des *Nachsommers* vermuten: ein Gegenentwurf zur »Opferung« des Autors zugunsten des unsterblichen Werkes.

IV

Wie man die Vignette »Gustav Risa(ch)« auch liest – ob als Dedikation an den Verleger oder als geheimes Zentrum der als Handlungsträger verschwiegenen Energien von Begehren, Eifersucht und Tötungswünschen – sie bietet den Schlüssel, um Stifters Anstrengung, als Autor im und durch den Text zu überleben, aus der Schrift zu entziffern. Dies macht auf der einen Seite die selbstreflexive Qualität des *Nachsommers* aus. Auf der anderen läßt sich eine testamentarische Verfügung gegenüber dem Verleger Gustav Heckenast bzw. seinem Nachfolger daraus schließen, einem Nachfolger, den Stifter sich charakteristischerweise nur in direkter Genealogie als Heckenasts Sohn vorstellen konnte. Den Nachruhm seines Autors zu vermehren, stand in Heckenasts ureigenem Interesse. Die Mittel, die er dazu wählte, zeugen jedoch eher von vorschneller Orientierung am Marktprofil als von tieferem Verständnis der Stifterschen Dichtung. So arbeitete Heckenast in seinen letzten Lebensjahren an einer Kurzfassung des *Nachsommers*, deren Umfang knapp drei Viertel der Originalausgabe betrug. 1877 erschien diese dritte Auflage im Leipziger Nachfolge-Verlag Amelang mit einem längeren Vorwort des Verlegers und Nebenautors:

»Bei Vorbereitung einer neuen Auflage des *Nachsommers* [...], glaubte ich dem Vorhaben des Dichters nachkommen zu dürfen, durch Beseitigung jener Längen, die der Dichter als solche betrachtet haben mochte, ja es mahnten die oben angeführten Briefe des dahingeschiedenen Freundes gleichwie ein Auftrag und letzter Wille, der befolgt werden müße, und so war denn jedes Bedenken behoben als noch dazu einige der wärmsten Verehrer des Dichters und seines Werkes, das eingeschlagene Verfahren prüfend billigten. Der Unterschied zwischen der vorhergehenden und der gegenwärtigen Auflage beschränkt sich übrigens nur auf manche Hinweglassungen unwesentlicher Stellen; Aenderungen sonstiger Art durften nicht vorgenommen werden.«

Es lohnt die Mühe, sich diese »Hinweglassungen«, die ein Aktionsgerüst aus dem handlungsarmen Roman destillieren wollten, genauer anzusehen, weil sie

---

38 Bosse, Heinrich, a.a.O. S. 19.

ex negativo Stifters Stil um so präziser charakterisieren. Eher belustigend wirkt die Streichung des obligaten Pantoffel-Überstreifens vor Betreten des Marmorbodens;[39] wen wundert es, daß Heckenast, ein Mann von Welt, Filzpantoffeln nicht leiden konnte? Anderes, was ebenso pedantisch scheinen mußte und deshalb gestrichen wurde, hat jedoch mehr als nur thematische Funktion, so beispielsweise die Szene, in der sich Risach und Heinrich gegenseitig die Bergspitzen zeigen und sie benennen.[40] Die zwanghafte Euphorie des Benennens, die deutlich macht, wie mühsam der Roman seine »wirkliche Wirklichkeit« aufbauen, wieviele Zeichen er dazu einsetzen muß, wie oft er gezwungen ist, den Akt der Bezeichnung zu thematisieren (erinnert sei an die zahlreichen Namensschildchen an Bäumen, Rosen und Marmoren), korreliert mit der Beschreibung der Natur als einer Kette von Orientierungsmarken. Heinrichs Sich-Herantasten an Erfahrungen, das vorsichtige Setzen von trigonometrischen Punkten in den Text seiner Erzählung, kürzte Heckenast ebenso wie die darauf bezogenen Selbstzweifel oder -vergewisserungen des Helden.[41] Denn als richtigen ›Romanhelden‹ wollte er den blassen Wanderer Heinrich sehen, nicht als einen, der eine Schriftspur durch den für die Literatur zu erobernden Raum zieht. Deshalb fielen ihm viele jener Szenen zum Opfer, in denen die Rückbezüglichkeit von Heinrichs Erkenntnissen zum Ausdruck kommt, sein »Wiederfinden« von etwas ihm bislang zwar Bekannten, aber nicht Aufgefallenen statt echter Entdeckung oder phantasievoller Erfindung. Daß Heinrich einerseits schreibt und andererseits geschrieben wird, blieb Heckenast fremd. Damit hängt zusammen, daß er auch jene stereotypen Wendungen wie »ich wollte fragen, tat es aber nicht«, Heinrichs explizite Hinweise auf Unausgesprochenes, nicht Verstandenes, Versäumtes, die Aufbewahrung des Nichtgeschehenden in der Sprache, für überflüssig, weil dem Fortgang der Erzählung hinderlich ansah. Er unterschätzte den Wert der »Erzähl«-Zeit, die Bedeutung von Aufschub und Verzögerung. Folglich fehlen dem Heckenastschen *Nachsommer* alle reversiblen Handlungen, das Herausnehmen von Büchern und ihr Zurückstellen zum Beispiel, dazu viele jener den Leser ungeduldig stimmenden Vervollständigungen bis ins Detail, die kleinen Handlungssequenzen, die Vorstellungen und Sätze nahtlos miteinander verknüpfen.[42] Diesem lückenlos gewobenen Sprachteppich entspricht das zentrale Bild des *Nachsommers*, die Rosenwand des Hauses:

---

39 Stifter, Adalbert: Der Nachsommer, München: dtv 1987, S. 78, 81f.
40 Ebd. S. 64.
41 Ebd. z. B. S. 48f., 52.
42 Als »Stetigkeit« lobte Peter Handke diese Erzählweise in: Die Lehre der Sainte Victoire. Frankfurt: Suhrkamp 1984, S. 9.

»Die Pflanzen waren nicht etwa nach Farben eingeteilt, sondern die Rücksicht der Bepflanzung schien nur die zu sein, daß in der Rosenwand keine Unterbrechung statt finden möge.«[43]

Konsequent strich Heckenast diesen Passus. Als Reduktion des Ornamentalen, nicht als Eingriff in die Struktur des Romans begriff er seine ›Verbesserungen‹. Im Prinzip ließ er, aus langer verlegerischer Erfahrung, seinen im voraus dem zeitgenössischen Publikum gehorsamen Geschmack walten. So mag es erklärbar sein, daß er Risachs so gar nicht freiherrliche, schließlich schon die Romanfigur Heinrich befremdende Bekleidung in Haus und Garten für nicht erwähnenswert hielt. Er ließ beispielsweise wegfallen:

»Sein Anzug war auch heute wieder sonderbar. Er hatte wie gestern eine Art Jacke an, die fast bis auf die Knie hinab reichte. Sie war weißlich, hatte über die Brust und den Rücken hinab einen rötlichbraunen Streifen, der fast einen halben Fuß breit war, als wäre die Jacke aus zwei verschiedenen Stoffen verfertigt worden, einem weißen und einem roten. Beide Stoffe aber zeigten ein hohes Alter; denn das Weiß war gelblichbraun und das Rot zu Purpurbraun geworden.«[44]

Auch die folgenden darauf bezogenen Passagen wurden gestrichen. In der Farbökonomie des Romans mit den Polen Rot–Weiß nimmt jedoch Risachs Jacke, gerade weil ihr Alter den Kontrast entschärft, einen wichtigen Platz ein; ihre Spiegelungen findet der Leser in Natalies grau-rot gestreiftem Kleid nach der Verlobung und ihrem Brillant/Granat-Schmuck bei der Hochzeit wieder. Schon die wenigen hier notierten Beispiele machen deutlich: Heckenast zerbrach Stifters Kette von Verweisungen, die Ordnung der Chiffernschrift. Er zerriß den fragilen Zusammenhang der Wörter, schnitt den langen Weg der Bedeutungsfindung und -zuweisung ab; kurz, nahm dem *Nachsommer* das, was tatsächlich in die Zukunft wies: seinen Kunstcharakter. Stifters Werke überlebten ihren eigenen Tod in den letzten drei Jahrzehnten des 19. Jahrhunderts. Für ihre »Metamorphose«, so hätte Stifter es genannt[45], im 20. Jahrhundert zeugen Namen wie Hugo von Hofmannsthal, Thomas Mann, Arno Schmidt, Thomas Bernhard, Hermann Lenz, Peter Rosei, Jutta Schutting und Peter Handke.

---

43 Stifter, Adalbert: Der Nachsommer, a.a.O. S. 41.
44 Ebd. S. 72 f.
45 Vgl. S. 114 f.

Herbert G. Göpfert

»Gelingt es Ihnen, das Interesse des Publikums rege zu halten?«

*Zu Briefen von Ernst Eckstein und Alfred Graf Adelmann
an Albert Last in Wien*

Daß die Literaturwissenschaft in den Leihbibliotheken seit etwa 15 Jahren eine bislang noch nie beachtete »zentrale Institution des literarischen Lebens im späten 18. und 19. Jahrhundert« entdeckt, daß sie dieses Gebiet rasch zu erforschen begonnen hat und dabei schon zu vielen – oft erstaunlichen – Ergebnissen hat kommen können, das ist in der Tat bemerkenswert. Es war Georg Jäger, der die Bedeutung dieses Distributionszweigs für eine Sozialgeschichte der Literatur erkannte, welche Aufgabe dann alsbald von ihm und Alberto Martino, aber auch von anderen in Angriff genommen wurde.[1] Auch diese Forschungen sind eine Folge der Einsicht in die Grundtatsache, daß alle Literatur zu allen Zeiten auf Vermittlung angewiesen ist. Nicht nur sind die Vermittlungsinhalte und die Kreise, zwischen denen vermittelt wird, wie alles menschliche Leben jeweils speziellen historischen Bedingungen unterworfen, mehr noch sind die Vermittlungsinstanzen, Vermittlungsvorgänge, Vermittlungsarten unterschiedlich akzentuiert und gerade seit dem Beginn des Technischen Zeitalters von dem Kräftespiel vieler verschiedener Faktoren in ihren historisch wechselnden oder fluktuierenden Erscheinungen abhängig. Die Einsicht in diese Interdependenzen aber verstellt nicht etwa den Blick auf die Werke der Literatur, sie schärft ihn vielmehr, und zwar über die Erkenntnis ihrer historischen Bedingungen und Bedingtheiten hinaus auch für ihre zeitüberdauernden Möglichkeiten. Nichts existiert und wirkt im luftleeren Raum.

1 Zum Leihbibliothekswesen liegen zwei Forschungsberichte vor: Wolfgang v. Ungern-Sternberg: Leihbibliotheken des 18. und 19. Jahrhunderts: ›Giftbuden‹ oder Bildungsinstitutionen? In: Buchhandelsgeschichte (1981) S. B 586-597. – Hermann Staub: Leihbibliotheken im 18. und 19. Jahrhundert im deutschen Sprachgebiet – Anmerkungen zu einem Thema der Buch- und Bibliotheksgeschichte. In: Wolfenbütteler Notizen zur Buchgeschichte (1985) S. 17-41. – In Vorbereitung sind folgende Beiträge: Georg Jäger und Valeska Rudek: Die deutschen Leihbibliotheken zwischen 1860 und 1914/18. Analyse der Funktionskrise und Statistik der Bestände. In: Monika Dimpfl und Georg Jäger (Hrsg.): Zur Sozialgeschichte der deutschen Literatur im 19. Jahrhundert. Einzelstudien 2. Teil. Tübingen: Niemeyer 1990. (Studien und Texte zur Sozialgeschichte der Literatur 28.) S. 198-295. – Alberto Martino: Die deutsche Leihbibliothek, Geschichte einer literarischen Institution (1756-1914), Wiesbaden, Harrassowitz 1990. – Die mitgeteilten Briefe und das Epigramm aus einer Sammlung des Verfassers. – Für wertvolle Auskünfte und bibliographische Hilfe danke ich den Herren Dietrich Bode, Georg Jäger, Alberto Martino, Hermann Staub und Frau Edith Zehm.

Das sind große Worte, mehr Andeutungen eines »weiten Feldes« für die Darbietung bescheidener Funde. Vielleicht aber weiß nur jemand, der das Gewucher und auch das Gestrüpp des literarischen Lebens aus eigener Betätigung kennt, wieviele ephemere, kurzlebige Eintagserzeugnisse nötig sind, ja welcher Fülle von öffentlich nie zutage kommenden Versuchen es offenbar bedarf, damit auch nur eines dieser Erzeugnisse eine Zeitlang sichtbar wird und vielleicht sogar einiges eine längere Zeit überdauern kann, von den raren Glücksfällen großer bleibender Werte ganz zu schweigen.

Weil die Leihbibliotheken eine klar erkennbare Geschichte hatten – sie bildeten sich im wesentlichen im 18. Jahrhundert aus, kamen im 19. Jahrhundert zu ihrer Bedeutung, wurden zeitweise von allen Gesellschaftskreisen frequentiert und haben erst in unserer Zeit ihre Bedeutung so gut wie ganz eingebüßt –, gerade deshalb sind sie ein vorzügliches Beispiel für den Ablauf eines spezifischen literarischen Vermittlungsprozesses. Das bei diesen Forschungen unerwartet zutage kommende Material enthält eine Fülle von Fakten und Daten, die eine vielseitige Auswertung und Interpretation etwa hinsichtlich der Leserkreise und -schichten, der Literaturgruppen, der Erfolgsautoren, der regionalen Besonderheiten, der Größenordnung der tatsächlich gelesenen Literatur, aber auch einen klaren Einblick z. B. in die durch Volksbibliotheken und Arbeiterbildungsinstitutionen zunehmend sich ändernde Situation dieser Literaturvermittlung und des literarischen Lebens geben. Als Institution »verlor der Leihbuchhandel in dem Maße an Bedeutung, wie sich die kommerzielle Massenkultur auf der einen und die kulturelle Fürsorge der öffentlichen Hand auf der anderen Seite schrittweise« heraus bildete.[2] Doch erkannte man diese Gründe für die Krise oder, wie man sich ausdrückte, die »Leihbibliotheksfrage« in den letzten Jahrzehnten des 19. Jahrhunderts nicht und sprach vielmehr von einer Überproduktion vor allem von Romanliteratur und suchte der »Krise« durch organisatorische Maßnahmen zu begegnen, jedoch vergeblich.[3]

Die Anzahl der Leihbibliotheken der Zeit läßt sich nicht genau angeben, weil es neben den im *Adreßbuch des Deutschen Buchhandels* angeführten Firmen offenbar eine große Zahl von nebenberuflichen oder »Winkel«-Leihbüchereien gab. Die

---

2 Georg Jäger: Die Bestände deutscher Leihbibliotheken zwischen 1815 und 1860. Interpretation statistischer Befunde. In: Reinhard Wittmann u. Bertold Hack (Hrsg.): Buchhandel und Literatur. Festschrift für Herbert G. Göpfert. Wiesbaden: Harrassowitz 1982 (Beiträge zum Buch- und Bibliothekswesen Bd. 20), S. 247-313, hier: S. 249. Vgl. auch ders. und Jörg Schönert: Die Leihbibliothek als literarische Institution im 18. und 19. Jahrhundert – ein Problemaufriß. In: Dieselben (Hrsg.): Die Leihbibliothek als Institution des literarischen Lebens im 18. und 19. Jahrhundert. Arbeitsgespräch in der Herzog-August-Bibliothek Wolfenbüttel, 30. September – 1. Oktober 1977. Hamburg: Hauswedell 1980, S. 7-60.
3 Alberto Martino: Die »Leihbibliotheksfrage«. Zur Krise der deutschen Leihbibliothek in der zweiten Hälfte des 19. Jahrhunderts (mit Quellenauszügen). In ebd., S. 89-163.

im *Adreßbuch* genannten Zahlen betragen für 1875: 968 und für 1890: 1216, das waren »21,36 bzw. 16,27 Prozent aller Buchhandlungen«[4]; mithin war schon diese Zahl erstaunlich groß. In den Diskussionen in den buchhändlerischen Fachblättern, aber auch in kulturellen Zeitschriften für breitere Kreise über die Leihbibliotheken wurde u. a. immer wieder behauptet, daß ein Teil der Autoren vor allem für das Publikum der Leihbibliotheken schriebe, daß die Leihbibliotheken mithin Art und Niveau eines erheblichen Teils der Romanproduktion bestimmten, und zwar nicht nur inhaltlich und qualitativ, sondern auch in der äußeren Erscheinungsform, was Format, Papier, Druck, vor allem auch den Umfang der Bände anginge: Wenn es in jener Zeit verhältnismäßig viele zwei- oder dreibändige Romane gab, so wurde das auf den Wunsch der Leihbuchhändler zurückgeführt, wegen der vom Umfang der Bücher ja unabhängigen Leihgebühren nicht zu umfangreiche, sondern relativ schlanke Bände zu erhalten.[5] Da die Erstauflagen der Romane durchschnittlich allgemein ziemlich niedrig waren[6], meist um 1000, manchmal aber auch weniger, selten über 1500 Exemplare betrugen, konnten Bestellungen von etwa 500-600 Exemplaren durch den Leihbuchhandel zusammen mit den durch das normale Sortiment verkauften – im Durchschnitt freilich nicht vielen – Exemplaren die nötige Deckungsauflage eines Buches bedeuten.

Unter den Leihbuchhandlungen stachen nach Größe und Bedeutung zwei hervor: Borstell (und Reimarus) in Berlin und Albert Last in Wien. Nur mit der Firma Last haben wir es im Folgenden zu tun. Wir sind durch relativ reichliche Materialien sowie durch zahlreiche Aufsätze von Albert Last selbst recht gut informiert.[7] Albert Last (1826-1889) war kein Wiener, auch kein Österreicher, sondern stammte erstaunlicherweise aus dem höchsten Norden des deutschen Sprachgebiets, aus Bergen auf der Insel Rügen, die wie ganz Vorpommern seit

---

4 Ebd. S. 97.
5 Alberto Martino: Biblioteche circolanti e produzione letteraria in Germania nell'Ottocento. In: Mario Curelli u. Alberto Martino (Hrsg.): Critical Dimensions. English, German and Comparative Literature Essays. Cuneo: Saste 1978, S. 313-331; hier: S. 324.
6 Ebd. S. 329; Reinhard Wittmann: Das literarische Leben 1848 bis 1880 (mit einem Beitrag von Georg Jäger über die höhere Bildung). In: Max Bucher, Werner Hahl, Georg Jäger, Reinhard Wittmann (Hrsg.): Realismus und Gründerzeit. Manifeste und Dokumente zur deutschen Literatur 1848-1880, Bd. 1. Stuttgart: Metzler 1976, S. 161-257, 292-308, 471-483. Hier: S. 189ff. [Auch in: Reinhard Wittmann: Buchmarkt und Lektüre im 18. und 19. Jahrhundert. Beiträge zum literarischen Leben 1750-1880. Tübingen: Niemeyer 1982 (Studien und Texte zur Sozialgeschichte der Literatur Bd. 6), S. 111-231.]
7 Martino (1978) ab S. 317 passim; Alberto Martino: Lektüre in Wien um die Jahrhundertwende (1889-1914). In: Reinhard Wittmann u. Bertold Hack (1982), S. 314-394. – Norbert Bachleitner: Das Ende des ›Königs aller deutschen Leihbibliotheken‹. Die Leser des Wiener ›Literaturinstituts‹ Last und ihre Lektüre im Jahre 1958. In: Internationales Archiv für Sozialgeschichte der Literatur [IASL] (1986) S. 115-148.

1648 politisch zu Schweden gehört hatte, kulturell aber immer deutsch geblieben und nach dem Wiener Kongreß 1815 zu Preußen gekommen war. Bergen war zwar »Kreisstadt« mit Amtsgericht, aber ein kleines Städtchen (noch 1890 mit nur 2300, zu Lasts Jugendzeit also gewiß mit viel weniger Einwohnern). Literarisch lag Rügen zwar nicht gerade aus der Welt, Ernst Moritz Arndt war dort geboren, Gotthold Ludwig Theobul Kosegarten hatte dort als Pfarrer und angesehener Schriftsteller gewirkt, aber als Lasts Mutter nach dem frühen Tod des Vaters mit dem Sohn nach Köln zog, kam er in ein ganz anderes Milieu.[8] Hier, später in Stuttgart, erlernte er nicht etwa den Buchhandel, sondern zunächst das Leder- und Galanteriewaren-Gewerbe. Zum Buchhandel kam Last erst 1845, und zwar nun in Wien, wo zwei Onkel mütterlicherseits, Christian und Friedrich Jasper, 1843 am Kohlmarkt eine Verlagsbuchhandlung gegründet hatten, der 1847 eine Leihbibliothek angegliedert wurde. Ob beide Verwandte Österreicher waren, scheint nicht bekannt zu sein, sie hatten aber einen Verwandten, Christoph Jasper, der Buchhändler in Leipzig war. Dessen Tochter Elisa (1827-1888) heiratete Albert Last im Jahre 1850. Sie muß über ein gewisses Vermögen verfügt haben, denn obwohl Last im Jahre zuvor, 1849 – nach dem Tode der beiden Onkel 1846 und 1849 – Geschäftsführer der Leihbibliothek geworden war, erwarb seine Frau diese ebenfalls 1850. Es gelang Last offenbar in kurzer Zeit, dieses »Literarische Institut« zu hohem Ansehen und erheblicher Bedeutung zu bringen.

Er orientierte sich dabei – wie auch Borstell in Berlin – an Charles Edward Mudie's Select Library in London.[9] Er führte nicht nur deutsche, englische, französische und italienische Belletristik, sondern baute auch reichhaltige Abteilungen geistes- und naturwissenschaftlicher Disziplinen auf und hielt die Bibliothek immer durch Erwerb von Neuerscheinungen auf dem Laufenden. Er richtete eine Lesehalle mit Nachschlagewerken und Zeitschriften sowie Konversationsräume ein und machte dadurch sein Institut zu einem Zentrum geselligen Umgangs geistig interessierter Kreise sowohl aus Wissenschaft, Kunst, wie auch von Vertretern des öffentlichen Lebens einschließlich der Aristokratie. Persönlichkeiten wie Adolf von Sonnenthal, Friedrich Mitterwurzer, Franz Grillparzer, Sigmund Freud, Peter Rosegger, Ferdinand von Saar, Marie von Ebner-Eschenbach »lasen« bei Last. Hier lag offenbar seine Stärke, während er mit verlegerischen Versuchen weniger erfolgreich war, denn er verkaufte seine 1860 gegründete Verlagsbuchhandlung 1867. Hingegen gedieh eine 1864 gegründete Spezialbuchhandlung gut, mit der er ausschließlich andere kleinere Leihbibliotheken – und zwar nur mit Belletristik – belieferte. Hier gelang es ihm offenbar,

---

8 Angaben nach Alberto Martino, in: NDB 13 (1982).
9 Martino (1978) S. 32, Anm. 18.

durch größere Sammelbestellungen bei Verlagen so günstige Bedingungen zu erreichen, daß sowohl die von ihm belieferten Leihbibliotheken wie er selbst davon profitierten. Durch Rundschreiben und Empfehlungen an diese Firmen übte er zweifellos großen Einfluß aus.

Last wie seine Frau Elisa müssen unternehmende Menschen mit lebhaften geistigen Interessen gewesen sein. Elisa Last wurde – seit 1877 – durch populäre wissenschaftliche Bücher über Kant, Schopenhauer und deutsche Literatur bekannt, er selbst war ein eifriger Leser, war bemüht, junge talentierte Schriftsteller zu fördern, aber auch wichtige ausländische Autoren bekanntzumachen: für Wilhelm Raabe z. B. setzte er sich ein, aber auch für Tolstoi und Dostojewski. Immer wieder beteiligte er sich auch mit eigenen Beiträgen an den buchhändlerisch-literarischen Diskussionen; vor allem in der Zeitschrift *Der Leihbibliothekar*.

Diese Diskussionen betrafen zum Teil den durch den Leihbuchhandel erregten Unwillen der deutschen Schriftsteller, die sich seit 1878 berufsständische Organisationsformen schufen: zunächst den »Allgemeinen Deutschen Schriftstellerverband«, seit 1885 außerdem den von Joseph Kürschner gegründeten »Deutschen Schriftstellerverein«, die ab 1887 zum »Deutschen Schriftstellerverband« fusioniert wurden. Sie beklagten sich u. a. über die ihnen durch das Verleihen von Büchern entgehenden Honorare und forderten Beteiligungen. Daß gerade deutsche Bücher oft ausgeliehen wurden, fiel auch dem Franzosen F. Kohn-Abrest auf, der bei der Librairie Mondaine in Paris 1888 ein Buch *Vienne sous François-Joseph Ier* veröffentlichte: »Il viendra assez rarement à l'idée d'un Viennois d'acheter un livre allemand; s'il l'intéresse, il tâchera de l'emprunter à un ami ou il le louera à la ›bibliothèque‹ de lecture de M. Last, une maison du l'on tient tout ce qui concerne la littérature... En revanche, si la ›Leihbibliothèque‹ est, au désespoir des auteurs, le grand réservoir où va s'approvisionner le public lisant l'allemand, on achète très volontiers des livres français, et sous ce rapport les grandes villes de l'Autriche-Hongrie sont d'excellents marchés dont nos éditeurs n'ont qu'à se louer.«

Von Lasts Leihbibliothek selbst gibt Kohn-Abrest eine knappe, anschauliche Schilderung, die auch deshalb noch zitiert sei, weil sie von einem Ausländer stammt: »Outre les livres en toutes langues, dont M. Last fait venir au besoin 12, 15 ou 20 exemplaires pour répondre rapidement aux demandes de sa clientèle, on peut, comme l'affirment les placards manuscrits, s'y informer après des maîtres de français, d'italien et d'anglais, se faire recevoir d'un cercle de lecture et de conversation et discuter en bonne compagnie les moyens d'augmenter la circulation des étrangers a Vienne.« (S. 384 f.)

Der Gedanke einer Bibliothekstantième für Autoren muß damals etwas ganz Ungewöhnliches, fast Revolutionäres gewesen sein. Aber es zeugt von dem Gemeinsinn Lasts, daß er das juristisch und praktisch Grundsätzliche dieses

Problems sah und anerkannte, obwohl gerade angesichts der Größe seines Unternehmens die Realisierung einer solchen Tantième eine erhebliche finanzielle Belastung bedeutet hätte. So hat er wohl als einziger Buchhändler seiner Zeit für die Bibliothekstantièmen öffentlich votiert, z. B. in seinem Aufsatz *Das Autorenrecht und die Leihbibliotheken*.[10] Damit aber nahm er – wie auch der Schriftstellerverband – Gedanken voraus, die erst fast einhundert Jahre später, in den 70er Jahren unseres Jahrhunderts bei uns verwirklicht worden sind. Wenn auch die volkspädagogischen Tendenzen bei Albert Last unverkennbar sind, so war er doch immer ein realistischer Kaufmann. Er hatte einen weiteren und wohl auch tiefer reichenden Blick als andere, er sah nicht Interessen isoliert, sondern Zusammenhänge. Es war Überzeugung und Erfahrung, wenn er schrieb: »Schriftsteller, Verleger, Buchhändler und Leihbibliothekare arbeiten alle gemeinschaftlich im Dienste der Literatur... Der Nachtheil des Einen kann nicht der Vortheil des Anderen sein...«[11]

In seinem »Vorbericht« zu dem Aufsatz von Norbert Bachleitner über das Ende der Lastschen Firmen weist Alberto Martino[12] auf die gute Quellenlage für die Untersuchungen der Lektüre und des Publikums dieser Leihbibliothek hin, erwähnt aber, daß »interessante Briefe von Schriftstellern an Last verkauft« worden seien und ab und zu »bei Handschriftenauktionen und in Antiquariatskatalogen« auftauchten. Briefe von zwei Autoren an Last seien im Folgenden mitgeteilt. Man könnte zwar zunächst fragen, wieso Autoren, die ja mit Last gar nicht in direktem Geschäftsverhältnis standen, sondern deren Bücher Last je nach Bedarf nur über die jeweiligen Verlage bezog, überhaupt mit ihm korrespondierten. Die Antwort ist in den Briefen selbst enthalten. Sie lauten:

Leipzig, 17. Okt. [18]81

Hochgeehrter Herr!

Ich betrachte Ihre gefällige Zuschrift als eine besondere Aufmerksamkeit. Für die gute Meinung sowohl, die Sie von meinem Werk hegen, wie für die Lebhaftigkeit Ihrer Verwendung sage ich Ihnen meinen verbindlichsten Dank! Wären alle deutschen Leihbibliotheken nach dem Vorbild Ihres Muster-Institutes organisiert, und wären insbesondere die Inhaber in gleichem Maße, wie Sie, Freunde und Kenner der Literatur, so stünde es besser um unsre literarischen Verhältnisse. Hier aber z. B. in Leipzig liegen die Dinge so, daß selbst die beiden größten Bibliotheken – die von Ohme und die von Schmidt – von den gelesenen Novitäten nur ca. 3-4 Exemplare anschaffen, dergestalt, daß der größte Theil des Publikums Wochen und Monate lang warten muß, bis er zum Lesen

---

10 In: Börsenblatt für den Deutschen Buchhandel 1884, Nr. 182, S. 8567-8568. Zur zeitgenössischen Diskussion s. Georg Jäger: Der deutsche Leihbuchhandel im 19. Jahrhundert. Verbreitung, Organisation, Verfall. In: IASL 2 (1977) S. 96-155 [mit Tabellen], hier: S. 125f.
11 Realismus und Gründerzeit, Bd. 2, 1975, S. 646.
12 Alberto Martino (Vorwort zu Norbert Bachleitner 1986), S. 115.

kömmt. – Wenn die Leute eine richtige Vorstellung hätten von den Erfolgen, die Sie mit Ihren großartigen Manipulationen erzielen, würden sie vielleicht etwas mehr ins Zeug gehn. Vielleicht könnte Herr Zamarski in dieser Hinsicht etwas erreichen, wenn er unter Beifügung des Circulars, das Sie mir zu übersenden die Güte hatten, sich direkt an die Leihbibliotheken der deutschen Mittelstände wenden und sie so in höherem Maß interessiren wollte, als dieß auf dem Wege des Sortimentshandels möglich ist. Ich werde dieserhalb einige Zeilen an Herrn Zamarski schreiben. Ich meine, schon der bloße Umstand, daß Ihr Institut 205 Exemplare der »Claudier« gegen 50 von Spielhagens »Angela« circuliren läßt, müßte – zur Kenntniß dieser Leute gebracht, bemerkenswerte Wirkungen hervorbringen. – Oder stehn Sie vielleicht selber mit einzelnen Leihbibliotheken Deutschlands in ähnlicher Verbindung, wie mit den Provinz-Bibliotheken Österreichs?

Ich bitte Sie, hochgeehrter Herr, dem Werke auch fernerhin Ihre thatkräftige Förderung angedeihen zu lassen. Für die gelegentliche Mittheilung der erzielten Resultate werde ich Ihnen besonders verpflichtet sein. Ich empfehle mich Ihnen mit dem Ausdruck meiner vorzüglichsten Hochachtung

als Ihr ganz ergebner
Dr. Ernst Eckstein
53. Plagwitzerstr. 53

P.S. Ist es unbescheiden, wenn ich Sie bitte, mir noch 6 bis 8 Exemplare Ihres Circulars übermitteln zu wollen? Dank im Voraus!

D. O.

Leipzig, 24. Febr. [18]82.

Hochverehrter Herr!

Wie steht es denn mit den »Claudiern«? Ich habe lange Nichts mehr von Ihnen gehört. Gelingt es Ihnen nach wie vor, das Interesse des Publikums rege zu halten? Wie viel Exemplare haben Sie bis zur Stunde bezogen? Sie würden mich zu besondrem Danke verpflichten, wenn Sie die Güte hätten, mir wieder einmal ein kleines Stimmungsbild zu entwerfen. Sind sonstige Novitäten von Belang zur Geltung gekommen? Sie müssen schon verzeihen, daß ich Sie in dieser Weise belästige, aber Ihre Liebenswürdigkeit hat mich etwas verwöhnt.

Einigen Zeilen bestens entgegensehend
mit vorzüglicher Werthschätzung
Ihr ganz ergebner
Ernst Eckstein.
53. Plagwitzerstr. 53. II.

Lpzg, 16. Jan. [1884]

Sehr geehrter Herr!

Für die fortgesetzte Bestätigung des liebenswürdigen Interesses, das Sie meinem literarischen Schaffen, und speciell den »Claudiern« entgegenbringen, sage ich Ihnen meinen herzlichsten Dank. – Wenn Herr Reissner Ihnen geschrieben hat, »Prusias« *übertreffe* die von Ihnen so überaus freundlich beurtheilten »Claudier«, so hätte ich fast Grund zu der Befürchtung, mein »Prusias« möchte jetzt vor Ihrer Kritik von vornherein einen etwas schwierigen Stand haben. Ich hoffe indeß, daß Sie zu der Überzeugung gelangen werden, auch diese neue Arbeit sei Ihrer Sympathien nicht unwürdig. – Dem Publikum des »Familienblatts« scheint sie wenigstens zu gefallen; ich schließe dieß aus der Thatsache, daß Herr Schorer mir dieser Tage eine – freilich zu spät kommende – Offerte bezügl. der Buch-Ausgabe gemacht hat. – Ich habe dießmal nur für die erste Aufl. abgeschlossen. Geht das Werk, wie die »Claudier«, so werde ich einen hübschen materiellen Erfolg neben der Freude des moralischen registriren dürfen. – Das Erscheinen ist auf den 15. Okt. festgesetzt; eine frühere Publikation gestattet meine bes. Stipulirung mit dem »Familienblatt« nicht. –

Ein Exemplar dieser Zeitschrift könnte ich Ihnen direkt senden; ich empfange deren 3. – Lieber jedoch wäre es mir, Sie versparten sich die Lektüre auf die Revisionsabzüge der Buchausgabe, da ich für die Veröffentlichung in »Schorers Familienblatt« – theils um den Abdruck innerhalb zweier Quartale möglich zu machen, theils aus Rücksicht auf den speciellen Wunsch des Verlegers, der mit der Prüderie der norddeutschen Leserin rechnet – eine Reihe wirksamer und für die künstlerische Abrundung des Ganzen nicht völlig unwesentlicher Züge beseitigt habe, die in der *Buchausgabe* wiederhergestellt werden. – Sollten Sie gleichwohl die Nummern der Zeitschrift vorziehen, so schicke ich Ihnen auf gef. Notifikation durch Postkarte Alles was bis zur Stunde erschienen ist.

Nochmals für Ihre wohlwollenden Gesinnungen dankend, mit der Bitte, dieselben mir auch fernerhin freundlichst erhalten zu wollen

Ihr hochachtungsvollst ergebner
Ernst Eckstein
53. Plagwitzerstr. 53

Schloss Allner a. d. Sieg, Rheinpreussen

z. Zeit: Wiesbaden, Villa Germania,
      Sonnenbergstr. 31., den 7/12. [18]84

An die Leihbibliothek von E. Last
     in Wien.

Wie in früheren Jahren so gestatte ich mir auch diesmal wieder Sie freundlich zu bitten, einer soeben erschienenen u. einer im Erscheinen begriffenen Arbeit meiner Feder Ihr wichtiges Interesse durch Verwendung u. Aufstellung zu schenken.

    1.) Soeben erschien bei Gustav Wolf, Leipzig

Was ist Glück?
Novelletten

Eleganteste Ausstattg. Preis ord. 2 M. 50 gebdn u. 1 M 80 broch.

    2.) Bei Richter u. Kappler, Stuttgart, ist im Drucke

»Beno Danzini«,
Roman.

Sie wissen, welch besonderen Werth ich auf Ihre Verwendung lege, u. deßhalb möchte ich meine Bitte gerne in freundlichem Sinne aufgenommen sehen.

Hochachtungsvoll
Alfred Graf Adelmann.

Wer waren diese Autoren?

Ernst Eckstein (1845-1900) stammte aus einer Gießener Juristenfamilie, sein Vater war Hofgerichtsrat. Er war ein ganz ungewöhnlich produktiver Autor. Er hatte 1866 in Marburg mit einer – französisch geschriebenen – Dissertation über den *Geizigen* von Molière promoviert, hatte auch die Venia legendi erworben[13], betätigte sich jedoch zunächst während mehrerer Reisejahre in West- und Südeuropa als freier Journalist, ließ sich dann 1872 in Wien, 1874 in Leipzig, schließlich 1885 in Dresden nieder. Sein »Erstlingswerk«, über dessen Zustandekommen er selbst in dem von Karl Emil Franzos herausgegebenen Sammelband *Die Geschichte des Erstlingswerks*[14] geschrieben hat, war das humoristische Epos *Schach der Königin*.[15] Seitdem verging kein Jahr ohne eine neue Publikation Ecksteins, meist waren es mehrere Veröffentlichungen.[16] In den ersten 10 bis 15 Jahren handelte es sich meist um schmale Bändchen, Skizzen, Novellen, vor allem um »Humoresken«. Eckstein wird als »Schöpfer der sogenannten Gymnasialhumoreske« bezeichnet (Kosch). Mit diesen Publikationen war er äußerst erfolgreich, manches wurde bald in Reclams *Universal-Bibliothek* aufgenommen. Am bekanntesten wurde der erstmals 1870 erschienene, 1887 von Reclam übernommene *Besuch im Carcer*, von dem Auflage nach Auflage erschien und der noch im letzten Katalog im Bombenkrieg, 1943, geführt wurde. Dieses Bändchen wurde 1952 in Stuttgart wieder neu herausgegeben und findet sich noch heute – unter der alten Nummer von 1887 – im Programm. 1970 gab Kurt Heynold unter dem Titel *Lassen Sie Ihre Glossen!* eine Auswahl von Ecksteins *Gymnasialgeschichten* – mit einem Nachwort über den Verfasser mit einigen sonst nicht zu findenden biographischen Details – heraus (bei Franz Scharl in München).

Ein erstaunliches Phänomen, das zu Überlegungen über die Gründe »literarischer« Wertung Anlaß geben kann, da der aktuelle Bezug für die damalige Satire ja schon lange nicht mehr besteht und der künstlerische Wert nicht gerade ungewöhnlich ist. Zu seiner Zeit haben die Schulhumoresken Ecksteins aber sogar zu öffentlichen Diskussionen geführt: Im Jahr 1876 erschien bei Otto Gülke & Cie. in Bielefeld und Leipzig *Ein ernstes Wort von einem Schulmanne: Herr Dr. Eckstein und*

---

13 Nach Franz Brümmer: Lexikon der deutschen Dichter und Prosaisten des 19. Jahrhunderts, 5. Aufl. Leipzig, Reclam, 1900-1901.
14 Leipzig, Adolf Titze, 1894.
15 Erschienen 1870 bei Kröner, Stuttgart, nachdem ein zunächst mit Cotta vorgesehener Vertrag wegen moralischer Bedenken eines Beurteilers nicht zustande gekommen war.
16 1876 nicht weniger als 14 Veröffentlichungen, mit denen er sich auf dem Buchmarkt meldete – bei Wilpert-Gühring sind insgesamt 105 Titel verzeichnet, noch 1907, also sieben Jahre nach seinem ziemlich frühen Tod, erschien Unveröffentlichtes aus seinem Nachlaß. Er muß unentwegt geschrieben haben.

seine die Jugend demoralisierenden Schulhumoresken, worin auf 21 Seiten in ziemlich mäßigem Deutsch diese Humoresken als »platte, nichtssagende und die Jugend demoralisierende Anekdoten« abqualifiziert wurden.

Dem Erfolg der Humoresken taten diese Humorlosigkeiten keinen Abbruch: 1890 lag der *Besuch im Carcer* bereits in 85. Auflage vor. Er erschien sogar in zahlreichen Übersetzungen, auch in den USA als »Lehrtext« für den Deutschunterricht »mit Übungsfragen und Wörterverzeichnis« (Heynold). Rund zehn Jahre dominierte jenes Genre in Ecksteins Schaffen. Zwar gab es 1878 auch zwei Bände mit z. T. ernsten Novellen von ihm, als aber 1881 sein dreibändiger *Roman aus der römischen Kaiserzeit: Die Claudier* erschien, da war das etwas Neues, bei ihm nicht Erwartetes. Dieser im ersten nachchristlichen Jahrhundert in Rom spielende Roman ist die Kombination einer frei erfundenen, sensationsreichen Handlung mit aktualisierter Geschichtsdeutung. Eine erhebliche Rolle spielen die Religionsmischungen in jener Zeit (das Christentum mußte noch im Untergrund leben), aber auch staatspolitische Fragen kommen zur Sprache, Nerva proklamiert Trajan schon ganz im Sinne moderner Staatsrechtslehre als »ersten Diener des Staates«. Die römischen Gestalten Ecksteins drücken sich sprachlich kaum anders aus als die Menschen des 19. Jahrhunderts, und die Naturstaffagen, mit denen sie umgeben werden, sind ebenfalls die des damaligen konventionellen Romans. Eckstein war der Ansicht, daß die römische Kaiserzeit dem 19. Jahrhundert verwandter sei als die meisten Geschichtsepochen bis zur Reformation (Vorwort); offenbar war es sein Bemühen, soviel mythologische und kulturgeschichtliche Fakten wie möglich zu vermitteln.

Weithin erwecken die Bände den Eindruck eines romanhaft drapierten Unterrichts in alter Geschichte, was durch die sehr ausführlichen, jeweils am Schluß der Bände stehenden und etwa ein Viertel des Textes füllenden Anmerkungen noch verdeutlicht wird. Sie sind mit lateinischen Zitaten durchsetzt, mit historischen Quellenhinweisen, mit weiterführenden Erläuterungen versehen – Scheffels *Eckehard* (1855) dürfte hier als vielleicht selbstverständliches Vorbild gedient haben. Ecksteins Art belletristisch-historischer Darstellung gehört zu der sogenannten »zweiten Phase« des historischen Romans im 19. Jahrhundert, speziell zu dem sogenannten »Professorenroman« etwa von Georg Ebers oder auch von Felix Dahn, doch ist Eckstein von Dahns nationalistischen Tendenzen völlig frei.

Der Erfolg war jedenfalls erstaunlich. Nach drei Jahren lag der Roman bereits in 6. Auflage vor. Eckstein nutzte diesen Erfolg sofort, 1884 erschien sein zweiter, noch umfangreicherer Roman aus der römischen Kaiserzeit *Prusias*, der im letzten vorchristlichen Jahrhundert spielt, aber einen düstereren Charakter hat; denn im Hintergrund der Handlung steht der Spartakus-Aufstand. Im Anhang dieses Buches sind knappe Auszüge aus Pressestimmen über die *Claudier* aus angesehenen Zeitungen abgedruckt. Der *Pester Lloyd*, die *Neue Freie Presse* (Wien), die *Frankfurter Zeitung*, die *Breslauer Zeitung*, die *Augsburger Allgemeine Zeitung* etwa lobten übereinstimmend den Roman als ein »Meisterwerk« und den Autor als einen der »hervorragendsten Romanschriftsteller der Gegenwart«. Das – nicht anspruchslose – *Magazin für die Literatur des In- und Auslandes* fand: »Er hat – um es nur gleich zu sagen – Ebers sofort den Vorrang abgelaufen. Ernst Eckstein ist es, der durch ... die *Claudier* dermalen der literarische Held des Tages geworden ist.« Über sein Erstlingswerk *Schach der Königin* hatte sich Rudolf Gottschall jedoch ironisch-skeptisch geäußert und es 1870 »eine auf dem Prokrustesbett des Humors ausgespreizte komische Novelle« genannt[17], und Paul Lindau bezeichnete Eckstein 1872 als ein »Formtalent« mit »Überwuchern von Parenthesen, ruhelosen Abschweifungen und Vorliebe für das Heikle«.[18]

Ob Eckstein mit dem technisch genauso wie die *Claudier* gearbeiteten *Prusias* einen ähnlichen Erfolg gehabt hat, ist nicht bekannt. Doch sollen – laut Heynold, der aber keine Belege angibt – viele Übersetzungen von Romanen Ecksteins erschienen sein: in England, den USA, Frankreich, Rußland, den Niederlanden, Dänemark, Schweden, Polen, Ungarn, Italien, Serbien. Schwierig war es in Deutschland offenbar zunächst mit dem Verkauf von Ecksteins ebenfalls wie *Prusias* in dem namhaften Verlag von Carl Reissner in Leipzig erschienenen nächsten Roman *Aphrodite*, einem nun in der griechischen Antike, in Milet, spielenden Künstler- und Liebesroman. Die ersten Erfahrungen, die der Verleger mit diesem Buch machte, sind vielleicht nicht untypisch. Am 13. November 1885 berichtete Reissner mit genauen Zahlenangaben für die einzelnen Städte im *Leihbibliothekar* über die unterschiedlichen Reaktionen der Sortimenter im deutschen Sprachgebiet. Danach waren damals erst 479 Exemplare des – in diesem Jahr erschienenen – Buchs bestellt.[19] Der Verleger war also auf den Leihbuchhandel angewiesen und wäre ohne ihn – trotz dessen »Krise« – kaum auf seine Kosten gekommen. Andererseits sollen von diesem Roman nicht weniger als drei neugriechische Übersetzungen erschienen sein (Heynold). Und, um auch das zu erwähnen, von ihm ist – als wohl einzigem nichthumoristischen Buch Ecksteins – noch sehr viel später, nämlich 1940, unter dem Titel *Die Schöne von Milet* eine – von Helmut Erich Buhl bearbeitete – Neuausgabe erschienen (bei Hellmut Reichel in Berlin). Die von Reissner genannten Zahlen und die sich daraus für den Leihbuchhandel ergebenden Konsequenzen dürften im übrigen eine Äußerung Lasts aus jenen Jahren bestätigen, der 1884 erklärte, nur er und Borstell in Berlin gäben große Bestellungen auf Novitäten auf; er hat damit mehr als nur etwas Quantitatives gesagt.[20]

17 In: Realismus und Gründerzeit, Bd. 1, S. 158.
18 Ebd. S. 432, Nr. 850.
19 Martino (1978) S. 326f.
20 Ebd. S. 327.

Auf das weitere literarische Schaffen von Eckstein, der sich dann auch zeitgenössischen Stoffen z. T. sozialkritischer Thematik (wie etwa *Familie Hartwig*, 1894) zuwandte, einzugehen, ist hier nicht der Ort; doch würde unter geschmacksgeschichtlichem Gesichtspunkt eine genauere Untersuchung dieses Autors nicht uninteressant sein. Als Verdienst wurde ihm die Redaktion der Zeitschrift *Deutsche Dichterhalle* angerechnet, in der er von 1874 bis 1882 nicht nur etablierten Lyrikern Raum gab, sondern auch unbekannte zu Wort kommen ließ.[21] Erstaunlich, daß Eckstein bei solcher ausgedehnten und vielfältigen Produktions- und Redaktionsarbeit noch Zeit fand, teilweise recht intensiv im »Deutschen Schriftsteller-Verband« mitzuwirken. Mehrfach war er auch als Herausgeber tätig, so veröffentlichte er 1892 einen *Humoristischen Hausschatz für das deutsche Volk* in sechs Bänden. Übrigens scheint er seinen Namen durchaus auch als Markenzeichen verwendet zu haben, so in der viele Bände umfassenden Sammlung *Ecksteins humoristische Bibliothek* oder bei *Ecksteins Miniaturbibliothek*. Einmal hatte es ihn auch gereizt, deutsche Gedichte ins Lateinische zu übersetzen: *Lyra germano-latina*, 1894. Angeblich konnte sich Eckstein »fließend auf altgriechisch und lateinisch unterhalten« (Heynold). Heute werden von der Zeitungswissenschaft seine Beiträge zur Geschichte des Feuilletons als »das erste zusammenfassende Buch dieser Gattung« (W. Haake) geschätzt. – Aus Anlaß von Ecksteins Briefen lassen sich, zieht man einige der von Jäger und Martino veröffentlichten Fakten heran, noch weitere Einblicke in die literarische Situation der Zeit gewinnen. Zunächst noch einmal ein Blick auf die *Claudier*. Die in Ecksteins Brief vom 17. Oktober 1881 – also dem Jahr des Erscheinens des Romans – genannte Zahl von 205 Exemplaren war schon ungewöhnlich genug. Doch setzte sich dieser Erfolg weiter fort: 1890 wird in Lasts Verzeichnis die Zahl von 340 Exemplaren für dieses Buch genannt.[22] Gerade auch im Vergleich zu dem – gleichzeitig erschienenen – zweibändigen Roman *Angela* des seit längerem berühmten Friedrich Spielhagen ist das erstaunlich. Lasts sowohl auf persönlichem literarischen Interesse wie auf seiner Organisationstätigkeit beruhende Leistung wird hierdurch deutlich bestätigt, etwa auch in Hinblick auf die von Eckstein genannten buchhändlerischen Verhältnisse in Leipzig.[23]

Doch waren Ecksteins Erfolge im Leihbibliothekswesen nicht auf Last beschränkt. In den verschiedenen Listen über die »Spitzenreiter« unter den Autoren sowohl bei Leihbibliotheksfirmen wie aber auch in Wiener Volksbibliotheken jener Jahre taucht fast regelmäßig auch sein Name auf[24], während er zu

---

21 Wittmann (1976) S. 204 f.
22 Martino (1978) S. 317.
23 Eine gute Ergänzung hierzu ist ein in: Realismus und Gründerzeit, Bd. 2, Nr. 646 abgedrucktes Dokument aus dem Jahr 1884.
24 Martino (1982) S. 334–S. 337, hier: 363.

bevorzugter Lektüre der Damen nicht gehört zu haben scheint. Die seit den 80er Jahren sich kräftig und immer vielseitiger regende neue moderne Lektüre drängte die epigonalen Beurteilungskriterien zurück, auch im Leserinteresse der Leihbibliotheken ist – mit einer gewissen Phasenverschiebung – eine Änderung zu beobachten. Ein rezeptionsgeschichtlich ergiebiges Zeugnis für den Geschmackswandel innerhalb der letzten Jahre des 19. Jahrhunderts ist ein Artikel von Theodor von Sosnosky über: »Publikum und Leihbibliothek« im *Neuen Wiener Tageblatt* vom 3. Juni 1899[25], in dem es u. a. heißt: »Damals [vor ca. 15 Jahren] beherrschte der historische, besonders der archäologische Roman die ganze Erzählliteratur: Ebers, Dahn und Eckstein waren die Helden des Tages.« Das Publikum habe diese antiken und mittelalterlichen »Maskeraden« herrlich gefunden. »Mit dieser Herrlichkeit ists jetzt gründlich vorbei ... der historische Roman ist todt (wenigstens scheintodt) ... Eckstein hat sich wohlweißlich dem modernen Roman zugewendet ...« Hier scheint er in der Publikumsgunst seinen »Rivalen« Spielhagen aber nicht erreicht zu haben. Wenn man wiederum die Firma Last als Spiegel der Beliebtheit ansehen will, fällt in deren Katalog von 1896 (also nach Albert Lasts Tod) auf, daß mehr Exemplare von Spielhagens als von Ecksteins Büchern angeboten werden.[26]

Was die Bewertung des Leihbuchhandels durch Eckstein selbst angeht, so war sie nicht immer so enthusiastisch, wie sie sich infolge seiner guten persönlichen Erfahrungen in den Briefen an Last niederschlug. Im Jahr 1874 hatte er in seinem Buch *Leichte Waare. Literarische Skizzen*[27] bei einem Vergleich der weit besseren Literaturrezeption in Frankreich mit der in Deutschland geschrieben: »Wenn das Volk der Denker sich wirklich einmal herabläßt, eine Novität, wie Paul Heyse's *Kinder der Welt* oder Gustav Freytags *Ahnen*, zu lesen, so geschieht dies auf dem dubiosen Umwege durch die Leihbibliotheken ...« In Frankreich existiere die Leihbibliothek nur für die arme Nätherin oder den Droschken-Kutscher: »Wer sich einigermaßen zur Gesellschaft rechnet, der ersteht seinen Bedarf an Büchern beim Buchhändler.«[28]

    Schließlich noch einige Bemerkungen zu Zamarski und zu Schorers *Familienblatt*. – Ludwig Johann Carl Zamarski (er firmierte: »L. C. Zamarski«) in Wien, den Eckstein zu ähnlichen »Manipulationen«, wie sie Last in Österreich vornahm, in Deutschland anregen wollte, war der Verleger der *Claudier*. Vielleicht war Eckstein während seines Wiener Aufenthalts 1872-1874 mit ihm bekannt geworden. In der Buchhandelsgeschichte scheint er bisher kaum beachtet wor-

---

25 Ebd. S. 317 und 340 f.
26 Ebd. S. 328.
27 Leipzig, Johann Friedrich Hartknoch, S. 24 f.
28 Martino (1980) S. 151.

den zu sein.²⁹ Er stammte aus österreichisch-Schlesien. Geboren war er 1824 in Biala bei Bielitz. Er war einer der angesehensten, bedeutendsten und vielseitigsten Drucker in Wien (1867 beschäftigte er 360-400 Arbeiter), in seinen verschiedenen Druckereien erledigte er u. a. staatliche Wertpapierdruckaufträge. Dieser Druckereifirma war ein Buch- und Kunstverlag angegliedert, in dem Zamarski u. a. anspruchsvolle historische Werke herausbrachte. Jedoch verkaufte er 1882 die von ihm gegründeten Unternehmungen an die »Papierfabrikations- und Verlags- A.G. Steyrermühl«; an deren Verwaltung nahm er zwar noch Anteil, doch dürfte er sich auf Aktivitäten, wie sie Eckstein vorschwebten, kaum noch eingelassen haben. Vielleicht hing es auch mit dem Besitzwechsel des Verlages zusammen, daß Ecksteins Bücher von 1883 an nicht bei Zamarski erschienen, sein Hauptverleger wurde Reissner in Leipzig.

Sodann, daß ein Autor, wie der Brief vom 16. Januar 1884 zeigt, die Möglichkeit eines Vorabdrucks eines Buches in einer der zahlreichen »Familien«- und ähnlichen Zeitschriften wahrnahm, war durchaus die Regel. Die Einnahmen hieraus sowie aus den auf den Leihbuchhandel jeweils entfallenden Anteilen der Buchausgaben bildeten bis über die Jahrhundertwende eine Haupteinnahmequelle des Schriftstellers, von ihnen lebte zum erheblichen Teil die Literatur. Am bekanntesten – wenn auch unterschiedlichen Niveaus – waren etwa *Über Land und Meer*, *Westermanns Monatshefte*, die *Deutsche Rundschau*, doch druckten auch Tageszeitungen schon häufig Romane ab.³⁰

Schorer's Familienblatt. Eine illustrirte Zeitschrift, 1880 unter dem Titel *Deutsches Familienblatt* gegründet, führte seit 1883 (4. Jahrgang), diesen Namen, es erschien im Verlag J. H. Schorer in Berlin.³¹ Es war eine Wochenzeitschrift im Umfang von je 40-48 Seiten im Quartformat »mit eingedruckten Holzschnitten«. Ein Jahrgang (netto 8,– M) umfaßte 52 Nummern, die jedoch zu 18 »Heften« (–,50 M netto) zusammengefaßt wurden. Von 1885 an gab es auch eine »Salonausgabe« (das Heft zu –,75 M). Herausgeber war von 1884-1886 Ernst Otto Hopp, von 1887 an Franz Kirsch, der Jahrgang 1893 wurde herausgegeben von Emil Peschkau. Im April 1894 wurde die Zeitschrift mit der *Gartenlaube* vereinigt, aber, obwohl sie nun im Verlag »E. Keils Nachf.« erschien, unter dem Titel *Schorer's Familienblatt* fortgeführt, sie enthielt von da an also offenbar denselben Text wie die *Gartenlaube* und hatte nur ein eigenes Titelblatt. Die Zeitschrift scheint – nach Ecksteins Worten – vor allem in Norddeutschland verbreitet gewesen zu sein. Die ›Selbstzensur‹ des Autors beim Vorabdruck ist vermutlich

---

29 Nach dem Deutschen Biographischen Archiv, Microfiche 457-461.
30 Wittmann (1976) S. 208-211 sowie Eva Becker: Zeitungen sind doch das Beste, in: Gestaltungsgeschichte und Gesellschaftsgeschichte. Stuttgart 1969, S. 382-408.
31 Gesamtverzeichnis des deutschsprachigen Schrifttums 1700-1900, Bd. 129, München, New York, London, Paris: Saur 1985, Sp. 186f.

für den Leserkreis des Blattes bezeichnend, könnte aber auch eine Folge der schon von Paul Lindau vermerkten Vorliebe Ecksteins »für das Heikle« sein. –

Bei aller seiner Viel- und Schnellschreiberei – als belanglos abtun sollte man Ernst Eckstein nicht. Er war kein undisziplinierter Schriftsteller. Wer z. B. ein so pointiertes Epigramm wie das folgende – offenbar für ein Gästebuch von Karlsbad – schreiben konnte, zeigte doch auch kritische Distanzierung vom alltäglichen Trivialen und Anspruch an sich selbst:

> Einem Begeisterten.
> Dich brachte Karlsbad auf den Damm:
> Nun willst Du's rhythmisch constatiren?
> Vergiß nicht, Freund: das kleinste Epigramm
> Ist lang genug, Dich endlos zu blamiren.

Dergleichen läßt sich bei dem zweiten Autor, Alfred Graf Adelmann von Adelmannsfelden (1848-1887) nicht finden. Über sein Leben sind wir jedoch besser unterrichtet als über Ecksteins.[32] Graf Adelmann stammte aus einem schwäbischen reichsritterschaftlichen Geschlecht im »Kanton Kocher«. Sein Vater war Justizassessor und Mitglied des katholischen Kirchenrats, er selbst Offizier, Kriegsteilnehmer (mit Auszeichnung) von 1870/71. Im Jahr 1877 wurde er persönlicher Adjutant des Prinzen und späteren Königs Wilhelm II. von Württemberg, schied jedoch auf dringenden eigenen Wunsch 1880 aus dem Militärdienst aus, um ausschließlich schriftstellerisch tätig sein zu können, nachdem er schon seit 1871 Kriegserinnerungen, Romane und Reiseberichte veröffentlicht hatte. Außer den in seinem Brief genannten Büchern, einer Landschaftsbeschreibung (*Am ligurischen Meere*, Stuttgart, Richter und Kappler 1883) und einer Novelle *Fenella* (Stuttgart, Bonz 1886) waren noch zwei, für ihn bezeichnende kleine Schriften erschienen: *Der edle Liberalismus und sein gefährlichster Gegner* (Leipzig, Levien 1887, noch in 4. Aufl. ebd. 1891) und *Frei von Rom, Manifest eines deutschen Katholiken* (Berlin, Behr 1886, noch in 3. Aufl. bei Wigand in Leipzig 1892) – wie die Titel bereits zeigen, antiultramontane, deutsch-nationale Kampfschriften im Zusammenhang mit der »Los-von-Rom-Bewegung«.

Die Erzählungen in dem schmalen Band *Was ist Glück?* (144 Seiten) spielen zumeist in aristokratischem Milieu, jedoch fällt der Blick einer dieser Personen auch einmal in das Zimmer eines einfachen Arbeiters im Hinterhaus, und der Betrachter stellt fest, daß es dort auch Glück geben könne. Der zweibändige Roman *Beno Donzini* (das Exemplar der Münchner Staatsbibliothek stammt aus der Lindauerschen Leihbibliothek) soll laut Vorwort nicht »dem Realismus hul-

---

32 Ausführlicher Artikel s. bei Brümmer I, 5. Aufl. 1900; ADB 45, 1900; NDB 1 (1953); Goedeke NF, Bd. I, 1955. Am ausführlichsten ADB, S. 702-704 von Brümmer, bibliographisch am genauesten Goedeke, S. 148-150.

digen, wie es fast Mode geworden« sei, vielmehr müsse auch der Realist Idealist sein und »der Wirklichkeit der Gefühlswelt ihr Recht einräumen.« Es geht in dem großenteils wiederum in aristokratischen Kreisen spielenden Roman um den Konflikt zwischen Beruf und Berufung, zwischen militärischer Karriere und musikalischer Begabung. So bricht der Musiker Beno zeitweise mit seiner Familie, denn nur als Künstler sei er frei. Vermutlich enthält der Roman Reflexe eigener Probleme des Autors. Erst nach außerordentlichen Verwirrungen kommt der Roman durch einen großen musikalischen Erfolg der Hauptperson zu einem Happy End in jeder Hinsicht. Geschrieben sind die Romane, die Erzählungen wie auch das ganz unanschauliche Tagebuch *Aus Italien* (1877) in einer blassen, konventionellen Sprache voller trivialer Wendungen. Zwei Beispiele: Der Roman *Schwert und Feder* (1881) beginnt: »Die Abendsonne eines schönen Sommertages im Jahre 1871 warf ihre röthlichen Strahlen über ein liebliches Flußthal.« Und *Beno Donzini* (1885) beginnt: »Die Abendsonne eines Septembermorgens warf ihr goldenes Licht über die weiten Forsten«. Natürlich sind dem Autor seine Trivialitäten nicht bewußt, ihm kommt es vor allem auf die »Gesinnung« an, und die ist durch und durch national. »Das Andenken an die jetzige Machtstellung Deutschlands wird fortbestehen. [...] Solange es eine Geschichte unserer Erde geben wird, werden die neuesten Thaten unseres Volkes darin in strahlendem Lichte erglänzen, [...] unsere Enkel werden uns darum beneiden, daß es uns vergönnt gewesen, zu diesen herrlichen Zeiten der Nation gelebt zu haben...!« (Aus dem Vorwort von *Schwert und Feder*). Das ist bereits ein von geistigen Inhalten entleerter wie für aktuelle Probleme blinder Nationalismus, für den »Macht« das letzte Maß und deshalb die Einbildung, daß »Deutschland an Macht und Stärke alle Staaten der Welt« überrage, ein fester Glaube ist. Insofern ist der Trivialschriftsteller Adelmann ein erschreckend charakteristischer Zeitzeuge.

Seine Beziehung zu Last scheint nur äußerlicher, einseitig zweckgebundener Art gewesen zu sein. Hatten Eckstein und Last in einer »Korrespondenz« gemeinsamer Interessen gestanden, auch mit überpersönlichem Aspekt, so geht es Adelmann nur um pure Eigenwerbung, die zudem selbst eine Andeutung höflicher Dankbarkeit sorgsam vermeidet. Noch nicht einmal eine Anrede findet sich in diesem Brief. Wie Last auf ihn reagiert hat, ist nicht zu erschließen. In den verschiedenen Titellisten bei Jäger und Martino, auch der Volksbibliotheken, kommt der Name Adelmann nicht vor. Ganz erfolglos scheinen jedoch seine Bücher nicht gewesen zu sein, denn nach seinem frühen Tod erschienen noch 1899-1900 sechs Bände *Gesammelte Werke.* –

Das sind Beobachtungen und Bemerkungen aus Anlaß der Briefe von zwei Autoren von nicht gerade großer Bedeutung an einen einflußreichen Leihbibliothekar. Aber da bisher solche Briefe noch nicht veröffentlicht zu sein scheinen, da gerade die Tatsache, daß und in welcher Weise Autoren mit dieser Gruppe literarischer Vermittler unmittelbar in Verbindung standen, nicht selbstverständlich ist, machen derartige Zeugnisse doch einen weiteren Aspekt dieses literarischen Vermittlungsprozesses sichtbar: Sie zeigen u.a. auch den Autor als bewußten Propagandisten in eigener Sache; er schaltet sich unmittelbar in den Vermittlungsprozeß ein. Zudem aber machen beide Autoren, so verschieden voneinander sie sind, doch jeder auf seine Weise wiederum das Niveau eines Unternehmens wie des von Last deutlich, das eben nicht von »Nätherinnen und Droschken-Kutschern« frequentiert wurde: Adelmann, indem er seine aristokratischen, seine »edle« Gesinnung bekennenden Bücher anbietet, Eckstein aber, indem er nicht seine unproblematischen Humoristika, also seine Haupterfolgsbücher offeriert, sondern die – relativ – anspruchsvollen, jedenfalls bewußt der Bildungsvermittlung dienenden Romane. Beide beweisen sie dadurch, welchen Rang sie dem von Last repräsentierten Leihbuchhandel im kulturellen Leben zuerkennen. Gewiß wäre es einseitig, »die Leihbibliotheken« jener Zeit allein oder vor allem nach den Bemühungen und Erfolgen Lasts zu beurteilen. Wenn sie, wohl schon vor Lasts Tod, ihren Höhepunkt überschritten hatten, so hatte das mehrere Gründe. Einer von ihnen war eine zunehmende Tendenz zum eigenen Buchbesitz. Sie führte u.a. – 1891 – zur Gründung des »Vereins der Bücherfreunde«, einer Buchgemeinschaft, wie wir heute sagen würden, der im Unterschied zu dem 1873 gegründeten »Allgemeinen Verein für Deutsche Literatur«[33] einen spürbar niedrigeren Mitgliederbeitrag erhob, seine Bücher auch »geheftet« lieferte und – vor allem – sich bewußt an breitere Kreise richtete, für die Buchbesitz noch nichts Selbstverständliches war. Er zählte innerhalb von zwei Jahren bereits 12000 Mitglieder.[34] In den Satzungen dieses Vereins heißt es: »Der ›Verein der Bücherfreunde‹ ... stellt sich zur Aufgabe, seinen Mitgliedern eine Reihe hervorragender Werke der *zeitgenössischen deutschen Literatur* ... *zum billigsten Preise zugänglich zu machen. Mitglied* kann jedermann werden ... Ausgeschlossen sind nur Leihbibliotheken und zu geschäftlichem Zweck betriebene Lesezirkel ...« Und in den werbenden Erläuterungen dazu wird ausdrücklich gesagt: »Das deutsche Publikum aus der Leihbibliothek heraus an ein eigenes Bücherbrett zu gewöhnen – war der leitende Gedanke bei der Gründung des Vereins ...«[35] Die Bücher des von einem Vorstand aus Schriftstellern geleite-

---

33 S. Verf.: Lesefrüchte, in: Beiträge zur Geschichte des Buches und seiner Funktion in der Gesellschaft. Festschrift für Hans Widmann ... Hrsg. v. Alfred G. Świerk, Stuttgart, Hiersemann, 1974, S. 70-78, hier: 74ff.
34 Alle Angaben nach dem Anhang in: Neuland, Ein Sammelbuch moderner Prosadichtung, Hg. v. Dr. Cäsar Flaischlen, Berlin, Verlag des Vereins der Bücherfreunde, 1894. (4 ungezählte S.)
35 Hinweis auch bereits bei: Georg Jäger, Alberto Martino, Reinhard Wittmann: Die Leihbiblio-

ten Vereins erschienen im Verlag Schall & Grund in Berlin, der volkspädagogische Einschlag ist nicht zu verkennen. Aber damit beginnt nun ein weiteres Kapitel der Literaturvermittlung, das zu seiner Hauptbedeutung bekanntlich erst in der zweiten Hälfte unseres Jahrhunderts gekommen ist.

thek der Goethezeit. Exemplarische Kataloge zwischen 1790 und 1830. Hildesheim (Gerstenberg) 1979, S. 479.

MANFRED STÜRZBECHER

Medizinische Verlage mit besonderer Berücksichtigung Berlins

Für die Darstellung des Zusammenspiels von Verlagswesen und Medizin ergeben sich eine Reihe methodischer Schwierigkeiten. Für Unternehmen, die nicht mehr existieren, gibt es in der Regel kaum noch Unterlagen. Aber selbst bei bestehenden Verlagen sind die Akten und Korrespondenzen nicht immer erhalten. Oft sind Verlagsteile oder einzelne Werke hinzu erworben oder aber verkauft worden. In der Wissenschaftsgeschichte werden in der Regel nur die Richtungen erfaßt und beschrieben, die sich wenigstens für einige Zeit erfolgreich gezeigt haben, andere Strömungen werden, wenn überhaupt, nur am Rande erwähnt. Je länger man sich mit der Entwicklung in einem Wissenschaftsgebiet und im Verlagsbereich beschäftigt, um so unsicherer wird das Urteil, da teilweise sehr komplexe Verhältnisse zwischen der Organisation der Wissenschaft, persönlich-gesellschaftlichen Kreisen und betrieblichen Gegebenheiten im Buch- und Verlagswesen bestehen.

Wenn im folgenden auf die Entwicklung des medizinischen Verlagswesens eingegangen wird, dann liegt das Schwergewicht der Darstellung auf den Verhältnissen in Berlin. Dies hat persönliche Gründe, da der Autor die lokalen Zusammenhänge kennt, ist aber auch deshalb gerechtfertigt, weil eine Zeitlang – etwa von der Reichsgründung bis zum Zweiten Weltkrieg – von Berlin aus sowohl die Medizin als auch das medizinische Verlagswesen in Deutschland beeinflußt, zeitweise sogar beherrscht wurden.

Die Anfänge des Spezialverlages in Berlin lassen sich bis in die Zeit der Befreiungskriege zurückverfolgen, und es dürfte kein Zufall sein, daß der 1816 gegründete Verlag von Ernst Mittler militärische Literatur publizierte. Der Umfang und eine gewisse Garantie für den Absatz dieser besonderen Literaturgattung durch das Militär dürfte die Spezialisierung zu diesem frühen Zeitpunkt ermöglicht haben.[1] Im gleichen Jahr wie Ernst Mittler gründete auch August Hirschwald in Berlin ein Verlags-Sortiment.[2] August Hirschwald (1777-1848) sollte im Laufe des 19. Jahrhunderts zu einem der wichtigsten Verleger der Berliner

---

1 Einhundert Jahre des Geschäftshauses Ernst Siegfried Mittler & Sohn, Königliche Hofbuchhandlung und Hofdruckerei. Ein Zeitbild, Berlin 1898. – Ernst Mittler & Sohn Königliche Hofbuchhandlung und Hofdruckerei zum 3. März 1914, dem Gedenktage ihres 125jährigen Bestehens zugleich ein Rückblick auf ihre Verlagstätigkeit während der letzten 25 Jahre. Berlin 1914. – 150 Jahre E. S. Mittler & Sohn Verlagsbuchhandlung und Druckerei 1789-1939. Berlin 1939.
2 Max Niderlechner: 150 Jahre Hirschwald'sche Buchhandlung. In: Börsenblatt für den deutschen Buchhandel (Frankfurter Ausgabe) 1966, S. 783-784.

Medizinischen Schule werden. In diesem Haus erschienen später Werke etwa von Emil von Behring, Ernst von Bergmann oder Robert Koch und Zeitschriften wie *Langenbecks Archiv für klinische Medizin* oder das *Archiv für Gynäkologie*.

In der ersten Hälfte des 19. Jahrhunderts nahmen auch andere Berliner Verleger-Sortimenter medizinische Literatur bevorzugt in ihr Verlagsprogramm auf. Georg Andreas Reimer (1776-1842) hatte 1801 die bereits in der ersten Hälfte des 18. Jahrhunderts gegründete Realschulbuchhandlung übernommen und führte das Unternehmen bald zu einer Blüte.[3] Reimer, mit vielen der Reformer befreundet, gehörte zu den bedeutenden Verlegern seiner Zeit. Auch er verlegte medizinische Werke. Sein Sohn Georg Ernst Reimer übernahm nicht nur den Verlag einer neuen medizinischen Zeitschrift, die von Virchow *Archiv für pathologische Anatomie und Physiologie und für klinische Medizin* genannt wurde, sondern auch eines medizinisch-politischen Journals, der *Medicinischen Reform*.[4]

Als Verleger der naturwissenschaftlichen Medizin betätigte sich das Unternehmen Veit & Comp. Der Doktor der Philosophie Moritz Veit (1808-1863) kaufte 1834 die Boikesche Verlagsbuchhandlung. Boike hatte zwischen 1815 und 1820 ein Verlags-Sortiment gegründet, das vor allem Gebrauchsschriften, wie z. B. Adreßbücher, herausbrachte. Ende der zwanziger Jahre hatte er aber auch den Verlag eines von den Koryphäen der Berliner medizinischen Fakultät, wie C. F. v. Graefe und Ch. W. Hufeland, herausgegebenen *Encyclopädischen Wörterbuches der medizinischen Wissenschaften* übernommen. 1828 war der erste Band dieses Werkes erschienen. Veit förderte das Unternehmen, das 1849 in 37 Bänden abgeschlossen vorlag und die Zusammenfassung des Wissens der Berliner Medizin der ersten Hälfte des 19. Jahrhunderts darstellte. Der Buchhändler übernahm von Leopold Voss in Leipzig das *Archiv für Anatomie, Physiologie und wissenschaftliche Medizin*, dessen Herausgabe er Johannes Müller übertrug und das als *Müllers Archiv* in der Wissenschaftsgeschichte auch heute noch einen

---

3 Theodor Roller: Georg Andreas Reimer und sein Kreis. Berlin 1924 – Vergl. auch den Beitrag von Doris Fouquet-Plümacher in diesem Band.
4 Bei dieser in der medizinhistorischen Literatur viel genannten Zeitschrift ist bemerkenswert, daß die Behauptung, sie sei der politischen Reaktion zum Opfer gefallen, mit dem Aktenbefund nicht übereinstimmt. Der Absatz dieses Journals ließ so nach, daß der Verleger, ein Liberaler, sich aus wirtschaftlichen Gründen nicht mehr in der Lage sah, das Blatt länger zu halten. Wie die Korrespondenz zeigt, war die Zeitschrift schon lange vor ihrer Einstellung wirtschaftlich nicht mehr gesund. (Archiv der deutschen Akademie für Wissenschaften zu Berlin [heute Akademie der Wissenschaften der DDR]: Virchow-Nachlaß. – Archiv des Verlages Walter de Gruyter, Berlin.) Die »Medicinische Reform« ist also höchstens indirekt der Reaktion zum Opfer gefallen, jedenfalls nicht einem direkten Eingriff der Obrigkeit, den man gerne aus der Mitteilung »Schluß« in Nr. 52 vom 29. Juni 1849 herausgelesen hat. (Vgl. Peter Schneck: Nachwort zum fotomechanischen Nachdruck der Wochenschrift »Die medizinische Reform«, Hrsg. von Rudolf Virchow und Rudolf Leubuscher. Berlin: Akademieverlag 1983.)

bedeutenden Ruf genießt, da in ihm wesentliche Untersuchungen der neuen medizinisch-naturwissenschaftlichen Richtung veröffentlicht wurden. Neben medizinischen und naturwissenschaftlichen Werken – hier sei nur *Die Medizinische Praxis* genannt – verlegte Veit auch literarische, philosophische und Bücher anderer Gebiete. Der Verlag von Enslin in Berlin brachte neben zahlreichen Werken der medizinischen Wissenschaft auch die anderer Richtungen heraus.

An dieser Stelle sei ein kurzer Blick auf medizinische Verlage an anderen Standorten geworfen. Bei der Firma Wilhelm Engelmann in Leipzig widerspiegelt Blüte und Niedergang des Geschäfts zugleich auch Familiengeschichte. Unübersehbar ist, daß eine Reihe von wissenschaftlichen Verlagen über einen längeren Zeitraum von Angehörigen einer Familie geleitet wurden. Bei Engelmann sind die verwandtschaftlichen Bindungen besonders eng. Durch Theodor Engelmann (1843-1909), einem bedeutenden Physiologen der zweiten Hälfte des 19. Jahrhunderts, wurden die Beziehungen zu den zeitgenössischen Gelehrten verbessert. Die Zersplitterung der Besitzanteile in der Familie führte dann in der Zeit des Ersten Weltkriegs zum Abstieg des Unternehmens.[5] Leipzig als erster Buchhandelsplatz und Sitz einer bedeutenden Universität ist bis in die neunziger Jahre Hauptverlagsort in Deutschland auch für medizinische Bücher geblieben.

Als Spezialverlag mit einer großen Abteilung Medizin muß auch der Ferdinand Enke Verlag in Erlangen angesehen werden. Ferdinand Enke (1810-1869) übernahm 1837 von seinem Vater Johann Ernst August Enke das Sortiment der Verlags- und Sortimentsbuchhandlung Palm & Enke. Dieser war durch Heirat in den Besitz des Unternehmens gekommen. Bei Enke wurde das Geschäft geteilt, Ferdinand übernahm das Sortiment und sein Bruder den Verlag. Ferdinand verzichtete aber nicht auf die verlegerische Tätigkeit, und noch im Jahre 1837 erschien nunmehr bei Ferdinand Enke das erste Werk. Schon ein Jahr später trennte er sich vom Sortiment. Es bestand auch eine strenge Trennung zur Firma Palm & Enke.[6] Ferdinand Enke gelang es, Kontakt zu führenden Persönlichkeiten der sich entwickelnden naturwissenschaftlichen Schule der Medizin zu gewinnen. Durch die *Jahresberichte über den Fortschritt der gesammten Medizin* verfügte er über ein Periodikum, hier noch alten Stils, das für den Absatz der Monographien wichtig war. Für die Entwicklung des Gebietes Medizin bei Ferdinand Enke dürfte die Zusammenarbeit mit Rudolf Virchow als Herausgeber der *Speziellen Pathologie und Therapie* nicht ohne Bedeutung gewesen sein, da der Verleger in diesem Fall eine sich durchsetzende wissenschaftliche Richtung

---

5 Jubiläumskatalog der Verlagsbuchhandlung Wilhelm Engelmann in Leipzig. Leipzig 1911, S. 1-118. – Helmut Hiller: 150 Jahre Verlag Engelmann. In: Börsenblatt 1961, S. 2276-2278.
6 Ulrich Haffke: Porträt des Ferdinand Enke Verlages in Stuttgart. In: Börsenblatt 1981, S. 164-166. – 150 Jahre Ferdinand Enke Verlag. Ein Abriß der Verlagsgeschichte. Stuttgart 1987.

in der Medizin förderte. Schon die Auflagenhöhe von 6000 Exemplaren dieses Handbuches war ungewöhnlich. Für den Verlag Ferdinand Enke, der 1874 nach Stuttgart übersiedelte und 1971 im Georg Thieme-Verlag aufgegangen ist, hat Hans Ferdinand Schulz an Hand der drei vorliegenden Verlagskataloge eine Analyse der verlegerischen Tätigkeit von 1837-1962 vorgenommen.[7]

Während in Berlin die politischen Zustände eine Spezialisierung im Verlagswesen zuließen, verlief die Entwicklung in der Habsburger Monarchie anders. Obwohl Wien seit der Mitte des 18. Jahrhunderts eine führende Stellung in der europäischen Medizin einnahm, konnte sich bis zur Mitte des 19. Jahrhunderts eine Spezialisierung im Verlagswesen nicht durchsetzen. Die Zensur, die sich auch auf wissenschaftliche Werke erstreckte, war eine starke Behinderung des gesamten Buchhandels. Die Wiener Gelehrten ließen, um Zensureingriffen zu entgehen, ihre Werke im Ausland drucken. Auch nach der Aufhebung dieser Zwangsmaßnahmen im Jahr 1862 vollzog sich die Anpassung in diesem Punkt relativ langsam. Im Medizinbereich erlangten vor allem die Verlage Gerold, Braumüller, Deuticke und Urban & Schwarzenberg Bedeutung.

Auf die letztgenannte Firma sei besonders verwiesen, weil sie sich um die Jahrhundertwende auf zwei reichsdeutsche Standorte mit bedeutender medizinischer Tradition stützte. 1866 gründeten der Preuße Ernst Urban (1838-1923) und der Österreicher Eugen Schwarzenberg (1838-1908) in Wien eine Buchhandlung. Sie hatten sich in der Buchhandlung von Carl Prochaska in Teschen kennengelernt und heirateten die Schwestern Potyka, aus deren Familie die Firmengründung weitgehend finanziert wurde. Nachdem zunächst der Vertrieb von Familienzeitschriften übernommen wurde, widmeten sich Urban und Schwarzenberg dem Aufbau des Reisebuchhandels in der Donaumonarchie. Dies schuf die finanzielle Grundlage für den Ausbau des Unternehmens eines medizinischen Journals, der *Wiener medizinischen Presse*, deren Herausgeber der angesehene Wiener Arzt Johann Schnitzler war. Trotz erheblicher Konkurrenz durch andere am Ort erscheinende medizinische Zeitschriften konnte der Absatz des Blattes gefördert werden. Bald wurden weitere Fachzeitschriften aufgekauft und auch Monographien verlegt. Schnitzler diente den Verlegern als fachlicher Berater. Dieser machte auch auf die Bedeutung einer in Frankreich erschienenen Enzyklopädie aufmerksam. Basierend auf den Erfahrungen des Reisebuchhandels wurde ein entsprechendes Werk, *Die Real-Enzyklopädie der gesamten Heilkunde* (1880-1883), für den deutschsprachigen Raum in Angriff genommen, als dessen Herausgeber man Albert Eulenburg gewann. Auffallend ist, daß man diese Aufgabe keinem Vertreter der Wiener Schule übertrug. 1882

---

7 Hans Ferdinand Schulz: 125 Jahre Ferdinand Enke im Spiegel dreier Verlagsverzeichnisse. In: Börsenblatt 1964, S. 1820-1824.

gründete die Wiener Firma eine Filiale in Leipzig. 1898 wurde in Berlin mit dem Erwerb des Sortiments von Oskar Rothacker und der Einrichtung einer Niederlassung mit eigenem Gebäude in der Friedrichstraße, mitten im »Medizinerviertel«, der Schwerpunkt der Verlagsaktivitäten an die Spree verlagert. Hier konnte man mit gutem Erfolg in Konkurrenz zu den alteingesessenen Verlagen wie August Hirschwald, Enslin oder Reimer treten. Offensichtlich entsprachen diese in gewisser Weise nicht den moderneren Unternehmensstrategien im Verlagswesen. Auch scheint Urban & Schwarzenberg für eine bestimmte Generation von Charité-Ärzten von besonderer Attraktivität gewesen zu sein.[8]

Nach der Reichsgründung – auch im Zusammenhang mit der Konzentration der medizinischen Wissenschaft in Berlin – gewann die Reichshauptstadt Anziehungskraft auf wissenschaftliche Verlage. Als Beispiel sei Fischers Buchhandlung genannt. Im gleichen Jahr wie Ferdinand Enke, 1837, zeigte Theodor Fischer in Kassel an, daß er die J. C. Krieger'sche Buchhandlung von C. Kempf ohne Activa und Passiva übernommen habe.[9] Zu diesem Sortiment kam bald ein Verlag mit der Buchproduktion auf den verschiedensten Gebieten. Seit den siebziger Jahren unterhielt das Unternehmen eine Filiale in Berlin. 1879 ist Carl Fischer alleiniger Besitzer von »Theodor Fischer Verlagsbuchhandlung und artistischer Anstalt in Kassel obere Karlstraße 6 und Berlin NW Dorotheenstraße 8 neben der Universitätsbibliothek«. 1883 zeigt Carl Fischer an, daß er seinen medizinischen Verlag nur noch von Berlin ausliefert. Zwei Jahre später wird Heinrich Kornfeld Alleininhaber von »Fischer's medicinischer Buchhandlung H. Kornfeld«. Offensichtlich ist bei der Geschäftsaufteilung von Theodor Fischers Verlagsbuchhandlung der Anteil der medizinischen Publikationen an verschiedene Unternehmen gegangen. Denn neben »Fischer's medicinischer Buchhandlung H. Kornfeld« in Berlin, gründet sich der Verlag Georg Thieme in Leipzig auf die Übernahme von Werken aus dieser Buchhandlung, und offensichtlich sind auch Teile der Titel beim Stammhaus in Kassel verblieben.

Kornfeld hatte in Berlin in Carl Friedländer (1847-1887) einen medizinischen Berater gefunden, der sich der Bakteriologie verschrieben hatte. Es gelang, unter den aufstrebenden Assistenten der Berliner medizinischen Schule dieser Zeit einen Stamm von Autoren zu finden. Als Periodikum für diese Richtung wurden die *Fortschritte der Medizin* herausgegeben, die sich neben den großen Wochen-

---

8 100 Jahre Urban & Schwarzenberg 1866-1966. Ein Beitrag zur Geschichte und Soziologie des medizinisch-naturwissenschaftlichen Verlagswesens. München, Berlin, Wien 1966. – Vgl. auch: Manfred Stürzbecher: Die Entwicklung des medizinischen Verlagswesens unter besonderer Berücksichtigung des Verlages Urban & Schwarzenberg. In: Medizinische Klinik 61 (1966) Sp. 1894-1898.

9 Manfred Stürzbecher: Aus der Geschichte von Fischer's medizinischer Buchhandlung H. Kornfeld in Berlin. In: Berliner Ärzteblatt 99 (1986), S. 531-534.

schriften *Berliner Klinische Wochenschrift* und *Deutsche Medizinische Wochenschrift* behaupten konnte und bis in die Gegenwart fortgeführt wird. (Allerdings vermißt der heutige Leser einen Hinweis auf die Verlagswechsel des Journals. Nur der Begründer wird genannt.) 1883 wurde anläßlich der Allgemeinen Ausstellung für Hygiene und Rettungswesen in Berlin der Preußische Medizinalbeamten-Verein gegründet, dessen Verbandsorgan, die *Zeitschrift für Medizinalbeamte*, von Fischer's medicinischer Buchhandlung übernommen wurde.[10] Sie wurde in der Wirtschaftskrise 1929 von Bruno Hauff (1894-1963), dem Besitzer von Georg Thieme, gekauft. Hauff übernahm die gesamte Firma im Jahr 1934.

Der 1886 in Leipzig gegründete Georg Thieme-Verlag gehört zu den großen medizinischen Fachverlagen.[11] Wichtig für den Start war die Übernahme des *Reichs-Medizinalkalenders*, der von dem damals bekannten Fachjournalisten Paul Boerner begründet und herausgegeben wurde. Thieme erwarb aber auch kurz nach Verlagsgründung ein weiteres Werk Boerners, die *Deutsche Medizinische Wochenschrift*, die bisher im Verlag von Reimer erschienen war. Über diese beiden Periodika gelang es dem Verleger schnell, bedeutende Autoren zu gewinnen. Auch in diesem Fall war für die Redaktion der Periodika Berlin von besonderer Bedeutung. Interessant ist, daß Albert Eulenburg auch in engen Kontakt zu Thieme trat. Offensichtlich hatten einige Ärzte Verbindungen zu unterschiedlichen Verlagen. Für die Geschäftspolitik der Fachverlage scheint es auch hinsichtlich der medizinischen Disziplinen eine Spezialisierung gegeben zu haben. Georg Thieme (1860-1925) schenkte der Entwicklung der Strahlenheilkunde besonderes Interesse. Ein anderer Schwerpunkt der Verlagstätigkeit war die Entwicklung des öffentlichen Gesundheitswesens. Nach dem Zweiten Weltkrieg, in dem das Verlagsgebäude den Bombenangriffen zum Opfer gefallen war, verließen der damalige Inhaber Bruno Hauff und seine leitenden Mitarbeiter mit den Amerikanern Leipzig und bauten in der US-Zone den Verlag wieder auf. Das Unternehmen wurde aber auch in Leipzig weitergeführt. In der ersten Nachkriegszeit hat es u.a. für die Arbeitsgemeinschaft medizinischer Verlage GmbH Lehrbücher z.B. für Hebammen und Krankenschwestern in der Neubearbeitung der Deutschen Zentralverwaltung für das Gesundheitswesen in der Sowjetischen Besatzungszone veröffentlicht.

Die Teilung Deutschlands in Besatzungszonen, dann die Gründung von zwei deutschen Staaten mit unterschiedlichen Wirtschafts- und Gesellschaftssystemen brachte für das medizinische Verlagswesen bisher nicht geahnte Schwierig-

---

10 Derselbe: Aus der Vorgeschichte der Zeitschrift »Der öffentliche Gesundheitsdienst«. In: Jahrbuch für Brandburgische Landesgeschichte 36 (1985), S. 132-139.
11 Christian Staehr: Spurensuche. Ein Wissenschaftsverlag im Spiegel seiner Zeitschriften 1886-1986. Stuttgart, New York: Georg Thieme-Verlag 1986. – VEB Georg Thieme Leipzig. Verlag für Medizin und Naturwissenschaften 1886-1986. Leipzig 1986.

keiten. In der sowjetisch besetzten Zone wurden einige Verlage sofort unter Treuhandschaft gestellt. Wie Hauff ging 1945 eine Reihe von Verlegern in den Westen. An ihrem Stammsitz gebliebene Verlage wurden enteignet, aber zum Teil unter ihrem alten Namen fortgeführt. So gab es neben dem Verlag J. A. Barth in Leipzig (seit 1780)[12] eine Firma gleichen Namens in München (1949), den Gustav Fischer-Verlag in Jena (1878) und in Stuttgart (1948)[13] oder den Theodor Steinkopff-Verlag in Dresden und Leipzig (1908) sowie den Dr. Dietrich Steinkopff-Verlag in Frankfurt a. M. (1948), seit 1950 in Darmstadt.[14]

Wie stark die Politik auf wissenschaftliche Verlage einwirken kann, zeigt das Beispiel von J. F. Lehmanns Verlag in München.[15] Julius Friedrich Lehmann (1864-1935) eröffnete am 1. September 1890 in München seine medizinische Buchhandlung mit Sortiment und Verlag. In Zürich als Sohn eines Arztes geboren, erlernte er in seiner Geburtsstadt bei Orell Füssli den Buchhandel, war auf »Wanderschaft« bei Huber in Frauenfeld und einem Unternehmen in Brüssel tätig, ehe er zu E. A. Seemann in Leipzig ging. Dort entwickelte er bereits besondere Aktivitäten, was sich z. B. durch die Herausgabe eines Hilfsbuches bei Herstellung und Preisberechnung, gemeinsam mit seinem Kollegen Hans Pauli zeigte. Nachdem er sich in der bayerischen Landeshauptstadt selbständig gemacht hatte, wandte er sein besonderes Interesse der Herstellung von medizinischen Lehrbüchern und Atlanten zu, wobei er offensichtlich auf eine Marktlücke, nicht nur in München, stieß. Sowohl im Buchhandel als auch bei den Medizinern hatte sein Unternehmen bald einen guten Ruf. Kurz nach der Gründung des Verlages übernahm er die schon 1854 als *Ärztliches Intelligenzblatt* gegründete *Münchener Medizinische Wochenschrift*.

Bei der Übernahme des Journals durch den jungen Verleger dürften auch wieder gesellschaftliche Verbindungen eine Rolle gespielt haben, wobei nationalistische, lokalpatriotische, antisemitische Aspekte nicht ohne Bedeutung gewesen zu sein scheinen. Lehmann und seinem Vetter Bernhard Spatz (1856-1935)

---

12 Johann Ambrosius Barth Leipzig 1780-1930. Leipzig 1930. – 200 Jahre Johann Ambrosius Barth 1780-1980. Leipzig 1980.

13 100 Jahre Gustav Fischer Verlag. 1878-1948-1978. Verlagsgeschichte. Verzeichnis der seit 1948 in Stuttgart erschienenen Bücher und Zeitschriften. Stuttgart, New York 1978. – 100 Jahre wissenschaftliche Verlagsarbeit in Jena. VEB Gustav Fischer Verlag Jena 1878-1953-1978. Jena 1978.

14 Theodor Steinkopff – Dresden und Leipzig, Dr. Dietrich Steinkopff – Darmstadt. 1. 1. 1908-1. 1. 1958. Verlagsverzeichnis. Dresden, Darmstadt 1957.

15 50 Jahre J. F. Lehmanns Verlag 1890-1940. München, Berlin 1940. – 75 Jahre J. F. Lehmanns Verlag München 1890-1965. München 1965. – Vgl. auch Klaus Dieter Thomann: Der medizinische Verlag J. F. Lehmann, Förderer und Finanzier von Alldeutschem Verband und NSDAP, in: Barbara Bromberger, Hans Mausbach, Klaus Dieter Thomann: Medizin, Faschismus und Widerstand. Köln: Pahl-Rugenstein 1985, S. 97-110.

als Redakteur gelang es bis zum Beginn des Ersten Weltkrieges, die Auflagenhöhe des Blattes mehr als zu verzehnfachen. Die verlegerischen Erfolge im Buchverlag und beim Journal dürften sich gegenseitig beeinflußt haben. Lehmann war gesellschaftspolitisch engagiert, er war Alldeutscher und ein Anhänger des Darwinismus. Die Förderung der alldeutschen Bewegung und Rassenhygiene war sein besonderes Anliegen. Da er mit den Lehrbüchern und Atlanten große Umsätze erzielte, konnte er intensiv die Publikation der mehr politisch ausgerichteten Schriften und ihrer Autoren unterstützen. Die Rassenhygiene hatte in München einen entscheidenden Stützpunkt, und es war Lehmann, der als Verleger für die Verbreitung dieses Gedankengutes sorgte. Das politische Klima in der bayerischen Landeshauptstadt am Ende des Ersten Weltkrieges trug dazu bei, daß der Verleger sehr früh zu den Förderern der Nationalsozialisten gehörte; hier seien der »Rassengünther« (Hans Günther) und Walther Darré genannt. Als Verleger hat Lehmann schon lange vor der »Machtergreifung« durch die Nationalsozialisten zur Politisierung der Medizin beigetragen. Es ist daher nicht verwunderlich, daß J. F. Lehmanns Verlag erst spät nach dem Kriege wieder eine Zulassung erhielt.

Aus Berlin sei als Beispiel für den Einschnitt des Nationalsozialismus in das medizinische Verlagswesen kurz auf den Verlag von S. Karger hingewiesen.[16] 1890, im gleichen Jahr wie J. F. Lehmann in München, hatte Samuel Karger in Berlin eine Buchhandlung begründet, die sich u. a. auch auf die Medizin spezialisierte. Der Verlag konnte schnell einen festen Platz im Berliner Buchhandel gewinnen und erreichte bald überregionale Bedeutung. Aufgrund der nationalsozialistischen Rassenpolitik bekam das Unternehmen nach 1933 in Berlin und im Deutschen Reich Schwierigkeiten, so daß der Firmensitz 1937 nach Basel in die Schweiz verlegt wurde. Dieser Wechsel brachte dem Unternehmen erhebliche wirtschaftliche Probleme, denn es wurde vom deutschen Markt verdrängt. Als Bücherspenden kamen nach der Befreiung die Werke von S. Karger wieder nach Berlin.

Schon öfter wurde auf den Ankauf von Verlagen, Verlagsteilen usw. hingewiesen. Ein relativ junges, aber durch Zusammenlegung mit anderen wissenschaftlichen Verlagen auch traditionsreiches Unternehmen ist das von Walter de Gruyter in Berlin.[17] Dr. Walter de Gruyter (1868–1923) schuf zunächst die Vereinigung wissenschaftlicher Verleger durch den Zusammenschluß der vormals selbständigen Firmen G. J. Göschen'sche Verlagsbuchhandlung, J. Guttentag

---

16 S. Karger. Vollständiger Verlagskatalog 1890–1960. Basel 1960.
17 G. Lüdtke: Der Verlag Walter de Gruyter & Co. Skizzen aus der Geschichte der seinen Aufbau bildenden ehemaligen Firmen, nebst einem Lebensabriß Dr. Walter de Gruyter's. Berlin 1924. – Ders.: Walter de Gruyter. Berlin 1929. – Katalog 1749–1932. Walter de Gruyter & Co. (...). Berlin 1932.

Verlagsbuchhandlung, Georg Reimer, Karl J. Trübner, Veit & Comp. Das neue Unternehmen begann mit dem 1. Januar 1919. Es nahm 1923 den Namen des Gründers an. De Gruyter übernahm nicht nur die Verlagswerke, sondern auch die Verlagsarchive der angeschlossenen Unternehmen, so daß in diesem Verlag heute die Korrespondenz zwischen Autoren und Verlegern aus der Mitte des vorigen Jahrhunderts erhalten ist. Ein Kuriosum ist, daß teilweise die Publikationen, die in den Briefwechseln verabredet wurden, bereits wieder an andere Verlage verkauft worden sind, wie z. B. *Virchows Archiv* an den Springer-Verlag.

Als Julius Springer (1817-1877) in seiner Vaterstadt 1842 eine Sortiments- und Verlagsbuchhandlung eröffnete, war nicht abzusehen, daß dieses Unternehmen einmal zu einem führenden Wissenschaftsverlag werden würde.[18] Bei der Spezialisierung standen zunächst die Rechts- und Staatswissenschaften, die Land- und Forstwirtschaft sowie die Technik im Vordergrund. Der Einstieg in das Gesundheitswesen erfolgte über die Pharmazie, wobei die Person des Apothekers Hermann Hager (1816-1897) eine besondere Bedeutung hat. Auch auf diesem Gebiet wird eine Zeitschrift, die *Pharmazeutische Zeitung*, zunächst in Kommission vertrieben und dann gekauft. Der zum 1876 gegründeten Kaiserlichen Gesundheitsamt geknüpfte Kontakt führte zur Übernahme des Verlages der Veröffentlichungen des Amtes und zur sonstigen Betätigung auf dem Gebiet der Medizin.[19] Es sind zunächst besonders die operativen Fächer, Gynäkologie und Chirurgie, die bei Springer Aufmerksamkeit fanden. Interessant ist, daß sich der Verlag in Auseinandersetzung mit der verlegerischen Konkurrenz in Berlin vor allem um auswärtige Autoren bemühte. Offensichtlich spielt auch unter den medizinischen Autoren der Generationskonflikt eine Rolle.

Um die Jahrhundertwende tritt die dritte Generation der Familie Springer in die Geschäftsleitung ein, das Unternehmen bleibt im Familienbesitz. 1918 übernimmt Springer den J. F. Bergmann-Verlag, Wiesbaden, 1921 die Hirschwaldsche Buchhandlung. Sie hatte für die Berliner Medizin des 19. Jahrhunderts eine herausragende Bedeutung.

Während Hirschwald als Verlagsname nicht weitergeführt wurde, hatte das Sortiment Unter den Linden bis in die NS-Zeit als Hirschwald'sche Buchhandlung Bestand. Dann mußte im Jahr 1941 der Name in Lange & Springer geändert werden. 1931 gelangte auch der 1730 gegründete F. C. W. Vogel-Verlag in

---

18 Max Niderlechner: 125 Jahre Springer-Verlag. In: Börsenblatt 1967, S. 943-947. – Paul Hövel: Vom Biedermeier zum Atomzeitalter. Ein Beitrag zur Geschichte des Julius-Springer-Verlages von 1842-1965. 1982 (Privatdruck). – Heinz Sarkowski: Sehr geehrter Herr! Autorenbriefe aus dem Springer-Archiv. Katalog einer Ausstellung, gezeigt aus Anlaß der Einweihung des Neubaus in Heidelberg am 7. Mai 1982. Heidelberg 1982.
19 Klaus Gerber: Die Veröffentlichungen des Kaiserlich Deutschen Gesundheitsamtes. In: Bundesgesundheitsblatt 20 (1977), S. 389-397.

Leipzig zum Springer-Verlag.[20] Dort waren wichtige Lehr- und Handbücher erschienen, z.B. das von Meinrad von Pfaundler und Arthur Schlossmann herausgegebene *Handbuch der Kinderheilkunde* oder Adolf Strümpells und Carly Seyfahrts *Lehrbuch der speziellen Pathologie und Therapie der inneren Krankheiten.*

Das NS-Regime brachte dem Springer-Verlag neben Problemen der Zwangswirtschaft weitere Schwierigkeiten. Durch die Rassengesetzgebung wurde die Verbindung zu einem großen Teil wichtiger Autoren unmöglich. Zudem galten die beiden Enkel des Firmengründers, die das Unternehmen leiteten, als »nichtarisch« und mußten ausscheiden: Julius Springer d.J. (1880-1968) im Jahre 1935, Ferdinand Springer d.J. (1881-1965) 1942. Der Krieg zerstörte den Firmensitz an der späteren Sektorengrenze zwischen den Bezirken Mitte und Tiergarten weitgehend. Die Hauptaktivitäten des Unternehmens wurden nach Heidelberg verlagert. Dies geschah nicht nur wegen der Verschiebung der wirtschaftlichen und politischen Schwerpunkte im Nachkriegsdeutschland. Berlin hatte auch in der medizinischen Wissenschaft seine dominierende Stellung verloren.

---

20 200 Jahre F.C.W. Vogel. Bearbeitet von Johannes Hohlfeld. Leipzig 1930.

Heinz Götze

J. F. Bergmann Verlag

Die Kommanditgesellschaft J. F. Bergmann, München, hat ihre Tätigkeit zum 31. Dezember 1988 eingestellt. Zum gleichen Datum hat der Springer-Verlag die Geschäfte des Bergmann Verlags mit dem Recht zur Fortführung dieser Firma übernommen und demgemäß in München eine weitere Zweigniederlassung errichtet unter der Bezeichnung: J. F. Bergmann Verlag, München/Zweigniederlassung der Springer-Verlag GmbH & Co. KG. Praktisch bedeutet dies, daß die selbständige Firma J. F. Bergmann aufgehört hat zu existieren und der Springer-Verlag, der die Geschäfte fortführt, zum Zwecke der Erhaltung des traditionsreichen Namens eine Zweigniederlassung in München hat eintragen lassen. Damit endet die selbständige Geschichte dieses zum 1. Januar 1878 in Wiesbaden von Joseph Friedrich Bergmann gegründeten höchst erfolgreichen Verlages.

Wer war der Gründer Joseph Friedrich Bergmann? Am 23. November 1849 in Wiesbaden geboren, hatte er schon während der Schulzeit durch den mit der Familie befreundeten Buchhändler und Verleger Christian W. Kreidel erste Kontakte mit seinem zukünftigen Beruf. Nach dem Abitur (1867) ging er bei E. F. Thienemann in Gotha (gegründet 1759) in die Lehre und wurde sowohl in das Sortimentsgeschäft als auch in die Anfangsgründe des Verlagsbuchhandels eingeführt. Wanderjahre brachten ihn nach Lübeck, Hamburg und schließlich nach Leipzig, wo er bei E. A. Seemann zweieinhalb Jahre tätig war. Am 1. April 1875 kehrte Bergmann nach Wiesbaden zurück und arbeitete zunächst im Verlage Kreidels. Mit einem Fundus von 86 Titeln, die ihm Kreidel für rund 36000 Mark überließ, begann er drei Jahre später seinen eigenen Verlag – auf den Tag gleichzeitig mit der Gründung von Gustav Fischer in Jena. Beide scheinen sich persönlich gut verstanden zu haben, was aus einem nie realisierten Vorschlag Fischers an Bergmann hervorgeht, ihre Verlagsgeschäfte zu vereinigen und brüderlich zusammenzuarbeiten.

Vor dem Hintergrunde der damaligen Verlagslandschaft in Deutschland und der geistesgeschichtlichen Entwicklung erscheinen Entschluß und Leistung J. F. Bergmanns originell, wagemutig und weitschauend. Er folgte nicht dem Vorbild der bestehenden Universitätsverlage mit weitgefächerter Sachgebietspalette, sondern erkannte die Chance, sich auf die Medizin zu konzentrieren, deren weitere stürmische Entwicklung er voraussah. Er sah auch keine zwingende Notwendigkeit, sich in eine Universitätsstadt zu begeben. Die verbesserten Reise- und Postverbindungen infolge der Entwicklung des Eisenbahnwesens gaben ihm recht. Wiesbaden – es zählte damals rund 50 000 Einwohner – bot verkehrstechnische Vorteile. Die Universitätsstädte Bonn, Gießen, Marburg, Würzburg und Heidelberg – alle in etwa 2-3 Bahnstunden von Wiesbaden aus erreichbar – hatten kaum wissenschaftliche oder gar medizinische Verlage. Dies mag den Entschluß gefördert haben, sein Unternehmen in der Heimatstadt zu begründen.

Die für Bergmann wichtigsten Objekte unter den von Kreidel übernommenen Beständen waren das *Archiv für Augen- und Ohrenheilkunde* (herausgegeben von Hermann Knapp, Ludwig Mauthner und Salomon Moos), einige kurz vorher erschienene Bücher von Moos und Alexander Pagenstecher sowie der *Jahresbericht über die Fortschritte der Thier-Chemie oder der physiologischen pathologischen Chemie*. Die Aktivität Bergmanns richtete sich nun auf den medizinischen Bereich. Neben Veröffentlichungen aus dem ophthalmologischen Fachgebiet finden wir in den ersten sieben Jahren auch otologische und rhinologische Arbeiten. Auch ein Interesse für Themen der Psychiatrie und für die Grenzbereiche zwischen Medizin und Psychologie wird früh erkennbar.

Das für die Zukunft wegweisende Ereignis in der Geschichte des jungen Verlages wurden die seit 1882 jährlich und regelmäßig bis zum heutigen Tage erscheinenden *Verhandlungen des Congresses für Innere Medizin*. Am 20. April 1882 fanden sich erstmals deutsche Internisten zu einem solchen Kongreß zusammen. Die Fächerzersplitterung war weit fortgeschritten. Für die innere Medizin wurde dies zu einem Problem, das sie seither unvermindert beschäftigt.

1851 hatte Theodor Frerichs, der geistige Vater des Kongresses, die Aufgaben der klinischen Medizin definiert: »Sie hat die Ergebnisse, welche auf verschiedenem Wege der Forschung erzielt werden, in einem Brennpunkt zu konzentrieren, sie hat die Einseitigkeiten der Standpunkte, welche die Arbeitsteilung mit sich bringt, zu versöhnen und zu ergänzen.« Nach der Gründung der *Zeitschrift für Klinische Medizin* (1879 bei Hirschwald) durch Frerichs und Ernst Victor von Leyden bedeutete die Eröffnung des Wiesbadener Internistenkongresses einen weiteren entscheidenden Schritt vorwärts. Der stürmisch sich entwickelnden Spezialisierung folgte nun ein erster Rückschwung, eine Hinwendung zur »Einheitsidee des menschlichen Organismus«, wie Frerichs es in seiner Eröffnungsansprache nannte.

Rudolf Virchow und seine Schule beeinflußten von Berlin aus die deutsche Medizin. Wenn die Begründer des Kongresses sich für Wiesbaden entschieden, so mag darin auch eine gewisse sezessionistische Tendenz zu erkennen sein. Hier war man unbeeinflußt von Schulen oder Institutionen – zugleich an einem geographisch vermittelnden Orte zwischen Nord und Süd.

Friedrich Bergmann bot sich mit Erfolg als Verleger der Kongreßberichte an, und er wird während der Kongresse manche Anregung erhalten haben. Zahlreiche Teilnehmer wurden zu Autoren des Verlages. Ein Name mag für viele stehen: der Göttinger Kliniker Wilhelm Ebstein, von dem zwischen 1882 und 1885 allein 7 Titel bei Bergmann erschienen. Das wohl am weitesten bekannt gewordene Werk des Bergmann-Verlages ist der Müller/Seifert, das *Taschenbuch der medizinisch-klinischen Diagnostik*, das Otto Seifert und Friedrich Müller 1886 in erster Auflage herausbrachten (128 Seiten, RM 2,40). 1989 ist es in 72. Auflage erschienen (1045 Seiten, DM 98,–).

1890 übernahm Bergmann nach dem Tode Kreidels dessen 1843 gegründeten Verlag und führte ihn unter Kreidels Namen fort. Dieser Zuwachs brachte Bergmann auch in Verbindung mit der Chemiker-Dynastie Fresenius. Remigius Fresenius (1818-1897), ein Schüler und Mitarbeiter Justus von Liebigs, war 1845 als Professor für Chemie, Physik und Technologie an das nassauische landwirtschaftliche Institut nach Wiesbaden berufen worden und hatte dort zwei Jahre später ein eigenes, noch heute bestehendes Labor aufgebaut. Die 1862 von Fresenius im Verlag Kreidel begründete und noch lebendige *Zeitschrift für analytische Chemie* war von Anfang an erfolgreich und hatte bereits 1867 eine Auflage von 1250 Exemplaren.

Bergmann hatte ein gutes Gespür für Wesentliches und für das über den Tag hinaus Gültige. Dies bezeugen 18 von ihm zwischen den Jahren 1890 und 1910 begründete Serien, wobei die Übergänge zwischen dem reinen Zeitschriftentyp und der thematisch bestimmten Buchreihe fließend sind. Viele dieser Unternehmungen werden noch heute fortgeführt, wenn auch zum Teil unter verändertem Titel.

In den neunziger Jahren wurden die ersten großen Buchprojekte verwirklicht – darunter mehrere Handbücher. Viele davon wurden Klassiker – etwa der *Grundriß der pathologischen Anatomie* von Hans Schmaus (1892) mit 20 Auflagen, das 1897 begonnene fünfbändige *Handbuch der Gynäkologie* von Johann Veit und Walter Stoeckel, das drei Auflagen erlebte. Ferner der *Grundriß zum Studium der Geburtshülfe* von Ernst Bumm (1903; 1922 in 15. Auflage), das *Lehrbuch der Ohren-, Nasen- und Kehlkopfkrankheiten* von Otto Körner (1906; in 30 Jahren 14 Auflagen) und schließlich 1907 Hanson Kelly Cornings berühmtes *Lehrbuch der Anatomie*, das durch 21 Auflagen hindurch bis 1942 unzählige Studentengenerationen begleitet hat.

Im Juli 1907 erhielt Bergmann für seine Verdienste um die medizinische Wissenschaft die Ehrendoktorwürde der Universität Würzburg. Seine Verbindungen nach Würzburg gingen ins Gründungsjahr des Verlages zurück, und zahlreiche Mitglieder der medizinischen Fakultät vertrauten ihm ihre Manuskripte an. Bergmann pflegte zudem engen Kontakt zur 1830 gegründeten F. E. Theinschen Druckerei (L. Stürtz), seit 1887 Königliche Universitätsdruckerei H. Stürtz, die sich sehr früh schon auf die Herstellung wissenschaftlicher Werke eingerichtet hatte. Bergmann stellte hohe Ansprüche an typographische Sauberkeit und Reproduktionsqualität. Bei der Umwandlung der Druckerei in eine Aktiengesellschaft (1909) wurde Bergmann Teilhaber.

Im Laufe der Jahre waren inzwischen weitere medizinische Spezialverlage auf den Plan getreten: 1886 hatte Georg Thieme begonnen, 1890 wurde J. F. Lehmanns Verlag gegründet als erster rein medizinischer Verlag in München, und 1898 errichtete Urban & Schwarzenberg eine rasch sich selbständig entwickelnde Niederlassung in Berlin und verschaffte sich damit raschen Zutritt zu der blühenden Berliner medizinischen Schule.

Der Leipziger Verlag Johann Ambrosius Barth war nach der Übernahme durch Arthur Meiner (1890), insbesondere aber durch den Kauf der Medizin-Bestände der Verlage Ambrosius Abel (1892) und Breitkopf & Härtel (1908) als lebhafter Konkurrent aufgetreten. 1907 schließlich begann der Springer-Verlag unter der Leitung der Enkel des Verlagsgründers, und hier insbesondere Ferdinand Springers, seine ungewöhnliche Aktivität auf dem Gebiete medizinischer Bücher und Zeitschriften zu entwickeln. So hatte sich innerhalb der zurückliegenden 25 Jahre bis um die Jahrhundertwende das Bild des medizinischen Verlagswesens in Deutschland erheblich verschoben und ganz neue Konturen erhalten.

Die vor dem Ersten Weltkrieg hervorgetretenen Spezialverlage sind für die folgenden 50 Jahre – hinweg über zwei Weltkriege – maßgebend für die medizinische Publizistik geblieben, während die beiden bis dahin führenden Medizinverlage, A. Hirschwald und F. C. W. Vogel, ihre beherrschende Position schon um die Jahrhundertwende verloren hatten.

Bei Friedrich Bergmann stellten sich gegen Ende seines sechsten Lebensjahrzehnts gesundheitliche Schwächen ein. Zur Erleichterung der Arbeit nahm er daher 1905 seinen Neffen Wilhelm Gecks in den Verlag auf, den Sohn seiner Schwester Anna und des angesehenen Wiesbadener Buchhändlers Leonhard Gecks. Wilhelm Gecks heiratete später eine Tochter von Heinrich Stürtz in Würzburg und wurde 1913 Teilhaber seines Onkels.

Bergmann sorgte sich in jener politisch wetterleuchtenden Zeit um seinen Verlag, und es ist verständlich, daß er sich nach einem starken Partner umsah, dessen Erfahrung und Marktstellung ihm die Gewähr für den Bestand seiner Gründung gab. Über Heinrich Stürtz war er schon 1908 mit Springer in Kontakt gekommen, und im März 1914 wurden Ferdinand und Julius Springer zu Teilhabern; Bergmann wandelte zugleich seine Firma in eine offene Handelsgesellschaft um.

Der Erste Weltkrieg brachte neue und große Probleme. Wilhelm Gecks wurde einberufen. Der kränkelnde Bergmann mußte die Leitung des Verlages wieder übernehmen, und in dieser Lage entschloß er sich, weitere Anteile auf Ferdinand

Springer zu übertragen. Am 22. August 1917 starb Friedrich Bergmann in Königstein im Taunus, wohin er sich zur Erholung zurückgezogen hatte. Der befreundete Verleger Walter de Gruyter schrieb in seinem Nachruf: »Fritz Bergmann hat mit großem Zuge und sicherer Hand einen der angesehensten und wertvollsten Verlage aufgebaut und in der Vereinigung des Kaufmanns und Wissenschaftsfreundes zu unseren Vorbildern gehört.« 1921 erschien bei Stürtz ein Lebensbild Fritz Bergmanns von Karl Samwer, das die Linien seines Lebens liebevoll nachzeichnet und ihn als einen geistig ungewöhnlich interessierten, aufgeschlossenen und zugleich warmherzigen Menschen erkennen läßt.

Die Fortführung der Firma war gesichert, mit Wirkung vom 1. Januar 1918 übernahm Springer auch die restlichen Anteile. Die Probleme jener Kriegs- und Nachkriegszeit indes trafen auch den Bergmann-Verlag schwer. Einen Monat nach Kriegsende war Wiesbaden von französischen Truppen besetzt worden. Sowohl der Kontakt zum Eigentümer als auch die Verbindungen zu Autoren, Kunden und Lieferanten waren behindert. So wurde die Verlegung des Verlagssitzes nach München beschlossen und mit Wirkung vom 1. Januar 1920 vollzogen. Für den Springer-Verlag ergab sich hieraus der Vorteil, daß zu den zahlreichen Autoren und Herausgebern in München unmittelbare Verbindungen hergestellt werden konnten.

Der Verlag entwickelte vom neuen Standort aus weiterhin eine lebhafte Tätigkeit. In eigener Regie wurden die Bücher der alten sowie neu gewonnener Autoren herausgegeben. Von 1920 bis 1928 erschienen über 300 Titel – überwiegend Neuerscheinungen. In manchen Bereichen war es sinnvoll, bislang miteinander konkurrierende Zeitschriften von Springer und Bergmann zusammenzuführen. Dies war in den Jahren der Inflation oft die Voraussetzung für das Überleben und wurde in der folgenden Wirtschaftskrise zum Gebot. Am 1. Januar 1930 wurde die Auslieferung der Bergmann-Titel vom Springer-Verlag übernommen.

Es war in jener kritischen Zeit notwendig geworden, die Geschicke des Gesamtverlages von einem Orte aus zu leiten. Die Zusammenarbeit wurde erleichtert durch die loyale Haltung und sichere Führung des Bergmann-Verlages durch Friedrich Probst, der von Mitarbeitern umgeben war, auf deren Umsicht und persönliche Integrität unbedingter Verlaß war.

Nach dem Zweiten Weltkrieg erhielt der Verlag am 14. August 1946 die Lizenz der amerikanischen Militärregierung. Es war ein Glück, daß in jenen Jahren des Aufsichgestelltseins eine starke und sichere örtliche Führung vorhanden war, die sich nach fast zwanzigjähriger Unterbrechung wieder verlegerischen Aufgaben widmete. Dabei beschränkte man sich in München zunächst auf die Neubelebung der Zeitschriften und bewährter alter Titel. Zugleich galt es, Druckmöglichkeiten zu erkunden und zu nutzen, denn viele der für Springer und

Bergmann tätigen Firmen wie Stürtz in Würzburg und Ritter in Wiesbaden waren erheblich zerstört. Die Lager von Stürtz boten allerdings auch unversehrte Bestände von Monographien und Handbüchern – in Anbetracht der Vernichtung bzw. des Abtransportes anderer Lager eine glückliche Fügung. Es kam zu einer reibungslosen Zusammenarbeit zwischen Bergmann und Springer sowohl im Planungs-, Herstellungs- als auch im Vertriebsbereich.

Der Springer-Verlag dankt dem von Bergmann geschaffenen Fundus mehr, als hier im einzelnen ausgeführt werden kann. Als Ferdinand Springer vor rund 65 Jahren mit Bergmann in Verbindung kam, war die Medizin in seinem Verlag noch in der Entwicklung begriffen. Ferdinand Springer war während seiner Berner Lehrzeit von 1900 bis 1902 bei Schmid & Francke (heute Francke AG) mit dem damaligen Privatdozenten, späteren Ordinarius der Physiologie in Bern, Leon Asher, befreundet, der ihn nachhaltig für die medizinische Forschung begeisterte. Dies wurde entscheidend für seine späteren verlegerischen Interessen. Welch bemerkenswertes Zusammentreffen, daß um die gleiche Zeit – im Jahre 1902 – der erste Band der *Ergebnisse der Physiologie*, herausgegeben von Leon Asher und Karl Spiro, im Bergmannschen Verlag erschien! Sind hier in der Berner Lehrzeit bereits die Wurzeln für Ferdinand Springers späteres Interesse an diesem Verlag erkennbar? Auf jeden Fall trug die Übernahme von Bergmann wesentlich zur Profilierung des Springer-Verlages im Medizinbereich bei. Sie wurde planmäßig weiterentwickelt und führte im Jahre 1921 zur Übernahme von August Hirschwald und 1931 zur Eingliederung des F. C. W. Vogel-Verlages. Ohne diese weitschauende Planung wäre der Springer-Verlag auf medizinischem Gebiete nicht geworden, was er heute ist. J. F. Bergmann wiederum würde möglicherweise längst vergessen sein, wie mancher andere verdienstvolle wissenschaftliche Verlag, ohne das partnerschaftliche Vertrauen von Friedrich Bergmann und die kraftvolle Initiative Ferdinand Springers.

Beide hatten zudem verwandte Auffassungen über die Aufgaben und die Rolle des Verlegers. Wenn Bergmann am 4. November 1904 an seinen Freund Dunkker schrieb: »Der Verleger kann im typographischen Bild des Druckes, in der Wahl und Anordnung der Illustration, in Einband usw. zu seinem bescheidenen Teile etwas zur äußeren Gestaltung des Buches tun«, so kennzeichnet dies den Verleger, der seinen Anteil an der Präsentation des Buches gegenüber der Leistung des Autors in den Hintergrund rückte. Ein gleicher Geist der Bescheidenheit und des Zurücktretens hinter die Aufgabe charakterisierte Ferdinand Springer, wenn er in einem Lebensbericht schrieb: »Der Verleger handelt mit fremdem geistigen Eigentum. Hierin liegt die Verpflichtung zur Bescheidenheit hinsichtlich der Rolle, die er zu spielen hat. Er muß sich der Verantwortung bewußt sein, die er gegenüber dem Autor und der Sache hat.«

Gewicht und Bedeutung der Firma Bergmann und ihres Namens hat die Geschäftsleitung des Gesamtverlages über Jahrzehnte hin davor bewahrt, den Verlagsnamen aufzugeben. Es wurden dieser Firma vielmehr eine Selbständigkeit erhalten und ihr von Fall zu Fall Sonderaufgaben zugeordnet. Hierzu gehörte die Übernahme und Einordnung des medizinischen Verlagsbestandes von J. F. Lehmanns Verlag, in deren Gebäude die J. F. Bergmannsche Verlagsbuchhandlung am 1. Oktober 1977 übersiedeln konnte. Am 12. Juni 1978 wurde die Feier des hundertjährigen Bestehens in München festlich begangen.

Die durch das »Photokopierunwesen« und die weltweit nicht Schritt haltenden Bibliotheksetats bewirkten Rückgänge der Verkaufsauflagen im wissenschaftlichen Verlagsbuchhandel zwangen überall zur Ausnutzung aller Rationalisierungsmöglichkeiten. Im Rahmen dieser Entwicklung mußte 1983 die Auflösung der Herstellungsabteilung mit etwa 20 Mitarbeitern beschlossen werden, soweit sie mit der Herstellung von Springer-Titeln befaßt war. Damals sind vier über eine lange Zeit von Bergmann betreute Zeitschriften an den Springer-Verlag Heidelberg zurückgegangen: *Archives of Gynecology and Obstetrics* (als *Archiv für Gynäkologie* zuerst 1860 bei Hirschwald erschienen), *Archives of Orthopaedic and Traumatic Surgery* (als *Archiv für Orthopädie, Mechanotherapie und Unfallchirurgie* seit 1903 bei Bergmann), *Journal of Cancer Research and Clinical Oncology* (als *Zeitschrift für Krebsforschung* zuerst 1903 bei Gustav Fischer) und *Zeitschrift für Lebensmitteluntersuchung und -Forschung* (als *Vierteljahresschrift über die Fortschritte auf dem Gebiete der Chemie der Nahrungs- und Genußmittel* 1886 von Springer gegründet). Nur die *Klinische Wochenschrift* (Fortsetzung der *Therapeutischen Monatshefte*, zuerst 1887 bei Springer erschienen) verblieb in München. Die *Klinische Wochenschrift* übernahm als neuer Schriftleiter (1. 1. 1984) Professor Nepomuk Zöllner. Es wurde eine Zeitschriftenredaktion eingerichtet, die ihre Arbeit am 1. Januar 1984 aufnahm (Professor Hans-Joachim Clemens).

Am 1. 1. 1989 erfolgte eine weitere Konzentration durch die Übernahme und vollständige Einordnung des medizinischen Verlagsbestandes der Firma J. F. Bergmann durch den Springer-Verlag in Heidelberg. Der Münchner Mitarbeiterstab mit dem Schwerpunkt Medizin soll in Zukunft vor allem süddeutschen Autoren im Bereich der Herstellung (Bücher und Zeitschriften) mit Rat und Tat zur Seite stehen. Verstärkt werden die Aktivitäten um die Neuauflage des Hagerschen *Handbuches der Pharmazeutischen Praxis*. Mit Computereinsatz und weltweiten Datenbankkontakten arbeitet ein fünfköpfiges Team auf das Erscheinen des ersten Bandes dieses Standardwerkes hin.

In der Zeit von 1983 bis zum 31. 12. 1988 sind insgesamt 40 eigene Bergmann- und 16 Springer-Titel sowie 69 Bücher im Auftrag für den Heidelberger Planungsbereich hergestellt worden. Die Planung hat sich bemüht, an alte renommierte Bergmann-Titel wie Mollier und Corning anzuknüpfen. Im Januar 1989 sind im *Verzeichnis lieferbarer Bücher* 82 Bergmann-Titel nachgewiesen, darunter das Buch von Hermann Triepel *Die anatomischen Namen* (1. Auflage 1906), heute in der 29. Auflage 1978 unter dem Titel *Die Fachwörter der Anatomie, Histologie und Embryologie.*

Auch wenn der Verlag J. F. Bergmann mit dem Ende des Jahres 1988 seine Tätigkeit als eigenständige Firma aufgegeben hat, wird der Springer-Verlag sich bemühen, die große Tradition dieses bedeutenden Medizin-Verlages im Sinne seiner Gründer zu erhalten und zu pflegen.

GÜNTHER PFLUG

Eugen Diederichs und Henri Bergson

»Soweit ich die Entwicklung meines Verlages fürs nächste übersehe, mache ich einen bedeutenden Sprung in die Philosophie hinein und lasse die Erörterung religiöser Probleme vom modernen Gesichtspunkt etwas liegen.« Dies schrieb Eugen Diederichs am 28. Dezember 1903 einem Theologen, der ihm offensichtlich ein Manuskript angeboten hatte.[1] Auf den ersten Blick erweckt diese Formulierung den Eindruck, daß der Verleger eine den Autor nicht verletzende Absage für die Übernahme seines Buchmanuskriptes geben wollte. Doch darf man wohl – bei aller Richtigkeit dieser Vermutung – hinter ihr mehr sehen, als lediglich eine Ausrede.

Eugen Diederichs hatte seinem etwas allgemein formulierten Verlagsprogramm, wie er es 1896 im *Börsenblatt* vorgestellt hatte[2], schon zu Beginn des neuen Jahres eine deutlich religiöse Tendenz gegeben, wohl unter dem Einfluß von Arthur Bonus und Albert Kalthoff. Von Bonus hatte er 1902 *Die Religion als Schöpfung*, von Kalthoff 1904 *Die Entstehung des Christentums* und die *Zarathustra-Predigten* veröffentlicht. Vor allem der erste hatte ihn in seinem undogmatischen, antikirchlichen, ganz auf das persönliche Leben abgestellten Christentum nachhaltig beeinflußt.[3] Das hat auf sein Verlagsprogramm deutlich eingewirkt. »Ich habe direkt das Gefühl, daß ich mit meinem Verlag zu einer vertieften, dogmenlosen Religion hinsteuern müsse«, schreibt er 1901 an Bonus[4] und nennt als typische Vertreter dieser Richtung Tolstoi, Eugen H. Schmitt, Emerson und auch Meister Eckehart. Angesichts der in den folgenden Jahren ständig anwachsenden Anzahl der Mystikerausgaben[5] kann die Absage an die Religion in dem Brief von 1903 wohl nicht so streng gemeint sein. Dennoch bleibt der Hinweis auf die Philosophie bemerkenswert.

Was verbirgt sich hinter ihm? Die Philosophie gehörte ursprünglich nicht zu den Verlagszielen von Eugen Diederichs. »Soziales Deutschtum und deutsche Sozialgeschichte«, so hatte er es noch in Florenz formuliert, und er hatte die

---

1 Eugen Diederichs. Leben und Werk, S. 99.
2 »Moderne Bestrebungen auf den Gebieten der Literatur, Sozialwissenschaft, Naturwissenschaft und Theosophie.« Diederichs, Leben, S. 38.
3 »Von Bonus aus gewann ich den Weg zu den Mystikern und zu allem, was ich religiöses Leben nenne.« Eugen Diederichs, Selbstzeugnisse, S. 328.
4 Brief an A. Bonus vom 31. Oktober 1901. Diederichs, Leben, S. 59.
5 Meister Eckehart 1903-1909, Angelus Silesius 1905, Theologia deutsch 1907, Seuse 1911, Tauler 1913; Diederichs rechnete auch Paracelsus, Plotin und selbst Plato in diese Gruppe.

Naturwissenschaft dazugesetzt. Das war die Quintessenz seiner ersten Verlegerpläne: ein Buch über die Revolution von 1848 – zum fünfzigjährigen Erinnerungstag – aus der Feder des Sohnes von Robert Blum, dem Rechtsanwalt Hans Blum, und ein Werk von Wilhelm Boelsche über *Das Liebesleben in der Natur*, der wohl größte Erfolg des Verlags.[6] Diese beiden Werke schienen in ihrem Grundtenor weit auseinander zu liegen. Was sie jedoch für Eugen Diederichs vereint, ist seine soziale, seine deutsche Religiosität, die ihn in gleicher Weise mit einem nationalen Sozialismus wie mit dem Monismus des Friedrichshagener Kreises um Boelsche verband.[7] Der Friedrichshagener Kreis wurde von Diederichs jedoch kaum als ein philosophischer empfunden, wie seine Charakterisierung in einer persönlichen Aufzeichnung des Jahres 1927 zeigt.[8]

Auch die andere philosophische Richtung, die sich von Anfang an in seinem Verlagsprogramm fand, die theoretischen Schriften von Maurice Maeterlinck, bestimmten nicht seine Vorstellungen von Philosophie. Zwar hat Eugen Diederichs seinen Zugang zu Maeterlinck 1898 mit dem *Schatz der Armen* begonnen, also mit einem der theoretisch-spekulativen und nicht mit einem der literarischen Werke des Autors.[9] Doch auch dieses Werk wird von Diederichs nicht in seinem philosophischen, sondern in seinem literarisch religiösen Gewicht gewertet. »Neuromantik in erster Linie als Anschauung des Universums«.[10] Und 1902 schreibt er an Wilhelm Boelsche: »Ich sehe, wie mit einem Mal, durch *Mona Vanna* veranlaßt, die Maeterlinckschen Werke ganz gewaltig anziehen und ich diese Welle benutzen muß, um die Leute für die Mystik zu interessieren.«[11]

Was Eugen Diederichs mit der Philosophie in seinem Brief vom Dezember 1903 im Auge hatte, war eine andere philosophische Richtung als die, die vom

---

6 Bis 1918 insgesamt 57 Tausend Exemplare.

7 Aus diesem Kreis hat er neben zwei Werken von Boelsche ein Werk von Bruno Wille und zwei Werke von Julius Hart veröffentlicht, wobei gerade die beiden Hart-Titel die Verbindung mit einer undogmatischen Religion zeigen: »Der neue Gott« und »Triumph des Lebens«.

8 »Dort herrschte mehr Bohème und Großstadtton, feurige Begeisterung, die Feste und Kneipereien brauchte und viel Gespräche... Ich möchte sagen, der Einfluß dieses Kreises löste sich dann mit der Universitätsluft Jenas, vielleicht hatte auch Arthur Bonus ein gut Teil vorher dazu beigetragen.« Diederichs, Leben, S. 381.

9 Es war nicht der erste Maeterlinck-Titel auf dem deutschen Buchmarkt. Schon 1892 hatte S. Fischer die »Prinzess Maleine« herausgebracht, im gleichen Jahr erschien in Wien bei Weiß »Der Eindringling«. Es folgten 1897 bei Langen in München »Die Blinden« und »Der Eindringling«, bei Schneider in Berlin »Pelleas und Melisande«.

10 Diederichs, Leben, S. 14-15.

11 Diederichs, Leben, S. 67. Noch 1898 hatte er Friedrich von Oppeln-Bronikowski, dem Übersetzer von Maeterlinck, geschrieben, daß »vom rein geschäftlichen Standpunkt aus ein Verlegen von Maeterlinck nicht viel Verlockendes hat«. Diederichs, Leben, S. 45. »Mona Vanna« jedoch erlebte im ersten Jahr ihres Erscheinens 1903 eine Auflage von 17 Tausend und stieg 1904 auf 20 Tausend Exemplare, sicherlich nicht wegen des mystischen Interesses des Publikums.

Friedrichshagener Kreis oder von Maeterlinck vorgegeben war. Er hatte in den Leipziger Jahren Kontakt zu zwei Philosophen bekommen. Arthur Drews, damals schon Professor in Karlsruhe, und Leopold Ziegler, »vielleicht das kommende philosophische Genie Deutschlands«, wie er in einem Brief an Arnaldo Cervesato 1903 schrieb.[12]

Beide Denker kamen von Eduard von Hartmann her und scheinen mit ihrer leicht pessimistisch gestimmten Grundhaltung nur wenig geeignete Partner für den Optimisten Diederichs. Was sie vereint, war eine allgemeine Kultur- und Religionskritik, bei Drews auch sein Versuch zu einem religionsphilosophischen Neuansatz.[13] Bekannt geworden ist Diederichs mit Drews wohl über den Friedrichshagener Kreis, zu dem beide enge Beziehungen hatten. Für die ersten Jahre ist Drews sein eigentlich philosophischer Berater gewesen, bis Eugen Diederichs durch Übersiedlung von Leipzig nach Jena an der dortigen Universität in Rudolf Eucken, Max Scheler und vor allem Herman Nohl neue Gesprächspartner fand. Die Beziehungen zu Drews sind jedoch nicht abgerissen, wenn er ihm auch 1919 ziemlich kühl absagte, als Drews ihm ein religionsphilosophisches Werk zur Veröffentlichung anbot.[14]

Bei Leopold Ziegler war es vor allem die Kulturkritik. Sein Werk über *Das Wesen der Kultur*, das – wohl auf Empfehlung von Drews – Ziegler Diederichs anbot, hat den Verleger sofort angesprochen.[15] Durch beide Autoren wurde Diederichs auf Eduard von Hartmann neugierig und reiste im November 1903 nach Berlin, um ihn aufzusuchen. Die Begegnung führte jedoch zu einer großen Ernüchterung, wie sein Bericht in einem Brief an Ziegler vom 11. November 1903 zeigt: »Ich war jetzt jüngst in Berlin und habe Eduard von Hartmann aufgesucht. Es wird Ihnen ketzerisch vorkommen, aber für mich war es eine kleine Enttäuschung. Ich habe das Unkünstlerische in seinem Wesen und in dem seiner Frau sehr empfunden; auch eine gewisse Begrenztheit in seiner Stellung zur Welt, was ja wohl auch an seiner Zurückgezogenheit liegt.«[16]

Diese Enttäuschung beschränkt sich jedoch nicht nur auf Eduard von Hartmann, sondern wirkt auch auf sein Verständnis von Ziegler zurück. So fährt der Brief an Ziegler fort: »Merkwürdigerweise finde ich in Ihrem letzten Brief eine ähnliche Begrenztheit, indem Sie nicht über den Pessimismus hinauskommen können, den Schopenhauer festgelegt hat.«[17] Diese Enttäuschung mit der Schule von Eduard von Hartmann, deren Pessimismus Diederichs erst erstaunlich spät

---

12 Diederichs, Leben, S. 86.
13 Diederichs hat sein Werk »Die Religion als Selbstbewußtsein Gottes« 1906 verlegt.
14 Diederichs, Leben, S. 343.
15 Brief vom 28. Juli 1902. Diederichs, Leben, S. 64.
16 Diederichs, Leben, S. 91.
17 Diederichs, Leben, S. 92.

erkannte, hat wohl kaum die Wendung zur Philosophie begünstigt, von der er im Dezember desselben Jahres – also nur einen Monat nach seinem Besuch bei Eduard von Hartmann – dem Theologen schrieb.

* * *

Was also war die neue Philosophie, der er sich nun widmen wollte? Nach der Übersiedlung des Verlags von Leipzig nach Jena zum 1. März 1904 nahm Diederichs bald Kontakte mit den dortigen Dozenten der Philosophie, in erster Linie mit Rudolf Eucken auf, der die Pläne des Verlegers, Werke von Fichte herauszubringen, deutlich gefördert hat. Zwar reichen diese Pläne noch bis in die Leipziger Zeit zurück – und als Berater für seinen Fichte-Plan nennt er auch noch Ende 1903 ausdrücklich Arthur Drews.[18] Doch wenn er am 30. Mai, also nur drei Monate nach seinem Ortswechsel, an Karl König schreibt: »Ich werde auf philosophischem Gebiet ... meine Autoren um Fichte gruppieren«[19], so läßt sich hier sicherlich ein erster Einfluß von Eucken feststellen.[20] Bei Erscheinen von *Materie und Gedächtnis* im Jahre 1908 setzte er sich für eine Verbreitung des Werks beim »deutschen Publikum« ein und verfaßte eine Notiz für die Tagespresse – nicht für die Fachgenossen.[21] Die für die weitere philosophische Entwicklung des Verlags entscheidende Anregung stammt jedoch von Max Scheler, der sich 1900 bei Eucken habilitiert hatte und als Privatdozent in Jena las. Er hat Diederichs auf Henri Bergson hingewiesen und zugleich einen ersten Übersetzer vermittelt. Albert Steenbergen, der auch 1909 im Diederichs-Verlag ein Werk über Bergson veröffentlicht hat.[22]

Es zeigte sich, daß sowohl der philosophische Monismus Friedrichshagener Prägung wie der latente Pessimismus in der Kulturkritik von Drews und Ziegler, ja selbst der Symbolismus Maeterlincks für Diederichs im wesentlichen Hilfsmittel zur Bewegung seiner religiösen Pläne waren. Der Philosophie Bergsons ist es im Grunde nicht anders ergangen. Am 22. Januar 1908 schreibt Eugen Diederichs an Karl König: »Mir scheint dieses [das Persönlichkeitsempfinden] für den Protestantismus mehr in einem größeren Eindringen des Spekulativen und der Psychologie der Religion zu liegen, wie es William James und sein Kreis treibt. Von dort aus scheint mir auch die philosophische Befruchtung des Reformka-

---

18 Diederichs, Leben, S. 87.
19 Diederichs, Leben, S. 110.
20 Noch im Oktober 1903 hatte er neben Fichte Hegel und Schelling als »Hauptvertreter« genannt. Briefe an Martin Rade und Erich Kircher. Diederichs, Leben, S. 88 und 89.
21 Unveröffentlichter Brief von R. Eucken an E. Diederichs vom 6. 10. 1908 (Privat-Archiv Diederichs).
22 »Bergsons intuitive Philosophie«.

tholizismus zu geschehen und ich bringe ja deren Vermittlungspunkt, den französischen Philosophen Bergson in seinem Hauptwerk im Februar dieses Jahres.«[23] Etwas später fährt er fort: »Ich sehe aus meinem intuitiven Vermögen heraus klar, daß das gemäß dem protestantischen Prinzip unter Führung eines Philosophen geschehen muß und nach allem, was mir Fachleute über Bergson sagen, scheint dieser der Mann zu sein, der die neuen philosophischen Ideen nach Deutschland hineinwerfen wird, die wir brauchen.«[24] Diese Ideen, »die wir brauchen«, sieht Diederichs zuerst einmal in einem Antirationalismus. An Drews schreibt er am 11. September 1908: »Ich denke, schon vom antikantianischen Standpunkt aus wird Ihnen Bergson sehr willkommen sein.«[25] Diese Beobachtung schließt interessanterweise an eine Bemerkung über einen Vortrag von Hans Driesch an, den dieser auf dem Internationalen Philosophie Kongreß in Heidelberg gehalten hat. Es zeigt sich, daß auch bei Eugen Diederichs sich ein Wandel in seinem Weltbild vollzog.

Der Übergang von einem Kausalismus zu einem Vitalismus bei Driesch ist sicherlich mit der Bergsonschen Position in der *Evolution créatrice* gleichzusetzen. Doch wäre es zu viel verlangt, zu diesem Zeitpunkt schon die biologischen Konsequenzen richtig abzuschätzen. Diederichs geht hier wiederum von seinen persönlichen Erfahrungen aus. Unter dem Einfluß der Mystiker, die ihn im ersten Jahrzehnt des 20. Jahrhunderts ausnehmend beschäftigten, hat seine Gläubigkeit einen deutlich pantheistischen Zug erhalten, dem eine Vitalisierung der Welt entsprach.[26] In wie weit hier schon Bergsons *Evolution créatrice* auf Diederichs einwirkte, ist schwer zu sagen. Daß er dieses Werk in Kürze herausgeben werde, hatte er bereits 1908 angekündigt.[27] Übersetzungsschwierigkeiten haben das Erscheinen jedoch bis 1911 verzögert. Wahrscheinlich hat Diederichs jedoch die erste, später verworfene Übersetzung von Isaac Benrubi gelesen, so daß ihm das Schlußkapitel dieses Werks wenigstens in seinen Grundzügen bekannt war.

Zwei Erwartungen sind es, die Eugen Diederichs an die Bergsonsche Philosophie knüpft. In einem Brief vom 7. Dezember 1909 hofft er, daß Bergsons »Buch über die Mystik, das er jetzt schreibt, die Intellektuellen zu ihm führen wird«.[28] Bergson dient ihm also – wie schon vorher Maeterlinck – als ein Vehikel für die

---

23 Diederichs, Leben, S. 153-154.
24 Diederichs, Leben, S. 154.
25 Diederichs, Leben, S. 163.
26 In einem Brief an einen katholischen Theologen vom 11. Juni 1908 bezeichnet sich Diederichs ausdrücklich als Pantheist. Diederichs, Leben, S. 160. Erst 1918 widerrief er unter dem Einfluß seines sozialen Engagements diesen Pantheismus. Brief an A. Bonus vom 10. 8. 1918. Diederichs, Leben, S. 315.
27 Diederichs, Leben, S. 154.
28 Diederichs, Leben, S. 166.

ihn selbst begeisternde Mystik, die für ihn persönliches Gotterleben ist. Auf welches Werk Bergsons sich jedoch Diederichs Bemerkung bezieht, muß fraglich bleiben. Um die *Evolution créatrice* kann es sich kaum handeln, da Diederichs genau wußte, daß sie bereits erschienen war und er sich seit mehr als einem Jahr um eine Übersetzung bemühte. Doch offensichtlich wurde allgemein angenommen, daß Bergson ein Buch über die Ethik plante und daß er sich in diesem Zusammenhang mit der Mystik befaßte. Dem aufmerksamen Beobachter wurde dies zuerst klar, als Bergson am 30. Januar 1909 in der Académie des sciences morales et politiques das Buch von Henri Delacroix *Etudes d'histoire et de psychologie du mysticisme*[29] vorstellte, wobei er den seiner Philosophie vertrauten Terminus »Intuition« für die mystische Schau verwandte.[30] Doch gingen die Gerüchte – jedenfalls in Paris – darüber hinaus. Als Bergson Joseph Lotte am 21. September 1911 zu einem Interview empfing, fragte ihn dieser direkt nach dem neuen Buch über die Ethik. Bergsons Antwort zeigt jedoch, daß die Gerüchte der Wirklichkeit vorausgeeilt waren. Er antwortete sichtlich verwirrt: »Mein Buch... Oh! nein!... zur Zeit nicht... Ich weiß nicht... Ich weiß niemals, wohin ich gelange... Es dauert Jahre, ein Buch zu schreiben.«[31] Das Buch erschien denn auch erst 1932. Offensichtlich hatte Diederichs – wahrscheinlich durch Benrubi oder Steenbergen, die sich damals in Paris aufhielten – von den Gerüchten erfahren und war – wie bei Maeterlincks *Mona Vanna* – sofort bereit, eine Brücke zwischen dem französischen Autor und seiner eigenen verlegerischen und persönlichen Situation zu schlagen.

Die andere Erwartung richtete Diederichs auf die Erneuerung des religiösen Bewußtseins seiner Zeit, das, was er seit 1902 die »religiöse Kultur« nannte.[32] Bergson schien ihm ein Mittler für diese Erneuerung zu sein. Daher bringt er ihn – sicherlich nicht völlig zu Unrecht – mit der Modernismus-Diskussion in Frankreich in Verbindung. Zwar fand sich unter den jungen Theologen und kirchlich gebundenen Philosophen in Frankreich eine Gruppe, die sich nach dem Erscheinen der *Evolution créatrice* der Bergsonschen Philosophie anschloß und versuchte, sie mit modernistischen Thesen zu verbinden. Doch in Bergson den Vater des Modernismus sehen zu wollen, widerspricht der Chronologie der Ereignisse. Die Enzyklika *Pascendi* von Pius X. gegen den Modernismus stammt aus dem Jahr 1907, also vor dem Erscheinen der *Evolution créatrice*. Als Väter des Modernismus sind vielmehr Alfred Loisy, Léon Ollé-Laprune und vor allem Maurice Blondel mit seiner *Philosophie de l'action* anzusehen, die alle älter als Bergson sind. Loisys Werk *L'évangile et l'église* stammt von 1902, Blondels *L'action* ist 1893 erschienen,

---

29 Paris: Alcan 1908.
30 Henri Bergson: Mélanges, S. 788-790.
31 Bergson: Mélanges. S. 880-881.
32 »Hingabe an das Leben und ein persönliches Verhältnis zu Gott.« Diederichs, Leben, S. 61.

also vier Jahre nach Bergsons Erstlingswerk und zwei Jahre vor *Matière et mémoire*. Daß es in der Wissenschaftskritik und in der Erkenntnistheorie mit Bergson übereinstimmt, ist unbestritten. Doch ist ein unmittelbarer Einfluß von Bergson auf Blondel unwahrscheinlich.

Auch hier geht es Eugen Diederichs nicht um den Nachvollzug historischer Entwicklungen, sondern um die Formulierung seiner persönlichen religiösen Anliegen. Von der – nach dem Tode von Kalthoff – stockenden Diskussion um eine neue Frömmigkeit enttäuscht, wandte Diederichs – wenigstens für kurze Zeit – seine Hoffnungen dem Reformkatholizismus zu. Dies schreibt er deutlich in einem Brief an Arthur Drews vom 11. März 1908: »Meine neueste Phase ist, daß ich den Reformkatholizismus vertreten will.«[33] Doch zeigen sich schon bald Schwierigkeiten: Die Autoren, die er übersetzen und damit in Deutschland bekannt machen möchte, verweigern die Übersetzungsrechte, »aus Angst, exkommuniziert zu werden«.[34]

Auch bei der Rezeption von Bergson – wie schon bei der von Ziegler und Maeterlinck – erlag Diederichs einem Wunschdenken. Er neigte dazu, die Probleme, die ihn innerlich bewegten, auf die anderen Denker zu übertragen und in ihren Schriften das zu finden, was er in seiner eigenen Seele suchte. Das hielt bis zum Erscheinen der *Schöpferischen Entwicklung* an, von der er noch Ende 1911 einen großen Einfluß auf die protestantische Theologie erwartete.[35] Doch dann folgt wieder die Ernüchterung. 1913 stellt er in einem Brief an Karl König fest, daß er »mit der religiösen Produktion im Augenblick sehr pessimistisch eingestellt« sei, und zieht daraus den Schluß: »Ich suche mir ein anderes Gebiet, und das ist die Vertiefung des nationalen Gedankens.«[36]

Im Grunde hat Diederichs schon früh gesehen, daß Bergson sich nur sehr bedingt für die Rolle eignet, die er ihm zwischen 1908 und 1911 in Deutschland zuteilen möchte. Daß *Matière et mémoire* nicht ein Werk ist, das eine große Leserschaft begeistern und zu einem neuen Christentum führen könne, ist ihm schon in dem bereits zitierten Brief an Karl König vom 22. Januar 1908 klar, in dem er *Matière et mémoire* als »ganz schwer wissenschaftlich und gar nicht für das allgemeine Publikum« charakterisiert. Doch rettet er sich sofort in eine Hoffnung auf die *Evolution créatrice*: »Ein zweites Werk, das das jetzt herauskommende Werk *Materie und Gedächtnis* etwas populärer ergänzen wird.«[37] Doch auch diese Hoffnung sollte trügen.

---

33 Diederichs, Leben, S. 156. Vgl. auch den Brief an Rudolf Kassner vom 26. März 1908: »...daß ich der Schutzherr der Modernisten werde.« Diederichs, Leben, S. 157.
34 Diederichs, Leben, S. 157.
35 Brief an Gottfried Traub vom 7. 12. 1911. Diederichs, Leben, S. 204.
36 Diederichs, Leben, S. 214.
37 Diederichs, Leben, S. 154.

So hat denn Eugen Diederichs auch 1913 zu einer neuen Bergson-Bewertung gefunden. Das einzige Mal, daß er sich öffentlich zu Bergson geäußert hat und nicht nur in persönlichen Briefen, zeigt ein gewandeltes Bergson-Verständnis. In diesem Jahr veröffentlichte er im Rahmen eines Verlagskatalogs eine Studie mit dem Titel *Wo stehen wir?* In ihr ordnet er Bergson eindeutig in eine philosophische und nicht mehr in eine religiöse Bewegung ein: »Die neuidealistische Bewegung ist philosophisch in Frankreich weiter als in Deutschland. Ihr Hauptvertreter ist Bergson.«[38]

Der Grund, daß er gerade in diesem Jahr mit Nachdruck auf die philosophische Bedeutung Bergsons hinweist, liegt in einer gewissen Verstimmung über Max Scheler, der im gleichen Jahr eine deutliche Absage an Bergson formuliert hatte. In den *Weißen Blättern* war sein Aufsatz *Versuche einer Philosophie des Lebens. Nietzsche–Dilthey–Bergson* erschienen, in dem er unter Hinweis auf die phänomenologische Zeitanalyse Husserls lebhafte Kritik am Psychologismus Bergsons übt.[39] Diederichs greift diese Kritik auf: »Es ist spaßhaft, daß man in Deutschland, ehe Bergson bekannt ist, schon davon spricht, er müsse überwunden werden.«[40] Doch dann überträgt er Bergson wiederum eine neue Aufgabe im nationalen deutschen Rahmen, getreu seiner neuen Zielsetzung, wie er sie in seinem Brief an König formuliert hat: »Als ob es nicht eine dringende Notwendigkeit für uns ist, den Nationalismus mit Hilfe Bergsons zu überwinden.« Wieder haben wir den gleichen Prozeß, daß Diederichs von den ihn beherrschenden Ideen – diesmal ausgelöst von seiner Wendung zum Politischen – bestimmt wird, alles diesen Vorstellungen und Wünschen zu assimilieren.[41]

Mit diesem seltsamen Verhältnis zu Henri Bergson, das eigene Probleme in das Bergsonsche Denken einbettet, steht Eugen Diederichs in Deutschland jedoch nicht allein. Dies ist vielmehr die allgemeine Form der Bergson-Rezeption in den ersten Jahrzehnten dieses Jahrhunderts, wie sie sich zum Beispiel bei Scheler, Husserl, Heidegger, Bloch, Lukács oder Horkheimer feststellen läßt. Das von Alexandre Koyré überlieferte Husserl-Wort: »Les bergsoniens consé-

---

38 Eugen Diederichs, Selbstzeugnisse und Briefe seiner Zeitgenossen. S. 44.
39 Die weißen Blätter. 1. 1913, wieder abgedruckt in »Vom Umsturz der Werte« Leipzig 1923 und Gesammelte Werke. Bd. 3, S. 311-339.
40 Diederichs, Selbstzeugnisse, S. 44-45.
41 Daß er im gleichen Text »Le rire« als eine rein aesthetische Schrift »für künstlerisch Genießende« bezeichnet und damit ihren erkenntnistheoretischen Wert verkennt, sollte man ihm nicht vorhalten. Die Bedeutung dieses Werks für die Entwicklung der Bergsonschen Erkenntnistheorie – vor allem hinsichtlich der Erkenntnis des Fremdbewußtseins – wurde erst in den fünfziger Jahren richtig gewürdigt.

quents c'est nous«[42] ist dafür ebenso bezeichnend[43] wie die Charakterisierung, die Roman Ingarden von Husserls Verhältnis zu historischen Texten der Philosophie gibt.[44]

* * *

1911 fand die einzige Begegnung zwischen Diederichs und Bergson statt. Dieses Jahr war für die persönlichen Kontakte zwischen Bergson und der deutschen Philosophie besonders fruchtbar. Auch Georg Simmel und Hans Driesch hatten in ihm ihre ersten und einzigen Begegnungen mit Bergson, beide auf dem Philosophenkongreß in Bologna.[45] Eugen Diederichs hat Bergson in Paris aufgesucht. Er berichtet darüber in seiner Selbstdarstellung aus dem Jahr 1927: »1911 besuchte ich den Führer der französischen Philosophen Henri Bergson in Paris. Ich hatte ihn mir in seinem Aussehen anders vorgestellt. Es lag eigentlich wenig Intuitives in seinem Äußeren, denn er war sehr beweglich. Als ich ihn fragte, wer ihn am meisten von den heutigen deutschen Philosophen interessiere, nannte er Dilthey und den Grafen Keyserling, dessen *Gefüge der Welt* er gelesen hatte. Mein Französisch war ziemlich mangelhaft, aber durch die Liebenswürdigkeit der Aufnahme ging es besser, als ich mir zugetraut hatte. Bergson konnte zwar deutsch lesen, aber doch nicht sprechen. Als dann kurz vor Ausbruch des Weltkrieges der andere führende französische Philosoph Emil Boutroux nach Jena kam und entsprechend gefeiert wurde, war auch ein junger Belgier zugegen, der einer von Bergsons Schülern gewesen war. Er erzählte mir im Gespräch, daß er gerade kürzlich bei Bergson gewesen wäre und jener ihm von meinem Besuch gesprochen hätte. Wissen Sie, was Bergson von Ihnen gesagt hat. Sie können stolz darauf sein. Er sagte: C'est un homme. Nun, ich habe es ganz gern

---

42 J. Henry: La phénoménologie il y a trent ans. In: Revue internationale de philosophie. 1. 1939, S. 368.
43 Vgl. auch die neueren Arbeiten zur Bergson-Rezeption in Deutschland von Rudolf W. Meyer: »Bergson in Deutschland« (In: Studien zum Zeitproblem in der Philosophie des 20. Jahrhunderts. Freiburg und München 1982, S. 10-64) und Otto Pöggeler: »Bergson und die Phänomenologie« (In: Aratro corona messoria. Bonn 1988, S. 153-169).
44 »Der Text war gewöhnlich nur der Ausgangspunkt zu eigenen Betrachtungen Husserls, welche vor allem den Zweck hatten, die Problematik, um die es sich im Text handelte, zu verdeutlichen und Wege einer möglichen Lösung zu zeichnen. Dies war sachlich oft sehr lehrreich und interessant, es verhalf aber nicht dazu, in die Gedankengänge des gelesenen Autors wirklich einzudringen und seine philosophische Welt zu erfassen.« (R. Ingarden: Erinnerungen an Husserl. In: E. Husserl: Briefe an Roman Ingarden. S. 111).
45 Hans Driesch: Lebenserinnerungen. S. 146; Hans Simmel: Auszüge aus den Lebenserinnerungen. In: Aesthetik und Soziologie um die Jahrhundertwende: Georg Simmel. S. 263.

geglaubt.«[46] Von dieser Begegnung blieb auch über die Gräben, die der Weltkrieg zwischen den beiden Völkern aufgerissen hatte, eine große Hochachtung auf beiden Seiten erhalten.

Gleich 1919 versuchte Eugen Diederichs, einen Wiederanfang auf der Grundlage gegenseitiger Achtung zu erreichen. Bergson sah selbst 1925 die Zeit dazu noch nicht reif. So schreibt Bergson an Eugen Diederichs am 12. Januar 1925: »Lassen Sie mich sagen, daß ich eine ausgezeichnete Erinnerung an unsere Beziehungen vor dem Kriege habe, und das ist es, was es mir schwer macht, sie so wieder aufzunehmen nach allem, was sich zwischen unseren beiden Ländern ereignet hat, so daß ich nicht in eine Korrespondenz mit Ihnen eintreten kann.«[47] Erst gegen Ende der zwanziger Jahre fanden beide Seiten zum alten Ton in ihren Briefen zurück, was sich deutlich in den Briefen Bergsons vom 19. Juni 1927 und vor allem vom 19. Oktober 1929, in dem Bergson auf Diederichs Glückwunsch zu seinem siebzigsten Geburtstag antwortet, zeigt.[48] Der Brief von 1925 bestätigt jedoch, daß Bergson Eugen Diederichs auch weiterhin als seinen Verleger in Deutschland betrachtet.[49] So konnte Diederichs 1919 die Neuübersetzung von *Matière et mémoire* durch Julius Frankenberger herausbringen, die er bereits vor dem Weltkrieg geplant hatte, wie er in seinem Brief an Bergson vom 22. 10. 1919 schreibt.[50] Grund für diese Neuübersetzung war wohl die herbe Kritik, die Georg Simmel an der alten Übersetzung von Albert Steenbergen und Isaac Benrubi geübt hatte.[51] Zugleich legte Eugen Diederichs auch die anderen Werke Bergsons, die mit Ausnahme von *Das Lachen* 1919 allesamt vergriffen waren, wieder neu auf, 1920 *Zeit und Freiheit* im 3.-5. Tausend und die *Einleitung in die Metaphysik* im 6.-8. Tausend, 1921 die *Schöpferische Entwicklung* im 4.-6. Tausend. Schließlich kommt es 1927 zu einem neuen beruflichen Kontakt zwischen Eugen Diederichs und Henri Bergson, als Diederichs die Verlagsrechte für die

---

46 Eugen Diederichs. Deutsche Buchhändler in Selbstdarstellungen. S. 76.
47 Unveröffentlichter Brief im Privat-Archiv Diederichs.
48 Diederichs, Selbstzeugnisse, S. 304-305 und unveröffentlichter Brief im Privat-Archiv Diederichs (»Sie wissen, wie sehr ich all das schätze, was Sie durch die Veröffentlichungen in Ihrem Verlag und für die Entwicklung des geistigen Lebens getan haben.«).
49 Daher erscheint es seltsam, daß die Presses universitaires de France, die heute die Verlagsrechte an den Werken Bergsons als Rechtsnachfolger des Verlags Alcan besitzen, 1970 die Verlagsrechte des Eugen Diederichs-Verlags angezweifelt haben, da diese sich angeblich auf keine entsprechenden Verträge stützen.
50 Dieser Teil des Briefes ist nicht veröffentlicht. Es heißt dort: »Vor dem Kriege habe ich bereits ›Materie und Gedächtnis‹, das damals vergriffen war, neu übersetzen lassen. Der Übersetzer zog in den Krieg und unterbrach seine Arbeit. Ich schicke Ihnen heute die Aushängebogen.« (Privat-Archiv Diederichs).
51 Vgl. Hans Simmel: Auszüge aus den Lebenserinnerungen. In: Aesthetik und Soziologie um die Jahrhundertwende: Georg Simmel. S. 263.

Übersetzung der ersten Aufsatzsammlung erwirbt, die 1919 unter dem Titel *L'énergie spirituelle* erschienen war. Bergson schrieb am 16. Juni 1927: »Ich genehmige gern eine deutsche Übersetzung der *Energie spirituelle*« und fügt wie gewöhnlich Bemerkungen über die Schwierigkeit der Übersetzung an. Eugen Diederichs hatte ihm mit gleichem Schreiben auch ein Exemplar seiner *Autobiographie* – offensichtlich für *Der deutsche Buchhandel in Selbstdarstellungen*[52] angekündigt, und Bergson versichert ihm, daß er dieses Werk »avec grand plaisir« lesen werde.[53]

War es der Krieg, waren es die politischen Schwierigkeiten der Nachkriegszeit, die bei Eugen Diederichs die Aufmerksamkeit für Bergson zurückfallen ließen? Sicherlich, er hat gleich nach dem Krieg versucht, die geschäftlichen Beziehungen zu Bergson wieder anzuknüpfen. Am 22. Oktober 1919 schrieb er den ersten Brief[54] – übrigens am gleichen Tage einen ähnlichen Brief an Maurice Maeterlinck. Doch zeigt der Text, wie schwer es ihm fiel, den Kontakt »mit Würde« wieder aufzunehmen. Auch hier sind es wieder typisch deutsche Probleme, die ihn bewegen, die von ihm so genannte »Revolutionspsychose«, unter der sich Bergson sicherlich nichts Rechtes vorstellen konnte. Er war also wieder ganz in seiner Welt eingesponnen, so daß er nicht den Ton fand, auf den Bergson einzugehen bereit war. Am 2. Januar 1925 wiederholt er seinen Vorschlag, die geschäftlichen Verbindungen wieder aufzunehmen. Anlaß ist eine Anfrage von Algot Ruhe aus Stockholm, der mehrere Werke Bergsons ins Schwedische übersetzt hatte[55], ob Diederichs sein Buch über Bergson in deutscher Übersetzung verlegen wolle.[56] Doch auch dieser Brief kann auf einen Hinweis auf sein »vaterländisches Bewußtsein« nicht verzichten.[57] Diese Anfrage hatte ein Vorspiel, das vor den Weltkrieg zurückreicht. Am 27. Januar 1914 hat Bergson selbst Eugen Diederichs auf die Arbeit von Algot Ruhe hingewiesen und eine deutsche Übersetzung angeregt. Offensichtlich hatte Ruhe jedoch längere Zeit für die Fertigstellung des Manuskripts benötigt als ursprünglich angenommen. Nun jedoch, nach dem Krieg, hatte sich Bergsons Einstellung geändert; er möchte eine deutsche Übersetzung des Werks nicht befürworten: »Ich bin in Deutschland so heftig angegriffen worden. Es wäre mir peinlich, wenn eine deutsche Übersetzung

---

52 Bd 2,1. Leipzig 1927.
53 Diederichs, Selbstzeugnisse, S. 304-305.
54 Diederichs, Leben, S. 355-356.
55 1910 »Le rire«; 1911 »Introduction à la métaphysique« und »Evolution créatrice«; 1913 »Matière et mémoire«; 1921 »L'énergie spirituelle«.
56 Die Arbeit von Algot Ruhe ist in schwedischer Fassung 1914 in Stockholm unter dem Titel »Tänkesattet Bergson i dess grunddrag« erschienen. Eine Übersetzung ins Deutsche oder in eine andere Sprache erfolgte nicht.
57 Diederichs, Leben, S. 410.

eines mich so lobenden Werks veröffentlicht würde, dessen Verfasser in persönlicher Beziehung zu mir steht.«[58] Erst 1927 ist es dann zu einer neuen Zusammenarbeit gekommen, nachdem Diederichs den Vorschlag gemacht hatte, die *Energie spirituelle* zu übersetzen.[59]

Am 10. September 1930 stirbt Eugen Diederichs. Das letzte Werk Bergsons, seine große Auseinandersetzung mit der Religion[60], von dem Diederichs 1910 so viel erwartet hatte, wurde von seinem Verlag erst 1932 veröffentlicht, wenige Monate vor dem Regierungsantritt Hitlers, so daß dieses Werk in Deutschland nicht mehr wirksam werden konnte. Bergson bedankt sich bei dem Sohn und Nachfolger im Verlag Niels Diederichs noch am 14. März 1933 für die Übersendung von zwei Exemplaren der Übersetzung von *Les deux sources* und geht – wie bereits in früheren Fällen – ausdrücklich auf die Übersetzung ein: »Ich konnte schon einige Stellen dieser Übersetzung mit meinem Text vergleichen und fand sie ausgezeichnet.«[61] Anschließend reißt die Korrespondenz zwischen Bergson und dem Verlag ab.

* * *

Wenn man die Beziehungen zwischen Diederichs und Bergson betrachtet, so kann man ein Problem nicht ausklammern, das in ihrem Briefwechsel – vor allem in den Briefen von Bergson – eine zentrale Rolle spielt: die Übersetzung. Fast alle Werke bereiteten dem Verlag erhebliche Übersetzungsprobleme. Schon das erste, das Diederichs auf Vorschlag von Scheler verlegen wollte, die *Matière et mémoire* zeigt dies deutlich. Ein Brief von Eugen Diederichs an Isaac Benrubi vom 16. November 1906 läßt etwas von den Wirren erkennen, die diese Übersetzung ausgelöst hat. Max Scheler hatte Eugen Diederichs nicht nur die Übersetzung vorgeschlagen, sondern auch einen seiner Schüler, Albert Steenbergen, als Übersetzer gewinnen können. Doch im November 1906 war man sich wohl darüber klar, daß Steenbergen nicht eigentlich in der Lage war, eine zufriedenstellende Übersetzung zu liefern. Dabei drängte die Zeit. Der Verlag hatte bereits mit dem Satz begonnen und die ersten Korrekturfahnen abgezogen. In dieser Lage empfahl Rudolf Eucken dem Verleger Eugen Diederichs einen seiner Schüler, der bei ihm 1904 mit einer Arbeit über Rousseau promoviert hatte, für die Aufgabe, die Übersetzung von Steenbergen zu überarbeiten: Isaac Benrubi. Beide, Steenbergen wie Benrubi, hielten sich damals in Paris auf. So schrieb

---

58 Unveröffentlicht. Privat-Archiv Diederichs.
59 Brief von H. Bergson an E. Diederichs vom 16. Juni 1927. Eugen Diederichs, Selbstzeugnisse, S. 304.
60 »Les deux sources de la morale et de la religion«, Paris 1932.
61 Unveröffentlicht. Privat-Archiv Diederichs.

Eugen Diederichs an Benrubi, um ihn zu bitten, »die Übersetzung auf das sorgfältigste zu kontrollieren«.[62] Auch Bergson hatte sich angeboten, die Übersetzung – wenn auch wegen seiner Arbeitsüberlastung nur in längeren Zeiträumen – durchzusehen. Doch wollte Diederichs ihm diese Last nicht zumuten. Es dauerte immerhin noch bis zum Sommer 1908, bis diese Ausgabe erschien. Doch lag die weitere Verzögerung nicht an der Überarbeitung der Übersetzung, sondern daran, daß Wilhelm Windelband, den Diederichs für eine Einführung gewonnen hatte, den gesetzten Termin offensichtlich nicht einhielt. Am 28. August 1908 kann Diederichs ein Exemplar von *Materie und Gedächtnis* an Bergson senden. Im Begleitbrief weist er auf diese Verzögerung hin.[63] Über die Übersetzung fällt kein Wort. Ein Antwortschreiben von Bergson hat sich offensichtlich nicht erhalten.

Dennoch schien diese Übersetzung nicht befriedigt zu haben. Der Verlag sah sich jedenfalls 1913 veranlaßt, für die 2. Auflage, die 1919 erschien, eine völlig neue Übersetzung anfertigen zu lassen, diesmal von Julius Frankenberger, der bereits zusammen mit Walter Fränzel 1913 *Le rire* übersetzt hatte. Fränzel hatte – anders als Steenbergen und Benrubi – keine philosophische Vorbildung. Er hat 1910 in Jena über Jane Austen promoviert.

Vergleicht man die beiden Übersetzungen von *Matière et mémoire*, so stellt man leicht fest, daß die Angabe auf dem Titelblatt der Ausgabe von 1919 etwas hoch greift. Von einer neuen Übersetzung kann keine Rede sein. Es handelt sich im wesentlichen um eine sprachliche Bearbeitung der alten Übersetzung von Steenbergen und Benrubi. Es zeigt sich sehr deutlich, daß Frankenberger die Philosophie Bergsons keineswegs genauer erfaßt und wiedergegeben hat, daß er aber die Technik der Übersetzung deutlich besser beherrscht. Ein willkürlich herausgegriffenes Beispiel mag dies erläutern: Bei der Untersuchung des »déjà vu«[64] gibt die erste Übersetzung diesen Begriff mit »schon gesehen« wieder[65], eine etwas unbeholfene, zu wörtliche Übersetzung. Frankenberger übersetzt statt dessen: »bekannt vorkommen«.[66] Auch die Wiederbegegnung mit einer Person, die Frankenberger in einwandfreies Deutsch mit »zum zweiten Mal treffen« übersetzt, klingt in der ersten Fassung eher unbeholfen: »Wenn ich eine Person wiederfinde.«

Die Neuausgabe vom *Materie und Gedächtnis* aus dem Jahr 1919 läßt auch die Einführung von Wilhelm Windelband fort und ersetzt sie durch das Vorwort der 7. Auflage der Originalausgabe. Dieser Verzicht auf den Text von Windelband ist jedoch zu bedauern, da Windelband der einzige philosophische Autor seiner Zeit

---

62 Brief vom 16. November 1905, Diederichs, Selbstzeugnisse, S. 162.
63 Diederichs, Leben, S. 162-163.
64 Bergson: Œuvres. S. 235.
65 Bergson: Œuvres. S. 84.
66 Bergson: Œuvres. S. 80.

war, der die Bergsonsche Philosophie aus ihrer französischen Situation heraus beurteilt hat und nicht ihr Gedanken unterstellte, die der deutschen philosophischen oder geistesgeschichtlichen Diskussion entstammen.

Ähnlich wie *Matière et mémoire* erging es der Übersetzung des nächsten Werks, der *Evolution créatrice*. Diederichs übertrug sie nach den Erfahrungen mit *Matière et mémoire* Isaac Benrubi. Doch ergab sich schon bald, daß die Übersetzung, die dieser lieferte, nicht hinreichte. Daher bat Diederichs Adolf Lasson, damals schon in den hohen Siebzigern, das Manuskript durchzusehen und zu überarbeiten. Er war Diederichs durch sein Buch über Meister Eckehart bekannt. Da jedoch auch dieses Ergebnis nicht befriedigte, wandte sich Diederichs an Georg Simmel, der zu dieser Zeit seine Begeisterung für Bergson entdeckt hatte, wie ein Brief an Edmund Husserl vom Februar 1911 zeigt.[67] Er hat bei Eugen Diederichs die Stelle eingenommen, die durch die Übersiedlung von Max Scheler von Jena nach München und seinen Übertritt in das phänomenologische Lager vakant geworden war. Simmel empfahl ihm eine Schülerin, Gertrud Kantorowicz, eine Kunsthistorikerin, die 1903 in Zürich über den Emausmeister in San Salvatore zu Venedig promoviert hatte. Auch diese Übersetzung bereitete erhebliche Schwierigkeiten. Gertrud Kantorowicz berichtet selbst, daß sie sich mit Stefan George eingehend über die Übersetzung einiger Termini ausgesprochen hätte. Vor allem der Ausdruck »Lebensschwungkraft« für »élan vital« geht auf George zurück.[68] Auch Georg Simmel sowie für »einige rein naturwissenschaftliche Stellen« sein Sohn Hans Simmel haben bei dieser Übersetzung geholfen.[69] Gertrud Kantorowicz hat für ihre Übersetzung auf das Manuskript von Benrubi, das ihr in der Überarbeitung von Lasson vom Verlag zur Verfügung gestellt worden war, nicht zurückgegriffen. Eugen Diederichs hat 1911 die Kantorowiczsche Fassung veröffentlicht und nur sie als Übersetzerin genannt. Das veranlaßte Henri Bergson, am 8. November 1912 einen Brief an Eugen Diederichs zu schreiben, aus dem deutlich die Enttäuschung der beiden anderen Übersetzer spricht, in der Ausgabe nicht genannt zu sein. Bergson setzt sich ausdrücklich für eine Ehrenrettung von Benrubi und Lasson ein, äußert sich jedoch lobend zur Übersetzung von Frau Kantorowicz.[70]

Die *Evolution créatrice* hat also ein *Matière et mémoire* verwandtes Übersetzungsschicksal. Eine erste Übersetzung wird als nicht zureichend empfunden und überarbeitet, eine völlig neue Übersetzung wird schließlich angefertigt. Erst dieser dritte Versuch wird vom Verlag als endgültig angesehen.

67 Buch des Dankes an Georg Simmel. S. 87.
68 Michael Landmann: Erinnerungen an Stefan George. S. 43.
69 Hans Simmel: Auszüge aus den Lebenserinnerungen. In: Aesthetik und Soziologie um die Jahrhundertwende. S. 263.
70 Diederichs, Selbstzeugnisse, S. 198-199.

Auch die nächste Übersetzung eines Textes von Bergson hat eine komplizierte Geschichte. Georg Simmel hatte Eugen Diederichs zwei seiner Schülerinnen als Übersetzerinnen für Bergson vorgeschlagen, neben Gertrud Kantorowicz noch ihre Freundin Margarete Susman. Sie war als Lyrikerin noch weniger mit philosophischen Problemen vertraut als Gertrud Kantorowicz. Doch waren ihre Beziehungen zu Simmel so eng, daß sie bei ihrer Übersetzung von ihm vielfältigen Rat und Hilfe erhielt.[71] Eugen Diederichs übertrug ihr die Übersetzung eines etwas umfangreicheren Aufsatzes, den Bergson 1903 in der *Revue de métaphysique et de morale* unter dem Titel *Introduction à la métaphysique* veröffentlicht hatte. Margarete Susman berichtet selbst von dieser Tätigkeit: »Auf den Wunsch Simmels haben wir, Gertrud Kantorowicz und ich, je ein Buch von Bergson, der unter den Denkern seiner Zeit den tiefsten Eindruck auf ihn machte, ins Deutsche übersetzt; ich zuerst die *Einführung in die Metaphysik*, eine Übersetzung, die Simmel dann vorzüglich korrigierte.«[72] Dieses Werk erschien 1909, jedoch ohne Nennung der Übersetzerin. Da sie offensichtlich mit einer Änderung von Simmel nicht einverstanden war, verweigerte sie die Zustimmung, daß ihr Name in dem Buch genannt würde. Simmel setzte sich ausdrücklich für eine Honorarerhöhung aus Anlaß der 2. Auflage ein, die 1912 erschien.[73]

Als Diederichs 1913 mit Bergson wegen einer Übersetzung der ersten Aufsatzsammlung – der *Energie spirituelle* – verhandelte und etwas über den Umfang dieses Bandes wissen wollte, schrieb ihm Bergson, daß der Band ungefähr den Umfang der *Evolution créatrice* haben werde. »Doch enthält er die *Introduction à la métaphysique*, die Sie vielleicht nicht in die deutsche Übersetzung aufnehmen, da Sie sie gesondert veröffentlicht haben.«[74] In diesen ersten Sammelband hat Bergson schließlich die *Introduction* doch nicht aufgenommen, sondern erst in den zweiten, der 1934 unter dem Titel *La pensée et le mouvant* erschien. Eine Übersetzung dieses Bandes von Bergson ist nicht mehr im Eugen-Diederichs-Verlag erschienen. Als sie nach dem Kriege im Westkultur-Verlag herauskam, enthielt sie eine neue Übersetzung der *Introduction* von Leonore und Friedrich Kottje. 1988 wurde der gleiche Text dann noch einmal von Sabine S. Gehlhaar für eine zweisprachige Ausgabe ins Deutsche übersetzt, die der Junghans-Verlag, Cuxhaven herausgab. Diese Übersetzung stützt sich ziemlich gleichmäßig auf die vorhergehenden und nutzt die Chance, die Stärken der beiden Übersetzungen zu vereinen. Einige Ungeschicklichkeiten von Margarete Susman wurden elimi-

---

71 Simmel bezeichnet sich selbst in einem Brief an Diederichs vom 4. Oktober 1912 als »Pathe« dieser Übersetzung. Eugen Diederichs, Selbstzeugnisse und Briefe von Zeitgenossen, S. 198.
72 Buch des Dankes an Georg Simmel. S. 283.
73 Brief an Eugen Diederichs vom 4. Oktober 1912. Diederichs, Selbstzeugnisse, S. 198.
74 Diederichs, Selbstzeugnisse, S. 200.

niert, doch auch Fehldeutungen der zweiten Übersetzung behoben.[75] Doch ist auch diese Übersetzung nicht in allen Fällen die beste. Das französische »coincider« mit »koinzidieren« wiederzugeben, macht den Satz sehr blaß; auch die Formulierung von Susman: »sich mit der Persönlichkeit zu treffen« gibt den Sinn des Bergsonschen Textes nicht genau wieder. Hier gebührt der Kottjeschen Übersetzung eindeutig der Vorzug: »sich mit der Persönlichkeit selbst identifizieren.«[76] So existieren von diesem Text drei deutsche Übersetzungen, die alle ihre Vorzüge und Schwächen aufweisen.

Schließlich gibt es auch von *Le rire* zwei Übersetzungen. Als Eugen Diederichs sich wegen einer Übersetzung dieser Schrift an Bergson wandte, riet ihm dieser wegen der Schwierigkeiten fast von diesem Unternehmen ab: »Was *Le rire* betrifft, so habe ich erst jüngst bei der Übersetzung ins Englische (bei der ich selbst mitgewirkt habe, da ich fließend Englisch spreche) erkannt, daß es enorme, fast unüberwindliche Schwierigkeiten bei der Übersetzung dieses Buches, so wie es vorliegt, gibt. Es ist ein Übersetzer erforderlich, der zuerst einmal alle Nuancen des heutigen Französisch gründlich kennt, der jedoch auch ein wirklicher Schriftsteller in seiner eigenen Sprache ist, und der sich für das kleine Buch so einsetzt, als ob er selbst der Autor sei. Eine Übersetzung unter anderen Bedingungen führte zu einem jämmerlichen Ergebnis und brächte nicht nur keinen Erfolg, sie könnte auch dem Erfolg meiner anderen Werke schaden.«[77] Dennoch hat Diederichs den Versuch gewagt, und diesmal keinen Fachphilosophen an der Übersetzung beteiligt, sondern zwei Übersetzer mit der Arbeit betraut, Julius Frankenberger, der ihm später *Matière et mémoire* neu übersetzte, und Walter Fränzel, der gerade in Jena eine Dissertation über die Geschichte der Übersetzung im 18. Jahrhundert vorgelegt hatte. Bergson äußerte sich zufrieden über diese Übersetzung: »Überall dort, wo ich den Text verglichen habe, scheint mir der allgemeine Sinn meines Textes bemerkenswert gut wiedergegeben...« Er schränkt jedoch ein: »Leider beherrsche ich die deutsche Sprache nicht gut genug, um die literarischen Qualitäten der Übersetzung beurteilen zu können.«[78]

Als 1972 der Verlag der Arche in Zürich dieses Werk neu herausgab, übernahm er nicht die Übersetzung von Frankenberger und Fränzel, sondern ließ von Roswitha Plancherel-Walter eine neue Übersetzung anfertigen, und diese Übersetzung hat eindeutig Vorzüge gegenüber der ersten. Dazu sei nur ein Beispiel gegeben: So heißt es bei Bergson »Dans toute forme humaine elle (notre

---

75 Gleich zu Beginn des zweiten Abschnitts wird das »le« nicht korrekt auf »mouvement«, sondern auf »espace« bezogen. Die richtige Beziehung hatte schon Susman erkannt.
76 Susman S. 1-2; Kottje S. 181; Gehlhaar S. 3.
77 Diederichs, Selbstzeugnisse, S. 199.
78 Diederichs, Selbstzeugnisse, S. 200.

imagination) aperçoit l'effort d'une âme qui façonne la matière.«[79] Die Übersetzung von Julius Frankenberger und Walter Fränzel gibt »apercevoir« mit »wittern« wieder.[80] Nach dieser Wortwahl im deutschen Text müßte man im Original »flairer« oder »eventer« vermuten, zwei Wörter die man bei Bergson vergeblich suchen wird. Das »wittern« entspricht stärker einer antirationalistischen Erkenntnistheorie deutscher Provenienz. Die Übersetzer verkennen, daß bei Bergson auch die über die Verstandestätigkeit hinausgehenden Wahrnehmungsakte immer noch rational bleiben. Als Bergson *Le rire* verfaßte, war zudem seine erkenntnistheoretische Erweiterung, die ihn schließlich zur Annahme einer Intuition führte, noch erst in den Anfängen. Es ging ihm um den einfachen Akt des Erkennens von Fremdbewußtsein. Und dazu knüpfte er an die philosophische Begriffsbildung an, wie sie Maine de Biran entwickelt hatte. Daß die Begriffsbildung in Frankreich noch lebendig war, zeigt sich gut in dem um die Jahrhundertwende von der Société française de philosophie erarbeiteten *Dictionnaire technique et critique*, in dem Pierre Tisserand auf den Wortgebrauch von »aperception« bei Maine de Biran hinweist, der genau das Phänomen abdeckt, das Bergson an der betreffenden Stelle von *Le rire* im Blick hat. Hier hat also das deutsche Klima eines Geist-Seele-Gegensatzes, wie er sich zum Beispiel bei Rudolf Eucken feststellen läßt, deutlich auf die Übersetzung eingewirkt und den Text entfremdet.

Die neue Übersetzung von Roswitha Plancherel-Walter gibt das Verb »apercevoir« weniger auffällig mit »sehen« wieder[81], was auch nicht voll befriedigt, doch sicherlich deutlich näher an dem ist, was Bergson ausdrücken wollte.

Wegen der Übersetzung der ersten Aufsatzsammlung, *L'énergie spirituelle*, gab es 1925 einen Briefwechsel zwischen Bergson und Diederichs, in dem Bergson nochmals – wie bei *Le rire* – auf die Schwierigkeiten hinwies und die Qualifikation des von Diederichs vorgesehenen Übersetzers in Frage stellte. Er schrieb: »Man braucht einen Übersetzer, der ein wirklicher Fachmann der Philosophie ist und gründliche Kenntnisse der französischen Sprache besitzt. Erfüllt Professor Eugen Lerch diese zwei Bedingungen?«[82] Offensichtlich ist Eugen Lerch unter den Übersetzern Bergsonscher Werke der am besten ausgewiesene Fachmann. Als Professor für Romanistik hat er ein Standardwerk über die französische Sprache geschrieben. Neben der Sprach- und Literaturgeschichte gehörte auch die moderne Literatur zu seinen Spezialgebieten. Außerdem war er als Herausgeber der Zeitschrift *Idealistische Philologie*[83] auch theoretisch im Neuidealismus

---

79 Bergson, Œuvres, S. 400.
80 Bergson, S. 20.
81 »Sie sieht in jeder menschlichen Form das Werk einer die Materie formenden Seele.« S. 26.
82 Diederichs, Selbstzeugnisse, S. 305.
83 1. 1925-3. 1928.

ausgewiesen. Deshalb hielt Eugen Diederichs ihn für hinreichend qualifiziert und übertrug ihm die Übersetzung, die 1928 unter dem Titel *Die seelische Energie* herauskam. Auch das letzte Werk, das von Bergson noch vor der nationalsozialistischen Machtergreifung bei Eugen Diederichs erschien, *Die beiden Quellen der Moral und der Religion* ist von Eugen Lerch übersetzt.

Gemessen an dieser komplizierten Übersetzungsgeschichte ist die von Bergsons erstem Werk, dem *Essai sur les données immédiates de la conscience* einfach. Es erschien 1911 unter dem von Bergson autorisierten Titel *Zeit und Freiheit* in der Übersetzung von Paul Flohr, der später mehrfach als Übersetzer politischer Bücher hervorgetreten ist. Zu dieser Übersetzung liegen keine Stellungnahmen vor. Dennoch ist auch sie nicht ohne Bedenken. Auch dazu ein Beispiel: Auf Seite 22 des deutschen Textes heißt es »in der Tiefe des Gemütes«. Hier stutzt natürlich jeder aufmerksame Leser. Was kann da im Original stehen? Sentiment? Nein, bei Bergson steht lediglich »états profonds«[84], die Ergänzung ergibt sich aus dem Zusammenhang: es kann nur die Seele gemeint sein, die nach Bergson einen inneren – eigentlichen – Kern besitzt, um den sich eine Schale legt, die die reinen Zeitstrukturen der Seele bereits verräumlicht. Hier aus dem Beobachtungsfeld einer auf Introspektion gerichteten Psychologie eine Gemütsphilosophie zu machen, verkennt den wissenschaftlichen Anspruch, den Bergson Zeit seines Lebens sich und seinen Lesern gestellt hat.

Wenn in Deutschland Bergson als ein typischer Vertreter eines Antiintellektualismus verstanden wurde – wie zum Beispiel nach dem Ersten Weltkrieg von Heinrich Rickert in seinem Werk über die Lebensphilosophie[85] –, so hat die Übersetzungspraxis, und darüber hinaus natürlich auch das Ambiente des Verlags, daran einen nicht zu übersehenden Anteil. Eugen Diederichs hatte seine eigenen Vorstellungen von der Qualität einer Übersetzung. Bei seinem Plan, die Werke von Plato herauszugeben, hat er sich dazu in einem Brief an Ulrich von Willamowitz-Moellendorf geäußert: »nicht philologisch, sondern künstlerisch.«[86] Die Übersetzung der platonischen Werke, die er für den Verlag Rudolf Kassner angefertigt hat, entsprechen denn auch genau diesen Vorstellungen[87], deren Auswirkungen auch in den Übersetzungen der Werke Henri Bergsons festzustellen sind. Dies hat sicherlich auch zu dem Bild beigetragen, das Bergson als einen fast dichterischen Philosophen darstellte. Sicherlich ist Bergson ein Stilist hohen Grades gewesen. Doch wurde im Überschwang der Begeisterung oft übersehen, daß er sich selbst als einen Cartesianer empfunden hatte. Dieses Bergsonbild, das sich nicht nur auf Deutschland beschränkt, sondern in Frank-

---

84 Bergson, Œuvres, S. 17.
85 Die Philosophie des Lebens. Tübingen 1922.
86 Brief vom 24. Februar 1903 (Diederichs, Leben, S. 74).
87 »Gastmahl« 1903; »Phaidros« 1904; »Ion« 1905; »Phaidon« 1906.

reich ebenso und schon früher als in Deutschland verbreitet war, wurde jedoch durch die Übersetzungen verstärkt. Insofern hat auch Eugen Diederichs einen wesentlichen Anteil an der Form der Bergson-Rezeption in Deutschland.

Dennoch war es eine zugleich verlegerisch wie geistesgeschichtlich große Leistung von Eugen Diederichs, die Werke von Bergson ins Deutsche zu übersetzen, sie in Deutschland bekanntzumachen. Daß die Bergson-Rezeption in Deutschland damit nicht Schritt gehalten hat, lag an dem philosophischen Klima in den ersten drei Jahrzehnten des 20. Jahrhunderts und schließlich an der politischen Situation der dreißiger und vierziger Jahre.

Literatur

Aesthetik und Soziologie um die Jahrhundertwende: Georg Simmel. Hrsg. von Hannes Böhringer und Karlfried Gründer. Frankfurt: Klostermann 1976. (Studien zur Philosophie und Literatur des 19. Jahrhunderts. 27.)

Bergson, Henri: Mélanges. Textes publiés et annotés par André Robinet. Paris: Presses universitaires de France 1972.

Bergson, Henri: Œuvres. Textes annotés par André Robinet. Paris: Presses universitaires de France 1970.

Buch des Dankes an Georg Simmel. Briefe, Erinnerungen, Bibliographie zu seinem 100. Geburtstag am 1. März 1958. Hrsg. v. Kurt Gassen u. Michael Landmann. Berlin: Duncker und Humblot 1958.

Eugen Diederichs. Leipzig: Meiner 1927. (Deutsche Buchhändler in Selbstdarstellungen. 2,1.)

Eugen Diederichs. Leben und Werk. Auszüge aus Briefen und Aufzeichnungen. Hrsg. v. Lulu von Strauß und Torney-Diederichs. Jena: Diederichs 1936.

Eugen Diederichs. Selbstzeugnisse und Briefe von Zeitgenossen. Zusammenstellung: Ulf Diederichs. Düsseldorf und Köln: Diederichs 1967.

Driesch, Hans: Lebenserinnerungen. München und Basel: Reinhardt 1951.

Husserl, Edmund: Briefe an Roman Ingarden. Hrsg. v. Roman Ingarden. Den Haag: Nijhoff 1968. (Phaenomenologica. 25.)

Landmann, Michael: Erinnerungen an Stefan George. Seine Freundschaft mit Julius und Edith Landmann. Amsterdam: Castrum Peregrini Pr. 1980. (Castrum peregrini. 141/142.)

Scheler, Max: Vom Umsturz der Werte. 5. Aufl. Bern und München: Francke 1972.

Herrn Ulf Diederichs danke ich für die Durchsicht des Familienarchivs und die Bereitschaft, die entsprechenden Kopien für mich anzufertigen.

Justus H. Ulbricht

»Die Quellen des Lebens rauschen in leicht zugänglicher Fassung...«

Zur Literaturpolitik völkischer Verlage in der Weimarer Republik

Eine Geschichte völkischer Verlage der Weimarer Republik ist ebensowenig geschrieben wie die Geschichte der völkischen Bewegung insgesamt. Ein wichtiger Grund dafür ist, daß kaum ein weltanschauliches Feld ideologisch derart komplex und gruppensoziologisch derart unüberschaubar ist, wie die völkische Bewegung der Jahre zwischen 1918 und 1933. Folglich fällt eine klare Definition dessen, was ein völkischer Verlag denn eigentlich ist, schwer. Man wird Autoren und Texte finden, die ohne Zweifel zum Ideologiespektrum »völkisch« gezählt werden müssen, deren Verlage insgesamt aber kaum als völkisch einzuschätzen sind. Darüber hinaus sind die Grenzen zwischen völkischem und konservativ-nationalem Schrifttum fließend.[1]

Ein Quellenproblem kommt hinzu: Die Masse der völkischen Verlage gehört zu den Klein- und Kleinstverlagen. Verlagsarchive, persönliche Nachlässe von Verlegern und deren Angestellten sind, wenn überhaupt, äußerst verstreut erhalten, zudem oftmals in privater Hand und daher schwer zugänglich. Außerdem ist davon auszugehen, daß eine halbkonspirative Bewegung wie die völkische zuzeiten wenig Wert auf schriftliche Überlieferung gelegt hat. – Aber die völkische Bewegung war literarisch und journalistisch ungeheuer produktiv, was die vorhandene Zahl eventuell aussagekräftiger Hilfsquellen ins Ungemessene steigen läßt. Für diesen Aufsatz wurden in erster Linie einschlägige Zeitschriften der völkischen, aber auch der bürgerlichen Jugendbewegung ausgewertet.[2] Auf diesem Weg konnten immerhin die Namen zahlreicher Verlage

---

1 Am Genre des Bauernromans zeigen dies: Peter Zimmermann: Der Bauernroman, Antifeudalismus – Konservatismus – Faschismus. Stuttgart: Metzler 1975. Gerhard Schweizer: Bauernroman und Faschismus. Zur Ideologiekritik einer literarischen Gattung. Tübingen: Vereinigung für Volkskunde 1976.
2 Ausgewertet wurden lückenhafte Bestände von: Auf Vorposten. Monatsschrift des Verbandes gegen Überhebung des Judentums. Berlin: Verlag Auf Vorposten 1 (1912)-13 (1925); Der Bartels-Bund. Vorläufig zwanglos erscheinende, als Handschrift gedruckte Mitteilungen für die Mitglieder des Bartels-Bundes, hrsg. von Friedrich Quehl. Berlin: Verlag des Bartels-Bundes 1 (1920)-9 (1929) [aufgegangen im Tannenberg-Bund]; Die Deutsche Not, hrsg. von Adolf Bartels. Leipzig: Theodor Thomas 1 (1918)-2 (1919); Deutsches Schrifttum, in Verbindung mit dem Deutschvölkischen Schriftstellerverband hrsg. vom Deutschbund. Weimar: Fink 1 (1909/11)–3

ermittelt werden, ebenso einzelne Titel aus dem jeweiligen Verlagsprogramm. Andere buchhandelsgeschichtlich relevante Fragen jedoch (Eigentumsverhältnisse, Umsatz, Vertrieb, Beziehungen zu anderen Verlagen etc.) waren in vielen Fällen auf diesem Weg nicht zu beantworten.

In diesem Beitrag geht es um die »Literaturpolitik« von völkischen Verlagen. Es soll zumindest angedeutet werden, auf welche Weise – außer durch das schlichte Drucken und Verkaufen von Büchern – völkische Verlage, Verleger und Autoren dafür gesorgt haben, daß ihre Literatur und Weltanschauungspublizistik gelesen und im rechten Sinn verstanden wurde. Auffällig ist die enge Vernetzung des Buch- und Zeitschriftenwesens in diesem Bereich, außerdem der direkte Kontakt zur völkischen Erwachsenenbildung[3] und zu bestimmten politisch-weltanschaulichen Gruppierungen, in deren Gruppenleben die Inszenierung literarischer Rezeptionserlebnisse einen großen Stellenwert hatte.

Allenthalben entstehen in der Weimarer Republik Buchclubs[4] und Lesegemeinschaften. Auch an diesem Entwicklungstrend des modernen Buchmarktes partizipieren die Völkischen, die einen Großteil ihrer Produkte über den Eigenversand und nicht über den allgemeinen Sortimentsbuchhandel absetzen. Damit umgehen sie den ohnehin kulturkritisch geschmähten Buchmarkt, vermeiden Reibereien mit ökonomisch überlegenen Rivalen und erreichen bestimmte Rezipientengruppen gezielter. Zudem dringen die unzähligen Klebezettel, Spruchsammlungen, Broschüren und Kalender in Leserschichten vor, die ganze Bücher ohnehin nicht gelesen hätten. Die Wirkungsmöglichkeiten völkischer Literatur werden aber auch dadurch erleichtert, daß Kategorien wie »Volk«, »Nation« und gar »Rasse« im weltanschaulich-politischen Meinungsstreit der Epoche affirmativ verwendete Topoi sind.

(1915/17), 10 (1920) – 11 (1921), 14 (1922) – 25 (1933); Deutschlands Erneuerung. Monatsschrift für das deutsche Volk. München: J. F. Lehmann's 1 (1917) – 28 (1944); Die Kommenden. Großdeutsche Zeitung und Nachrichtenblatt der deutschen Jugendbewegung. Freiburg: Verlagsgesellschaft Die Kommenden 1 (1926) – 8 (1933) [wechselnde Titel und Hrsg., Fortsetzung: Wille und Reich]; Der Ostwart. Ostdeutsche Monatshefte des Bühnenvolksbundes. Breslau: Bühnenvolksbund-Verlag 1 (1924), H. 1/2-6/7 [mehr nicht ersch.]; Der Quell. Blätter für Bücherfreunde. Mühlhausen/Thür.: Urquell Erich Röth 2 (1925) – 4 (1927) [vorher u. d. T.: Das Gute Buch. Blätter für Bücherfreunde. Ebenda 1 (1924)]; Der Vorhof. Führer zum guten Buch. Dessau: Karl Rauch 1 (1923) – 3 (1925); Führerzeitung für die deutschen Wandervogelführer. Steglitz 2 (1914) – 8 (1920) [vorher: Wandervogelführerzeitung. Steglitz – Groitzsch – Leipzig 1 (1912/13]; Der Zwiespruch. Unabhängige Zeitung für die Wanderbünde. Nachrichtenblatt der Wandervogel-Ämter und Anzeiger unseres wirtschaftlichen Lebens. Halle/Saale u. a. 1 (1919) – 15 (1933).

3 Bisher ein Desiderat der Historischen Bildungsforschung. Das zeigt die Bibliographie in Heinz-Elmar Tenorth: Zur deutschen Bildungsgeschichte 1918-1945. Köln–Wien: Böhlau 1985, S. 220-269.

4 Vgl. etwa Heinz Sarkowski: ›Der Deutsche Buch-Club‹, Hamburg (1927-1935). In: Ernst Hauswedell 1901-1983, Hamburg: Maximilian-Gesellschaft 1987, S. 9-35.

»Bausteine zu einem praktischen nachkrieglichen Idealismus«.
Aspekte der Verlagsarbeit von Erich Matthes und Erich Röth

Eine der kulturell regsamsten bürgerlichen Reformbewegungen dieses Jahrhunderts war die deutsche Jugendbewegung. Deren Selbstverständnis umfaßte nicht nur die Selbsterziehung von Jugendlichen in Gruppe und Bund außerhalb von Elternhaus und Schule, sondern auch die Idee der Volkserziehung im Geist der Jugendbewegung.[5] Zahlreiche Wandervögel werden folglich Lehrer, gründen reformpädagogisch inspirierte Alternativschulen und Erziehungseinrichtungen, finden sich in der Erwachsenenbildung und Sozialarbeit wieder.

Andere widmen sich der Volkserziehung in Publizistik und Buchwesen. Einige der interessantesten jungen Verlage der Weimarer Republik werden von Jugendbewegten gegründet und geleitet: Erich Matthes (Leipzig), Urquell-Verlag Erich Röth (Eisenach/Flarchheim), Greifenverlag (Karl Dietz, Rudolstadt), Verlag Günther Wolff (Plauen), Der Weisse Ritter Verlag (Ludwig Voggenreiter/Franz Ludwig Habbel, Regensburg, später: Potsdam), Karl Rauch Verlag (Dessau), Bärenreiter Verlag (Karl Vötterle, Augsburg) Adolf Saal Verlag (Hamburg). Andere, wie der Verlag Georg Kallmeyer (Wolfenbüttel) und der Eugen Diederichs Verlag (Jena)[6] stehen der Jugendbewegung nahe, fördern deren Aktivitäten und verlegen wichtige Bücher und Zeitschriften.

Beispiele für die enge Verzahnung von völkischer Bewegung und Jugendbewegung sind die Verlage von Erich Matthes und Erich Röth.[7] Beide Verleger entstammen dem Wandervogel und prägen das völkisch-nationale Engagement der bündischen Jugend bis weit in die 30er Jahre hinein maßgeblich.

Erich Matthes wurde am 3. August 1888 in Neuhausen/Erzgebirge geboren, besuchte die Oberrealschule in Chemnitz und machte 1907 sein Abitur. Schon als Schüler ist er Mitglied im »Germania. Abstinentenbund an deutschen Schulen« und im »Wandervogel, Deutscher Bund«, in dem er 1910 Führer einer Jugendgruppe wird. Er arbeitet ein halbes Jahr lang in der Siedlungsgemeinschaft »Heimland« mit und lebt auch in der berühmten Gartenstadt Oranien-

---

5 Die Literatur zur Jugendbewegung ist inzwischen unüberschaubar, einführend Walter Z. Laqueur: Die deutsche Jugendbewegung. Eine historische Studie. 2. Auflage, Studienausgabe. Köln: Wissenschaft und Politik 1983. – Ulrich Aufmuth: Die deutsche Wandervogelbewegung unter soziologischem Aspekt. Göttingen: Vandenhoeck & Ruprecht 1979.
6 Erich Viehöfer: Der Verleger als Organisator. Eugen Diederichs und die bürgerlichen Reformbewegungen der Jahrhundertwende. Frankfurt: Buchhändler-Vereinigung 1988, S. 73-94.
7 Material zu beiden Verlegern im Deutschen Literaturarchiv Marbach, im Archiv der deutschen Jugendbewegung Burg Ludwigstein und im Archiv des Börsenvereins des Deutschen Buchhandels. Ich danke Reinhard Tgahrt (DLA), Winfried Mogge (AdJB) und Hermann Staub (Börsenverein) sehr herzlich für ihre Hilfe.

burg-Eden bei Berlin.⁸ In der Reichshauptstadt studiert Matthes Vorgeschichte, Geschichte, Literatur, Volkskunde, später in Leipzig Landwirtschaft und Siedlungsgeschichte. Diese Fächerwahl spiegelt exakt die Interessenschwerpunkte des späteren Verlegers wider, der Ende 1912 sein eigenes Unternehmen gründet. Bis 1916 erscheint dort die *Wandervogel-Führerzeitung*.⁹ Ihr stramm völkischer Schriftleiter wird der Jugendfreund und Wandervogelgefährte von Matthes, Friedrich Wilhelm Fulda.¹⁰ Er ist rigider Antisemit, bleibt aber innerhalb der Jugendbewegung nicht zuletzt deshalb umstritten. Die sogenannte »Judenfrage« ist neben der »Mädchenfrage« einer der Punkte, der die Bewegung schon vor 1914 spaltet. Noch während des Krieges wird Matthes Mitglied des »Greifenbundes«, der Keimzelle wichtiger völkischer Bünde der Weimarer Zeit. Gründer dieses Bundes, dessen Führerschaft sich als »Greifen-Orden« bezeichnet, ist der Wandervogel-Leutnant Otger Gräff. Nach seinem Tod 1918 in Frankreich wird Gräff zum Gegenstand eines regelrechten Totenkultes innerhalb der Jugendbewegung, der für die Identität vieler Jugendlicher der Weimarer Jahre eine nicht zu unterschätzende Rolle spielt.¹¹

Den Ersten Weltkrieg hatte der Verleger Matthes begrüßt mit der Herausgabe sogenannter *Kriegsflugblätter*¹², die der geistigen Wehrertüchtigung im völkischen Sinn dienen sollten. Im Verlagsprogramm zum Weihnachtsfest 1915 finden wir, neben wichtigen Titeln zur Wandervogelbewegung im Krieg, Werke des Männerbund-Theoretikers und antisemitischen Historiographen der

---

8 Zu Eden: Zurück, o Mensch, zur Mutter Erde. Landkommunen in Deutschland 1890-1933, hrsg. von Ulrich Linse. München: Deutscher Taschenbuchverlag 1983, S. 37-61.

9 Wandervogel-Führerzeitung, hrsg. von Friedrich Wilhelm Fulda. 1 (1912)-9 (1920). Leipzig: Erich Matthes.

10 Biographische Notiz zu Fulda in: Die Wandervogelzeit. Quellenschriften zur deutschen Jugendbewegung 1896-1919, hrsg. von Werner Kindt (Dokumentation der Jugendbewegung II). Düsseldorf–Köln: Eugen Diederichs 1968, S. 1053f. – Fulda war eine wichtige Persönlichkeit des völkisch-nationalen Flügels der Jugendbewegung.

11 Vgl. Justus H. Ulbricht: Der Mythos vom Heldentod. Entstehung und Wirkung von Walter Flex' »Der Wanderer zwischen beiden Welten«. In: Jahrbuch des Archivs der deutschen Jugendbewegung 16 (1986/87), S. 111-156, hier: S. 147-156.

12 Kriegsflugblatt 1914. Zum Ersten: Worum es geht? Leipzig: Matthes 1914, S. 1: »Worum es geht? Wollt ihr's von Grund aus wissen, ihr Helden draußen, ihr Bewahrer daheim? (...) Um das deutsche Wesen! (...) Das Bestehen und Gedeihen des Lichten auf Erden, das ist der Preis unseres Krieges (...), um den sogar solche mitringen, die nicht oder nicht rein-deutschen Blutes sind.« Kriegsflugblatt 1914. Zum anderen: Was wir schuldig sind? Leipzig: Matthes 1914, S. 1: »Ihr wißt: Es geht um das Salz der Erde, um das Licht der Welt, um das Deutsche Wesen!« Die in solchen Worten faßbaren religiösen Konnotationen des »Augusterlebnisses« untersucht Klaus-Peter Philippi: Volk des Zorns. Studien zur poetischen Mobilmachung in der deutschen Literatur am Beginn des Ersten Weltkriegs, ihren Voraussetzungen und Implikationen. München: Wilhelm Fink 1979.

Jugendbewegung, Hans Blüher. Weiterhin ist der Rassentheoretiker Willibald Hentschel mit Veröffentlichungen vertreten. Sein Hauptwerk *Varuna* sollte zum Kultbuch der völkischen Siedlungs- und Rassenzuchtbewegung werden.[13] Zwei Reihen sind noch zu erwähnen: Die *Bücher vom frischen Leben* und die *Blätter vom frischen Leben*, zur »Erweckung heroischen Sinnes und heller Lebensfreude«. Abschließend empfiehlt Matthes seinen Lesern die Werke des rassentheoretischen Klassikers Arthur Comte de Gobineau, dessen deutscher Jünger Ludwig Schemann bereits im Jahre 1894 die Gobineau-Vereinigung und 1906 das Gobineau-Museum an der Universität Straßburg gegründet hatte.[14] Schemann war beeinflußt von Paul de Lagarde und selber einer der geistigen Mentoren von Heinrich Class, dem Vorsitzenden des Alldeutschen Verbandes.

Seit 1916 erscheint bei Matthes die Verlagszeitschrift *Der Zweifäuster*, die an befreundete Wandervögel, Verleger und Sortimenter versandt wird. Neben Büchern und Broschüren bietet Matthes Originaldrucke, Ex-libris und allerlei Flugschriften aus der Jugendbewegung an.

Zu Kriegsende übersiedelt der Verlag nach Hartenstein/Erzgebirge, wo sich seit 1914 bereits die Bundeskanzlei[15] des Wandervogel e. V. befand. Hartenstein wird zur Begegnungsstätte des Nachkriegswandervogels. Verleger wie Karl Dietz, Karl Rauch und eben Matthes prägen mit ihren Veröffentlichungen maßgeblich den kulturellen Stil der Jugendbewegung. 1919 gründet Matthes zusammen mit dem Wandervogel und Kriegsteilnehmer Willy Thost den Verlag Matthes und Thost, in dem die Zeitschrift *Der junge Deutsche. Blätter für Baumeistergedanken zum rechten deutschen Leben* erscheint. Dieser Verlag schließt mit Arthur Dinter einen Vertrag über drei Zeitromane ab, von denen *Die Sünde wider das Blut* der Sensationserfolg des Jahres 1920 wird.[16] Dinter ist radikaler Antisemit und eine schillernde Gestalt der völkischen Bewegung, später Führer der NSDAP in

---

13 Willibald Hentschel: Varuna. Das Gesetz des aufsteigenden und sinkenden Lebens in der Geschichte. Leipzig: Hammer-Verlag Theodor Fritsch 1. Auflage 1902, 2. Auflage 1907, Neuausgabe Leipzig: Matthes 1918. Ders.: Mittgart. Ein Weg zur Erneuerung der germanischen Rasse. Leipzig: Hammer-Verlag Theodor Fritsch 1. Auflage 1904, später bei Matthes. – Dies Buch gab dem Rassenzuchtbund »Mittgart« den Namen, der schon vor 1914 entstand.

14 George L. Mosse: Ein Volk – Ein Reich – Ein Führer. Die völkischen Ursprünge des Nationalsozialismus. Königstein/Ts.: Athenäum 1979, S. 102-104 et passim. – E. J. Young: Gobineau und der Rassismus. Eine Kritik der anthropologischen Geschichtstheorie. Meisenheim a. Glan: Anton Hain 1968, S. 223-346.

15 Aus der Versandabteilung der Bundeskanzlei entsteht 1920/21 der Greifen-Verlag unter Leitung von Karl Dietz.

16 Die Trilogie »Die Sünden der Zeit« umfaßte: Die Sünde wider das Blut. Ein Zeitroman. Leipzig: Matthes 1. Auflage 1918, 15. Auflage 1921. Die Sünde wider den Geist. Ein Zeitroman über den Spiritismus. Zwei adligen Damen gewidmet. Leipzig: Matthes 1. Auflage 1920, 12. bis 20. Auflage 1921. Die Sünde wider die Liebe. Ein Zeitroman über die sexuelle Frage. Paul de Lagarde gewidmet. Leipzig: Matthes 1. Auflage 1921. Teil I wird parodiert durch Arthur Sünder [d. i.

Thüringen bis zu seiner Entmachtung durch Hitler, dessen Diktum über die »deutschvölkischen Wanderscholaren«[17] nicht zuletzt gegen Dinter und dessen völkisch-rassistisches »Geistchristentum« zielte.[18]

Matthes und Thost, letzterer nach den Worten seines Kompagnons ein »rabiater Antisemit«[19] übersiedeln nach Auflösung der Bundeskanzlei nach Leipzig und widmen sich dort weiter der Herausgabe »totgeschwiegener Literatur«, die man gegen eine angeblich »herrschende Strömung in Presse und Literatur« glaubt verteidigen zu müssen. »Alles ausgesprochen Deutsch-Nationale, alles wahrhaft Völkische«[20] in Literatur und Kunst bleibt Anliegen des Erich Matthes Verlags, dessen weitere Geschichte nach 1921 bisher noch nicht zu rekonstruieren ist. Zur »Vereinigung völkischer Verleger« hat Matthes allerdings erst ab 1922 gehört.

Seit etwa 1925 trifft dies ebenfalls für seinen rührigen Kollegen Erich Röth zu, dessen Unternehmen auf vielfältige Weise mit anderen völkischen Verlagen, der Jugendbewegung und völkischen Organisationen verflochten ist. Hervorgegangen ist Röths Verlagshaus aus der Urquell-Buchhandlung, die er Anfang Januar 1920 im thüringischen Mühlhausen gegründet hatte. Der Laden ist Treffpunkt von Wandervogelgruppen. Bereits im April 1921 entsteht der Urquell-Verlag, der fünf Jahre später nach Flarchheim und 1934 nach Eisenach umziehen wird. Dem Bombenkrieg 1944 zum Opfer gefallen, gründet sich der Verlag unter alter Leitung 1947 in Eisenach neu, eine Dependance in Kassel entsteht 1955. Seitdem ist dort der Urquell-Verlag zu Hause, inzwischen unter Leitung von Dieter Röth. Der Gründer verstarb im Jahre 1971.

Wenn auch die jüngste Verlagsgeschichte[21] die Aufgeschlossenheit Erich Röths für die moderne Kunst, die Kultur fremder Völker sowie die Gegnerschaft des Verlegers zum Nationalsozialismus unterstreicht – der Urquell-Verlag war doch von Anfang an der Hausverlag dezidiert völkischer Autoren. Zu nennen sind Ernst Hauck, einer der zahlreichen Propheten einer »germanischen« Religiosität, Georg Stammler, der Verfasser zentraler »Grundschriften« der Jugendbewegung und Initiator der sog. »Deutschen Richtwochen«, Wilhelm Kotzde-

---

Hans Reimann]: Die Dinte wider das Blut. Ein Zeitroman. 39. wildgewordene und vermasselte Auflage. 640.-693. Tsd. Hannover–Berlin: Paul Steegemann 1921 (Die Silbergäule Bd. 132/134).
17 Adolf Hitler: Mein Kampf. Ungekürzte Ausgabe in einem Band. München: Zentralvlg. d. NSDAP Fr. Eher. Nachf. 158. bis 159. Auflage 1935, S. 395.
18 Ekkehard Hieronimus: Zur Religiosität der völkischen Bewegung. In: Religions- und Geistesgeschichte der Weimarer Republik, hrsg. von Hubert Cancik. Düsseldorf: Patmos 1982, S. 159-175, hier: 165-167.
19 Erich Matthes: Glück und Ende der Bundeskanzlei Hartenstein (BuHa) 1918-1922. (Typoskript im AdJB) 1960, S. 3.
20 Vgl. die Werbeschrift »Totgeschwiegene Literatur«. Leipzig: Matthes o.J. (verm. 1920), S. 1.
21 Erich Röth-Verlag 1921-1981. Verlag mit Profil. Kassel: Röth 1981.

Kottenrodt, der Gründer des völkischen Jugendbuches »Adler und Falken«, Karl Konrad, ein Spezialist für germanische Mythologie und Karl Strünckmann, Naturheilkundler, »Christrevolutionär« und späterer konservativ-revolutionärer Hitler-Gegner.[22]

Seit 1926 verlegt Erich Röth die Zeitschrift *Die Kommenden. Großdeutsche Wochenschrift aus dem Geist volksbewußter Jugend*. Dieses Organ war eine Gegengründung zum liberal-freideutschen *Zwiespruch*[23], die Wilhelm Kotzde angeregt hatte. *Die Kommenden* waren überbündisch, das heißt, daß sie verschiedenen Gruppierungen der Jugendbewegung als gemeinsames Publikationsforum offenstanden. Herausgeber des Blattes waren der Nationalbolschewist Karl O. Paetel, sein Kollege Hans-Gerd Techow (einer der Angeklagten im Rathenau-Mordprozeß) und Hans Teichmann. Später gehörte Ernst Jünger zu den Herausgebern der Zeitschrift, deren konservativ-revolutionäre Haltung sie in die Gegnerschaft zum Nationalsozialismus hineinmanövrierte.[24] Zur Tarnung gezwungen, gibt Röth ab 1934 die Zeitschrift *Wille zum Reich. Halbmonatsschrift für Politik und Kultur* heraus – quasi eine heimliche Fortsetzung der *Kommenden*. Daneben ediert er die *Schriften der jungen Nation*[25], bis die Zensur auch das verbietet. Im März 1941 wird der Verlag von der Gestapo geschlossen.

---

22 Kurzinformationen zu diesen Personen bei Mohler, Konservative Revolution, Bd. I, S. 384; 473; 387. Zu Strünckmann ausführlicher Ulrich Linse: Barfüßige Propheten. Erlöser der zwanziger Jahre. Berlin: Siedler 1983, S. 90-93. – Kurt von Emsen [d.i. Karl Strünckmann]: Adolf Hitler und die Kommenden. Leipzig: W. R. Lindner 1932.

23 Unter diesem Namen erschien 1916-1918 ein hektographierter Rundbrief der Feldwandervögel im Westen, seit 1919 ist der »Zwie« – wie man ihn in der Bewegung selbst nannte – allgemeines Nachrichtenblatt der älteren Wandervögel unter wechselnden Schriftleitern, u.a. auch Fulda und Werner Kindt. Ebenso wechseln Verlags- und Druckorte, Untertitel und Beilagen. – Als Parodie zum Zwiespruch verlegte die Deutsche Wanderbuchhandlung (Leipzig) den »Einspruch«.

24 Louis Dupeux: »Nationalbolschewismus« in Deutschland 1919-1933. Kommunistische Strategie und konservative Dynamik. Übers. von Richard Kirchhoff. München: Beck 1985. Dupeux' grundlegende Arbeit rekonstruiert die nationalbolschewistische Zeitschriftenlandschaft, in die auch die späteren Jahrgänge der »Kommenden« einzuordnen sind.

25 Willi Brundert: Junge Nation und Kampfbund. – Werner Kreitz: Kapitalismus, Sozialismus, Planwirtschaft. – Jörg Lampe: Sozialistische Lebensschau. – Eberhard Menzel: Volk und Staat – Nation und Reich. – Ders.: Grundlagen des neuen Staatsdenkens. In einer verlagseigenen Besprechung des letztgenannten Buches steht der Satz: »Der Führerstaat wird als die germanische Form der Demokratie erkannt.« Alle Schriften sind vermutlich in den Jahren 1933/34 erschienen.

»Krieger im Heere des Lichts«. Zur Volkstumsarbeit kleinerer Verlage nach 1918

Zum völkischen Engagement Erich Röths gehörte auch, daß er die Auslieferung dreier kleinerer Verlage übernommen hatte. Es handelt sich um den Mimir-Verlag (Stuttgart), den Drei-Adler-Verlag (Mühlhausen/Thür.) und den Lichtkampf-Verlag Hanns Altermann (Kettwig/Ruhr, später: Heilbronn). Außerdem hat Röth über lange Jahre den völkischen Agitator Bruno Tanzmann[26] unterstützt, dessen ruinöser Verlagsführung keines seiner Unternehmen gewachsen war: weder der Hakenkreuz-Verlag, noch der Verlag Deutsche Botschaft und ebensowenig das Verlagshaus für deutsche Art (alle: Hellerau bei Dresden).

Der Mimir-Verlag existierte bereits in der Zeit vor 1914 als »Verlag für deutsche Kultur und soziale Hygiene«. Gründer war der Oberrealschullehrer Friedrich Schöll, Anhänger eines sog. »deutschen Christentums« im Sinne Lagardes und Jünger der Lebensreformbewegung.[27] Eines der wichtigeren Blätter der Lebensreform, die Zeitschrift *Hellauf* wurde von Schöll ediert und gab 1920 dessen Siedlungs-GmbH den Namen. Auf dem Vogelhof bei Hayingen/Schwäbische Alb gründete Schöll zusammen mit kriegsbeschädigten Wandervögeln und Guttemplern eine der zahlreichen Kommunen der Jugendbewegung, sein Mimir-Verlag für deutsche Erneuerung residierte in Stuttgart. Dort erschienen z.B. *Schriften zur Förderung gesunder deutscher Kultur*, die *Mimir-Flugschriften* und weitere Broschüren aus der völkischen Lebensreformbewegung. Auf dem Vogelhof selber existiert später für kurze Zeit ein Siegfried-Verlag mit angeschlossener Versandbuchhandlung.

Im Drei-Adler-Verlag wurden anscheinend ausschließlich die Werke des Schriftstellers Ellegaard Ellerbek verlegt, der als Gustav Leisner 1877 in Kiel geboren wurde und Gymnasialprofessor war. Ellerbek gehört zu den produktivsten Autoren der völkischen Bewegung. Er war ein Anhänger der kruden Lehren zweier wichtiger »Ariosophen«, nämlich von Tarnhari [d.i. Ernst Lauterer] und Guido von List.[28] Bereits vor 1914 ein glühender List-Schüler, beteiligte sich Ellerbek nach 1918 durch zahlreiche Schriften an der völkischen Opposition gegen die Weimarer Republik und die Moderne schlechthin. Zu seinen wichtigsten Werken zählen die *Versailler Visionen* (1919) und der Roman *Sönne Sonnings*

---

26 Die bisher ausführlichsten Bemerkungen zu Werk und Person Tanzmanns findet sich bei Klaus Bergmann: Agrarromantik und Großstadtfeindschaft. Studien zu Großstadtfeindschaft und »Landflucht«-Bekämpfung in Deutschland seit dem Ende des 19. Jahrhunderts. Meisenheim a. Glan: Anton Hain 1970, S. 219-246.
27 Linse: Zurück, o Mensch, S. 199-204.
28 Die ariosophische Bewegung wird umfassend dargestellt von Nicholas Goodrick-Clarke: The Occult Roots of Nazism. The Ariosophists of Austria and Germany 1890-1935. Wellingborough/Northamptonshire: The Aquarian Press 1985.

Söhne auf Sonnensee (1920), der zuerst im Drei-Adler-Verlag, später im Widar-Verlag Guido Roeder (Rostock/Berlin) erschienen ist.

Der Verlag von Hanns Altermann schließlich weist bereits durch seinen Namen darauf hin, daß sich Lebensreform – wie auch völkische Bewegung – oftmals als Partei des Lichts im epochalen Kampf zwischen Hell und Dunkel, Gut und Böse empfanden. Diese manichäische Weltsicht kulturreformerischer Bewegungen war in Deutschland während der Jahre vor und kurz nach dem Ersten Weltkrieg besonders virulent.[29] Im Lichtkampf-Verlag erscheinen reformpädagogische Werke wie etwa die des Schulgründers Karl Wilker[30], praktische Ratgeber zum alternativen Gartenbau, zur vegetarischen Ernährungsweise und ähnliches sowie die Zeitschrift *Die Bewegung. Blätter vom Werden und Wachsen*, die ursprünglich *Die Schulbewegung* geheißen hatte. Zu den Autoren des Blattes gehören Heinrich Vogeler, Fritz Klatt, Max Tepp und Eduard Weitsch. Ebenso wie Hanns Altermann selber gehören diese Autoren zum linken Flügel der Lebens- und Schulreform, was anscheinend jedoch den völkischen Röth nicht davon abgehalten hat, die Arbeit des Lichtkampf-Verlags zu unterstützen.

Der Schriftsteller und Verleger Bruno Tanzmann ist die umstrittene Gestalt der völkischen Bewegung. Unbestritten allerdings ist seine wichtige Rolle im Prozeß der gesellschaftlichen Durchsetzung völkisch-nationalen Gedankengutes. Tanzmann, übrigens einer der wenigen echten Bauern unter den Propheten von Rasse und Scholle, hatte sich im Jahr 1910 in der neu errichteten Gartenstadt Hellerau bei Dresden niedergelassen. Dort gründete er eine »deutschbewußte Wanderschriftenzentrale«, einen Lesering zur Verbreitung der Schriften Theodor Fritschs und im Krieg eine Feldbücherei mit ausschließlich »arischem« Schrifttum. Bei der Buchauswahl stand die antisemitische Literaturkonzeption Adolf Bartels unverkennbar Pate. Noch im Weltkrieg entwickelte Tanzmann die Ideen zur »Begründung einer deutschen Volkshochschule«[31], mit denen er nach 1918 in weiten Kreisen bekannt wurde. Im Jahr 1919 gründete Tanzmann seinen Hakenkreuz-Verlag. Wichtige Publikationen waren dort der *Hakenkreuz-Jahrweiser für die Deutschbewegung* (ein Kalender) und die Zeitschrift *Die Deutsche Bauernhochschule* (später: *Deutsche Botschaft*). Verlag Deutsche Botschaft heißt seit

---

29 Klaus Vondung: Die Apokalypse in Deutschland. München: Deutscher Taschenbuchverlag 1988, hier bes.: S. 189-257.

30 Karl Wilker war einer der Pioniere der Fürsorgeerziehung in Deutschland, er gründete 1917 in Berlin-Lichtenberg das Erziehungsheim Lindenhof. Vgl. Wolfgang Scheibe: Die Reformpädagogische Bewegung. Eine einführende Darstellung. Weinheim–Basel: Beltz [8]1982, S. 334-336. – Karl Wilker: Der Lindenhof. Werden und Wollen. Heilbronn: Lichtkampfverlag Hanns Altermann 1921.

31 Bruno Tanzmann: Denkschrift zur Begründung einer deutschen Volkshochschule. Hellerau: Selbstverlag 1917. Ähnliche Ideen finden sich in: Erstes Jahrbuch der deutschen Volkshochschulbewegung, hrsg. von Bruno Tanzmann. Hellerau: Hakenkreuz-Verlag 1919.

Mitte der 20er Jahre Tanzmanns Firma, die zur Keimzelle der »Bündischen Arbeitsgemeinschaft Deutsches Siedlungswerk«[32] wird. Tanzmanns letztes Unternehmen nennt sich Verlag und Buchhaus für deutsche Art. Geschäftsführer ist sein Sohn Edwin Tanzmann. Das Unternehmen trägt sich nur, weil es einige offizielle und stille Geldgeber hat. Zu letzteren zählt auch Erich Röth, dessen eigener Betrieb durch Tanzmanns Machenschaften an den Rand des Ruins getrieben wird.

Die personelle Besetzung von Vorstand und Aufsichtsrat des genossenschaftlich geführten Verlags »für deutsche Art« zeigt die enge Vernetzung der völkischen Bewegung, für deren Struktur Joseph Roth die Metapher des »Spinnennetzes«[33] erfunden hat: Aufsichtsräte sind Karl Strünckmann, der Artamane Georg August Kenstler und der Dichter Georg Stammler [d.i. Ernst Emanuel Krauss], der selber gelernter Buchhändler war.[34] Stammler ist wiederum einer der wichtigen Autoren des Urquell-Verlags und der gute Freund Röths, dessen Interessen er im Aufsichtsrat des Hellerauer Unternehmens sicherlich wahrgenommen hat. Die Vorstände sind Rudolf Gebhardt, der Artamane und spätere Gründer der »Deutschjugend« Fritz Hugo Hoffmann[35] sowie Hans Reichart, einer der Mitbegründer der Schöllschen Vogelhofsiedlung, von der im Zusammenhang mit dem Mimir-Verlag bereits die Rede war.

---

32 Michael H. Kater: Die Artamanen – Völkische Jugend in der Weimarer Republik. In: Historische Zeitschrift 213 (1971), S. 577-638.
33 Joseph Roth: Das Spinnennetz. Roman (1923) In: ders., Werke, hrsg. und eingeleitet von Hermann Kesten. 1. Band. Köln: Kiepenheuer & Witsch 1975, S. 45-127.
34 Ernst Emanuel Krauss, geboren 28. 2. 1872, Buchhändlerlehre, Schriftsteller in Stuttgart 1899-1908, ab 1903 Wir-Verlag und Buchhandlung, dort ist die Geschäftsstelle des »Vereins für ländliche Wohlfahrtspflege«. Krauss ist Schriftführer des »Vereins für die Verbreitung guter Volksliteratur in Württemberg«. 1908/09 wird er Lehrer im Landerziehungsheim Wickersdorf (gegr. von Gustav Wyneken), dort arbeitet er auch als Buchhändler. 1912-1918 lebt er in Hellerau, wo er eine Buchhandlung betreibt. Er nennt sich als Dichter seit 1913 Georg Stammler, die Verlagsbuchhandlung heißt weiter Ernst Krauss. Seit 1918 wohnt Stammler in Mühlhausen/Thür., ab 1925 leitet er die kultur- und nationalpädagogischen »Deutschen Richtwochen« in Oberdorla, ist dort seit 1931 Leiter des Werkland-Verlages, arbeitet aber auch für Georg Westermann, Braunschweig. Weitere Umzüge, am 16. Mai 1948 stirbt Stammler in Hohensolms.
35 Kurzchronik der Deutschjugend in Kindt: Bündische Zeit, S. 251. – In Frankfurt/Oder betrieb Hoffmann den Deutschjugend-Verlag, der die Bundesblätter verlegte (wechselnde Namen): »Deutsche Jugend«, »Blätter vom schöpferischen Leben«, »Deutschjugend« und »Heiho«. 1934 wurde der Verlag im Zug der Ausschaltung der Bündischen Jugend durch die Nationalsozialisten geschlossen.

Deutsche Wiedergeburt durch religiöse Erneuerung. Verlage der »germanischen Renaissance«

Man hat die völkische Bewegung als apokalyptische Erneuerungsbewegung bezeichnet, und es ist in der Tat auffällig, welch breiten Raum im weltanschaulichen Schrifttum der Jahre nach 1918 Ideen einer deutschen Wiedergeburt einnehmen. Die Genese des ideologischen und mentalitären Syndroms der »deutschen Apokalypse« ist hier nicht nachzuzeichnen, nur wenige Dinge sollte man festhalten. Im August 1914 hatten unzählige Deutsche, besonders Mitglieder des Bildungsbürgertums, die Hoffnung, der Krieg werde alle inneren Probleme des Reiches, die Statusschwierigkeiten der eigenen Schicht und die politische Konkurrenz Deutschlands zu anderen Nationen mit einem Schlag beseitigen. Die deutschen Waffen versprachen Erlösung aus gesellschaftlichen und kulturellen Notsituationen, die Deutschen als Werkzeuge Gottes vollendeten die Weltgeschichte... So lassen sich die Erwartungen einer »innerweltlichen Apokalypse«[36] zusammenfassen. Der Verlauf der Realgeschichte mußte diese Hoffnungen enttäuschen. Mehr noch, der Untergang des Kaiserreichs in Niederlage und Revolution raubte national empfindenden Kreisen nicht nur den letzten symbolischen Halt (Kaiser und Reich), sondern ließ die feindlichen Mächte innen und außen triumphieren. Als Kompensation solcher Erfahrungen bot sich die Mythisierung des Geschichtsprozesses an, mit der man dessen negativen Verlauf geistig zu überwinden trachtete.

Der hektische völkische Aktivismus, der hunderte kleinerer Verlage, Dutzende neuer Zeitschriften und eine unübersehbare Flut von Broschüren und Büchern entstehen ließ, ist die Konsequenz aus einem massiven Defizit an persönlichen und gesellschaftlichen Mustern von Sinnstiftung. Bezieht man die Produktion der völkischen Verlage auf diesen Problemhintergrund, dann enthält auch noch das sonderbarste Gedankengut in gedruckter Form einen tieferen Sinn: Die Rückbesinnung auf die Urgeschichte gibt der Geschichte insgesamt eine Dignität zurück, die sie im Blick auf die Realgeschichte und unter dem Zugriff des Historismus für viele längst verloren hatte. Die Begründung deutscher Überlegenheitsgefühle in rassisch-biologistischen Kategorien entband andererseits die »Nordrasse« von jedem historischen Beweis ihrer Überlegenheit. Der durch Versailles »geknechtete« deutsche Bürger konnte sich seiner ererbten »Rassenkraft« sicher fühlen, von der »wissenschaftlich« belegt ohnehin klar war, daß sie sich einst wieder durchsetzen würde. Denn andere Völker gingen ja unwiderlegbar der »Rassenentartung« entgegen. Innere und äußere Feinde der »Arier« waren mit Hilfe entsprechender »Aufklärungs«-Schriften ohne mühsame gesellschaftliche Analyse klar zu erkennen.

---

36 Vondung: Apokalypse, S. 146.

Wer die Krisen der Epoche als Ergebnis herrschender Gottlosigkeit der Verhältnisse interpretierte, der mußte sich zwangsläufig nach neuen religiösen Fundamenten der individuellen und völkischen Existenz umsehen.[37] Da Protestantismus und Katholizismus am Niedergang des Deutschtums beteiligt zu sein schienen, diesen zumindest nicht verhindert hatten, war die Rückwendung zu einem germanischen Glauben nur konsequent. Zwei unterschiedliche Wege werden hierbei beschritten. Einmal der einer angeblich wissenschaftlichen Rekonstruktion alten germanischen Glaubens oder der der Evokation solcher Glaubensbestände in Feier und kultischem Fest. Für jede dieser Methoden einer neuheidnischen Renaissance existieren innerhalb des völkischen Spektrums regelrechte Spezialverlage. Ihre Produktion beschränkt sich zumeist auf das Schrifttum der jeweiligen religiösen Gruppe. Informationen über einzelne Verlage, Verleger, Schriftleiter oder Autoren sind allerdings kaum zu bekommen, es sei denn, die betreffende weltanschauliche Gruppierung ist relativ groß oder gar schon in Ansätzen erforscht.[38] Generell muß man unterscheiden zwischen Vereinigungen, die weiterhin am Christentum festhalten wollen, dies jedoch von »jüdischen« oder »römischen Verfälschungen« reinigen möchten, und solchen, deren religiöser Synkretismus letztendlich der Wiedererweckung des vorchristlichen Glaubens der Väter dienen soll.[39]

Beide Fraktionen operieren mit pseudowissenschaftlichen Theoriegebäuden, aber auch mit Anleihen aus der Geschichtswissenschaft, der Volkskunde, Germanistik, Vor- und Frühgeschichte, der Rassentheorie und der neuentwickelten Runenkunde. Interessant sind diese geistigen Entwürfe auch deshalb, weil an ihnen deutlich wird, daß in der Moderne religiöse Erweckungsbewegungen ihre Glaubensüberzeugungen mittels wissenschaftlicher Diskurse abzusichern versuchen. Zum anderen haben manche der »wissenschaftlichen« Theorien und »verwissenschaftlichten« Glaubenslehren im Dritten Reich tatsächlich den Rang akademisch institutionalisierter Wissenschaft erreicht. Himmlers »Ahnen-

---

37 Fragen religiöser Neuorientierung werden auch in den herkömmlichen Konfessionen diskutiert, vgl. Umstrittene Moderne. Die Zukunft der Neuzeit im Urteil der Epoche Ernst Troeltschs, hrsg. von Horst Renz und Friedrich Wilhelm Graf (Troeltsch-Studien 4). Gütersloh: Mohn 1987.
38 Heinz Bartsch: Die Wirklichkeitsmacht der Allgemeinen Deutschen Glaubensbewegung der Gegenwart. Breslau: Buchdruckerei Otto Ludwig 1938. – Alfred Müller. Die neugermanischen Religionsbildungen der Gegenwart. Ihr Werden und Wirken. 2. Auflage. Bonn: Ludwig Röhrscheid Verlag 1934.
39 Zur ersten Gruppe zählen alle Vorläufer der späteren »Deutschen Christen«, etwa Gottfried Traub, Wilhelm Erbt, Max Maurenbrecher, Julius Bode, die »Dorfkirchenbewegung«, der »Bund für deutsche Kirche« (= Deutschkirche). – Zur zweiten gehören: »Bund für deutsche Weltanschauung«, »Kristgermanentum«, »Nordischer Kampfbund«, »Deutsche Erneuerungsgemeinde«, »Treubund für aufsteigendes Leben«, »Sonnenkirche«, »Edda-Gesellschaft«, »Ariosophische Gesellschaft«, »Geistchristentum«.

erbe«[40], die Organisation der »Nordischen Bewegung«[41], Lehrstühle für Rassenkunde[42] – all das gehört zur wissenschaftlich-weltanschaulichen Wirklichkeit der Zeit ab 1933, die Wurzeln reichen jedoch weit zurück ins Kaiserreich und eben auch in die völkische Verlagsszene der Weimarer Zeit.

Beispiele: Der Ruf nach dem »Neuen Menschen«

Das religiöse Fieber der Epoche wird spürbar im Ruf nach »neuen Menschen« als dem Beginn gesellschaftlicher Revolution oder völkischer Wiedergeburt. Dieser Ruf ertönte damals allerorten – übrigens auch auf der Linken.[43] Anthroposophen lesen die *Bücher des kommenden Tages* aus dem gleichnamigen Verlag[44], andere appellieren an *Die Aufbauenden*.[45] *Weltwende* nennt sich eine von Karl Strünckmann betreute Zeitschrift des Christlich-revolutionären Verlags (Stuttgart), *Zeitwende* heißt das – nichtvölkische – Blatt des C. H. Beck Verlags. *Zwischen den Zeiten* wähnen sich wieder andere.[46] Im Verlag Neue Generation erscheint die gleichnamige Zeitschrift, aber auch Werke wie *Die genialen Syphilitiker* oder *Die Seele der Völkischen*[47], also Bücher mit eindeutig rasseideologischer Tendenz.

Die Suche nach geistigem Neuland gab gleich drei unterschiedlichen Unter-

---

40 Michael H. Kater: Das »Ahnenerbe« der SS 1935-1945. Ein Beitrag zur Kulturpolitik des Dritten Reiches. Stuttgart: Deutsche Verlagsanstalt 1974.

41 Hans-Jürgen Lutzhöft: Der Nordische Gedanke in Deutschland 1920-1940. Stuttgart: Ernst Klett 1971.

42 Bereits 1930 erhielt einer der wichtigsten Autoren des J. F. Lehmanns Verlags (München) – der Rassentheoretiker Hans F. K. Günther – im nationalsozialistisch regierten Thüringen einen »Lehrstuhl für menschliche Züchtungskunde« (Jena). Zur akademischen Institutionalisierung der Rassekunde vgl.: Rasse, Blut und Gene. Geschichte der Eugenik und Rassehygiene in Deutschland, hrsg. von Peter Weingart, Jürgen Kroll und Kurt Bayertz. Frankfurt/M.: Suhrkamp 1988, S. 390-459.

43 Der führende politische und theoretische Kopf des Austromarxismus, Max Adler, gibt die Schriftenreihe »Neue Menschen« in der E. Laub'schen Verlagsbuchhandlung Berlin heraus.

44 Der Kommende Tag Verlag, Stuttgart verlegt ausschließlich Werke Steiners und seiner Jünger.

45 Titel eines Aufrufs des Geusen-Verlags in Gera, die neue Zeitschrift »Ringende Jugend« zu beziehen. Dieser Verlag gehört zur bündischen Jugendgruppe »Geusen«, die sich von den »Fahrenden Gesellen«, der Wanderjugend im Deutschnationalen Handlungsgehilfen-Verband, abgespalten hatte.

46 Zwischen den Zeiten. Eine Schriftenfolge, hrsg. von Georg Merz, in Gemeinschaft mit Karl Barth, Friedrich Gogarten und Eduard Thurneysen. München: Christian Kayser Verlag [1] 1923-[2] 1924; 3 (1925)-11 (1933).

47 Brunold Springer: Die genialen Syphilitiker. Berlin: Verlag der Neuen Generation 1926. Ders.: Die Seele der Völkischen. Berlin: Verlag der Neuen Generation 1926.

nehmungen den Namen: dem Verlag des Guttempler-Ordens[48], dem Spezialverlag für kaufmännische Literatur von Johannes Ullrich[49] sowie dem Neuland-Verlag der Guida Diehl. Ursprünglich aus der evangelischen Jungmädchen- und Frauenarbeit kommend, geriet Diehl in Kontakt mit der Jugendbewegung und gründete Anfang des Weltkriegs die »Neuland-Bewegung«[50], seit 1918 betrieb sie in Eisenach das Neuland-Haus, eine Begegnungsstätte mit angeschlossener Buchhandlung, sowie den Neuland-Verlag Guida Diehl.

Die bisher unbekannte Geschichte der Neuland-Bewegung ist vermutlich ein weiteres Beispiel für die enge Verbindung von konservativem Protestantismus und völkischer Bewegung. Ein bekannter Fall für diesen Konnex ist der »Bund für Deutsche Kirche«[51], den der Flensburger Hauptpastor Friedrich Andersen zusammen mit Joachim Kurd Niedlich und anderen aus der Berliner »Arndt-Hochschule«[52] 1921 gegründet hat. Im Verlag der »Deutschkirche« (Berlin-Schlachtensee) erscheinen Werke der Bundesgründer, des Bremer Hauptpastors Julius Bode[53], von Gottfried Traub und Max Robert Gerstenhauer, dem Bundesgroßmeister der Deutschkirche.

Ernst Hunkel, ein glühender Anhänger der Rassezuchtideen Willibald Hentschels, schritt 1919 »zur Landnahme« in Sontra/Hessen, wo er zusammen mit seiner Frau Margart die »Freilandsiedlung Donnershag« (eigentlich Donarshag = Garten Donars) gründete. Aus der Gartenstadt Eden, in der Hunkel bis dato gelebt hatte, nahm er den Jungborn-Verlag[54] mit, einschließlich dessen Zeitschrift *Neues Leben*. Aus diesem Blatt, das ursprünglich lebensreformerisch-sied-

---

48 1889 wird der Verlag von Deutschlands Großloge II des IOGT in Flensburg gegründet. Im Jahr 1911 taucht der Name »Neuland-Verlag G. Koehler« (Hamburg) in einigen Publikationen auf. Bis heute ist der Neuland-Verlag ein Spezialverlag für Literatur über Suchtgefahren.

49 Adreßbuch des Deutschen Buchhandels 81 (1919), S. 394 – Verlagsgründung bereits 1914.

50 Aus der »umgestalteten« Verfassung dieser Bewegung vom Januar 1935: »Wie sie [die Neuland-Bewegung] immer für die Wiedergeburt der deutschen Seele, für Wiedererweckung des rassisch-völkischen Erbguts, für Erneuerung des Frauentums, für deutsche Ehre und Freiheit gekämpft hat, so steht sie auch jetzt mitarbeitend und mitkämpfend auf dem Boden des neuen Deutschland...«

51 Die ideologischen Grundlagen des Bundes formulierten bereits 1917 Andersen, Bartels, Hans von Wolzogen (Bayreuther Kreis) und Kirchenrat Ernst Katzer als: Deutschchristentum auf rein evangelischer Grundlage. 95 Leitsätze zum Reformationsfest 1917. Leipzig: Theodor Weicher 1917.

52 Leitung: Theodor Scheffer, später Leiter einer völkisch orientierten VHS in Bad Berka bei Weimar. Scheffers Agitationsbroschüren erschienen im Verlag der »Deutschen Kanzlei« (Berlin). – Zu Niedlich vgl. Mohler, Konservative Revolution, Bd. I, S. 372f.

53 Julius Bode: Wodan oder Jesus. Ein Büchlein vom christlichen Deutschtum. Berlin-Schlachtensee: Verlag der Deutschkirche 1920. [später Sontra: Jungborn-Verlag]

54 Jungborn-Verlag Haacke und Teilhaber. Helmut Haacke war gelernter Verlagsbuchhändler und lebte als Genossenschafter in Eden, vgl. Linse: Zurück, o Mensch, S. 40.

lungstheoretischen Ideen Ausdruck verliehen hatte, machte Hunkel eines der wichtigsten deutschreligiösen Organe. Der Untertitel lautete *Monatsschrift für deutsche Wiedergeburt*. Im Jungborn erschienen *Flugblätter für jungdeutsche Siedlung* und *Deutschgläubige Flugblätter*, die unter anderem die »Auferstehung deutscher Volksreligion« verkündeten.[55] Der Verlag ist das finanzielle Rückgrat der gesamten Siedlung. Hunkels Eintreten für die sogenannte Mittgart-Mehrehe isolierten ihn innerhalb des »Deutschen Ordens«[56] und der eigenen »Donars-Gilde«. 1924 endet das Siedlungsexperiment, ein Freideutschland-Verlag existiert anscheinend noch bis 1927.[57]

Am Beispiel Ludwig Fahrenkrogs, des Malers und Gründers der Germanischen Glaubensgemeinschaft (GGG), ließe sich zeigen, wie sinnvoll eine autorenzentrierte Erforschung der völkischen Verlagsszene sein kann. Die ersten Werke dieses Religionsstifters erscheinen noch bei Greiner & Pfeiffer (Stuttgart) und Gebauer & Schwetschke (Halle/Saale), dann übernimmt Wilhelm Hartung (Leipzig) die Betreuung. Mit dem nächsten Verlag, Adolf Klein (Leipzig), sind wir mitten im radikal-völkischen Lager. Zuletzt wird Fahrenkrog nur noch im inneren Kreis der GGG verlegt: im Fahrenkrog-Verlag Carl Peter (Leipzig)[58], im Verlag der »Fahrenkrog-Gesellschaft« (Machern b. Leipzig) und schließlich im Fahrenkrog-Verlag. Der Adolf Klein Verlag ist seit Mitte der 20er Jahre Hausverlag der »Nordischen Bewegung« und ihres wichtigen Propagandisten, Bernhard Kummer. Hier erscheinen nicht nur kanonische Werke nordischer Religiosität, sondern auch zahlreiche kirchenkritische und antifreimaurerische Schriften.

Solcherart Literatur gehört zu einem weiteren wichtigen Bereich völkischer

---

55 Ernst Hunkel: Von der Auferstehung deutscher Volksreligion. Sontra: Jungborn-Verlag o.J. (Deutschgläubige Flugblätter 9/10). Siehe auch: Aus dem Jungborn. Flugschriften für wahrhaftiges deutsches Leben. – Deutscher Glaube. Beiträge zur religiösen Erneuerung unseres Volkes [Beide Reihen im Jungborn-Verlag].

56 »Deutscher Orden«: gegründet 1911 vom Telegraphendirektor Otto Sigfrid Reuter aus Bremen. 1917 erweitert durch Margart Hunkels »Deutsche Schwesternschaft« im DO, 1918 durch Ernst Hunkels »Jungbornlauben«. Teile des DO und der »Balder-Bund« bilden 1923 die Keimzelle der bündischen »Nordungen«. Eine Grundschrift der deutschgläubigen Bewegung ist: Otto Sigfrid Reuter: Sigfrid oder Christus?! Kampfruf an die germanischen Völker zur Jahrtausendwende. Von einem Deutschen. Leipzig: Neuer Verlag Deutsche Zukunft 1910 (später im Xenien-Verlag, Leipzig).

57 Ernst Hunkel: Von der religiösen Freiheit und Einheit des deutschen Volkes. o. O.: Freilandverlag, um 1927. Vgl. Mohler: Konservative Revolution, Bd. I, S. 384. Zwischendurch war wohl Deutschordensland der Verlagsname, vgl. unten: Mitglieder der »Vereinigung völkischer Verleger«.

58 Dort publiziert auch ein anderer zeitgenössischer Religionsstifter, nämlich Prof. Ernst Bergmann, dem eine Synthese zwischen »arischer Religion« und Bachofenschem Mutterrecht gelingt.

Publizistik: dem der Agitation gegen Freimaurer, Katholiken, Juden und Bolschewisten.[59] Diese galten als heimliche Zersetzer der deutschen Volkskraft, über ihre »Wühlarbeit« informierten Tausende vergleichbarer Broschüren, Traktate und Bücher. Die wohl erfolgreichsten Verfechter solcher Verschwörungstheorien waren Erich und Mathilde Ludendorff, deren »Tannenberg-Bund« und »Deutschvolk« zu den größten völkischen Gruppen gehörten. Anfangs hatten die Ludendorffs ihre Ideen auf ausgedehnten Vortragsreisen in ganz Deutschland und mittels einer »Fortschrittlichen Buchhandlung« (Versandbuchhandlung) in München verbreitet. Im Jahr 1929 gründeten sie den Ludendorff-Volkswarte-Verlag, in dem die Zeitschrift *Ludendorffs Volkswarte* erscheint, mit der religiös-weltanschaulichen Beilage *Am Heiligen Quell*.[60]

Es existierte noch ein weiteres deutsch-religiöses Verlagsunternehmen, das ähnlich wie die Ludendorffs noch bis ins Dritte Reich hinein publizieren konnte. Erst 1934 wurde der Widukind-Verlag Alexander Boß (Berlin) ins Leben gerufen, in dessen Verlagsprogramm einzig der Name des Klages-Biographen Hans Eggert Schröder heute noch bekannt sein dürfte. Hier veröffentlichte aber auch der Abteilungsleiter für Feiergestaltung im Rassen- und Siedlungshauptamt der SS, Kurt Eggers. Alexander Boss stand mit anderen Verlagen in einer Arbeitsgemeinschaft, 1934 erschien ein gemeinsamer Prospekt für »Schriften zum deutschen Glauben«. Beteiligt waren neben Erich Röth der Bündische Verlag (Heidelberg)[61] und der Karl Gutbrod Verlag (Stuttgart), der zusammen mit dem Edelgarten-Verlag Horst Posern (Beuern/Hessen) das Schrifttum der »Deutschen Glaubensbewegung«[62] betreut hat.

---

59 Das jüdische und bolschewistische Feindstereotyp verschmelzen oftmals, das zeigen die Publikationen der Verlage Deutsche Kultur-Wacht und Nibelungen-Verlag (beide Berlin).
60 Von den Nazis 1933 verboten, erscheint sie wieder u. d. T.: »Am heiligen Quell deutscher Kraft«. 1937 wird der »Bund für deutsche Gotterkenntnis (L)« geschaffen, dessen Schrifttum weiter im Volkswarte-Verlag erscheinen darf. Das Nachfolgeunternehmen ist ab 1945 der Verlag Hohe Warte (Stuttgart, ab 1952 Pähl/Obb.). Hier erscheint auch die affirmative Geschichte der Ludendorff-Bewegung: Hans Kopp: Geschichte der Ludendorff-Bewegung. 1. Band: Die Jahre 1913-1939. [Pähl]: Verlag Hohe Warte – Franz v. Bebenburg 1975.
61 Verlagsleiter Johann Friedrich [»Fritz«] Bühler, Mitglied der Wanderscharen, Führer des Deutschen Kreises, in der Bündischen Reichsschaft. Im Gegensatz zur bündischen Jugend im allgemeinen waren in den Wanderscharen überwiegend Volksschüler organisiert. 1921 spaltete sich der elitäre Deutsche Kreis unter Bühler ab, hier pflegte man das Werk des Männerbund-Theoretikers Hans Blüher. Vgl. Kindt: Bündische Zeit, S. 828-839.
62 Margarete Dierks: Jakob Wilhelm Hauer 1881-1962. Leben – Werk – Wirkung. Mit einer Personalbibliographie. Heidelberg: Lambert Schneider 1986. – Ulrich Nankos Dissertation zur Deutschen Glaubensbewegung soll 1990 erscheinen, ihm danke ich für zahlreiche Hinweise.

»DEUTSCHER, bedenke die Herkunft!«
Die Suche nach Wurzelgründen in Blut und Geschichte

Die Rassenkunde ist ein derart zentraler Bestandteil völkischer Ideologie, daß sich in sämtlichen der bisher erwähnten Verlagsprogrammen zu diesem Thema Titel, Reihen und Zeitschriften finden lassen.[63] Branchenführer für rassenkundliches Schrifttum dürfte der J. F. Lehmanns Verlag[64] gewesen sein, aber auch andere wie Theodor Weicher und Alexander Duncker waren Hausverlage wichtiger Rassenforscher und Rassenmythomanen. Sogar ein eigentlich belletristisch-okkultistisches Unternehmen wie der Sibyllenverlag (Dresden) partizipierte an der Konjunktur rassentheoretischen Schrifttums. Neben der Rassenkunde war es die Geschichtswissenschaft, besonders die Vor- und Frühgeschichte, deren Ergebnisse und Methoden von der völkischen Bewegung mißbraucht wurden, um die Überlegenheit der germanischen Völker seit alters her zu »beweisen«. Ähnlich wie im wissenschaftlichen Feld der Rassenforschung liegen ernsthaftes Bemühen um Erkenntnis und hemmungsloses Phantasieren eng beieinander. Der Curt Kabitzsch Verlag (Leipzig) betreute mit Gustav Kossina und dessen Schülern die wissenschaftlich durchaus ernstzunehmende Richtung. Für das andere Extrem steht eine Verlagsanzeige des Großdeutschen Verlags (Weißenburg/Bayern):

»Nicht achtlos weglegen, sondern lesen! Nach Bestellung weitergeben, weil es sich um hochwichtige Dinge für die Zukunft unseres Vaterlandes handelt! EINE WELTWENDE *bedeutet die Lösung des Geheimnisses des versunkenen Atlantis.* Vor kurzem erschien in 3. vermehrter und verbesserter Auflage ATLANTIS, EDDA, BIBEL – 200000 Jahre germanischer Weltkultur und das Geheimnis der heiligen Schrift. *Von Hermann Wieland. (...) Kein Deutscher, der sein Vaterland lieb hat und Anspruch auf Bildung erhebt, darf an diesem Buch vorübergehen!*«

Der Verlag Germanische Welt (Berlin) offeriert sein Werk, in dem die Germanen als Kulturträger bereits im Tertiär nachgewiesen werden. Die Zeitschrift *Weltwille* aus Leipzig folgert: »Nun heißt es umlernen in Worten und Taten: Weltadel verpflichtet!«[65] Der Arier-Verlag (Berlin-Zehlendorf) läßt einen Dr.

---

63 Das Zitat der Überschrift dieses Abschnitts entstammt einer Ankündigung des Karl Rauch Verlags (Dessau) für das Buch Wilhelm Schäfers mit dem »schlichten und alles fassenden Titel DEUTSCHLAND« [vermutlich 1924].

64 Gary D. Stark: Der Verleger als Kulturunternehmer: Der J. F. Lehmanns Verlag und Rassenkunde in der Weimarer Republik. In: Archiv für Geschichte des Buchwesens Bd. XVI (1976), Sp. 291-318.

65 Franz von Wendrin: Die Entzifferung der Felsenbilder von Bohuslän einschließlich der Urkunde über das biblische Paradies. Berlin: Verlag Germanische Welt 1926. – In der Verlagsanzeige zu diesem Buch auch das obige Zitat.

Friedrich Wichtl fragen: *Die Insel Atlantis – Urheimat der Arier?*[66] Dies bezieht sich auf einen Buchtitel des Verlagsinhabers Karl Georg Zschaetsch, der zur Masse laienhafter Vorgeschichtsforscher[67] gehört, für deren Produktionen der Atlantis- und Thulemythos konstitutiv sind, außerdem phantastische Wissenschaften über die Erdentstehung, wie etwa die Hohlwelt- oder die Welteislehre.[68] Bewiesen wurde durch solche Spekulationen allemal die Berechtigung germanisch-arischer Überlegenheitsgefühle. Bis tief in die Heimatbewegung hinein lassen sich Spuren dieses Denkens nachweisen – ein weiteres Argument dafür, solche Ideologeme nicht einfach abzuqualifizieren, sondern als Manifestation kollektiver und individueller Identitätskrisen der Moderne zu interpretieren.

»Ein heimlich offener Bund für das große Morgen...«
Zur Vernetzung innerhalb der völkischen Verlagsszene

Hinsichtlich des Vertriebs und der Verbreitung ihrer Literatur haben völkische Verleger nichts dem Zufall und wenig dem Buchmarkt überlassen. Abgesehen von den ohnehin existierenden engen persönlichen Kontakten, der Mitgliedschaft einzelner Verleger oder Verlagsmitarbeiter in denselben politischen Parteien, Bünden oder Glaubensgemeinschaften[69], hat sich die völkische Verlagsszene ein Netz spezieller Organisationen geschaffen, das oftmals außerhalb des von Leipzig aus organisierten Buchvertriebs der Distribution völkischer Literatur und Publizistik diente. Völkisch denkende Künstler und Schriftsteller haben sich ihrerseits selbst organisiert, etwa im »Deutschvölkischen Schriftstellerverband« (1910), dem »Bund deutscher Gelehrter und Künstler« (1915), dem »Deutschen Kunstbund« (1920), dem »Bund der Pflege nordischer Kunst und Wissenschaft« und dem »Fichte-Bund«.[70] Aus den Lesegemeinschaften der Zeit-

---

66 Unter diesem Titel veröffentlichte Wichtl einen Aufsatz in der Zeitschrift »Michel« vom 27. 2. 1921. Diesen Artikel hat der Arier-Verlag als Sonderdruck verbreitet.

67 Karl Georg Zschaetsch: Herkunft und Geschichte des arischen Stammes. Berlin-Zehlendorf: Arier-Verlag 1926. [Unter verschiedenen Titeln mehrere Wiederauflagen].

68 Ekkehard Hieronimus: Okkultismus und phantastische Wissenschaft. In: Kursbuch der Weltanschauungen, hrsg. von Anton Peisl und Arnim Mohler. Berlin: Ullstein 1980, S. 301-349.

69 Einen Überblick über das weitgespannte Netz völkischer Organisationen vermittelt: Verzeichnis deutschvölkischer Vereine, Bünde und Orden, zusammengestellt von Alfred Roth. In: Deutschvölkisches Jahrbuch, hrsg. von Georg Fritz mit Unterstützung deutschvölkischer Verbände 1 (1920)-3 (1922). Weimar: Alexander Duncker 1920-1922. S. 232-241 (1); 125-138 (2); 99-112 (3).

70 Detaillierte Erkenntnisse zur Geschichte dieser Organisationen liegen bisher nicht vor. Lt. Deutschem Schrifttum 10 (1920), Nr. 9 war die Geschäftsstelle des Deutschvölkischen Schriftstellerverbandes beim Deutschbund/Gotha. Die Bundeszeitschrift war die Deutsche Not (später: Deutsches Schrifttum). Hinweise auf den »Bund deutscher Gelehrter...« in: Auf Vorposten 4

schrift *Hammer*[71] entstand 1912 der »Reichshammer-Bund«, der wiederum 1919 im »Deutschvölkischen Schutz- und Trutz-Bund« aufgegangen ist. Dieser ließ seine umfangreichen Agitationsmaterialien ausschließlich im Verlag Alexander Goetting (Hamburg) drucken.

Eben diese Deutschvölkische Verlagsanstalt A. Goetting gehörte zu den Mitgliedern der »Vereinigung völkischer Verleger«, die ihre Gründung in der Zeitschrift *Deutschlands Erneuerung* anzeigte.[72] Sie umfaßte außerdem den Hammer-Verlag (Leipzig), die Verlage J. F. Lehmann (München), Theodor Weicher (Leipzig), Erich Matthes (Leipzig), den Hakenkreuz-Verlag (Hellerau), Verlag Deuschordensland (Sontra), Gesundes Leben (Rudolstadt) und schließlich die Verlage Oskar Laube (Dresden) und Lorenz Spindler (Nürnberg).[73] Die Geschäftsstelle der Vereinigung war zuerst beim Theodor Thomas Verlag (Leipzig)[74], dann wurde Hans Kellermann vom Verlag Alexander Duncker der Geschäftsführer.[75] Gemeinsame Annoncen mit anderen Unternehmen belegen die Kontakte dieser Verlage zu dem der Mitteldeutschen Rundschau (Leipzig), dem R. Voigtländer Verlag (Leipzig)[76], dem Ernst Letsch-Verlag (Hannover)[77], dem Heimatverlag Leopold Stocker (Graz)[78], dem Zwei-Welten-Verlag W. Heimberg (Stade)[79] sowie dem Curt Kabitzsch und dem K. F. Koehler Verlag (beide Leipzig).

(1917), H. 7/8, S. 196-202. – Anzeige des Deutschen Fichte-Bundes e. V. in: Ideal und Leben. Deutsche Monatsschrift für Volkserneuerung, hrsg. von Heinrich Kessemeyer. Hamburg: Verlag Heinrich Kessemeyer. – Gründungsanzeige des Deutschen Kunstbundes in: Ideal und Leben 9 (1921), Nr. 3, S. 372.

71 Hammer-Verlag Theodor Fritsch. Vgl. Festschrift zum fünfundzwanzigjährigen Bestehen des Hammer. Den Mitstreitern zugeeignet [hrsg. von Theodor Fritsch]. Leipzig: Hammer 1926.

72 Vereinigung völkischer Verleger. In: Deutschlands Erneuerung. Monatsschrift für das deutsche Volk 5 (1921), H. 8, S. 523.

73 Eine spätere Quelle erwähnt noch die Verlage H. Haessel (Leipzig) und Alexander Duncker (Weimar). Vgl. Deutschvölkisches Jahrbuch 3 (1922), S. 147. Dort findet sich auch eine Liste von 106 im völkischen Sinn empfehlenswerten Sortimentsbuchhandlungen, vgl. S. 147-149.

74 Vgl. Deutsches Schrifttum 10 (1920), Nr. 1, S. 8: Im Impressum ist die Rede von einem »Verlag der Vereinigung völkischer Verleger«, dessen Vertrieb bei Theodor Thomas liege.

75 Deutschvölkisches Jahrbuch 3 (1922), S. 308.

76 Dort Werke von Ludwig Wilser, andere erschienen bei Th. Weicher, Th. Fritsch, Th. Thomas und Strecker & Schröder. In Mohlers Einschätzung zählt Wilser zu den »völkischen Systembauern«, vgl. Mohler: Konservative Revolution, Bd. I, S. 339f.

77 Ein eher national-konservativer Verlag, bei dem ehemalige Stabsoffiziere und Kriegsteilnehmer ihre Sicht der Zeitgeschichte publizieren. Außerdem wird hier Heimatkunde verlegt.

78 Dieser verlegt die wichtigste österreichische Heimatkunst-Zeitschrift: Roseggers Heimgarten. Monatsschrift für Unterhaltung und Aufklärung 35 (1910/11)-59 (1934/35). Zwischen 1876/77 und 1910/11 war die Zs. unter dem Titel »Heimgarten« erschienen.

79 Adolf Reinecke: Der Erlöser-Kaiser. Erzählung aus Deutschlands Zukunft und von seiner Wiedergeburt. Stade: Zwei-Welten-Verlag W. Heimberg.

Die Produkte all dieser Unternehmen wurden auch verkauft in den reichsweit vertretenen Dürer-Häusern[80]. In Frankfurt existierte eine Deutsche Buchhandlung[81], in München die schon erwähnte Fortschrittliche Buchhandlung der Ludendorffs. Im Eichendorff-Haus in Nürnberg konnte man ebenfalls den einen oder anderen völkischen Titel beziehen, eine Deutschvölkische Verleihbücherei kümmerte sich in Hamburg um die Leser. Die Jugendbewegung richtete eigene Bücherstuben in vielen deutschen Städte ein[82], die als weitere Umschlagplätze auch für völkisches Schrifttum fungierten.

Im Jahre 1926 schritt der Alexander Duncker Verlag zur Gründung einer »Volksdeutschen Buchgemeinde«:

»Die heute verarmten deutschgesinnten Kreise brauchen mehr denn je das schöne und zugleich billige Buch (...) Die Begründung der ›Volksdeutschen Buchgemeinde‹ bedeutet darum den Aufruf zum geistigen Zusammenschluß der Gleichgesinnten, zur Aufrichtung einer gemeinsamen Front, die die Wahrung und Erhaltung unseres besten Kulturgutes zum Ziel hat. (...) Von der Volksdeutschen Kulturgemeinde werden darum (...) nur Werke gebracht, die einer vertieften, im deutschen Volkstum wurzelnden Bildung und Weltanschauung dienen.«

Das Wort »Gemeinde« – statt des modernen »Club« oder des häufigeren »Gemeinschaft« – stattet eine schlichte Institution des Buchvertriebs mit der Aura des Religiösen aus. Das ergibt Sinn, wenn man sich der religiösen Implikate des völkischen Aktivismus nach 1918 erinnert. Der Leipziger Verleger Werneck macht seinen Edda-Verlag gar zur Keimzelle der »Romantischen Gemeinde«, die eine Kunst- und Buchgemeinschaft sein will. »Sie schlägt, als äußeres Sinnbild für das Suchen nach Höherem, ihre Bürger beiderlei Geschlechts zu »Rittern der Blauen Blume«. Dieser neuromantische Jargon verschleiert kaum die handfesten Absatzinteressen des Verlegers, der bereits 1922 zusammen mit Ernst Hauck[83] eine »Deutsche Dichterhilfe« gegründet hatte.

---

80 Gerhard Kratzsch: Kunstwart und Dürerbund. Ein Beitrag zur Geschichte der Gebildeten im Zeitalter des Imperialismus. Göttingen: Vandenhoeck & Ruprecht 1969.
81 Adreßbuch des deutschen Buchhandels 83 (1921), S. 116.
82 Zum Beispiel in Leipzig die »Bücherstube Nürnberger Strasse der Deutschen Wanderbuchhandlung«, in Frankfurt die »Bücherstube Walter Schatzki«, in Eisenach das »Neuland-Haus« und in Dessau die »Bücherstube Karl Rauch«, des späteren Verlegers. Die Deutsche Wanderbuchhandlung wurde 1919 von Reinhard Buchwald gegründet, einem der Vorstände der Thüringer Volkshochschule.
83 Hauck war Mitglied im Rig-Kreis (Georg Groh), im Volkserzieher-Kreis (Wilhelm Schwaner) und Artamane, außerdem Autor des Urquell-Verlags Erich Röth. – Werneck-Brüggemann hatte 1923 den Edda-Verlag Max Ahnert, Kassel, übernommen. Er war nicht nur Leiter der »Romantischen Gemeinde«, sondern auch der »Fahrenkrog-Gesellschaft«. Im Edda-Verlag erschien sein »Vaterländisches Erbauungsbuch. Ein Hausbuch aller Deutschen für alle Zeiten, hrsg. von Werneck-Brüggemann.«

Im Bild eines Ritterordens aus Verlegern, Autoren und Lesern kulminieren in diesem Fall die Wünsche einiger Völkischer nach Distanz zur Moderne, zu anderen weltanschaulichen Gruppierungen und zu den ökonomischen Konkurrenten auf dem Buchmarkt. Diese Tendenz zur Abkapselung in Bünden und Orden ist typisch für die völkische Bewegung insgesamt, die sich politische und kulturelle Konkurrenz innerhalb der modernen Gesellschaft von Weimar nur als Kampf zwischen homogenen Weltanschauungsgemeinschaften vorstellen konnte. Die Erziehung Andersdenkender zum wahren »völkischen« Bewußtsein nahm folgerichtig den Charakter von Unterwerfungsfeldzügen an. Die Überredungsstrategien der Völkischen waren somit Teil einer totalitären nationalpädagogischen Strategie, deren katastrophale politische Folgen auch die Masse der völkischen Verlagshäuser untergehen ließ.

Hans-Albrecht Koch

Ernst Sander und der Verlag Philipp Reclam

I

Nach dem Tode Hans Heinrich Reclams am 30. März 1920 teilten sich seine beiden Söhne Dr. Ernst Reclam und Hans Emil Reclam die Leitung von Verlag und Druckerei. Das Programm des Verlages erfuhr eine Reihe von Veränderungen, die sich teils aus äußeren Umständen ergaben, teils von den Söhnen bereits seit längerer Zeit beabsichtigt waren, ohne daß dadurch grundsätzlich die Vorgaben in Frage gestellt wurden, die der Seniorchef noch im hohem Alter selbst gesetzt hatte. Dietrich Bode hat darüber im einzelnen anläßlich des 150jährigen Bestehens des Verlages berichtet.[1]

So verlagerte sich etwa im Programm der *Universal-Bibliothek* der Schwerpunkt von der dramatischen zur erzählerischen Literatur, nachdem die rechtlichen Schutzfristen für die Texte der realistischen Autoren abgelaufen waren. (Gottfried Keller allein gelangte 1921 mit achtzehn Titeln in die *Universal-Bibliothek*.) Zugleich verstärkten die Söhne ihre Bemühungen, in dieser Reihe »möglichst von jedem namhaften zeitgenössischen Schriftsteller ein Werk als Einführung in sein Schaffen zu bringen. Für die Kalkulation wird dabei wesentlich, daß mehr und mehr tantiemepflichtige Titel in eine Sammlung kommen, die überwiegend mit dem honorarfreien Nachdruck älterer Autoren aufgebaut worden war«.[2] In den Jahren 1920 und 1921 erschienen in der *Universal-Bibliothek* z.B. Titel von Albert Ehrenstein, Herbert Eulenburg, Ludwig Finckh, Klabund, Wilhelm Schäfer und Clara Viebig. Die »einnummerige Erzählung der Gegenwart«[3] war auch für den Vertrieb durch Reclam-Bücherautomaten besonders geeignet, die der Verlag seit 1913 nicht nur an Eingängen von Buchhandlungen, sondern auch auf Bahnhöfen und auf den Lloyd-Dampfern mit Erfolg aufgestellt hatte.

Auch außerhalb der *Universal-Bibliothek* gab es Änderungen und Neues: Die 1910 begonnene Serie der *Helios-Klassiker* erhielt seit 1920 eine neue Ausstattung durch Ernst Rudolf Weiss. Als *Helios-Bücher* wurden seit 1924 größerformatige Einzelausgaben besonders gängiger Titel verlegt. Seit 1926 erschien eine Reihe *Reclam-Romane*, deren Ganzleinenbände Walter Tiemann besorgte. In ihr

---

1 Dietrich Bode: 150 Jahre Reclam. Daten, Bilder und Dokumente zur Verlagsgeschichte 1828-1978. Stuttgart 1978, S. 127-148.
2 Ebd. S. 128.
3 Ebd.

erschienen Werke deutsch- und fremdsprachiger Gegenwartsautoren, z. B. von Rudolf Huch, Hans von Hülsen, Jakob Wassermann und Edmond Jaloux. 1927 schließlich begann unter dem Titel *Junge Deutsche* eine weitere Reihe, deren Ausstattung wiederum Ernst Rudolf Weiss anvertraut wurde. »Mit orangefarbenen Bänden, die unter dem Zeichen eines springenden Fohlens stehen, soll jungen, zum Teil noch unbekannten Autoren Gelegenheit gegeben werden, ihr Publikum zu finden. Gemeinsam ist ihnen die Abkehr vom Expressionismus, ihr Lektor ist Ernst Sander.«[4]

Ernst Sander, auch um andere der erwähnten Neuerungen bei Reclam verdient, hat in den zünftigen Darstellungen der Literatur- und Buchgeschichte des zwanzigsten Jahrhunderts die ihm zukommende Würdigung noch nicht gefunden – trotz einer stupenden Lebensleistung, die ein beachtliches eigenes schriftstellerisches Œuvre[5], eine unvergleichlich große Übersetzungsarbeit[6] und – in den zwanziger Jahren, besonders in der verlegerischen Tätigkeit für Reclam, bevor Sander für immer die Existenz des selbständigen Schriftstellers wählte – die Förderung vieler junger Autoren umfaßt. Wer war dieser literarische Vermittler par excellence?

---

4 Ebd. S. 139.
5 Vgl. die Personalbiographie von H.-A. Koch und Uta Koch in: Sprachkunst und Übersetzung. Gedenkschrift Ernst Sander. Hrsg. von H.-A. Koch. Bern; Frankfurt a. M.; New York 1983, S. 169-201.
6 Sanders Übersetzungen aus dem Französischen würdigt u. a.: René Montigny: Ernst Sander. In: Culture Française 12 (1963), no. 2, S. 3-7, der Sander als »sans doute actuellement l'homme de Lettres qui connait le mieux la littérature française« bezeichnet. Ähnliche Urteile finden sich bei Marcel Brion (M. B.: Ernst Sander. In: Le Monde vom 26. 6. 1963, S. 10) oder Robert Minder. Nur die deutsche Kritik hat den Übersetzer kaum zur Kenntnis genommen – als Beispiel sei etwa die Besprechung der Übersetzung von Henry de Montherlants »L'histoire d'amour de la rose de sable« durch Günter Blöcker in der »Frankfurter Allgemeinen Zeitung« vom 17. 12. 1977 erwähnt, die drei enthusiastische Spalten über den Roman, aber kein Wort über die sprachschöpferische Leistung des Übersetzers enthält. – Als Ausnahme verdient erwähnt zu werden, daß Jürgen von Stackelberg in ausgreifender vergleichender Analyse nachweist, warum unter den Übersetzungen der »Madame Bovary« diejenige von Sander mit Abstand die beste ist (J. von Stackelberg: Weltliteratur in deutscher Übersetzung. München 1978, S. 184-203). Ferner ist bezeugt, daß Hugo Friedrich im Kolleg zum französischen Roman des 19. Jahrhunderts Sanders Balzac-Übertragung gerühmt hat (vgl.: Das literarische Werk Ernst Sanders [1898-1976]. Korrespondenz zwischen Ernst Sander und Carl Werckshagen in den Jahren 1967/68. Hrsg. und eingeleitet von Manfred R. W. Garzmann. Braunschweig: Stadtarchiv 1988 [Stadtarchiv und Stadtbibliothek Braunschweig. Kleine Schriften. 17.], S. 5).

II

Ernst Sander wurde am 16. Juni 1898 in Braunschweig als Sohn eines Kaufmanns geboren. Seine Mutter war das einzige Kind des Buchbindermeisters Ernst Wöhlert, der noch für Wilhelm Raabe gearbeitet hatte. Nach dem Notabitur nahm Sander ab 1917 am Ersten Weltkrieg in Frankreich teil. 1919 schrieb er sich an der Technischen Hochschule seiner Vaterstadt für neuere Sprachen und Kunst ein, wechselte 1920 zum Studium der Germanistik, Klassischen Archäologie und Musikwissenschaft nach Berlin und 1921 an die Universität Rostock, wo er 1922 mit einer Dissertation über *Johannes Schlaf und das naturalistische Drama* promoviert wurde.

Das Studium hatte er sich schon durch kleinere literarische Arbeiten, wie Gedichte, Erzählungen, Essays und Kritiken, finanziert. Ein Lyrik-Bändchen, eine Studie über Rudolf Huch waren erschienen, ein Schauspiel *Genie ohne Geld* hatten die Kammerspiele in Kassel aufgeführt, noch bevor Sander 1923 ein Redaktionsvolontariat an einer Braunschweiger Zeitung begann. Rasch wechselte er jedoch als Verlagslektor nach Berlin, wo erste Übersetzungen von Dikkens, Flaubert, Murger und Wilde entstanden, und trat noch im selben Jahr in Leipzig in den Reclam-Verlag ein, wo er zunächst als Redakteur an der von C. A. Bernoulli besorgten Bachofen-Ausgabe, dann als Lektor tätig war. Zahlreiche Titel der *Universal-Bibliothek* (Gregorovius, Griepenkerl, Rumohr, F. v. Sallet) erschienen unter seinem Lektorat. Zu seinen wichtigsten Aufgaben bei Reclam gehörte jedoch der Kontakt zu den zeitgenössischen Autoren. Aus der Zeit bei Reclam rührten die Bekanntschaften mit Stefan Zweig, Hugo von Hofmannsthal, den er wiederholt in Rodaun besuchte, Gerhart Hauptmann, Thomas Mann, der ihn des öfteren zu sich einlud, Ricarda Huch und vielen anderen in- und ausländischen Schriftstellern. Er unternahm mehrere Italien-Reisen und veröffentlichte 1928 das Sizilien-Buch *Trinakria*. Die Reclam-Reihe *Junge Deutsche*, die er 1927 begründete, und die Bemühungen Sanders, zeitgenössische Autoren für Reclam zu gewinnen, sind der eigentliche Gegenstand dieser Studie. Zuvor sei jedoch in groben Strichen die biographische Skizze zu Ende geführt.[7]

1929 verließ Sander den Reclam-Verlag, um fortan nur noch als freier Schriftsteller zu arbeiten. 1929 erschien ein Band Sonette mit dem Titel *Innere Schau*, die Novelle *Die späte Wiederkehr* und der Roman *Lehrjahre des Herzens*. Ebenfalls noch 1929 zog er nach Hamburg. 1931/32 hielt er sich für mehrere Monate in Südfrankreich und Paris auf. Aus dieser Zeit stammt ein Briefwechsel mit André

---

[7] Vgl. H.-A. Koch: Sprachkunst und Übersetzung, S. 9-26; Nino Erné: Ein Franzose aus Braunschweig. Ebd. S. 27-37; ferner: Ursula Binder-Hagelstange: Übersetzer und Romancier. Zum Tod von Ernst Sander. In »Frankfurter Allgemeine Zeitung« vom 5. 7. 1976; Klaus Täubert: Nachruf auf Ernst Sander. In: Die Tat vom 24. 9. 1976.

Gide. Weitere Reisen führten nach Holland, in die Schweiz und nach Jugoslawien. Seit 1932 schrieb er Kritiken und Feuilletons für die *Hamburger Nachrichten* und das *Hamburger Fremdenblatt*.

Da mehrere seiner Bücher bei dem jüdischen Verleger Kurt Enoch erschienen waren, ließen die Angriffe der Nationalsozialisten nicht lange auf sich warten. Ein nobler Nachruf auf Jacob Wassermann, den er in den *Hamburger Nachrichten* publiziert hatte, führte bereits 1934 zu Hausdurchsuchungen. Bei der Eröffnung des »Hauses der Deutschen Kunst« in München wurde Sander als »entarteter Kunstkritiker« angeprangert. Weitere nationalsozialistische Presseattacken folgten, denen er sich auch durch alljährliche Reserveübungen nicht entziehen konnte. Zweimal wurde er im Zweiten Weltkrieg »wegen fortgesetzter beleidigender Äußerungen gegen führende Persönlichkeiten in Partei und Staat« und als »politisch unzuverlässig« degradiert bzw. aus dem Heer ausgestoßen.[8]

In den letzten Kriegsmonaten konnte Sander sich auf dem holsteinischen Gut Nütschau vor dem Zugriff der Häscher verbergen. Nach dem Krieg entstanden dort u. a. die Novelle *Drei Schicksale*, der Roman *Damals in Paris*, eine Maupassant-Biographie sowie zahlreiche Übersetzungen, u. a. von Walter Pater und Thyde Monnier. 1948 siedelte er nach Badenweiler über, wo er in freundschaftlichem Verkehr mit dem Maler Emil Bizer und Annette Kolb stand. In den Badenweiler Jahren entstanden – neben der Übersetzung von sieben Romanen Henry de Montherlants – die Romane *Das dalmatinische Abenteuer* (erschienen bei Klemm), *Ein junger Herr aus Frankreich* und die Anekdotensammlung *Eine Nuß und sieben Millionen* (beide erschienen bei Kiepenheuer & Witsch). Der Roman *Ein junger Herr aus Frankreich*, der in den ersten Regierungsjahren Ludwigs XV. spielt, ist zweifellos das gelungenste erzählerische Werk, das Sander geschrieben hat. Die darin eingelegte Erzählung *Der Bücherdieb* ist wiederholt auch separat veröffentlicht worden, u. a. 1953 im Jahrbuch *Imprimatur*.

1960 zog Sander nach Freiburg i. B. Dort schuf er, in sehr beengten Vermögensverhältnissen, den größten Teil seines bis heute wirksamen übersetzerischen Werkes. Durch die Vermittlung Jacob Hegners erhielt er vom Goldmann-Verlag die Aufträge für die erste deutsche Gesamtausgabe des epischen Werkes von Maupassant, der sich die ungekürzte Gesamtausgabe von Balzacs *Menschlicher Komödie* anschloß – Arbeitslasten, die seine Frau, die Romanistin Irma Schaub, zu tragen half. »Maupassant zu übersetzen war eine reine Freude – Balzac zu übertragen ist eine Qual, der ich mich täglich, morgens um halb sechs beginnend, acht Stunden lang unterziehe, um dann wenigstens zehn Seiten

---

8 Einer der bislang nur mündlich tradierten Anlässe sei an dieser Stelle doch einmal festgehalten. Sander, der im Gespräch mühelos Schüttelreim auf Schüttelreim folgen lassen konnte, hatte sich als Kompanieführer zu folgendem hinreißen lassen: »Man wird mich lange noch den großen Schüttler heißen, wenn alle längst auf Hitler sch...«

nebst den Anmerkungen zu Papier gebracht zu haben. Denn gerade die Anmerkungen ... stellen den eigentlichen Wert dieser Ausgabe dar; es ist mir unbegreiflich, wie man bislang Balzac ohne sie hat lesen können«, äußerte Sander sich 1967 zu diesen Arbeiten im Briefgespräch mit dem Dramaturgen Carl Werckshagen und fuhr fort: »Wirklich, es ist nicht ganz einfach, in meinem Alter ... sich jede Lebensminute erschreiben zu müssen.«[9]

Für die Bühne gestaltete Sander die Komödie *Don Gil de las calzas verdes* von Tirso de Molina in den Versmaßen des Originals frei nach; auf Wunsch von Hans Lietzau übertrug er ferner Jean Genets Schauspiel *Les paravents*. Beide Arbeiten für die Bühne hielten sich mehrere Jahre in den Spielplänen zahlreicher Theater.

Bei Reclam erschienen in Sanders letzten Lebensjahren gewichtige Übersetzungen von Zola (*Thérèse Raquin*) und Abbé Prévost (*Manon Lescaut*), wie seine anderen Übersetzungen begleitet von biographischen Essays, in denen die vollständige Durcharbeit des von der Forschung ausgebreiteten Materials die anschauliche Charakteristik in novellistischer Manier nicht hindert. Auch die schon in den zwanziger Jahren erschienene, von Stefan Zweig gerühmte Übertragung von Diderots *Jacques le fataliste* legte Reclam erneut auf.

Ernst Sander starb am 1. Juli 1976 in Freiburg.

III

Kehren wir nun zu Sanders Tätigkeit bei Reclam zurück. Unmittelbar nach seinem Eintritt in den Verlag Ende 1923 war er an Verhandlungen mit Hugo von Hofmannsthal beteiligt, die zum Ziel hatten, auch von Hofmannsthal eine oder mehrere Arbeiten in einem Bändchen der *Universal-Bibliothek* zu präsentieren. Die Briefe Hofmannsthals an Sander zu diesem Vorgang sind erhalten.[10] Ein Teegespräch im Leipziger Verlagshaus, zu dem Dr. Reclam den Dichter eingeladen hatte und dem auch Sander beiwohnte, führte zu keinem greifbaren Ergebnis. Hofmannsthal war dem Plan zwar zunächst nicht abgeneigt, machte seine Entscheidung jedoch von der Zustimmung der Verleger Fischer und Kippenberg abhängig, die Hofmannsthal abrieten. Ein anschließender Besuch Sanders bei Hofmannsthal in Rodaun beförderte die Sache ebensowenig wie Gespräche, die Sander mit Samuel Fischer und dessen Verlagsdirektor Konrad Maril in Berlin führte. Hofmannsthal verständigte sich vielmehr mit Maril darauf, den

---

9 Das literarische Werk Ernst Sanders, S. 7f.
10 H.-A. Koch: Hofmannsthal und Reclams Universal-Bibliothek. Briefe an Ernst Sander. In: Sprachkunst und Übersetzung, S. 147-152; zuerst in: Hofmannsthal-Blätter 16 (1976), S. 188-192.

Plan wenigstens solange zurückzustellen, bis die Gesamtausgabe, nämlich die 1924 erschienenen *Gesammelten Werke in sechs Bänden*, eingeführt wären. Anton Kippenberg war inzwischen zwar anderen Sinnes geworden und hatte noch im Januar 1924 an Hofmannsthal telegraphiert: »Empfehle sehr Reclamsvorschlag [!] der auch unseren Interessen entspricht anzunehmen«[11], doch Hofmannsthal glaubte sich nunmehr durch die Absprache mit Maril gebunden. Sander gab die Verhandlungen trotzdem noch nicht verloren und scheint den Dichter auch erneut für den Plan gewonnen zu haben, wie der Brief Hofmannsthals an Sander vom 13. Dezember 1924 zeigt, demzufolge er Fischer gebeten habe, Reclam das Bändchen doch zu gestatten. Hofmannsthal dürfte dem Plan zu diesem Zeitpunkt wohl auch deswegen wieder aufgeschlossen gewesen sein, weil inzwischen Rudolf Alexander Schröder eine Einleitung zu dem Reclam-Bändchen in Aussicht gestellt hatte. Fischer blieb jedoch offensichtlich bei seiner Ablehnung, und nur vierzehn Tage später distanzierte sich auch Hofmannsthal gegenüber Sander: »Darf ich mich ferner Ihnen gegenüber ganz aufrichtig aussprechen? Ich habe ja auch meine in der Jugend erworbenen Sympathien für den Reclamverlag offen ausgesprochen. Als dann der Antrag kam, stellte ich mir vor, es sei damit eine gewisse Ehrung verbunden, die man als Autor durch eine längere Jahresreihe von Leistungen erworben hat. Nun kommt mir durch einen Zufall dieses beigelegte Blatt in die Hand, aus welchem ich ersehe, daß ich, wäre zufällig mein Bändchen frei geworden, in einer Reihe zum Teil drittklassiger moderner Schriftsteller mitfigurieren würde, das macht mir ganz und gar keinen Spaß.«

Das beigefügte Blatt, von dem Hofmannsthal schreibt, ist eine Annonce des Verlages Reclam im *Börsenblatt* Nr. 293 vom 15. 12. 1924, in der einige Titel moderner österreichischer Autoren innerhalb der *Universal-Bibliothek* vorgestellt werden. Die Anzeige lautet:

> Reclam Leipzig
> Für 60 Pfg. verkaufen Sie
> Hermann Bahr: Die schöne Frau / Rudolf Hans Bartsch: Pfingstküsse / Franz Karl Ginzkey: Brigitte und Regine / Robert Hohlbaum: Von ewiger Kunst / Alfons Petzold: Das letzte Mittel / Max Mell: Morgenwege / Karl Schönherr: Die erste Beicht' / Karl Hans Strobl: Der betrogene Tod im schönen Reclam-Band sämtlich sofort lieferbar!

Autor des Reclam-Verlages ist Hofmannsthal erst postum 1931 mit der von Walther Brecht besorgten Sammlung *Wege und Begegnungen* geworden. Die Zurückhaltung des Verlages S. Fischer hat bis heute keine angemessenere Präsentation Hofmannsthals bei Reclam erlaubt.

---

11 Hugo von Hofmannsthal: Briefwechsel mit dem Insel-Verlag 1901-1929. Hrsg. von Gerhard Schuster. Frankfurt a. M. 1985 (»Archiv für Geschichte des Buchwesens« 25, 1984), Sp. 908 f.

IV

Weniger kompliziert als im Falle Hofmannsthals gestaltete sich für Sander der Umgang mit Stefan Zweig. Die erhaltenen Briefe Zweigs an Sander aus den Jahren 1925 bis 1930 bezeugen das aufrichtige Interesse Zweigs an den geschäftlichen Aufgaben des jungen Lektors, aber auch viel persönliche Zuneigung.[12] Die Briefe betreffen die literarischen Arbeiten beider Autoren, aber auch Privates, wie Sanders Entschluß, den Verlag zu verlassen.

Zweig gab Sander zahlreiche Empfehlungen, an welche zeitgenössischen Autoren er sich wegen der von ihm betreuten Reihen *Reclam-Romane* und *Junge Deutsche* tunlichst wenden könnte. Durch einen Hinweis Zweigs auf Edmond Jaloux wurde die Roman-Reihe überhaupt erst für fremdsprachige Autoren geöffnet. Am 16. April 1927 schrieb Zweig an Sander: »Wegen Ihrer Roman-Serie möchte ich einmal eine kleine Anfrage an Sie richten: nämlich, wie Dr. Reclam bei dieser Reihe prinzipiell zu ausländischen Autoren steht. Ich schätze persönlich ungemein in Frankreich Edmond Jaloux. Seine Romane sind von höchster Kultur, eben Werke eines Mannes, der von den edelsten Dichtern herkommt und nun sich mit dieser Zartheit der Sprache, der Reinheit der Auffassung den aktuellen und gegenwärtigsten Problemen zuwendet. So üben seine Romane Wirkung und sind vornehm zugleich. Nun hat er immer so viel für Deutschland getan (er war der beste Freund Rilkes in Frankreich), daß ich ihm riet, weitere Anträge auf Übersetzung seiner Romane zurückzuweisen und womöglich ein paar in *einer* Hand zu vereinigen. Glauben Sie, daß sich der Verlag Reclam dafür interessieren würde, so sendete ich Ihnen einen oder den anderen Roman zu und würde Sie mit Jaloux selbst in Verbindung bringen.«[13]

Mehr noch als den *Reclam-Romanen* galten Zweigs Ratschläge den von Sander begründeten *Jungen Deutschen*. In dieser Reihe hatte Sander u. a. den Roman *Der Zwerg* von Ernst Penzoldt, Erich Ebermayers Novelle *Nacht in Warschau* und Heinrich Hausers Roman *Brackwasser* herausgebracht.[14] Zweig hatte Sander auch auf Otto Heuschele aufmerksam gemacht, von dem er in den *Jungen Deutschen* nicht nur den Roman *Der Weg wider den Tod*, sondern auch die antiexpressionistische Anthologie *Junge deutsche Lyrik* veröffentlichte, die, zuerst 1928 erschienen, 1930 bereits in der 6. Auflage herauskam. Diese Anthologie wollte nicht verstanden werden als »Museum, das berufen ist, ewig-gültige Schöpfungen

---

12 H.-A. Koch: »Sie ordnen ja wirklich wunderschön das Interessante der fremdländischen Literaturen...« Stefan Zweigs Briefe an Ernst Sander. Mitgeteilt und kommentiert. In: Sprachkunst und Übersetzung, S. 121-146.
13 Ebd. S. 126f.
14 Vgl. Klaus Täubert: »Junge Deutsche«. In: Die Tat vom 19. 3. 1976; auszugsweise abgedruckt bei Bode (wie Anm. 1), S. 139f.

einer Zukunft bewahrend zu übermitteln«, vielmehr als eine der »Ausstellungshallen, in denen alljährlich den Schaffenden der bildenden Künste Gelegenheit geboten wird, für Wochen und Monate ihre Schöpfungen den am künstlerischen Leben Teilnehmenden vorzustellen«.[15] Die Anthologie brachte – mit geringfügigen Veränderungen in den einzelnen Auflagen – Gedichte von Martin Beheim-Schwarzbach, Richard Billinger, Otto Brües, Fritz Diettrich, Richard Friedenthal, Paul Grogger, Walter Georg Hartmann, Manfred Hausmann, Otto Heuschele, Ruth Schaumann, Ernst Scheibelreiter, Max Sidow, Wilhelm Emanuel Süskind, Georg von der Vring, Hansjürgen Wille u. a. Einige von ihnen fanden, teils noch unter Sanders Lektorat, teils erst nach seinem Ausscheiden aus dem Verlag auch mit Prosa Aufnahme in die Reihe *Junge Deutsche*. Auch eine noch von Sander selbst angebahnte Beteiligung Klaus Manns kam erst nach Sanders Ausscheiden zustande.

Die nachdrücklichen Hinweise Zweigs auf Raoul Auernheimer, Otto Flake, Willy Maass, Adelbert Muhr, Paul Zech u. a. wurden aus den verschiedensten Gründen für die Reihe nicht wirksam. Auernheimers Roman *Die linke und die rechte Hand* erschien z. B. 1927 statt bei Reclam bei S. Fischer, Muhrs Novelle *Die Kaiserin* lehnte Reclam ab.

Auch an der berühmt gewordenen Reclam-Auswahl der Goethe-Gedichte durch Zweig im Jahre 1927 hat Sander mitgewirkt. Sie wurde 1938 – nach dem vergeblichen Versuch des Verlages, sie mit Zweigs Einverständnis ohne Nennung des Herausgebers weiterhin erscheinen zu lassen – durch eine Anthologie des systemkonformen Heinz Kindermann verdrängt und konnte erst 1948 erneut erscheinen.

V

Die Trennung Sanders, der im vollen Bewußtsein aller Risiken mit ganzem Naturell nach der freien Schriftsteller-Existenz strebte, vom Reclam-Verlag erfolgte 1929 in freundschaftlichem Einvernehmen. Auch in seiner Lektoratszeit hatte Sander bereits mehrere seiner Übersetzungen (Flaubert, Maupassant, Murger, Musset, Voltaire, Wilde) bei Reclam erscheinen lassen. Er blieb dem Verlag bis an sein Lebensende verbunden, und da auch Sander später in der Zusammenarbeit mit anderen Verlagen erfahren mußte, daß der Lohn des Übersetzers das kärglichste aller denkbaren Honorare ist, sei zum Abschluß mitgeteilt, was beide – Geber und Empfänger – ehrt: daß Reclam an Sander in den kargen Freiburger Jahren einen Sold ohne jeden vertraglichen Grund zahlte

---

15 So Heuschele in seinem Vorwort.

und daß Sander, der alles, was er hatte, mit Freuden wegzuschenken verstand, gegenüber Besuchern nie versäumte darauf hinzuweisen, daß nur Reclam nicht vergessen hatte, auch an die materiellen Bedürfnisse seines ehemaligen Lektors zu denken.[16]

---

16 Eine Privatbibliothek voller Erstausgaben, deren Verkauf ihm ein sorgloses Leben ermöglicht hätte, verschenkte Sander in seinen letzten Lebensjahren stückweise an junge Besucher, denen er »ein erotisches Verhältnis zur Sprache« anzumerken glaubte und lud sie – Gourmet, der er war – anschließend ins vorzüglichste Restaurant.

Murray G. Hall

»Daß man förmlich jeden Tag vor einer neuen Situation steht«

Aus dem Alltag des Paul Zsolnay Verlags in den dreißiger Jahren

Das Interesse des reichsdeutschen Buchhandels, genauer der deutschen Verlage für die junge Republik Österreich war vom Absatz her marginal[1], sieht man vom kurzfristigen Engagement einiger weniger in Deutschland ansässiger Verlage nach dem Ende des Ersten Weltkriegs in Österreich des Papiers wegen einmal ab. Das frappierende Unwissen der NS-Literaturfunktionäre über die Literaturszene in Österreich in den 30er Jahren war daher eine logische Fortsetzung. Das kleine Österreich war ein Markt, auf den der Verlagshandel ohne größere finanzielle Einbußen verzichten konnte, der NS-Staat aber aus propagandistischen Erwägungen nicht verzichten wollte. In umgekehrter Richtung aber bestand eine, wie sich zeigen sollte, lebensbedrohliche Abhängigkeit österreichischer Schriftsteller und in Österreich beheimateter Verlage vom reichsdeutschen Markt. Traditionell war die innere Bindung heimischer Autoren eher an den deutschen Markt als an den Literaturmarkt des Vielvölkerstaats. An die 90 Prozent der österreichischen Autoren verlegten ihre Werke in deutschen Verlagen, und das nicht erst seit Beginn des 20. Jahrhunderts. Autoren wurden »exportiert«, und die Literatur wurde »importiert«. Der Zustand der belletristischen Verlage war ebenso unterentwickelt, für deren Gründung bestand keine intellektuelle Überlebensnotwendigkeit. Diese Abhängigkeit drückt sich auch in der Tatsache aus, daß während der Zwischenkriegszeit, aber auch früher, österreichische, vorwiegend in Wien ansässige Verlage bis zu drei Viertel ihrer Pro-

---

1 Die Überschrift ist einer Passage in einem Brief Paul Zsolnays an Max Brod in Prag vom 13. November 1937 entnommen. Brod war durch einen Generalvertrag an den Zsolnay Verlag gebunden, aber weil seine Werke im Reich nicht erwünscht waren, mußte ihm der Verleger mehrere »Seitensprünge« zu E. P. Tal und Allert de Lange gestatten. 1937 bot er Zsolnay ein gemeinsam mit seinem Bruder Otto verfaßtes Werk und den »Bernini-Roman« an. Die Antwort Paul Zsolnays lautete: »Der Wunsch jedoch, verehrter lieber Herr Doktor, den Sie aussprechen, daß wir uns heute schon binden sollen, diesen Roman in unserem Verlag im Jahre 1939 herauszubringen, zu erfüllen, ist uns leider versagt; es erscheint uns ganz unmöglich, in der heutigen Zeit, wo sich wechselvolle Ereignisse derart überstürzen, daß man förmlich jeden Tag vor einer neuen Situation steht, sich auf so lange Sicht zu binden.« (Archiv Paul Zsolnay Verlag, Ordner Max Brod). Die hier vorliegende Abhandung entstand während der Arbeit an einer umfassenden Geschichte des Paul Zsolnay Verlags. Für die Möglichkeit, das umfangreiche Material im Verlagsarchiv auszuwerten, bin ich dem Direktor des Verlags, Herrn Gerhard Beckmann, sehr zu Dank verpflichtet. An dieser Stelle möchte ich auch Frau Olga Kaindl, Paul Zsolnay Verlag, für ihre langjährige Unterstützung meiner Arbeit herzlich danken.

duktion, fallweise sogar noch mehr, ins Reich exportierten. Dieser Umstand war allerdings lange Zeit kein bewußtes Manko, denn er ist mit einer kaum entwickelten eigenständigen kulturellen Identität im republikanischen Österreich in Relation zu setzen. Der österreichische Schriftsteller verstand sich als *deutscher* Schriftsteller. Der Wiener Verleger Paul Zsolnay war dem Selbstverständnis nach ein *deutscher* Verleger.

Da die Literatur für den NS-Staat ein Vehikel zum Ideologietransport war, gewann sie in den 30er Jahren an Bedeutung als Waffe bei der kulturellen und politischen Durchdringung des Nachbarstaats Österreich, als Mittel eines stillen Anschlusses, der sich schrittweise *vor* der NS-Machtübernahme im Frühjahr 1938 vollzog.

Die Geschichtsschreibung der österreichischen Literatur der 20er und 30er Jahre, die sich allzuoft in einer Behandlung der »großen« Autoren, die verstärkt nach 1945 in den Kanon aufgenommen wurden, erschöpft und daher leicht verzerrt dargestellt wird, nimmt selbst in Österreich selten wahr, daß vielfach andere außerliterarische Momente oder historische Determinanten die Produktion und Rezeption dieser Literatur stärker bestimmten und beeinflußten als im benachbarten Deutschen Reich, wobei man nur auf die historisch-politischen Zäsuren und anders gearteten literarischen Subkulturen hinzuweisen braucht. So ist es nicht verwunderlich, daß ein kurzer Streifzug durch die Geschichte eines Wiener Verlags, der wie keiner zuvor eine derartige Akzeptanz auf dem reichsdeutschen Markt genoß, – es ist der 1923 in Wien gegründete Paul Zsolnay Verlag – Aspekte der deutschen Verlagsgeschichte zutage fördert, die aus der Geschichte führender Leipziger oder Berliner Verlage nicht abzulesen sind.

Der Paul Zsolnay Verlag, dessen erstes, im April 1924 erschienene Werk (Franz Werfels *Verdi*-Roman) gleich zum »Bestseller« wurde, entwickelte ein internationales Profil. Zsolnays Programm rekrutierte sich in den ersten Jahren vorwiegend aus seinem Freundes- und Gästekreis, er wollte aber, wie er einmal zu Beginn der Beziehungen mit dem Erfolgsautor John Galsworthy sagte, das Beste aus der Literatur aller Völker verlegen. Das Programm der ersten Jahre war mit Übersetzungen aus dem Französischen und Englischen allerdings so überfüllt, daß die Buchhändler in Deutschland begannen, sich über die »Ausländerei« zu beschweren.

Der optimistische Verleger

Als die Nationalsozialisten in Deutschland Anfang 1933 an die Macht kamen, standen die deutschen Verleger und mit ihnen viele Autoren (soweit sie die Option hatten) unter einem ungeheuren Anpassungsdruck. Der Zsolnay Verlag mit seinen Auslieferungsstellen in Berlin und Leipzig war hierin keine Ausnahme, nur unterschied er sich von deutschen Verlagshäusern darin, daß er sich als ausländischer Verlag dem direkten Zugriff auf die Leitung und die Besitzverhältnisse bis zu einem gewissen Grad entziehen konnte. Dennoch saß der heimliche Zensor fortan im Reich. Indirekt wurde der Verlag bis zum Beginn der NS-Herrschaft in Österreich 1938 gezwungen, Umstellungen vorzunehmen und Konzessionen zu machen. Das hat – und das soll hier ausdrücklich festgehalten werden – mit dem anrüchigen Wort »Kollaboration« nichts zu tun. Der Prozeß der Anpassung war viel subtiler und differenzierter. Der Zsolnay Verlag stand unter Druck: von seiten der deutschen, teils aus opportunistischen Gründen, teils aus ehrlicher Überzeugung nationalsozialistisch gesinnter Autoren und von seiten der »nationalen« Autoren Österreichs. Hinzu kam die zunehmende Schwierigkeit Zsolnays, seine vielen, auf dem deutschen Markt unerwünschten Autoren zu verlegen und eine breite Palette von indirekten Angriffen gegen den Wiener Verlag: Willkürakte und Schikanen, Beschlagnahmungen, Einfrieren von Guthaben im Reich, halboffizielle Boykottmaßnahmen, gezielte Gerüchte, Buchdumping, Devisenbeschränkungen und anderes mehr, Probleme, mit denen die Konkurrenzverlage in Deutschland vielfach nicht zu kämpfen hatten.

Seit seiner Gründung hatte sich der Verlag im Sinne des Ideals des Gründers und Inhabers von der Politik ferngehalten. Nur ein einziges Mal hatte er sich in die »Niederungen« der Tagespolitik begeben, als er sein erstes *Jahrbuch* im Jahre 1927 im Zeichen von »Europa und Deutschland« publizierte und seine Autoren aufforderte, zur Frage von Deutschlands geistiger Führerrolle in Europa persönlich Stellung zu nehmen.

Der Platz des Dichters war nach Meinung Zsolnays wie auch seines literarischen Direktors Felix Costa nicht in der Arena der Politik. Symptomatisch für diese unter normalen Umständen ungefährliche Einstellung war der Versuch, den vergötterten Autor Franz Werfel unter einen Glassturz zu stellen. Seit der Gründung des Verlags bestand der Plan (der in dieser Form nie erfüllt wurde), eine eigene Literaturzeitschrift herauszugeben, an deren Planung Werfel jahrelang beteiligt war. Werfels Versuch, den Verlag im Jahre 1932 dazu zu bewegen, ihm die Möglichkeit zu geben, vier- bis fünfmal im Jahr in einer Broschüre von 2 bis 3 Bogen Stärke zu einem billigen Preis zu »Tagesfragen« Stellung zu nehmen, scheiterte. Felix Costa gab zu bedenken, »daß ein polemischer Charakter dieser Flugblätter das Bild der dichterischen Persönlichkeit Franz Werfels in der breiten Menge vielleicht irgendwie verzerren könnte«.[2] Eine solche Publikation würde mit dem »Image« des Dichters Werfel nicht harmonieren.

Selbst nach den Ereignissen des Frühjahrs 1933 in Deutschland war Paul

---

2 Besprechung mit Franz Werfel, Wien 9. II. 1932 (Ordner Werfel).

Zsolnay von seiner Einstellung nicht abzubringen, sah er den »Wirbel« dort als vorübergehende Erscheinung, die sich bald wieder normalisieren würde. Er riet seinem Freund Werfel dringend davon ab, sich in der politischen Öffentlichkeit zu exponieren oder Stellung zu beziehen.

Seine Einschätzung der Lage in Deutschland, die in einem Brief an Werfel zum Ausdruck kommt, zeigt generell, daß der Wiener Verleger als Optimist die letzten Konsequenzen der NS-Machtübernahme, die für ihn wie ein alltäglicher Regierungswechsel erschienen, und die Gefährlichkeit der Bewegung weder voraussah noch richtig begriff. Als Werfel im Frühjahr 1933 seinen großen Armenier-Roman *Die Vierzig Tage des Musa Dagh* ankündigte, reagierte der idealistische Zsolnay erfreut:

»Die heutige Zeit, die so reich an äußeren Ereignissen ist, erweckt immer mehr den Wunsch danach, durch Werke, die sich über das Zeitliche erheben, in eine reinere und schönere Atmosphäre gehoben zu werden. So wird Dein neues Werk sicher wieder für Unzählige ein köstliches Geschenk sein, das dankbaren Herzens aufgenommen werden wird.«[3]

Weltfremdheit oder politische Naivität sind Zsolnay im Angesicht des Sturms nicht abzusprechen. Hierin liegt nicht nur *seine* Tragik, sondern vor allem die seines literarischen Direktors Felix Costa, der durch den Glauben an seine und des Verlages Verdienste um die »deutsche Literatur« verführt, alle Mahnungen in den Wind schlug, Wien und Österreich rechtzeitig zu verlassen: Er wurde 1941 mit seiner Familie nach Minsk deportiert.

Zsolnay konnte, wie er Werfel schrieb, »hoffnungsvoll in die Zukunft« blicken, und zwar nicht nur was ihn, sondern vor allem, was seinen Verlag anlangte, »der sich von jeher durch politische Zeitströmungen nicht beeinflussen ließ und keiner Partei diente, es sei denn der Partei der reinen Kunst«. »Diese Kunst, die über alle Tagesfragen sich mit dem Ewigen auseinandersetzt, ist heute notwendiger denn je und so werden wir, wenn wir diesem Ziel treu bleiben, auch weiterhin eine, wie ich hoffe, schöne Mission erfüllen können.«

Zsolnay lobte Werfel für seine politische Enthaltsamkeit:

Ich freue mich, daß Du allen Lockungen widerstanden hast, Dich in Dinge einzumischen, die unter Deiner Würde sind, nämlich in Dinge der Tagespolitik, die gerade großen Geistern verhängnisvoll werden können. Deine Tribüne sind nicht Tageszeitungen, Deine Aufgabe sind nicht Manifestationen politischer Art zu Zeitfragen, sondern die Manifestation Deiner Persönlichkeit im Kunstwerk. Dort sollen Dich Millionen deutscher Leser finden und dort wirst Du ihnen das Wesentliche und stets Gültige sagen, wie Du es immer bis jetzt gesagt hast.

---

3 Paul Zsolnay an Franz Werfel, 24. März 1933. (Franz Werfel Archive in Special Collections, Van Pelt Library, University of Pennsylvania, Philadelphia). Wenn nicht anders vermerkt, stammen alle im weiteren zitierten Unterlagen aus dem Archiv des Paul Zsolnay Verlag in Wien.

Es ist verständlich, daß der Verleger seine verunsicherten Autoren durch irgendeine Panikreaktion seinerseits nicht noch mehr verängstigen wollte.

Vor den intellektuellen Veränderungen im Reich war Zsolnay allerdings rechtzeitig gewarnt worden. Einer der ersten Ratgeber vor Ort war Kasimir Edschmid. Er hatte sich seinerzeit angeboten, nachdem Heinrich Mann zu Zsolnay gewechselt war. Am 11. Februar 1933 schrieb der Autor nach Wien, er habe den Eindruck, daß Verlagsleiter Costa von Wien aus nicht ganz »die Situation der geistigen Aufnahmefähigkeit und Bereitschaft in Deutschland« übersehe:

»Ich bin kein Mann von rechts, ich bin kein Nationalsozialist, weiß Gott nicht, aber es haben sich in Deutschland merkwürdige Umschichtungen im letzten Jahr vollzogen, Umschichtungen, die für Sie und den Absatz und die Beurteilung des Publikums von höchster Bedeutung sind. Es wird zum Beispiel unmöglich sein, was ich persönlich bedaure, in den nächsten Jahren ein Buch von [Emil] Ludwig in Deutschland auch nur annähernd abzusetzen, [...]. Ich möchte nicht, daß Sie das so auffaßten, als ob das gegen Ludwig gerichtet sei, ich wollte Ihnen nur ein Symptom erklären. [...] Es hat sich unter der Oberfläche eine absolute Verschiebung vollzogen, daran hilft kein Gejammer der Intellektuellen und kein Kriegsgeschrei. Und dies alles wird sich erstaunlich konsolidieren. Ich hoffe, Sie folgen meinem Rat, einen aufmerksamen Beobachter nach Deutschland zu senden, der nicht auf die radikale Nur-Literatur hört, auch nicht das heutige gute Deutschland mit der radikalen Politik verwechselt sondern auf das hört, was die deutsche Menschheit wünscht und haben will. Dieser Rat ist sehr freundschaftlich gemeint. Mißverstehen Sie ihn nicht. Er ist Goldes wert.«[4]

Costa ließ den freundlichen Tadel, über den »Umschichtungsprozeß« nicht ausreichend informiert zu sein, nicht gelten. Er glaubte vielmehr zu wissen, »daß sich noch alles in turbulentester Bewegung« befinde. Die Situation Deutschlands sei »uns hier in Wien« keineswegs unbekannt,

»umsoweniger als wir jeden freien Tag dazu benützen, nach Berlin zu reisen und gerade die Erfahrung gemacht haben, daß wir, wenn wir in Berlin, Leipzig, Hamburg oder Frankfurt uns aufhalten, als der von außen kommende, wohlwollende und aufmerksame Beobachter gewissermaßen, mehr sehen und hören und mit stärkerer Aufmerksamkeit in uns aufnehmen, als der ständig in Berlin wohnende, vom Alltag fortgerissene Verleger es kann. Wir glauben, uns durchaus klar darüber zu sein, was sich in Deutschland geistig ergeben wird – was uns gewiß den Wert Ihres Rates nicht herabmindert.«[5]

Anpassung als Rezept

Deutlicheren Rat bekam der Wiener Verlag von Hanns Martin Elster, dem ehemaligen Herausgeber der Zeitschrift *Die Horen* und nicht ganz unumstrittenen neuen Vorstandsmitglied (Schatzmeister) des gleichgeschalteten deutschen P.E.N.-Clubs. Indem er, wie er versicherte, »ohne jeden Hintergedanken«

---

4 Kasimir Edschmid an Felix Costa, 11. Februar 1933 (Ordner Edschmid).
5 Felix Costa an Kasimir Edschmid, 15. Februar 1933 (Ordner Edschmid).

agierte, machte Elster in seinen langen Briefen an den Verlag aus seiner NS-Überzeugung kein Geheimnis und legte wiederholt seine Strategie der Gleichschaltung oder Evolution des Wiener Verlags ausführlich dar, um ihm im »neuen Deutschland« eben weiterhin jene Akzeptanz zu sichern, die er vorher genossen hatte. Elsters Rezept war ziemlich einfach, wohl zu einfach auf lange Sicht. Den Beginn der Anpassungsstrategie machte Elsters Eintreten für die Aufnahme von Karl Röttger und Eduard Stucken, letzteren hatte der Verlag zuvor wegen der unklaren Rechtsverhältnisse schon abgelehnt.[6] In der ihm eigenen Offenheit wollte Elster den Romancier Stucken Zsolnay »auf das Dringendste ans Herz legen« (20. 7. 1933), denn das angebotene Werk, das der Paul List Verlag sträflich vernachlässigt hätte, – *Die weißen Götter* (nach 1945 im Zsolnay Verlag ein riesiger Erfolg!) – stimme

> »auch geistig mit den jetzigen Zuständen in Deutschland überein, denn es gibt kaum ein zweites dichterisches Romanwerk, das imstande ist, so klar die nationalsozialistische Weltanschauung gradezu rassemäßig, kulturpolitisch und politisch zu veranschaulichen, wie Stuckens »Weiße Götter«. In diesem Roman wird ja ein rassemäßig, wie religiös, also mythisch völlig geschlossenes Bild eines Volkstums und Staates dargestellt, die durch den Einbruch eines fremden Volkstums, einer fremden Weltauffassung, nämlich der Portugisen [sic] zerstört werden. Wenn man die Propaganda der Volksausgabe von diesem Grundgedanken aus aufzieht, ergibt sich ohne Weiteres die Mithilfe der jetzt führenden deutschen Presse«.[7]

Zudem habe Adolf Bartels ein großes Kapitel seiner Literaturgeschichte Stucken gewidmet, und der Autor sei »bei den führenden nationalsozialistischen Kulturpolitikern mit Einschluß von Hanns Johst und Hans Hinkel durchaus anerkannt. Dazu kommt, daß er in seiner Akademiestellung völlig gesichert dasteht«, im Gegensatz zu Walter von Molo, der sich Feindschaften zugezogen hatte und dem Schweizer Jakob Schaffner. Somit würde die »Aufmerksamkeit des gesamten literarischen Deutschlands auf eine besondere Tat des Zsolnay-Verlages gelenkt«. Der Gleichschaltungsstrategie Elsters standen aber wichtige Hindernisse im Wege, und das Hauptproblem war eine gewisse »Berührungsangst« gegenüber einem »jüdischen Verlag«. Von der Übernahme der empfohlenen Autoren versprach sich Elster eine Signalwirkung vor allem bei den jungen Autoren, aber:

---

6 »Ich führe das besonders aus dem Grunde an, um klarzustellen, daß unsererseits Interesse an der bewunderten Kunst Eduard Stuckens jenseits aller politischen, gewiß nicht zu unterschätzenden Erwägungen bestanden hat und besteht.« (Felix Costa an Hanns Martin Elster, 25. Juli 1933, Ordner Elster).

7 Elster an Felix Costa, 20. Juli 1933 (Ordner Elster), über den besonderen Erfolg des Stucken-Werks im Zsolnay Verlag teilte Elster am 5. August 1933 noch folgendes mit: »Der Ruhm der ›Weißen Götter‹ Stuckens dauert fortgesetzt an, m. E. wird er sich auch noch verstärken, weil das Werk ja wirklich einzigartig ist und auch mit heute lebendig gewordenen Anschauungen über Volksschicksal im engsten Zusammenhang steht.«

»Ich stoße jetzt immer wieder, vor allen Dingen bei den jüngeren Autoren, auf den Einwand, daß Zsolnay doch ein liberalistisch-jüdischer Verlag sei, in dem seine Bücher zu veröffentlichen nicht nur inopportun, sondern sogar gefährlich wäre. Wenn ich dann darauf hinweise, daß eine Änderung angestrebt wird, dann erhalte ich meist die Antwort, daß man nicht recht daran glaube, oder daß man abwarten wolle. Die Tat der Übernahme Stuckens würde also den Glauben stärken, das Abwarten verkürzen und das Rückgrat meiner Werbung für Ihren Verlag unter den Autoren festigen. [...] Die jüngere Schicht hat also hier auch ganz bestimmte feste Anschauungen, die man nur durch die Tat entkräften kann. Dabei steht die Jugend zu Persönlichkeiten wie Walter von Molo oder Kasimir Edschmid skeptisch.«

Elster ging mit »gutem Beispiel« voran und gab dem Zsolnay Verlag ein militaristisches Buch mit allen konjunkturellen Ingredienzien der Zeit. Zum Teil dadurch bedingt, daß er unentwegt damit beschäftigt war, seine eigene Machtposition in Deutschland auszubauen, kümmerte er sich wenig um die Einhaltung des Verlagsvertrags, dafür um so mehr um Mahnungen wegen verspäteter Überweisung der ausbedungenen Monatsraten vom Verlag. Er dachte auch nie daran, die Vorschüsse zurückzuzahlen, und das Buch erschien schließlich auch nicht. Der gefeierte Tierbuchautor Paul Eipper dürfte es 1933 ebenfalls mit der Berührungsangst zu tun bekommen haben: Kaum drei Wochen nach seinem Abschluß mit Zsolnay kündigte er aus fadenscheinigen Gründen den Vertrag. Im Unterschied zu Elster zahlte er die Vorschüsse zurück. Auch andere Autoren, die mit Zsolnay Verträge abgeschlossen hatten, erfüllten sie aus Angst vor möglichen Repressalien nicht. Ende Mai 1933 beispielsweise, als Kasimir Edschmid versuchte, Vorwürfe Baron von Münchhausens abzuwehren, er sei ein »Konjunkturschreiber« in Sachen »Deutschtum«, teilte der Autor dem Verlag in Wien offen mit, »daß mir rein aus der Zugehörigkeit zu dem Verlag große Unannehmlichkeiten entstanden sind und daß dadurch Dinge geschehen sind, die, wenn auch irrtümlich vorgefallen, mich sehr geschädigt haben«.[8] Besonderes Interesse zeigte Edschmid für das Verlagsprogramm im Herbst 1933 und Frühjahr 1934, Fragen, die, wie er meinte, »der Zeitlage entsprechen«. Auch hier waren die Berührungsängste spürbar. Trotz der der »Zeitlage« entsprechenden Werbung[9] mußte auch Walter von Molo, der einen Anlaß suchte, den Verlag zu wechseln, die Konsequenzen beklagen, die aus der Verbindung mit

8 Edschmid an Costa, 30. Mai 1933 (Ordner Edschmid). Hinzu kam noch, daß im Spätherbst 1934 »im Zuge einer Bestandsaufnahme zum Zwecke der Reinigung der Leihbüchereien durch die Überwachungsstelle im Reichsbuchrat der Fachschaft Leihbücherei« unter anderem die bei Zsolnay erschienenen Werke Edschmids entfernt wurden (Felix Costa an Edschmid, 3. Dezember 1934).
9 Dazu S. 1 des Börsenblatts, 13.9.1933, mit dem Rezensionstext: »Das deutsche Volk im deutschen Osten unter der Bedrückung fremder Gewalt – das ist die Welt, in der sich der Roman abspielt. Der kleine Eigennutz des einzelnen, vor allem aber seine Sentimentalität müssen von dem großen Gefühlserlebnis des Eingangs ins Volksganze überwunden werden – das ist die Gestalt und Handlung gewordene Forderung des Romans.« (Holunder in Polen).

dem verfemten Zsolnay Verlag erwuchsen.[10] In der kurzen Zeit seit der »Machtübernahme« der Nationalsozialisten war ein Meinungsumschwung zugunsten des »jüdischen« Verlags in Wien auch nicht von einem Hanns Martin Elster zu bewirken. So klagte er in einem langen Brief nach Wien vom 5. August 1933 über die immer noch großen Schwierigkeiten, neue Autoren für den Verlag zu gewinnen:

»Erst vorgestern schrieb mir wieder ein wertvoller Autor: »als Nationalsozialist habe ich allerdings das Bedenken, ob der Zsolnay-Verlag bei seinem prononciert jüdischen Gepräge nicht vielleicht doch eine große Gefahr für einen heutigen Autor wäre, zumal er in Wien lokalisiert ist, was ja gegenwärtig zu neuen Kollisionen Anlaß geben könnte«. Und er fragt mich, ob ich glaubte, daß eine Umstellung des Verlages genügen würde, um diese Bedenken zu zerstreuen. Solche Äußerung ist durchaus typisch und kennzeichnet die deutsche Situation ebenso wie die Situation Ihres Verlages im Reich.« [Ordner Elster]

»In diesem Augenblick« gab es laut Elster »nur eine praktische Lösung« für den Paul Zsolnay Verlag. Die »stärkste Hilfsmöglichkeit« sei die Herausgabe einer ernsthaften, bedeutenden Monatsschrift »in einwandfreier Weise«, und dafür kam in erster Linie ein Wiedererscheinen der von ihm durch Jahre hindurch herausgegebenen Zeitschrift *Die Horen* in Frage. Elsters Motiv: es fehle in Deutschland »völlig an einer Zeitschrift, die ihre Hauptaufgabe darin sieht, das wesenhaft dichterische Werk zu vertreten und herauszustellen«. Fazit des Angebotes:

»Würde der Zsolnay-Verlag in Abwandlung seines bisherigen Programms sich entschließen, eine solche Zeitschrift heute herauszugeben, so würde er damit allmonatlich in einer Art, die nicht zu widerlegen wäre, beweisen, daß es ihm nicht nur auf eine äußerliche Buchstellung ankommt, sondern auf die wirkliche Förderung schöpferischer Kräfte in Deutschland.«

Der Zsolnay-Verlag gab dem Drängen Elsters nicht nach und wollte aus Kostengründen auf das Angebot nicht eingehen. Die Ereignisse in Deutschland und die Folgen auf literarischem Gebiet erforderten von nun an eine vorsichtige Programmplanung, denn: Die Herausgabe von Büchern mußte politisch überlegt werden.

Eine frühe Reaktion auf das angebrochene Zeitalter der politisierten Literatur war die Schaffung einer neuen Werkgruppe. Sie nannte sich »Der neue große deutsche Roman« und umfaßte Bücher von Walter von Molo, Jakob Schaffner (der 1931 übernommen wurde), Kasimir Edschmid und Erich Ebermayer. Nicht nur *was* man verlegte, sondern auch der Erscheinungstermin mußte jenseits allen verlegerischen Kalküls überlegt festgesetzt werden. Ein Beispiel dafür

---

10 Siehe Herr Holle, Walter von Molo und wir. In: Das Schwarze Korps, Folge 18, 3. Juli 1935, S. 13 sowie die subjektiv gefärbten Erinnerungen Molos: So wunderbar ist das Leben. Erinnerungen und Begegnungen. Stuttgart: Verlag Deutsche Volksbücher 1957, hier S. 351.

ist das geplante Erscheinen des zweiten Bandes der Ausgewählten Werke Roda Rodas. Der Zsolnay Verlag wollte den Band ursprünglich im Herbst 1933 auf den Markt bringen, um den an sich guten Verkauf des ersten Bandes nicht zu stören. Aber angesichts der neuen Situation in Deutschland wollte man das Erscheinen nun auf Mai vorverlegen, worauf der in Berlin lebende Schriftsteller sich »mit Händen und Füßen gegen diesen Termin« heftig zur Wehr setzte. »Die Zeit ist politisch auf das höchste erregt«, argumentierte er in einem Brief vom 8. März.[11] »Nirgends wird man das Buch besprechen. Mein voriges Buch liegt immer noch in den Schaufenstern. Ich bin im Augenblick – als Autor – unten durch statt obenauf: Sie wissen, man hat mich in Ostpreußen am Reden verhindert.« Felix Costa antwortete, »daß wir die augenblickliche politische Situation keineswegs verkennen und auch nicht verkannt haben, als wir den Entschluß faßten, den Erscheinungstermin des zweiten Bandes Ihrer Ausgewählten Werke vorzuverlegen«. Es entspreche, so Costa, »Gottseidank im Augenblick nicht den Tatsachen, daß sich kein Mensch um Bücher kümmert. Im Gegenteil, was Ihr Buch anlangt, hat das Interesse dafür nicht nachgelassen, sondern der Absatz ist ungeachtet der politischen Umschichtung [...] ein gleichstarker geblieben«. Costa sah nach allen Überlegungen »keine Gefahr«.[12] Roda Roda blieb bei seiner Meinung, daß der Termin »zurzeit nicht [...] opportun« sei, und »zweitens könnte das Buch gerade in der ersten Zeit, im ersten Eifer der neuen Regierung als ›kulturbolschewistisch‹ verboten werden.«[13] Doch Roda Roda schätzte seine persönliche Lage vor Ort anders ein, sein Appell nach Wien einen Monat später wurde eindringlicher:

»Lassen Sie das Buch nicht im Mai erscheinen. Der Fanatismus des Kampfes gegen den »Kulturbolschewismus« verbietet es. Warten Sie, bitte, bitte, eine kühlere Stimmung ab. Wenn Sie das Buch im Mai erscheinen lassen, gibt es einen Skandal. Es wird Ihnen so wenig nützen wie mir. Das Buch wird abgestempelt werden als kulturbolschewistisch, wird verboten werden – ich werde das Stigma nie mehr los; denn gegen derartige Vorurteile gibt es ja keine Appellation. Sehr bald wird die Stimmung hier umgeschlagen haben. Im September wird das Buch freudigste Aufnahme finden – gerade als Reaktion gegen die gegenwärtige allzu scharfe Aktion.

Bleiben Sie aber hart, hören Sie nicht auf meinen Rat: dann sagen Sie es mir sogleich. Wollen Sie nämlich das Buch gegen meinen ausdrücklichen Willen im Mai herausbringen, dann reise ich einen Tag vor Erscheinen des Buchs aus Deutschland ab.

Selbst wenn das Erscheinen schon angekündigt wäre: meine Motive sind so gewichtig, daß Sie darauf hören müssen.«

Das Buch kam im Juni heraus. Roda Roda hielt Wort, verließ Deutschland und ließ sich in der steiermärkischen Hauptstadt Graz nieder.

11 Roda Roda an den Paul Zsolnay Verlag, 8. März 1933 (Ordner Roda Roda).
12 Felix Costa an Roda Roda, 11. März 1933 (Ordner Roda Roda).
13 Roda Roda an Costa, 16. März 1933 (Ordner Roda Roda).

Aber Erscheinungstermine waren ein vergleichsweise marginales Problem. Hanns Martin Elster war auch der Überbringer von schlechten Nachrichten für den Verlag aus dem Reich, obwohl der Inhalt für den, der behauptete, die »geistige Situation« dort nicht zu verkennen, keine Überraschung sein konnte. Er habe festgestellt, daß bei der Reichsstelle zur Förderung des deutschen Schrifttums, schrieb Elster nach Wien am 9. Oktober 1933, »kein Wohlwollen gegenüber dem Zsolnay-Verlag zu erwarten« sei. Nachsatz: »Es ist dort sogar, wie ich Ihnen im Vertrauen mitteilen kann, eine sehr häßliche Bemerkung über Walter von Molo gefallen. Es wird also einer dauernden Arbeit des Ausgleichs und des Kampfes um Gerechtigkeit und Sachlichkeit bedürfen, um alle Ressentiments und Strömungen zu besiegen.« Der offenkundig überraschte Costa bedauerte die negative Haltung der Reichsstelle außerordentlich und setzte mit naivem Optimismus fort:

»Es mag ja vielleicht für den Anfang wirklich zu viel sein, Wohlwollen zu verlangen, da sicherlich gewisse Vorurteile vorliegen. Wir stimmen Ihnen zu, sehr verehrter Herr Doktor, daß es dauernder Arbeit des Ausgleiches bedürfen wird, um diese Vorurteile zu beseitigen, wir wollen aber gleich Ihnen der Überzeugung sein, daß Gerechtigkeit und Sachlichkeit den Sieg erringen.«[14]

Wie Edschmid zuvor empfahl Elster seinem Partner in Wien dringend einen Besuch in Berlin, da eine Verschiebung der Reise im Herbst 1933 »der Sache des Verlages nicht dienen« würde.[15] Wichtig sei eine »ausführliche Aussprache«, denn:

»So lange die Situation so ungeklärt bleibt, behalten die gegen Sie wirkenden Kräfte, die auf keine Weise zu unterschätzen sind, das Übergewicht. Sie müssen bedenken, daß die Arbeit der Beeinflussung und Erziehung des gesamten deutschen Sortiments und auch der sonstigen deutschen Öffentlichkeit von Woche zu Woche immer stärker wird.«

Allen Warnungen zum Trotz blieb der Verlag in Wien bei der Devise, es könne nur besser werden. Elster korrigierte die fatale Fehleinschätzung Zsolnays, man habe sich nie in die Politik eingemischt und daher könne man dem Verlag nichts anhaben, er sah es anders und wohl richtig:

»Wenn Sie hierher kämen, so würden Sie sich bald davon überzeugen, daß es sich bei der Angelegenheit, im Ganzen betrachtet, um eine geistige Wandlung handelt und nicht um irgend welche parteipolitischen Dinge. Grade von diesem Geistigen her muß aber auch die Gesamtarbeit der Verlage neu betrachtet und durchgesprochen werden.«

Elster vertraute auf seine Strategie, regimegenehme Autoren aufzunehmen und zitierte seine beiden persönlichen Erfolge. Die Übernahme Stuckens, berichtet er am 10. November 1933, und die Veröffentlichung des Romans von Karl Rött-

---

14 Costa an Elster, 17. Oktober 1933 (Ordner Elster).
15 Elster an Costa, 23. Oktober 1933 (Ordner Elster).

ger[16] hätten bei der Reichsstelle und dort besonders bei Hellmuth Langenbucher »sehr stark gewirkt«. Und noch wichtiger: »Dr. Langenbucher [war] wütend, daß der Zsolnay Verlag, den er haßt, Stucken und Röttger bekommen hat.« Sein Fazit für die weitere Programmplanung: »Sie sehen also, die Aufnahme von solchen Autoren ist die einzige Möglichkeit, mit Ihrem Verlag in ein verträgliches Verhältnis zum neuen Deutschland zu kommen.«[17] Verstimmt war Elster über das Herbstprogramm 1933, da »noch einige sehr störende Publikationen erfolgten, wie Ernst Lothar, der am meisten als Beweis eines bösen Willens von Ihnen zitiert wird«.

Sowohl von Elster als auch von anderen Verlags-»Ratgebern« wurde auf die Bedeutung von Besprechungen von Zsolnay-Büchern in NS-treuen Blättern hingewiesen. Darüber hinaus scheint die volle Nennung des Verlags als Erfolg und nicht als Selbstverständlichkeit gezählt zu haben.

Trotz der Bemühungen Elsters um eine vertraglich geregelte Zusammenarbeit mit dem Verlag in Wien kam es zu keiner solchen Vereinbarung. Der Verlag blieb bei seiner Bemühung, »gute und in jeder Beziehung unanfechtbare Literatur herauszugeben«[18], scheute aber vor der Aufnahme bekannter nationalsozialistischer Autoren – wie ein unverdächtiger Zeuge und Verlagsautor wie Frank Thiess in seinen Memoiren festhält – keineswegs zurück.[19] Zsolnay gab sich der trügerischen Hoffnung hin, »man werde hier nie die Suppen essen, welche im Reich gekocht werden«[20], und diese Politik würde den Bestand des Verlags sichern.

Zwei Krisen

Im Jahre 1933 kam es in Österreich – wie es in der vielfach zitierten Wendung von Ernst Fischer heißt – zur »Scheidung der Geister«. Zwei Folgen der NS-Machtübernahme in Deutschland störten unmittelbar die oberflächliche Ruhe unter der österreichischen Autorenschaft. Da die Ereignisse auf dem Internationalen P.E.N.-Kongreß in Ragusa Ende Mai 1933 als in groben Zügen bekannt

---

16 Kaspar Hausers letzte Tage oder Das kurze Leben eines ganz Armen. Ein dokumentarischer Roman 1933.
17 Elster an Costa, 10. November 1933 (Ordner Elster).
18 Costa an Erwin Rainalter, 13. Oktober 1936 (Ordner Rainalter).
19 Frank Thiess: Jahre des Unheils. Fragmente erlebter Geschichte. Wien/Hamburg: Paul Zsolnay Verlag 1972, S. 213, 221.
20 Ebenda, S. 214. Ähnlich schreibt Thiess über Franz Werfel: »Auffällig der politische Optimismus, der auch Werfel veranlaßte, die Zustände in Deutschland als so entfernt zu betrachten, wie wenn ich vom Mond berichtete.« (S. 192).

vorausgesetzt werden dürfen, soll hier lediglich rekapituliert werden. Die Uneinigkeit im bisher harmonisch-apolitischen Wiener P.E.N.-Club über den Standpunkt, den die österreichische Delegation in der Frage der Ächtung der Schriftsteller in Deutschland auf der Tagung einnehmen sollte, führte letztlich dazu, daß die zwei offiziellen Delegierten (Felix Salten und Grete von Urbanitzky) sich weigerten, an der Debatte gegen Deutschland teilzunehmen und es nachher zu einer »Spaltung« bzw. »Sprengung« des Wiener Clubs kam. Die Austritte vorwiegend national und katholisch-national gesinnter österreichischer Autoren, aber auch derjenigen, die die deutsche »Futterkrippe« in Gefahr wähnten, hinterließen nicht nur einen Rumpf-P.E.N., sie führten auch zu bislang kaum vorstellbaren Feindschaften unter den Autoren. Darüber hinaus bedeutete diese Spaltung genauso eine Spaltung mitten durch die Autorenschaft des Zsolnay Verlags. Auch der Verleger Paul Zsolnay – einer der maßgeblichen Förderer des Vereins – und sein Direktor Costa traten aus (September 1933) und nahmen somit *gegen* einen Teil ihrer Autoren Stellung. Eine Protestresolution gegen die Vorgänge in Deutschland, unterzeichnet von 25 Schriftstellern, unter ihnen mehrere Zsolnay-Autoren wie Paul Frischauer, Leon Schalit, Franz Theodor Csokor und Heinrich Eduard Jacob, wurde in Deutschland als Mittel der Denunziation weit verbreitet. Erstmals waren für die Stellen in Deutschland die österreichischen Autoren in »gute« und »böse« unterscheidbar, wurden sie zugleich auf die Namen der »treuen« aufmerksam gemacht. Die Dame, die im Mittelpunkt der Wiener Kontroverse stand – die Zsolnay-Autorin Grete von Urbanitzky, die der NSDAP beigetreten war – suchte ihr Glück im Reich.

Wie Entwicklungen dort sich auf die Lage der vom deutschen Markt abhängigen österreichischen Autoren direkt auswirken konnten, zeigt ein zweiter entscheidender Vorgang dieses Jahres: die Gründung des Reichsverbands Deutscher Schriftsteller (RDS) bzw. der Reichsschrifttumskammer (RSK).[21] Aber die bloße Feststellung, daß Autoren, die ihren ordentlichen Wohnsitz außerhalb des Reichs hatten oder daß Verleger, die nicht innerhalb Deutschlands ansässig waren, nicht verpflichtet waren, der RSK beizutreten, überdeckt eine monatelange Beunruhigung und Verunsicherung unter Österreichs Autoren und Verlegern. Nach den ersten Nachrichten (über den RDS), die im Sommer 1933 Österreich erreichten, hatte es den Anschein – und einschlägige Kreise taten, was sie

---

21 Dazu Gerhard Renner: Österreichische Schriftsteller und der Nationalsozialismus (1933-1940). Der »Bund der deutschen Schriftsteller Österreichs« und der Aufbau der Reichsschrifttumskammer in der »Ostmark«. Frankfurt: Buchhändler-Vereinigung 1986 sowie ders. »Hitler-Eid für österreichische Schriftsteller?« Über österreichische Schriftstellerorganisationen der dreißiger Jahre. In: Österreichische Literatur der dreißiger Jahre. Ideologische Verhältnisse – Institutionelle Voraussetzungen – Fallstudien. Hrsg. Klaus Amann und Albert Berger. Wien/Köln/Graz: Böhlau Verlag 1985, S. 150-163.

konnten, um dies zu betonen – als ob die RDS-Mitgliedschaft das *einzige* Tor zum deutschen Markt wäre. Wer also nicht dabei war, würde ausgeschlossen sein. Es ist verständlich, daß der Zsolnay Verlag und hier vor allem Felix Costa in größte Unruhe und Sorge um die Autoren versetzt wurde. Costa wandte sich an Elster, um Näheres zu erfahren. Für ihn war wichtig zu wissen, ob, wie man verschiedentlich gehört hatte, Autoren zum RDS zugelassen würden, »deren nationale Zuverlässigkeit erwiesen ist, auch wenn sie nichtarischer Abstammung« seien.[22] Nachsatz: »Unser Interesse für diese Frage betrifft natürlich in erster Linie Franz Werfel.« Elster hat dann bei den zuständigen Stellen »in der präzisesten Weise grade auch das Problem Werfel angeschnitten«[23], konnte zwar keine endgültige Auskunft einholen, räumte aber ein, daß man sich mit der Frage der deutschen Verlage, die nicht im Reich angesiedelt waren, den deutschen Markt aber belieferten, auch beschäftige. Eines stellte er aber klar:

> »Ich darf aber heute schon einschalten, daß in der Tat die Bestrebungen ernst zu nehmen sind, die darauf ausgehen, daß nur solche Autoren, die Mitglied des Reichsverbandes sind, in deutschen Verlagen erscheinen und deutschen Buchhandlungen vertrieben werden dürfen.«

Elster schließt seine Auskünfte mit einer Bemerkung, die selbst dem Optimisten Costa hätte zu denken geben müssen:

> »Ich muß entschieden darauf hinweisen, daß die nationalsozialistische Weltanschauung sich mit Zähigkeit durchsetzt und in keiner Weise davon abgeht, jüdische Produktion im deutschen Schrifttum nicht zuzulassen.«

Das Warten auf eine Klarstellung darüber, wer sich anmelden müsse und wer nicht, führte zu einer Art Torschlußpanik beim literarischen Direktor des Zsolnay Verlags, der sich für das Wohl seiner Autoren verantwortlich fühlte. Einander widersprechende halboffizielle Meldungen taten das ihre dazu, die Unsicherheit noch zu vergrößern. Es hatte z.B. geheißen, daß der Aufruf des RDS an alle Schreibenden »ohne Rücksicht auf die Abstammung« ergangen wäre, aber was würde passieren, wenn ein Autor nichts vom Aufruf wußte? Und nun hatten sich reichsdeutsche Verlage an ihre österreichischen Autoren gewendet (etwa Staackmann und S. Fischer), um ihnen eine Anmeldung nahezulegen. Sollte der Zsolnay Verlag das gleiche tun? Der »Schutzverband deutscher Schriftsteller in Österreich« wußte nicht Bescheid. Dazu Costa an Elster am 7. Dezember 1933:

---

22 Costa an Elster, 25. Juli 1933 (Ordner Elster). Das Anmeldeformular war in der Tat nicht eindeutig. Antragsteller mußten folgendes mit ihrer Unterschrift bestätigen: »Ich bin arischer/nichtarischer Abstammung.« und »Ich erkläre mich vorbehaltlos bereit, jederzeit für das deutsche Schrifttum im Sinne der nationalen Regierung einzutreten.«
23 Elster an Costa, 5. August 1933 (Ordner Elster).

»Meine Sorge geht nun dahin, daß um Gotteswillen keine österreichischen Schriftsteller, die aus diesem oder jenem Grunde die Anmeldung bis 15. Dezember versäumen, oder versäumen müssen, später Gefahr laufen, in Deutschland nicht erscheinen zu können oder, wenn sie in einem außerreichsdeutschen Verlag erscheinen, in Deutschland nicht vertrieben werden dürfen. Wie kann man in diese Sache Ordnung bringen?«[24]

Elster wußte Rat und gab Costa die Empfehlung, »daß sich alle Ihre Autoren, also auch die deutschösterreichischen Schriftsteller« beim RDS melden sollten (8. Dezember 1933). Er erklärte sich zudem bereit, da man für die Aufnahme zwei »Bürgen« brauchte, »soweit ich es im Augenblick übersehe«, für folgende Autoren Bürge zu sein: Franz Werfel, Egmont Colerus, Friedrich Schreyvogl und Walter Eidlitz. Er stand aber auch für einzelne andere zur Verfügung. Selbst wenn die Anmeldung sich als nicht notwendig erweisen oder politisch aus irgendwelchen Gründen nicht anerkannt werden sollte, habe man, so Elster, zumindest einen »guten Willen« bewiesen, »der sicher einmal, wenn andere Regelungen kommen, seine gute Wirkung haben wird«. Die sonst befremdend wirkende Anmeldung des Zsolnay-Autors Franz Werfel muß man daher in diesem Licht sehen, obwohl es einigermaßen naiv war zu glauben, er würde Aufnahme finden.[25] In seinem Aufnahmeschreiben weist er darauf hin, daß er »czechoslovakischer Staatsbürger« sei, daß er »jeglicher politischen Organisation und Tätigkeit immer fern stand und ferne stehe« und daß er Angehöriger der deutschen Minorität in der Tschechoslowakei sei.[26] Eine Antwort auf diese Anmeldung, mit der der Verlagssyndikus Dr. Paul Neumann keineswegs einverstanden war, ist nicht überliefert.

Schon bevor eine entsprechende Verlautbarung am 9. Dezember im *Börsenblatt* erschien, hatte Elster sie vorausgeahnt: ein Bürger eines anderen Landes könne nicht gezwungen werden, einer Zwangsorganisation in einem anderen Staat beizutreten. Aber, so resümiert Elster: »Kulturpolitisch gibt es ja doch immerhin für das gesamte deutsche Schrifttum einen Einheitsbegriff und ein Einheitsgefühl, das durch eine solche Anmeldung der österreichischen Schriftsteller beim Reichsverband bejaht werden würde.«[27] Elster war sichtlich stolz auf das Ergebnis seiner diesbezüglichen Erkundigungen bei der RSK:

---

24 Costa an Elster, 7. Dezember 1933 (Ordner Elster).
25 Werfels zweiter Bürge war Grete von Urbanitzky. In einem Brief an die Autorin vom 11. Dezember 1933 meinte Werfel, er wisse, »daß Sie mein Schaffen verfolgt haben und über meine menschliche Gesinnung im klaren sind«. Er verwies auf seine politische Enthaltsamkeit folgendermaßen: »Ich möchte noch hinzufügen, daß sich in meiner Gesinnung seither nichts geändert hat und daß ich es jetzt, wie immer, ablehne, am politischen Kampf teilzunehmen.« (Verlagsarchiv, Ordner Werfel).
26 Schreiben Werfels an die Reichsleitung des RDS in Berlin vom 11. Dezember 1933 (Ordner Werfel). Vgl. Peter Stephan Jungk: Franz Werfel. Eine Lebensgeschichte. Frankfurt: S. Fischer 1987, S. 213.
27 Elster an Costa, 8. Dezember 1933 (Ordner Elster).

»Sie sehen auch daraus, wie richtig es von mir war, den Rat zu erteilen, daß die ausländischen Schriftsteller doch aus freiem Ermessen dem Reichsverband deutscher Schriftsteller beitreten sollten. Die Grundidee des Nationalsozialismus ist ja eine wirkliche, anständige Kameradschaft, wie ich sie auch immer schon in unsrem deutschen P.E.N.-Club aufrecht erhalten habe. Sie werden sehen, daß sich das immer stärker auswirkt.«[28]

Der Erlaß der Kammer war, so Costa, euphorisch:

»außerordentlich zu begrüßen, denn er schafft jene Atmosphäre der Beruhigung, die es ohne Überhetzung ermöglichen wird, daß eine Reihe deutsch-österreichischer Autoren oder Autoren czechoslovakischer Staatsangehörigkeit sich in den Reichsverband werden eingliedern können, wenn die Voraussetzungen dazu gegeben sein werden, d.h., wenn eine Anmeldung nicht gegen die Gesetze und Vorschriften des Heimatstaates verstößt. Ich bin der Ansicht, daß die Reichsschriftumskammer zu diesem ihrem Erlaß herzlichst zu beglückwünschen ist«.[29]

Das »demonstrative« Beitreten des RDS auf seiten vieler österreichischer Autoren stellte nicht nur einen Versuch dar, von der verlegerischen »Futterkrippe« in Deutschland nicht ausgeschlossen zu werden; es war auch ein persönliches *politisches* Bekenntnis, eine Loyalitätserklärung dem deutschen Staat gegenüber, wenn man so will, die, wie man hoffte, entsprechend honoriert werden würde. Aber dieser Akt war mehr als nur ein äußeres Zeichen der Gesinnung für Vertreter der nationalen Strömung. Wie zuvor die Spaltung des Wiener P.E.N.-Clubs im kleinen es im Endergebnis ermöglichte, die künftigen Nutznießer und Verfolgten des NS-Regimes auseinanderzuhalten, so lieferten die Mitgliederwerbung in Österreich und die Beitritte österreichischer Autoren den deutschen Stellen, die mit der österreichischen Literaturszene nicht allzu vertraut waren, frei Haus und ohne bürokratischen Aufwand erstmals ein Trennungs- bzw. Erkennungsmerkmal. Dieses Bekenntnis aber scheint das Tor zu den reichsdeutschen Verlagen nicht weit geöffnet zu haben. Eine ständige Klage nationaler Autoren war, daß sie Schwierigkeiten hatten, von reichsdeutschen Verlagen aufgenommen zu werden. Aus diesem Grund suchte man eine Basis in Österreich.

Gleichschaltung oder »merkwürdige Tarnung«?

Das Zsolnay-Verlagsprogramm der Jahre 1933 und 1934 war, bedingt durch die turbulenten Ereignisse im Reich, einer großen Fluktuation unterworfen. Das rege Kommen und Gehen war auch von außen auffallend. Wie im Reich kam es auch bei Zsolnay zu einem partiellen Austausch der Literaturen. Ein Vorbote war z.B. der Rückstrom nationaler österreichischer Autoren im Laufe des Jahrs 1933 vom »heimlichen« österreichischen Verlag im Ausland, dem Leipziger

---

28 Elster an Costa, 18. Dezember 1933 (Ordner Elster).
29 Costa an Elster, 12. Dezember 1933 (Ordner Elster).

Staackmann Verlag (Rudolf Hans Bartsch, Franz Karl Ginzkey, Erwin Rainalter, Friedrich Schreyvogl). Obwohl die »Heimkehrenden« ihren Schritt mit Hinweis auf persönliche Differenzen und mit mangelnder Betreuung von seiten der neuen Staackmann-Geschäftsleitung begründeten, kann es auch so gewesen sein, daß sie im Zsolnay Verlag eine neue nationale Heimstätte wähnten.

Da der Erfolg des Zsolnay Verlags auf den meist engen, freundschaftlichen Beziehungen zu den Autoren begründet war und das finanzielle Entgegenkommen des Verlags gegenüber den Autoren häufig jede wirtschaftliche Vernunft vermissen ließ, kann man nicht annehmen, daß es Zsolnay und Costa leicht fiel, sich von ihren (z.T. sehr erfolgreichen) Autoren zu trennen. Doch kam der Punkt, wo das unausweichlich war. Wie erwähnt, wiegte sich der Verlag in dem Glauben, seine politische Enthaltsamkeit würde ihn vor aller Unbill schützen. Nicht einmal die symbolträchtigen Bücherverbrennungen und ersten Verbote konnten diese Zuversicht erschüttern, wie das Beispiel des von Paul Zsolnay und Franz Werfel überaus geschätzten Schalom Asch zeigt. Es werde, wie Zsolnay dem verzweifelten Autor noch im Juni 1933 mitteilt, »für unseren Verlag nach aller menschlichen Voraussicht durchaus möglich« sein, nicht nur die bei Zsolnay bereits erschienenen Werke, sondern auch künftige Bücher Aschs zu verlegen.[30] Bei anderen Autoren war jedoch ein Weiterverkauf und -vertrieb vollkommen ausgeschlossen. Prominente Beispiele sind Emil Ludwig (wie von Edschmid vorausgesehen) und Heinrich Mann. Mann, der für Zsolnay zwar einen großen Prestigegewinn darstellte, aber finanziell ein riesiger Verlust wurde[31], hat Zsolnay die Tatsache, daß seine Bücher in Deutschland nicht mehr

---

30 Paul Zsolnay an Schalom Asch, 9. Juni 1933 (Ordner Asch). Im Mai hatte Zsolnay seinem Freund Asch, der als Vertreter der jiddischen Autoren auf dem Weg zum PEN-Kongreß in Ragusa war, dringend geraten, wegen der Gefahr für seine persönliche Sicherheit nicht nach Wien zu kommen. Zsolnay: »Im gegenwärtigen Augenblick bleibt uns nichts anderes übrig als zu hoffen, daß bald wieder Zeiten kommen werden, die es möglich machen, sich ganz auf die eigentliche Arbeit zu konzentrieren. Ich habe die feste Zuversicht, daß diese Zeit kommen wird und das läßt mich über manche Dinge leichter hinwegkommen. Es sind so viele Ungerechtigkeiten seit dem Jahr 1914 geschehen und es sind so viele Opfer auf allen Seiten gefallen, daß während all dieser Jahre nur die Hoffnung auf den schließlichen Sieg der Vernunft uns die Kraft zur Arbeit geben konnte.« (Brief vom 11. Mai 1933).
31 Das hat mehrere Gründe: die Kosten der vom Kurt Wolff Verlag übernommenen Verlagsrechte und Lagerbestände der dort erschienenen Bücher Manns konnten nicht amortisiert werden. Die einzelnen alten Titel hatten zur Zeit der Übernahme bereits das Maximum an Absetzbarkeit überschritten. Mann unterzog seinem 1925 mit Zsolnay abgeschlossenen Generalvertrag einer derart regelmäßigen Revision, daß von diesem zum Schluß bestenfalls eine Ansammlung von für den Autor unverbindlichen Richtlinien übrigblieb. Zudem unterminierte Mann die Verkaufschancen seiner Bücher durch die Veranstaltung von konkurrierenden Lizenzausgaben, für die der Autor noch von seinem Verleger Zsolnay die persönliche Haftung erwartete!

verkauft werden durften, persönlich *zur Gänze* angelastet.[32] Den Kontakt mit seinem Verleger hatte er bereits 1929 abgebrochen und das Verhandlungsmandat seinem Agenten Lyonel Dunin (* 1895, Wien) übergeben. Er nahm ihn erst dann wieder auf, als er Abrechnungen für die Jahre 1933 und 1934 erhielt. In beleidigenden Briefen (die im Heinrich Mann-Archiv liegen) gab er zu erkennen, daß er die Abrechnungen nicht anerkenne, und der Verlag diese »Manipulationen« in Zukunft für sich behalten könne.

Um es zu wiederholen: Der Zsolnay Verlag ließ keinen Autor gern »fallen«, und daher war es erforderlich, Alternativlösungen zu finden für die vielen Autoren, die nicht mehr im Programm verbleiben durften.[33] Auf Einzelfälle kann hier aus Platzgründen nicht eingegangen werden, aber nur in den seltensten Fällen wurden z. B. Generalverträge gekündigt. Im Interesse der Autoren und aus der Überlegung heraus, nicht anders handeln zu können, gestattete der Verlag immer wieder »Seitensprünge« – in der Regel zu »Emigrantenverlagen«, nicht aber ohne die Autoren über die Konsequenzen dieses Schritts aufzuklären. Eine andere Möglichkeit des »Unterkommens« bot der schon im Herbst 1929 in der Schweiz (zunächst Bern, später Zürich) gegründete Verlagszweig, die »Bibliothek zeitgenössischer Werke« (BZW). Diese »Bibliothek«, die ursprünglich mit dem Ziel gegründet wurde, durch sog. »Volksausgaben« gangbare Verlagstitel weiter zu popularisieren, diente nun bis 1935 dazu, im Hauptverlag für das Reich nicht mehr verlegbare Autoren zu veröffentlichen. Es gehört allerdings in den Bereich der Legende, daß, wie kürzlich behauptet wurde[34], der »besessene« Verleger Paul Zsolnay »seine jüdischen Autoren weiter« druckte, denn das konnte er unmöglich tun. Hier gehen die tatsächlichen Relationen *vor* und *nach* 1933 völlig verloren. In der Tat hatte Zsolnay 1933/34 noch *vereinzelt* jüdische und/oder unerwünschte Autoren im Programm des Hauptverlags und produzierte in einigen Fällen (Werfel, Salten, Perutz) – und das z. T. nur in Form von Neuauflagen – neue Titel ausschließlich für den österreichischen Markt.

Im Frühjahr 1934 begann für den Paul Zsolnay Verlag eine neue Ära. Von Übernahmen aus dem nationalen Paradeverlag Staackmann ist schon die Rede gewesen. Nun aber setzte – parallel zu den unentwegten Bemühungen Hanns

---

32 Siehe Murray G. Hall: Österreichische Verlagsgeschichte 1918-1938. Wien/Köln/Graz: Böhlau Verlag 1985, Band II, S. 504.

33 Durch den inzwischen erfolgten Zugang zum Archiv war es mir hier möglich, die Politik des Unternehmens differenzierter zu beschreiben, als das in meiner Österreichischen Verlagsgeschichte 1918-1938 geschehen konnte.

34 Hans W. Polak: Paul (von) Zsolnay (1895-1961). In: Neue Österreichische Biographie ab 1815. Große Österreicher. Band XXII. Wien/München: Amalthea-Verlag 1987. Auf die zahllosen eben durch das Material im Verlagsarchiv widerlegbaren unhaltbaren Schlußfolgerungen in dieser Arbeit kann hier nicht näher eingegangen werden. Es wird hier u. a. die Gründung der BZW in die Zeit nach 1933 verlegt.

Martin Elsters vom Dritten Reich aus – eine Parallelaktion der heimischen Autoren ein. Das hatte zur Folge, daß – einschließlich des Chefgraphikers (Rudolf Geyer) – die überwiegende Mehrzahl der ab 1934 neuaufgenommenen Autoren (aber teilweise auch jene, die schon früher im Programm waren) Mitglieder der (ab Juni 1933 in Österreich) illegalen NSDAP waren.[35] Die »Nazifizierung« des Verlags haben, wie das Material im Verlagsarchiv zeigt, Paul Zsolnay und Felix Costa bewußt in Kauf genommen, um den Bestand des Verlags zu sichern. Beide haben aber konsequent Manuskripte abgelehnt, die eine offensichtliche Zustimmung zum NS-Regime beinhalteten. Aus diesem Grund lehnte man z. B. Werke Jakob Schaffners ab, eines Autors, der sich nach 1933 wahrscheinlich im Eher-Verlag wohler gefühlt hätte.[36]

Die Idee der nationalen Autoren, den Paul Zsolnay Verlag »untertan« und ihn, wie es 1935 intern heißt, zum »einzigen wirklich gleichgeschalteten kulturellen Großbetrieb in Österreich«[37] zu machen, stieß – wie die von Will Vesper in

---

35 Polak (ebenda) behauptet gar: »Selbstverständlich erschien bis 1938 im Verlag kein Buch, das das NS-Regime unterstützte oder von einem deklarierten Nazionalsozialisten [sic] stammte.« Ohne den Anspruch auf Vollständigkeit zu erheben, waren folgende Verlagsautoren und -mitarbeiter während der Verbotszeit (1933-38) Mitglied der NSDAP: Eduard Paul Danszky, Heinrich Dauthage, Edmund Finke, Rudolf Geyer, Otto Emmerich Groh, Albert Jantsch-Streerbach, Walter Hjalmar Kotas, Erich Landgrebe, Hermann R. Leber, Oswald Menghin, Hermann Heinz Ortner, Erwin Rainalter, Friedrich Schreyvogl, Franz Spunda, Karl Hans Strobl, Hermann Stuppäck, Grete von Urbanitzky, Karl Wache, Josef Wenter. Franz Karl Ginzkey wurde erst 1941 – durch Gnadenerlaß – Mitglied. Der Antrag Egmont Colerus' wurde erst nach dessen Tod abgelehnt. Eine Mitgliedschaft Hermann Graedeners, des Gründers des österreichischen Ablegers des »Kampfbunds für deutsche Kultur« (1931) ist wahrscheinlich.

36 So hatte Schaffner im Oktober 1934 bei der Einreichung des Manuskriptes »Landschaft und Gedichte, Autoreise in Deutschland« selber schon »Bedenken« (Schreiben der Direktion des Zsolnay Verlags an Schaffner, 12. Oktober 1934). Der Autor bezeichnete das Buch als »österreichfeindlich«, der Verlag fand einige Stellen »nicht unbedenklich«. Zsolnay hob den Generalvertrag auf und gab das Werk frei. Es erschien noch 1934 u. d. T. »Offenbarung in deutscher Landschaft. Eine Sommerfahrt« in der Stuttgarter Deutschen Verlags Anstalt. Der Zsolnay Verlag mußte auch ein weiteres Manuskript Schaffners ablehnen, und zwar »Wolken und Türme«, erschienen 1937 in der Hanseatischen Verlagsanstalt in Hamburg u. d. T. »Türme und Wolken. Eine Burgenfahrt«. Schaffner war, wie er dem Verlag mitteilte, der Ansicht, »daß dieses Buch in einem reichsdeutschen Verlag unter den gegebenen Umständen mit größerem Erfolg herausgebracht werden könnte«. Costa ganz konkret: »Da wir nun auch der Meinung sind, daß dieses Werk, dessen politisches Bekenntnis einen ebenso integrierenden Bestandteil bildet, wie die dichterische Gestaltung, sich besser in einen Verlag einfügen läßt, der in einem Staat beheimatet ist, dessen politische Überzeugung sich mit der in diesem Werk manifestierten völlig deckt und daher bei der Propagierung des Buches in keiner Weise behindert sein kann, sehen wir uns veranlaßt, Ihnen das Werk unbeschadet unserer bestehenden generalvertraglichen Abmachung für die Herausgabe in einem anderen Verlag freizugeben.« (Costa an Schaffner, 29. April 1936).

37 Der Verlag Paul Zsolnay und seine Autoren. Bericht von O. E. Groh und Erwin Rainalter. Datiert Berlin 26. Juni 1935 (Berlin Document Center/Paul Zsolnay Verlag).

seiner Zeitschrift *Die neue Literatur* entfachte Kontroverse klar zeigt (Stichwort: »allerlei Verdunkelungsmanöver«) – im Reich keineswegs auf ungeteilte Zustimmung.[38] Man war zudem über die Probleme und Nöte der dortigen »nationalen« Autoren nicht sonderlich gut informiert, ein Zustand, der sich darin ausdrückte, daß man im Reich zeitweise nicht wußte, wie man deren Namen richtig schrieb.

Die »nationalen« Autoren Österreichs kamen zum Zsolnay-Verlag nicht zwangsläufig wegen der literarischen Qualität ihrer Werke – und der mangelnde Erfolg spricht eine deutliche Sprache –, sondern durch ihr politisches Bekenntnis.

Nach einem für den reichsdeutschen Konsum verfaßten Aufklärungsbericht vom Juni 1935 über die wahre Situation der nationalen Autoren in Österreich im allgemeinen und deren Verbindung zum Paul Zsolnay Verlag im besonderen war Paul Zsolnay »im Frühjahr 1934« persönlich an »nationale österreichische Dichter« mit dem »Angebot« herangetreten, »seinen Verlag nun ihnen zur Verfügung zu stellen«. (An späterer Stelle heißt es wörtlich: »Nun kam der Verlag Zsolnay zu ihnen.«) Die Autoren hielten den »Dienstweg« ein und fragten die zuständigen »Instanzen« der NSDAP in Österreich. Der kulturelle Landesleiter der seit Juni 1933 verbotenen Partei, Anton Haasbauer, »gab nicht nur den Rat, sondern geradezu den Auftrag, die österreichischen nationalen Dichter möchten sich den Verlag Zsolnay untertan machen und das Angebot annehmen«. Die Verhandlungen mit dem Verlag brachten das Ergebnis, daß »ein Vertrauensmann der Landesleitung der NSDAP in Österreich, Dr. Hermann R. Leber, die Leitung des Lektorats erhielt«. Dem aus Deutschland gebürtigen Kunsthistoriker Leber kam fortan eine Schlüsselrolle zu, denn er brachte über ein Dutzend »nationale« Autoren zum Verlag. Das Programm der Jahre 1934/35 trägt deutlich seine Handschrift. Leber war nicht nur für Anwerbungen verantwortlich, über ihn liefen auch die engen Kontakte zur Deutschen Gesandtschaft in Wien, hier vor allem zum Attaché Bernd von Haeften sowie zu entscheidenden Stellen im Reich.[39] Zur Strategie der kulturellen Penetration Österreichs (etwa über wichtige Kulturvereinigungen), einer Politik, die von der Gesandtschaft in Wien

---

38 Siehe Österreichische Verlagsgeschichte, Band II, S. 513 ff.
39 Vgl. Klaus Amann: Der Anschluß österreichischer Schriftsteller an das Dritte Reich. Institutionelle und bewußtseinsgeschichtliche Aspekte. Frankfurt: Athenäum 1988. In der »Niederschrift einer Rücksprache mit Dr. Albert Ritter von Jantsch-Streerbach«, datiert 26. November 1935 (BDC/Paul Zsolnay Verlag), heißt es z. B. »Ferner stellte ich fest, daß Dr. Leber im Besitz von Briefen der Überwachungsstelle in München sein soll, wonach man nichts dagegen einwenden würde, wenn nationale Autoren bei Zsolnay verlegen würden. Es wäre dies zwar nicht angenehm, aber im Augenblick nicht zu umgehen. Zsolnay soll z. Zt. 16 nationale Autoren beschäftigen (...).«

aktiv gefördert wurde, gehörte die unmittelbare Einflußnahme der kulturellen Faktoren der österreichischen NSDAP auf den »Neuaufbau« des Zsolnay Verlags. Mit der Aufnahme und Veröffentlichung der, wie Josef Weinheber sie einmal bezeichnete, »mittelmäßigen nationalen Autoren« war es nicht getan. Leber und seine Kollegen, darunter der Zsolnay-Übersetzer und Mitherausgeber der antisemitischen Wiener Wochenschrift *Der Stürmer*, Walter Hjalmar Kotas, setzten auch bewußt auf die Übernahme der skandinavischen Literatur. Die von Kotas übertragenen Autoren, allen voran der Schwede Vilhelm Moberg, wurden ungeniert und ohne deren Wissen und Zustimmung als Blubo-Dichter vermarktet.[40] Als Kotas (Parteigenosse seit 1. 3. 1933) im Mai 1936 wegen Betätigung im Zusammenhang mit der NS-Kulturgemeinde in Haft genommen wurde, ließen es sich Paul Zsolnay und Felix Costa nicht nehmen, ihn im Gefängnis persönlich zu besuchen und wahrscheinlich für seine Freilassung zu intervenieren.

Die »verdienten« nationalen Autoren, die sich von reichsdeutschen Verlagen – wegen Devisenschwierigkeiten – sträflich vernachläßigt, ja »schlecht behandelt« fühlten, ernteten durch ihren Schritt nicht die Anerkennung, das Ansehen im Reich, das sie gewünscht und erwartet hatten. Im Gegenteil, ihre »Dienstbarmachung« des Zsolnay Verlags ließ sie als »unzuverlässig«, als »unnational« erscheinen. Die Zeitungen des Eher-Verlags weigerten sich, wie beklagt wurde, auch nur ein einziges Zsolnay-Buch zu besprechen. (Nur äußerst selten jedoch hatte der Verlag Probleme, Anzeigen im *Börsenblatt* unterzubringen.) Im Reich wolle man »die tatsächlich nationalen Dichter Österreichs, die sich auf Parteigebot im Verlag Zsolnay versammelt« hätten, um ihre Existenz bringen, nur weil dieser Verlag »eine üble Vergangenheit« habe. Darüber hinaus habe man im Reich »keine Ahnung von den Verhältnissen in dem armen tapfer kämpfenden Österreich« und sei somit gewillt, »den österreichischen Künstlern in den Rücken zu fallen. Künstlern, die korrekt den Instanzenweg gingen und keinen Vertrag abschlossen, bevor sie nicht die Gewißheit hatten, daß solch ein Vertragsabschluß den österreichischen Parteiinstanzen erwünscht sei«.[41]

Die wiederholten Attacken Will Vespers gegen den Zsolnay Verlag, sein Infragestellen der nationalsozialistischen Integrität der neuen Autoren, seine Beschreibung der Vorgänge im Verlag als »merkwürdige Tarnung«, hat nicht gerade dazu beigetragen, die Moral in nationalen Kreisen zu heben. So suchte man Strategien, um Vesper dazu zu bringen, die Polemiken und Invektiven zu stoppen, die der Akzeptanz des Verlags – zu schweigen von der Reputation der

---

40 So heißt es in einem undatierten Bericht über den Zsolnay Verlag bei der RSK: »Die Aufnahme der den Gedankengängen des dritten Reiches nahestehenden skandinavischen Autoren wurde weiter erfolgreich fortgesetzt.« (BDC/Paul Zsolnay Verlag).
41 Siehe Anm. 37.

Autoren – abträglich waren. Einen solchen Schritt bedeutete die »Pilgerfahrt« von Groh und Rainalter zu Staatskommissar Hans Hinkel in Berlin, der seine »liebenswürdige Unterstützung in österreichischen kulturellen Belangen« zusicherte.[42] Über diese Schritte war der Verlagsinhaber voll informiert.[43] Nicht jeder Autor hielt die Aktionen gegen Vesper von seiten des Verbindungsmanns Leber für opportun. Einer, der sie für kontraproduktiv hielt, war wiederum Rainalter. Er schrieb an Felix Costa am 12. Oktober 1935:

> »Bitten möchte ich Sie noch, mit Dr. Leber zu sprechen, den ich herzlich grüßen lasse. Sagen Sie ihm, daß Interventionen, wie er sie vorhat, naturgemäß auf dem Rücken des Zsolnay-Verlages ausgetragen werden, was gewiß zu vermeiden ist.«[44]

Paul Zsolnay und Felix Costa lehnten die Aufnahme nationaler Autoren selten ab (siehe Schaffner), sofern sie wie in verschiedenen historischen Romanen dem NS-Staat nicht verdeckt huldigten.[45] Literarische Anbiederung unter seinen neuen Autoren gab es freilich auch. So versuchte beispielsweise der seit 1934 in Berlin als Theaterkritiker des *Völkischen Beobachters* und Zsolnay-Intervenierer tätige Legionär Erwin Rainalter seinen »österreichischen« Roman der Konjunktur anzupassen: »Mir war es darum zu tun«, erzählt er Zsolnay über sein neues Buch *Das große Salzburger Wandern*, »das Schicksal eines Volkes aufzuzeigen und auf diesem großen historischen und kulturhistorischen Hintergrund Menschen zu gestalten, die die gegensätzlichen Kräfte einer Zeit verkörpern«.[46]

Zu einem eher kuriosen »Alltagsproblem« kam es im Herbst 1936, als der Verlag eine Neuerscheinung des *Reichspost*-Redakteurs Rudolf List *Michael. Roman eines Schicksals* im *Börsenblatt* (20. November) ankündigte. Zwei Wochen später traf beim Verlag ein eingeschriebener Brief eines Münchner Rechtsanwalts ein: Im Buchverlag (Franz Eher Nachf.) seiner Mandantschaft erscheine seit Dezember 1928 in mehreren Auflagen das Werk des Reichsministers Dr. Joseph Goebbels *Michael. Ein deutsches Schicksal in Tagebuchblättern*. Da es sich bei der Zsolnay-Neuerscheinung um einen »verwechslungsfähigen Titel« handele, wurde gemäß dem Wettbewerbsgesetz die Unterlassung verlangt. Dem Verlag war eine Frist von fünf Tagen eingeräumt, um die Änderung seines Titels bekanntzugeben. Für den Verlag, der sich gewiß nicht an einer weiteren Front

---

42 Hermann Leber an Hans Hinkel, 24. 7. 1935 (BDC/Paul Zsolnay Verlag).
43 Vgl. den Brief Erwin Rainalters an Paul Zsolnay vom 11. Juli 1935: »Unser Freund Otto Emmerich Groh wird Ihnen schon berichtet haben über Schritte, die wir gemeinsam hier machten, um die Vorurteile gegen den Zsolnay-Verlag zu beheben.« (Ordner Rainalter).
44 Erwin Rainalter an Felix Costa, 12. Oktober 1935 (Ordner Rainalter).
45 Verwiesen wird auf das Beispiel des Autors Mirko Jelusich. Siehe Johannes Sachslehner: Führerwort und Führerblick. Mirko Jelusich. Zur Strategie eines Bestsellerautors in den Dreißiger Jahren. Königstein/Ts.: Hain 1985.
46 Rainalter an Paul Zsolnay, 8. Februar 1936 (Ordner Rainalter).

Schwierigkeiten einhandeln wollte, war diese Sache »äußerst peinlich«, man war »außerordentlich bestürzt« und »selbstverständlich« bereit, den Titel zu ändern. Der neue Titel: *Der Knecht Michael. Roman* dürfte die Zustimmung des Ministers gefunden haben.

Neben allen anderen Wiener Verlagen war auch Zsolnay von den Maßnahmen Goebbels' im Jahre 1935, den Ladenpreis reichsdeutscher Verlagserzeugnisse im Ausland (mit Ausnahme der Schweiz) um 25% zu senken, schwer betroffen.[47] Im einzelnen bisher unbekannt ist die Reaktion des Zsolnay Verlags auf dieses »Buchdumping«. Um wettbewerbsfähig zu bleiben, entschloß sich der Zsolnay Verlag im Februar 1936 widerwillig, aber aus verkaufspolitischen Erwägungen, zwei Preise einzuführen, und zwar einen Schilling- und einen Markpreis, die sich annähernd ausgleichen sollten. Die Schillingpreise, die für Österreich und das gesamte Ausland mit Ausnahme der Schweiz und des Deutschen Reiches gelten sollten, waren niedriger, als es die Verlagskalkulation erfordert hätte, die Markpreise dafür etwas höher. Über Einzelheiten dieser Maßnahme wurden die betroffenen Autoren in »vertraulichen« Briefen informiert. Die halbjährliche Abrechnung wurde so durchgeführt, daß der Verlag 40% der abgesetzten Bücher zu Schillingpreisen und 60% zu Markpreisen deklarierte und verrechnete.[48]

Durch Verbote und Boykottaufrufe stand der Paul Zsolnay Verlag in der Zeit zwischen 1933 und 1938 auch »förmlich jeden Tag vor einer neuen Situation«. Große Lagerbestände an Fremdsprachenliteratur – und hier vor allem französische und russische Literatur – wurden abgestoßen, allerdings bevor die betreffenden Werke im Reich verboten wurden. Eine Zeitlang versuchte der Verlag durch die Hilfe eines sehr versierten Berliner Rechtsanwalts, die Verbote wieder rückgängig zu machen. In einem Fall gelang ihm dies tatsächlich. Neun Jahre nach Erscheinen des Welterfolgs *Ariane* von Claude Anet im Zsolnay Verlag, mehr als zwei Jahre nachdem die Filmversion des Romans in den Kinos angelaufen war und bei einem Auflagenstand von 201 000 Exemplaren, wurde das Werk im August 1933 wie aus heiterem Himmel von der Deutschen Zentralpolizeistelle zur Bekämpfung unzüchtiger Schriften in Berlin beschlagnahmt. Die Vermutung lag nahe, daß diese Maßnahme mit der jüdischen Abstammung der Filmschauspielerin Elisabeth Bergner (deren Foto den Umschlag zierte) und mit den neu beigefügten Illustrationen zusammenhing. Die Begründung war allerdings die übliche: Das Werk sei geeignet, die öffentliche Sicherheit oder Ordnung zu gefährden. Der Zsolnay-Verlag ersuchte und bekam Schützenhilfe von Hanns Martin Elster und Grete von Urbanitzky, die – obwohl die Aktion

---

47 Näheres dazu in Hall: Österreichische Verlagsgeschichte, Band I.
48 Siehe u.a. dazu den Brief an Franz Karl Ginzkey vom 28. Februar 1936 (Ordner Ginzkey).

letzten Endes nicht ausschlaggebend war – beide die Unterstützung des deutschen P.E.N.-Clubs und des Kampfbundes für deutsche Kultur gewannen. Schon bevor solche direkten Maßnahmen gegen den Wiener Zsolnay Verlag sozusagen zur Tagesordnung gehörten, waren Paul Zsolnay und Felix Costa persönlich enttäuscht, weil sie sich Illusionen über künftige Entwicklungen hingegeben hatten. Ganz bezeichnend hierfür ist der Schock Costas:

»Wir sind sicher, sehr verehrter Herr Doktor [Hanns Martin Elster], daß Sie es wohl verstehen werden, wenn wir Ihnen sagen, daß an sich kleine Ereignisse, wie nur z. B. die Beschlagnahme der »Ariane« oder ein uns ungerecht scheinender Angriff in irgendeiner Zeitung für uns mit dem Quadrat der Entfernung wachsen und deren Summe uns, die wir zehn Jahre lang eigentlich von keiner Seite bestritten dem deutschen Buchmarkt als mitbestimmenden Faktor angehört haben, tief kränken und bestürzen. Dies umsomehr, weil wir stets das Beste gewollt haben und auch der Meinung sind, einiges Gute für die schöpferischen Kräfte Deutschlands getan zu haben.«[49]

Zsolnay-Anwalt Dr. Hans Burchard erreichte durch Heranziehung von anderen Urteilen (Fehlen der sachlichen Voraussetzungen gemäß §7 der Verordnung des Reichspräsidenten zum Schutze des deutschen Volkes vom 4. 2. 1933) die Aufhebung des Verbots. Der Zsolnay Verlag durfte 1935 das Buch wieder verkaufen, mußte sich aber dazu verpflichten, die illustrierte Ausgabe aus dem Jahr 1933 aus dem Verkehr zu ziehen.[50]

Bis Ende 1937 hatte man sich im Verlag in Wien beinahe daran gewöhnt, Informationen über versteckte, offene, halboffizielle und sonstige Boykotte in diversen Teilen des Reichs zu erhalten. Ende Oktober 1937 teilte der Innsbrucker Autor Karl Emerich Hirt dem Verlag mit, er hätte bei seinem Aufenthalt in Deutschland in mehreren Buchhandlungen die Auskunft erhalten, »der Verlag sei verboten«. Solche Auskünfte mußten nicht einmal wahr sein, um eine geschäftsstörende Wirkung zu haben. Der Verlag war dennoch von »großer Überraschung« getroffen:

»Dies entspricht selbstverständlich in keiner wie immer gearteten Weise den Tatsachen. Es wäre uns aber außerordentlich wichtig, von Ihnen zu erfahren, wo und von wem Sie diese unrichtige Auskunft erhielten. Wir benötigen die Angabe nicht um anzugeben, sondern zur eigenen Danachachtung.«[51]

Hirt teilte dem Verlag mit, er hätte in vielen Münchner Buchhandlungen erfahren, daß es nicht erwünscht sei, »Werke Ihres Verlages zu verkaufen, zu führen oder in Bestellung zu nehmen« (27. November 1937). Es gehe hier um alle Bücher des Verlags.

---

49 Costa an Elster, 1. September 1933 (Ordner Elster).
50 Schreiben des Präsidenten der RSK an den Zsolnay Verlag vom 12. April 1935 (Ordner Anet).
51 Costa an Hirt, 10. November 1937 (Ordner Hirt).

Costa gab sich erneut der Illusion hin, daß in Wirklichkeit alles in Ordnung sei, und ließ sich in Berlin in Sicherheit wiegen. Am 4. Dezember 1937 schrieb er an Hirt:

»Wir danken Ihnen bestens für Ihr freundliches, ausführliches Schreiben vom 27. XI. und gestatten uns Ihnen mitzuteilen, daß uns die Tatsache der negativen Einstellung des Münchner Sortiments zu unserem Verlag natürlich bekannt ist. Es handelt sich hier um eine Einstellung, die zwölf österreichischen Verlagen en bloc gilt und die sich, was unseren Verlag betrifft, nur auf München beschränkt. Ich selbst hatte vor ganz kurzer Zeit anläßlich eines Aufenthaltes in Berlin Gelegenheit, bei der Reichsschrifttumskammer vorzusprechen, wo ich die neuerliche Versicherung erhielt, daß gegen unseren Verlag nicht das mindeste vorliegt und daß derartige Einzelaktionen in Berlin als durchaus unrichtig verurteilt werden. Ich glaube darum annehmen zu dürfen, daß auch die Einstellung des Münchner Sortiments sich in Kürze, was unseren Verlag betrifft, ändern wird.«[52]

Costa enthielt sich einer konkreten Aussage, aber wie die Ereignisse mehrere Wochen später zeigten, entbehren seine Ansichten nicht einer dramatischen Ironie.

Dieser keineswegs erschöpfende Streifzug durch die Geschichte eines Wiener Verlags, der versteckten und offenen Maßnahmen der Reichsregierung ausgeliefert war, wäre ohne einen Hinweis auf den Problemkomplex »Devisenbeschränkungen« unvollständig. Die Autarkiebestrebungen des Dritten Reichs und die damit einhergehende Aufrüstung führten zu einer komplizierten Drosselung des Devisenflusses ins Ausland. Von diesen Maßnahmen stark betroffen waren die für den Staat weniger wichtigen Dinge wie Bücher und Zeitschriften und vor allem die im Ausland schreibenden Autoren und Verleger. Die Devisenbestimmungen hielten nicht nur »deutsche« Autoren von Abschlüssen mit ausländischen (österreichischen) Verlegern ab, sie führten auch wesentlich zu einer Demoralisierung der meisten österreichischen Autoren – sofern sie, wie in der Regel, auf den Devisentransfer aus dem Reich angewiesen waren. Die restriktiven Bestimmungen trafen die Autoren »ohne Ansehen der Person«, das heißt unabhängig davon, ob sie im Reich als »nationale« Autoren angesehen waren oder nicht.[53] Der erschwerte Zugriff auf die im Reich eingefrorenen Devisenguthaben österreichischer Verlage, wie Zsolnay, traf diese besonders hart, weil der Absatz so vieler (erfolgreicher) ausländischer Autoren *noch* schwieriger wurde. Beispiele für dieses Dilemma bei Zsolnay sind Pearl S. Buck, Theodore Dreiser

---

52 Costa an Hirt, 4. Dezember 1937 (Ordner Hirt). Costa spielt wahrscheinlich auf das formale Ergebnis der zweiten und letzten Tagung des Ausschusses für kulturelle Angelegenheiten zwischen dem Deutschen Reich und Österreich an, die vom 29. November bis 3. Dezember in Berlin abgehalten wurde. Man kam darüber überein, daß Pauschalverbote gegen österreichische Verlage zurückgenommen werden würden. Dazu Hall: Österreichische Verlagsgeschichte, I, S. 343 ff.
53 Dazu Renner, Anm. 21.

und John Galsworthy, die sich weigerten, dem Verlag neue Manuskripte zu übergeben, bevor nicht die ausstehenden Honorare bezahlt wurden. Andere Autoren wie Robert Neumann, Karl Hans Strobl und Roda Roda schalteten einen Anwalt ein, um zu ihrem »Recht« und Geld zu kommen. (Dreiser hat gegen den Verlag beim Handelsgericht in Wien erfolgreich prozessiert.) Stellvertretend für diese Schwierigkeiten ist der Fall Roda Roda. Der Autor, dessen Roman *Die Panduren* im Frühjahr 1934 vom Zsolnay Verlag abgelehnt worden war, weil er »dem allgemeinen Interesse doch zu entlegen« schien, und anschließend im Wiener E.P. Tal Verlag herauskam, hatte ein besonderes Problem. Er hatte seinen Verlagsvertrag in Berlin abgeschlossen und sich in Mark bezahlen lassen. Nun war er aus Deutschland nach Österreich geflohen und bestand auf Zahlung in Schilling, fast ein Ding der Unmöglichkeit, wie die Verlagsdirektion ihm im Juli 1934 mitteilte:

»Wie Sie den Zeitungsmeldungen wohl entnommen haben werden, ist es uns derzeit nahezu unmöglich, Mark nach Österreich aus Deutschland hereinzubekommen. Wir sind daher zu unserem Bedauern nicht mehr in der Lage, wie wir dies früher getan haben, auch den Autoren, mit denen Markzahlungen vertraglich vereinbart wurden, wie dies bei Ihnen der Fall ist, die Beträge in einer anderen Währung als in Mark zu bezahlen. Selbstverständlich werden wir gerne, sobald dies möglich ist, wieder wie bisher Ihnen entgegenkommen und uns auch selbst bemühen, für Sie die Mark in Schilling umzuwandeln. Derzeit aber sehen wir keinen Weg dazu. Wir können Ihnen daher lediglich den Ihnen zustehenden Betrag in Mark auszahlen. (...)

Wir hoffen, daß in der nächsten Zeit sich eine Klärung der Verhältnisse ergeben wird und wir werden uns erlauben, Ihnen dann sofort Nachricht zu geben.

Seien Sie versichert, daß wir die Tatsache sehr bedauern, daß Sie sich an einen Anwalt gewendet haben, eine Tatsache, die den Gepflogenheiten im Verkehr mit unseren Autoren keineswegs entspricht. Wir tun ohnedies alles, was menschenmöglich ist und haben dies auch in Ihrem Fall getan, um die Interessen unserer Autoren zu wahren. Kein Anwalt kann Sie besser schützen als wir.« (4. 7. 1934)

Franz Horch versuchte, Roda Roda ein paar Wochen später vom guten Willen des Verlags zu überzeugen:

»Es wird auch Ihnen gewiß bekannt sein, daß seit geraumer Zeit es nicht mehr möglich ist, Markbeträge hieher zu bekommen. Wir haben in Berlin eine beträchtliche Menge Inlandmark liegen, ohne die Möglichkeit zu finden, auch nur einen Teil dieser Summe hereinzubekommen. (...)

Sie sehen also, daß es beim besten Willen nicht möglich ist, Ihnen im Moment dienlich zu sein. Die Substanz des zwischen Ihnen und dem Verlag bestehenden Vertrages stellt sich unbezweifelbar so dar, daß es sich um eine in Mark zu erfüllende Verpflichtung handelt, an deren Erfüllung der Verlag angesichts der geschilderten Umstände zunächst gehindert ist.« (27. 7. 1934)

Roda Roda blieb, wie es seine Art war, selbst in dieser Situation nicht ganz humorlos: »Nehmen Sie, bitte, an, das Deutsche Reich würde die Reichsmark als Währungseinheit überhaupt abschaffen; wären Sie mir dann gar nichts schuldig?« (6. 7. 1934)

Obwohl der Paul Zsolnay Verlag nach Beginn der NS-Herrschaft in Österreich im März 1938 sehr schnell unter kommissarischer Verwaltung stand und im Juni – wie sich herausstellte – voreilig zum »arischen« Unternehmen erklärt wurde, bestanden die Vorurteile gegenüber dem Verlag und manche seiner Autoren noch länger. Erst nach einer überaus langwierigen Klärung der wahren Besitzverhältnisse, der Übernahme durch den ehemaligen RSK-Fachreferenten Karl Heinrich Bischoff und der Umbenennung der Firma in K. H. Bischoff Verlag »normalisierte« sich die Lage.

Pamela Spence Richards

Der Einfluß des Nationalsozialismus auf Deutschlands wissenschaftliche Beziehungen zum Ausland

I. *Einleitung*

Die zwanziger Jahre dieses Jahrhunderts waren eine schwierige und verworrene Zeit für deutsche Wissenschaftler. Nachdem sie vor dem Ersten Weltkrieg einen einzigartigen Aufstieg und internationale Anerkennung erlebt hatten, wurden sie durch die deutsche Niederlage zu intellektuellen Parias – ausgesperrt bis weit in die zwanziger Jahre von der Kommunikation mit den meisten ihrer Kollegen aus dem Ausland, von den Veröffentlichungsmöglichkeiten und von der Teilnahme an internationalen wissenschaftlichen Projekten sowie der Mitgliedschaft in Organisationen. Der kurzen Periode ihrer Rehabilitierung in der internationalen Arena am Ende der zwanziger Jahre folgte dann eine noch größere Isolation und internationale Ächtung, als die deutschen Gelehrten – freiwillig oder unfreiwillig – das Dritte Reich erleben mußten.

In diesem Beitrag geht es um den Einfluß, den die nationalsozialistische Machtübernahme auf die Entwicklung der internationalen Beziehungen der deutschen Wissenschaftler hatte. Die Untersuchung erstreckt sich auf den wissenschaftlichen Buchhandel, die internationalen Forschungseinrichtungen, die staatliche Propaganda, das Bildungswesen (einschließlich der Bibliotheken) und den Militärbereich. Ziel ist es, den Verbindungskanälen auf die Spur zu kommen, die dafür sorgten, daß während des Dritten Reiches das wissenschaftliche Leben der besetzten Länder mit dem in Deutschland verbunden blieb, daß die deutsche Forschung im Ausland verbreitet und daß Ergebnisse ausländischer Wissenschaftler im eigenen Land rezipiert werden konnten. Die nationalsozialistische Ideologie von der rassischen Überlegenheit der Deutschen war verantwortlich für den Ausschluß der Wissenschaftler von der normalen Kommunikation mit Fachkollegen anderer Länder und für die pseudowissenschaftlichen Beziehungen mit den von den Deutschen und ihrer Wehrmacht unterdrückten Ländern. Doch wird sich zeigen, daß die wirklichen Bedürfnisse einer modernen Rüstung und Kriegsführung die Reichsregierung zwangen, alternative Kanäle ausfindig zu machen, um qualitativ hochstehende Forschungsergebnisse und Technologie aus dem Ausland ins Land zu holen und an die eigenen Forschungseinrichtungen weiterzugeben.

II. Die Niederlage des Ersten Weltkriegs

1. Deutschland wird zum internationalen Paria

Im Klima des Revanchismus nach dem Ersten Weltkrieg wirkte die Stärke der deutschen Wissenschaft der Vorkriegszeit als Reizmittel auf die Sieger. Die deutschen Forscher hatten zwischen 1901 und 1914 ein Drittel aller Nobelpreise in Chemie und Physik erhalten, die Universitäten und Bibliotheken waren Vorbilder für das amerikanische Hochschulsystem, und die wissenschaftlichen Zeitschriften hatten die Forschungsarbeit in ihrer Disziplin beherrscht. Im Jahr 1909 entfielen z. B. 45 % der Literaturangaben, die in dem amerikanischen Referateorgan *Chemical Abstracts* verzeichnet waren, auf deutsche Zeitschriften.[1]

Einige Bestimmungen des Versailler Vertrags zielten darauf zu verhindern, daß Deutschland diese Vormachtstellung wieder erreichen konnte: So waren deutsche Gelehrte aufgrund der Artikel 282 und 299,[2] die die Mitgliedschaft der Kriegsgegner in internationalen Organisationen regelten, von vielen internationalen Kongressen ausgeschlossen, wie z. B. denen des International Research Council (Naturwissenschaften) oder der Union Académique Internationale (Geisteswissenschaften). Der Gebrauch der deutschen Sprache durch Mitglieder etwa aus den Niederlanden oder Skandinavien, für die das Deutsche noch die traditionelle Gelehrtensprache war, blieb auf diesen Konferenzen verboten. Der Boykott erstreckte sich sogar auf Beiträge von deutschen Autoren. So berichtet Max Planck als Sekretär der physikalisch-mathematischen Klasse der Preußischen Akademie über die Situation im Jahre 1919:

»Als wirksamstes Mittel zur Bekämpfung der ›Vorherrschaft‹ der deutschen Wissenschaft gilt der Ausschluß Deutschlands von den internationalen Bibliographien, in denen bisher ›die deutschen wissenschaftlichen Arbeiten übermäßig hervorgehoben‹ seien, besonders aber die Neugründung von internationalen Referatenorganen, welche die entsprechenden deutschen Zeitschriften, die die ›ganze wissenschaftliche Produktion der Welt durch Heranziehung und Mitarbeit aller Länder monopolisiert haben‹ verdrängen soll.«[3]

---

1 Sources of Journal Literature Abstracted in Chemical Abstracts. In: Chemical Abstracts Services Statistical Summary 1907-1984. Columbus, Ohio: Chemical Abstracts Service 1987, S. 2.
2 Reichszentrale für wissenschaftliche Berichterstattung. In: Forschungen und Fortschritte 15 (1939), S. 436.
3 Siegmund-Schultze, Reinhard: Kerkhof's Reichszentrale. In: Spektrum (1988) Nr. 11, S. 30.

2. Wissenschaftliche Zusammenarbeit mit der Sowjetunion in den zwanziger Jahren

Der Boykott, der bis zum Beitritt Deutschlands zum Völkerbund 1926 andauerte, hatte unter anderem zur Folge, daß die deutschen Wissenschaftler immer stärker an einer Zusammenarbeit mit ihren sowjetischen Kollegen interessiert waren, die ebenfalls ausgegrenzt waren. Die deutsch-russischen Wissenschaftsbeziehungen, die bis ins 18. Jahrhundert zurückreichten und dazu geführt hatten, daß die St. Petersburger Akademie im 19. Jahrhundert als eine deutsche Einrichtung betrachtet wurde[4], hatten ihren Höhepunkt in den Jahren 1922 bis 1926. Eine Anzahl russischer Gelehrter unterrichtete an deutschen Universitäten: P. S. Alexandroff zum Beispiel war zwischen 1923 und 1930 jedes Jahr in Göttingen und hielt ab 1926 Lehrveranstaltungen am Mathematischen Institut, wo ein Zeitgenosse seine Erkenntnisse als »sehr wichtig, sehr einflußreich« beurteilte.[5]

Der Trend zur Zusammenarbeit erstreckte sich auch auf den Buchhandel. Deutsche Wissenschaftsverleger – mit dem Vorteil einer jahrhundertelangen Erfahrung mit dem Osten – nutzten den sowjetischen Schub der technologischen Entwicklung mit besonderen Ausgaben deutscher Zeitschriften auf Russisch. In den zwanziger Jahren publizierte der Osteuropa-Verlag in Berlin *Germanskaia Tekhnika* (Deutsche Technik) und *Vostochoe Evropeiski Zemledelets* (Der osteuropäische Landwirt).[6] Die sowjetische Regierung richtete sogar eine eigene Agentur in Berlin für ausgewählte Werke deutscher Wissenschaftler und ihre Veröffentlichung auf Russisch ein. Das sowjetische »Biuro inoctrannoi nauki i tekhnologii (BINT)« (Büro für ausländische Wissenschaft und Technik) sorgte zwischen 1921 und 1928 dafür, daß ein steter Strom aktueller deutscher Werke, einschließlich der von Einstein, die Sowjetunion erreichte.[7]

Das besonders intensiv gepflegte Gebiet deutsch-sowjetischer technologischer Zusammenarbeit war die militärische Forschung, von der die Deutschen durch den Versailler Vertrag bis 1926 ausgeschlossen waren. Nachdem 1922 der Vertrag von Rapallo unterzeichnet war, der die Freundschaft zwischen Deutschland und der Sowjetunion besiegelte, wurden – unter Mißachtung der Vorschriften des Versailler Vertrags – in der Sowjetunion Ausbildungsstätten für deutsche und sowjetische Truppen für Boden- und Luftkampf eingerichtet. Deutsche

---

4 Vucinich, Alexander: The Empire of Knowledge. The Academy of Sciences in the USSR 1917-1970. Berkeley: University of California Press 1950, S. 43.
5 Reid, Constance: Hilbert-Courant. New York: Springer 1986, S. 320.
6 Keller, Werner: East Minus West Equals Zero: Russia's Debt to the Western World 862-1962. New York: G. P. Putnam 1962, S. 199.
7 Mikhailov, A. I., Chernyi, A. I., und R. S. Giliarevskii: Scientific Communication and Informatics. Arlington, Va.: Information Resources Press 1984, S. 258.

Wissenschaftler wurden an diese Zentren der Luft- und Chemiewaffenforschung versetzt, und deutsche Industriefirmen wie Krupp und Juncker errichteten Zweigwerke auf russischem Gebiet. Der regelmäßige Austausch von Militärs wurde über ein Jahrzehnt fortgesetzt, so daß der sowjetische Marshall Tukhachevsky 1933 erklären konnte: »Die Reichswehr war die Lehrerin der Roten Armee, und das bleibt unvergessen.«[8]

3. Versuche zur Wiederherstellung von wissenschaftlichen Verbindungen mit dem Westen in den zwanziger Jahren

Wie ergiebig auch immer die Kontakte zur Sowjetunion waren – der größte Wunsch der deutschen Gelehrten war dennoch die Wiederaufnahme normaler Beziehungen zum Westen. Die Isolation machte sich vor allem darin bemerkbar, daß den deutschen Wissenschaftlern der Zugang zu englischen, französischen und amerikanischen Zeitschriften verwehrt war. In den ausländischen Beständen der wissenschaftlichen Bibliotheken klafften große Lücken – als Folge der englischen Blockade von 1915 bis 1918 und der Inflation. 1920 wurden zwei halbstaatliche Organisationen gegründet, um das Problem zu lösen.

Die bekannteste war die Notgemeinschaft der deutschen Wissenschaft, die heute als Deutsche Forschungsgemeinschaft fortbesteht. Sie errichtete eine zentrale Beschaffungsstelle an der Preußischen Staatsbibliothek mit dem Ziel, die ausländischen Erwerbungen der deutschen wissenschaftlichen Bibliotheken zu koordinieren, sie mit eigenen Mitteln zu ergänzen und teure Dublettenkäufe zu vermeiden. Auch der 1924 eingerichtete nationale Fernleihverkehr für das Deutsche Reich verminderte den Bedarf an ausländischen Erwerbungen. Weniger bekannt sind die Aktivitäten der Reichszentrale für wissenschaftliche Berichterstattung. Diese Einrichtung wurde vom Innenminister finanziert, von der Preußischen Akademie der Wissenschaften verwaltet und in ihrem Gebäude untergebracht. Unter der Leitung von Karl Kerkhof, dem Autor des 1922 erschienenen Buches *Der Krieg gegen die deutsche Wissenschaft. Eine Zusammenstellung von Kongreßberichten und Zeitungsmeldungen*, wurde die Reichszentrale durch den Pioniereinsatz der Fotokopiertechnik zu einem Clearing House für ausländische wissenschaftliche Zeitschriftenliteratur. Kerkhof überredete die Verleger der großen deutschen Referateorgane, denen regelmäßig Besprechungsexemplare von ausländischen Zeitschriften zugingen, sie der Reichszentrale zum Fotokopieren für interessierte deutsche Forscher zugänglich zu machen.[9] Die Aktivitä-

---

8 Laqueur, Walter: Russia and Germany. A Century of Conflict. Boston: Little, Brown 1965, S. 128.
9 S. Anm. 2.

ten von Kerkhofs Fotoabteilung, zuletzt in der Technischen Hochschule Berlin-Charlottenburg untergebracht, nahmen exponentiell zu: Im Jahr 1923 lieferte sie 6440 und 1938 174000 Kopien.[10]

Ausländische Hilfe spielte ebenfalls eine bedeutende Rolle bei der Beseitigung der Kriegslücken in den Literaturbeständen. Die skandinavischen Länder sandten ihre gesamte wissenschaftliche Literaturproduktion, die sie während der Blockade auf Vorrat genommen hatten, als Geschenk; die Schweiz spendete ebenfalls Bücher, und die American Library Association sammelte Dubletten von amerikanischen Bibliotheken.[11] Die bei weitem wichtigste ausländische Organisation bei dieser Hilfsaktion war die Rockefeller Foundation, die eng mit der Notgemeinschaft zusammenarbeitete. Schon in den frühen zwanziger Jahren begann sie, deutsche wissenschaftliche Einrichtungen hauptsächlich auf dem Gebiet der Medizin zu unterstützen. Normalerweise übernahm sie die Kosten für Zeitschriftenabonnements und sehr spezielle Literatur.[12]

Eine weitere Folge des Krieges war, daß westliche Wissenschaftler daran gehindert wurden, die Entwicklung in Deutschland zu verfolgen. Als der Ausschluß Deutschlands von der internationalen Wissenschaft über die Mitte der zwanziger Jahre hinaus fortzudauern drohte, ergriff man Maßnahmen, um neuere Forschungsergebnisse aus Deutschland im Ausland bekannt zu machen. So wurde etwa der Deutsche Akademische Austauschdienst 1925 mit dem Ziel ins Leben gerufen, die Präsenz deutscher Akademiker im internationalen Rahmen zu fördern. Im selben Jahr gründete Karl Kerkhof die Zeitschrift *Forschungen und Fortschritte*, die im Ausland Public Relations für deutsche Wissenschaft und Technik machen sollte. Vierzehntäglich erscheinend, enthielt das Blatt Beiträge über die neuesten Entdeckungen der deutschen Wissenschaft, Hochschulnachrichten und Tagungsberichte. Obwohl die Zielgruppe ein Laienpublikum war, stammten die Beiträge von Männern mit dem Format eines Planck oder Stark. Seit April 1927 erschien die Zeitschrift monatlich auch in einer spanischen Ausgabe (*Investigacion y Progreso*), kam zu dieser Zeit aber weder in Englisch noch in Französisch heraus, weil Kerkhof der Meinung war, solche Übersetzungen würden die von Engländern und Franzosen aufgenommenen Bestrebungen unterstützen, »Deutsch als Sprache der Wissenschaft neben Englisch und Französisch auszuschalten«.[13]

---

10 Die Berliner Akademie in der Zeit des Imperialismus. Hrsg. von Leo Stern. Teil III. Berlin: Akademie-Verlag 1979, S. 390.
11 Mehl, Ernst und Kurt Hannemann: Deutsche Bibliotheksgeschichte. Berlin: Erich Schmidt 1951, S. 372.
12 Macrakis, Christie: Wissenschaftsförderung durch die Rockefeller-Stiftung im Dritten Reich. In: Geschichte und Gesellschaft 12 (1986), S. 350.
13 Siegmund-Schultze (Anm. 3) S. 31.

Kerkhofs Bemühungen wurden ergänzt durch die wieder aufgenommenen internationalen Aktivitäten deutscher Wissenschaftsverleger in der Mitte der zwanziger Jahre, insbesondere des Springer-Verlags. So begründete Ferdinand Springer im Januar 1918, fast ein Jahr vor Kriegsende, die *Mathematische Zeitschrift*, um die wichtige Arbeit deutscher Mathematiker aus der Zeit der englischen Blockade international bekannt zu machen. Durch ein ambitioniertes Referateorgan, das *Zentralblatt für Mathematik*, im Jahr 1931 von Springer ins Leben gerufen, erlangte das deutsche wissenschaftliche Verlagswesen die führende Position auch in der Mathematik, die es auf anderen Gebieten im 19. Jahrhundert mit dem *Chemischen Zentralblatt* (1834) und dem *Biologischen Zentralblatt* (1881) schon erobert hatte.

II. *Normalisierung der internationalen Wissenschaftsbeziehungen 1926 bis 1933*

Das Ende des Boykotts war bei der andauernden Stärke der deutschen Wissenschaft in den zwanziger Jahren unvermeidlich. Tatsächlich war der Boykott nie total, schon allein deshalb nicht, weil zwischen 1918 und 1921 fünf Nobelpreise an Deutsche verliehen wurden. Der Beitritt Deutschlands zum Völkerbund im Jahre 1926 hatte die Streichung der Artikel des Versailler Vertrags zur Folge, die den Mittelmächten eine Teilnahme am International Research Council untersagten. Deutsche Professoren machten zahlreiche Reisen ins Ausland, allen voran Panofsky und Einstein. Wenn im Ausland neue Einrichtungen geplant wurden, wie etwa die durch Kemal Atatürk säkularisierte Universität Istanbul oder Bambergers' Institute of Advanced Study in Princeton, New Jersey, immer standen deutsche Wissenschaftler auf der Wunschliste der Gründer obenan. Im Jahr 1932 gewann Abraham Flexner, der erste Direktor des Institute for Advanced Study, sowohl Janos (John) von Neumann als auch Albert Einstein aus Berlin (später bekam er auch noch Erwin Panofsky aus Hamburg dazu).[14] Die Rockefeller Foundation, deren Präsident, Max Mason, in Göttingen promoviert war, erhöhte ihre Zuwendungen. Die Förderung gipfelte in der Entscheidung der Stiftung von 1930, die Kosten für Gebäude und Einrichtung eines vollständig neuen Physikalischen Instituts an der Universität Berlin zu übernehmen.[15]

Ein anderes Gebiet konnte Ende der zwanziger Jahre beinahe vollständig seine Vorkriegsgröße zurückgewinnen, das deutsche wissenschaftliche Verlagswesen. Es hatte mit anhaltenden finanziellen Zwängen zu kämpfen, aber auch mit der wachsenden Rivalität der Vereinigten Staaten auf bestimmten Gebieten.

---

14 Flexner, Abraham: I Remember. New York: Simon and Schuster 1940, S. 385.
15 Macrakis (Anm. 12) S. 349.

Das galt insbesondere für die Chemie, wo *Chemical Abstracts*, 1907 gegründet, schnell das *Chemische Zentralblatt* an Wichtigkeit überflügelten. Ein Überblick des Auswärtigen Amtes aus dem Jahr 1932 über den Stand der deutschen Literatur im Ausland zeigte folgendes Bild: Trotz des sinkenden Interesses an deutscher Belletristik wegen der zurückgehenden Sprachkenntnisse machte die starke Stellung der deutschen Wissenschaft den Gebrauch der Literatur so unentbehrlich, daß ausländische Gelehrte Deutsch lernten, um die Texte wenigstens lesen zu können.[16]

Zwei nichtwestliche Märkte trugen zum Wiederaufblühen des deutschen wissenschaftlichen Verlagswesens bei. Von dem ersten, dem russischen Markt, behauptete Kerkhof 1925 voller Stolz: »Der Reichszentrale ist es gelungen, Rußland als Absatzgrund für die deutschen Referateorgane seit 1922 zu sichern, trotz der großen Bemühungen der Alliierten, auch dort die deutsche Literatur zu verdrängen.«[17] Als der Mathematiker Max Dehn im Jahr 1940 vor den Nazis quer durch die Sowjetunion flüchtete, nutzte er einen kurzen Aufenthalt in Wladiwostok dazu, die Bibliothek zu besichtigen. Er stellte fest, daß es in der Bibliothek nur ein Regal mit mathematischen Büchern gab: Die Gelbe Reihe von Springer (*Die Grundlehren der mathematischen Wissenschaften in Einzeldarstellungen*), herausgegeben von Courant seit ihrer Gründung im Jahr 1921.[18]

Der andere wichtige nichtwestliche Markt war Japan. Das Land stand nach den USA gleich an zweiter Stelle der Importeure deutscher Wissenschaftsliteratur. Dort waren die Naturwissenschaften, Medizin, Mathematik und Rechtswissenschaften von Japanern dominiert, die in Deutschland studiert hatten. Eine der japanischen medizinischen Hochschulen behielt Vorlesungen in deutscher Sprache bis in die dreißiger Jahre hinein bei. Die Firma Rothacker in Tokyo war damals die wichtigste Buchhandlung im Land.[19] So wenig es angemessen ist, den Stand der deutschen Wissenschaft mit dem Erfolg einer einzelnen Firma in Verbindung zu bringen, so hat doch der Springer-Verlag in den frühen dreißiger Jahren jeden anderen Wissenschaftsverlag an Umsatz weit überflügelt.[20] Seine Bedeutung für die internationale Wiederanerkennung der deutschen Wissenschaft kann nicht übersehen werden.

---

16 Hövel, Paul: Die Wirtschaftsstelle des deutschen Buchhandels. In: Buchhandelsgeschichte (1984), Nr. 1, S. B 5.
17 Siegmund-Schultze (Anm. 3) S. 30.
18 Reid (Anm. 5) S. 432.
19 Hövel (Anm. 16) S. B 12.
20 Bower, Tom: Maxwell, The Outsider. London: Aurum 1988, S. 28.

III. *Der Einfluß des Nationalsozialismus auf die internationalen Wissenschaftsbeziehungen*

1. Die deutsche Wissenschaft in der Diaspora

Ende der dreißiger Jahre waren praktisch alle Anstrengungen seit dem Ende des Ersten Weltkriegs, der deutschen Wissenschaft wieder internationales Ansehen zu verschaffen, durch die Rassenpolitik der Nationalsozialisten zunichte gemacht. Doch war ironischerweise gerade die Politik, die Deutschland in den späten dreißiger Jahren wieder zum intellektuellen Paria machte, indirekt dafür verantwortlich, daß den Kultureinrichtungen der übrigen Welt etwas vom Besten der deutschen Bildungstradition aufgepfropft wurde. Die erzwungene Auswanderung von Tausenden deutscher jüdischer Professoren und Intellektueller als Resultat der Rassenpolitik seit April 1933 machte Hunderte von Institutionen überall in der Welt zu Vorposten deutscher Wissenschaft. Welche Wut oder Trauer diese Männer und Frauen gegenüber Deutschland auch empfunden haben, als Individuen waren sie zwangsläufig Deutsche, und gerade ihr Talent und Begabung gereichte ihrem Heimatland, das sie ausgebildet und verstoßen hatte, zur Ehre.

In einigen Fällen waren ganze Wissenschaftsdisziplinen so sehr von Entlassung und Flucht betroffen, daß ihre weitere Existenz in Deutschland bedroht schien. Gleichzeitig faßten sie woanders Fuß und blühten auf: Das war der Fall im Fach Physik mit der Emigration von Albert Einstein, Max Born, Hans Bethe, Rudolf Peierls, Otto Frisch, Eduard Teller, Leo Szilard, Eugen Wigner, Victor Weisskopf und Lise Meitner[21], das galt auch für die Kunstgeschichte mit der Abreise von Panofsky und dem ganzen Warburg-Institut.

Die USA waren der größte Nutznießer der Vertreibung. Sie gewannen Koryphäen wie Einstein, Panofsky und Thomas Mann sowie ganze Schulen, das Bauhaus (nach Chicago und Harvard) und das Frankfurter Institut für Sozialforschung (nach Columbia, nach Kalifornien bzw. die Neue Schule für Sozialforschung nach New York).[22] Obwohl die Weltwirtschaftskrise die USA zweitausend Stellen an den Universitäten gekostet hatte, wurden für die meisten Emigranten Stellen gefunden. Das war einer Vielzahl von Komitees für entlassene Hochschullehrer ebenso zu verdanken wie der Hilfe von Einzelnen. Zu nennen sind z.B. Abraham Flexner vom Institute of Advanced Study in Princeton und Walter S. Cooke, der das kunsthistorische Institut der Universität New York mit Mitteln versorgte, um eine Spitzengruppe deutscher Kunsthistoriker

---

21 Hochschule und Wissenschaft im Dritten Reich. Hrsg. von Jörg Tröger. Frankfurt a.M. 1984, S.160.
22 Ebd., S.58.

einschließlich Panofsky zu engagieren.[23] Auch England nahm einen Teil der Flüchtlinge auf: Max Born beschreibt, wie F. A. Lindermann (der spätere Lord Cherwell) von Oxford im Sommer 1933 mit seinem Rolls Royce durch Deutschland reiste, eine Universität nach der anderen besuchte und entlassenen Physikern Stellen anbot.[24] Born, Hans Bethe, Frisch und Peierls gingen ebenso wie der junge Klaus Fuchs nach England. 1933 überführten die Warburgs ihre kulturwissenschaftliche Bibliothek nach England, wo sie schließlich Teil der Universität London wurde.

Eine kleinere, tragisch kurze Rolle als Zufluchtsstätte spielten die Länder, die selbst besetzt wurden. Die Niederlande waren 1934 bis 1941 Sitz des Internationalen Instituts für Sozialgeschichte in Amsterdam. Dort baute eine Gruppe geflohener deutscher Wissenschaftler eine Sammlung von 200 000 Büchern auf. Die Bibliothek sollte die Sozialgeschichte der Länder dokumentieren, die von autoritärer Herrschaft bedroht waren. Das Institut wurde 1941 von den Nationalsozialisten geschlossen.[25] In Dänemark war es Niels Bohr, der vor der deutschen Invasion 1940 ein Komitee zur Unterstützung von geflohenen Wissenschaftlern ins Leben rief.

Auch ein nichtwestliches Land wie die Türkei profitierte vom Ausverkauf deutscher Wissenschaft in den dreißiger Jahren in großem Ausmaß. Dort war die Universität Istanbul bereit, jeden arbeitsuchenden deutschen Akademiker anzustellen. Über die Notgemeinschaft deutscher Wissenschaftler im Ausland (mit Sitz in Zürich) berief Istanbul unter vielen anderen auch Richard Honig von der Rechtswissenschaftlichen Fakultät in Göttingen. Seminare wurden mit Hilfe eines Übersetzers abgehalten, obwohl in den von den Deutschen unterschriebenen Verträgen gefordert war, daß sie alles unternehmen sollten, um nach dem dritten Jahr in Istanbul auf Türkisch unterrichten zu können.[26] In krassem Gegensatz zur Türkei bot die Sowjetunion trotz der traditionell intensiven Rezeption deutscher Wissenschaft nur einer Handvoll Flüchtlingen Stellen an. Zu ihnen gehörte Julius Schaxel, der ein Labor am Institut für Evolutionsforschung der Sowjetischen Akademie der Wissenschaften leitete.[27]

---

23 Reid (Anm. 5) S. 416.
24 Born, Max: My life. Recollections of a Nobel Laureate. New York: Scribners 1978, S. 258.
25 Koblenz. Bundesarchiv. Akte NS 8/252.
26 Die Universität Göttingen unter dem Nationalsozialismus. Hrsg. von Heinrich Becker, Hans-Joachim Dahms und Cornelia Wegeler. München: Saur 1987, S. 95.
27 Berliner Akademie (Anm. 10) S. 78.

2. Der Verfall der wissenschaftlichen Disziplinen und Einrichtungen zwischen 1933 und 1939

Der Angriff der nationalsozialistischen Ideologen auf die Normen der internationalen Wissenschaft durch die Betonung rassischer Instinkte ist gut dokumentiert und bedarf keiner Wiederholung. In diesem Zusammenhang soll danach gefragt werden, welche Folgen dies für die internationale Stellung der deutschen Forschung und für die Verbindung deutscher Wissenschaftler zu ihren Kollegen im Ausland hatte. Auf bestimmten Gebieten haben die Entlassungen von 1933 angesehene Fakultäten so eindeutig vom Hauptstrom des internationalen wissenschaftlichen Verkehrs entfernt, daß Ausländern eine weitere Zusammenarbeit mit deutschen Forschern zwecklos erscheinen mußte. Der holländische Physiker Hendrik Casimir erinnert sich, daß »vor Ende des Jahres 1933 die Universität Göttingen, die Wiege der Quantenmechanik und vieler moderner mathematischer Verfahren, zur Bedeutungslosigkeit herabgesunken war. (...) Berlin ohne Einstein und Schrödinger und ohne die jüngeren Stars wie Wigner, von Neumann, Szilard und Fritz Landau war dabei, viel von seinem schon leicht getrübten Glanz einzubüßen«.[28]

Andere Disziplinen haben den Anschluß nicht so sehr durch personelle Veränderungen als durch radikal gewechselte Schwerpunkte verpaßt: Die deutsche Psychologie zum Beispiel unter der Führerschaft des Göttinger Professors Narziss Kaspar Ach wies die Theorie des Unbewußten zurück und hielt an der Überzeugung »Der Wille ist alles« fest.[29] Die Philologen mußten sich mit Untersuchungen über die angebliche rassische Verwandtschaft von Griechen und Germanen ebenso beschäftigen wie mit den vermuteten klassischen Wurzeln des Führerglaubens.[30] Außerdem waren Disziplinen mit stark vermehrten Lehrstühlen und neuen Instituten wie Rassenkunde, Vererbungslehre, Volkstumsforschung allesamt irrelevant und/oder uninteressant für ausländische Wissenschaftler.

Nirgendwo wurde der Einfluß der nationalsozialistischen Ideologie auf die Wissenschaft so deutlich sichtbar für die Außenwelt wie bei den wissenschaftlichen Zeitschriften. Sie unterlagen der Kontrolle der Abteilung Zeitschriftenpresse in Goebbels' Reichsministerium für Volksaufklärung und Propaganda. Deutsche Zeitschriften, von denen viele seit dem 19. Jahrhundert die besten Arbeiten auf den jeweiligen Gebieten veröffentlicht hatten, verloren zwischen 1933 und 1945 durch die rassistischen Veröffentlichungsbeschränkungen viel

---

28 Casimir, Hendrik: Haphazard Reality, Half a Century of Science. New York: Harper and Row 1983, S. 194.
29 Die Universität Göttingen (Anm. 26) S. 328.
30 Ebd., S. 252.

von ihrer Bedeutung. Obgleich Richard Courant und Max Born nach ihrer Emigration für einige Jahre weiterhin als Herausgeber für Springer arbeiteten, war nach 1938 für Juden jeder Beitrag für oder jede Zusammenarbeit mit einer deutschen Zeitschrift unmöglich. In diesem Jahr war beispielsweise Ferdinand Springer – selber jüdischer Herkunft – gezwungen, den Hauptherausgeber des *Zentralblatts für Mathematik*, den im dänischen Exil lebenden Otto Neugebauer, zu bitten, den Namen Tullio Levi-Civita vom Titelblatt zu streichen, weil dieser kürzlich seinen Lehrstuhl im Zuge der italienischen Rassengesetzgebung verloren hatte.[31]

Aber die Maßnahmen richteten sich nicht nur gegen die Herausgebergremien. 1936 wurde die Besprechung von Werken jüdischer Autoren verboten[32], später sogar, sie überhaupt zu zitieren.[33] Um Herausgeber in ihrer Wachsamkeit zu unterstützen, wurden ihnen Listen ausländischer Wissenschaftler zugesandt, von denen die Nazis – zum Teil fälschlich – behaupteten, es handele sich um Juden.[34] Damit nichtarische Wissenschaft auf keinen Fall die deutsche Arbeit infizierte, wurden die Abonnements der ausländischen wissenschaftlichen Zeitschriften überwacht. 1938 wurde der Ärzteschaft durch den Reichsärzteführer mitgeteilt: Er erwarte, »daß unsere deutschen Ärzte ausländische Zeitschriften nur dann halten, wenn diese von arischen Verlegern herausgegeben und von arischen Ärzten geleitet werden«.[35]

Letztendlich waren alle nichtdeutschen Beiträge verdächtig. 1935 schrieb Professor Stöhr aus Bonn, Dekan der Medizinischen Fakultät, eine Reihe von Briefen an offizielle Stellen, in denen er seine Empörung über die Anzahl ausländischer Autoren in deutschen Zeitschriften zum Ausdruck brachte: »Es bleibt immerhin bedenklich, wenn deutsche wissenschaftliche Zeitschriften, die als wichtige Vermittler deutscher Geistesarbeit gelten sollen, ihr geistiges Gedankengut aus dem Ausland, vor allem aus Rußland erhalten.«[36] Stöhrs Ruf nach Beschränkungen für nichtdeutsche Autoren wurde von vielen seiner Kollegen zurückgewiesen: Professor C. Elze aus Rostock schrieb protestierend an Springer: »Wir müssen allen Wert darauf legen, wirklich die gesamt-deutschen Autoren in unseren Zeitschriften zu vereinigen, und verhüten, daß sie abwandern, was leider z. T. mit skandinavischen Forschern schon geschehen ist. Wenn nichtdeutsche Autoren unsere Zeitschriften benutzen, können wir das nur begrü-

---

31 Reid (Anm. 5) S. 432.
32 Heidelberg. Archiv des Springer-Verlags.
33 Ebd.
34 Ebd.
35 Ebd.
36 Ebd.

ßen (...)«[37] Der Vorsteher des Börsenvereins der Deutschen Buchhändler schrieb an den Reichserziehungsminister im selben Sinne: »50-70% der Auflagen deutscher wissenschaftlicher Zeitschriften gehen ins Ausland. Werden die Ausländer als Mitarbeiter abgewiesen, gehen sie auch als Bezieher nicht nur der wissenschaftlichen Literatur, sondern infolge der Abdrängung in andere Sprach- und Kulturkreise auch unserer Wirtschaft (Chemie, Optik, Geräte usw.) verloren.«[38] Trotz der Einwände eines Elze wurden die deutschen Zeitschriften gegen Ende der dreißiger Jahre in ihren Beiträgen weniger international. Doch wird sich zeigen, daß dies genausosehr durch ausländische Zurückhaltung gegenüber deutschen Zeitschriften als durch besondere Wachsamkeit arischer Herausgeber bedingt ist.

3. Die internationale Reaktion auf die Rassenpolitik

Die meisten positiven Ergebnisse der ein Jahrzehnt währenden Anstrengungen deutscher Wissenschaftler, die alte Reputation zurückzugewinnen, waren 1935 null und nichtig. Eine frühe Warnung kam von Charles Brown von der American Library Association. Als Vorsitzender einer Kommission zum Kampf gegen überhöhte deutsche Zeitschriftenpreise hatte er freundschaftliche Kontakte zu einigen Vertretern des deutschen Buchhandels entwickelt. Im Januar 1934 schrieb er an Ferdinand Springer: »Einige der hervorragendsten Wissenschaftler in diesem Land haben mir geschrieben oder berichtet, daß die Qualität deutscher wissenschaftlicher Zeitschriften und die Qualität der deutschen Wissenschaftler eindeutig nachgelassen habe infolge des Rückzugs vieler deutscher Professoren von der aktiven wissenschaftlichen Arbeit.«[39] Vier Monate später sandte Brown Springer die Kopie eines Artikels aus der amerikanischen Pädagogik-Zeitschrift *School and Society* mit dem Titel »Science and Education in Nazi Germany«. Sein Autor, R. J. Havighurst von der Ohio State University, prangerte in diesem Beitrag die wachsende Ausrichtung der Wissenschaft in Deutschland auf militärische Zwecke an und zitierte zum Beweis Artikel aus der *Zeitschrift für mathematischen und naturwissenschaftlichen Unterricht aller Schulgattungen* (Verlag Teubner, Leipzig) und insbesondere die Nummer 7, 1934 der *Unterrichtsblätter für Mathematik und Naturwissenschaft* (Verlag Salle, Frankfurt am Main). Dort befaßten sich fünf von insgesamt zehn Artikeln mit dem Beitrag einzelner Disziplinen zur Wehrbereitschaft und zwei mit dem Verhältnis von Wissenschaft und nationalsozialistischer Erziehung.[40] Ob es möglich sei, im

37 Ebd.
38 Ebd.
39 Ebd.
40 Ebd.

nationalsozialistischen Deutschland künftig wertfrei wissenschaftlich arbeiten zu können, bezweifelte Havighurst.

Dieser Zweifel manifestierte sich in der Rücknahme internationaler Finanzhilfen für die deutsche Wissenschaft. Die Rockefeller Foundation war nach den rassistischen Maßnahmen des Jahres 1933 so besorgt um die Zukunft ihrer deutschen Stipendiaten jüdischer Herkunft, daß sie damit drohte, sich vollständig aus Deutschland zurückzuziehen, wenn irgendein Mittelempfänger der Rockefeller-Stiftung aus seiner Stellung entlassen würde. Nach einer Begegnung zwischen Max Mason, dem Präsidenten der Stiftung, mit Beamten des Reichsministeriums des Innern wurde beschlossen, daß »nichtarischen« Stipendiaten erlaubt sei, bis zum Ende der Förderung in ihren akademischen Positionen zu bleiben.[41] Die Stiftung reduzierte jedoch ihre Unterstützung stetig: 1934 gewährte sie insgesamt noch 13 Förderungen und Beihilfen, 1937 nur noch zwei.[42] Für ihre fortdauernde, wenn auch eingeschränkte Unterstützung wurde die Stiftung im eigenen Land scharf kritisiert. 1930 hatte sie versprochen, Gebäude und Einrichtung eines neuen Physikalischen Instituts in Berlin mit dem Betrag von 655 000 Dollar zu subventionieren. Die Bekanntgabe dieser Schenkung in der *New York Times* vom 24. November 1936 – zumal die zur Verteidigung vorgebrachte Erklärung der Stiftung, »die Welt der Wissenschaft ist eine Welt ohne Flaggen und Grenzen« – hatte einen geharnischten Tadel des Obersten Bundesrichters Felix Frankfurter zur Folge, der die Frage stellte: »Ist Nazi-Deutschland eine solche Welt der Wissenschaft?«[43] Erst recht peinlich war es für die Rockefeller Foundation, als 1939 das Heereswaffenamt das neueröffnete Institut übernahm, um militärische Anwendungen der Kernspaltung zu erforschen.[44]

Das Mißfallen des Auslands über die nationalsozialistische Politik hatte nicht nur eine Verminderung finanzieller Leistungen an die deutsche Wissenschaft zur Folge, sondern führte auch zu einer Beschränkung deutscher Aktivitäten in internationalen Organisationen. Das wiederum bewirkte eine Isolation der Wissenschaftler: Die Bewerbung um Mitgliedschaft bei der International Astronomical Union (IAU) wurde 1938 mit der Begründung abgelehnt, daß der Rückzug aus dem Völkerbund im Jahr 1934 deutsche Vertreter nicht mehr wählbar mache. (Die IAU war Mitglied der Kommission für kulturelle Zusammenarbeit der Liga.)[45] In Institutionen, denen sie bereits angehörten, waren Deutsche als Repräsentanten untragbar. Anfang 1939 mußte der Präsident der International

---

41 Macrakis (Anm. 12) S. 360.
42 Ebd., S. 376.
43 Ebd., S. 368.
44 Ebd., S. 377.
45 Die Berliner Akademie (Anm. 10) S. 84.

Federation of Library Associations and Institutions (IFLA) Hugo Andres Krüss, dem berühmten Generaldirektor der Preußischen Staatsbibliothek, die Mitteilung machen, daß die Politik der deutschen Regierung dazu geführt habe, daß Krüss die Position des Vizepräsidenten der IFLA, die ihm rechtmäßig zustehe, nicht antreten könne.[46]

Wachsendes antideutsches Ressentiment unter Wissenschaftlern kam auch darin zum Ausdruck, daß die Verwendung des Deutschen als Wissenschaftssprache rückläufig war. Der holländische Physiker Hendrik Casimir behielt die Situation nach 1933 so in Erinnerung: »Deutsch war nicht länger die Hauptsprache der Physik und Mathematik (...) Auf Bohrs jährlichen Konferenzen gab es einen Wechsel zum Englischen.«[47] (Beim Treffen 1936 in Kopenhagen war die Vermeidung des Englischen durch die italienische Delegation so auffällig, daß der Nazi-Beobachter sie belustigt kommentierte.)[48] Bei der antideutschen Stimmung im Ausland war es kein Wunder, daß Werner Heisenberg sich an die letzten Vorkriegsjahre als »eine Zeit unaussprechlicher Einsamkeit« erinnerte.[49]

4. Deutsche Kulturpropaganda im Ausland 1933 bis 1939

Während Hitlers Politik zu einer wachsenden Abneigung ausländischer Wissenschaftler gegen eine Kooperation mit Deutschen führte, versuchte die Regierung die Prestigeeinbuße dadurch wettzumachen, daß sie einige der in den zwanziger Jahren begonnenen Propagandamaßnahmen auf wissenschaftlichem Sektor intensivierte. So wurde die Deutsche Akademie, 1925 »zur wissenschaftlichen Erforschung und zur Pflege des Deutschtums« gegründet, mit bedeutenden Regierungssubventionen nach 1933 zu einer wichtigen Einrichtung für die deutsche Wissenschaft. Im Maximilianeum zu München residierend, veröffentlichte die Deutsche Akademie in den späten dreißiger Jahren die Zeitschriften *Deutsche Kultur im Leben der Völker* und *Der deutsche Unterricht im Ausland*. Durch ihre Abteilung Auslandslektorate arrangierte sie Besuche ausländischer Akademiker ebenso wie deutsche Vorlesungen im Ausland.

Als die Nazifizierung des deutschen Bildungswesens fortgeschritten war, wurden solche Austauschprogramme gefährlich. So brachte zum Beispiel J. W. Coar, ein Gelehrter der Universität Alberta, bei seinen Vorlesungen in Königs-

---

46 Den Haag. IFLA-Archiv. Akte: Oud-Archief 1939-1947.
47 Casimir (Anm. 28) S. 194.
48 Hoffmann, Dieter: Zur Teilnahme deutscher Physiker an den Kopenhagener Physikerkonferenzen nach 1933 sowie am 2. Kongreß für Einheit der Wissenschaft, Kopenhagen 1936. In: NTM-Schriftenreihe Geschichte der Naturwissenschaft, Technik und Medizin 25 (1988), S. 53.
49 Heisenberg, Werner: Physics and Beyond. Encounters and Conversations. New York: Harper and Row 1971, S. 165.

berg die Nazis unter seinen Zuhörern durch seine Bemerkung in Rage, daß Sprachgemeinschaften eher durch gemeinsame Kultur als durch gemeinsame Rasse geprägt seien. Der Direktor des Instituts für Rassenbiologie in Königsberg schrieb daraufhin einen Brief an den Rektor der Universität, in dem er gegen Coars »vollkommene Ablehnung des Blutmäßigen« und seine privat geäußerte Kritik des Antisemitismus protestierte.[50] Der Fall fand seinen Höhepunkt im Anschluß an Coars Rückkehr nach Nordamerika, als die *New York Times* seine Kommentare über mangelnde Redefreiheit in Deutschland und Verzerrung der Wissenschaft durch die Rassentheorie abdruckte.[51]

Kerkhofs Reichszentrale für wissenschaftliche Berichterstattung dehnte ihre Publikationstätigkeit nach der Machtübernahme ebenfalls aus. 1935 begann vierteljährlich eine englische Ausgabe der *Forschungen und Fortschritte* zu erscheinen – trotz des Einspruchs von Johannes Stark, der erklärte, in englischen Veröffentlichungen würden »wissenschaftliche angelsächsische Leser das Eingeständnis erblicken, daß Englisch die einzige wissenschaftliche Weltsprache sei und darum ein Erlernen der deutschen Sprache sich erübrige.«[52] Schließlich erschien ab 1939 eine chinesische Ausgabe (*Yen-chiu-yü-chin-pu*) in Beijing.[53]

Das Beispiel für die weitaus großzügigste Finanzierung internationaler Wissenschaftspropaganda durch die Nationalsozialisten stellt das Ergebnis der Kontroverse über Zeitschriftenpreise von 1935 dar. In den frühen dreißiger Jahren waren die Preise deutscher wissenschaftlicher Zeitschriften für ausländische Bezieher dramatisch gestiegen: Der steigende Umfang der Zeitschriftenbände und die Abwertung des Dollar im Jahr 1933 zusammengenommen, machten viele deutsche Zeitschriften für die amerikanischen Bibliotheken unerschwinglich. Im Laufe des Jahres 1934 beriet die Zeitschriftenkommission der American Library Association mögliche Gegenmaßnahmen wie kollektiven Ankauf, aber auch kollektiven Boykott deutscher Zeitschriften. Nach einem kummervollen Briefwechsel zwischen Ferdinand Springer und Charles Harvey Brown, dem Vorsitzenden der Kommission, über wachsenden amerikanischen Widerstand, gelang es Springer, die Verantwortlichen in den Ministerien für Propaganda, für Erziehung und für Finanzen davon zu überzeugen, daß Deutschlands wissenschaftliche Stellung in Übersee auf dem Spiel stehe. Beamte dieser Ministerien trafen sich daraufhin mit Brown im Mai 1935 in Berlin. In den letzten Junitagen kündigte der Propagandaminister eine Preisreduzierung für deutsche Bücher und Zeitschriften, die in den Export gingen, um 25 Prozent ab etwa August an.[54]

50 Koblenz. Bundesarchiv. Akte R 51/475.
51 Ebd.
52 Siegmund-Schultze, Reinhard: Bieberbachs »Jahrbuch«. In: Spectrum (1988) Nr. 19, S. 30.
53 Die Berliner Akademie (Anm. 10) S. 30.
54 Hövel (Anm. 16) S. B10.

Der Finanzminister stellte in jenem Jahr zehn Millionen Reichsmark für das deutsche Verlagwesen zur Verfügung, um den reibungslosen Transfer deutscher Wissenschaft ins Ausland zu unterstützen.[55]

Einzelne Wissenschaftler waren ebenso Träger der Kulturpropaganda in Übersee wie bestimmte Publikationen. Um sicherzustellen, daß nur pronationalsozialistisch eingestellte Gelehrte Deutschland auf Konferenzen vertraten, war ab Februar 1934 für staatlich geförderte Auslandsreisen eine Genehmigung des Erziehungsministeriums erforderlich. Bewerbungen mußte eine »gutachterliche Äußerung des politischen Gauleiters der NSDAP« beigefügt sein.[56] Dies wurde durch eine neue Zentrale für wissenschaftliche Kongresse beim Auswärtigen Amt in Berlin überprüft. Die Universitäten wurden aufgefordert, Listen von Hochschullehrern zu erstellen, die für solche Reisen die politische Eignung hätten.[57] Die Auswahlkriterien führten zur Bevorzugung rassistisch eingestellter Gelehrter und zur verstärkten Isolation der übrigen. Ein häufig Reisender auf Regierungskosten war zu dieser Zeit der Nazi-Anthropologe Eugen Fischer, der in den späten dreißiger Jahren zu vielen internationalen Tagungen über Genetik geschickt wurde, um Vorträge über Themen wie »Die Vererbung geistiger Eigenschaften« zu halten.[58] Berühmtere, aber politisch weniger zuverlässige Gelehrte wie Walther Bothe und Werner Heisenberg reisten kaum. Ihnen wurde die Erlaubnis verweigert, am 8. Solvay-Kongreß 1939 in Brüssel teilzunehmen. (Der Kongreß wurde wegen des Kriegsausbruchs dann abgesagt.)[59]

Deutsche Konferenzabordnungen dieser Zeit machten auf ausländische Teilnehmer einen befremdlichen Eindruck. Casimir erinnert sich, daß auf einer holländischen Physik-Tagung 1937, die sowohl von Deutschen wie von deutschen Emigranten besucht wurde, deutsche Wissenschaftler, die es wagten, ihre früheren Kollegen anzusprechen, »sich zuerst vorsichtig umschauten, bevor sie sich auf das Gespräch einließen«.[60] Casimir vermutete, daß sie vor einem Mitglied ihrer Gruppe, das im luxuriösen Amstel-Hotel logierte und als der offizielle Spitzel galt, auf der Hut waren. »Denn der Verdacht war wohl nicht unbegründet, daß bei jeder internationalen Konferenz wenigstens einer der Teilnehmer von den Nationalsozialisten abgeordnet war, um über das Verhalten seiner Landsleute zu berichten.«[61] Wie fast die gesamte Nazi-Kulturpropaganda verfehlte auch die Praxis der wissenschaftlichen Reisen das gewünschte Ziel.

---

55 Ebd.
56 Die Berliner Akademie (Anm. 10) S. 76.
57 Die Universität Göttingen (Anm. 26) S. 257.
58 Die Berliner Akademie (Anm. 10) S. 85.
59 Ebd., S. 84.
60 Casimir (Anm. 28) S. 195.
61 Die Berliner Akademie (Anm. 10) S. 88.

5. Kulturelle Öffnung nach Süd- und Osteuropa und zur Türkei

Schon im wilhelminischen Kaiserreich, nicht erst in der Weimarer Republik, gab es eine wissenschaftliche Zusammenarbeit mit Süd- und Osteuropa. Die Nationalsozialisten verstärkten diese Verbindungen in dem Moment, als die Kontakte in die westlichen Demokratien schwächer wurden. Im Mai 1936 wurde eine Vereinbarung »über die geistige und kulturelle Zusammenarbeit« zwischen Ungarn und Deutschland abgeschlossen, und 1939 wurde Balint Homan, der ungarische Erziehungsminister, zum Ehrenmitglied der Preußischen Akademie ernannt.[62] Die Bulgaren wurden ebenfalls hofiert. Ihr Botschafter in Berlin wurde 1935 gebeten, einen Vortrag vor der Deutschen Akademie zu halten, und im Dezember 1939 wurde ein Vertrag über kulturelle Zusammenarbeit unterzeichnet. Bereits im Januar war ein solches Abkommen mit Spanien geschlossen worden.[63] Man unternahm große Anstrengungen, um die Intelligenz in der Türkei für sich einzunehmen. Dort konnte die Stimulierung nationalistischer und großtürkischer Gefühle die antirussische Stimmung verstärken. Kurt Weigelt, einer der Direktoren der Deutschen Bank und Mitglied der Finanzkreise der Regierung, gründete und leitete den Deutschen Orient-Verein. Ein Kollege von derselben Bank, Emil Georg von Stauss, war bei der Erschließung von Geldquellen für die Notgemeinschaft behilflich, um ausgedehntere deutsche Grabungen bei der alten Hethiter-Hauptstadt Boghazköi zu ermöglichen. General Çemil Çambel, ehemaliger türkischer Militärattaché in Berlin, der sich als Chef der türkischen Kulturangelegenheiten darum bemühte, die türkische historische Kommission zu einer richtigen Akademie der Wissenschaften auszubauen, begrüßte diese Hilfe und das deutsche Interesse. Doch wolle die Türkei im Krieg neutral bleiben.[64]

IV. *Deutsche internationale wissenschaftliche Beziehungen während des Weltkriegs*

1. Ansätze zum Aufbau einer Welt »arischer« Wissenschaft auf dem Kontinent

Die unmittelbare Wirkung des Kriegsausbruchs 1939 auf die kulturellen Beziehungen zum Ausland bestand im Zusammenbruch jeder Kommunikation mit der angelsächsischen Welt. Die britische Seeblockade vom November 1939 machte Besuche und Publikationen deutscher Wissenschaftler zunehmend zu seltenen Ereignissen. Das galt nicht nur für England, sondern auch für die neu-

---

62 Koblenz. Bundesarchiv. Akte R 51/475.
63 Die Berliner Akademie (Anm. 10) S. 88.
64 Ebd., S. 30.

trale USA, wo die Wissenschaftsbeziehungen mit Deutschland bereits durch die Rassengesetze gestört waren. Aber auf dem europäischen Kontinent eröffnete der Krieg den Nazi-Ideologen die Möglichkeit einer neuen geistigen Ordnung: eine arische Traumwelt, in der die Deutschen ihre überlegene Weltsicht mit eifrigen Nachahmern in West- und Mitteleuropa teilen würden, während Osteuropa von den minderwertigen Kulturen gereinigt werden sollte. Die Bereitschaft anderer Nationen, von den Deutschen zu lernen, war durchaus vorhanden: Stellte die deutsche Kultur nicht durch ihre Siege ihre Überlegenheit unter Beweis? So sagte ein Nazi-Dozent 1941 an der Technischen Hochschule Berlin über »Wissenschaft im Kampf um Reich und Lebensraum«:

»Der Krieg ist und war immer die geschichtliche Bewährungsprobe der Völker (...) Dies gilt auch für die Wissenschaft und die wissenschaftlichen Menschen. Auch ihr Wert für das Volksganze und ihr Rang innerhalb desselben werden erst durch den Krieg in kompromißloser Weise bestimmt. Auch für sie und über sie ist der Krieg der alleingerechte Richter.«[65]

1940 nach der Okkupation von Dänemark, Norwegen, den Niederlanden und Frankreich verwendeten die Nationalsozialisten ihre schon existierenden Einrichtungen für Kultur-Propaganda als Kontaktstellen für die verschiedenen intellektuellen Gruppen, die in Skandinavien und im Westen unter deutsche Herrschaft gelangt waren. Die Deutsche Akademie mit ihren Goethe-Instituten in vielen Hauptstädten der besetzten Länder oder der Satellitenstaaten wurde ausgebaut. Man förderte Vorträge über deutsche Belletristik und bot deutsche Sprachkurse an, die eine Antwort auf die »in Nord-, Süd- und Westeuropa zunehmend in Erscheinung tretende Bereitschaft, die deutsche Sprache zu erlernen (...)«, sein sollten.[66] Seit die Erwartung bestand, daß Deutsch »mehr und mehr als zwischenstaatliche Verkehrssprache im europäischen Großraum, aber auch in Übersee«[67] verwendet würde, erlebten die Sprachlehrer eine Aufwertung in der Nazi-Strategie. Sie blieben bis 1944 vom Dienst in der Wehrmacht befreit.[68] Der Deutsche Akademische Austauschdienst war auch in den besetzten Ländern aktiv; so schickte er berühmte Wissenschaftler wie Werner Heisenberg zu Gastvorträgen nach Dänemark (1941 und 1944) und Holland (1943).[69]

Die Okkupation regte auch neue Initiativen an. 1940 richtete der Außenminister das Deutsche Wissenschaftliche Institut ein, speziell um die nationalsozialistische Ideologie unter ausländischen Intellektuellen zu verbreiten. Mit Zweig-

---

65 Ritterbusch, Paul: Wissenschaft im Kampf um Reich und Lebensraum. Vortrag gehalten in der Technischen Hochschule Berlin am 7. Dezember 1941. Stuttgart: Kohlhammer 1942, S. 5.
66 Reden aus Anlaß der Amtseinführung des Präsidenten der Deutschen Akademie Reichsminister Dr. Seyss-Inquart am 10. Februar 1944. München: Deutsche Akademie 1944, S. 26.
67 Ebd., S. 32.
68 Ebd., S. 26.
69 Die Berliner Akademie (Anm. 10) S. 122.

stellen in Bukarest, Paris, Sofia, Belgrad, Budapest, Madrid, Athen, Zagreb, Kopenhagen, Brüssel und Bratislava arbeitete dieses Institut mit der Deutschen Akademie zusammen, um Empfänge, Ausstellungen und Redner zu finanzieren. Viele dieser neuen Projekte führten zu nichts: Der 1941 gegründete Arbeitsausschuß für die Neuregelung der internationalen wissenschaftlichen Zusammenarbeit beim Erziehungsminister Rust hatte kaum ein anderes Ergebnis, als daß einige wenige französische Kriegsgefangene für Redaktionsarbeiten bei der Preußischen Akademie herangezogen wurden.[70] In ähnlicher Weise verfehlte auch Hitlers Anweisung, die deutsche Druckschrift zu verändern, den gewünschten Effekt. Am 22. März 1941 gab der Reichserziehungsminister bekannt:

»Der Führer geht davon aus, daß die Verwendung der fälschlicherweise als gotische Schrift bezeichneten Schriftzeichen den deutschen Interessen im In- und Ausland schade, weil Ausländer, die die deutsche Sprache beherrschen, diese Schrift meist nicht lesen können.«[71]

Konsequenterweise ordnete Hitler für die Zukunft die ausschließliche Verwendung von römischen Buchstaben (Antiqua) durch deutsche Drucker an – in der Erwartung, daß diese Veränderung das Lesen der deutschen Sprache im Ausland fördern würde.

Die deutschen Besatzungsbehörden wollten, daß die lokalen Bildungseinrichtungen in den besetzten westlichen Ländern eine wichtige Rolle bei der Verbreitung des deutschen Weltbildes spielen sollten. Bis in die letzten Kriegstage hielt man an Plänen fest, die beiden Universitäten Leiden und Straßburg zu Bollwerken des Nationalsozialismus im Westen zu machen.[72] Insbesondere auf Leiden wurden große Hoffnungen gesetzt, seitdem ein deutscher Pädagoge gesagt hatte: »Die aktiven Germanen sitzen in Nordwesteuropa.«[73] Erziehungsminister Rust besuchte gegen Ende des Jahres 1943 Den Haag, um die Umwandlung von Leiden in eine pan-germanische Universität für holländische, flämische, norwegische und dänische Studenten ausschließlich männlichen Geschlechts zu besprechen.[74]

Ein Zeichen für die pathologische Fähigkeit der nationalsozialistischen Ideologen, am Irrglauben über die Fortdauer ihrer Herrschaft festzuhalten, war die Tatsache, daß diese ehrgeizigen Pläne noch jahrelang weiterentwickelt wurden, obwohl längst klar geworden war, daß die Intelligenzschichten der besetzten

---

70 Siegmund-Schultze (Anm. 52) S. 31.
71 Koblenz, Bundesarchiv R 21/10.
72 Hartmann, Karl Julius: Die Universitäts- und Landesbibliothek Straßburg. In: Zentralblatt für Bibliothekswesen 59 (1942) S. 441-452; und P. J. Idenburg: De Leidse Universiteit 1928-1946. Vernieuwing en Verzet. Den Haag: Universitaire Pers Leiden 1978, S. 222.
73 Idenburg (Anm. 72) S. 224.
74 Ebd., S. 222.

Länder dagegen opponierten. Versuche, an der Universität Oslo Nationalsozialisten zu Professoren zu ernennen, führten im Mai 1941 zu einem so energischen Protest des norwegischen Wissenschaftlerverbandes, daß die norwegischen Hochschulen schließlich für die Dauer des Krieges geschlossen wurden. Die Entlassung jüdischer Professoren an holländischen Universitäten im November 1940 zog an der Universität Leiden gewalttätige Streiks nach sich, so daß der gesamte Lehrkörper zurücktrat und die Universität den Betrieb einstellte. Auch die Universität Brüssel wurde im November 1941 geschlossen, nachdem sich ihr Leitungsgremium geweigert hatte, Nazi-Propagandisten zu Professoren zu ernennen.[75]

Nationalsozialistische Pläne für die Zusammenarbeit in der technischen Forschung mit den besetzten westlichen Ländern waren genauso ehrgeizig und blieben ebenfalls aufgrund lokalen Widerstands stecken. Die Aerodynamische Versuchsanstalt in Göttingen, eine Lieblingseinrichtung Görings, führte für das nationale Fluglaboratorium in Amsterdam im September 1940 Experimente durch und eröffnete 1941 eine Zweigstelle in Paris.[76] Es wurden deutsche wissenschaftlich-technische Ingenieurteams ausgesandt, um die Arbeiten bestehender Einrichtungen wie die des riesigen Philips-Laboratoriums in Eindhoven/Niederlande oder des Radium-Instituts von Joliot-Curie in Paris zu überwachen, wo der höchstentwickeltste Teilchenbeschleuniger im von Deutschen besetzten Territorium stand. Produktive Zusammenarbeit war jedoch, wie bei den Universitäten, reines Wunschdenken. Zum Beispiel erlaubten die Deutschen Joliot-Curie in Paris, seine Arbeit am Cyclotron unter der Voraussetzung fortzusetzen, daß Walther Bothe vom Institut für Physik in Berlin mit dem Gerät regelmäßig arbeiten könne. In der Annahme, daß Bothe Uranium-Forschung betreibe, arrangierte Joliot-Curie zusammen mit dem französischen Techniker jedesmal, wenn Bothe unvermutet das Cyclotron benutzen wollte, irgendeinen Fehler im System.[77] Heute meint der holländische Laboratoriumschef von Philips, daß sich die Deutschen deshalb wenig in die Unternehmensforschung eingemischt hätten, weil sie glaubten, daß jeder Auftrag automatisch von den Holländern sabotiert worden wäre.[78]

Sicherlich haben viele deutsche Wissenschaftler den abgrundtiefen Haß auf die Besetzer verstanden. So äußerte der Physiker Richard Becker, um nur einen zu nennen, einmal in privatem Gespräch mit holländischen Kollegen Bedauern über ihre elenden Arbeitsbedingungen und gab dazu den Kommentar: »Die

---

75 Wolf, A.: Higher Education in German-Occupied Countries. London: Methuen 1945, S. 14-83.
76 Die Universität Göttingen (Anm. 26) S. 479.
77 Goldsmith, Maurice: Frédéric Joliot-Curie. London: Lawrence and Wishart 1976, S. 99.
78 Casimir (Anm. 28) S. 205.

Rechnung wird schon präsentiert werden.«[79] Auf der deutschen Seite war jedoch die Ansicht verbreiteter, daß die mangelnde Zusammenarbeit mit ausländischen Professoren und Wissenschaftlern ein vorübergehendes Phänomen sei, das mit dem deutschen Sieg verschwinden werde: Werner Heisenberg etwa machte auf einer Vortragsreise nach den Niederlanden im Jahr 1943 einem holländischen Kollegen gegenüber die Bemerkung, daß er sicher sei, die Schikanen würden nachlassen, wenn der Krieg erst einmal vorüber sei, und bei der Bedrohung der europäischen Zivilisation aus dem Osten »doch ein Europa unter deutscher Führung das kleinere Übel« sei.[80]

Das Feld der Zusammenarbeit, auf dem die Nazis von den Wissenschaftlern West-Europas am meisten enttäuscht waren, war die »Judenfrage«. Unter der Führung von Alfred Rosenberg plünderten deutsche Einheiten Bibliotheken besetzter jüdischer Gemeinden für eine, wie sie es nannten, »Bibliothek zur Erforschung der Judenfrage« in Frankfurt.[81] Um Interesse und Unterstützung für dieses Projekt und für den Antisemitismus im allgemeinen zu gewinnen, organisierten sie Ausstellungen und Vorträge in den besetzten Hauptstädten.

Besonders sorgfältig wurde 1943 eine Veranstaltung dieser Art für das folgende Jahr in Krakau vorbereitet. Das Budget, das gemeinsam von Rosenberg und dem Auswärtigen Amt aufgebracht wurde, belief sich auf 650 000 Reichsmark. Der Kongreß sollte prominente Politiker, Staatsmänner und Wissenschaftler aus dem gesamten besetzten Gebiet zusammenführen. Jeder Teilnehmer sollte eine »Zusammenstellung von einigen guten antijüdischen Büchern« erhalten. Um einen würdevollen Ton und einen Schutz vor allzu theatralischem Antisemitismus zu garantieren, war ein Beratungsgremium mit Quisling (Norwegen), Preciosci (Italien), Darquier de Pellepoix (Frankreich) und dem Großmufti von Jerusalem gebildet worden. Planungsprinzip war, »daß alles zusammengetrommelt werden müsse, was man gegen die Juden einsetzen könne«; zu diesem Zweck sollte eine Begleitausstellung zum Thema »Der Jude in der Kriminalistik« gezeigt werden. Wertvolle Zeit ging verloren, als man entdeckte, daß Amery, der englische Sprecher, »Viertel-Jude« war, und nun versucht wurde, einen englischen oder kanadischen Flieger aus den Gefangenenlagern als Ersatz zu bekommen. Aber in den ersten Monaten des Jahres 1944 verlor die militärische Macht der Deutschen an Übergewicht. Diese Macht war Grundlage für die meisten Formen der wissenschaftlichen Zusammenarbeit in den besetzten Gebieten. Im Frühjahr 1944 berichtete einer von Rosenbergs Assistenten, daß die Resonanz auf die Einladungen zum Krakauer Kongreß schwach sei, daß

---

79 Ebd., S. 206.
80 Ebd., S. 208.
81 Grau, Wilhelm: Der Aufbau der Bibliothek zur Erforschung der Judenfrage. In: Zentralblatt für Bibliothekswesen 59 (1942), S. 489-494.

»mit Ausnahme von ein paar Italienern und Slowaken aus Angst vor der Invasion und der Vergeltung kein Mensch kommen würde«.[82] Nach dem Juni 1944 war nichts mehr von den Kongreßplänen zu hören.

2. Ansätze zur Eliminierung der Wissenschaft im besetzten Osteuropa

Hitler hatte schon zu Beginn seiner Laufbahn keinen Zweifel daran gelassen, daß er die slawischen Völker als geborene Sklaven betrachtete, deren historische Mission darin bestehe, Arbeitskraft und Boden für die deutsche Expansion zur Verfügung zu stellen.[83] Bildung und Wissenschaft waren für solche Menschen nicht nur unnötig, sondern sogar gefährlich. Hitler erklärte, daß man ihnen höchstens die Bedeutung von Verkehrszeichen beibringen sollte. »Unterricht in Geographie kann auf den einzigen Satz beschränkt werden: Die Hauptstadt des Reiches ist Berlin (...) Mathematik und dergleichen sind völlig unnötig.«[84] Von einer Zusammenarbeit mit den slawischen Intellektuellen konnte nicht die Rede sein. Obwohl die Geschichte des wissenschaftlichen Lebens in der Tschechoslowakei, in Polen und in der Sowjetunion unter der deutschen Besetzung lokale Unterschiede hat, ist sie weitgehend reduzierbar auf eine Analyse der Frage, wie radikal die Deutschen die Reste genuiner Kultur auszurotten verstanden haben.

Mit Ausnahme der baltischen Staaten, einer privilegierten Region, wo die Schulen bald nach der deutschen Invasion wiedereröffnet wurden, waren alle Aktivitäten im Bereich Bildung und Wissenschaft in den besetzten Oststaaten nach 1941 fast völlig eingestellt. In der Tschechoslowakei schloß man die Hochschulen und entfernte tschechische Literatur aus den Bibliotheksregalen. Das geschah bereits im November 1939 nach der Ermordung Hunderter von Studenten der Universität und Technischen Hochschule in Prag. Deutsch wurde zur Amtssprache erklärt.[85]

Nach der Invasion in Polen im September 1939 und der Einrichtung des Generalgouvernements kündigte der Generalgouverneur Frank an, daß Polen in eine intellektuelle Wüste verwandelt werde. Die Universitäten von Warschau, Posen, Lemberg und Krakau wurden 1939 und Anfang 1940 geschlossen. Die gesamte Professorenschaft von Krakau kam ins Gefängnis. Die Universität Lublin wurde durch Luftangriffe zerstört[86], die Universität Krakau wurde in ein Institut für die Sammlung von Informationen über die deutsche Mission in Ost-

---

82 Koblenz. Bundesarchiv. Akte NS 8/131 und NS 8/132.
83 Dallin, Alexander: German Rule in Russia 1941-1945. London: Macmillan 1957, S. 7-8.
84 Hitler's Table Talk. London: Weidenfield and Nicolson 1953, S. 424-425 (zitiert in Dallin, S. 459).
85 Wolf (Anm. 75) S. 29.
86 Ebd., S. 94.

europa umgewandelt, und die Universität Posen nahm 1941 für deutsche Studenten wieder ihren Betrieb auf – »für die Erforschung des Ostraumes auf breitester Grundlage«.[87] Wissenschaftliche Verdienste polnischer Forscher wurden zu deutschen Großtaten umgedeutet: Im Mai 1943 bei einem Festakt in Königsberg anläßlich der Vierhundertjahrfeier zum Todestag von Kopernikus, bei dem ein von Göring gestifteter Kopernikus-Preis an Werner Heisenberg verliehen wurde, hieß es, daß polnische Ansprüche an den Astronomen falsch seien, denn eigentlich sei Kopernikus Deutscher.[88]

In den besetzten Teilen der Sowjetunion war seit 1941 der Schulbesuch für Kinder nach dem vierten Schuljahr verboten. Eine Ausnahme bildete die Ukraine, wo der Minister für die Ostgebiete, Alfred Rosenberg, die Fortsetzung des Unterrichts auf praktischen Gebieten wie Land- und Forstwirtschaft, Medizin und Tiermedizin gestattete.[89] Die Universitäten und Institute in Riga, Wilna, Minsk, Smolensk, Dorpat, Kiew und Charkow wurden ihrer Buch- und Zeitschriftensammlungen beraubt, die zu einer gewaltigen »Ostbücherei« zunächst nach Berlin, später nach Ratibor gebracht wurden.[90] Millionen weiterer Bände wurden einfach vernichtet: Die Bücher der Korelenko-Bibliothek in Charkow wurden in den Straßendreck geworfen, die Bestände der Universität Kiew und des Museums der Stadt öffentlich verbrannt.[91]

Bei Kriegsende erklärte die sowjetische Delegation in Nürnberg offiziell, daß die Deutschen während der Okkupation 334 Einrichtungen des höheren Bildungswesens, 605 Forschungsinstitute, 137 Pädagogische Hochschulen zerstört oder ausgeraubt hätten. Die Vernichtung von Büchern wurde auf über 100 Millionen Bände beziffert.[92] Abgesehen von dem furchtbaren menschlichen Leid, das die Deutschen den Russen zufügten, hatte die Barbarei Auswirkungen auf die russische Einstellung zur deutschen Kultur. Sowjetische Führer hatten auf Wissenschaft, Kunst und Literatur als Zeichen des Fortschritts und Teil der Menschenrechte gesetzt. Zweieinhalb Jahrhunderte lang hatten die Russen die deutsche Kultur hoch geschätzt und sich angeeignet. Dies wurde in weniger als vier Jahren zunichte gemacht.

---

87 Die Berliner Akademie (Anm. 10) S. 93.
88 Ebd., S. 141.
89 Dallin (Anm. 83) S. 463.
90 Koblenz. Bundesarchiv. Akte NS 30/55.
91 Wolf (Anm. 75) S. 102.
92 Die Berliner Akademie (Anm. 10) S. 95.

3. Kriegsforschung für das künftige Kolonialreich

Unter der Voraussetzung, daß Westeuropa die germanische Kultur enthusiastisch aufnehmen und Osteuropa als Expansionsraum bereitstehen würde, beschäftigten sich die Nazi-Ideologen auch mit Plänen zum Export deutscher Wissenschaft in ein künftiges Kolonialreich in Übersee. Im Oktober 1940 gründete der Reichsforschungsrat eine »Kolonialwissenschaftliche Abteilung«, der bis August 1941 950000 Reichsmark für Forschung zur Verfügung standen. (Eines dieser Projekte, Richard Hartmanns »Handbuch über den Islam«, war als »kriegswichtig« eingestuft und führte zur Befreiung des Autors von Lehrverpflichtungen.) In ähnlicher Weise richtete die Preußische Akademie 1941 eine Kommission für Kolonialangelegenheiten ein, verbunden mit einer Kommission für die Erforschung Weißafrikas.[93] Ein glanzvolleres Unternehmen war das Institut für koloniale Landwirtschaft, das an der Universität Göttingen im Mai 1940 eröffnet wurde. In Ergänzung des Kolonialinstituts in Hamburg war die neue Einrichtung, mit der Göttingen hoffte, »das Ansehen deutscher Wissenschaft zu stärken«, besonders dazu bestimmt, »brauchbare Kräfte« für den neuen Kolonialdienst heranzuziehen. Dieser sollte nach Englands Niederlage bereitstehen, wenn Deutschland die britischen Kolonien übernähme... Ein zentrales Reichskolonialinstitut in Berlin war geplant, ist aber nie errichtet worden.[94]

4. Heimliches Interesse an der Wissenschaft der Feindstaaten

Solange Frieden herrschte und dem deutschen Buchhandel normale Verbindungen zum Ausland offenstanden, konnte die deutsche Regierung ihre schrille Polemik gegen minderwertige ausländische Wissenschaft durchhalten und zur gleichen Zeit bestimmten Bibliotheken heimlich die Erlaubnis erteilen, diejenigen ausländischen Publikationen weiter zu beziehen, die für das ökonomische und militärische Wachstum notwendig waren. Obwohl alle Bestellungen auf Auslandsliteratur nach 1936 von der Gestapo genehmigt werden mußten[95] und die wissenschaftlichen Allgemeinbibliotheken Not litten, blühten die technisch-wissenschaftlichen Bibliotheken auf.[96] Die Bibliothek der Technischen Hochschule Berlin, wo die Fotoabteilung der Reichszentrale seit 1931 untergebracht war, war vor dem Krieg ein Zentrum für technische Information aus dem Aus-

---

93 Ebd., S. 118.
94 Die Universität Göttingen. (Anm. 26) S. 426.
95 Gisela von Busse. Persönliches Gespräch mit der Autorin in Bad Godesberg am 23. August 1982.
96 Richards, Pamela Spence: German Libraries and Scientific and Technical Information in Nazi Germany. In: Library Quarterly 55 (1985), S. 151-173.

land. Sie lieferte Fotokopien und Übersetzungen aus ihrer Abonnementsliste von 1500 Zeitschriften.[97]

Nach dem September 1939 und dem Zusammenbruch des buchhändlerischen Verkehrs mit England und Amerika mußte die Regierung Notmaßnahmen ergreifen, um ausländische Wissenschaftsliteratur für »kriegswichtige« Bibliotheken zu beschaffen. Diplomatische Vertretungen in neutralen Ländern wie Schweden, Portugal, Türkei und Mexiko wurden zentrale Zeitschriftensammelstellen. Deutsche Bevollmächtigte abonnierten die Zeitschriften über lokale Buchhändler und sandten die Ausgaben dann mit Diplomatengepäck nach Deutschland. Die deutschen Tochtergesellschaften der großen deutschen Konzerne waren ebenfalls hilfsbereit: Die I. G. Farben sowie Krupp beauftragten ihre Werksvertretungen in neutralen Ländern mit der Abonnementsabwicklung, wobei sie häufig ihre Erwerbungen staatlichen Bibliotheken für Kopierzwecke zur Verfügung stellten. Bis Dezember 1941 gab die I. G. Farben in New York City 4000 Dollar pro Jahr für wissenschaftlich-technische Zeitschriften aus. Als Amerika in den Krieg eintrat, transferierte I. G. Farben ihre Abonnements in ihre Bayer-Fabrik im neutralen Portugal.[98] Einigen deutschen Technischen Hochschulen, insbesondere den im Westen gelegenen, gelang es, begrenzte Bestellungen im ausländischen Buchhandel zu halten. Im Laufe des Krieges mußte aber die Erwerbung ausländischer Publikationen durch die meisten Allgemeinbibliotheken fast völlig eingestellt werden, und nur solche technische Bibliotheken, die von der Regierung bevorzugt waren, wurden weiter beliefert.

Innerhalb des Deutschen Reiches war der Standort, die Vervielfältigung und Verbreitung dieser zunehmend seltenen Zeitschriften von hoher Wichtigkeit. 1941 arbeiteten die Ministerien für Propaganda, Erziehung und Wirtschaft mit dem Obersten Kommando der Wehrmacht und dem Auswärtigen Amt zusammen, um die Deutsche Gesellschaft für Dokumentation zu gründen. Sie sollte für die effizientere Verteilung wissenschaftlicher Literatur im Land sorgen. Bis 1943 veröffentlichte sie ein Gesamtverzeichnis, *Zentralnachweise für ausländische Literatur*. Es handelt sich um einen Standortnachweis aller ausländischen Veröffentlichungen, die seit dem 1. September 1939 als nach Deutschland importiert gemeldet worden waren. Entsprechend der Einleitung bezog sich das Verzeichnis hauptsächlich auf die Bestände der fünf »offiziellen« Beschaffungszentren: Deutsche Chemische Gesellschaft, Preußische Staatsbibliothek, Hamburger

---

[97] Predeek, Albert: Die Informationsstelle für technisches Schrifttum in der Bibliothek der Technischen Hochschule Berlin. In: Proceedings of the Fortieth Anniversary Congress, 1935. Copenhagen: International Institute of Documentation 1935, S. 3-5.

[98] Kahn, David: Hitler's Spies. German Military Intelligence in World War II. New York: Macmillan 1978, S. 161.

Weltwirtschaftsinstitut und zwei Buchhandelsfirmen: Lange & Springer in Berlin und Koehler & Volckmar in Leipzig.

1942 wurden die traditionellen Bibliographien und Referateorgane, die von deutschen wissenschaftlichen Gesellschaften und kommerziellen Verlegern geliefert wurden, um ein zweimonatlich erscheinendes *Referatenblatt* erweitert. Es wurde vom Technischen Informationszentrum an der Technischen Hochschule Berlin in Verbindung mit der Auswertungsstelle der technischen und wirtschaftlichen Weltfachpresse des Hamburger Weltwirtschaftsinstituts herausgegeben. Jede Ausgabe enthielt etwa 3000 Besprechungen von aktuellen technischen Beiträgen, die in Europa, Großbritannien und den USA erschienen waren. Patentberichte wurden ebenfalls ausgewertet. Fotokopien konnten über die jeweils auswertende Stelle in Auftrag gegeben werden. Dieser Dienst galt aber nur für Abonnenten, deren »Mitgliedschaft« durch den Wirtschaftsminister anerkannt war[99], d.h. hauptsächlich, wenn auch nicht ausschließlich, für Industriebibliotheken und Bibliotheken Technischer Hochschulen. 1943 produzierte die Fotoabteilung der Reichszentrale, die die Bestellungen ausführte, 305 000 Kopien.[100]

Der hohe Stellenwert, den diesen neuen Veröffentlichungen und der Deutschen Gesellschaft für Dokumentation zugemessen wurde, ist eine direkte Antwort auf den Bedarf an ausländischer wissenschaftlicher Information, der um so offener zutage trat, je ungünstiger die Kriegslage wurde. Ideologische Bedenken schwanden, als die »arische Wissenschaft« versäumte, den Sieg herbeizuführen. Daher waren in den Veröffentlichungen der Preußischen Akademie nach 1942 allmählich auch Diskussionen über die Werke von Albert Einstein, Erwin Schrödinger und Niels Bohr enthalten – alles ehemals Verfemte –, und 1943 konnte Werner Heisenberg öffentlich die Relativitätstheorie verteidigen.[101]

Die moralische Zwiespältigkeit der nationalsozialistischen Einstellung zur »nichtarischen« Wissenschaft, als sich die Verhältnisse verschlechtert hatten, kommt am besten in der Bemerkung Görings zum Ausdruck, die er als Vorsitzender des Reichsforschungsrates im Juli 1942 gemacht hat:

»Was der Führer ablehnt, ist eine Reglementierung der Wissenschaft als solcher, daß etwa nach Grundsätzen verfahren wird: Ja, dieses Projekt ist zwar wertvoll, äußert wertvoll und würde uns sehr weit bringen. Wir können es aber nicht verwerten, weil zufällig der Mann mit einer Jüdin verheiratet ist, oder weil er Halbjude ist (...)«[102]

Göring bezieht sich auf denselben Führer, der 1933 auf die Kritik eines Industriellen, daß die Rassenpolitik Deutschland seiner besten Physiker und Chemi-

---

99 Koblenz. Bundesarchiv. Akte R 7/2029.
100 Siehe Anm. 10.
101 Die Berliner Akademie (Anm. 10) S. 132.
102 Ebd., S. 131.

ker beraubt, gesagt hat: »Dann arbeiten wir eben einmal ohne Physik und Chemie.«[103] Die Realität in Gestalt militärischer Verteidigung war in die Traumwelt der Nazis eingebrochen.

V. *Schlußbemerkung*

Die Auswirkungen des Nationalsozialismus auf die internationalen wissenschaftlichen Beziehungen Deutschlands endeten natürlich nicht mit der Niederlage und Besetzung. Nur Platzgründe halten uns davon ab zu untersuchen, wie die alliierte Okkupation mit ihrem Abtransport von wissenschaftlichem Personal und von Unterlagen in die USA und die Sowjetunion dazu beigetragen hat, daß die deutsche Wissenschaft des 20. Jahrhunderts noch einmal in eine Diasporasituation geriet. Wie auch immer, aus den Darlegungen lassen sich einige Schlußfolgerungen ziehen, die für andere Zusammenhänge verallgemeinert werden können:

Erstens hielt die Nationalsozialisten der Zwang, mit anderen Nationen technologisch zu konkurrieren, davon ab, ihren ideologischen Boykott der internationalen Wissenschaft konsequent durchzuhalten. Von der Verkündigung der ersten rassistischen Gesetze im April 1933 bis zur Kapitulation im Mai 1945 wurden in Wirklichkeit zwei Gesichter der deutschen Wissenschaftspolitik gegenüber dem Ausland erkennbar: Das eine, betrügerisch und lügenhaft, das andere realistisch und zunehmend verzweifelt, als der Preis für die wissenschaftliche Isolation nicht mehr zu bezahlen war. Zweitens ist es der nationalsozialistischen Regierung nicht gelungen, in Deutschland – einer Gesellschaft auf hohem wissenschaftlichen und technischen Niveau – den Intellektuellen im eigenen Land oder im besetzten Ausland eine Ideologie aufzuzwingen, die im Gegensatz zu modernen wissenschaftlichen Prinzipien stand.

103 Tröger (Anm. 21) S. 160.

Michael Knoche

Wissenschaftliche Zeitschriften im nationalsozialistischen Deutschland

Wer in einer Bibliothek die Regalreihen mit deutschen Zeitschriften aus den dreißiger Jahren mustert, bemerkt auf den ersten Blick, daß die Bände an Umfang verloren haben. Von der *Zeitschrift für mikroskopisch-anatomische Forschung* zum Beispiel sind im Jahr 1932 noch 2624 Seiten in 4 Bänden erschienen. Sechs Jahre später waren es nur noch 1247 Seiten in 2 Bänden. Das bedeutet eine Schrumpfung um mehr als die Hälfte des ursprünglichen Umfangs. Diese Zeitschrift aus dem Gebiet der Anatomie ist ein besonders eklatantes Beispiel; insgesamt ist der Umfang der deutschen naturwissenschaftlichen und medizinischen Zeitschriften in dem Sechsjahreszeitraum zwischen 1932 und 1938 um schätzungsweise 30 bis 45 Prozent zurückgegangen.

Man ist leicht geneigt, dieses Phänomen allein als verheerendes Ergebnis der nationalsozialistischen Wissenschaftspolitik zu deuten. Diese Annahme trifft nicht zu. Denn die deutschen Wissenschaftsverleger waren schon in der Zeit vor 1933 starkem internationalen Druck ausgesetzt, bei ihren Zeitschriften das Publikationsmaterial zu begrenzen und den Verkaufspreis zu senken. Dieser Anpassungsprozeß, der unausweichlich war, hätte aber nicht erfolgreich durchgestanden werden können, wenn ihn die Regierung nicht mit bedeutenden Subventionen unterstützt hätte. Insofern kann man behaupten: Dieselben Nationalsozialisten, die das Renommee der deutschen Wissenschaft bereits aufs Spiel gesetzt hatten, haben dafür gesorgt, daß die führenden deutschen wissenschaftlichen Zeitschriften ihre internationale Geltung noch eine Zeitlang bewahren konnten. Hintergrund der Fördermaßnahmen war die Tatsache, daß oft weit über 50 Prozent der Auflage der Forschungszeitschriften exportiert wurden und somit beträchtliche Devisen ins Land kamen. Die ökonomische Bedeutung der Exportzeitschriften hat die Nationalsozialisten veranlaßt, in der Redaktionspolitik manches zu tolerieren, was ihnen ideologisch eigentlich nicht ins Konzept paßte. Es fragt sich, wie die Verleger und Herausgeber dieser Zeitschriften den relativ großen Spielraum, der ihnen notgedrungen eingeräumt wurde, genutzt haben und ob er tatsächlich größer war als bei Zeitschriften mit geringem Exportanteil, also in der Regel den geisteswissenschaftlichen Periodika.

Der internationale Druck auf die deutschen Zeitschriftenverleger

Die Klagen amerikanischer Bibliothekare über die zu hohen Preise deutscher Zeitschriften für ausländische Bezieher stammen schon aus der Mitte der zwanziger Jahre. Es ging um Zeitschriften aus den Bereichen Naturwissenschaft und Medizin, die besonders umfangreich und teuer waren. Die Bibliotheken sahen sich nicht mehr in der Lage, die ständig steigenden Kosten zu tragen. Nach einer Untersuchung von Charles Harvey Brown, dem Obmann der American Library Association (ALA) für die Zeitschriftenreform, betrug der Preis pro Seite einer deutschen wissenschaftlichen Zeitschrift im Jahr 1930 3,78 Cents, bei vergleichbaren amerikanischen Zeitschriften aber nur 0,82 Cents. Der deutsche Seitenpreis lag also viereinhalbmal höher. Brown rechnete vor, daß er sich außerdem seit 1924 verdoppelt habe, während er bei amerikanischen und englischen Periodika gefallen sei.[1] Proteste gegen dieses Mißverhältnis, die seit der Weltwirtschaftskrise ständig an Schärfe zugenommen hatten und 1932 kulminierten, waren auch aus Schweden, England und anderen Ländern gekommen.[2] Zusätzliche Probleme machte den Beziehern, daß die meisten deutschen Forschungszeitschriften keinen festen Jahrespreis hatten, sondern im Rhythmus der ständig steigenden wissenschaftlichen Produktion umfangreicher zu werden pflegten und bandweise berechnet wurden. Wenn dann noch Tagungs-, Festschriften- oder sonstige Ergänzungsbände zu den regulären Lieferungen hinzukamen, schnellte der Jahresbezugspreis gelegentlich in unerwartete Höhen.

Die hohen Preise wurden von den deutschen Verlegern mit folgenden Argumenten gerechtfertigt:[3]

– höhere Kosten durch Honorare anstelle von Druckkostenzuschüssen der Autoren (page charges)
– bessere und reichere Ausstattung an Text und Abbildungen
– niedrigere Auflagen bei sinkenden Abnehmerzahlen im Vergleich zum wachsenden englischsprachigen Markt
– mangelnde finanzielle Unterstützung durch kapitalkräftige wissenschaftliche Gesellschaften
– höhere Rabattspannen im deutschen Buchhandel
– höhere Sozialabgaben in Deutschland
– Abwertung wichtiger Fremdwährungen im Vergleich zur Mark

---

1 Charles H. Brown: A hazard to research. In: Library Journal 57 (1932) S. 261-265, hier S. 263f.
2 Zur internationalen Debatte: Georg Leyh: Die deutschen Zeitschriftenpreise und die amerikanischen Bibliotheken. In: Zentralblatt für Bibliothekswesen 50 (1933) S. 377-388.
3 Zum Beispiel Hermann Degener: Die heutigen Preise wissenschaftlicher Bücher und Zeitschriften in Deutschland. In: Angewandte Chemie, Band 48 (1935) Nr. 162, S. 1-9.

Eine erste Lösung des Konflikts zeichnete sich auf einer Tagung der American Library Association vom 15. bis 18. Oktober 1933 in Chicago ab. Von seiten des Börsenvereins waren Hermann Degener (Verlag Chemie, Berlin) und Ferdinand Springer (Julius Springer-Verlag, Berlin und Wien) in die USA gereist. Das schließlich erreichte Abkommen mit dem amerikanischen Bibliotheksverband sah vor, daß die deutschen Verleger die Umfänge der naturwissenschaftlichen und medizinischen Zeitschriften, die 1932 mehr als 40 Golddollar gekostet hatten, für das Jahr 1934 wesentlich senkten, so daß eine mindestens 30prozentige Preisreduzierung möglich war. Außerdem erklärten sich die Verleger bereit, bei den unregelmäßig erscheinenden Zeitschriften Maximalumfänge und Maximalpreise im voraus festzulegen.[4]

Damit waren die Probleme jedoch noch nicht endgültig gelöst. Die fortschreitende Abwertung des Dollar in den Jahren 1933 und 1934 um mehr als 60% und die dramatische Mittelkürzung bei den amerikanischen Bibliotheken stellte den Erfolg des Chicagoer Abkommens in Frage. Die Abonnentenzahlen der deutschen wissenschaftlichen Zeitschriften gingen 1934 sowohl im Inland wie im Ausland zurück. Der deutsche Buchexport insgesamt sank zwischen 1933 und 1935 um mehr als 27 Prozent. Er betrug in den ersten neun Monaten des Jahres 1935 nur noch etwa 15 Millionen Reichsmark gegenüber 21 Millionen im selben Zeitraum des Jahres 1933.[5]

Im Mai 1935 stand die Zeitschriftenfrage bei der Tagung der International Federation of Library Associations (IFLA) in Madrid erneut auf der Tagesordnung. Diesmal konnten Boykottbeschlüsse der Bibliothekarsversammlung nur dadurch abgewendet werden, daß die deutsche Regierung in letzter Minute ihre Absicht bekanntgab, die Exportpreise für deutsche Bücher und Zeitschriften wesentlich zu subventionieren. Eine solche Förderung war immer wieder vom Börsenverein verlangt worden.[6] Tatsächlich trat am 9. September 1935 ein neues Buchexport-Verfahren in Kraft. Danach konnten die Verleger den Auslandspreis ihrer Produktion um 25% senken und erhielten die Mindereinnahmen aus staatlichen Mitteln ersetzt. Mit der Durchführung dieses Ausgleichsverfahrens, das von 1935 bis 1945 Geltung besaß, wurde die »Wirtschaftsstelle des deutschen Buchhandels« betraut, eine Abteilung der Reichsschrifttumskam-

---

4 Georg Leyh: Die Zeitschriftenreform und das Abkommen von Chicago vom 18. Oktober 1933. In: Zentralblatt für Bibliothekswesen 51 (1934) S. 81-97.
5 Murray G. Hall: Österreichische Verlagsgeschichte 1918-1938. Wien usw.: Böhlau 1985 (Literatur und Leben, N. F. Band 28), Band 1, S. 147. – Hall beruft sich auf einen Bericht in der Neuen Zürcher Zeitung vom 28. 10. 1935.
6 Vgl. Bekanntmachung betr. Scrips-Verfahren. In: Börsenblatt für den Deutschen Buchhandel 100 (1933) Nr. 284, S. 943.

mer.⁷ In den Folgejahren bewirkte die Exportförderung einen deutlichen Anstieg des Auslandsabsatzes deutscher Zeitschriften.⁸

Daß diesmal eine Lösung gefunden wurde, ist weniger auf ein plötzliches Verständnis der NS-Regierung für die Wichtigkeit kultureller und wissenschaftlicher Beziehungen zum Ausland zurückzuführen als vielmehr auf die Notwendigkeit, einen devisenträchtigen Handelszweig zu stärken. Im Herbst 1934 besaß das Deutsche Reich kaum noch Devisenreserven. Die Einfuhr von Rohstoffen, die für das Rüstungsprogramm der Nationalsozialisten notwendig war, konnte praktisch nicht mehr finanziert werden. In dieser Krisensituation versuchte die Reichsregierung daher mit den verschiedensten Maßnahmen, Devisenbarzahlungen bei Einfuhren möglichst zu vermeiden und den Export zu beleben.⁹ Der Buchhandel war in diesem Kontext nur ein relativ kleiner Bereich – in der Größe mit der Ausfuhrbilanz der deutschen Schuh- und Lederwarenindustrie zu vergleichen –, der aber traditionell gute Absatzchancen im Ausland hatte. So waren Bücher und Zeitschriften aus Deutschland auf der Liste der US-Zollbehörde mit einer »1« klassifiziert und damit als bevorzugt einzuführende Handelswaren anerkannt.¹⁰ Der Reichsregierung mußte daran gelegen sein, der deutschen Wissenschaftsliteratur ihre Konkurrenzfähigkeit zu erhalten.

Auch andere Tendenzen haben eine Umfangs- und Preisreduktion begünstigt: Bei den Redaktionen der wissenschaftlichen Zeitschriften gingen im Jahr 1933 und 1934 sehr viel weniger Manuskripte ein als vorher. Die Gesamtatmosphäre dieser politisch bewegten Jahre war einer ruhigen wissenschaftlichen Arbeit abträglich, zumal wenn die Autoren Juden oder politisch Verfolgte des neuen Regimes waren. Außerdem kam es zu Abbestellungen durch das Ausland, die zwar häufig mit ökonomischen Zwängen begründet wurden, vielfach aber politische Beweggründe hatten.

Die deutschen Wissenschaftsverleger gingen aus der Debatte um die Zeitschriftenreform ökonomisch angeschlagen, aber politisch gestärkt hervor. Die staatliche Förderung bescherte ihnen eine relativ unabhängige Position, die es möglich machte, Eingriffe in die gewachsene Struktur des Zeitschriftenwesens,

---

7 Vgl. Paul Hövel: Die Wirtschaftsstelle des deutschen Buchhandels, Berlin 1935 bis 1945. Ein Augenzeugenbericht. In: Buchhandelsgeschichte 1984/1, S. B 1-B 16. – Sowie Hall (wie Anm. 5) S. 146-151. Dort eine sehr gute zusammenfassende Darstellung des Buchexportverfahrens (und seiner Auswirkungen auf Österreich).
8 Vgl. Jahresbericht 1936/37. In: Vertrauliche Mitteilungen der Fachschaft Verlag (1937) Nr. 22, S. 3-8.
9 Hans Erich Volkmann: Außenhandel und Aufrüstung in Deutschland 1933 bis 1939. In: Wirtschaft und Rüstung am Vorabend des Zweiten Weltkriegs. Hrsg. von Friedrich Forstmeier und Hans-Erich Volkmann. Düsseldorf: Droste 1975, S. 81-131.
10 Vgl. Deana Astle und Charles Hamaker: Journal publishing – pricing and structural issues in the 1930s and the 1980s. In: Advances in serials management, vol. 2 (1988) S. 1-36, hier S. 12.

wie sie sich mancher Parteigenosse im ersten Machtrausch gewünscht haben mochte, abzuwehren. Es fragt sich, ob dieser Handlungsspielraum genutzt wurde.

Neuordnungsbestrebungen

Die Umgestaltungspläne der Nationalsozialisten waren ursprünglich sehr weitreichend. Den Ideologen war zunächst schlicht die Menge der Zeitschriftentitel ein Stein des Anstoßes. Um eine Vorstellung von der Größenordnung zu geben: In *Kürschner's Gelehrten-Kalender* waren 1931 und 1935 etwa 1500 deutschsprachige wissenschaftliche Zeitschriften aufgelistet. Diese Vielzahl war für die Nazis Grund genug, von einer »Zersplitterung des deutschen Zeitschriftenwesens« zu sprechen[11] und die Anzahl der Periodika reduzieren zu wollen. Die Reichspressekammer hatte, um steuernd in den Markt eingreifen zu können, zwischen dem 14. Dezember 1933 und dem 31. März 1935 eine förmliche Sperre für die Neugründung von Zeitschriften erlassen. Von 1938 an waren Neugründungen von Zeitschriften anmeldepflichtig und in der Kriegszeit genehmigungspflichtig.[12] Der »Beauftragte des Reichsärzteführers für die medizinische Fachpresse« bedauerte 1936 öffentlich: »Leider ist die Medizin mit Zeitschriften allzu sehr übersättigt, aber wie ich mich auch bemüht habe, die eine oder andere Zeitschrift eingehen zu lassen, immer bin ich auf den Widerstand der Verleger gestoßen.«[13]

Von Erfolg gekrönt waren solche Bemühungen auf einem Gebiet, das wegen seiner impliziten Ideologiekritik den Nazis besonders verhaßt war, der Psychoanalyse. Die Zeitschrift *Die Psychoanalytische Bewegung* mußte ihr Erscheinen 1933 einstellen, die *Zeitschrift für psychoanalytische Pädagogik* erlosch 1937, der *Almanach der Psychoanalyse* 1938 (alle Internationaler Psychoanalytischer Verlag, Wien, Leipzig). Ausschlaggebend war nicht ein ausdrückliches Verbot – nur der *Almanach* stand auf der *Liste des schädlichen und unerwünschten Schrifttums* von 1938 – sondern der Verlust des Hauptabsatzmarktes in Deutschland durch Vertreibung der zahlreichen jüdischen Analytiker. Nach der Vereinigung Österreichs

---

11 Vgl. etwa Erich Lorenz: Die Entwicklung des deutschen Zeitschriftenwesens. Eine statistische Untersuchung. Berlin-Charlottenburg: Lorentz 1937, S. 50 (Beiträge zur Erforschung der deutschen Zeitschrift, Band 1).

12 Hubert Jux: Zur Sperre für Zeitschriften. In: Der Zeitschriftenverleger 36 (1934), Heft 5, S. 5f. – Amtliche Bekanntmachung des Reichsverbands der deutschen Zeitschriften-Verleger vom 15. 6. 1938. In: Ebenda 40 (1938) S. 307f.

13 Kurt Klare: Die medizinische Fachpresse. Rückblick und Ausblick. In: Deutsches Ärzteblatt Nr. 43, 1936, S. 7.

mit dem Deutschen Reich im Jahr 1938 wurde der Wiener Internationale Psychoanalytische Verlag von den NS-Behörden liquidiert. Davon waren zwei weitere Zeitschriften betroffen: Die *Internationale Zeitschrift für Psychoanalyse* und die legendäre *Imago*. Sigmund Freud gelang es 1939, beide Zeitschriften unter einem gemeinsamen Titel in London noch einmal herauszubringen, bevor sie 1941 völlig eingestellt werden mußten.[14]

Auch wohletablierte Disziplinen waren von ehrgeizigen Umgestaltungsplänen der Nationalsozialisten betroffen: In der Medizin, der Physik, der Chemie und der Geschichte[15] versuchte man, eine völlige Neustrukturierung des Zeitschriftenwesens durchzusetzen. Auf dem Gebiet der Mathematik wäre es dem Berliner Akademie-Mitglied und Parteigenossen Ludwig Bieberbach beinahe gelungen, die beiden führenden mathematischen Referateorgane zu fusionieren: Das *Jahrbuch über die Fortschritte der Mathematik* (de Gruyter-Verlag, Berlin) und das *Zentralblatt für Mathematik* (Springer-Verlag). Die Vereinigung scheiterte am Veto der beiden Verlage und an der Tatsache, daß die Zeitschriften ihrer Natur nach nicht zusammenpaßten.[16] Bieberbachs einziger Erfolg bestand darin, 1936

14 Murray G. Hall: The fate of the Internationaler Psychoanalytischer Verlag. In: Freud in exile. Ed. by Edward Timms and Naomi Segal. New Haven 1988, S. 90-105.

15 *Medizin*: Gemeint sind die Maßnahmen des »Beauftragten des Reichsärzteführers für die medizinische Fachpresse« (vgl. Anm. 13). Zur Person Klare vgl. Christian Staehr: Spurensuche. Ein Wissenschaftsverlag im Spiegel seiner Zeitschriften, 1886-1986. Stuttgart, New York: Thieme 1986, S. 77f. – Zur Zeitschriftenpolitik auch: Robert Proctor: Racial hygiene. Cambridge, Mass.: Harvard Univ. Press 1988, insbesondere S. 74-79 und 315-326. – *Physik*: Johannes Stark: Die Organisation der physikalischen Forschung. In: Zeitschrift für technische Physik 14 (1933) S. 433-435. Max von Laue: Bemerkungen zu der vorstehenden Veröffentlichung von J. Stark [Stark: Zu den Kämpfen in der Physik während der Hitler-Zeit]. In: Physikalische Blätter 3 (1947) S. 272f. – Vgl. auch: Alan D. Beyerchen: Scientists under Hitler. Politics and the Physics Community in the Third Reich. New Haven, London: Yale Univ. Pr. 1977, S. 115 ff. – *Chemie*: Aus Protokollen der Deutschen Chemischen Gesellschaft des Jahres 1936 geht hervor, daß damals eine Reduzierung der Zahl chemischer Zeitschriften ins Auge gefaßt wurde. 1938 erwog man eine Neuordnung des chemischen Referatewesens. Vgl. Walter Ruske: 100 Jahre Deutsche Chemische Gesellschaft. Weinheim: Verlag Chemie 1967, S. 169-173. – *Geschichte*: Zu den Bestrebungen, Friedrich Meinecke zum Rücktritt als Herausgeber der »Historischen Zeitschrift« zu veranlassen und den Einfluß des Reichsinstituts für Geschichte des neuen Deutschlands auf diese und andere geschichtswissenschaftliche Zeitschriften auszudehnen, vgl. Helmut Heiber: Walter Frank und sein Reichsinstitut für Geschichte des neuen Deutschlands. Stuttgart: DVA 1966, S. 278-313 (Quellen und Darstellungen zur Zeitgeschichte, Band 13). – Hans Schleier: Die Historische Zeitschrift 1918-1943. In: Bürgerliche deutsche Geschichtsschreibung von der Reichseinigung von oben bis zur Befreiung Deutschlands vom Faschismus. Hrsg. von Joachim Streisand. Berlin: Akademie-Verlag 1965 (Schriften des Instituts für Geschichte der Deutschen Akademie der Wissenschaften zu Berlin, R. I, Bd. 21.), S. 251-302.

16 Reinhard Siegmund-Schultze: Beiträge zur Analyse der Entwicklungsbedingungen der Mathematik im faschistischen Deutschland unter besonderer Berücksichtigung des Referatewesens. Phil. Diss. (B) Humboldt-Universität Berlin 1986, S. 164.

eine neue Zeitschrift ins Leben gerufen zu haben, die *Deutsche Mathematik* (Hirzel, Leipzig).[17] »Wir dienen der deutschen Art in der Mathematik und wollen sie pflegen«, hieß es im Editorial. Die *Deutsche Mathematik* sollte ein Gegengewicht gegen die anderen mathematischen Zeitschriften bilden, die Bieberbach 1937 in einem Schreiben an die Deutsche Forschungsgemeinschaft wie folgt charakterisierte:

> »Die eine (mathematische Annalen) wird von einem Juden redigiert. In einer anderen (mathematische Zeitschrift) erscheinen u. a. Arbeiten, die jüdischen Kommunistinnen gewidmet sind. In einer dritten (Crelles Journal) werden Arbeiten von Emigranten abgedruckt. Eine vierte (Quellen und Studien) wird von einem Juden und einem emigrierten Mischling geleitet.«[18]

Bieberbachs *Deutsche Mathematik* wurde von der Deutschen Forschungsgemeinschaft großzügig unterstützt und begann mit einer Auflage von 6500. Aber das neue Organ fand wenig Anklang bei den deutschen Mathematikern: Der 2. Jahrgang wurde in 1000 Exemplaren, der 4. Jahrgang nur noch in 500 gedruckt. Auch die internationale Anerkennung blieb aus: In einer Liste der meistzitierten Zeitschriften der Mathematik in den Jahren 1942/1944 stand die *Deutsche Mathematik* mit 4 Zitaten an 92. Stelle. *Crelles Journal* (de Gruyter, Berlin) lag auf Rang 8, die *Mathematische Zeitschrift* auf Rang 6 (209 Zitate) und die *Mathematischen Annalen* (beide Springer-Verlag) auf Rang 2 (344 Zitate).[19] Von einem »Gegengewicht« gegen die relativ unabhängig gebliebenen anderen mathematischen Zeitschriften konnte glücklicherweise nicht die Rede sein.

Neugründungen aus ähnlichen Motiven waren z. B. die Zeitschriften *Jomsburg. Völker und Staaten im Osten und Norden Europas* (Hirzel, Leipzig), die *Zeitschrift für Rassenkunde und ihre Nachbargebiete* (Ferdinand Enke, Stuttgart) oder die *Zeitschrift für Deutsche Geisteswissenschaft* (Eugen Diederichs, Jena). Sie alle zeichneten sich durch geringes Echo im Ausland und durch ihre kurzfristige Existenz aus. Keine dieser Zeitschriften ist über das Jahr 1944 hinaus erschienen.

---

17 Zur Rolle Bieberbachs und zur »Deutschen Mathematik« vgl. Erich Julius Gumbel: Arische Naturwissenschaft? In: Freie Wissenschaft. Ein Sammelbuch aus der deutschen Emigration. Hrsg. von E. J. Gumbel. Straßburg: Seb. Brant-Verlag 1938, S. 246-262, insbes. S. 259-262. – Herbert Mehrtens: Ludwig Bieberbach and »Deutsche Mathematik«. In: Studies in the history of mathematics. Hrsg. von Esther R. Phillips. Mathematical Association of Amerika 1987, S. 194-241 (Studies in Mathematics, Vol. 26).

18 Schreiben vom 17. 2. 1937. Bundesarchiv Koblenz, R 73, Bd. 15.934. Gemeint sind in der Reihenfolge der erwähnten Zeitschriften: Otto Blumenthal, Emmy Noether, Richard von Mises, Otto Toeplitz und Otto Neugebauer. Vgl. Mehrtens (Anm. 17), S. 223. – Herrn Mehrtens verdanke ich die freundliche Mitteilung des genauen Wortlauts des Bieberbach-Zitats.

19 Charles Harvey Brown: Scientific serials. Characteristics and lists of most cited publications in mathematics, physics, chemistry, geology, physiology, botany, zoology, and entomology. Chicago: ACRL 1956, S. 171-174 (ACRL Monograph, 16).

Die nationalsozialistischen Umgestaltungsversuche liefen immer nach gleichem Muster ab: Zunächst wurde Druck auf die Redaktionen der Zeitschriften ausgeübt, sich »gleichzuschalten«. Sofern diese nicht dazu bereit waren, wurden sie mit anderen Mitteln attackiert: Oft genügte schon die Entziehung bislang gewährter DFG-Mittel, um ein Unternehmen zu kippen. Das widerfuhr 1938 etwa der *Historischen Vierteljahrsschrift* (Verlag der Baensch-Stiftung, Dresden) unter dem gemäßigt-liberalen Herausgeber Erich Brandenburg.[20] In anderen Fällen reichte es aus, einen Professor vorzeitig zu emeritieren, um damit indirekt auch seiner Zeitschrift die Basis zu entziehen: So geschehen 1935 dem Herausgeber Otto Hoetzsch bei der *Zeitschrift für osteuropäische Geschichte* (Osteuropa-Verlag, Königsberg und Berlin).[21] Eine weitere Form des politischen Drucks auf unbequeme Fachorgane bestand darin, ihnen mit einer Vereinigung mit anderen Blättern zu drohen. In der Physik erwog man sogar eine zentrale Redaktionsleitung für alle deutschen physikalischen Zeitschriften. Die meisten dieser Versuche scheiterten daran, daß sich die Verleger als Eigentümer der Zeitschriften vehement gegen Konzentrationsmaßnahmen sperrten. Als letzter Ausweg, wenn sich alle Mittel als erfolglos erwiesen hatten, blieb den Nazi-Ideologen dann lediglich, neue wissenschaftliche Zeitschriften ins Leben zu rufen.

Der Krieg aber hat die Situation grundlegend verändert. Die Notwendigkeit, Personal und Material einzusparen, führte zur Einstellung vieler Zeitschriften oder zumindest zu einer Verlängerung ihres Erscheinungsintervalls. Im April 1943 kam es auf Anordnung der Reichspressekammer auch in größerem Umfang zur Zusammenlegung von Zeitschriften. So durfte z. B. von drei chemischen Periodika unterschiedlicher Verlage nur ein einziges weiter erscheinen. Über die konkrete Gestalt und den Titel der Einheitszeitschrift mußten sich die Verleger untereinander einigen. Das neue Papierkontingent ergab sich aus der Summe der bisher bewilligten Menge für die einzelnen Zeitschriften abzüglich 50%.[22] Unter dem Vorwand, wichtige Ressourcen einzusparen, konnten in dieser Situation bestimmte unbequeme Zeitschriften ausgeschaltet werden. Aber in Anbetracht der Tatsache, daß im Jahr 1944 mitten im »totalen Krieg« überhaupt nur noch 458 Zeitschriften in Deutschland erscheinen konnten, wobei von den politischen bis zu den Fachzeitschriften alles mitgezählt ist, fiel die Zusammenlegungsaktion des Jahres 1943 nicht mehr ins Gewicht.

Fazit: Die Neustrukturierung des wissenschaftlichen Zeitschriftenwesens war den Nationalsozialisten nicht im ursprünglich beabsichtigten Ausmaß gelun-

---

20 Helmut Heiber (Anm. 15) S. 308-311.
21 Christoph Klessmann: Ostraumpolitik und Lebensraumpolitik im Dritten Reich. In: Wissenschaft im Dritten Reich. Hrsg. von Peter Lundgreen. Frankfurt am Main: Suhrkamp 1985, S. 350-383, insbes. S. 360-362 (Edition Suhrkamp. 1306.)
22 Ruske (Anm. 15) S. 172f.

gen, weil ökonomische Sachzwänge dem entgegenstanden. Die Haltung insbesondere gegenüber den Exportzeitschriften muß behutsam genannt werden, wenn man die brutalen Gleichschaltungsmaßnahmen bei Hochschulen und wissenschaftlichen Organisationen zum Vergleich nimmt. Sie ist mit der Furcht der Regierung vor Einbrüchen bei den Deviseneinnahmen zu erklären.

Beteiligung von ausländischen und jüdischen Mitarbeitern

Die relativ starke Stellung der Exportzeitschriften wird auch in einer speziellen Frage deutlich, die in den ersten Jahren nach der Machtübernahme immer wieder aufgeworfen wurde: Sind deutsche Zeitschriften durch ausländische Arbeiten »überfremdet«? Kommen im Vergleich zu deutschen Wissenschaftlern zu viele Autoren aus dem Ausland zu Wort? Könnte man die von den Bibliothekaren geforderte Umfangsbeschränkung der deutschen Zeitschriften nicht dadurch erreichen, daß man den Platz für ausländische Beiträge beschneidet?

Es ist nicht verwunderlich, wenn solche chauvinistischen Überlegungen dazu geführt haben, daß viele Wissenschaftler aus dem Ausland ihre oft jahrzehntelange Mitwirkung bei deutschen Zeitschriften eingestellt haben. Tatsächlich ist z. B. bei der angesehenen *Zeitschrift für physikalische Chemie* (Akademische Verlagsgesellschaft, Leipzig) der Anteil der Beiträge nichtdeutscher Autoren von 61 % im Jahr 1927 auf 33 % im Jahr 1937 zurückgegangen.[23]

Doch gibt es überraschende Gegenbeispiele. Das *Archiv für experimentelle Zellforschung besonders Gewebezüchtung* (Gustav Fischer, Jena) veröffentlichte von jeher nur zu einem kleineren Teil Beiträge deutscher Autoren. Etwa 85 % kamen 1932 aus dem Ausland. Dasselbe Verhältnis zeigte sich auch noch im Jahr 1938. In der *Zeitschrift für mikroskopisch-analytische Forschung* (Akademische Verlagsgesellschaft, Leipzig) steigt der Anteil ausländischer Beiträge im Vergleich der Bände des Jahres 1932 zu denen des Jahres 1938 von 49 % auf 56 %. Bei *Roux's Archiv für Entwicklungsmechanik* (Springer-Verlag) lauten die Zahlen 55 % für 1932 und 59 % für 1938. Bei den *Mathematischen Annalen* (Springer-Verlag) ist die Differenz noch größer (vgl. Graphik): 1932 waren ca. 33 % der Autoren Ausländer, 1938 47 %. (In der Kriegszeit ist dieser Anteil natürlich wieder abgesunken und beschränkt sich im wesentlichen auf Autoren aus von Deutschland abhängigen Ländern.)

---

23 Thomas Hapke: Die »Zeitschrift für physikalische Chemie, Stöchiometrie und Verwandtschaftslehre« und ihre Nachfolger (1887-1987). Hausarbeit zur Prüfung für den höheren Bibliotheksdienst. Köln: Fachhochschule für Bibliotheks- und Dokumentationswesen 1987, S. 52 [maschinenschriftlich].

Mathematische Annalen
Herkunft der Autoren 1932-1938

1932
(Jahrgang 106 und 107 mit insgesamt 79 Beiträgen)

1935
(Jahrgang 110 und 111 mit insgesamt 103 Beiträgen)

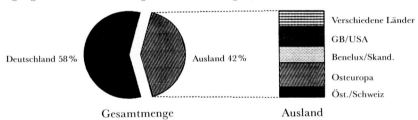

1938
(Jahrgang 115 und 116 mit insgesamt 86 Beiträgen)

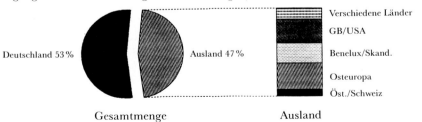

Wenn umfangreichere Daten zu dieser Frage vorliegen, wird man mit größerer Sicherheit Aussagen darüber machen können, wie sich die Herkunft der Autoren verschoben hat. Der hohe Anteil ausländischer Beiträge zumindest bei einigen wichtigen Forschungszeitschriften ist aber eine Tatsache. Joseph Needham hat das Phänomen schon 1941 bei der *Biochemischen Zeitschrift* (Springer-Verlag) beobachtet und es als Zeichen für den Niedergang der deutschen Wissenschaft gedeutet. Die Zeitschriften hätten allein mit Beiträgen deutscher Autoren ihr Niveau nicht mehr halten können.[24] Diese Interpretation scheint durchaus richtig zu sein. Die traditionsreichen deutschen Periodika hatten nach dem Exodus deutscher Gelehrter gar keine andere Wahl, als auf qualifizierte ausländische (z. T. auch emigrierte deutsche) Wissenschaftler zurückzugreifen. Daß sie sich diese Freiheit nehmen konnten, ist damit zu erklären, daß die nationalsozialistische Regierung die Exportorientierung der wissenschaftlichen Zeitschriften in der Preisdiskussion mit den amerikanischen Bibliothekaren einmal akzeptiert hatte. Außerdem sind auch globale Veränderungen des Wissenschaftssystems in Rechnung zu stellen, die von den Nationalsozialisten gar nicht aufgehalten werden konnten: Die Internationalisierung der wissenschaftlichen Kommunikation[25], wie sie sich auch in den zunehmend wichtiger werdenden großen Kongressen bemerkbar machte, war ein Zug der Zeit.

Voraussetzung für die internationalen Autorenkontakte einer Zeitschrift war, daß das Fachgebiet von den Nationalsozialisten ideologisch nicht vollständig okkupiert war. Im Fach Geschichte wäre ein hoher Ausländeranteil undenkbar gewesen, ebenso in der Chemie, der nationale Bedeutung zugemessen wurde. In der Mathematik war dies schon eher möglich. Hier konnte sogar ein politischer Emigrant aus Deutschland, Otto Neugebauer, jahrelang das *Zentralblatt* und andere Publikationen von Kopenhagen aus redigieren. Ende 1938 jedoch trat er aus Protest gegen den wachsenden Druck auf die jüdischen Mitarbeiter von seinen Aufgaben zurück. Zusammen mit ihm verließen vier von elf Mitherausgebern die Zeitschrift – alles berühmte, im Ausland lehrende Mathematiker. Einige von ihnen beteiligten sich an der Gründung eines amerikanischen Konkurrenzunternehmens, den *Mathematical Reviews*.[26]

Die deutschen Zeitschriftenverleger hatten also ein starkes Eigeninteresse daran, die Tendenz zur Selbstabschottung zu durchbrechen, einmal, um die

---

24 Joseph Needham: The Nazi attack on international science. London: Watts 1941, insbesondere S. 28-31.
25 In bezug auf das mathematische Referatewesen belegt diese These: Siegmund-Schultze (Anm. 16) S. 58f. – Auf die Internationalität verweist auch Herbert Mehrtens: The Gleichschaltung of mathematical societies in Nazi Germany. In: The Mathematical Intelligencer 11 (1989) No. 3, S. 48-60, hier S. 59.
26 Siegmund-Schultze (Anm. 16) S. 153 und Anlage 7.

wichtigen Absatzmärkte im Ausland nicht zu verlieren, zum anderen aber auch, um zu verhindern, daß Konkurrenzunternehmen in den europäischen Nachbarstaaten und den USA das Terrain besetzten. Mit dieser Strategie gelang es ihnen eine Zeitlang, die international führende Stellung der deutschen wissenschaftlichen Zeitschriften abzusichern.

Besondere Beachtung verdient die Frage der jüdischen Mitarbeiter an wissenschaftlichen Zeitschriften. Sie war den Ideologen des Nationalsozialismus noch viel wichtiger als die mögliche »Überfremdung« durch Ausländer. Hier zeigt sich insgesamt ein trostloses Bild, das nur durch ganz wenige Lichtblicke aufgehellt wird.

In den ersten Jahren der NS-Herrschaft gab es erstaunlicherweise keine rechtliche Bestimmung, die den Ausschluß von jüdischen Mitarbeitern juristisch verbindlich vorgeschrieben hätte. Wissenschaftliche Autoren bzw. Herausgeber brauchten nicht Mitglied der Reichsschrifttumskammer zu werden und fielen nicht unter den Arierparagraphen des Schriftleitergesetzes.[27] Erst die »Amtliche Bekanntmachung der Reichsschrifttumskammer Nr. 70« vom 15. April 1940[28] bildete die juristische Basis für ein Herstellungs- und Verbreitungsverbot jüdischer Literatur. In § 4 werden »Werke voll- oder halbjüdischer Verfasser« verboten, auch wenn sie nicht in die *Liste des schädlichen und unerwünschten Schrifttums* eingetragen sind. Eine solche Liste wurde von der Reichsschrifttumskammer geführt. Die betreffenden Publikationen durften übrigens auch nicht exportiert werden.[29]

Bei der Durchsetzung der »Nationalen Revolution« kam es aber nur in eingeschränktem Maß auf das kodifizierte Recht an. Viel entscheidender war die freiwillige Bereitschaft zur Kollaboration. So erscheint am 5. August 1933 in der *Juristischen Wochenschrift* (W. Moeser Buchhandlung, Leipzig) auf der ersten Seite eine stark hervorgehobene Erklärung, in der es u. a. heißt:

»*Die Juristische Wochenschrift* (...) kann nur Beiträge von Personen veröffentlichen, die Arier sind. Bücher, deren Verfasser Nichtarier oder die in nichtarischen Verlagsunternehmungen erschienen sind, werden im Schrifttum nicht besprochen; Anzeigen über solche Bücher werden auch nicht in den Anzeigenteil aufgenommen.«[30]

27 Reichsgesetzblatt 1933, Teil I, S. 713. – Vgl. Gerhard Menz: Der Aufbau des Kulturstandes. Die Reichskulturkammergesetzgebung, ihre Grundlagen und ihre Erfolge. München, Berlin: Beck 1938 (Arbeit und Wissen, Band 3).
28 Abgedruckt im Börsenblatt Nr. 117 vom 23. Mai 1940 sowie im Anhang der Arbeit von Dietrich Aigner: Die Indizierung ›schädlichen und unerwünschten Schrifttums‹ im Dritten Reich. In: Archiv für Geschichte des Buchwesens 11 (1970) Sp. 933-1034.
29 Nach einer Bekanntmachung der Wirtschaftsstelle des deutschen Buchhandels vom 25. 2. 1941. In: Handbuch der Reichsschrifttumskammer. Hrsg. von Wilhelm Ihde. Leipzig: Börsenverein 1942, S. 80.
30 Jahrgang 62 (1933) Heft 31, S. 1689.

In zahlreichen Fällen fehlen schon 1933 jüdische Herausgeber ohne besondere Erklärung plötzlich auf dem Titelblatt von Zeitschriften, die sie jahrelang betreut hatten. So ist es z. B. David Katz bei der *Zeitschrift für Psychologie* (Verlag Johann Ambrosius Barth, Leipzig) ergangen oder William Stern sowohl bei der *Zeitschrift für pädagogische Psychologie und Jugendkunde* (Quelle & Meyer, Leipzig) als auch bei der *Zeitschrift für angewandte Psychologie und Charakterkunde* (Johann Ambrosius Barth).[31] Diese Namen stehen für Hunderte weiterer Betroffener. Die letzten jüdischen Herausgeber wurden nach den Novemberpogromen des Jahres 1938 zum Ausscheiden genötigt.

Ihre Ersetzung durch »arische« Nachfolger konnte den Lesern nicht verborgen bleiben. Auch das allmähliche Fehlen von Beiträgen jüdischer Mitarbeiter ließ sich nicht vertuschen. Völlig im dunkeln aber blieb, wenn eine Auseinandersetzung mit jüdischen Wissenschaftlern gar nicht mehr stattfand und ihre Namen aus den Literaturverzeichnissen getilgt wurden. Dafür ist der folgende Brief eines Zeitschriftenherausgebers ein unrühmliches Beispiel:

»Ich habe mich gestern den ganzen Tag mit Hennig bzw. dessen Manuskript herumgeschlagen. Wir konnten schließlich das Referat so wesentlich kürzen, daß wir ein Dutzend Bücher ganz einfach strichen, oft alte Sachen, deren Verlage gar nicht mehr existieren, Bücher jüdischer Autoren, wo sowieso nicht reklamiert werden wird usw.«[32]

Hier wird deutlich erkennbar, daß es nicht nur die Parteistellen oder gleichgeschalteten Berufsorganisationen waren, die für den Ausschluß von Juden aus der wissenschaftlichen Kommunikation sorgten, sondern auch die Alltagsbequemlichkeit, die sich den herrschenden Antisemitismus gedankenlos zunutze machte, ihren Teil dazu beitrug. Mit Furcht vor Sanktionen ist solches Verhalten nicht zu erklären. Die Nationalsozialisten hatten keineswegs alles unter Kontrolle. So war es einem international verbreiteten Referateorgan wie dem *Zentralblatt für die gesamte Neurologie und Psychiatrie* (Springer-Verlag) noch bis 1944 möglich, in nahezu jedem Heft Werke jüdischer Autoren zu besprechen. In Band 102 (1942) waren dies etwa Schriften von Maurice H. Pincus, Albert Salmon, David J. Cohn, B. Berliner, Leo Spiegel, D. Rosenstein, Benjamin Friedman,

---

31 Joachim F. Wohlwill: German psychological journals under National Socialism. A history of contrasting paths. In: Journal of the history of the behavioral sciences 23 (1987) S. 169-185. – Zu den psychologischen Zeitschriften vgl. auch: Eckart Scheerer: Fifty volumes of psychological research/Psychologische Forschung. The history and present status of the journal. In: Psychological research 50 (1988), S. 71-82. – Mitchell G. Ash: Ein Institut und eine Zeitschrift. Zur Geschichte des Berliner Psychologischen Instituts und der Zeitschrift »Psychologische Forschung« vor und nach 1933. In: Psychologie im Nationalsozialismus. Hrsg. von Carl Friedrich Graumann. Berlin, Heidelberg, New York: Springer-Verlag 1985, S. 113-137.

32 Erich Rothacker an Paul Kluckhohn am 30. 8. 1937. Deutsches Literaturarchiv Marbach: Bestand Deutsche Vierteljahrsschrift.

Karl Landsteiner, Theodora Abel, Betti Katzenstein, Leon Epstein, G. M. Davidson, H. Goldman, R. Grünthal, Bernard Epstein, J. L. Abramson, Marcell David, Nathan Einhorn, Fritz Buchthal, Z. Lebensohn, L. Guttmann.

Die wenigen positiven Beobachtungen lassen jedoch nicht den Schluß zu, daß es den Exportzeitschriften wesentlich besser als anderen Blättern gelang, die Ausschaltung der Juden aus der Welt der Wissenschaft zu verhindern.

Zensur

Die Unabhängigkeit der Zeitschriften war auch durch Zensureingriffe gefährdet. In der Literatur zum Thema[33] ist die Frage der nationalsozialistischen Zensur für wissenschaftliche Literatur allzu stiefmütterlich behandelt worden, so als habe sie damals keine Rolle gespielt. Deshalb sollen die Verfahren und Kompetenzen bei der Literaturüberwachung an dieser Stelle etwas ausführlicher beschrieben werden.

Die Voraussetzungen für die Disziplinierung von Autoren und Verlegern schuf die Hitler-Regierung bereits im Februar 1933. Mit einer Serie von Verordnungen wurden wichtige Grundrechte, darunter das Recht auf freie Meinungsäußerung und Pressefreiheit, außer Kraft gesetzt. Unmittelbar betroffen waren wissenschaftliche Autoren vom »Gesetz zur Wiederherstellung des Berufsbeamtentums« vom 7. April 1933[34], wenn sie hauptberuflich an staatlichen Hochschulen arbeiteten. Sofern sie »nichtarischer« Abstammung waren oder nach ihrer bisherigen politischen Betätigung nicht die Gewähr dafür boten, »daß sie rückhaltlos für den nationalen Staat eintreten«, wurden sie aus ihren Ämtern entlassen. Für die Betroffenen bedeutete diese Maßnahme zugleich ein faktisches Publikationsverbot[35], für die Nicht-Betroffenen war das Gesetz – weit über seinen engeren Anwendungsbereich hinaus – ein Akt von einschüchternder Wirkung.

---

33 Zum Thema nationalsozialistische Zensur vgl. Aigner (Anm. 28) sowie Dietrich Strothmann: Nationalsozialistische Literaturpolitik. Ein Beitrag zur Publizistik im Dritten Reich. Bonn: Bouvier 1960 (Abhandlungen zur Kunst-, Musik- und Literaturwissenschaft Bd. 13). – Volker Dahm: Das jüdische Buch im Dritten Reich. In: Archiv für Geschichte des Buchwesens 20 (1979) Sp. 1-300. – Ders.: Nationalsozialistische Schrifttumspolitik nach dem 10. Mai 1933. In: 10. Mai 1933. Bücherverbrennung in Deutschland und die Folgen. Hrsg. von Ulrich Walberer. Frankfurt a. M.: Fischer 1983, S. 36-83. – Hermann Haarmann, Walter Huder, Klaus Siebenhaar: ›Das war ein Vorspiel nur...‹ Bücherverbrennung Deutschland 1933: Voraussetzungen und Folgen. Ausstellung der Akademie der Künste vom 8. 5.-3. 7. 1983. Berlin, Wien: Medusa-Verlagsgesellschaft 1983, S. 255-332 (Akademie-Katalog 137).
34 Reichsgesetzblatt 1933, Teil I, S. 175-177.
35 Dorothee Mussgnug: Die vertriebenen Heidelberger Dozenten. Heidelberg: Winter 1988 (Heidelberger Abhandlungen zur mittleren und neueren Geschichte, N. F. Band 2), S. 128-131.

Als im Herbst 1933 die Reichskulturkammer mit ihren Einzelkammern – u. a. der Reichsschrifttums- und Reichspressekammer – gebildet wurde, mußten alle Schriftsteller und Publizisten, wenn sie weiter in Deutschland veröffentlichen wollten, zwangsweise die Mitgliedschaft erwerben. Die wissenschaftlichen Autoren waren davon ausgenommen, wenn sie sich lediglich auf ihrem Fachgebiet schriftstellerisch betätigten.

Die Verleger waren – anders als die Verfasser wissenschaftlicher Literatur – dem Einfluß des Propaganda-Ministeriums direkt ausgesetzt. Sie mußten in jedem Fall Mitglied der Reichsschrifttumskammer werden. Eine zusätzliche Mitgliedschaft bei der Reichspressekammer war dann erforderlich, wenn Zeitschriften zum Verlagsprogramm gehörten, die häufiger als vierteljährlich erschienen und sich an ein allgemeines Publikum richteten. Zugleich waren die Verleger im »Reichsverband Deutscher Zeitschriften-Verleger« organisiert, der korporatives Mitglied der Reichspressekammer war. Damit wurden sie zu unmittelbaren Adressaten staatlicher oder halbstaatlicher Direktiven.

Das Propagandaministerium formulierte in erster Linie die strategischen Richtlinien, die dann über die Kammern bzw. deren Mitgliedsverbände an die Verleger und schließlich an die Herausgeber weitergegeben wurden. Das Goebbels-Ministerium besaß auch die Verbotsvollmacht, hat aber davon meines Wissens bei einer wissenschaftlichen Zeitschrift keinen Gebrauch gemacht. Das hätte auch unweigerlich zu einem Kompetenzkonflikt mit dem Reichsminister für Erziehung, Wissenschaft und Volksbildung geführt.

Von welcher Art die allgemeinen Anweisungen des Propaganda-Ministeriums gewesen sind, sei an einem Beispiel demonstriert, das die Volksabstimmung über den »Anschluß« Österreichs am 10. April 1938 betrifft. In der Anordnung an alle Zeitschriftenverleger heißt es:

»1. Alle deutschen Zeitschriften haben sich in den kommenden Wochen in den Dienst der Volksabstimmung zu stellen. [...] 3. Alle Monatszeitschriften haben den Redaktionsschluß für die April-Nummer zunächst bis zum 25. März aufzuschieben.«

In der folgenden Anordnung wurden als Wahlkampfthemen für die Zeitschriften vorgegeben: »Anschluß Österreichs an das Deutsche Reich« und »Fünf Jahre Aufbauarbeit unter Adolf Hitler«. »Jede Zeitschrift soll im Rahmen ihres Aufgabenbereiches auf die Bedeutung dieser Volksabstimmung hinweisen.«[36] Die wissenschaftlichen Zeitschriften konnten sich dieser politischen Aktion keineswegs

---

36 Anordnung Nr. 1 (verbreitet durch Rundschreiben des Reichsverbands der Zeitschriftenverleger am 19. 3. 1938) und Anordnung Nr. 2 (mitgeteilt am 21. 3. 1938) sind abgedruckt bei Gerhard Sandner: Die Geographische Zeitschrift 1933-1944. Eine Dokumentation über Zensur, Selbstzensur und Anpassungsdruck bei wissenschaftlichen Zeitschriften im Dritten Reich. In: Geographische Zeitschrift 71 (1983) S. 65-87 und 127-149, hier S. 70f.

entziehen. Zeitschriften wie die *Chemische Apparatur*, die *Zeitschrift für das gesamte Krankenhauswesen* oder *Die Naturwissenschaften* (alle Springer-Verlag) nahmen aus Anlaß der Volksabstimmung eine vom Reichsverband vorformulierte Beilage mit dem Titel »Jede Stimme dem Führer des größeren Deutschland« auf. Andere Blätter gaben sich mehr Mühe, das Ereignis gebührend zu würdigen. Die *Historische Zeitschrift* (Verlag Oldenbourg, München) eröffnete ihren 158. Band (1938) mit einem feierlichen Geleitwort des Herausgebers Karl Alexander von Müller, das mit dem Satz begann: »Dies ist das erste Heft der ›Historischen Zeitschrift‹, welches in dem neuen Großdeutschen Reich erscheint.«

Der Reichsverband bildete, wie diese Beispiele belegen, den Transmissionsriemen für die Direktiven des Propaganda-Ministeriums. Von Fragen der Papierbewirtschaftung bis zum Export war dieser Verband die Instanz, die für die Entwicklung der wissenschaftlichen Zeitschriften praktisch am bedeutsamsten gewesen ist.[37]

Eine dritte Steuerungsgewalt neben Staat und Fachverband beanspruchte die Partei. Es gab zahlreiche Schrifttumsämter der NSDAP. Besonders intensiv ist das wissenschaftliche Schrifttum von zwei Stellen überwacht worden:

a) Von der »Parteiamtlichen Prüfungskommission zum Schutze des NS-Schrifttums« (PPK). Ihr Vorsitzender war Philipp Bouhler, ihr Leiter Karl-Heinz Hederich, der in Personalunion auch der Abteilung VIII (Schrifttum) des Propaganda-Ministeriums vorstand. Der parteiamtliche Zensurauftrag hatte durch ein Abkommen mit der Reichsschrifttumskammer Verbindlichkeit für den Buchhandel, so daß von der PPK beanstandete Bücher praktisch nicht verbreitet werden konnten.[38] Ein positives Votum der Kommission war mit der Aufnahme des entsprechenden Titels in die *NS-Bibliographie* verbunden und wirkte sich in der Regel verkaufsfördernd aus. Für das periodische Schrifttum war die PPK eigentlich nicht zuständig. Nur in Verbindung mit der am 1. Juni 1938 eingeführten »Führerzitatenprüfung« mußten auch Zeitschriftenmanuskripte bei dieser Stelle zur Genehmigung eingereicht werden, wenn sie Zitate aus einer Hitler-Rede oder aus *Mein Kampf* enthielten.[39]

---

[37] Die Bedeutung des Reichsverbandes wird bei Sandner (Anm. 36) sehr gut herausgearbeitet.

[38] Anordnung des Präsidenten der Reichsschrifttumskammer betr. Verbreitungsverbot der von der Parteiamtlichen Prüfungskommission beanstandeten Schriften vom 16. 4. 1935. In: Das Recht der Reichskulturkammer. Hrsg. von Karl-Friedrich Schrieber. Band 2: Vom 1. Januar bis 30. Juni 1935. Berlin: Junker & Dünnhaupt 1935, S. 90f.

[39] Dazu Jürgen Soenke: Studien über zeitgenössische Zensursysteme. Phil. Diss. Greifswald. Prag 1940, S. 69.

b) Sodann spielte das »Amt Schrifttumspflege« bzw. die angegliederte »Reichsstelle zur Förderung des deutschen Schrifttums« unter Alfred Rosenberg eine ideologisch wichtige Rolle. Diese Institution sollte eigentlich nur die für die Schulung der Parteimitglieder relevante Literatur überprüfen, verstand ihren Auftrag aber sehr umfassend. Mit Hilfe von Hunderten ehrenamtlicher Lektoren wurde eine *Bücherkunde* zusammengestellt, der ab November 1935 ein *Jahresgutachten-Anzeiger* beigefügt war. Auch wissenschaftliche Zeitschriften wurden in diesem Blatt empfohlen oder verworfen. Dort erfuhr z. B. der von Hans Freyer mitherausgegebene *Volksspiegel. Zeitschrift für Soziologie und Volksgemeinschaft* (Kohlhammer Verlag, Stuttgart) eine detaillierte ablehnende Kritik.[40]

Aus der Perspektive eines betroffenen Herausgebers stellte sich die gutachterliche Arbeit des Rosenberg-Amtes so dar:

»Eines Morgens beim Frühstück zeigte mir jemand ein vertrauliches Rundschreiben an die Lektoren der Reichsstelle zur Förderung des deutschen Schrifttums, in welchem (...) gesagt wurde daß wir die D. V. J. [Deutsche Vierteljahrsschrift für Literaturwissenschaft und Geistesgeschichte] hermetisch usw. gegen den neuen Geist verschlössen und uns seit 1933 nicht gewandelt hätten. Ich vermute, daß der mir wenig wohl gesinnte Franz Koch dahinter steht, glaube aber, daß man nichts gegen diese böswillige Verunglimpfung unternehmen kann, was auch die Meinung Will Vespers war, sondern einfach sich treu bleiben muß.«[41]

Der Schreiber dieser Zeilen, Paul Kluckhohn, ereifert sich mehr über die angeblich falsche Beurteilung der Zensurstelle als über den Vorgang als solchen. Immerhin erkennt er mit dem scharfen Blick des Betroffenen, daß die Sanktionsmöglichkeiten der Reichsstelle begrenzt waren und aus dieser Richtung keine konkreten Konsequenzen befürchtet werden mußten.[42]

Aber es gab noch weitere Instanzen, die Einfluß auf die Redaktionspolitik zu nehmen suchten, etwa Berufsverbände und wissenschaftliche Vereinigungen. Das *Zentralblatt für Psychotherapie* (Hirzel, Leipzig) konnte zwischen Februar und Dezember 1933 überhaupt nicht erscheinen, weil die herausgebende Körperschaft, »die allgemeine ärztliche Gesellschaft für Psychotherapie sich auf die nationale Revolution und die von Grund aus veränderte Daseinsform des deutschen Volkes erst umstellen mußte, bevor sie die Arbeiten und Gedankengänge ihrer forschenden Mitglieder einem größeren Kreise wieder vorlegen konnte.«[43] Der neue Herausgeber C. G. Jung und der neue Reichsführer der Gesellschaft

---

40 Bücherkunde der Reichsstelle zur Förderung des deutschen Schrifttums 2 (1935) S. 149 bzw. 244.
41 Kluckhohn an Rothacker am 19. 5. 1938 (Anm. 32).
42 So urteilt auch Dahm 1983, S. 73 (Anm. 33).
43 Zentralblatt für Psychotherapie 6 (1933) S. 141.

M. H. Göring achteten darauf, daß in Zukunft »einseitige Betrachtungsweisen« vermieden und die »längst bekannten Verschiedenheiten der germanischen und jüdischen Psychologie nicht mehr verwischt« wurden.[44]

Eine weitere Spielart der Zensur muß in diesem Zusammenhang erwähnt werden. Die forcierte Aufrüstung im Rahmen des Vierjahresplans führte schon ab Herbst 1936 zu einer strengen Rohstoffbewirtschaftung. Die Verleger durften ihren Papierbedarf seither nicht mehr pauschal anmelden, sondern waren genötigt, ihn für jedes Buch- und Zeitschriftenprojekt im einzelnen zu begründen. Damit bekam das Prüfungsgremium bei der Wirtschaftsstelle des deutschen Buchhandels ein hochwirksames Zensurinstrument in die Hand. Es diente insbesondere seit der verschärften Kriegslage im Jahr 1942 nicht bloß zum gelegentlichen Eingriff in die Literaturproduktion, sondern konnte, als wirtschaftliche Notmaßnahme getarnt, zur verborgenen Steuerung des gesamten Verlagswesens genutzt werden. In allen Zweifelsfällen mußten die Manuskripte der Wirtschaftsstelle vorgelegt werden.[45]

Nach Kriegsbeginn wurden die Zensurbestimmungen deutlich verschärft. Neben dem Papierantrag war es nun nötig, bestimmte Verlagsobjekte anzumelden. Nach einer Verfügung des Propaganda-Ministeriums vom 1. April 1940 waren die Verleger verpflichtet, detaillierte Auskünfte über Verfasser, Inhalt, Aufbau und Veröffentlichungsgrund für jedes geplante Werk auf folgenden Gebieten zu geben:

»1. Wehrschrifttum sowie das politische und schöngeistige Schrifttum, soweit es die Interessen der Wehrmacht berührt oder im Titel auf diese Bezug nimmt.
2. Außenpolitisches Schrifttum sowie geschichtliches Schrifttum, soweit es in Beziehung zum jetzigen Krieg steht.
3. Wirtschaftspolitisches Schrifttum.«[46]

Für die letzte Kategorie hatte das Reichswirtschaftsministerium schon im Februar 1940 ausführliche »Richtlinien zur Beschränkung von Veröffentlichungen im Bereich der Wirtschaft« erlassen. Darin wurden alle Zahlen und sonstigen Angaben, alle bildlichen und kartographischen Darstellungen, durch die wehrwirtschaftliche und wehrpolitische Belange des Deutschen Reiches gefährdet werden konnten, von der Veröffentlichung ausgeschlossen.[47] Von der Anmeldepflicht waren im Grunde die gesamten Naturwissenschaften und die Technik betroffen, aber auch weite Bereiche der Geisteswissenschaften. Alles konnte letztlich für die Kriegsführung von Bedeutung sein.

---

44 Ebenda S. 139 (Geleitwort C. G. Jung).
45 Vgl. Hövel (Anm. 7) S. B 13f.
46 Handbuch (Anm. 29) S. 137.
47 Ebenda S. 141.

Der nächste Schritt nach der Anmeldung war die Vorlage des Manuskripts oder der Fahnen bei der Abteilung Schrifttum des Ministeriums.[48] Erst aufgrund dieser Prüfung konnte das Werk freigegeben werden. Unabhängig davon mußte aber der Antrag auf Papierbewilligung genehmigt sein. Um in diesem bürokratischen Dickicht nicht zu strauchlen, sind manche Verleger dazu übergegangen, der Einfachheit halber jedes im Umbruch vorliegende Zeitschriftenheft vor dem Druck in Berlin genehmigen zu lassen.[49] Dabei handelte es sich aber um eine freiwillige Vorsichtsmaßregel.

Die Schriftleitung der etwas sorgloser verfahrenden *Geographischen Zeitschrift* (Teubner, Leipzig) erhielt im März 1941 einen scharfen Ordnungsruf des Propagandaministeriums wegen eines Artikels über Griechenlands wirtschaftliche und politische Lage:

»Angesichts der Tatsache, daß Griechenland auf die Seite Englands getreten ist, muß ein Überblick über die deutsch-griechischen Beziehungen in der Art, wie er in dem Artikel gegeben wurde, als völlig abwegig bezeichnet werden. [Der Beitrag] ist unter den gegenwärtigen Umständen durchaus unangebracht und widerspricht dem Geist deutsch-italienischer Freundschaft.«[50]

Die Praxis der Planungsanmeldung und Manuskriptprüfung mitten im Krieg hatte langwierige Verzögerungen bei der Publikation zur Folge. Im Frühjahr 1944 war der Rückstau unbearbeiteter Anträge offensichtlich so groß geworden, daß das Ministerium die Verleger bitten mußte, bis auf weiteres keine Manuskripte mehr zur Bearbeitung einzureichen. Vielmehr wurde den Verlegern selber die volle Verantwortung dafür übertragen, daß keinerlei für die Kriegsgegner interessante Unterlagen veröffentlicht werden bzw. zur Ausfuhr gelangen. Die staatliche Zensur hatte es in den Jahren zuvor längst geschafft, Autoren und Verleger nachhaltig zu disziplinieren und konnte es sich in dieser Situation, als sowieso kaum noch publiziert wurde, leisten, auf die Ausübung formeller Kontrollen zu verzichten.

Hält man sich alle Maßnahmen vor Augen, dann kann man die Behauptung, es habe für wissenschaftliche Literatur in der Nazi-Zeit keine Zensur gegeben, nur als Verharmlosung bezeichnen. Richtig ist, daß es keine standardisierten Kontrollverfahren gab. Jeder Verleger hatte theoretisch die Möglichkeit, ohne Vorprüfung durch eine amtliche Stelle das zu veröffentlichen, was er für richtig hielt. In der NS-Propaganda wurde dieser Zustand euphemistisch als »Selbstverantwortung« der Verleger bezeichnet. Es war aber eine Scheinverantwortung

---

48 Die Prüfung war schon am 1. 2. 1940 in einer Anordnung von Goebbels verbindlich vorgeschrieben worden. Ebenda S. 137.
49 Dies wird z. B. 1941 von der »Umschau. Wochenschrift über die Fortschritte in Wissenschaft und Technik« (Breidenstein Verlagsgesellschaft, Frankfurt a. M.) berichtet. Vgl. Sandner (Anm. 36) S. 83 f.
50 Sandner (Anm. 36) S. 82.

innerhalb von eng definierten Grenzen, die man nur deshalb einräumen mußte, weil die Einzelfallzensur von ca. 20 000 neu erscheinenden Büchern (Erstauflagen) und 5700 laufenden Zeitschriften (im Jahr 1938) einen gigantischen Kontrollapparat erfordert hätte. Jeder Beteiligte war sich völlig darüber im klaren, welche Reizthemen (z. B. Relativitätstheorie, Psychoanalyse), welche Methoden (z. B. marxistische Ansätze) oder welche Aussagen (z. B. Kritik an den ideologischen Grundlagen der NS-Politik) um den Preis der Weiterexistenz der Zeitschrift zu vermeiden waren. Die zahlreichen Richtlinien bzw. Bewertungen der verschiedensten Stellen bezeichneten die Gleise, auf denen man sich zu bewegen hatte, sehr genau.

Auffallend ist, daß konkrete Zensureingriffe bei der derzeitigen Quellenlage im Bereich der Exportzeitschriften nicht nachgewiesen werden können. Das hängt vielleicht damit zusammen, daß etwa spezielle biochemische und mathematische Themen, die in diesen Zeitschriften behandelt wurden, für ideologische Einflüsse nur wenig Ansatzpunkte boten. Man mußte von den »reinen« auf die »angewandten« Wissenschaften übergehen, wenn man auch in Disziplinen wie Mathematik eine Politisierung wünschte. Dann boten sich Themen wie Erbmathematik, volkswissenschaftliche Statistik, Bildmessung und Flugzeugortung, Wehr- und Sportmathematik an. Eine solche Ausrichtung auf Interessen der NS-Politik aber konnte nicht mit dem Instrument der Zensur erzwungen, sondern nur auf dem Weg der Selbstanpassung erreicht werden.

Manche Zeitschriftenredaktionen taten in voller Begeisterung für die »nationale Revolution« mehr, als die neuen Machthaber von ihnen erwarten konnten. Kein Parteifunktionär wäre wohl im Januar 1933 auf die Idee gekommen, eine Titeländerung der Zeitschrift *Euphorion. Zeitschrift für Literaturgeschichte* (Metzler, Stuttgart) zu verlangen. Diese Maßnahme blieb den Verantwortlichen selber vorbehalten, die in dem Titel eine »überbetonte Abhängigkeit deutscher Bildung von humanistischer Gelehrsamkeit« zum Ausdruck kommen sahen und ihn deshalb veränderten.[51] Die Zeitschrift nannte sich unter den neuen Herausgebern Hermann Pongs und Julius Petersen mit dem Jahrgang 1934 *Dichtung und Volkstum*.

Dies war nicht bloß eine formale Änderung, sondern zugleich ein Signal für eine neue inhaltliche Ausrichtung, wie sie in den Titeln der ersten drei Beiträge von *Dichtung und Volkstum* programmatisch erkennbar wird: Joseph Nadler schreibt über »Rassenkunde, Volkskunde, Stammeskunde«, Julius Petersen

---

51 Dichtung und Volkstum 35 (1934). – Zu dieser Zeitschrift vgl. Reinhard Wittmann: Ein Verlag und seine Geschichte. Dreihundert Jahre J. B. Metzler Stuttgart. Stuttgart: Metzler 1982, S. 575f. und 582-585. – Reinhard Tgahrt: Beiträge der Literaturwissenschaft. In: Klassiker in finsteren Zeiten 1933-1945. Eine Ausstellung des Deutschen Literaturarchivs. Marbach 1983, Band 1, S. 244-298, insbesondere S. 249-251.

über »Die Sehnsucht nach dem Dritten Reich in deutscher Sage und Dichtung« und Hermann Pongs über den »Krieg als Volksschicksal im deutschen Schrifttum«. Die Themenwahl erfolgte fortan in nationalsozialistischem Geiste.

In der *Deutschen Vierteljahrsschrift für Literaturwissenschaft und Geistesgeschichte* (Max Niemeyer Verlag, Halle a. d. S.) wird den Lesern keine spektakuläre Neuorientierung aufgefallen sein. Und doch fehlen auch hier plötzlich bestimmte Themen oder methodische Ansätze, die man in einem anderen politischen Klima wohl nicht hätte unterschlagen können. 1935 äußert sich ein Herausgeber, Paul Kluckhohn, folgendermaßen:

»Du weißt, ich bin nicht dafür, daß wir wie es etwa die Zeitschriften des Verlages Siebeck getan haben mit Volldampf gleichschalten und etwa Beiträge bewährter jüdischer Mitarbeiter zurückweisen, aber mit der Psychoanalyse in der Literaturwissenschaft habe ich nie mitgekonnt und ich stehe ihr jetzt natürlich nicht weniger ablehnend gegenüber. Auch wenn Pfandl in dem Fall des Narzißmythos recht haben mag...«[52]

Das Manuskript wird aus Gründen abgelehnt, die mit den herrschenden Ressentiments konvergieren und damit einer rationalen Argumentation entzogen sind. Eine andere Form von Anpassung zeigt sich in den drei führenden deutschen geographischen Zeitschriften. Dort sind während der Naziherrschaft die Länder Japan, Norwegen (Skandinavien überhaupt) und die ehemaligen afrikanischen Kolonien Deutschlands zu wichtigen Forschungsthemen aufgestiegen – parallel zu den Interessen der nationalsozialistischen Politik. Natürlich wurde 1938 auch der »Anschluß« Österreichs in den geographischen Zeitschriften entsprechend umfangreich mit wissenschaftlichen Beiträgen begleitet.[53] Dabei mochten die Forschungsarbeiten durchaus seriös sein – in diesem Kontext verloren sie ihre akademische Unschuld und wurden zu einer politischen Demonstration.

Auch an diesen Beispielen zeigt sich: Zeitschriften mit weltanschaulichen Bezügen und einem Leserkreis, der überwiegend in Deutschland beheimatet war, befanden sich in einer besonders exponierten Lage und hatten nur begrenzte Spielräume.

---

52 Kluckhohn an Rothacker am 5. 3. 1935 (wie Anm. 32). – Zur Ausrichtung der Zeitschrift vgl. Wilhelm Vosskamp: Kontinuität und Diskontinuität. Zur deutschen Literaturwissenschaft im Dritten Reich. In: Wissenschaft im Dritten Reich. Hrsg. von Peter Lundgreen. Frankfurt am Main: Suhrkamp 1985, S. 140-161, insbesondere S. 145f. (Edition Suhrkamp, 1306).
53 Zum Beispiel Henning Heske: German geographical research in the Nazi period. A content analysis of the major geography journals, 1925-1945. In: Political geography quarterly 5 (1986) S. 267-281.

Resümee

In der Diskussion mit ausländischen Bibliothekaren über die Preise deutscher wissenschaftlicher Zeitschriften hat die NS-Regierung Partei für die Verleger ergriffen und ein günstiges Exportverfahren ermöglicht. Ihr war daran gelegen, weitere devisenwirtschaftliche Einbußen zu verhindern. Daraus resultierte eine relativ starke Stellung der deutschen Wissenschaftsverleger, die sie dazu nutzten, Angriffe auf ihre unternehmerische Unabhängigkeit abzuwehren, die internationalen Autorenverbindungen so lange wie möglich zu pflegen und das wissenschaftliche Niveau der Zeitschriften einigermaßen zu sichern.

Aber auch bei den wissenschaftlichen Zeitschriften mit hohem Exportanteil sind die Juden aus den Herausgebergremien und Autorenstäben herausgedrängt worden. Darin kommt eine gravierende Einschränkung der redaktionellen und wissenschaftlichen Autonomie zum Ausdruck.

Die Zeitschriften, bei denen es auf ein Urteil des Auslands, das auch wirtschaftlich ins Gewicht fiel, nicht ankam, wurden von den Nationalsozialisten sehr viel schärfer reglementiert. Die Zensureingriffe, die in ihrer Wirkung bisher unterschätzt wurden, trafen diese Zeitschriften – in der Regel waren es geisteswissenschaftliche Periodika – besonders ungeschützt.

Entscheidendes Signal für den Rückzug der ausländischen Autoren waren die Novemberpogrome des Jahres 1938. Von da an verlor das Kriterium des Exportanteils immer mehr an Bedeutung. Im Krieg waren alle Zeitschriften grau: Nicht nur das Papier wurde unansehnlich, auch die programmatischen Unterschiede wurden in den Zusammenlegungsaktionen des Jahres 1943 verwischt, und auf den Druckbogen spiegelte sich ein ganz desolater Zustand der Wissenschaft, der deutschen Wissenschaft.

Edda Ziegler

RO-RO-RO und seine Leser

Zur Entstehungs- und Rezeptionsgeschichte von Rowohlts Rotations Romanen

Rowohlts Rotations Romane[1] – Romane der Weltliteratur in Zeitungsform: im Format einer halben Zeitungsseite, ungebunden und ungeheftet, in drei Kolumnen in einer auch auf stark holzhaltigem Papier gut leserlichen Antiquaschrift gedruckt; die einfache Nummer im Umfang von bis zu 48 Seiten, das Doppel-, Drei- und Vierfachheft entsprechend stärker. Die Titelseite, ebenfalls einfaches Zeitungspapier, meist mit einer ganzseitigen, oft zweifarbigen Zeichnung; kleinerformatige Zeichnungen, darunter schon solche der späteren Rowohlt-Taschenbuchgraphiker, illustrieren häufig den Text. Auf dem Titelblatt unübersehbar: das Signet, in noch wechselnder Form; anfangs stets kreisrund, die drei *RO* in unterschiedlicher, doch immer das Rotationsprinzip darstellender Anordnung dem Kreis eingeschrieben, erst spät die Form der drei untereinandergesetzten *RO* entwickelnd. So kommen die Rotationsromane zwischen Dezember 1946 und Oktober 1949 auf den Markt.

Jedes Heft enthält einen abgeschlossenen Text, dazu ein »Nachwort«, das über Autor und Werk informiert, und eine Schlußrubrik »Bitten an die Leser!«[2], in der der Verlag seine potentiellen Leser direkt anspricht und auffordert, sich zum Unternehmen *RO-RO-RO* zu äußern. Die Hefte – insgesamt 25 Nummern – erscheinen in loser Folge, zwischen 4 (1946) und 9 (1949) pro Jahr.[3] Die Auflagenhöhe beträgt in der Regel 100 000 Exemplare.[4] Sie werden über das Sortiment, aber auch am Kiosk vertrieben. Der Preis von 50 Pfennig für das einfache, 1 RM bzw. 1,50 RM für das Doppel- bzw. Dreifachheft ist auch für die Marktsituation vor der Währungsreform singulär niedrig. Die Leser – der Verlag geht, nach Umfragen, von mindestens drei Konsumenten pro Exemplar aus[5] – reißen den Händlern, gleich ob am Kiosk, in der Buchhandlung oder auf dem Schwarzen Markt, die Hefte aus den Händen. Der Erfolg ist überwältigend.

---

1 Die Schreibweise von *Rowohlts Rotations Romane* und *RO-RO-RO*, die in den Anfangsjahren noch uneinheitlich war, folgt hier der Verlagsbibliographie (Almanach, S. 630-635); vgl. auch Kiaulehn, Mein Freund, S. 263. – Die vollständigen Titel der zitierten Schriften sind im Literaturverzeichnis aufgeführt.
2 Später »Bitte an unsere Leser!« und »Ein Wort an unsere Leser!«
3 Ein vollständiges Verzeichnis s. unten.
4 Ausnahmen: Seghers: Das siebte Kreuz, 1948 mit 150 000 Ex. sowie Chesterton: Das fliegende Wirtshaus und Faulkner: Licht im August, beide 1949 mit je 50 000 Ex.
5 Erfahrungsbericht, S. 7.

Der Verlag plant schon 1947 vier weitere Reihen: eine politisch-wirtschaftlich-philosophische, eine mit Biographien und Tatsachenromanen, eine mit Jugendbüchern und eine mit illustrierten Kunstbüchern. Realisiert werden *RO-RO-Druck* und *Flugschriften zur Zeit*.[6] Das Projekt *RO-RO-RO* erscheint als die der Mangelsituation auf dem Buchmarkt der unmittelbaren Nachkriegszeit angemessene Lösung, einer Situation, in der es nicht nur den potentiellen Buchkäufern an Kaufkraft fehlte (dies wäre nur die Wiederholung bekannter Konstellationen, zuletzt aus den späten 20er Jahren), sondern auch den Buchproduzenten an Material- und Herstellungskapazität. Kurt W. Marek, Ernst Rowohlts erster Nachkriegslektor aus den Anfängen des dritten Rowohlt Verlags in Hamburg und späterer Bestsellerautor,[7] beschreibt die Lage:

»Die Situation des deutschen Verlegers in diesen Jahren war folgende: Machte er sich mit alliierter Lizenz sofort daran, neue Bücher herauszubringen oder alten und wertvollen Bestand neu aufzulegen, so gelang es ihm bei größter Mühe doch erst nach acht oder zehn Monaten, die ersten Publikationen auf den Markt zu bringen. Nach viel zu zahlreich verteilten Verlagslizenzen stand den Aufträgen der Verlage eine viel zu geringe Arbeitskapazität der übriggebliebenen, oft schwer angeschlagenen Druckereien und Bindereien gegenüber. Papier war kontingentiert – in der britischen und amerikanischen Zone durfte die Auflage eines Buches nicht über 5000 Exemplare gehen. Es fehlte an Pappe, an Leinen, selbst an Faden, Heftdraht und Buchbinderleim, sogar an Verpackungsmaterial. [...]
Der Rowohlt Verlag [...] faßte im Frühjahr 1946 den Plan, diesen Zuständen durch eine völlig neue Buchform zu begegnen. *Rowohlts Rotations Romane* wurden geboren. In wenigen Sätzen stellte der Verlag die Tendenz klar, die ihn leitete: *RORORO* bricht mit einer Tradition: Der deutschen Neigung zur »Mumifizierung« der Bücher und zur Einrichtung von »Bibliotheken« auch im kleinsten Hause. Dem »mumifizierten« Buch wird in *RORORO* das »Verbrauchsbuch« gegenübergestellt, wie es Frankreich seit jeher kannte. *RORORO* geht nicht mehr darauf aus, mit unzulänglichen Mitteln etwas vorzutäuschen, was nicht darzustellen ist. *RORORO* macht aus der Not eine Tugend. *RORORO* resultiert aus der Einsicht, daß es in Zeiten der Beschränkung nicht mehr auf das »Wie«, sondern nur noch auf das »Was« ankommt. Es ist im Augenblick nicht wichtig, Bücher für den Schrank herzustellen, sondern Bücher an die Leser zu bringen. [...]

6   In der Reihe »Flugschriften zur Zeit« erschienen 1947: Kurt Hiller: Geistige Grundlagen eines schöpferischen Deutschlands der Zukunft. Rede. – Erik Reger: Zwei Jahre nach Hitler. Fazit. – ders.: Versuch eines konstruktiven Programms aus der zwangsläufigen Entwicklung. –
    In der Reihe *RO-RO-Druck* erschienen:
    1948: Hjalmar Schacht: Abrechnung mit Hitler. – Hans Zehrer: Der Mensch in dieser Welt.
    1949: Curt Bley: Geheimnis Radar. Eine Geschichte der wissenschaftlichen Kriegsführung. – Emery Reves: Die Anatomie des Friedens. – Peter von Zahn: Schwarze Sphinx. Bericht von Rhein und Ruhr.
    (Nach: Almanach, S. 631-635). Zum weiteren Ausbau der Rotations-Reihen kam es wohl wegen der schnellen wirtschaftlichen Konsolidierung des Buchmarkts und der beschleunigten Entwicklung von Ledig-Rowohlts Taschenbuchplänen nicht. – Diese Untersuchung hat ausschließlich *Rowohlts Rotations Romane* zum Gegenstand.
7   C.W. Ceram (d.i. Kurt W. Marek): Götter, Gräber und Gelehrte. Roman der Archäologie. Hamburg: Rowohlt 1949.

> Der normale *RORORO* mit einem Umfang von 32 Seiten (die einen 350 Buchseiten starken Roman aufnahmen) kostete 50 Pfennig – in einer Zeit, da eine Zigarette auf dem schwarzen Markt zwischen 4 und 8 Mark kostete. [...] Plötzlich lagen die Werke moderner in- und ausländischer Dichter auf den Ladentischen der Buchhändler, plötzlich waren diese Werke selbst der geldarmen Jugend zugänglich. Besonders aus der Verpflichtung dieser Jugend gegenüber traf der Verlag seine Auswahl. In kurzer Zeit lag eine kleine Sammlung moderner Weltliteratur bereit, nicht für den Bücherschrank, aber zum Lesen.«[8]

Marek beschreibt hier die wesentlichen Voraussetzungen, unter denen das Projekt der Rotationsromane entstand, ja, denen es seine Entstehung teils sogar verdankt: Zum einen das geistige Vakuum, aus dem heraus Intention und Programm der Reihe wichtige Impulse gewannen; zum anderen den wirtschaftlichen Mangel auf dem Buchmarkt nach 1945 und schließlich die wichtigsten Bedingungen der Buchpolitik der alliierten Besatzungsmächte. Diese zielte unter den im Potsdamer Abkommen festgeschriebenen Prämissen – Entnazifizierung, Demokratisierung und Dezentralisierung – auf die Erneuerung auch der deutschen Kultur unter dem Begriff der Umerziehung, der »Re-Education«. Die wirksamsten Instrumente dieser Umerziehungspolitik waren im Bereich der Printmedien die Nachrichtenkontrollgesetze, die Bestimmungen zur Beseitigung aller nationalsozialistischen und militaristischen Literatur, die Lizenzierung der Verlage und Registrierung der Buchhandlungen, die Vor- und Nachzensur für alle Publikationen, die Papierbewirtschaftung und die Propagierung »demokratischer« Literatur v. a. durch amerikanische Übersetzungsprogramme und Kultureinrichtungen.[9]

Diese Untersuchung nimmt die von Marek in einem *Erfahrungsbericht über RO-RO-RO* 1947 erstmals dargelegten und in der zitierten Passage aus *Bücher in allen Taschen* noch einmal zusammengefaßten Aspekte zum Ausgangspunkt für eine Beschreibung des Phänomens, so, wie es sich im Kontext der politischen, wirtschaftlichen und literarischen Bedingungen der Jahre 1945 bis 1949 darstellt. Das Interesse konzentriert sich auf die Entstehungsgeschichte, soweit sie sich aus den Aussagen der Initiatoren, ihren Intentionen, aus verlagsgeschichtlichen Fakten und aus den *RO-RO-RO*-Heften selbst rekonstruieren läßt, und auf die zeitgenössische Rezeption, die durch die im »Erfahrungsbericht« publizierten Leserbriefe in einzigartiger Weise belegt ist. Eine Untersuchung zu *Rowohlts Rotations Romanen* liegt bisher nicht vor.[10] Ihre Entstehungsgeschichte ist in den

---

8 Mk (d. i. Kurt W. Marek): Bücher in allen Taschen. S. 34-36. Die bei Kiaulehn, Mein Freund, S. 227-229, zitierte Fassung ist gegenüber der Originalausgabe verändert.
9 Näheres zu Struktur und Praxis der Buchpolitik der Alliierten sowie zu den wirtschaftlichen Bedingungen des Buchmarkts nach 1945, soweit bekannt, bei Umlauff, Wiederaufbau und Gehring, Literaturpolitik, passim.
10 Eine Magisterarbeit zum Thema wird meine Schülerin Martina Kortner bei Reinhard Wittmann am Institut für Deutsche Philologie der Universität München in Kürze abschließen.

verlagsgeschichtlichen Arbeiten zum Rowohlt Verlag dargestellt worden.[11] Diese Darstellungen weisen jedoch die Charakteristika aller Publikationen über den Rowohlt Verlag auf. Sie sind in Diktion und Aussage, ebenso wie die erhaltenen Interviews[12], geprägt vom anekdotisch-pointierten und damit zugleich stark selektiven und auch camouflierenden Darstellungs- und Selbstdarstellungsgestus des Verlagsgründers Ernst Rowohlt. Keiner der Verfasser, die alle dem unmittelbaren Lebens- und Arbeitsumkreis des Verlegers entstammen[13], entzog sich dem Faszinosum dieses Stils. Auch in Publikationen, in denen nicht, wie in persönlichen Festgaben und Jubiläumsschriften[14], Leben und Person des Verlagsgründers im Mittelpunkt standen, dominieren biographische (wenn nicht hagiographische) Darstellungsprinzipien und verringern die historische Aussagekraft beträchtlich.

Zur Entstehungsgeschichte

Der eigentliche Urheber des Prinzips der Rotationsromane und auch ihr Namensgeber ist nicht Ernst Rowohlt, sondern sein Sohn Heinrich Maria Ledig-Rowohlt.[15] Daß Ledig letztlich auch Realisator der Idee werden konnte, obwohl Ernst Rowohlt derjenige war, der – nach anfänglicher Skepsis – ihre Bedeutung erkannte und durch die größere Fach- und Branchenkenntnis des Altverlegers viel zu ihrer Verwirklichung beitrug, war bedingt durch die Publikationspolitik der Alliierten. Ihnen galt Ledig in seinem beruflichen und politischen Verhalten während der Zeit des Nationalsozialismus als derjenige, der die Voraussetzung der »politischen Unbedenklichkeit«, die zur Erteilung einer Verlagslizenz notwendig war, mehr erfüllte als Ernst Rowohlt.

Zwar gehörten 1933, im Jahr der nationalsozialistischen Machtübernahme und der »Bücherverbrennung«, 50 Prozent des Rowohlt Verlagsprogramms zu den verbotenen und verbrannten Büchern; zwar war Ernst Rowohlt 1938 von der Reichsschrifttumskammer Berufsverbot erteilt worden wegen »Tarnung jüdi-

11 Vgl. bes. Kiaulehn, Mein Freund; Mayer, Zwanzig Jahre; ders., Schatten; ders., Selbstzeugnisse.
12 Drei Interviews mit Ernst Rowohlt sowie eines mit Heinrich Maria Ledig-Rowohlt sind veröffentlicht in Tondokumente; ein Interview mit Ledig-Rowohlt speziell zu *Rowohlts Rotations Romanen* führte Martina Kortner am 31. März 1989.
13 Paul Mayer war langjähriger Lektor und ergebener Vertrauter Rowohlts, Kiaulehn, wie schon der Titel seines biographischen Versuchs sagt, einer von Rowohlts Freunden.
14 Hesekiel, Beiträge; Ernst Rowohlt zum Gedächtnis; Rotblonder Roman; Toepffer, Bräutigam; Unseld, Ledig-Rowohlt.
15 Geb. 1908, seit 1931 zunächst als Gehilfe, dann als Leiter der Rezensionsabteilung im Rowohlt Verlag tätig; vgl. Mayer, Selbstzeugnisse, S. 196-198. Den Doppelnamen Ledig-Rowohlt führte dieser seit 1946.

scher Schriftsteller«[16] und sein Verlag war 1940, nach Rowohlts Ausreise nach Brasilien, zunächst als Tochtergesellschaft der dem *Eherkonzern* zugehörigen Deutschen Verlagsanstalt in Stuttgart (DVA) angeschlossen und 1943 wegen Rowohlts politischer Unzuverlässigkeit geschlossen worden, wobei die Verlagsrechte von der DVA verwaltet wurden. Rowohlts Stellung als Soldat und Kriegsteilnehmer unter Hitler, vor allem gegen Kriegsende[17] aber verhinderte zunächst, daß er von der britischen Militärregierung in Hamburg die beantragte Lizenz zur Wiedereröffnung seines Verlags erhielt. Diese erhielt Ledig, der den Rowohlt Verlag während seiner Zeit als Tochtergesellschaft der DVA auf Anregung des dortigen Seniorchefs Gustav Kilpper geleitet und nach Kriegsende mit Kilpper jun. zusammen Programme für DVA entwickelt hatte. Offiziere der »Information Control Division« in Stuttgart, die dort für die Medienpolitik der amerikanischen Militärregierung zuständig waren, schlugen Ledig vor, den Rowohlt Verlag wieder zu eröffnen und verbanden mit der Erteilung der Lizenz den Wunsch nach der Gründung einer Zeitschrift im Dienst demokratischer Umerziehung, speziell für eine breite jugendliche Leserschaft.[18]

In der so entstandenen Zeitschrift *Pinguin*[19] und der sich daraus entwickelnden rein literarischen Zeitschrift *story. Erzähler des Auslands*[20], die den deutschen Leser nach zwölfjähriger Abstinenz wieder mit modernen Autoren der Weltliteratur bekannt machen wollte, sind die eigentlichen Vorläufer der Rotationsromane zu sehen. Der Wunsch des Herausgebers Ledig nämlich, in *story*, deren Hefte bisher stets mehrere kurze Texte enthalten hatten, eine umfangreichere Erzählung zu publizieren[21], führte über die Konzeption einer Doppelnummer zur Einsicht, daß in Rotationsverfahren und Zeitungsformat auch der Druck umfangreicher Texte technisch machbar und unter den stark reduzierten Möglichkeiten des deutschen Buchgewerbes der Nachkriegszeit realisierbar sei. Und dies, obwohl die Westzonen nur über ein Viertel der Herstellungskapazität Deutschlands im Buchdruck verfügten, die sowjetische Besatzungszone mit dem traditionellen Buchhandelszentrum Leipzig dagegen über 75%, und obwohl 40% der dem Westen verbleibenden Druck- und 60% der Bindekapazitäten zerstört waren.[22] Damit war die Idee für *RO-RO-RO* geboren.

16 Vgl. dazu Kiaulehn, S. 184.
17 Vgl. Mayer, Selbstzeugnisse, S. 199.
18 Interview vom 31. März 1989.
19 Pinguin. Für junge Leute. Monatsschrift. Hrsg. v. Erich Kästner. Jg. 1-4, 1946-1949.
20 Story. Erzähler des Auslands. Ein monatliches Leseheft des Rowohlt Verlages. Jg. 1-4, 1946-1949.
21 David Garnetts »Lady into Fox«.
22 Zu den Problemen der Buchherstellung nach dem Zweiten Weltkrieg vgl. Umlauff, Wiederaufbau, S. 401-411.

Im Entstehungszusammenhang von *RO-RO-RO* blieb bisher ein Projekt unerwähnt, das von Konzeption, Erscheinungsweise und Erscheinungszeit her sich wie deren Vorbild ausnimmt: die Zeitschrift *Die Welt-Literatur*.[23] Auch sie entstand und erschien in einer durch Krieg und Kriegsfolgen bedingten Not- und Mangelsituation; auch ihr Inhalt bestand ausschließlich aus einem oder mehreren literarischen Texten eines Autors, laut Verlagsankündigung den »besten Romanen und Novellen aller Zeiten und Völker«, realiter allerdings, zumindest bis 1922 aus einer nach Gattungen, Epochen, zeitlicher und sprachlicher Provenienz sowie qualitativem Anspruch sehr heterogenen Mischung von Texten ohne erkennbares literarisches Programm. Auch hier wird der Text durch Informationen zu Biographie und Werk des Autors ergänzt[24]; auch hier enthalten die Hefte, wie die späten *RO-RO-RO*, einen Werbeanteil. Auch diese Zeitschrift hat das Format einer halben Zeitungsseite, ist in Kolumnen gedruckt und ungebunden. Ihr Umfang schwankt zwischen maximal 16 Seiten in den Anfangsjahren und über 100 Seiten nach 1923. Auflagenhöhe und Vertriebssystem der *Welt-Literatur* sind unbekannt. Sie wurde zwar im ganzen Reichsgebiet vertrieben[25], ihr Absatz und Bekanntheitsgrad jedoch läßt sich nicht mehr nachweisen. Überlegungen, inwieweit die Zeitschrift reales Vorbild für *RO-RO-RO* gewesen sein könnte, müssen hypothetisch bleiben. Jedenfalls aber nimmt die *Weltliteratur* – auch wenn sie Ledigs Projekt in der Höhe der Auflage, dem Umfang der einzelnen Hefte, dem niedrigen Preis und nicht zuletzt der Programmintention nicht vergleichbar ist – allein durch die Tatsache ihrer Existenz *Rowohlts Rotations Romanen* etwas von der Einmaligkeit ihrer Idee. Als Vorbilder im weiteren Sinne sind die Zeitungsromane und die Lieferungsromane im Kolportagebuchhandel anzusehen, die in Deutschland seit den 1860er und 1870er Jahren einen steigenden Marktanteil an der Vermittlung der erzählenden Literatur hatten.

Daß Ledig seine Idee zunächst nicht selbst in die Tat umsetzen konnte, hängt mit dem Problem der Papierwirtschaftung zusammen. Die amerikanische Publications Branch verweigerte dem Stuttgarter Rowohlt Verlag seiner Expansionstendenz wegen Papierzuteilungen für neue Projekte. So erschienen die ersten vier Rotationsromane mit der eigens dafür gewährten britischen Lizenz

---

23 Die Welt-Literatur. Jede Woche ein Werk. Die besten Romane und Novellen aller Zeiten und Völker. München/Berlin: Verlag Die Welt-Literatur 1915-1922, Regensburg–Leipzig: Habbel & Naumann 1923-1924. – Die Hefte erschienen bis 1920 wöchentlich, 1921/22 in unregelmäßiger Folge, ab 1923 in neun inhaltlich spezifizierten Reihen und in Sonderbänden. Die Zeitschrift konnte auch abonniert werden. – Den Hinweis auf *Die Welt-Literatur* verdanke ich Reinhard Wittmann, München/Fischbachau.
24 Als Einleitung auf dem Titelblatt, geschrieben von Richard Elchinger.
25 Auslieferungen in München, Berlin, Leipzig und Wien, ob über Buch- und/oder Zeitschriftenhandel, ist nicht mehr festzustellen.

vom 27. März 1946, im Dezember des Jahres bei Ernst Rowohlt in Hamburg, gedruckt bei Girardet & Co.

1947 gelang es den beiden Verlagsinhabern, Lizenzen auch in der französischen und der sowjetischen Zone zu erhalten.[26] Damit waren – entgegen der Limitierungs- und Dezentralisierungsabsicht der Alliierten – unter den Bedingungen der Nachkriegszeit optimale Voraussetzungen für die Realisierung des Rowohlt-Programms geschaffen. Die interzonale Präsenz gab – und das war in Zeiten der Papierbewirtschaftung entscheidend – die Berechtigung, am Papierkontingent aller vier Zonen zu partizipieren[27]; sie ermöglichte zudem die Herstellung im gesamten Besatzungsgebiet[28]; in einem Land mit weitgehend zerstörten industriellen Produktionsstätten und Verkehrswegen ein nicht zu unterschätzender Vorteil. Schließlich erhöhte die lokale Präsenz auch die Chance, Lizenzverträge für einzelne begehrte Werke durch die Vermittlung der Besatzungsbehörden zu erhalten.

Idealprogramm und Programmrealität

Die Programmintention von *Rowohlts Rotations Romanen* haben Verleger und Verlag vielfach beschrieben. Immer ist es das geistige Vakuum der Zeit nach 1945, das als entscheidender Impuls dargestellt wird:

»Die Situation zwischen dem geistigen, jungen deutschen Menschen und dem Buche war die: In Presse und Rundfunk, in Vortrag und Gespräch wurde ihm vorgehalten, was alles er nicht wisse [...]
Es wurde viel geredet und wenig getan. Die Scheiterhaufen-Literatur wurde gerühmt – aber keiner konnte sich von ihrem Wert überzeugen, denn sie war nicht da. Die Emigrantenliteratur wurde gefeiert – aber sie war nicht zu bekommen. Die Literatur des Auslandes, nach der Millionen hunger-

---

26 Die französische Lizenz auf den Namen Kurt Kusenbergs für eine Niederlassung in Baden-Baden; die Lizenz für die sowjetische Besatzungszone auf Vermittlung des russischen Presseoffiziers und Literaturkenners Tulpanov für eine Niederlassung in Berlin, geleitet von Mary Gerold-Tucholsky. Die genauen Daten dieser Lizenzerteilungen sind nicht zu ermitteln.

27 Zur Papierbewirtschaftung siehe Umlauff, Wiederaufbau, S. 412-475 und auch Bermann Fischer, Buch, S. 657, der den Zusammenhang zwischen der Papierbewirtschaftung und einer verfehlten Lizenzierungspolitik herstellt. – Vom ohnehin knappen Rohstoff Papier gingen nur 5% in die Buch- und Zeitschriftenproduktion, davon 60% für Zeitschriften und 40% für Bücher. Die durch eine großzügige Lizenzierungspraxis schnell steigende Anzahl von Verlegern hatte sich die geringen Papierkontingente zu teilen und produzierte, da die Höchstauflage in der Regel auf 5000 Ex. begrenzt war, davon zu viele Titel in zu geringen Auflagenhöhen.

28 Die Auswertung des Verzeichnisses aller Druckereien der Rotationsromane zeigt, daß die Druckarbeiten sich vor allem 1946 und 1947 auf Hamburg und den norddeutschen Raum konzentrierten (vgl. unten). Dies dürfte sich daraus erklären, daß Hamburg als Pressezentrum des ehemaligen Deutschen Reichs trotz der Kriegszerstörungen noch immer über die größte Kapazität für den Rotationsdruck verfügte.

ten, wurde allein in der Presse in Kostproben und Leckerbissen verabreicht. Die neuen deutschen Autoren – wenig genug – waren nirgends zu erwerben. Die geistige Situation besonders der jungen Menschen bis zum zweiunddreißigsten Jahre war diese: Von einem Lesehunger befallen, wie er nur durch zwölf Jahre völliger geistiger Dürre zu erklären war, stand eine ganze Generation erwartungsvoll, aufnahmebereit, geneigt zu jeder Art von geistiger Befruchtung – und bekam Worte vorgesetzt, Hinweise, lehrhafte Bemerkungen, und kein einziges von all den Büchern, die man ihr rühmte.«[29]

Diese Situationsbeschreibung und die daraus abgeleiteten Wirkungspostulate zeigen, daß die Intention weiter greift als zur Vermittlung literarischer Bildung. Sie zielt auf massenhafte Wirkung und – ohne daß dies als legitimatorisches Zugeständnis an die Umerziehungspolitik der Alliierten abzuwerten wäre – sehr optimistisch auf die ästhetische und gesellschaftliche Erziehung durch Literatur:

»Das ideale Programm sieht vor:
1. Werke von deutschen Autoren, die, verboten oder zumindest unerwünscht, seit dem Jahre 1933 nicht mehr zugänglich waren. Dazu gehören Thomas Mann, Jakob Wassermann, Hermann Hesse, Alfred Döblin, Arnold Zweig, Stefan Zweig, Kurt Tucholsky und viele andere. [...]
2. Werke von deutschen Autoren, die, obwohl im Dritten Reich erschienen, eine Neuauflage wert sind. Dazu gehören Werke von Erik Reger, Hans Fallada, Günther Weisenborn und anderen.
3. Werke von neuen deutschen Autoren, die bereits Abstand und Kraft fanden, unsere Gegenwart zu gestalten. [...]
4. Werke von ausländischen Autoren, die den deutschen, vor allem den jungen deutschen Leser lehren sollen, wieder in europäischem Zusammenhang zu denken, ja, den Blick über den Kontinent hinausschweifen zu lassen. Hierzu gehören Jules Romains, André Gide, Romain Rolland, Jean-Paul Sartre und andere in Frankreich; Bernhard Shaw, Virginia Woolfe, I. B. Priestley, Aldous Huxley, Arthur Koestler und andere in England: Ignazio Silone und andere in Italien; Maxim Gorki, Ilja Ehrenburg, Alexei Tolstoi, Scholochow, Simonow und andere in Rußland; Sinclair Lewis, Upton Sinclair, Theodore Dreiser, Ernest Hemingway, William Faulkner, Thomas Wolfe und andere in Amerika.«[30]

Die Diskrepanz zwischen diesem Idealprogramm und seiner Verwirklichung war den Initiatoren bereits in der konzeptionellen Aufbauphase bewußt. Die Ursachen liegen in der spezifischen literaturpolitischen, ökonomischen, aber auch urheberrechtlichen Situation Deutschlands am Ende des Nationalsozialismus.

Die Hoffnung auf die »Schubladenliteratur« der Autoren der sog. »inneren Emigration« war vergeblich. Es erwies sich, »daß die Schubladen der Dichter leer waren, daß jahrelang unterdrückter Haß nirgends literarisch emporgelodert war, daß das Geschehen unserer Tage einen geistigen Trümmerhaufen hinterlassen hatte, und daß eine künstlerische Ordnung noch nicht gelang.«[31]

Der Publikation von ausländischer, aber auch der von Exilliteratur standen

---

29 Erfahrungsbericht, S. 2-3.
30 Ebd., S. 7-8.
31 Ebd., S. 8.

vor allem ökonomische und urheberrechtliche Probleme im Weg.[32] So der bis 1947 gültige Kontrollratsbefehl »Trading with the Enemy Act«, der den »Handel mit dem Feind« – und das betraf auch Autoren- und Verlegerverbände – »über die Grenzen hinweg« verbot.[33] Dies läßt z. B. den Plan, Werke von Thomas Mann oder Jakob Wassermann, deren Verleger Gottfried Bermann Fischer als Emigrant mittlerweile amerikanischer Staatsbürger geworden war, ins *RO-RO-RO*-Programm aufzunehmen, als illusorisch erscheinen. Auch die Wiederaufnahme des Hausautors Hemingway war, da Direktverträge mit amerikanischen Autoren und Verlagen aus der Zeit vor Kriegsende als erloschen galten[34], nur über das Übersetzungsprogramm möglich.

Ebenso einschränkend wirkten die Gesetze der Devisenbewirtschaftung, auf Grund derer Honorare und Lizenzgebühren zunächst nicht ins Ausland transferiert, sondern nur auf deutsche Sperrkonten einbezahlt werden konnten und auch nach der Lockerung dieser Bestimmung im Januar 1947 noch über Instanzen der Besatzungsmächte laufen und einer Kontrolle unterzogen werden mußten.[35] Diese ökonomischen Hemmnisse erschwerten den Erwerb ausländischer Verlagsrechte, ganz abgesehen davon, daß z. B. viele Schweizer Verleger, bei denen die Original- und Übersetzungsrechte wichtiger Autoren mittlerweile lagen, an einem Verkauf von Lizenzen an deutsche Verleger nicht interessiert waren, weil sie den deutschen Markt bald selbst zu beliefern hofften.

Ohne einschneidenden Einfluß auf die Realisation des Programms blieb – nach Aussagen Ledig-Rowohlts[36] – die kulturelle Umerziehungspolitik im engeren Sinn, etwa durch Zensurmaßnahmen, Lizenzverweigerung für einzelne Titel oder die Steuerung durch die Übersetzungsprogramme. Diese Einschätzung erscheint im Fall des Rowohlt Verlags als begründet, geht man davon aus, daß beide Verleger in ihrer ausgeprägt antifaschistischen Haltung mit den literaturpolitischen Zielen der »Re-Education« generell übereinstimmten und daß das Verlagsprogramm der 20er und frühen 30er Jahre die literarische Garantie darauf bereits enthielt, vor allem durch die Publikation der modernen amerikanischen Erzähler, die nach 1945 den Kern des amerikanischen Übersetzungsprogramms bildeten.[37]

32 Hinzu kamen die schwerwiegenden Widerstände gegen die Rezeption von Exilliteratur in den nichtkommunistischen Zonen.
33 Erich Kuby: Das bayerische Verlagswesen seit 1945, S. 254. Unveröffentlichte Korrekturfahnen aus dem Deutschen Bucharchiv München, zit. nach Bylow, Hermann Broch, S. 31.
34 Gehring, Literaturpolitik, S. 38.
35 Genauere Daten über die Entspannung und Normalisierung der Handelsbeziehungen zwischen deutschen und ausländischen Vertragspartnern liegen nicht vor. Vgl. dazu auch die Kritik von Bylow, ebd., S. 31-33 an Umlauff, Wiederaufbau und Gehring, Literaturpolitik.
36 Interview vom 31. März 1989.
37 Gehring, Literaturpolitik, S. 115-126.

Unter diesen Einschränkungen für eine planvolle Programmpolitik blieb das Realisierbare weitgehend dem Zufall überlassen. »Ich nahm, was ich kriegen konnte«, so beschreibt Ledig-Rowohlt seine damaligen Auswahlmöglichkeiten.[38] Das Ergebnis verzeichnet die folgende Bibliographie der *Rowohlts Rotations Romane* in der chronologischen Reihenfolge ihres Erscheinens.[39]

Verzeichnis der Rowohlts Rotations Romane 1946 bis 1949

Monat und Jahr des Erscheinens	Titel	Druckerei
1946 Dezember	Alain-Fournier: *Der große Kamerad*. Roman. Aus dem Französischen übertragen von Arthur Seiffhart. Mit einem Nachwort von Jürgen Schüddekopf. Titelseite Wilhelm M. Busch. (Lizenzausgabe des Johannes Asmus Verlages, Konstanz.)	Girardet & Co/Hamburg
	Conrad, Joseph: *Taifun*. Roman. Aus dem Englischen übertragen von Elise Eckert. Mit einem Nachwort von Adolf Frisé. Titelseite und Illustrationen Günther T. Schulz. (Lizenzausgabe des Engelhornverlages Adolf Spemann, Stuttgart.)	Girardet & Co/Hamburg
	Hemingway, Ernest: *In einem andern Land*. Roman. Aus dem Amerikanischen übertragen von Annemarie Horschitz. Mit einem Nachwort von Kurt W. Marek. Titelseite Werner Rebhuhn.	Girardet & Co/Hamburg
	Tucholsky, Kurt: *Schloß Gripsholm*. Eine Sommergeschichte. Mit einem Nachwort von Walther Kiaulehn. Titelseite und Illustrationen Wilhelm M. Busch.	Girardet & Co/Hamburg
1947 März	Monnier, Thyde: *Die Kurze Straße*. Roman. Aus dem Französischen übertragen und mit einem Nachwort versehen von Ernst Sander. Mit einem Holzschnitt von Frans Masereel. (Lizenzausgabe des Marion von Schröder Verlages, Hamburg.)	Girardet & Co/Hamburg

38 Interview vom 31. März 1989.
39 Eine auch innerhalb der einzelnen Jahrgänge chronologisch geordnete Bibliographie von Rowohlts Rotations Romanen ist bisher nicht publiziert. Sie basiert auf den Angaben im Impressum der einzelnen Hefte und der Verlagsbibliographie in Almanach, S. 630-634.

Mai	Plievier, Theodor: *Stalingrad*. Roman. Mit einem Nachwort von Kurt W. Marek. Titelseite Otto Rodewald. (Lizenzausgabe des Aufbau-Verlages, Berlin.)	Girardet & Co/Hamburg
Juli	Gide, André: *Die Verließe des Vatikans*. Ein ironischer Roman. Aus dem Französischen übertragen von Ferdinand Hardekopf. Mit einem Nachwort von Jürgen Schüddekopf. Titelseite John A. Krause. (Lizenzausgabe der Deutschen Verlags-Anstalt, Stuttgart.)	Girardet & Co/Hamburg
September	Kästner, Erich: *Drei Männer im Schnee*. Eine Erzählung. Mit einem Nachwort von Walther Kiaulehn. Titelseite Wilhelm M. Busch. (Lizenzausgabe des Verlages Rascher & Co., Zürich.)	Girardet & Co/Hamburg
Oktober	Silone, Ignazio: *Fontamara*. Roman. Aus dem Italienischen übertragen. Mit einem Nachwort von Heinrich von Trott. Titelseite John A. Krause unter Verwendung eines Holzschnitts von Clément Moreau. (Lizenzausgabe des Europa-Verlages, Zürich.)	Girardet & Co/Hamburg
1948 März	Seghers, Anna: *Das siebte Kreuz*. Mit einem Nachwort von Max Schroeder. Titelseite Werner Rebhuhn. (Lizenzausgabe des Querido-Verlages, Amsterdam.)	Berliner Verlagsanstalt
Juli	Saint-Exupéry, Antoine de: *Wind, Sand und Sterne*. Aus dem Französischen übertragen von Henrik Becker. Mit einem Nachwort von Walter Bauer. Titelseite Werner Rebhuhn. (Lizenzausgabe des Karl Rauch Verlages, Düsseldorf.)	Girardet & Co/Hamburg
August	Rawlings, Marjorie Kinnan: *Frühling des Lebens*. Roman. Aus dem Amerikanischen übertragen von Maria Honeit. Mit einem Nachwort von Michael Mühr. Titelseite Wilhelm M. Busch. (Lizenzausgabe des Marion von Schröder Verlages, Hamburg.)	Girardet & Co/Hamburg
September	Lewis, Sinclair: *Mantrap*. Roman. Aus dem Amerikanischen übertragen von Franz Fein. Mit einem Nachwort von Hans Georg Brenner. Titelseite Rudolf Schlichter.	Druckerei der Stuttgarter Zeitung/Stuttgart
Oktober	Weisenborn, Günther: *Memorial*. Mit einem Nachwort von Wolfgang Weyrauch. Titelseite Werner Rebhuhn. (Lizenzausgabe des Verlages Kurt Desch, München.)	Druckerei Nr. 36/Berlin

November	Steinbeck, John: *Cannery Row. Die Straße der Ölsardinen*. Roman. Aus dem Amerikanischen übertragen. Mit einem Nachwort von Ernst Schnabel. Titelseite Martin und Eva Kausche. (Lizenzausgabe des Steinberg Verlages, Zürich.)	Girardet & Co/Hamburg
1949 Januar	London, Jack: *Jerry, der Insulaner*. Aus dem Amerikanischen übertragen von Erwin Magnus. Mit einem Nachwort von Walther Kiaulehn. Titelseite Rudolf Schlichter. (Lizenzausgabe des Universitas-Verlages, Berlin.)	Turmhaus Druckerei/Stuttgart
Februar	Greene, Graham: *Das Herz aller Dinge*. Roman. Aus dem Englischen übertragen von Walther Puchwein. Mit einem Nachwort von Hans Zehrer. Titelseite Emil Preetorius. (Lizenzausgabe des Paul Zsolnay Verlages. Wien.)	Westholsteinische Verlagsdruckerei Boyens & Co/Heide
März	La Farge, Oliver: *Der große Nachtgesang*. Roman. Aus dem Amerikanischen übertragen von Lulu von Strauß und Torney. Mit einem Nachwort von Arnold Bauer. Titelseite Helmar Becker-Berke. (Lizenzausgabe des Eugen Diederichs Verlages, Düsseldorf.)	Turmhaus Druckerei/Stuttgart
April	Kästner, Erich: *Die verschwundene Miniatur*. Roman. Mit einem Vorwort von Walter Foitzick. Titelseite Marianne Weingärtner. (Lizenzausgabe des Atrium Verlages, Berlin.)	Schweinfurter Druckerei und Verlagsanstalt GmbH/Schweinfurt
Mai	Faulkner, William: *Licht im August*. Roman. Aus dem Amerikanischen übertragen von Franz Fein. Mit einem Nachwort von Ernst Kreuder. Titelseite und Zeichnungen Wilhelm M. Busch.	Girardet & Co/Hamburg
	Monnier, Thyde: *Wein und Blut*. Roman einer Woche. Aus dem Französischen übertragen von Marga Schulze-Dierks. Mit einem Nachwort von Ernst Herbert Lucas. Titelseite Anna und Martin Andersch. (Lizenzausgabe des Marion von Schröder Verlages, Hamburg.)	Landwirtschaftliche Druckerei und Verlagsanstalt/Itzehoe
Juli	Hauser, Heinrich: *Nitschewo Armada*. Roman. Aus dem Amerikanischen übertragen von Erwin Duncker. Mit einem Nachwort von Herbert Zachäus. Titelseite Emil Preetorius.	Landwirtschaftliche Druckerei und Verlagsanstalt/Itzehoe

August	Chesterton, Gilbert Keith: *Das fliegende Wirtshaus*. Roman. Aus dem Englischen übertragen von Joseph Grabisch. Mit einem Nachwort von Walther Kiaulehn. Titelseite Wilhelm M. Busch. (Lizenzausgabe der Droemerschen Verlagsanstalt, München.)	Landwirtschaftliche Druckerei und Verlagsanstalt/Itzehoe
September	Nekrassow, Viktor: *In den Schützengräben von Stalingrad*. Roman. Aus dem Russischen übertragen von Nadeshda Ludwig. Mit einem Nachwort von Max Schroeder. Titelseite Heinz Knoke.	Druckerei Nr. 36/Berlin
Oktober	Greene, Graham: *Die Kraft und die Herrlichkeit*. Roman. Aus dem Englischen übertragen von Veza Magd und Bernhard Zebrowski. Mit einem Nachwort von Hans Bütow. Titelseite Emil Preetorius. (Lizenzausgabe des Paul Zsolnay Verlages, Wien.)	Girardet & Co/Hamburg

Der Programmcharakter ließe sich näher bestimmen durch die Differenzierung in deutschsprachige und fremdsprachige Titel, eine Chronologie der deutschen Erstausgaben der verschiedenen fremdsprachigen Werke und die Verifizierung der Übersetzungen, die der jeweiligen *RO-RO-RO*-Ausgabe zugrunde liegen; schließlich durch die Untersuchung des quantitativen Verhältnisses zwischen Lizenz- und Originalausgaben.

Eine qualitative Untersuchung sollte nicht primär auf die literarische Wertung der Texte zielen, sondern auf ihre literarhistorische Bedeutung in der Rezeptionssituation Nachkriegsdeutschlands. In diesem Zusammenhang wäre zu fragen nach spezifisch zeitgenössischen literarischen Wertkriterien. Diese wären etwa zu entwickeln aus den in den »Nachworten« zu den einzelnen *RO-RO-RO*-Heften häufig verwendeten ethisch-moralischen Begriffen, wie Menschlichkeit, Glaube, Freiheit, Wahrheit und deren Mißbrauchbarkeit; aber auch aus den Maßstäben zeitgenössischer literarischer Kritik und dem Vergleich mit den Auswahlkriterien für die Publikation in den literarischen Zeitschriften der Nachkriegsjahre. Eine inhaltliche Kategorisierung könnte, außer der Differenzierung nach unterhaltender und anspruchsvoller Literatur, die als Unterscheidungskriterium bei komparatistischem Vorgehen allerdings schwer anwendbar sein dürfte, die Programmintentionen zum Ausgangspunkt nehmen. Fixpunkt aber hätte auch hier die spezifische Rezeptionssituation nach 1945 zu sein.

Ersten Überlegungen zufolge erscheint das *RO-RO-RO*-Programm als ausgewogene Mischung aus unterhaltender und anspruchsvoller, aus das ethische wie das politische Bewußtsein bildender, aus deutschsprachiger wie auch ausländischer Gegenwartsliteratur. Trotz der vielen Zufälligkeiten seines Zustandekommens vermag es die Intentionen seiner Initiatoren im Wesentlichen zu realisieren. Es ist ein Programm der »Weite«, der Weltliteratur und »Mannigfaltigkeit der Ideologien«, wie Ernst Rowohlt es anstrebte[40]; ein Programm, das, wie angekündigt, die jüngere deutsche Autorengeneration, wenn auch in wenigen Werken, zu Wort kommen läßt und durch sie vor allem zu der vielfach geforderten Auseinandersetzung mit der unmittelbaren politischen Vergangenheit beiträgt sowie den im öffentlichen Bewußtsein beginnenden Verdrängungsprozeß thematisiert; ein Programm, das, besonders in der ausländischen Literatur, auch Rowohlts traditionelles »Markenzeichen«, eine »kräftige, explosive, mitreißende Literatur«[41] wiederaufnimmt und insgesamt – legitimiert durch das Bestreben, eine möglichst breite Leserschaft zu erreichen – dazu tendiert, dem Leser Bekanntes und Bewährtes aus der Zeit vor 1933 neu zugänglich zu machen.

Zur Rezeption

Die Aufnahme, die die Rotationsromane bei Lesern und Buchhändlern fanden, ist dokumentiert in einer Vielzahl von Briefen an den Verlag.[42] Sie sind Teil eines in der Buchhandelsgeschichte wohl singulären Kommunikationsprozesses zwischen einem Verlag, seinen Vermittlern und Rezipienten. Dieser Prozeß wurde ausgelöst durch die den einzelnen *RO-RO-RO*-Heften angefügten »Bitten an die Leser!«, auf die diese unerwartet zahlreich und intensiv reagierten.

Zu verstehen ist diese ungewöhnlich direkte Form der Kommunikation aus der Ausnahmesituation dieser Zwischenzeit und ihrem provisorischen Charakter, in der aus einem Defizit an Information und Kontakt heraus auch die Mittel der Beziehungsaufnahme unkonventionell waren. Hinzu kam wohl das Erklärungs- und Legitimationsbedürfnis des Verlags für dieses neuartige Unternehmen und nicht zuletzt dessen demokratische Intention. Die Suche nach demokratischer Buchform und breiter Leserschaft war in einer Zeit des Büchermangels nicht so selbstverständlich, wie man dies aus heutiger Sicht annehmen möchte. Der Mangelwirtschaft nähergelegen hätte etwa Suhrkamps Konzept der literarischen Elitebildung durch Lesergemeinden, auch wenn es aus ihr nicht

---

40 »Tummelplatz der freien Geister« in: Der Spiegel vom 29. Mai 1949, zit. auch bei Kiaulehn, Mein Freund, S. 229.
41 Interview vom 31. März 1989.
42 Die Originalbriefe sind – nach Angabe des Verlags – ebenso wie der Großteil des Verlagsarchivs, soweit es nach dem Zweiten Weltkrieg noch erhalten war, 1962 verbrannt.

erklärbar ist.[43] Die Rubrik »Bitten an die Leser!« enthält konstante Inhalte in wechselnden Formulierungen. Zunächst wird die Intention des Unternehmens *RO-RO-RO* erläutert; dann – und dies ist das eigentliche Anliegen – wird der Leser mit dem Versprechen persönlicher Beantwortung seines Schreibens um Meinungsäußerung gebeten zur Programmkonzeption, Durchführung und Zukunftsträchtigkeit des Projekts und aufgefordert, seine Lesepräferenzen mitzuteilen. Es folgen Informationen und Anweisungen zum Modus der Vermittlung und zum Erwerb der Hefte. Hier die »Bitten« aus einem der ersten *RO-RO-RO*-Hefte vom Dezember 1946:

»Dieses Unternehmen aber kann nur Erfolg haben, wenn Sie uns helfen. Wir brauchen Ihre Wünsche, wir brauchen Ihre Anregung, wir brauchen Kritik.
  Was wünschen Sie zu lesen? Von welchen Büchern glauben Sie, daß es notwendig sei, sie erneut vorzulegen? Was ist Ihre Meinung zu dem vorliegenden Werk? Was halten Sie von dem Autor? – Schreiben Sie uns! Stimmen Sie unserem Plan zu? In welcher Weise, glauben Sie, ließe er sich verbessern? Wünschen Sie die Form der Rotations-Romane nur als Notlösung betrachtet zu wissen, geboren aus der Armut unserer Tage, oder sehen Sie in ihr auch Möglichkeiten für die Zukunft? – Schreiben Sie uns auch dies.
  Haben Sie, falls Ihnen das Buch gefallen hat, den Wunsch, es auch für später aufzubewahren, es in haltbarerem Gewande zu besitzen? – Dann sprechen Sie mit dem Buchhändler, bei dem Sie diesen Rotations-Roman erwarben!
  Der Plan, den wir uns vorgenommen haben, kann nur gelingen, wenn Sie uns unterstützen mit Ihrem Rat und Ihrer Kritik.
  Scheuen Sie nicht das offene Wort!
  Wir werden mit Dankbarkeit auf Sie hören!
      ROWOHLT VERLAG   HAMBURG 1«[44]

Die Rubrik der Septembernummer 1947 beschäftigt sich mit dem Problem des Bezugs von *RO-RO-RO*:

»Eine neue Bitte möchten wir hinzufügen. Versuchen Sie nicht, die Ro-Ro-Ro im Abonnement zu erhalten, und weisen Sie Ihren Buchhändler, der vielleicht aus Gründen der Einfachheit solche Abonnements vergibt, darauf hin, daß er nicht in unserem Sinne handele. Ro-Ro-Ro ist keine Zeitschrift, sondern ein aus der Not geborener Ersatz für das gute Buch, das stets nur einen bestimmten Kreis von Lesern haben wird. Jeder Rotationsroman sollte, wenn irgend möglich, nur in die Hände eines Käufers gelangen, der wirklich daran interessiert ist. Sehr viele Zuschriften haben uns unter anderem bestätigt, daß ein Leser, der derart verschiedene Bücher wie etwa »Schloß Gripsholm«, »Stalingrad« und »Die Verließe des Vatikans« mit gleichem Interesse liest, außerordentlich selten ist; im allgemeinen interessiert nur das eine o d e r das andere Buch. Deshalb bitten wir Sie, solange der Büchermangel herrscht, nicht g r u n d s ä t z l i c h jeden Rotationsroman zu kaufen; sondern lassen Sie sich beraten von Ihrem Buchhändler und wählen Sie aus.«[45]

---

43 Suhrkamp, Buch, S. 147-150.
44 In: Alain-Fournier, Der große Kamerad, S. 32.
45 In: Erich Kästner, Drei Männer im Schnee, S. 32.

Ab Mitte 1948 werden zusätzlich auch die demnächst erscheinenden und die künftig geplanten Hefte angekündigt. Mit diesen Ankündigungen, die nicht immer auch verwirklicht werden[46], beginnt sich ein Wandel in der Funktion der »Bitten« abzuzeichnen, der sich auch in der veränderten Titelformulierung niederschlägt, wenn aus »Bitten an die Leser!« »Ein Wort an unsere Leser!« wird.[47] Mit der Währungsreform steigt der Anteil an Information und drängt die Kommunikationsangebote mit Fragen, Wünschen und Aufforderung zur Gegenäußerung zurück. Die Information nimmt zudem einen aggressiv-überredenden Stil an:

»Aufs schärfste aber wollen wir uns absetzen – und bitten den Leser, hier niemals einer Verwechslung zu unterliegen – gegen den Mißbrauch der Rotationspresse, wie er jetzt bei der alle Kioske überschwemmenden Flut von dümmster und schädlichster Kolportageliteratur zu beobachten ist. Um die RO-RO-RO hiervon gebührend abzusetzen, bedürfen wir weiterhin der Freundschaft unserer verständigen Leser und der Vermittlung durch den verantwortungsbewußten Buchhändler.

Auch nach der Währungsreform waren unsere neuen RO-RO-RO meist in kurzer Zeit vergriffen. Wir brachten rund 2000000 Romane auf den Markt, die von etwa 4000000 gelesen wurden. Das war uns Bestätigung dafür, daß der Hunger nach dem guten billigen Buch noch längst nicht gestillt ist: unzähligen jungen Menschen, unzähligen Flüchtlingen und anderen, deren Einkommen gering ist, ist das normal publizierte gute Buch mit Durchschnittspreisen von 8 bis 14 DM unerschwinglich. Ihnen sollen nach wie vor unsere RO-RO-RO den Weg zur guten Literatur ermöglichen. Ihnen zuliebe bringen wir in schnellerer Folge als bisher weitere RO-RO-RO heraus [...]«[48]

Aus einem Instrument der Kommunikation ist ein Instrument der Werbung und Marktforschung geworden. Dieser Funktionswandel erklärt sich aus dem mit der Währungsreform eingeleiteten Wandel des Buchmarkts. Es war den Rowohlt-Verlegern bewußt, daß schon mit diesem Projekt des Übergangs die Weichen für die verlegerische Zukunft gestellt wurden.[49] In der Darstellung verlegerischen Selbstverständnisses treten literarische und gesellschaftliche Motivationen nun zurück hinter Intentionen marktwirtschaftlichen Handelns. Der Markt beginnt sich zu normalisieren; die Konkurrenz um die Marktanteile hat, auch durch die Rückkehr der Altverleger, begonnen, und 1949 werden zudem die Anzeichen einer ersten Absatzkrise spürbar.

Die ersten tausend Briefe, mit denen die Leser auf die Fragen des Verlags reagierten, wurden im *Erfahrungsbericht über RO-RO-RO*, der vor allem für den Buchhandel gedacht war, schon 1947 vom Verlag ausgewertet und in Auszügen publiziert. Auf den dort dokumentierten Textauszügen und Analysen beruhen die folgenden Überlegungen, wenngleich die Kriterien der Auswertung oft zwei-

---

46 Nicht erschienen sind: D. H. Lawrence, Der Hengst St. Mawr; A. Camus, Die Pest; E. Linklater, Soldat Angelo.
47 Ab Mai 1949.
48 Chesterton: Das fliegende Wirtshaus, S. 32.
49 Interview vom 31. März 1989.

felhaft erscheinen, wie z. B. in der wenig repräsentativen Berufsstatistik oder den Überlegungen zum geringen Prozentsatz von Reaktionen weiblicher Leser.[50] Zu bedenken bleibt auch, daß das vorgelegte Material möglicherweise unter dem Aspekt positiver verlegerischer Selbstdarstellung ausgewählt wurde und daß die Leserreaktionen sich nur auf einen kleinen Programmausschnitt beziehen.[51] Dieser allerdings kann in seiner Zusammensetzung als repräsentativ für das Gesamtprogramm gelten. Eine Untersuchung der Leserantworten auf die Fragen des Verlags wird diese Einschränkungen in ihren Ergebnissen zu berücksichtigen haben.

Der weitaus größte Teil der Leser stimmt dem Projekt *RO-RO-RO* begeistert zu. 98% der ersten tausend Antworten bejahen die Idee; zwei Drittel sehen in der Form der Rotationsromane nicht nur eine Notlösung, sondern möchten sie auch auf einem normalen Buchmarkt beibehalten wissen. Die Diskussion um die Präsentationsform nimmt breiten Raum ein und wird – angeregt wohl durch die Formulierung von der deutschen Neigung zur »Mumifizierung« des Buches – dazu benutzt, sich grundsätzlich zu der schon traditionsreichen Kontroverse um das billige Buch zu äußern. Man begrüßt die in Deutschland längst überfällige Entwicklung zum Gebrauchsbuch und sieht im »Zeitungsbuch« eine neue Form der Volksausgabe, um die sich in den 20er Jahren der Streit mit so prominenten Kombattanten wie Rowohlt, Tucholsky, Wieland Herzfelde und S. Fischer schon einmal entzündet hatte. Auch in der Formdiskussion und nicht nur in den inhaltlichen Präferenzen knüpfen die Leser nach 1945 an die 20er Jahre an:

»Der deutsche Spießer neigte von jeher dazu, in pompöser Form (Goldschnitt usw.) mit wertlosem Inhalt (Trompeter von Säckingen, schwertklirrende Walhalla-Literatur usw.) zu prunken und zu protzen, und nicht nur auf geistigem Gebiet. [...] Es gereicht uns gewiß nicht zur Schande und zum seelischen Nachteil, wenn wir die ersten und in Geschmacksfragen anerkannt vorbildlichen Kulturvölker der Welt nun endlich darin nachahmen, daß wertvolle literarische Güter in einfache äußere Form gekleidet werden. [...] Ich plädiere dafür, daß man uns auch und besonders die besten Klassiker der deutschen und Weltliteratur in dieser Form wieder und eigentlich erst recht zugänglich mache. Denn selbst die populären Reclam-Ausgaben waren zeitweise schon zu bourgeoishaft verschnörkelt im Äußeren, außerdem doch etwas zu klein im Format.«[52]

Am häufigsten und ausführlichsten äußern sich die Leser zum Programm. Auch hier sind die Reaktionen überwiegend positiv, vor allem bei der jüngeren Gene-

---

50 Erfahrungsbericht, S. 9. Daraus, daß so wenige Leserinnen sich äußern, zu folgern, daß Frauen nicht mehr, »wie früher« den Großteil des Lesepublikums ausmachten, erscheint zumindest sehr vordergründig für eine Zeit, in der – gerade wegen des kriegsbedingten Männermangels – Frauen notgedrungen einen großen Teil an elementarer Aufbau- und Versorgungsarbeit zu leisten hatten, bevor sie sich Lesewünsche erfüllen oder gar Zeit für Leserbriefe finden konnten.
51 Die ersten sechs Hefte von Dezember 1946, März und Mai 1947.
52 Marcel Woitschach, Berlin, in: Erfahrungsbericht, S. 11.

ration.⁵³ Welch große Bedeutung der Erwerb und die Lektüre von *RO-RO-RO* für einzelne Leser hatte, geht aus Briefen wie dem eines »Flüchtlings«, eines ehemaligen Bibliothekars hervor, der bewegend vom Verlust seiner eigenen Bibliothek und den Schwierigkeiten berichtet, mit dem Buchhandel seines westdeutschen neuen Wohnorts Beziehungen aufzunehmen:

»[...] Wie schwer es heute für einen Menschen, der vom Buch besessen ist und der als Flüchtling erst neue Beziehungen zum Buchhandel gewinnen muß, ist, auch nur das bescheidenste Bändchen zu erwerben, – denn nur das Buch, das man selber sein eigen nennt, kann voll seine Sendung erfüllen – darüber brauche ich Ihnen nichts zu sagen. Umso größer war vor einigen Tagen meine Überraschung, als mir in einer Coburger Buchhandlung gleich drei – sage und schreibe drei! – der neu erschienenen Rotationsromane angeboten wurden. Ja, angeboten wurden sie, was schon völlig ungewöhnlich ist in einer Zeit, da auch geistiges Gut gegen Lebensmittel unter dem Ladentisch weggegeben wird! Und der erste der drei Romane war der *Grand Meaulnes* von Alain-Fournier, den ich seit seinem ersten Erscheinen zu meinen Lieblingsbüchern zähle. Lieber Rowohlt Verlag, schon dafür gebührt Ihnen ein herzhafter Dank von Seiten aller Freunde wertvoller Literatur. [...].«⁵⁴

Im Brief eines wegen politischer Verbrechen »Internierten« aus einem amerikanischen Kriegsgefangenenlager wird – im Zusammenhang mit dem zaghaften Versuch des Häftlings, sich mit den Konsequenzen seiner politischen Haltung auseinanderzusetzen – stellvertretend das Identifikationsbedürfnis vieler Leser deutlich:

»... Dieser Brief kommt von der anderen Seite eines Stacheldrahtes. Der Schreiber war seit 1929 Sportleiter von Württemberg, 1936 Mitglied des Internationalen Olympischen Komitees. Er war der neben- und ehrenamtliche Organisator von großen Leichtathletik-Meisterschaften und Veranstaltungen im Freien und in der Halle. Und ist deshalb noch hinter Draht, weil er den Sport nach internationalen Gebräuchen und Spielregeln ab 1939 in Vereinsform bei einer Formation organisierte und deswegen einen ›Dienstgrad‹ bekommen hatte. Nach dieser meiner durch die Zeitumstände bedingten ›Vorstellung‹ komme ich zum Zweck meines Schreibens. Zunächst nehme ich an, daß Sie auch einen Brief von einem so ›gefährlichen‹ Sportler annehmen und daß Sie ihn nicht mit den Menschen in einen Topf werfen, deren Zuschriften Ihnen unerwünscht sind.

Ich erhielt dieser Tage Ihren Rowohlt-Rotations-Roman *In einem andern Land* von einem Kameraden geliehen, der mich unter dem Lachen weiterer Kameraden auf die ›reale‹ Schreibweise – besonders auf Seite 43 – aufmerksam machte. Kurz und bündig, diese Art Romane wurde abgelehnt und so in eine Reihe mit Schundliteratur gestellt. Ich bin dagegen unvoreingenommen an die Lektüre gegangen und ich bin begeistert. Endlich einmal ein Roman, der die Sprache der Wirklichkeit hat (mag sein, daß mein eigenes Schicksal, das meiner Braut und des totgeborenen Mädchens von uns ein ähnliches ist und darum der Roman einen besonders ›anspricht‹) und der nicht Worte und Sätze ›erfindet‹ wie ein Kino- oder Theater-›Ausstattungs‹-Stück. Diese ›wahren‹ Romane haben wir seit 1933 vermissen müssen und darum kann ihre Sprache wohl noch nicht ganz verstanden werden.«⁵⁵

---

53 Ebd., S. 13.
54 Dr. W. Eggebrecht, Finkenau; ebd., S. 31.
55 Christoph Bauer, Ludwigsburg; ebd., S. 32.

Kritische Äußerungen richten sich – wie auch der oben zitierte Brief zeigt – hauptsächlich gegen ein als »kraß realistisch« oder »naturalistisch« empfundenes Erzählen, besonders wenn es um erotische Darstellungen geht, aber auch gegen die erneute, wenn auch literarische Konfrontation mit dem Krieg. Wenn diese kritischen Stimmen hier überproportional repräsentiert sind, so deshalb, weil in ihnen – verglichen mit den häufigen Äußerungen pauschaler Zustimmung – differenzierter argumentiert und schärfer geurteilt wird. Diese kritischen Argumente enthalten bereits die inhaltlichen, aber auch die stilistischen Wertnormen, die, als Produkte völkischer oder nationalsozialistischer literarischer Erziehung in die Geschmackskultur und literarische Normbildung der 50er Jahre übernommen wurden.

Der Widerstand gegen die Kriegsthematik äußert sich am deutlichsten in den Reaktionen auf Hemingways *In einem andern Land*, dem Werk im *RO-RO-RO*-Programm, dem insgesamt die meisten – und widersprüchlichsten – Zuschriften galten.

»... Als dritten Roman bekam ich *In einem andern Land* von Ernest Hemingway. Voll Entsetzen sträubte sich erst alles in mir, sollen wir, die wir zwei Kriege hinter uns haben, denn nie vergessen dürfen, sollen wir nie zur Ruhe kommen dürfen, muß uns der Schriftsteller immer wieder die Seele ängstigen mit den Höllenbildern des Krieges? Man sollte doch die ganze Kriegsliteratur, sofern sie wertvoll ist, in Archive einsperren und erst nach 20 Jahren, den heute noch Ungeborenen als ernstes Menetekel zu lesen geben. Wir, die wir ein zweites Mal das Kreuz eines verlorenen Krieges auf uns nehmen müssen, können es auch ohne Schriftsteller leider nicht an einen Haken hängen und sorglos davongehen.«[56]

Hemingways Roman wird – wegen seines erotischen Realismus und wegen der Suggestivkraft des Erzählstils vor allem in den Kriegsschilderungen – wesentlich ambivalenter aufgenommen als Pliviers Tatsachenroman *Stalingrad*, der von allen Texten die erschütterndste Wirkung auf die sich äußernden Leser ausübt. Dieses Werk wird einhellig rezipiert als notwendiger Beitrag zur Gestaltung einer friedvollen Zukunft.

Direkt nazistisch argumentierende Kritik ist selten. Sie erscheint etwa in Diktion und Begründungszusammenhang der völkisch legitimierten Ablehnung von Monniers *Die kurze Straße*, wenn von der »naturalistischen Darstellung« »zersetzende Wirkung« auf den »Menschen des Nordens« befürchtet wird, nicht aber auf den des Südens:

»Ohne Zweifel entspricht der Roman den Menschen des französischen Mittelmeeres. Er bringt ganz gewiß ein Stück dieser Welt an uns heran. Aber, verehrter Herr Rowohlt! In unserer heutigen, des überlieferten, gesellschaftlichen und geschlechtlichen Rahmens baren Zeit wirkt diese Vorstellung bestimmt auflösend und zersetzend auf die jüngere Bevölkerung.«[57]

56 Frau Meyer-Nelthropp, Hamburg; ebd., S. 14.
57 Harry Castillon, Stuttgart; ebd., S. 23.

Wesentlich deutlicher zeigen sich nationale und antisemitische Argumente in den Äußerungen der Sortimenter, die die Meinung ihrer Kunden – meist einverständlich – wiedergeben. So z. B. in der relativ häufigen Ablehnung von Tucholskys *Schloß Gripsholm*, die wohl mehr dem Autor als diesem unpolitischsten seiner Werke gilt:

»Der Verlag kündigt Spitzenleistungen der Romanliteratur aller Länder an und setzt uns dann als Spitze der deutschen Literatur Herrn Tucholsky vor. Nicht selten wird daran die Betrachtung geknüpft: ›Da lob ich mir das Dritte Reich, jetzt sieht man erst, wie recht die Reichsschrifttumskammer hatte mit dem Verbot des jüdischen Schrifttums.‹ Die so sprechen, sind aber keineswegs nur verkappte Nationalsozialisten. [...] eine Kundenfrage, die dem Sinn nach oft gestellt wurde, war: ›Ob sich der Rowohlt Verlag wohl zu einer Fabrik für Asphaltliteratur entwickelt?‹«[58]

Spürbar, wenn auch oft nur in Andeutungen, wird ein latenter Antiamerikanismus in der Ablehnung literarischer »Carepakete«. Diesen Vorbehalt gegen eine allzu rasche und allzu rigide »Re-Education«-Politik vertreten im Nachkriegsdeutschland nicht nur die Konservativen und die unverbesserlichen Nationalsozialisten, sondern auch die kritische jüngere Generation.[59] Es dürften allerdings nicht ihre Vertreter gewesen sein, die als Gegengewicht gegen ein Zuviel an amerikanischen Bestsellern und Tendenzliteratur einen so explizit unpolitischen und unrealistischen Roman wie Alain-Fourniers neuromantisches Kultbuch *Der große Kamerad* begrüßten:

»Es ist ein Werk, wie wir es heute noch mehr brauchen, nötiger haben wie je. Es tut wohl, einmal keine Tendenz-Romane zu lesen, nicht vorgesagt zu bekommen, wie schlecht und verachtungsvoll wir und wie gut die anderen sind. Gerade wir jungen Menschen, die wir unsere Jugend hindurch Haß gelernt haben und die wir nun immer noch Haß und Rache gepredigt bekommen, wir möchten mehr solche Werke haben.«[60]

58 Ohne Namensangabe, ebd., S. 29.
59 Diese Kritik entzündete sich sowohl an der Umerziehungs- und Lenkungsabsicht generell, so, wenn es etwa im Frankfurter »Börsenblatt« heißt: »Wir sind heute alles, was nach Schulung riecht (oder auch Umschulung) von Herzen leid.« (2. Jg. 1946, Nr. 6, S. 55, zit. nach: Hay, Situation, S. 155), speziell aber an den Auswahlkriterien der amerikanischen Übersetzungsprogramme. »Der Ruf« etwa schreibt dazu: »Es ist in den letzten Monaten eine große Anzahl Bücher erschienen, über deren Wert für eine deutsche Neu-Orientierung man zumindest geteilter Meinung sein kann.« (Nr. 3 vom 15. 9. 1946, S. 13). Gottfried Bermann Fischer beschreibt die Problematik der Übersetzungsprogramme umfassender: »Was an amerikanischen Büchern den deutschen Verlegern zur Übersetzung angeboten wird, ermangelt der sorgfältigen Auswahl und bietet deshalb keinen Ersatz für die nicht vorhandene deutsche Literatur. Der deutsche Verleger selbst kann nicht nach Titel- und Inhaltsangabe der ihm wahllos vorgelegten amerikanischen Bücher sinnvoll entscheiden, was für den deutschen Leser von wirklichem Wert ist. Der durchschnittliche amerikanische Bestseller aber ist für den nach guter Literatur hungernden Deutschen sinnlos und schadet dem Ansehen Amerikas; wie auch zu viele Bücher über Demokratie schließlich Überdruß erzeugen, angesichts der Planlosigkeit in der Organisation des Erziehungs- und Bildungswesens in Deutschland.« (Bermann Fischer, Buch, S. 662).
60 Ingeborg Nick, Erlangen: Erfahrungsbericht, S. 19.

In der Rezeption dieses Romans, dessen Erfolg in Frankreich in die Zeit unmittelbar nach seinem Erscheinen 1913 und nach dem Ersten Weltkrieg fiel, aber auch in der Rezeption Plieviers und Hemingways wird erkennbar, wie stark der Wunsch der Nachkriegsleser nach literarischen Vorbildern, nach Identifikation und geistiger Orientierungshilfe durch Literatur war. Fehlten sie, wie z. B. in Conrads *Taifun*, dessen Abenteuerwelt trotz der durchaus erkannten literarischen Gestaltungskraft des Textes als fremd empfunden wurde, oder auch in Monniers *Die kurze Straße*, so blieb das Leserinteresse peripher.

Zurückzukommen ist auf die Reaktionen des Buchhandels, sofern er sich fachspezifisch, in seiner Vermittlerfunktion äußerte. Auch die Sortimenter stimmten dem Projekt grundsätzlich begeistert zu. Einwände resultierten vorwiegend aus wirtschaftlichen Erwägungen und Überlegungen zur Marktentwicklung. Sie richteten sich gegen den niedrigen Preis und gegen die Form des »Zeitungsbuchs« als Dauerlösung; man plädierte für die Umwandlung ins broschierte Gebrauchsbuch. Die Stellungnahme des renommierten Münchener Sortimenters und Vorsitzenden des »Arbeitsausschusses für den Bayerischen Buchhandel«, Hans Goltz, enthält alle wesentlichen buchhändlerischen Argumente. Als zukunftsträchtig sollten sich seine Überlegungen zu den wirtschaftlichen Konsequenzen des Projekts erweisen:

> »Ein großes Sortiment erhält nur beispielshalber etwa zweihundert *RO-RO-RO's* Hemingway. Das ergibt einen Umsatz von 100 Reichsmark. Bei dreißig Prozent (!!) Rabatt entsteht ein Bruttogewinn von 30 Reichsmark. Dieser ›Hemingway‹ würde als preiswertes broschiertes Buch vielleicht mindestens fünf Reichsmark kosten. Mit zwanzig Exemplaren wäre bereits der Umsatz von 100 Reichsmark erzielt und bei einem üblichen Mindestrabatt von 35 Prozent würde sich ein Bruttogewinn von 35 Reichsmark ergeben. Auch das Verhältnis der Versandspesen ist dabei zu berücksichtigen. Mit 200 RO-RO-Romanen aber wird das Lesebedürfnis von 200 Käufern befriedigt. Alle diese Kunden, die Romane nur zur einmaligen Lektüre kaufen und sie nicht als Geschenk benötigen und unbedingt ihrer Bibliothek einverleiben möchten, sind mit Aufwendung von 50 Pfennig befriedigt und kommen zum gleichen Zeitpunkt und im Einzelfall als Käufer eines Buches von zwei bis sechs Reichsmark zunächst nicht in Frage. [...]
>
> Warum lassen Sie, sehr verehrter Herr Rowohlt, die *RO-RO*-Romane n u r 50 Pfennig kosten? Eine Tageszeitung kostet zehn bis zwanzig Pfennig, eine Trambahnfahrt zwanzig Pfennig, ein Theaterprogramm zwanzig Pfennig, der billigste Platz in einem Vorstadtkino 50 Pfennig, eine Portion Kaffee 70 Pfennig bis eine Mark, eine Zigarette, eine Zigarre 30 Pfennig bis eine Mark und noch mehr, von den Preisen der Zeitschriften pro Heft von 50 Pfennigen bis 2,50 Reichsmark und vier Reichsmark gar nicht zu reden. Würde demgegenüber der Preis für einen ›Hemingway‹ oder einen ›Tucholsky‹ mit 80 bis 90 Pfennig in *RO-RO-RO*-Form nicht durchaus gerechtfertigt erscheinen und immer noch eine sozialistische und gemeinnützige Großtat darstellen? [...]
>
> Würden Sie also die RO-RO-Romane je 80 Pfennig kosten lassen und dem Sortimenter als Anreiz und zum Ausgleich seines wirtschaftlichen Schadens aber 50 Prozent Rabatt darauf geben, so würden Sie als Verleger und der Sortimenter immer noch ein beachtliches

Opfer in sozialistischem Sinne bringen, das aber noch tragbar ist und wirtschaftlich gesund erhalten kann!«[61]

Goltz' Überlegungen zur Konzentrationsgefahr durch eine Buchproduktion nach industriellen Prinzipien, die durch die Form des Zeitungsbuches ausgelöst werden könnte, treffen zwar nicht in der Situation der Mangelwirtschaft, aus der heraus sie geschrieben sind, weil sich in ihr Rentabilitätsberechnungen, wie die von ihm angestellten, durch den Mangel an Ware ad absurdum führen. Mit dem Aufbau der ersten Taschenbuchreihe auf dem deutschen Markt nach der Währungsreform, Ledigs zweitem Großprojekt zur Demokratisierung des Buches, mit dem die Idee der Rotationsromane konsequent fortgeführt wurde, aber sollten sich diese Überlegungen auf lange Sicht hin durchaus als realistisch erweisen. Und dies nicht in der von Goltz mehrfach so genannten »sozialistischen« Wirtschaftsentwicklung[62], sondern in der kapitalistischen Wirtschaftsordnung, auf die die BRD unmittelbar nach ihrer Gründung einschwenkte.

»Welche Autoren wollen Sie künftig in *RO-RO-RO* lesen?«, so hatte der Verlag in den »Bitten an die Leser!« gefragt und ihnen damit potentielle Einflußnahme auf das Programm suggeriert. Die Antworten ergeben folgende Präferenzen:

»Die zehn meistgewünschten Autoren:

1. Thomas Mann	140	6. Erich Kästner	41
2. Hermann Hesse	65	7. Ernst Wiechert	41
3. Franz Werfel	49	8. Honoré de Balzac	40
4. Sinclair Lewis	47	9. Romain Rolland	40
5. Ernest Hemingway	41	10. Jakob Wassermann	39«[63]

Die von mehr als zehn Lesern bevorzugten Autoren erscheinen im »Erfahrungsbericht« nach ihrer nationalen und epochenspezifischen Zugehörigkeit geordnet. Dabei liegen die deutschsprachigen Autoren mit 35 Nennungen nur knapp vor den angloamerikanischen (15 amerikanische, 15 englische Autoren), gefolgt von der französischen (12 Autoren) und – mit einigem Abstand – russischen, norwegischen, belgischen und schwedischen Literatur.

Das Interesse an zeitgenössischer Literatur überwiegt das an »klassischer« – und als solche nannten die Leser außer Goethe nur Erzähler des 19. Jahrhunderts – bei weitem.[64] Daß unter den zehn meistgewünschten Autoren Thomas Mann mit großem Abstand an der Spitze rangiert, entspricht der nahezu symbolhaften Stellung, die er in der Nachkriegszeit im Bewußtsein der in- und aus-

---

61 Ebd., S. 28-30.
62 Wobei der Begriff im Sprachgebrauch der unmittelbaren Nachkriegsjahre unscharf bleibt und unter anderem auch die Bedeutung von »vergesellschaftet« und »demokratisch« mit umfaßt.
63 Erfahrungsbericht, S. 22.
64 70 zeitgenössischen Autoren stehen zehn »klassische«, definiert als »von Rang in der Vergangenheit«, gegenüber. Ebd., S. 23.

ländischen Öffentlichkeit als Vertreter eines »besseren Deutschland« einnahm. Thomas Mann repräsentierte dies durch seinen seit den 20er Jahren, spätestens seit der Verleihung des Literaturnobelpreises und der Volksausgabe der *Buddenbrooks* von 1929 gefestigten literarischen Ruhm und durch die internationale Anerkennung, die er mit seiner Emigration und seinen politischen Bemühungen um das Deutschlandbild im Ausland während des Nationalsozialismus erworben hatte.

Schließlich war Thomas Mann nach 1945 auch aus der um seine Person entbrannten Debatte um die »innere« und »äußere« Emigration[65], die zum Zeitpunkt der Rowohltschen Leserbefragung noch andauerte, unangefochten und mit wachsender Popularität hervorgegangen. Diese unterschiedlichen Aspekte öffentlichen Ansehens machten Thomas Mann zu einem schon als »klassisch« geltenden Autor, auf den sich eine breite Mehrheit literarisch Interessierter jenseits literarischen und politischen Richtungsstreits verständigen konnte.

Daß die Rangliste der beliebtesten Autoren von drei Emigranten bzw. im Ausland lebenden Autoren angeführt wird und daß diese gegenüber den Autoren der »inneren Emigration«, wie Kästner oder Wiechert bevorzugt werden, liegt nahe, da den durch die Literaturpolitik des Nationalsozialismus verbotenen und zumindest in ihrer neueren Produktion unbekannten Autoren besonderes Interesse entgegengebracht wird. Das Werk Kästners und Wiecherts war zudem durch die Verlage Desch, Dressler und Rowohlt selbst schon seit 1945/46 wieder auf dem deutschen Markt präsent, wenn auch nur in kleinen Auflagen. Daß von den zehn Wunschautoren der Leser nur zwei im *RO-RO-RO*-Programm erschienen, dürfte ausschließlich ein Problem der Autorenrechte gewesen sein.

Nicht zu übersehen ist, daß sich die Lesepräferenzen noch stark an den literarischen Wertnormen der 20er Jahre orientieren. Dies wird besonders deutlich in der Hochschätzung Werfels, dessen literarische Erfolge in Deutschland anders als die Thomas Manns und Hesses ausschließlich aus den 20er Jahren stammten.[66] Gesucht wurde die literarische Wiederbegegnung mit aus besseren und das heißt aus vergangenen Zeiten bekannten und bewährten Autoren. Damit bestätigten die Präferenzen der *RO-RO-RO*-Leser die restaurativen Tendenzen der Nachkriegszeit im Bereich literarischer Geschmacksbildung, die sich in den folgenden Jahren – auch im Angebot des literarischen Markts – verstärken sollten.

---

65 Erstmals dokumentiert bei Grosser, Kontroverse.
66 Ob die nachkriegsdeutschen Leser über den breiten Publikumserfolg informiert waren, den Werfel in den 1940er Jahren im amerikanischen Exil mit den Romanen *Der veruntreute Himmel* (1939), *Das Lied der Bernadette* (1941) und *Stern der Ungeborenen* (1946) hatte, muß dahingestellt bleiben. Jungk, Werfel, gibt darüber keine Auskunft.

Das in den Leserwünschen ebenfalls enthaltene Interesse für die deutsche Exilliteratur dagegen findet – sieht man von der Ausnahmeerscheinung Thomas Mann ab – in der Rezeptionssituation der Westzonen, vor allem aber in der der jungen Bundesrepublik wenig Nahrung. Daß diese restaurative Entwicklung schon früh kritisch vermerkt wurde, zeigt ein Artikel von Horst Lange aus dem Neujahrsheft des *Ruf* von 1947. Dort heißt es:

»Bücher nach dem Krieg, – wie haben wir darauf gewartet, wie ungeduldig sind wir gewesen, mit welcher Erregung und Unruhe haben wir nach ihnen gegriffen! Wir waren nicht darauf gefaßt, so vielen Bekenntnissen schöner Seelen zu begegnen, so viele retrospektive Talente und Pansflötenbläser zu finden, – wenn schon die Zukunft unserer Literatur in die Vergangenheit verlegt werden muß, so hofften wir doch wenigstens darauf (um nur ein naheliegendes Beispiel zu nennen!), etwas von der Besessenheit und der Intensität Strindbergs wiederzufinden, – dessen Werk zu großen Teilen viel moderner ist als das meiste von dem, was heutzutage in Deutschland geschrieben und publiziert wird! Bücher nach dem Krieg, – es scheint, als seien die Städte umsonst zerstört, die Hekatomben umsonst geopfert worden, als sei das Gefüge der europäischen Ordnung umsonst zerborsten. Alles umsonst. [...] Bücher nach dem Krieg, – es ist an der Zeit, von Gegenbeispielen zu reden, von Werken, die, wenn wir heute ein weniger zweifelhaftes kritisches Niveau, genügend Papier und ein unvoreingenommenes Publikum hätten, in Deutschland genau so berühmt wären, wie manche von jenen unvergeßlichen Büchern, die nach dem ersten Weltkrieg erschienen.

Da ist der gewaltige Roman *Stalingrad* von Theodor Plievier (Aufbau-Verlag, Berlin). Er hat das 85. Tausend erreicht, – aber wer kennt dieses Buch bei uns, wo ist es diskutiert worden, wo hat es die Erregung, die Anteilnahme, den Widerstreit der zahllosen Stimmen hervorgerufen, die früher beim Erscheinen eines solchen Werkes laut geworden wären? [...] Wir brauchen solche Bücher, weil sie kühn, gerecht und entschieden sind, und weil sie ganze Bibliotheken jener zu Konzessionen immerdar bereiten »schöngeistigen« Literatur aufwiegen, auf die es heute bei uns nicht mehr ankommt.«[67]

Plieviers *Stalingrad* erschien wenige Monate später, im Mai 1947, in der *RO-RO-RO*-Reihe und erreichte in dieser Publikationsform die Breitenwirkung, deren Ausbleiben Lange hier noch anmahnt. Daß gerade ein Rotationsroman als Gegenbeispiel für die als bedenklich beschriebene literarische Entwicklung angeführt wird, mag belegen, daß dieses Projekt – auch im Verständnis des kritischen zeitgenössischen Betrachters – zu den wenigen verlegerischen Unternehmungen der Nachkriegszeit gehört haben dürfte, die zu deren Restaurationstendenzen auch ein literarisches Gegenangebot enthielten.

Literatur

Gottfried Bermann Fischer: Die Rolle des Buches im Nachkriegsdeutschland. In: S. Fischer, Verlag. Von der Gründung bis zur Rückkehr aus dem Exil. Eine Ausstellung des Deutschen Literaturarchivs im Schiller-Nationalmuseum Marbach a. N., Marbacher Katalog 40. Hrsg. v. Bernhard Zeller, 1985, S. 655-663.

67 Lange, Bücher, S. 9-10.

Christina Bylow: Hermann Broch und Willi Weismann (1946-1951). Ein Beitrag zur Entstehungsgeschichte des Romans »Die Schuldlosen«. Magisterarbeit München 1988.

Erfahrungsbericht über RO-RO-RO. Als Manuskript gedruckt. Hamburg: [Rowohlt] 1947.

Hansjörg Gehring: Amerikanische Literaturpolitik in Deutschland 1945-1953. Ein Aspekt des Re-Education-Programms. (Schriftenreihe der Vierteljahreshefte für Zeitgeschichte Nr. 32) Stuttgart 1976.

J. F. G. Grosser (Hrsg.): Die Große Kontroverse. Ein Briefwechsel um Deutschland. Hrsg. u. bearb. v. ––. Hamburg, Genf, Paris: Nagel (1963).

Gerhard Hay (Hrsg.): Zur literarischen Situation 1945-1949. Kronberg: Athenäum 1977.

Fürchtegott Hesekiel: Neue Beiträge zur Rowohlt-Forschung auf Grund der jüngsten Ausgrabungen mit Hilfe namhafter Gelehrter zusammengestellt v. –‚–. Berlin-Havelstadt 1933 (1987).

Peter-Stephan Jungk: Franz Werfel. Eine Lebensgeschichte. Frankfurt a. M.: S. Fischer 1987.

Walter Kiaulehn: Mein Freund der Verleger. Ernst Rowohlt und seine Zeit. Reinbek b. Hamburg: Rowohlt 1967.

Horst Lange: Bücher nach dem Kriege. Eine kritische Betrachtung. In: Der Ruf. Unabhängige Blätter für die junge Generation. Nr. 10, 1. Jg., 1. Januar 1947, S. 9-10.

Heinrich Maria Ledig-Rowohlt/Martina Kortner: Interview vom 3. März 1989.

[Kurt W. Marek:] Bücher in allen Taschen. In: Ernest Hemingway: Schnee auf dem Kilimandscharo. Hamburg: Rowohlt 1952, S. 27-51, hier S. 34-36.

Paul Mayer (Hrsg.): Ernst Rowohlt in Selbstzeugnissen und Bilddokumenten. Zum 80. Geburtstag Ernst Rowohlts am 23. Juni 1967, Reinbek bei Hamburg: Rowohlt 1967.

Paul Mayer: Zwanzig Jahre mit Väterchen. Aus den Erinnerungen eines Rowohlt-Lektors. Reinbek b. Hamburg: Rowohlt 1957.

Paul Mayer: Lebendige Schatten. Aus den Erinnerungen eines Rowohlt-Lektors. Reinbek bei Hamburg: Rowohlt 1969.

Ernst Rowohlt zum Gedächtnis. 1. 12. 1961. Reinbek bei Hamburg: Rowohlt 1961.

Rowohlt Almanach. 1908-1962. Hrsg. v. Mara Hintermeier u. Fritz Joachim Raddatz. Mit e. Vorw. v. Kurt Pinthus u. d. vollst. Bibliographie v. 1908-1961. Reinbek bei Hamburg: Rowohlt 1962.

Rowohlt Almanach 2. 1963-1983. Zum 75jährigen Jubiläum des Verlages. Hrsg. v. Heinrich Maria Ledig-Rowohlt u. Hans Georg Heepe. Mit e. Vorw. v. Otto F. Walter und der vollst. Bibliographie aller Veröffentlichungen von 1963-1983. Reinbek bei Hamburg: Rowohlt 1983.

Rowohlts rotblonder Roman. Eine Story in Gedichten, Fragmenten und Dokumenten aus dem Leben des Autorenvaters zus. gest. zu seinem 60. Geburtstag u. hrsg. v. seinen Freunden. Für Ernst Rowohlt. Privatdruck in beschränkter Auflage. Esslingen 1947.

Peter Suhrkamp: Wie wird ein Buch an den richtigen Leser gebracht? In: Börsenblatt für den Deutschen Buchhandel, Frankfurter Ausgabe, Nr. 7/8, 1947, S. 147-150.

Rodolphe Toepffer: Der kühle Bräutigam oder Die Abenteuer des Herrn Cryptogam zu Wasser und zu Lande. Erz. u. gez. v. –‚–. Hrsg. u. eingel. v. Kurt Kusenberg. (Den Freunden u. Mitarb. d. Rowohlt Verlages Hamburg überr. Weihn. 1956, Neuj. 1957) Hamburg: Rowohlt 1956.

Tondokumente des Deutschen Buchhandels. Originalaufnahmen mit Verlegern, Buchhändlern und Autoren. Ausgewählt und kommentiert von Hans Sarkowicz. Frankfurt a. M.: Eichborn Verlag 1988.

Siegfried Unseld (Hrsg.): Heinrich Maria Ledig-Rowohlt zuliebe. Festschrift zu seinem 60. Geburtstag am 12. März 1968. Hamburg: Rowohlt 1968.

Ernst Umlauff: Der Wiederaufbau des Buchhandels. Beiträge zur Geschichte des Büchermarktes in Westdeutschland nach 1945. Frankfurt a. M.: Buchhändler-Vereinigung 1978.

BERTOLD HACK

Illustrierte Bücher

Ein Gespräch

»... in einer Zeit, da die Buchillustration zu schierer Bedeutungslosigkeit herabgesunken ist...«
Frankfurter Allgemeine Zeitung, 15. Februar 1990

Wer auf die Suche nach einer Theorie des illustrierten Buches geht, gerät rasch in unwegiges Gelände. Ein so vielgestaltiges Phänomen, eine so erscheinungsreiche Kunstform wie das illustrierte Buch scheint sich wegen der großen Zahl möglicher Aspekte der Definition zu entziehen. Man weiß, worüber man redet, aber es gibt keine zulänglichen Begriffe. Zusammenhänge scheinen sich, kaum hergestellt, sogleich wieder zu verflüchtigen.

Dabei wird – kein Wunder in unserer bildfreudigen Welt – die Buchproduktion immer bilderreicher, bunter, »illustrierter«, und das bedeutet beides zugleich: vermehrte Illusion und vermehrte Belehrung, hier die sachbezogene, dort die imaginative Anreicherung der Texte durch Bilder.

Wir reden vom künstlerisch illustrierten Buch und gewinnen mit solcher Beschränkung kaum mehr Klarheit. Im Gegenteil, wir sehen uns, nach einigen tastenden Bemühungen, vor einer Mauer von Thesen, Fakten, Meinungen, Urteilen. Der Betrachter findet aber nicht, was er insgeheim herbeiwünscht: den Maßstab, mit dem sich Gut und Böse in der Kunst der Buchillustration, mehr noch: in der Kunst der gesamthaften Gestaltung illustrierter Bücher unterscheiden ließe. Wenn ich recht sehe, ist jeder, der sich mit theoretischen Problemen der Buchillustration beschäftigte, an den Punkt gelangt, an dem es galt, entweder einen gordischen Knoten zu zerhauen – mit unterschiedlichen Ergebnissen, wie man sich denken kann – oder zu kapitulieren in der Erkenntnis, daß jeder Fall seinen eigenen Gesetzen mehr oder minder streng folge.

Soweit war es auch mit mir gekommen, als ich mich eines Gesprächs entsann, das vor einiger Zeit geführt wurde und dessen Zeuge ich sein durfte. Soll ich den Kreis der in mittlerem Alter stehenden Menschen charakterisieren, so muß ich mich eines antiquierten Ausdrucks bedienen: sie waren den Musen zugetan, in hohem Maße kunstverständig, aber nicht blind gegenüber den Problemen des ausgehenden 20. Jahrhunderts. Es war einer jener milden Frühlingstage, die den Sommer vorankündigen. Der Blick durch die großen Fenster des Hauses ließ hinter mannshohen Lavendelbüschen über die Hügel hinweg den Meeresspiegel erkennen, ganz entfernt glaubte man im verschwimmenden Blau den Umriß einer Stadt zu erahnen, wie Venedig im Wasser erbaut. Vielleicht schien es nur so, weil wir uns in die Unendlichkeit des Wassers, dessen Horizont an die »ultima linea« gemahnt, gern etwas fest Gebautes, Bleibendes hineindenken.

Nun das Gespräch:

JENNIFER   Darf ich, ehe wir zum eigentlichen Gegenstand unseres Gesprächs kommen, etwas vorlesen, was ich vor ein paar Tagen in der *Neuen Zürcher Zeitung* las? Vielleicht hat es mit unserem Thema zu tun. Eine Rezension beginnt mit diesen Sätzen:

»Die heute heranwachsende Generation ist in höchstem Maße optisch geprägt. Das geschriebene Wort kann zwar noch von den meisten gelesen werden, doch wird es nur noch marginal wahrgenommen, wenn es nicht mit farbigen Bildern veranschaulicht wird. Es ist müßig, gegen diesen Strom schwimmen zu wollen.«

RETO   Diese Erkenntnis ist nicht ganz neu; der Rezensent der *NZZ* hat sie nicht erfunden, aber knapp und eindringlich formuliert. Willst du darauf hinaus, daß diese Unfähigkeit zu lesen das illustrierte Buch fördert, ja ihm geradezu Flügel verleiht?

JENNIFER   Wohl kaum. Aber es ist ein Gesichtspunkt, den ich ungern vernachlässigt sähe.

CLAUDIO   Du hast auch nicht unrecht. Wir könnten versuchen, zunächst einen größeren Überblick zu gewinnen, also von oben herab auf unser Thema zu schauen.

RETO   Zweifellos haben sich unsere Wahrnehmungsgewohnheiten geändert, und davon kann das illustrierte Buch eigentlich nicht unberührt geblieben sein. Mit den Fotos ist die Bilderflut über uns hereingebrochen; die Fotos wurden beweglich, das Kino zog die Leute an. Heute ist das Fernsehbild in jedermanns Wohnstube, eine Art »großer Bruder«, der Information und Unterhaltung für sich allein reklamiert. Die berühmte Schauspielerin, eine der wenigen, die es noch können, rezitiert im Fernsehen Gedichte, und der Regisseur benötigt dazu Musik – wohl um den Eindruck eines Gesamtkunstwerks zu erwecken – Musik im Range der Kunst der Fuge, des Tristan-Vorspiels und von Bruckners Achter. Die Ansprüche dieses Mediums sind allumfassend.

JENNIFER Gewiß kann ein Gedicht gehört wie gelesen seine Wirkung entfalten, aber die Neugier des Zuschauers verlangt zu sehen, wie es dargeboten wird – und noch über die Geste der Sprecherin hinaus will er offenbar musikalische Untermalung hören, als reiche das Wort nicht aus. Der Ausdruck »Untermalung« ist verräterisch, er vermischt noch einmal die Künste. Die Darbietung von ernstzunehmender Kunst muß im Zeitalter der elektronischen Unterhaltung wohl so aussehen.

RETO Gewiß, Hören und Sehen gehören zusammen und bilden den Ersatz für das, was man früher einmal Lesen nannte. Alles will und muß man auf dem Bildschirm gesehen haben, die schreckliche Naturkatastrophe in allen Phasen, den Politiker, der erfolgreich sein will, die Liebesszene; auch sie gilt nichts, wenn sie nicht gleichsam vom Zuschauer optisch mitvollzogen werden kann. – Unser illustriertes Buch nimmt sich da allzu bescheiden aus. Sind wir im Begriff, eine Menschheit von Voyeuren zu werden?

YVETTE Das ist eine zu einseitige Bezeichnung. Den spectateur würde ich gelten lassen, den Zuschauer in der Konsumentenrolle, der sich, passiv wie er ist, im Grunde als nicht dazugehörend empfindet. Nur das Glasfaserkabel verbindet ihn mit den Realitäten. Sind wir so weit?

CLAUDIO Ich bin sicher, daß diese Umfeldbedingungen unser visuelles Wahrnehmen verändern und bereits verändert haben. Das Fernsehen hat seiner Natur nach etwas Zudringliches; literarische Qualität hat mit Distanz zu tun. Man vergegenwärtige sich, was Goethe in den *Wahlverwandtschaften* erzählt und wie er es erzählt – und dann stelle man sich die Geschichte als Fernsehstück vor! Ob Illustrationen im Buch die Distanz Autor–Leser verringern, davon können wir ja noch sprechen. Sehen, Zeigen und Darstellen verändern sich, und das ist in der Buchkunst durchaus bemerkbar. Das künstlerisch illustrierte Literatur-Buch kann von so gewichtigen Veränderungen nicht unbeeinflußt bleiben.

JENNIFER Das ist mir ein bißchen viel »Veränderung«, und ob aus diesen Gründen ein neuer Frühling für illustrierte Bücher anhebt, daran sind Zweifel erlaubt.

YVETTE Obwohl sich dagegen einwenden läßt, daß in Zeiten großer Vereinheitlichungen, großen scheinbaren Konsenses sich das Individuum mit seinen individuellen Bedürfnissen und Fähigkeiten stets besonders kräftig durchzusetzen wußte. Der Mensch eignet sich auf die Dauer nicht fürs Kollektive. Das läßt mich für das individuell auf den Leser und Betrachter zugeschnittene Buch hoffen, auch wenn es nicht in jeder Buchhandlung um die Ecke vorrätig ist.

CLAUDIO Wir müssen wohl, um uns nicht ins allgemein Kulturkritische zu verlieren, unser Thema präziser umgrenzen. Von welchem illustrierten Buch sprechen wir? Unzählige mit Bildern versehene Bücher würden ohne erläuternde Abbildungen ihren Zweck verfehlen, Fachbücher aus technischen oder medizinischen Bereichen, Bildbände, Fotobücher aller Art, Kunstbücher... ich deute das nur an, es ist ein riesiger Komplex. Sie sind illustriert aus vielerlei Nützlichkeitserwägungen heraus, nur nicht um der Kunst willen. Von Kinderbüchern wäre zu sprechen, die ja in Glücksfällen auch künstlerisch hervorragend sind. Aber der Aufnahmeprozeß des Kindes ist ein anderer als der des Erwachsenen.

YVETTE   Dennoch: die Kinderbücher! Sie sind es doch, die unser Verhältnis zum illustrierten Buch zuerst formen. Zum erstenmal sieht der kleine Mensch ein illustriertes Buch vor sich; alle schönen Bucherlebnisse haben hier ihren Ursprung. Das erste, »unzerreißbare« Buch hat nur Bilder, keinen Text. Später aber begegnen wir *Winnie dem Pu*, den munteren *Kindern aus Bullerbü*, *Emil und den Detektiven* – drei Beispiele nur für Kinderbücher, die Text und Bild in unvergeßlicher Weise verbinden, Ihr werdet euch alle an Ähnliches erinnern.

CLAUDIO   Unter den verschiedenen Formen illustrierter Bücher gehört dem Kinderbuch der historische, lebensgeschichtliche erste Platz. Nichtillustrierte Kinderbücher sind ja in der deutlichen Minderzahl. Wir kommen damit aber zur Lesepädagogik, die wir hier nicht erörtern können, auch nicht die ästhetischen Gesichtspunkte, die dabei meistens beiseite gelassen werden – und wie wichtig wären sie!

Unser Gegenstand ist das künstlerisch oder mindestens in künstlerischer Absicht mit Bildern versehene Buch (um es zu verdeutlichen, sagte ich eben: Literatur-Buch). Wenn uns das Phänomen des illustrierten Buches beschäftigen soll, so reden wir konkret von illustrierter Literatur. Das bibliophile Buch...

RETO   Ach, wenn sich dieser Begriff vermeiden ließe! Gemeint ist doch ein Buch, das den qualitativen Anforderungen eines Bibliophilen genügt – ein Buch, das um seiner Qualität willen – rundherum – das Interesse des Büchersammlers findet. Ein Bibliophile ist ein Bücherliebhaber, das bibliophile Buch aber kein bücherliebendes Buch!

CLAUDIO   So ist es, aber unseligerweise ist der Ausdruck »bibliophiles Buch« bei uns viel zu fest eingebürgert, als daß wir ihn wieder ausbürgern könnten. Wieviele Verlage, dazu berufene und unberufene, preisen ihre Bücher als »bibliophil« an! Kenner wissen natürlich, wie wenig ernst das zu nehmen ist. Der jährlich erscheinende Katalog der »Schönsten Bücher« spricht von »bibliophilen Ausgaben«, das ist eine Nuance besser.

JENNIFER   Das bibliophile Buch wird ja sehr häufig mit dem illustrierten Buch gleichgesetzt. Buchkunstausstellungen sind vorwiegend Ausstellungen illustrierter Bücher. Ist das Buch illustriert oder mit besonders aufwendigen Wiedergaben ausgestattet, so ist es eben »bibliophil«. Wie kommt das?

RETO   Wenn du mir eine zynisch klingende Antwort nicht verübeln willst: Bibliophile sammeln, aber lesen nicht. Illustrierte Bücher betrachtet man, läßt sie kostbar in Leder oder Pergament binden, behütet sie sorgsam hinter Glas, man liest sie aber nicht.

Yvette »Nicht mitzulesen, mitzusammeln bin ich da.« Stammt diese hübsche Sophokles-Parodie nicht sogar von Anton Kippenberg?

Claudio Jedenfalls kennzeichnet das bonmot treffend eine gewisse Spielart der Bibliophilie, die Kippenberg höchst unsympathisch war. Andererseits ist unübersehbar, daß sich die Bibliophilengesellschaften bevorzugt des illustrierten Buches angenommen haben, teils ja auch mit bemerkenswertem Erfolg. Die Nachbarschaft ist historisch legitimiert, übrigens auch in anderen Ländern. Man möchte auf diesem Feld die Bibliophilengesellschaften nicht missen, auch wenn sie manchmal unfreiwillig Gegenbeispiele lieferten.

Reto Du denkst wohl an die Maximilian-Gesellschaft, die beides geliefert hat, *Effi Briest* von Liebermann illustriert – und als vermeintlich avantgardistisches Abenteuer und zugleich als ersten Ausflug der Gesellschaft in die erotische Literatur das Büchlein *Von Liebeskunst* von Heissenbüttel und Sandig, das in jeder Hinsicht verunglückt ist und so erotisch wie als Salat angemachte Glasfaserkabel. Staub von erkalteter Lava liegt grau über den Seiten des Buches, der sterile Geruch von Impotenz, Lustlosigkeit, Frustration steigt aus Text und Bildern. Experiment hin und her – ich möchte wohl wissen, wer dem Vorstand der angesehenen Gesellschaft dieses buchähnliche Produkt aufgeredet hat.

Jennifer Übertreibst du nicht ein wenig?

Reto Ich fürchte, nein.

Yvette Zu den Künsten, die unter den Mißverständnissen des Jahrhunderts gelitten haben, zählt auch die Liebeskunst. Man muß Nachsicht dafür aufbringen, wenn eine Bibliophilengesellschaft das nicht weiß.

Jennifer Wir müssen unsere Absichten wohl mit Beispielen belegen, aber ich finde, es ist dazu noch zu früh. Erst müßten wir die Grundlinien klarlegen. Auch möchte ich dafür plädieren, die Bibliophilie, auch die in Vereinen institutionalisierte, mit den Augen der Liebe (nicht der *Liebeskunst*) zu betrachten.

Reto Fassen wir also Mut und tun wir den ersten großen Pinselstrich zu einer Idealkonstruktion! Ein Bibliophile sei demnach jemand, der ein erfahrener Kenner und (als Sammler) ein aktiver Liebhaber der Kultur des Buches ist, der über Urteilsvermögen und Geschmack verfügt und sich möglichst im Historischen, Technischen und Künstlerischen des Buches auskennt – ohne ein Spezialist zu sein. Setzen wir dies als Maßstab, so ist ein »bibliophiles Buch« eines, das diesen Maßstäben gerecht wird.

Yvette Du legst die Latte sehr hoch, aber ich bin damit mehr als einverstanden. Wir sollten uns an das Erstrangige halten.

Jennifer Der Begriff »Geschmack« ist hier sehr wesentlich. Aber er wird oft nicht ernst genommen, weil ihm etwas Verschwommenes anhaftet. Geschmack, möchte ich sagen, ist das Ergebnis ästhetischer Erfahrungen. »Das nicht geschundene Auge wird nicht erzogen« – so sei Menanders berühmter Satz abgewandelt. Die Erziehung des Geschmacks verhindert die Überbewertung des Modischen. Geschmack als Fähigkeit, ästhetisch zu urteilen, ist ein Teil der Bildung und betrifft die Kultur der visuellen Wahrnehmung.

RETO Zum »Schinden des Auges« bietet der Blick auf die normale Buchproduktion genug Gelegenheit. Ich möchte aber noch erwähnen, daß John Ruskin von der »Unschuld des Auges« gesprochen hat; ohne sie sei keine ästhetische Erfahrung möglich. Es scheint verschiedene Wege zur Bildung des Geschmacks zu geben.

CLAUDIO Wir kommen den Kriterien, die wir suchen, vielleicht näher, wenn wir die möglichen Typen illustrierter Bücher in der krassesten Schwarzweiß-Manier umschreiben. Es gibt illustrierte Bücher, bei denen

1. der Text schlecht, die Illustration gut ist
2. der Text gut, die Illustration schlecht ist
3. Text und Illustration gut sind
4. Text und Illustration schlecht sind.

RETO Fall 3 dürfte die Ausnahme sein, Fall 4 nicht so selten, wie es im ersten Augenblick scheinen mag. Die Fälle 1 und 2 sind es, die uns zur Grundfrage des illustrierten Buches führen.

Soll man, ja darf man ein Werk literarischen Inhalts illustrieren? Gewiß ist das im Zeichen der Kunstfreiheit nicht verboten – aber müssen wir uns nicht fragen, inwiefern ein Text, der doch als Kunstwerk, für sich genommen, ein in sich geschlossenes, nach eigenen Gesetzen literarisch durchkomponiertes Wort-Kunstwerk ist, noch neben sich ein hinzugefügtes Bild-Kunstwerk erlaubt? Wird sich nicht ein starker Text aus seiner dominierenden Position heraus dem Bild widersetzen? Der Umkehrschluß lautete, nur schwache Texte duldeten Illustrationen neben sich. Aber stimmt das?

CLAUDIO Betrachtet man das Lesen als Vorgang, so ist die Illustration eine Unterbrechung des Leseflusses – vielleicht eine angenehme oder eine lästige oder eine erhellende, erquickende. Illustrieren heißt ja erleuchten, es ist nur die Frage, ob nicht manchem Leser die Erleuchtung durch das Wort ausreicht.

YVETTE Gerade habe ich wieder in den Briefen Flauberts gelesen und bin auf einen für unser Thema höchst interessanten Brief des Dichters an Ernest Duplan vom 12. Juni 1862 gestoßen. Daraus lese ich euch einen Absatz vor:

»Niemals wird man, solange ich lebe, ein Werk von mir illustrieren, denn: die schönste literarische Beschreibung wird verschlungen von der kümmerlichsten Zeichnung. In dem Augenblick, da ein Typ durch den Stift festgehalten wird, verliert er seinen Charakter der Allgemeinheit, diese Übereinstimmung mit tausend bekannten Dingen, die den Leser sagen läßt: ›Das habe ich schon gesehen‹

oder ›Das muß wahr sein‹. Eine gezeichnete Frau ähnelt einer Frau, das ist alles. Die Idee ist von dem Augenblick an abgewürgt, vollständig, und alle Sätze sind nutzlos, während eine beschriebene Frau an tausend Frauen denken läßt. Da dies eine Frage der Ästhetik ist, lehne ich strikt jede Art Illustration ab.«

RETO   Flaubert, der ja um die Treffsicherheit jedes Wortes gerungen hat, setzt das Typische, das der Illustrator hervorbringt, gegen das Allgemeine, das der Dichter meint. Illustration ist, so verstanden, einengend; sie beschränkt die Phantasie des Lesers, lenkt sie vielleicht sogar in eine vom Autor nicht gewollte Richtung und verführt den Leser zur Einseitigkeit.

YVETTE   Wünsche kann man offenbar nur für die eigene Lebenszeit äußern. Flaubert gehört ja zu den häufig illustrierten Erzählern – was er sich gewiß nicht hat träumen lassen.

JENNIFER   Bestimmte Texte werden ja sogar mit bestimmten Illustrationen identifiziert, sie sind ohne das ihnen zugehörige Bild kaum mehr vorstellbar, etwa Kleists *Zerbrochener Krug* mit den Illustrationen Menzels oder Grimms *Märchen* mit den Zeichnungen Ludwig Richters. Man könnte meinen, die völlige Identifikation eines Textes mit bestimmten künstlerischen Begleitbildern sei die höchste Erfüllung des idealen illustrierten Buches, aber ich habe Zweifel, daß dem so ist. Hier ist Gewöhnung im Spiel.

Merkwürdig ist es schon, daß weithin kaum der Schatten eines Zweifels über die Berechtigung von Buchillustrationen sichtbar wird. Auch hier ist vielleicht Gewöhnung im Spiel. Das Verhältnis des Textes zum Bild wird als geistiges Problem oder Phänomen selten erkannt. Man spricht von Buchillustrationen wie von der selbstverständlichsten Sache der Welt.

YVETTE   Man fragt kaum je nach dem, was einen unmittelbar umgibt, womit man täglich umgeht. Daher rühren wohl die Mißverständnisse, denen das Selbstverständliche ausgesetzt ist. – Aber da kommt mir gerade ein Gedanke in die Quere, bitte lacht mich nicht aus! Hat nicht das Illustrieren von Büchern mit der Lust, sich zu verkleiden, zu tun? Man möchte ein anderer sein, nicht ein ganz anderer, aber doch ein bißchen anders als sonst, man möchte »aus seiner Haut heraus«, ein neuer werden oder doch als neuer auftreten. Warum sollten Figuren der Literatur nicht verkleidet daherkommen dürfen? Stünde ihnen das schlecht an? Verlieren sie dadurch, gewinnen sie?

CLAUDIO   Hab Dank für dieses entzückende Aperçu! In deinem Einfall steckt etwas durchaus Wahres. Nur sollte niemand auf den Gedanken verfallen, Illustration als »Körpersprache der Literatur« zu definieren. Laß mich aber zurückkommen auf die Bedenken, die Reto anfangs geäußert hat. Der Dichter redet also in Bildern, erklärt die Welt, seine Welt in Wort-Bildern, Zusammenfügungen, Metaphern, Gleichnissen, Umschreibungen – bedarf es da noch der Bilder von fremder Hand? Findet hier nicht eine eigentlich illegitime Interpretation statt: nicht das Wort durch das Wort, sondern das Wort durch das Bild?

JENNIFER   Die Kunst ist voller solcher Übergriffe. Lieder, Chorgesänge, Oratorien, Opern gehören dazu. Denken wir daran, daß die griechischen Tragödien Musikstücke waren, denken wir überhaupt ans Theater, an die Inszenierung, das Ins-Bild-Setzen, dann an die unendlich vielen Gemälde nach mythischen oder literarischen Stoffen. Die Verfilmung von Thomas Manns *Tod in Venedig* ist ein eigenständiges Kunstwerk geworden. Literarische Stoffe sind von Komponisten in Musik gesetzt und zu symphonischen Dichtungen oder Orchesterstücken verarbeitet worden. Unerlaubte Interpretationen, Verfremdungen, wo man auch hinsieht!

YVETTE   Die Kunst kennt keine Begrenzungen, nicht im Formalen, nicht im Stofflichen. Unser Werturteil richtet sich aber nicht nach dem Was, sondern ruht allein auf dem Wie der Umsetzung des Stoffes in die Gestalt.

Das Gespräch, das wir hier begonnen haben, sollte nicht die Übergriffe, sondern das Übergreifende zum Gegenstand haben.

RETO   Diesen Weg schlagen wir jetzt ein und bitten dich, uns weiter an deiner Klugheit teilhaben zu lassen. Denn du wolltest ja einen Blick in die Literatur werfen, die unser Thema berührt. Und die, hoffe ich, auch das Zwitterhafte des illustrierten Buches nicht ausläßt.

YVETTE   »Geeinte Zwienatur« würde Goethe gesagt haben. Wir wollen sehen, ob es sich so verhält, ob dieses Ziel erreichbar ist.

Ich gebe mir Mühe, das Wesentliche knapp zusammenzufassen, muß aber hier und da vielleicht etwas ausholen. Auch kann ich nur antippen, was meine Gewährsleute teils breit ausführen. Jennifer wird mir helfen, wie sie mir bei der Sichtung des Materials behilflich war, wofür ich ihr danke.

CLAUDIO   Und wir danken euch beiden schon im Voraus.

YVETTE   Ich vermute, bei den Romantikern gibt es Meinungen über Buchillustration, habe aber nicht danach geschaut, weil wir uns ja der Gegenwart annehmen wollen. Goethe, den ich konsultiert habe, hat sich einige Male zu Illustrationen geäußert. Als Augenmensch hat er Illustrationen begrüßt; bildliche Darstellungen zu Texten, meint er, brauchen höchste Anforderungen nicht zu erfüllen, es sollten aber »an und für sich gute Bilder« sein. Die Faust-Illustrationen von Delacroix hat er ausdrücklich gelobt und erstaunt hinzugefügt, Delacroix habe seine, des Dichters, Vorstellungen bei einigen Szenen übertroffen.

JENNIFER   »Um wieviel mehr werden nicht die Leser alles lebendig und über ihre Imagination hinausgehend finden«, schließt Goethe. Die Rolle, die er – jedenfalls diesmal – dem Illustrator zuweist, ist beträchtlich.

YVETTE   Doch wollen wir nun näher an die Gegenwart heranrücken. Julius

Rodenberg, Bibliothekar mit bibliophilem Sachverstand, lange Zeit Leiter der buchkünstlerischen Sammlungen der Deutschen Bücherei in Leipzig, hat 1925 in seinem Standardwerk *Deutsche Pressen* ausführlich über das illustrierte Buch geschrieben. Ihm war das eigentliche Problem deutlich. Die Dichtung, sagt er, spiele in der Zeit, das »Gebilde des Künstlers« aber im Raum, daher rühre eine gewisse Diskrepanz. Er vergleicht den Illustrator mit dem Regisseur eines Theaterstücks, der auch mit den Mitteln der Gegenwart Vergangenes heraufbeschwöre. Der Künstler, der Shakespeare illustriere, bringe eine aus der Gegenwart verstandene künstlerische Variation alter Themen. – Der Künstler habe vom Text auszugehen, und da er dem Genius näherstehe als der Gelehrte, sei er der eigentliche Kommentator der Dichtung. »Der Leser vertraut sich der Führung des Künstlers durch das Labyrinth der Dichtung an.« Wenn dem so sei, dann empfinde der Leser den Zwiespalt des Doppelkunstwerks nicht mehr, infolgedessen gebe es auch das Problem des illustrierten Buches nicht.

RETO   Nun, das nenne ich, den gordischen Knoten mit einem nicht besonders scharfen Messer zu durchtrennen. Offenbar hatte Rodenberg von der künstlerischen Leistung eine höhere Meinung als von der philologischen.

CLAUDIO   Immerhin hat er das Problem, das du so scharf umrissen hast, als gravierend angesehen. Jennifer meinte ja, die meisten übersehen es einfach.

JENNIFER   Im gleichen Jahr 1925 hat Emil Preetorius, den wir ja alle als Illustrator, Bühnenbildner, Essayisten und vor allem als hervorragenden Sammler ostasiatischer Kunst kennen, in der *Bücherstube* und im *Gutenberg-Jahrbuch* seinen Essay *Von der Zeichnung als Illustration* veröffentlicht, der danach wohl noch ein dutzendmal gedruckt worden ist. Preetorius setzt sogleich mit einer These ein: »Eine schwache Zeichnung kann nie eine gute Illustration sein«: auch dann nicht, wenn sie sich der Anlage des Buchganzen gut einfüge. Indes, eine Zeichnung hohen künstlerischen Ranges, und sei sie ein geniales Kunstprodukt, könne ebenfalls nicht als gute Illustration gelten, wenn sie den Buchkörper sprenge. Für Preetorius steht zwar die Qualität des Bildes obenan, derjenige Künstler aber, der »alle Atmosphäre vom Worte her als eine unliebsame Beengung seines Künstlerdranges« ansehe, sei kein guter Illustrator. Er redet also der Einfügung des Künstlers in den vom Autor gegebenen Rahmen das Wort; das Atmosphärische muß stimmen. Hier hat sich der Künstler einzufügen, damit eine »innere, geistige« Einheit entstehen kann. Die Zeit-Raum-Antinomie sieht Preetorius auch. Wichtig ist ihm die Funktion des Auges, das als lesendes und als schauendes beansprucht wird. Bei guten illustrierten Büchern wird dem Auge der Wechsel nicht bewußt, mehr noch: das »lesend dahineilende Auge wird nach einer Weile auf das eingeschaltete Bild beruhigend gesammelt«.

YVETTE   Das Bild steht also im Vordergrund. Preetorius war ja Bühnenbildner, nicht Regisseur. Eine kuriose Sache muß ich aber noch erwähnen. Menzels

Bilder zu Kuglers *Geschichte Friedrichs des Großen*, schreibt er, seien eine den Text weit überragende Leistung, meint dann aber, daß »ohne das literarische Werk, so schwach es immer sein mag«, die künstlerische Schöpfung gar nicht hätte entstehen können. Insofern sei, selbst in diesem Fall, das Künstlerische vom Literarischen, recht verstanden, nicht zu trennen.

CLAUDIO In der Tat ist unsere Vorstellung vom Frederizianischen bis heute von Menzel geprägt, viel mehr von ihm als von dem ehedem populären Kugler; das werden wir alle so sehen. Den gordischen Knoten hat Preetorius zwar weitaus eleganter entwirrt, aber über das geniale Bild, das den Rahmen sprengt, wird man noch nachdenken müssen. Vielleicht bedarf es eines neuen Begriffs, wenn man es dennoch als Buchillustration gelten lassen will. Und daß der Illustrator den Text gleichsam als Vorwand nimmt, um ein geniales Zeitbild zu entwerfen, will mir trotz Menzel-Kugler nicht auf den ersten Blick gefallen. Ich glaube, hier hat Preetorius nachträglich interpretiert, historisch ist der schöpferische Prozeß anders abgelaufen.

JENNIFER Was Josef Hegenbarth, der wohl fruchtbarste Illustrator unseres Jahrhunderts, über das Illustrieren bemerkt hat, verdeutlicht den schöpferischen Prozeß. »Das Durchlesen eines Textes«, sagt er einmal, »spaltet meine Gehirntätigkeit in zwei Teile. Einer nimmt das Literarische auf, der andere setzt das Gelesene in Bilder um«. Für Hegenbarth steht der Primat des Textes fest. Der Kernsatz lautet »Als Illustrator halte ich es für meine Aufgabe, mich dem Text unterzuordnen«.

RETO Wir kommen damit zu einer weiteren Grundfrage: Was macht der Illustrator eigentlich? Sehr einfach: er macht Bilder zu einem Text, der bisher ohne Bilder, jedenfalls ohne seine Bilder ausgekommen ist. Jan Tschicholds Ansicht, Dichtungen würden illustriert, »weil man sie für schmückenswert hält«, haftet zu sehr an der Oberfläche. Denn der Illustrator ist kein Dekorateur. Dekoration ist Kunst ohne Dimension und Perspektive. Man trifft sie eher auf dem Buchdeckel an, wenn der Buchbinder den horror vacui nicht auszuhalten vermochte.

JENNIFER Leider ist es doch wohl die Regel, daß der Zeichner vom Verleger einen Illustrationsauftrag erhält. Also »macht« er, nach dem Maßstab seiner künstlerischen Fähigkeit, was von ihm verlangt wird. Daraus kann, wie im Falle Menzel, ein Lebensthema werden. Das ist ein Ausnahmefall. Ideal wäre es, wenn der Zeichner von sich aus Illustrationen zu einem selbstgewählten Text entwürfe und sich dann einen Verleger suchte. Illustratoren mit großem Namen können das, für Anfänger ist das Verfahren nicht chancenreich.

YVETTE »Mit Bildern mühsam nachzumalen, was der Verfasser in Worten vorgemalt hat, ist natürlich sinnlos«, hat Marcus Behmer 1929 in einem Brief an Gotthard Laske gesagt, und er hat das, was der Illustrator beitragen kann, präzisiert: den Text anschaulich machen, die Textstimmung verstärken durch genaue Darstellung von Gegenständen oder Szenen, die im Text nur kurz genannt oder wenig beschrieben sind. Daß er auch die Ironisierung des Textes nennt, wundert den nicht, der Behmers Bücher kennt. »Möglich ist auch der Fall, daß ein im Text vorhandenes, aber nicht dominierendes Motiv in der Illustration isoliert und betont zum Ausdruck kommt; das kann ›gut‹, aber auch völlig ›falsch‹ sein.« Behmer betont, Illustrator und Verfasser sollten kongenial sein, »wenn schon nicht im Grade der künstlerischen Bedeutung, so doch im Charakter und in der geistigen Richtung«. Und dann: »Die große Mehrzahl der illustrierten Bücher sind entweder als komisch-nichtig oder auch als Dreistigkeit des Illustrators zu betrachten! Vielfach Leute (sic), die ohne jede Spur von Ehrfurcht vor dem Text ihn in ihrem mehr oder weniger genialen oder brutalen oder handwerksmäßigen ›Styl‹ notzüchtigen.«

JENNIFER   Das sind starke Worte eines starken Künstlers, der weiß, wovon er redet. Aber vergessen wir nicht, daß Behmer auch gesagt hat, er wolle am liebsten von seinen illustrierten Büchern nur ein einziges Exemplar drucken lassen, für sich selbst, »denn wenn ich etwas illustriere, so tue ich es im Grunde nur für mich und nur aus Liebe zu dem Buche und habe kein Interesse daran, irgendeinen, der das Buch vielleicht auch liebt, durch Bildchen vor den Kopf zu stoßen«.

RETO   Es ist wirklich zu bedauern, daß sich Illustratoren so selten über ihre Kunst, ihr Handwerk geäußert haben. Schon deswegen ist Behmer von größter Wichtigkeit. Ich möchte ein Zitat beisteuern, dessen Verfasser ich nicht nennen kann (er ist nicht angegeben). Dennoch, es ist schön und treffend gesagt:

»Erst jenseits von schlichtem Nacherzählen und unverbindlichem graphischen Beiwerk liegt nach wie vor die eigentliche Aufgabe des Illustrators: Seine Erfahrung ins Bild zu setzen und so Texte der Vergangenheit und Gegenwart deutend zu aktualisieren.« So steht es im Katalog *Fünf Jahrhunderte Buchillustration*, Nürnberg 1987, einem umfangreichen, in vieler Hinsicht bemerkenswertem Werk.

CLAUDIO   Die Illustration also gleichsam als »Innenansicht« der Literatur – das gefällt mir nicht schlecht. Ich habe die Ausstellung im Germanischen Nationalmuseum damals auch gesehen, und in der Erinnerung daran fühle ich mich verführt, eine kleine historische Reminiszenz einzuschieben, wenn ihr mir das erlaubt. – Die Illustration kommt ja aus der Zeit, in der Menschen informiert werden sollten, die größtenteils nicht lesen konnten. Die große gemalte Decke der Dorfkirche von Zillis in Graubünden ist dafür ein Zeugnis wie die nur aus Bildern bestehenden Bücher des Mittelalters. Das Bild steht allein für den Inhalt. Das war der Anfang. – Zur Zeit der Inkunabeln, im Humanismus und bis ins 19. Jahrhundert hinein gehören Textform und Bildform zusammen. Das Bild richtet sich nach der Textgestalt, daran hat auch William Morris, der Neuerer, nichts geändert. Der Primat der Typographie gerät erst im Jahre 1900 ins Wanken, mit Bonnards Illustrationen zu Verlaines *Parallèlement*. Nun löst sich die Zeichnung von der Textgestalt, freilich in einer Art geheimer Zwiesprache zwischen dem Gedichtsatz aus der Garamond-Kursiv und den über die Seiten fließenden Lithographien mit ihren teils fast ungegenständlichen Bildvorstellungen. *Daphnis und Chloe*, ebenfalls von Bonnard 1902 illustriert, bedeutet merkwürdigerweise einen Rückschritt, als habe man sich nicht weiterwagen wollen. Man kann den Faden in der französischen Buchillustration weiterspinnen, bis zu Maillol, der zur textbezogenen Illustration zurückfindet, wohl vom Grafen Kessler inspiriert, vielleicht aber auch, weil er als Bildhauer ein besonderes Gespür für das Architektonische des Buchaufbaus besaß.

RETO   Buchform und Textform, Primat des Textes oder der Illustration – wir sind schon tief in unserem Thema. Muß eigentlich immer zuerst der Text dasein, ehe ein gutes illustriertes Buch möglich wird? Eines der wichtigsten illustrierten Bücher dieser Jahrhunderthälfte, Goethes *Briefe aus Venedig* mit den Kupferstichen von Otto Rohse (1964) ist vom Bild her entstanden. Das Bild sucht sich den Text als Begleiter. Rohse hat das Verfahren mit zwei großen toscanischen Büchern später wiederholt. Niemand ist auf den Gedanken gekommen, das seien keine illustrierten Bücher. Im Gegenteil, gerade dank der vorzüglichen Zusammenfügung von Textgestalt und Bild sind es exemplarische Leistungen der Buchkunst.

YVETTE   Claudio wollte einen neuen Begriff haben, Reto will das Verhältnis Bild–Text wenigstens in Ausnahmefällen gelockert sehen – da können wir gleich fortfahren in unserem Literatur-Bericht, wenn ich ihn anmaßend so nennen darf.

Erhart Kästner, der Dichter, Ästhet und tatkräftige Restitutor der Wolfenbütteler Bibliothek, hat den Begriff »Malerbuch« wenn nicht erfunden, so doch erfolgreich propagiert. »Illustrieren – was ist das?« überschreibt er seinen grundlegenden Aufsatz von 1959 und antwortet im zweiten Satz: »Licht zwischen die Blätter eines Buches einfallen lassen.« Weiter: »Das Wort will bildlich sein, das ist seine Sehnsucht.« Ohnehin schon Erzähltes noch einmal mit dem Zeichenstift in Szene zu setzen, sei zu wenig. Das Bild sucht sichtbare Zeichen zu hörbaren Worten zu fügen, »wobei beide wissen, daß es im glücklichsten Falle nur vorübergehend und augenblicklich gelingt«. Die gute Illustration löst sich vom Text, begleitet ihn in einem höheren Sinne. Als Beispiel schlägt er vor, einen Text von Martin Heidegger von Hans Arp illustrieren zu lassen. Man werde dann von vornherein wissen, daß Heideggers Text anders zu lesen sei als übliche Wissenschaftsprosa. Jedes Buch eigne sich zur Illustration. Wenn ein Buch die Verbindung mit Kunst nicht vertrage, so sei es kein Buch, kein, wie er sich ausdrückt, »Gebilde, das wie ein Talisman« ist.

JENNIFER   Das mag sich so anhören, als solle das Bild in die Rolle des Kommentators schlüpfen. Im Grunde geht es Kästner, wie er immer wieder betont, um den Primat des Bildes. Seine Illustratoren sind Maler wie Miró, Chagall, Picasso, Braque. Und wenn einer von ihnen das Gedicht beiseite schiebt, buchstäblich an den Rand drückt, so ist das nicht wesentlich. »Es macht nichts«, so wörtlich.

RETO   Ich sagte es ja: illustrierte Bücher werden nicht gelesen, auch nicht wenn sie Malerbücher heißen und Gebilde wie Talismane sind. – Und hat Kästner nicht recht, wenn er sagt: ob man das Malerbuch lesen kann oder nicht, ist absolut zweitrangig. Er hat wohl nicht gesagt, aber gewußt, daß diese Bücher viel zu groß und unhandlich sind, um je zum Lesen dienlich zu sein. Es sind Bücher, die für Ausstellungen gemacht werden, es sind dekorative Gebilde und teilweise von unbezweifelbarem künstlerischen Rang.

YVETTE   Der Text ist, wenn er auch lästig und nebensächlich erscheint, kaum zu umgehen, will man das Erzeugnis »Buch« nennen. Der Primat des Bildes soll dennoch nicht unter dem Gewicht des Textes darben. – Aber Kästner will es dabei denn doch nicht bewenden lassen. Als Autor mit subtiler Feder kann er das Wort so tief unmöglich schätzen. So sagt er gegen Ende des kleinen Essays denn auch, der Text werde durch das Bild, das Bild aber auch durch den Text verwandelt: »Eins macht das andere illuster.«

JENNIFER   Kästners Bewunderung des französischen Malerbuches ist so stark, daß er darüber die Leistungen der deutschen Buchkunst und Buchillustration beiseite schiebt. Daß es in den deutschen Bibliotheken keine nennenswerten Sammlungen der großen – und natürlich sehr teuren – französischen illustrierten Bücher gibt (gab?), nennt er »eine Abstimmung des europäischen Geistes gegen sich selbst« (1962). In demselben Aufsatz, ursprünglich einem Vortrag, gesteht er auch ein, daß die Typographie der französischen illustrierten Bücher, daß also Schrift, Satzanordnung und Druck häufig nicht den Erwartungen entsprechen, die man stellt, wenn Künstler von »säkularem Rang« wie Braque und Picasso im Spiel sind. Hier, nur hier, lobt er die Deutschen, die über Schrift und Druck besser nachgedacht haben. Er nennt den Grafen Kessler, dessen Illustratoren indes – abgesehen von Maillol – zweiten Ranges seien (Gordon Craig und Eric Gill). Außer Kurt Wolff mit Georg Heyms *Umbra vitae* sieht Kästner keinen deutschen Verleger, »der eine Leidenschaft zum Literarischen mit einer Leidenschaft zur (modernen) Kunst verband«. Auch die Bibliophilie habe »Bücher von Weltgeltung« nicht hervorgebracht, sie verweile in »Zonen, die sogar unter Hitler bewohnbar waren«, sie huldige einem »faden Klassizismus, der nichts wagt und dem deshalb auch keine Krone zuteil wird«.

RETO   Mit anderen Worten, wir haben da allerlei einstecken müssen. Sind es nun Wahrheiten über unseren Gegenstand, sind es Teilwahrheiten oder stimmt das ganze Konzept nicht? Anregenderes und auch Aufregenderes ist zur Buchillustration in den letzten dreißig Jahren nicht gesagt worden, findet ihr nicht auch?

CLAUDIO   Der Name Picasso wurde genannt, und wir alle wissen, daß er eines der wahren Genies des Jahrhunderts war. Das neue Picasso-Museum in Paris beweist es überdeutlich. Nun erinnere ich mich genau eines Buches mit dem Titel *Pablo Picasso als Buchkünstler*, das in den fünfziger Jahren erschienen ist. Der Verfasser, Abraham Horodisch, ist der Prototyp des Bibliophilen nach Retos Definition, ein Kenner der Buchkulturen vieler Jahrhunderte, ein großer Sammler und Antiquar. Aus Horodischs ungemein gründlichem Text geht eines klar hervor: Picasso war kein Buchkünstler. Er schuf Bilder zu Texten, von denen niemand genau weiß, ob er sie gelesen hatte. Er war kein Leser, auch wenn wohl nicht stimmt, was sein Freund Jaime Sabartés schreibt, er könne sich nicht erinnern, Picasso je mit einem Buch in der Hand gesehen zu haben. Die Texte seiner Bücher sind nicht gleichwertig, sie sind allein bemerkenswert durch Picassos Graphiken, die zumeist nicht in einem Verhältnis zur Gestalt des Buchganzen, zur Typographie im besonderen, stehen. Es sind Muster von Malerbüchern, ihr Schöpfer ist ein Maler, kein Buchkünstler. Er hat jeden Anlaß, Kunstwerke zu schaffen, gern aufgenommen; so auch diesen – aber er befaßt sich nicht mit den übrigen Ingredienzien des Buches. Ob die Graphiken einen Fremdkörper in dem Buch bilden, kümmert ihn wenig. Das Buch ist eine Bühne, auf der er auftritt.

YVETTE   1919 illustrierte er *Le manuscript trouvé dans un chapeau* von André Salmon. Picasso schuf die Bilder, als der Text des Buches noch gar nicht geschrieben war. Zu Buffon hat Picasso zahlreiche Radierungen geschaffen, für die ein Text nicht vorgesehen war. – Ich werfe keinen Stein. Aber lustig ist ja doch, daß Kästner Picassos Illustrierung von Balzacs *Le chef-d'œuvre inconnu* für ein Schlüsselwerk des 20. Jahrhunderts hält, Horodisch nennt es »eine mißglückte Schöpfung Vollards«.

CLAUDIO   Der Blick auf Picasso verdeutlicht, was ein Malerbuch ist. Wo immer Picasso auftritt, ist er eindrucksvoll, auch in den Bildern, die er für Bücher geschaffen hat. Es ist ein Kunsterlebnis, kein Bucherlebnis. Es sind Bücher mit Bildern von Picasso. Illustrierte Bücher sind es nicht oder nicht immer. Horodisch hat recht: Picasso als Buchkünstler gibt es nicht.

Kehren wir zu Erhart Kästner zurück, zu seinem Aufsatz von 1959, zu seinem Vortrag von 1962. Man hätte sich eine lebhafte Diskussion gewünscht, aber das Interesse am illustrierten Buch ist wohl nicht so lebhaft, daß Bibliophile, die ja ohnehin ungern schreiben, sich dem poeta doctus, der Kästner war, hätten widersetzen mögen. Oder wollten sie sich die Freude am Selbstgesammelten, an der eigenen Kollektion illustrierter Nicht-Malerbücher nicht schmälern lassen?

JENNIFER   Wer immer sich dem Thema zuwendet, kommt um Kästners Thesen nicht herum. Und so blieb auch die Widerrede nicht aus. Hans A. Halbey hat sich in seiner Einleitung zum ersten Band von Wolfgang Tiessens Sammelwerk sehr kritisch mit Kästner auseinandergesetzt, vor allem mit seinen Attacken auf die deutsche Buchkunst, und ihm den Vorwurf nicht erspart, Kästner habe sich »zur gröbsten Einengung des Illustrations-Begriffs hinreißen« lassen. Jürgen Eyssen, ein Lobredner des Malerbuches, hat deutlicher als Kästner eingeräumt, daß in Frankreich über dem Bild die Buchform vernachlässigt worden ist.

YVETTE   Und nun Jan Tschichold! Ohne Kästner zu nennen, beschreibt er in der ihm eigenen Prägnanz, was da in Frankreich erzeugt worden ist. Ich lese euch das aus der Einleitung zum dritten Band des eben genannten Sammelwerks vor: »Jenseits eigentlicher Notwendigkeit liegen die in Paris häufigen Fälle, daß zwar der Zeichner vorhanden ist, der Text aber fehlt: dann nimmt man noch einmal das Hohelied oder Gedichte von Ronsard zum Vorwand für ein ›Buch‹. – Ein ›Buch‹, kein Buch, weil es überhaupt nicht zum Lesen bestimmt ist, und übergroß. Wer keine kleinen Bücher machen kann, macht große. Die gedachten Erzeugnisse sind Spekulationen des Kunsthandels; ihre Texte verhüllen, nicht einmal schamhaft, die ordinärste Geldmacherei.« Soweit Jan Tschichold, der ein Weltbürger war. Man sieht die ›Bücher‹ des rasch zu Ruhm gelangten, schwachen Bernard Buffet geradezu vor sich.

CLAUDIO   Ich schätze Jan Tschichold sehr (auch dort, wo er unrecht hat), weil er zum Nachdenken und zum Widerspruch anregt. Vielleicht geht er zu weit, wie ja auch Kästner mit seinen Vorwürfen gegen die deutsche Buchillustration unseres Jahrhunderts zu weit geht.

Die deutschen Maler, die nach 1945 im Vordergrund des Interesses standen, ich nenne Ernst Wilhelm Nay oder Werner Gilles, haben keine Bücher illustriert, sie waren mit malerischen Problemen beschäftigt. Eine Ausnahme bildet, viel früher freilich, Ernst Ludwig Kirchner, dessen Qualitäten als expressionistischer Illustrator gleich hoch anzusetzen sind wie die seiner Gemälde und freien Graphiken. Andere Illustratoren waren keine oder keine bedeutenden Maler. Zu sprechen wäre über Max Beckmann, dessen Faust-Illustrationen mehr Beachtung verdienen als sie gefunden haben.

YVETTE   Aber sind es wirklich nur Illustrationen? Der Auftrag, den Georg Hartmann 1943 dem im Amsterdamer Exil lebenden Beckmann gab, lautete vielleicht eher ›Zeichnungen zu Faust II?‹ Dennoch hat Beckmann zwei großformatige Faust-Drucke neben sich liegen gehabt, während er an den Zeichnungen arbeitete, weil er, anders als Picasso, ein nachdenklicher und genauer Leser war. Der Versuch, mit den Zeichnungen ein Buch herzustellen, war unendlich schwierig, technische und typographische Probleme häuften sich. 1957 war das

Werk fertig, ein Druck der Bauerschen Gießerei in Frankfurt, der auch an die Mitglieder der Maximilian-Gesellschaft verteilt wurde. »Ein Exempel, das nicht ohne Rest aufgehen wollte«, wie Konrad F. Bauer nachträglich bemerkte.

JENNIFER   In der Tat ist Beckmanns Faust ein gutes Beispiel. Nach Preetorius ist es kein gutes illustriertes Buch, weil die genialen Zeichnungen das Buchganze sprengen. Ob es für Kästner ein Malerbuch war, daran kann man zweifeln, denn es ist ein sehr »deutsches«, vergrübeltes Zeichenwerk zu einem der bedeutendsten Texte der deutschen Literatur, der sich natürlich nicht zugunsten des Bildes beiseite schieben läßt.

Nach der Frankfurter Ausgabe erschien noch eine Ausgabe im Münchner Prestel-Verlag (1970), von der Gustav Stresow, der spiritus rector dieses Drucks, später sagte: »Man hatte einen illustrierten Faust erwartet und sah stattdessen einen Faust mit eingeblendeten Illustrationen vor sich.«

CLAUDIO   So können Malerbücher Probleme aufwerfen, wenn man sich um graphisch-typographische Einheit bemüht. Man hätte es sich leichter machen können, wenn man, allein von den Bildern ausgehend, Nonchalance in der Typographie nach französischem Vorbild hätte walten lassen.

RETO   1975 erschienen Text und Reproduktionen nach Beckmann als Insel-Taschenbuch Nr. 100. Nun ist das Bild ganz dem Text untergeordnet, dabei in jeder Hinsicht unerlaubt verkleinert – das Resultat ist ein schlechthin mißlungenes Buch. Malerbücher sind offenbar Unikate, die sich nicht in andere Buchformen und Buchformate umsetzen lassen.

JENNIFER   So ist es. Irgendeine Vorbild-Funktion können die Malerbücher nicht in Anspruch nehmen, sie bleiben ohne fortwirkende, in die Zukunft hinein maßgebende Kraft. Daran ist gewiß auch ihre elitäre Erscheinungsform schuld, ihre Exklusivität, ihr Preis, – Bücher »for the happy few«, dies im ausgeprägtesten Sinne.

CLAUDIO   Du nennst exakt die Grenzen des Malerbuches. Kästner hat offenbar nur das Einzelne gesehen. So gibt er einen bemerkenswerten, intelligenten Ausschnitt, erklärt ihn für das Ganze und zum alleinigen Maßstab, dem sich alles weitere zu fügen hat. Historisch gesehen, betrachtet er das Phänomen einer begrenzten, noch relativ jungen Epoche, die vielleicht sogar nur eine kurze, glückliche Episode war. Die Existenz des Malerbuches setzt voraus, was es nicht immer gegeben hat und nicht immer geben wird: das enge, freundschaftliche, durch gemeinsame Interessen bestimmte kulturelle Zusammenleben von Künstlern, Literaten und Verlegern. Mehr noch, es setzt einen Markt voraus, den es in Paris (nur dort, nicht in anderen Städten Frankreichs) gab und gibt, einen funktionierenden Kunsthandel. Ein Vollard oder Kahnweiler sind nötig, um Kunst und Buch zusammenzubringen, Kunsthändler, die nicht nur Pläne haben, sondern das Publikum, das zahlt, zu begeistern wissen.

RETO Haben wir in Deutschland einen derart kreativen Kunsthandel? Haben wir das Publikum?

JENNIFER Vor einem Jahr sah ich eine Ausstellung moderner amerikanischer Pressendrucke, die mir zeigte, was für Folgen die allzu hohe Einschätzung der Malerbücher hat. Dort sah ich »Pressendrucke«, die nur in einem Exemplar existieren; gedruckt sind sie nicht, nennen sich aber »Unikatdrucke«. In Wirklichkeit sind es Aquarelle oder Collagen, sehr dekorativ und hübsch, aber die Verwandtschaft mit dem Buch leitet sich nur durch eine gewisse buchbinderische Behandlung her. Es sind Experimente, zum Teil recht witzige. Ob Kästner diese Kunstprodukte als Malerbücher angesehen hätte?

RETO Wohl kaum, denn es wäre ihm nicht verborgen geblieben, daß sich das Malerbuch in voller Auflösung befindet. Denn hier ist ja deutlich das Buch nicht das Ziel oder das Vehikel, sondern bloß noch der Vorwand der Kunst.

Das Malerbuch geht auf zweierlei Weise zugrunde: je kleiner die Auflagen werden, um so eher tritt die von Tschichold gerügte ordinäre Geldmacherei zutage, andererseits bemächtigen sich Leute des Malerbuches, die nicht Kunst und Literatur, sondern »Design« im Kopf haben.

YVETTE Kästners Gedanke, die führenden Maler der Zeit müßten dafür gewonnen werden, Bücher zu illustrieren, ist bestechend. Wohin er führt, ist ungewiß. Ein Beispiel nur: im französischen 18. Jahrhundert gab es eine Fülle vorzüglicher Maler, deren Werke wir im Louvre und in anderen Museen der Welt bewundern. Sie haben verschwindend wenig, geradezu nichts zu der ebenfalls höchstentwickelten Buchkultur ihrer Zeit beigetragen: Watteau, Chardin, Boucher, Fragonard, um die vier bedeutendsten zu nennen. Die großen Illustratoren dieser Zeit hießen Oudry, Gravelot, Cochin, Eisen, Moreau le jeune usw. – alle waren keine bedeutenden Maler. Desungeachtet wünscht sich jeder Kenner des illustrierten Buches eine Zeit herbei, die gleich kreativ, gleich fruchtbar, gleich vielfältig war. Maler sein ist etwas anderes als Illustrator sein, es sind zwei verschiedene Berufe. Die Buchkunst des französischen 18. Jahrhunderts ist eine Illustratorenkunst. Das Beispiel soll hier nur zeigen, daß man in die Irre geführt werden kann, wenn man das illustrierte Buch mit dem Malerbuch für identisch erklärt. Länder, die keine Malerbücher haben, sind deswegen kein Ödland.

CLAUDIO Kästner hat wohl richtig gesehen, daß das Malerbuch den Illustrator von der Zuliefererrolle, die er im 19. Jahrhundert oft noch hatte, befreit hat. Da öffnet sich in der Tat ein Blick in neue Dimensionen. Aber die Begeisterung ist mit ihm durchgegangen. Es ist so, wie es immer zu kommen pflegt, wenn einer etwas entdeckt: er glaubt, sich am Nabel der Welt zu befinden. Das Exzeptionelle darf man nicht zum Maßstab des Normalen machen.

JENNIFER Malerbuch oder nicht: ist denn nur das Buch mit Originalgraphik ein illustriertes Buch, das erörternswert ist? Das »bibliophile Buch«, nehme ich an, muß wohl mit Originalgraphik versehen sein?

RETO Beckmanns *Faust* ist das beste Gegenbeispiel, es besteht aus Reproduktionen von Federzeichnungen. Primär zu unterscheiden sind eigentlich nur gute und schlechte illustrierte Bücher. Ist ein Buch mit Kupferstichen von Rohse besser als eines mit Holzschnitten von Masereel oder Zeichnungen von Kubin? Vom Standpunkt des gestalteten Buches aus – oder soll ich sagen »wesenhaft«? – lassen sich daraus keine Qualitätskriterien ableiten. Originalgraphik erhöht indes den Marktwert, und das mit gutem Recht, denn eine Kupferplatte gestattet nicht unendlich viele Abzüge; die limitierte Auflage ist also ein Gebot der künstlerischen Notwendigkeit, auch die Signatur des Künstlers ist bei handgedruckter Originalgraphik eine Qualitätsbezeichnung, bei Auflagendrucken, die durch die Maschine sausen, ist sie nur ein Snobismus. Aber eine reproduzierte Radierung ist keine Radierung mehr, es ist eine Wiedergabe eines Bildes, das ursprünglich eine Radierung war. Noch einmal: es ist richtig, wenn der Markt den originalen Charakter des in begrenzter Auflage reproduzierbaren Originalkunstwerks honoriert.

JENNIFER Mir scheint, es ist nicht immer erkannt worden, daß die Frage der »Originalität« ein Qualitätsproblem ist. Eine schlechte Radierung kann so original oder originell sein wie sie will, in so geringer Auflage abgezogen sein wie immer, signiert mit der fabelhaftesten Unterschrift, sie bleibt eine schlechte Radierung, eine mißlungene Illustration. Auf die Dauer merkt der Markt das. Die vielen künstlerisch unbedeutenden, mit Pomp ausgestatteten Illustrationswerke der zwanziger Jahre (in Deutschland) sind so gut wie wertlos, nämlich unverkäuflich, weil es ihnen an Qualität fehlt. Denkt man an diese Erscheinungen, so wird man Kästner recht geben, wenn er mit grobem Besen kehrt.

YVETTE Nach meinem Verständnis zählt ein von Richard von Sichowsky gestaltetes Buch mit reproduzierten Federzeichnungen von Hegenbarth ungeachtet der höheren Auflage zu den vortrefflichen, den bleibenden illustrierten Büchern. Ich erinnere mich auch an Walter Benjamins Essay *Das Kunstwerk im Zeitalter seiner technischen Reproduzierbarkeit*, geschrieben 1935, erstmals vollständig veröffentlicht 1963; ihr kennt ihn.

RETO Du kommst auf eine äußerst wichtige, ja entscheidende Frage: wer »macht« das illustrierte Buch?

JENNIFER Marcus Behmer, der seine Bücher selbst in Regie gehabt hat – daher ihre Einheitlichkeit – hat in dem vorhin schon erwähnten großen Brief an Gotthard Laske alle etwa bestehenden Gesetze für »völlig borniert« erklärt, aber genau beschrieben, was für das illustrierte Buch wichtig ist: »Äußerliche völlige Harmonie von Papier, Schrift, Satz, Anordnung, Format, Druck und Bild« und er fügt hinzu: »Das ist scheinbar selbstverständlich, ist es aber keineswegs! Also z.B. ein Buch wie die M[aximilian]-G[esellschaft] *Effi Briest*, ist, in diesem

Sinne, schlechter als ein Groschenroman sein kann, wo zwar alles scheußlich, aber in seiner Scheußlichkeit harmonisch ist.«

RETO Die Aufzählung dessen, was für ein vollkommenes illustriertes Buch wesentlich ist, geht uns an, der Ausbruch gegen Liebermanns *Effi Briest* ist wohl mehr subjektiv bestimmt. – Wir wissen nun, was getan werden soll, damit ein harmonisches illustriertes Buch entsteht, aber welchen Einfluß hat der, der für die Harmonie zu sorgen hat?

CLAUDIO Ist euch schon aufgefallen, daß Bücher eines und desselben Illustrators sich sehr verschieden präsentieren, also verschiedene Grade von Qualität haben, je nachdem wer sie »gemacht« hat, wer also Herr des Unternehmens ist? Die Bücher mit Illustrationen von Imre Reiner zählen wohl zu Recht zu den illustrativen Spitzenleistungen unserer Zeit. Aber es ist ein Unterschied, ob Gotthard de Beauclair oder Richard von Sichowsky oder ob Reiner selbst die Bücher typographisch gestaltete. Ich werte das hier nicht, meine aber, es ist nicht richtig, daß vom Künstler selbst eingerichtete Bücher eo ispo besser sein müssen als diejenigen, die aus der Spannung zwischen Illustrator und Buchgestalter entstehen.

JENNIFER Gleiches gilt für Felix Hoffmann, den Schweizer, der von Max Caflisch, Gotthard de Beauclair, Jan Tschichold und anderen betreut wurde. Einige Kritiker sagen, Felix Hoffmann gehöre gar nicht in die erste Reihe unserer Illustratoren, aber die große Zahl der von ihm illustrierten Bücher beweist, daß er Illustrationen geschaffen hat, die sich dem Buch gut einfügen, wenn ein Meister die Typographie besorgt.

RETO Was ein gutes und was ein schlechtes illustriertes Buch ist, können wir also nicht entscheiden, ohne das Ganze des Buches im Sinne von Behmers Kriterien in Augenschein zu nehmen, vor allem die Leistung des Typographen.

YVETTE Ja, des Typographen! Erhart Kästner hat in Wolfenbüttel ja eine vielbeachtete Sammlung von Malerbüchern angelegt. Nun ergab es sich, daß Roswitha Quadflieg, die Hamburger Pressendruckerin, die wie Otto Rohse aus der Schule von Sichowsky hervorging, im Jahre 1978 dort die Bücher ihrer Raamin-Presse ausgestellt hat. Im Katalog berichtet sie einleitend von ihrer Arbeit. Sie sagt, die Illustration hat nicht dem Buch zu dienen, sondern das Buch der Illustration, was ganz »malerbüchlerisch« klingt. Trotzdem wendet sie sich gegen die Malerbücher, löckt also gleichsam gegen den Stachel des genius loci. Was sie fordert, nennt sie »Typographenbücher« und führt damit einen neuen, brauchbaren Begriff ein. Das Typographenbuch ist das von der Typographie inspirierte illustrierte Buch, das auf die Harmonie von Bild und Typographie angelegt ist. »Bei meinen Drucken«, schreibt sie, »versuche ich, die jeweilige Art der Illustration anhand des Schriftbildes entstehen zu lassen«.

JENNIFER Jan Tschichold, der sich wohl zu allen Fragen der Buchgestaltung (wenn er dieses Wort auch haßte) geäußert hat, schreibt zu unserem Thema:

»Keine noch so gute Illustration ist an sich Buchkunst, sondern zunächst im besten Falle reine Kunst. Nur der Typograph kann sie mit dem Text zum Buchkunstwerk vereinigen. Es kommt nämlich nicht nur auf eine geistvolle, dem Wesen des Werkes angemessene Illustrationstechnik an, sondern noch viel mehr auf den Zusammenhang von Typographie und zeichnerischer Linienführung, die nur der Buchentwerfer erreichen kann.«

RETO   Das ist ein deutliches Wort, wie man es von Tschichold erwartet. Ich denke, er hat recht.

Aber noch eine Bemerkung zum Typographenbuch. Frau Quadflieg verschiebt den Akzent auf Typographie und Bild. Dabei fehlt mir der Text. Wenn man mit dem Begriff Typographenbuch verbinden könnte, daß alle drei Komponenten des illustrierten Buches – Text, Bild, Typographie – ein Ganzes bilden, gemeinsam das Gefäß füllen, das formschön sein soll, so wäre mir das lieb. Und man hätte sich endlich von diesem Dualismus Text–Bild freigemacht.

CLAUDIO   Einverstanden. Nur meine ich, der Einband müsse noch hinzugerechnet werden.

YVETTE   Wir sollten noch Richard von Sichowsky hören, der als Schöpfer illustrierter Bücher wie als Lehrer folgenreich gewirkt hat. Er schreibt: »Ich bin der für einen Typographen etwas ketzerischen Meinung, daß es wichtiger ist, eine gelungene Illustration zu erhalten, als eine, die in den Satzspiegel und den Seitenablauf tadellos paßt. Anders gesagt: Ich bin bereit, kleinere oder mittlere Brüche im Buchablauf hinzunehmen, wenn die Ursache solcher Unzulänglichkeiten Illustrationen sind, die ich wegen ihres künstlerischen Wertes schätze. Gut gefügte Bücher haben wir hier und da gesehen, gute Illustrationen vielleicht auch, wenn aber gar beides zusammentrifft, dann wissen wir alle dieses Glück zu schätzen.«

RETO   Das ist viel abgewogener. Tschichold spricht als Lehrer, von Sichowsky als Weiser – so könnte man wohl sagen.

CLAUDIO   Ich möchte, wenn ihr es erlaubt, noch einmal auf mein Schema mit den vier denkbaren Möglichkeiten illustrierter Bücher zurückkommen, das ja keinen Raum für Zwischentöne ließ. Jennifer deutete eben schon an, daß mit Illustrationen mittleren Ranges passable, ja fast gute Bücher entstehen können. Daran ist etwas Wahres. Vielleicht muß ich einen Fall 5 hinzufügen: ein wie auch immer gearteter Text findet einen mittelmäßigen Illustrator, gerät aber in die Hand eines sehr guten Buchgestalters. – Ein Beispiel füge ich gleich an: die Geschichte von Daphnis und Chloe mit Lithographien von Otto Hettner, 1923 bei Buchenau & Reichert erschienen. Nein, große Illustrationen sind das nicht, obschon Hettner sich bemüht hat, das flüchtige Dahinfließen der Erzählung nachzuvollziehen. Der Wert des Buches liegt in der Gestaltung durch Siegfried Buchenau; das Buch ist von Jakob Hegner aus der Fleischmann Antiqua wundervoll gesetzt, die Lithos sind mit der Hand eingedruckt – kurz, das Ganze ist trotz der Schwäche der Illustrationen ein Buch, an dem man Freude haben kann.

JENNIFER Damit sind wir über »das erste Preetorius'sche Gesetz« hinweggesprungen. – Obwohl ich als Verteidiger der Bibliophilengesellschaften aufgetreten bin, möchte ich auf ein viel krasseres Beispiel für Mittelmaß hinweisen. Eine der Taten, die sich die Maximilian-Gesellschaft gern zurechnen läßt, ist das großformatige Buch *Drei Monate in Spanien* von E. R. Weiss (1931). Alle Voraussetzungen für das schlechthin vollendete illustrierte Buch waren gegeben: Autor und Illustrator, Schriftentwerfer, Typograph und Buchgestalter waren eine Person, und diese zählte damals zu den profiliertesten Gestalten der Buchkultur.

Das Buch hat ein bemerkenswert schönes Titelblatt, das in Schauers *Buchkunst* und andernorts abgebildet ist. Damit sind die Vorzüge des Buches erschöpft. Der Text bietet keine Bereicherung der Spanienerfahrung; er mag als private Reiseaufzeichnung hingehen, die dann aber ein kleineres Buchformat verlangt hätte. Das riesige Format wird durch die Lithographien erzwungen, die Weiss mit verschwenderischem Raum umgibt. Diese Sonderstellung haben sie aber gar nicht verdient; dafür sind sie viel zu schwach. Das Ergebnis ist ein neuer, durchaus kultivierter Prachtschinken, in blaues Leder gebunden. Aber man hört immer wieder, ein herrliches illustriertes Buch sei es eben doch. – Weiss selbst hat 1934 noch eine Mappe mit 24 nicht untergebrachten kleinen Lithos in 60 Exemplaren nachgereicht. Bedenkt man nach alledem, daß 32 große Lithos durch einen technischen Fehler schon vor dem Druck verloren gingen, so ermißt man, was uns erspart geblieben ist.

E. R. Weiss, damit ich nicht mißverstanden werde, ist selbstverständlich eine überaus wichtige Figur in der Buchkunst unseres Jahrhunderts – aber die Chance, einmal die Autorschaft und die gesamte Schrift- und Buchkunst eines selbstverfaßten und selbstillustrierten Buches in seiner Hand gehabt zu haben, hat der führende Buchkünstler seiner Zeit leider verschenkt. Niemand hat Regie geführt.

CLAUDIO War es Selbstüberschätzung? Wollte E. R. Weiss ein »deutsches Malerbuch« schaffen? Denkbar ist wohl beides. Wenn in diesem Fall das Experiment mißglückte, so darf man nicht darauf schließen, daß Bücher zum Mißerfolg verdammt sind, wenn Illustrator und Typograph eine und dieselbe Person sind. Der Blick auf das Œuvre von Otto Rohse belehrt uns, daß durch die Identität von Illustrator, Typograph und Drucker etwas Außerordentliches entstehen kann.

YVETTE Gewiß. Wenn wir aber weiter nach Beispielen für »gute mittelmäßige Bücher« suchen wollen, geraten wir ins Uferlose. Die Tatsache, daß die Fraktion der Mittelmäßigkeit groß ist, müssen wir in Rechnung ziehen.

JENNIFER Wir haben von Richard von Sichowsky gesprochen, und damit wir zum Erstrangigen zurückfinden, erinnere ich an eine Reihe von illustrierten

Büchern, die er für die Maximilian-Gesellschaft nach 1945 betreut hat: Kokoschkas Erzählung *Ann Eliza Reed* (1952), das *Buch Tobie* mit Holzschnitten von Edwin Scharff (1954), Runges Märchen *Von dem fischer un syne fru* mit den großartigen Holzschnitten von Gerhard Marcks (1955), Goethes *Römischer Karneval* mit Radierungen von Rudolf Kügler (1958), die *Vögel* des Aristophanes mit Holzstichen von Imre Reiner (1965). Daneben stehen noch drei Bücher von Otto Rohse, Melvilles *Kikeriki* (1958), Benns *Das Unaufhörliche* (1971), beide mit eigenen Holzstichen, dazu Münchhausens *Landabenteuer* mit Zeichnungen von Hegenbarth (1979). Das ist ein Vierteljahrhundert mit glänzenden Leistungen auf dem Feld des illustrierten Buches. Dagegen fallen die wenigen mißratenen Bücher, die die Gesellschaft vorgelegt hat, nicht ins Gewicht. Es ist wohl doch noch immer so, daß der Anteil der Bibliophilengesellschaften an der Kunst des illustrierten Buches hoch ist. Sie haben eine Vorreiterrolle, auch wenn sie ihrer Natur nach zum Konservativen neigen. Daß sie nicht wie ein Verlag mit dem Pfennig rechnen müssen, ist zugleich eine Chance und eine Gefahr.

CLAUDIO   Ohne es zu wissen, leben wir offensichtlich in einer Blütezeit des illustrierten Buches, mit und ohne den Anteil der Bibliophilengesellschaften. F. H. Ehmcke hat im *Gutenberg-Jahrbuch* 1938 eine zusammenfassende Überschau über die Fülle gegeben, die das 20. Jahrhundert an Buchillustration bis dahin hervorgebracht hat; er ließ dabei die jüdischen und aus anderen Gründen »unerwünschten« Künstler nicht aus, wozu Mut gehörte. Worauf ich hinauswill: einen Teil der darin genannten Illustratoren kennt heute kaum noch jemand. Sollen wir über die Vergänglichkeit des Irdischen klagen? Oder haben die Illustratoren nicht überlebt, weil sie so mittelmäßig waren? Oder hat sich der Publikumsgeschmack gewandelt?

YVETTE   Wir sind ja dank der Bemühungen und der Tatkraft von Wolfgang Tiessen über die Buchillustration nach 1945 in den deutschsprachigen Ländern vorzüglich unterrichtet. Auch in den bisher erschienenen sechs Bänden seines Handbuchs zeigt sich, daß wir in einer Zeit leben, die sehr viele, sehr verschiedene, aber durchaus nicht qualitätslose Illustratoren hervorgebracht hat und beschäftigt. Bedenkt man, daß bei weitem nicht alle einen Platz im Ruhmestempel der Buchillustration erhalten werden, könnte man schon prophylaktisch über die Vergänglichkeit des Irdischen jammern. Der Weg in die Unsterblichkeit ist in den seltensten Fällen mit illustrierten Büchern gepflastert.

RETO   Nun sprechen wir von den feinen, vornehmen Büchern, die als solche eigentlich keine unlösbaren Rätsel aufgeben. Was mich rätseln läßt, ist, daß es neben der künstlerischen Buchillustration eine größere Gruppe illustrierter Bücher gibt, die sich bewußt anti-künstlerisch artikuliert. Ich meine die »Rohlinge« unter den illustrierten Pressendrucken.

CLAUDIO   Eine schlüssige Erklärung dieses Phänomens ist nicht in drei Sätzen zu haben. Es hängt mit der Ausweitung, der Aufweichung des Kunstbegriffs zusammen. Um Fettecken als Kunst werden Prozesse geführt, verschmierte Badewannen und dergleichen sind Objekte ernsthaften Disputs unter Kunstsachverständigen, ob uns das gefällt oder nicht. Das mit Butterschmalz auf Filz gedruckte Buch ist uns noch erspart geblieben, von Aluminiumplatten, Plexiglas und Sandpapier im »modernen Buch« hat man dagegen schon gehört.

RETO   Origineller fände ich schon ein mit schwarzer Schrift auf schwarzes Papier gedrucktes Buch. Und anstelle von »Unikatdrucken«, die unbeschreiblich wertvoll sind, würde ich ein Buch in Nullauflage vorschlagen, das dann das kostbarste von allen wäre. Es gibt zwar kaum noch Kaiser, aber die »neuen Kleider« gibt's noch haufenweise. Leider gibt es aber noch nicht das von Ernst Penzoldt (wenn ich nicht irre) erfundene »aphanistische Druckverfahren«, das die Buchstaben verschwinden läßt, wenn man sie einmal gelesen hat.

YVETTE   Gäbe es das, so wären unendlich viele Probleme des Büchermarktes gelöst, und manches »bibliophile« Buch würde als Notizbuch einen wirklichen Dienst leisten.

JENNIFER   Wir sind etwas vom Thema abgekommen. Wir wollten ja von dem simplen Pressendruck sprechen, dessen Hersteller wohl »simplificateurs« sind; »terribles« kann ich sie allerdings nicht finden... Nun sind wir bei superfeinen, extravaganten Über-Malerbüchern angelangt. Es geht uns wie den Feinschmeckern: ihre Betrachtungen zur feinen Küche füllen ganze Zeitschriften, über Bratkartoffeln schreibt niemand eine Zeile.

CLAUDIO   Bei der Betrachtung der »Rohlinge« darf man nicht vergessen, daß es immer Kunstproduzenten (so will ich sie ersatzweise nennen) gegeben hat, die ihre Werke als Protest in die Welt entsandten, gelegentlich in der irrigen Meinung, sie ließe sich dadurch verändern.

JENNIFER   Bewußter Verzicht auf Formgebung in den Druckerzeugnissen – Verdammung alles nur Schönen – bloß keine Zugehörigkeit zur »Kunst« – alles Ererbte über Bord werfen – Historisches auf den Müllhaufen – alles von Grund auf anders machen – bei Null anfangen – zum Teufel mit dem Nachruhm – Schluß mit Luxusdrucken und bibliophilem Snobismus – wer wäre völlig frei von solchen Versuchungen, denen nachzulaufen in der Jugend den Anschein von Legitimität haben mag, in reiferen Jahren den der Peinlichkeit hat.

RETO   Zurück also zu Marinetti, 1909! »Ich bin gegen alles, was als Harmonie des Setzens bekannt ist! Gegebenenfalls werden wir drei oder vier Spalten auf einer Seite und Lettern aus zwanzig verschiedenen Schriften verwenden. Flüchtige Wahrnehmungen werden wir durch Kursivierung wiedergeben und einen Aufschrei in fetten Typen. Jede Druckseite wird eine neue, eine bildhafte typographische Gestaltung gebären.« So stand's im *Futuristischen Manifest*. Und danach gab es doch einiges, was nach Realisierung Marinettischer Forderungen aussah – bis zum jungen Tschichold mit seiner *Elementaren Typographie*, von der er sich später radikal abwandte. Tschichold, nebenbei gesagt, zählt in allen seinen Wandlungen zu den interessantesten Gestalten der Typographie des 20. Jahrhunderts.

YVETTE Henri Friedländer hat gesagt: für Menschen, die gern diskutieren, ist Tschichold der ergiebigere, für den lieben Gott ist Richard von Sichowsky wichtiger (ich zitiere das aus dem Gedächtnis).

JENNIFER Aus diesen hohen Sphären möchte ich gern noch einmal in die Wirklichkeit der rohen, der ungestalteten Bücher zurück. Ich habe dazu eine Ansicht, weiß aber nicht, ob sie der historischen Nachprüfung standhält. Vielleicht hilft sie uns bei der Deutung des Phänomens ein wenig weiter.

Als es den Menschen schlecht ging, als sie Not litten äußerlich und innerlich, – und solche Jahre gab es in Zeichen von Krieg, Hunger, Verfolgung, Unterdrückung, Vertreibung, Besetzung ja allzu reichlich im Europa dieses Jahrhunderts – mußten Bücher unter denkbar primitiven Umständen gedruckt werden: schlechtes Papier, schlechte Schriften, ungeschulte Setzer, miserabler Druck, grobschlächtige Illustrationen, erbärmliche Bindung – die Älteren unter uns haben es unmittelbar miterlebt. Der literarische Gehalt war es, der diese Bücher auszeichnete und sie für den Augenblick und für später zu wahren Fundgruben werden ließ. Was in diesen »schlechten Büchern« bisweilen zu entdecken war, war literarischer Avantgardismus. Da dieser nach 1945 zunächst auf wesentliche, das Wesentliche betonende Kargheit hinauslief, paßten Buchform, Buchinhalt und Zeitgeist durchaus zusammen. Die Auflagen waren niedrig, viel Handarbeit war in die Bücher investiert, und so ergab sich auch ein – natürlich nicht beabsichtigter – Sammlerwert. Ich nenne nur einen Namen, V. O. Stomps, der rühmlich für einige andere steht. Was er unter kärglichen äußeren Umständen an Literatur entdeckt und zum Sprechen gebracht hat, ist genauso bemerkenswert wie die klandestinen Drucke in den Niederlanden unter den und gegen die deutschen Besetzer. »Drucker gegen Unterdrücker« hieß später eine Ausstellung.

Not macht erfinderisch. Das mit wenig tauglichen Mitteln gedruckte, nicht immer einfallslos illustrierte Avantgardebuch der Notzeit, hat später, als man längst dem Zwang zur Dürftigkeit entronnen war, zu einer merkwürdigen Entwicklung geführt. Ungestaltete »Pressendrucke« (so nannten sie sich, an alte Traditionen ohne Bedenken anknüpfend), schlecht gesetzt, schlecht gedruckt, mit groben Illustrationen, wollten schon ihres Äußeren wegen zur Avantgarde gerechnet werden, und zwar nicht nur der Poesie, sondern auch der Buchkunst, der Buchillustration. Ein Kreis meist jüngerer Leser folgte ihnen, ein politisches Windchen wehte zeitweise vom Rücken her. Gewollte Primitivität plus avantgardistische Selbsteinschätzung gleich neue Buchkunst, so etwa lautete die Gleichung.

Es klingt da etwas Sehnsucht an nach der Aufbruchsstimmung der Jahre nach 1945, als man gleichsam bei Null beginnen mußte und das als Chance empfand. Und noch etwas: man versucht nachzuholen, was der Expressionismus vorgemacht hatte. Die Marbacher Expressionismus-Ausstellung von 1960 brachte die »verlorenen Väter« nachhaltig in Erinnerung. Sie hat dazu beigetragen, den Expressionismus zu revitalisieren; eine Zeitlang ging das. Sei dem, wie ihm sei – die Bewegung, der Zug zum primitiven Buch hat stark romantische Züge, sie ist der deutschen, der suchenden Seele sehr nah. Situationen, die dereinst Ausdruck stärkerer oder schwächerer geistiger Impulse waren, lassen sich nicht übertragen; es ist falsch, sie als absolutum auszugeben. Schließlich füge ich noch an, daß es eine Art Edel-Primitivismus gab, etwa die ungeschlachten Riesenplakate mit Hölderlin-Versen, die eine Weile Beifall fanden. Mir sind sie so vorgekommen wie die mutwillige Zerstörung eines geistigen Inhalts, Zerstörung durch desinterpretierende Gestaltung. Kunst läßt sich nicht durch »es endlich mal anders machen« ersetzen. – Verzeiht, wenn ich eure Geduld zu lange in Anspruch nahm.

YVETTE Nein, das hast du gar nicht; es ist sehr bedenkenswert, was du sagst, aber eine Korrektur möchte ich doch anbringen. Das klandestine Buch in den Niederlanden nimmt eine andere Stellung ein. Die sehr kultivierte niederländische Nachkriegstypographie wurde ja spürbar von den Untergrunddruckern beeinflußt und getragen. Ein Künstler wie H. N. Werkman, um nur diesen zu nennen, entfaltete den Reichtum seines Könnens im Untergrund. Merkwürdigerweise hat das niederländische Kinderbuch seine künstlerischen Impulse aus der Untergrundarbeit der mutigen Autoren, Drucker und Verleger empfangen. Das Ganze ist ein Phänomen von sehr weitreichender Bedeutung.

RETO Noch etwas Ergänzendes. Das Wiederauftauchen des deutschen Expressionismus kam wohl nicht von ungefähr. Um 1960 wurde vielleicht schon sichtbar, daß die Kunst in Gefahr stand, den Konnex mit der Gesellschaft, ja mit dem Leben schlechthin zu verlieren, wenn sie ihn nicht schon eingebüßt hatte. Mußte man nicht befürchten, die Kunst werde zur Dekoration verkommen, und zwar zu einer unheiteren, trostlosen Dekoration, die mißvergnügt über gewisse Untiefen der Realität hinwegtäuscht (unter dem Vorwand, sie offenbare eben diese). Die Probleme, die wir heute erkennen, schon früh vorausgeahnt zu haben – dazu bedurfte es 1960 einer Art von Hellsicht. Denn es war noch nicht so weit, daß arrivierte Kunst vornehmlich zum Schmuck der öden Korridore von Großbanken diente oder als Gesprächsstoff für Finanzzeitschriften. Wegwerfkunst zu Millionenpreisen – das kam später. Lag es da nicht nahe, war es nicht geradezu geboten, auf den Expressionismus mit seinen bohrenden Sinn-Fragen zurückzukommen, auf dieses schonungslose Bloßlegen der innersten Fragen der Existenz? Man darf nicht übersehen, daß der Expressionismus die folgenreichste Kunstbewegung des Jahrhunderts in Deutschland war. Noch heute ist sie in Ausläufern lebendig, literarisch wie künstlerisch.

Es liegt im Wesen unseres Gesprächsgegenstandes, daß wir immer vom Einzelnen zum Allgemeinen gedrängt werden. Deshalb wollte ich diese Anmerkung nicht unterdrücken.

Im übrigen leuchtet mir ein, was du, Jennifer, gesagt hast, wenn ich auch den leicht resignativen Ton eines gewissen Kulturpessimismus nicht überhöre.

JENNIFER   Es ist nicht so sehr Kulturpessimismus, denn ich glaube nicht an die Dauer und Wirkung dieser allzu sehr ins Kraut geschossenen »Handpressen«. Aber ich gebe zu, mich ärgert die Anmaßung, die hinter solchen Büchern steckt. Dabei liebe ich eigentlich alles Experimentelle. Aber Experimente müssen Neuland entdecken und möglichst auch noch ihren eigenen Witz oder auch Charme mitbringen. Wenn alle dasselbe Experiment machen, läßt mich das gähnen. Einerlei übrigens, wie und wo das geschieht und wer sich daran beteiligt.

RETO   Sind die primitiven Pressendrucker – Prägutenbergianer könnte man sie fast nennen –, sind sie Gleichmacher oder zählen sie sich zu den Elitären? Gleichheit für alles und alle, also gleichschlechte Bücher, aber à la mode? Oder ist es ein Absetzen vom normalen Verlagsgeschäft, dem man den rechten Geist nicht zutraut und das man ob seines wirtschaftlichen Denkens verachtet?

CLAUDIO   Das ist schwer zu sagen, es führt uns auch auf einen Seitenpfad. Wir waren ja eigentlich auf der Suche nach Maßstäben für Gut und Böse in der Buchillustration. Wir haben einen Stein ins Wasser geworfen und uns interessiert die Ringe angeschaut, mit denen das Wasser antwortete. Wer das für nicht sinnvoll hält, braucht uns ja nicht zuzuhören.

YVETTE   So ist es; aber wir haben doch ein recht ansehnliches Stück Wegs gemeinsam zurückgelegt. Am Ziel sind wir freilich nicht angekommen. Wir haben gesehen, wie andere gordische Knoten durchhauen, wir haben diesen Knoten unsere Aufmerksamkeit gewidmet. Doch so viel wissen wir: daß jeder Fall für sich zu beurteilen ist, seine eigenen Maßstäbe erfordert, daß Vergleichen enge Grenzen gezogen sind.

Aber – einen Trost gibt es ja doch: hätten wir den Maßstab gewonnen, wie langweilig würden die illustrierten Bücher allesamt werden. Alle kennen die Regel, nach der Wert und Unwert sich messen läßt. Das Resultat? Es gibt nur noch tadellose illustrierte Bücher. Was für ein grauenerregender Zustand! Dafür gibt es keine Diskussionen mehr, keine Kontroversen, nicht mehr diesen lustvollen Streit darüber, was richtig und was falsch sei. Literarische Qualität ist vielleicht zu definieren (ich weiß es nicht), künstlerische schwerer, beides zusammen gar nicht. Seien wir zufrieden, wenn es keine Wahrscheinlichkeitsrechnungen gibt, nach denen sich illustrierte Meisterwerke herstellen lassen.

RETO Ich glaube, wir brauchen nicht untröstlich zu sein, wenn wir ohne formulierte Kriterien bleiben.

Wer die Weisheit besitzt, hat nichts – wer die Maßstäbe zu seinem Besitz erklärt, verfällt der Blindheit. Es gibt offenbar eine Art von tiefgefrorenen Einsichten, die sich nie wieder auftauen lassen.

JENNIFER Wir befinden uns nun in einer Lage, in der die Alten den Meergott Proteus herbeizitierten: er besitzt das Geheimnis, läßt sich aber nicht einfangen, weil er immer dann seinen Verfolgern entgleitet, wenn man ihn gefaßt zu haben glaubt.

CLAUDIO Der Blick aufs nahe Meer läßt an Proteus denken. Aber auch Apollo steht uns nahe. Er verfolgte die Nymphe Daphne, konnte sie aber nicht erhaschen, weil sie sich in einen Lorbeerbaum verwandelte.

Ich hole jetzt Rotwein herauf und schneide im Garten Lorbeerzweige für jeden von uns als Erinnerung.

RETO Und in was verwandelt sich unser Problem?

YVETTE In ein illustriertes Buch.

Mit diesem Metamorphosenvorschlag endete das Gespräch. Eine gewisse Müdigkeit hatte sich gegen Ende breitgemacht. Die conclusio hätte ich mir etwas präziser gewünscht. Ich war aber als Zuhörer eingeladen und schwieg daher. Auch war zu bemerken, daß diesem Gespräch ein anderes vorangegangen war, bei dem man wohl das Thema angeschnitten hatte; daraus mag der Wunsch entstanden sein, sich dem Wesen der Dinge zu nähern.

Später, als der übrigens vorzügliche Rotwein die Zungen gelockert hatte, flocht ich ein, so ergebnislos erschiene mir dieses Gespräch nicht. Freilich ist man der Theorie des illustrierten Buches nicht auf die Spur gekommen, hat man kein absolutes Wertsystem entdeckt, aber die unterschiedlichen Aspekte, die sichtbar wurden, ergeben für die Praxis des Urteilens über illustrierte Bücher einige Anhaltspunkte, die sich mir, zusammengefaßt, so darstellen:

1. Es ist nach der Qualität der Illustration zu fragen.
2. Es ist nach dem Verhältnis der Illustration zum Text zu fragen: wird der Text nacherzählt, »be-bildert«, »ab-gebildet«, oder erfährt er eine künstlerische Interpretation?
3. Es ist – unter gleichen Prämissen – nach der Qualität des Textes zu fragen.
4. Es ist, vom Text her gesehen, zu fragen, ob Schriftwahl und Buchformat stimmen.

5. Es ist nach dem Verhältnis der Typographie, der gesamten Buchgestaltung zur Illustration zu fragen.
6. Es ist nach dem Verhältnis des Einbandes zur Komposition des Buchganzen, besonders zur Illustration, zu fragen.
7. Es ist als entscheidende Frage obenan zu stellen: wie die Teile zueinander stehen, ob sie ein geformtes Ganzes bilden. Ob also das Ganze mehr ist als die Summe der Teile.

Die übrigen Kriterien eines schönen Buches – Qualität von Schrift und Satz, Druck, Papier, Einband, die Stimmigkeit der Farben in und am Buch – sind selbstverständlich zur Beurteilung eines illustrierten Buches heranzuziehen. Je höher der Anspruch ist, um so wichtiger werden sie.

Das illustrierte Buch ist ein subtiles Gebilde, das heterogene Elemente in sich zu einem Ganzen von eigener Harmonie vereint.

Literatur zum Thema
(nach den Notizen von Jennifer und Yvette)

Marcus Behmer: Grundsätzliches zur Buchillustration. – In: Imprimatur, Neue Folge Band IV. Frankfurt a. M. 1963/64, Beilage nach S. 72.
Marcus Behmer in seinen Briefen als Buchgestalter, Illustrator und Schriftzeichner. Zusammengetr. von Hans A. Halbey u. Richard von Sichowsky. – Hamburg: Christians 1974.
F. H. Ehmcke: Das deutsche illustrierte Buch im zwanzigsten Jahrhundert. – In: Gutenberg Jahrbuch 1938, S. 212-222.
Jürgen Eyssen: Das Malerbuch in Frankreich. Essen: Privatdruck Wolfgang Classen 1985.
Gustave Flaubert: Briefe. Hrsg. u. übers. von Helmut Scheffel. – Stuttgart: Goverts 1964.
Französische Maler illustrieren Bücher. Die illustrierten Bücher des 19. und 20. Jahrhunderts in der Graphischen Sammlung der Staatsgalerie Stuttgart. Text von Gunther Thiem. – Stuttgart: Höhere Fachschule für das Graphische Gewerbe, 18. Druck 1965 (gute Beispielsammlung).
Fünf Jahrhunderte Buchillustration. Meisterwerke der Buchgraphik aus der Bibliothek Otto Schäfer. Nürnberg: Germanisches Nationalmuseum 1987.
Goethe (über Faustillustration von Delacroix) s. Eckermann, Gespräche 29. Nov. 1826.
Hans Adolf Halbey: Zur Buchillustration in Deutschland, Österreich und der Schweiz seit 1945. – In: Die Buchillustration in Deutschland, Österreich und der Schweiz seit 1945. Hrsg. von Wolfgang Tiessen. Band 1. Neu-Isenburg 1968. S. 3-19.
Josef Hegenbarth. Aufzeichnungen über seine Illustrationsarbeit. Hrsg. unter Mitarbeit von Johanna Hegenbarth. – Hamburg: Christians 1964.
Abraham Horodisch: Pablo Picasso als Buchkünstler. Frankfurt a. M.: Gesellschaft der Bibliophilen 1957.
Erhart Kästner. Illustrieren – was ist das? In: Philobiblon, Jahrg. 3, Hamburg 1959, S. 186-190.
Erhart Kästner: Das Malerbuch unserer Zeit. In: Philobiblon, Jahrg. 6, Hamburg 1962. S. 9-56.
Emil Preetorius: Zeichnung als Illustration. – In: E. P., Gedanken zur Kunst. München: Piper 1957, S. 65-72, zuerst erschienen 1925.

Roswitha Quadflieg: Pressendrucke »sechzig Jahre danach«. In: Raamin-Presse Rowitha Quadflieg 1973-1978. Ausstellungskatalog. Wolfenbüttel: Herzog August Bibliothek 1978. – Ursprüngliche Fassung in Philobiblon, Jahrg. 21, Heft 3, 1977.

Julius Rodenberg: Deutsche Pressen. Wien: Amalthea 1925. – Hier insbesondere Einleitung »Die psychologischen Grundlagen der neuen Buchkunst«, S. 16-19.

Julius Rodenberg: Größe und Grenzen der Typographie. Stuttgart: Poeschel 1959. – Siehe dort das – schwächere – Kapitel »Das illustrierte Buch«, S. 98-122.

Georg Kurt Schauer: Deutsche Buchkunst 1890-1960. Hamburg: Maximilian-Gesellschaft 1963. 2 Bde. (Band 2 zusammengestellt vom Vorstand der Gesellschaft, darin ausführliches Literaturverzeichnis).

Richard von Sichowsky: Illustration im Buch. In: Richard von Sichowsky, Typograph. Hrsg. von Bertold Hack und Otto Rohse. Hamburg: Maximilian-Gesellschaft 1982, S. 53-57.

Herbert Spencer: Pioniere der modernen Typographie. Vorwort von Max Bill. – München: Axel Juncker 1970.

Gustav Stresow: Die Faustausgaben mit den Zeichnungen Max Beckmanns. – In: Imprimatur. Neue Folge Band 12. Frankfurt a. M. 1987, S. 165-178.

Wolfgang Tiessen (Hrsg.): Die Buchillustration in Deutschland, Österreich und der Schweiz nach 1945. Bisher 6 Bde. – Neu-Isenburg: Tiessen 1968-1989. – Umfassendes Sammelwerk.

Jan Tschichold: Buchherstellung als Kunst. – In: J. T., Im Dienste des Buches. St. Gallen: SGM-Bücherei 1951, S. 7-15. – Wiederabgedruckt in: Jan Tschichold. Leben und Werk des Typographen. Dresden: Verlag der Kunst 1977, S. 203-213.

Jan Tschichold: Illustration und Typographie. – In: Die Buchillustration in Deutschland, Österreich und der Schweiz. Hrsg. von Wolfgang Tiessen. Band 3. Neu-Isenburg 1972.

E. R. Weiß: Über Buchgestaltung. Hrsg. von Kurt Christians und Richard von Sichowsky. – Hamburg: Christians 1969.

Hans Peter Willberg: Was nützen Illustrationen? Anmerkungen zum Sinn und den Möglichkeiten der Buchillustration. – In: Literatur und Zeiterlebnis im Spiegel der Buchillustration 1900-1945. Bücher aus der Sammlung v. Kritter. Katalog. O. O. u. J. (Bochum 1989). [Bedeutender Beitrag zu unserem Thema, der wichtige sachliche Klärungen bringt; er steht leider in dem durchweg dilettantisch angelegten Katalog an allzu verborgener Stelle. Willbergs Aufsatz erschien, als das hier aufgezeichnete Gespräch schon stattgefunden hatte.]

Hermann Staub

»Arbeiten und nicht verzweifeln«

Das Archiv des Verlags Karl Robert Langewiesche (Königstein) im Historischen Archiv des Börsenvereins (Frankfurt)

1. Vorbemerkung

Diese Festschrift hat sich zum Ziel gesetzt, eine Persönlichkeit zu ehren, die seit vielen Jahren zu den rührigsten Forschern auf dem weiten Feld der Buchhandelsgeschichte zählt. Für den Archivar des Börsenvereins des Deutschen Buchhandels lag es nahe, für seinen Beitrag ein Thema zu wählen, das in enger Beziehung zu einem Bereich steht, der Heinz Sarkowski in den letzten Jahren besonders am Herzen gelegen hat. Die Rede ist von Unternehmensarchiven im allgemeinen[1] und dem Archiv des Julius Springer-Verlags im besonderen, für dessen »Renaissance« im Sinne von Erschließung, Bewahrung und Benutzung er Sorge trägt und das er durch Veröffentlichungen und Ausstellungen einer größeren buchhandels- und wissenschaftsgeschichtlich interessierten Öffentlichkeit bekannt zu machen versucht.[2] Unter Berücksichtigung dieser Überlegungen bot sich ein Beitrag über das Archiv des Verlags Karl Robert Langewiesche, Königstein im Taunus, an, das sich zum Teil in der Obhut des Historischen Archivs des Börsenvereins befindet.

Eine kritische Geschichtsschreibung ohne das Hinterfragen und Belegen von Aussagen mit Hilfe von Primärquellen ist schlechterdings unmöglich. Das gilt – natürlich – auch für die Historiographie des deutschen Buchhandels. Mit Recht hat Adalbert Brauer wiederholt auf die Verdienste des Leipziger Stadtarchivars Gustav Moritz Wustmann sowie der Bibliothekare und Archivare des Börsenvereins Albrecht Kirchhoff, F. Hermann Meyer, Konrad Burger und Johann Goldfriedrich bei der Entdeckung, Sammlung, Bewahrung und Erschließung buchhandelsgeschichtlich relevanter Quellen hingewiesen.[3] Ohne die »Wiederentdeckung« der Leipziger Buchhandelsakten durch Wustmann – und man kann unbedenklich hinzusetzen: ohne die buchhandelsgeschichtlichen Archiva-

---

1 Vgl. Sarkowski: Firmenarchive und die weiteren Ausführungen.
2 Vgl. Sarkowski: Archiv; Ders.: Sehr geehrter Herr!; Ders.: Autorenbriefe; Ders.: Wissenschaftsverleger; Ders.: Der Springer-Verlag; vgl. auch Schulz: Gesellschaft, Ammermann-Estermann, Bremen.
3 Vgl. z. B. Brauer: Historische Kommission, S. 50-51 und S. 70-71; vgl. dazu auch Reihe: Buchhändlerische Archivalien, S. 54-57.

lien des Börsenvereins – »hätten die Bände 2-4 der *Geschichte des deutschen Buchhandels* in dieser Form nie geschrieben werden können; ein erheblicher Teil der im *Archiv für Geschichte des Deutschen Buchhandels* erschienenen Aufsätze wäre nie geschrieben worden.«[4]

Heinz Sarkowski hat zwar anläßlich einer Podiumsdiskussion zum Thema Buchhandelsarchive die These aufgestellt, daß der »Kapp-Goldfriedrich« ohne die Benutzung von buchhändlerischen Unternehmensarchiven verfaßt worden sei[5]; ob sie jedoch in dieser apodiktischen Form der Realität entspricht, muß zumindest hinterfragt werden, wenn man weiß, daß Goldfriedrich z. B. die Unterlagen der Friedrich Fleischer'schen Verlagsbuchhandlung in 329 Aktenfaszikeln zur Verfügung standen.[6] Gleichwohl wurde von seiten der Historischen Kommission des Börsenvereins der Wert von Firmenarchiven immer wieder betont.[7] Sarkowski selbst äußerte sich dazu: »Bei der geplanten Fortschreibung dieser Buchhandelsgeschichte [des Kapp-Goldfriedrich] könne und wolle man ... auf keinen Fall auf Firmenarchive verzichten.«[8]

Die Wertschätzung der Buchhandelsarchive durch die Historische Kommission zeigte sich auch darin, daß sie bereits vor ihrer Sitzung in Stuttgart am 24. und 25. März 1983, auf der auf Anregung Herbert G. Göpferts die Weiterführung des Kapp-Goldfriedrich beschlossen wurde, Gerd Schulz mit der Durchführung einer Umfrage beauftragte. Intention dieser Umfrage unter allen vor 1930 gegründeten Mitgliedsfirmen des Börsenvereins war es, »die bestehenden Firmenarchive zu erfassen, nach Inhalt und Ordnung zu registrieren und so einen Überblick über das vorhandene Material zu gewinnen.«[9] Leider war der Rücklauf der Fragebogen nur verhältnismäßig gering. Von 1909 angeschriebenen Verlagen und Buchhandlungen antworteten lediglich 393, also etwa 20 Prozent der Befragten. Der angestrebte Überblick konnte also nur ein erster, vorläufiger und wohl kaum repräsentativer sein. Immerhin konstatierte Gerd Schulz: »Das Ergebnis ist einerseits bestürzend: 50 Prozent der antwortenden Häuser hatten Totalverlust während des 2. Weltkriegs erlitten; andererseits wurden Sammlungen, zum Teil sehr umfangreiche, bekannt, von denen bislang außer dem Besitzer kaum jemand etwas wußte.«[10] Bei aller Vorläufigkeit hatte die Umfrage jedoch ein konkretes Resultat. In seiner Antwort vom 1. März 1983 schrieb Hans-Curt Köster, Inhaber des Verlags

---

4 Brauer: Historische Kommission, S. 50.
5 Vgl. Walter: Königsgräber, S. 1182; vgl. dazu auch Meyer, S. 200.
6 Vgl. Reihe, S. 56.
7 Vgl. z. B. Schulz: Umfrage.
8 Walter: Königsgräber, S. 1182.
9 Schulz: Umfrage.
10 Schulz: Archiv? Vgl. auch: Archive.

Karl Robert Langewiesche, Nachfolger Hans Köster, an die Historische Kommission:

»Der Verlag K. R. Langewiesche wurde 1902 gegründet und befindet sich seit 1912/13 in Königstein bis heute an derselben Adresse in dem von Langewiesche gebauten Haus und in seinen alten Geschäftsräumen. Auf dem Speicher sind, nach Jahrgängen geordnet, aufbewahrt: die Korrespondenz (teils in Aktenordnern, teils in handlichen, verschnürten Paketen nach Adressatenalphabet sortiert) seit 1902 ununterbrochen bis heute; ein Archiv der Verlagsdrucksachen 1902-1982; in besonderen Hebelordnern Korrespondenz und/oder Rechnungen von größeren Lieferanten bzw. Kreditoren (z. B. Druckereien, Buchbindereien, Papierfabriken, Koehler & Volckmar etc.); Presserezensionen seit der frühesten Zeit; Archivexemplare von jeder hergestellten Auflage jedes im Verlag erschienenen Titels; Fotoarchiv der einzelnen Bildbände;... Sammlung von Klischees, Galvanos etc. für Werbedrucksachen des Verlages; Hauptbücher bis ca. 1960.«

Schließlich fragte Köster an, ob der Börsenverein bereit sei, einen Teil der Archivalien aufzunehmen, da der Verlag in Platznot geraten sei. Gerd Schulz sagte nach entsprechender Rückversicherung im Namen der Kommission gern zu, doch vergingen noch zwei Jahre, bis im Buchhändlerhaus Platz (das größte Problem des Historischen Archivs des Börsenvereins auch heute noch) geschaffen war und etwa 35 laufende Regalmeter Akten übernommen werden konnten.

2. *Karl Robert Langewiesche und sein Verlag*

Karl Robert Langewiesche wurde am 18. Dezember 1874 als Sohn des Buchhändlers Wilhelm Langewiesche im damals preußischen Rheydt (Regierungsbezirk Düsseldorf) geboren. Nach einer gründlichen Lehr- und Gehilfenzeit in Detmold, Halle/Sachsen, Genua, Leipzig, Elberfeld, Berlin und wieder Leipzig (1891-1901) gründete er 1902 in Düsseldorf seinen eigenen Verlag. In seinem Eröffnungsrundschreiben vom 5. Mai 1902 verkündete er dem damals vielfach erstaunten Berufsstand seine verlegerischen Prinzipien, deren programmatischer Charakter sein ganzes Leben lang Gültigkeit behielt. Er »*werde ... wenig drucken.* Dieses Wenige aber, soweit Einsicht und Kräfte reichen, »verkäuflich« gestalten. (...) Mein liebstes Ziel wird es sein, *moderne, vornehme Massenartikel* zu schaffen, deren Vertrieb möglichst wenig von jener unnützen und verlorenen Arbeit erfordert, von der wir im Buchhandel so viel haben. *Direkt an das Publikum liefere ich nicht.*«[11] »Moderne, vornehme Massenartikel zu schaffen« – damit gehorchte er der »Sehnsucht meines Lebens, gerade den breiten Massen der

---

11 Langewiesche: Rundschreiben, S. 3755.

Nation, also denen, die man die Ungebildeten nennt, durch meine Arbeit dienen zu dürfen.«[12]

Man kann als programmatisch betrachten, daß das erste Buch des Verlags, eine von Langewiesche selbst besorgte Auswahl aus den Schriften von Thomas Carlyle, den Titel *Arbeiten und nicht verzweifeln* erhielt.[13] Den Titel übernahm Langewiesche als Devise des Verlags, die er für würdig befand, Teil seines Verlagssignets zu werden.

Seinen Intentionen entsprechend, schuf Karl Robert Langewiesche mit seinen »Blauen Büchern« einen neuen Buchtyp, dessen Kennzeichen eine neuartige typographische Gestaltung, fester Kartonumschlag, bedruckter Schutzumschlag, einheitliches Format und niedriger Preis durch hohe Auflagen und knappste Kalkulation waren.[14] Die Idee zu dieser Reihe hatte der Verleger nicht von Anfang an. »Die erste bewußte Betonung der Wortprägung *Die Blauen Bücher*« fällt nach Langewiesches eigenem Zeugnis in die Zeit vom Herbst 1907 an.[15] Bis dahin erschienen seine Verlagsobjekte ohne Reihentitel und wurden erst bei späteren Auflagen unter die *Blauen Bücher* aufgenommen.[16]

Die *Blauen Bücher* setzten sich durch: 1927 hatte Langewiesche auf den Verlagsgebieten »Lebensführung, Weltanschauung, Kunst« zwar nur insgesamt 60 Titel produziert, diese jedoch in 6 012 000 Bänden.[17] »Wie ist dieser Erfolg zu erklären?« wird in dem Jubiläumsartikel des *Börsenblatts* zum 25jährigen Bestehen des Verlags gefragt. Die Antwort ist eine fast hymnische Würdigung des Verlegers: »Der ganze Verlag Karl Robert Langewiesche ist das einheitliche Gebilde einer einheitlichen Persönlichkeit, die ihren Stil kennt und ihr Ziel. Und das gesamte Denken und Wollen dieser stil- und zielsicheren Persönlichkeit steht hinter dieser Arbeit, und nichts anderes steht dahinter. (...)

Hinsichtlich der Wege, der Mittel hat dieser Verleger sich als einen geradezu genialen Finder, Erfinder und Anreger erwiesen. Um nur einiges zu nennen: Herr Karl Robert Langewiesche hat den Typ seiner Bücher erfunden, den es vorher nicht gab. Er ist der Erfinder des modernen Schutzumschlags und des Scheibenplakats. Seine Preise, seine Bezugsbedingungen sind Ergebnisse nicht nur der kaufmännischen Kalkulation. Seine Rundschreiben, seine Börsenblatt-Anzeigen haben vor 25 Jahren einen neuen Ton in den Verkehr zwischen Verlag

---

12 Langewiesche: Aus Fünfundzwanzig Jahren, S. 12.
13 Vgl. ebd., S. 92. Carlyle hatte die Schlußzeile von Goethes Gedicht »Symbolum« »Wir heißen Euch hoffen« mit »Work and dispair not« übersetzt. In der Rückübersetzung entstand daraus »Arbeiten und nicht verzweifeln«.
14 Vgl. Köster: Langewiesche, S. 595.
15 Langewiesche: Aus Fünfundzwanzig Jahren, S. 87.
16 Vgl. Cron, S. 13 und 18.
17 Ein Vierteljahrhundert.

und Sortiment gebracht, wie sie auch typographisch neue Wege gegangen sind.«[18]

Am 5. Mai 1927, dem 25. Jahrestag der Gründung seines Verlags, rief Langewiesche unter dem bezeichnenden Motto »Das Gute für Alle« den Verlag »Der Eiserne Hammer« (seit 1949 »Langewiesche-Bücherei«) ins Leben: »Die Ausstattung wird großen Ansprüchen genügen, der Preis sehr kleinen Mitteln erschwinglich sein.«[19] Langewiesche hoffte, auf diesem Wege seiner Hauptintention, den »breiten Massen der Nation« zu dienen, noch besser als mit den *Blauen Büchern* gerecht zu werden. Dennoch und obwohl bei seinem Tode bereits etwa 1 Million Bändchen der Reihe verkauft waren, »(ging) die Erwartung des Verlegers in bezug auf die Volksbildung ... trotz großen kommerziellen Erfolges nur zum Teil in Erfüllung«.[20]

Karl Robert Langewiesche starb am 12. September 1931 in Königstein, wohin er bereits 1913 aus gesundheitlichen Gründen übersiedelt war. Der Verlag wurde von seiner Frau Stefanie und Hans Köster, der seit 1927 im Verlag tätig war, weitergeführt. Nach dem Tode von Stefanie Langewiesche im Jahre 1956 wurde Hans Köster Alleininhaber des Verlags, den er 1973 an seinen Sohn Hans-Curt Köster übertrug.[21]

3. Das Archiv des Verlags Karl Robert Langewiesche

Das Verlagsarchiv ist in folgende Aktengruppen geordnet:

1. Rechnungsbücher
2. Unterlagen zur Herstellung
3. Unterlagen zur Werbung
4. Unterlagen zum Vertrieb
5. Einzelne Vorgänge
6. Schriftwechsel mit einzelnen Korrespondenten
7. Allgemeine Korrespondenz.

Die zeitliche Spannweite der Unterlagen erstreckt sich von dem ersten Rechnungsbuch, das mit dem 1. Oktober 1900 einsetzt, also noch aus der Zeit vor der Verlagsgründung stammt, bis in das Jahr 1943, aus dem einzelne Kalkulationen vorhanden sind. Der Kernbestand des Archivs, zu dem auch die allgemeine Kor-

---

18 Ebd., Vgl. auch O. Z.: Langewiesche†.
19 Karl Robert Langewiesche, S. 29. Ein Bändchen des »Eisernen Hammer« kostete 90 Pfennig, halb so viel also wie ein Band der »Blauen Bücher«.
20 Köster: Langewiesche, S. 595.
21 Vgl. 75 Jahre Langewiesche; Schulz: Demokratisierung; Schulz: Schicksal.

respondenz zu zählen ist, beginnt jedoch im Jahre 1911 und reicht bis 1931, dem Todesjahr Langewiesches. Der Briefwechsel vor 1911 muß als verschollen gelten; es ist zu vermuten, daß er aus Anlaß des Umzugs 1913 von Düsseldorf nach Königstein vernichtet wurde. Ansonsten ist die Korrespondenz im wesentlichen vollständig vorhanden, es fehlen lediglich, soweit dies nachträglich überhaupt feststellbar ist, sehr vereinzelt Schreiben an Langewiesche und einige Schreiben von ihm; dabei hat es sich wohl vor allem um Briefe persönlichen Inhalts gehandelt, die er nicht mit Kopiertinte geschrieben hat und von denen entsprechend kein »Abklatsch« (Preßkopie) existiert.

Bis auf diese Ausnahmen findet der Benutzer ein vollständiges, man möchte fast sagen: »jungfräuliches« Archiv vor. Es wurde bisher keinerlei Kassation vorgenommen. Die Gründe hierfür sind vor allem im arbeitsökonomischen Bereich zu suchen, unverschlüsselt gesagt: Dem Archivar des Börsenvereins, der das Historische Archiv ohne Mitarbeiter betreut, fehlt die Zeit für eine Einzelbewertung des Materials, für die Ausscheidung der archivunwürdigen Unterlagen. Unabhängig von diesem äußeren Hinderungsgrund mußte die Entscheidung gegen eine Kassation getroffen werden, da das Langewiesche-Archiv das einzige geschlossene Verlagsarchiv ist, das das Historische Archiv des Börsenvereins zur Zeit aufbewahrt. Ja, es ist zu vermuten (oder richtiger: es ist zu befürchten), daß überhaupt nur noch sehr wenige derart vollständige Verlagsarchive existieren. Auf den Wert der in öffentlich zugänglichen Institutionen überkommenen Materialien zur Verlagsgeschichte für die Forschung hat Werner Volke, der Leiter der Handschriften-Abteilung des Deutschen Literaturarchivs in Marbach, eingehend hingewiesen.[22]

Im übrigen wäre eine Kassation äußerst zurückhaltend durchzuführen, liegt doch der Katalog an Methoden und Fragestellungen, mit denen die Buchhandelsgeschichtsforschung an ein Archiv wie das des Langewiesche-Verlags herangehen wird, noch längst nicht fest.[23]

Das Verlagsarchiv besitzt in verschiedener Hinsicht großen Wert. Die Rechnungsbücher belegen die allgemeine Finanzlage des Verlages wie auch Einnahmen und Ausgaben im einzelnen.[24] Sie beginnen mit dem Jahr 1900 und enden in ihrer weitesten zeitlichen Ausdehnung mit dem Jahr 1940. Aufgrund der Herstellungsunterlagen lassen sich in Verbindung mit Teilen der Korrespondenz

---

22 »Wie sehr die Forschung bei so großem Verlust fast begierig auf die in öffentliche Institute geretteten Papiere zurückgreift, beweisen allerorts die wachsenden Benutzerzahlen und Nachfragen.« Volke, S. B 89; vgl. auch Ammermann-Estermann, S. B 124.

23 Vgl. z. B. bezeichnenderweise die Dissertation von Udo Zöller über den Verlag Langewiesche-Brandt und die Rezension von Boyer.

24 Darüber hinaus hält Hans-Curt Köster, der jetzige Verlagsinhaber, weiteres statistisches Material bereit.

alle Details der Herstellung der Verlagsproduktion nachvollziehen und namentlich Einzelheiten der für Langewiesche so wichtigen Preisgestaltung seiner Bücher erarbeiten. Die Unterlagen zur Werbung und zum Vertrieb bieten wesentliches Material zur Beurteilung dieser verlegerischen Bereiche.

Der allgemeinen Korrespondenz kommt, vor allem wenn sie wie im vorliegenden Fall nahezu vollständig vorhanden ist, naturgemäß besondere Bedeutung zu. Sie enthält in erster Linie den Tagesschriftwechsel mit den Autoren, mit Buchhändlern, Kommissionären, Druckereien und Klischieranstalten, mit Fotografen, Kunst- und Postkartenverlagen sowie Verkehrsämtern. Anhand der Korrespondenz ließe sich ein detailliertes Bild des Verlegers Karl Robert Langewiesche nachzeichnen, sie belegt unter anderem sein soziales Engagement innerhalb und außerhalb des Buchhandels, seine verlegerische Grundhaltung und seine geschäftlichen Prinzipien, sein Verhältnis zum Sortiment, seine Stellung in einer Zeit des wachsenden Gegensatzes zwischen Sortiment und Verlag, seine Reklamestrategie, seine Rolle bei der Beschaffung der Abbildungen für seine Bücher.

Langewiesches Korrespondenz mit seinen Autoren spiegelt die Genese des einzelnen Verlagsobjektes von der ersten Idee bis zur Auslieferung wider und ist in bezug auf die Festlegung und Abrechnung der einzelnen Auflagen eine einzigartige Quelle für eine kritische Bibliographie. Darüber hinaus enthält sie Zeugnisse zu den Honoraren und anderen Fragen der Autor-Verleger-Beziehung. Für die Geschichte der Buchgestaltung, nicht nur der *Blauen Bücher*, ist der Briefwechsel Langewiesches mit Karl Köster (übrigens nicht verwandt mit der Familie des heutigen Verlagsinhabers) von außerordentlicher Bedeutung. Daneben ist der Briefwechsel Karl Robert Langewiesches mit seinem Bruder Wilhelm Langewiesche-Brandt besonders wertvoll als Quelle für das Verhältnis beider zueinander (speziell für die Funktion Karl Roberts als Berater Wilhelms) wie auch für die Geschichte beider Verlage, soweit sich das eine überhaupt vom anderen trennen läßt.

Von allgemeinem buchhandelsgeschichtlichen Interesse ist vor allem die während der Kriegsjahre 1914 bis 1918 geführte Korrespondenz, die – pauschal gesagt – Auskunft über die buchhändlerischen Gepflogenheiten der Zeit gibt. Für die Geschichte der Zensur ist der Jahrgang 1916 beachtenswert, der die Vorgänge um die Beschlagnahme des *Weltpolitischen Wanderbuches* von Paul Rohrbach widerspiegelt. Weiterhin ist der Schriftwechsel eine wichtige Quelle für die Geschichte des Feldbuchhandels, da Langewiesche mit einer Vielzahl von Armee- und Feldbuchhandlungen in geschäftlichem Kontakt stand; hier wird die Funktion des Feldbuchhandels für die Distribution von (anspruchsvoller) Literatur sicht- und belegbar. Darüber hinaus enthält die Korrespondenz Zeugnisse für die erschwerten buchhändlerischen Verhältnisse während des Ersten

Weltkriegs, hervorgerufen z. B. durch die Einberufung von Buchhändlern zum Wehrdienst und die damit verbundene Einstellung von Nichtfachkräften, durch die Verknappung des Papiers oder die Beschlagnahme von Galvanos als Eisenwaren.

4. Die Verzeichnung des Archivs

Es wurden die Rechnungsbücher, die Unterlagen zur Herstellung, zur Werbung und zum Vertrieb sowie die einzelne Vorgänge betreffenden Sachakten vollständig, die Allgemeine Korrespondenz, die für den Gesamtzeitraum immerhin etwa 400 Aktenordner umfaßt, aus Zeitgründen lediglich für die Jahre 1911 bis 1918 verzeichnet. Das Jahr 1918 wurde als Begrenzung gewählt, da damit nicht nur eine allgemeinhistorische Epoche, sondern auch eine Periode innerhalb der Verlagsgeschichte abgeschlossen ist.[25]

Das Archiv des Langewiesche-Verlags hat innerhalb des Historischen Archivs des Börsenvereins die Bestandsbezeichnung (Signatur) 51 erhalten. Die Verzeichnung nennt die Einzelsignatur (lfd. Nr.) der Archivalieneinheit, ihren Inhalt in Form des Titels und eine chronologische Angabe über die Laufzeit der Archivalie. Darin-Vermerke mußten in einem engen Rahmen gehalten werden. Dennoch – so die Hoffnung des Verfassers – wird die Verzeichnung mehr als die Funktion einer ersten Übersicht erfüllen können und zur weiteren wissenschaftlichen Auswertung dieser singulären Quelle zur deutschen Verlagsgeschichte beitragen und anregen.

Bestand 51 »Langewiesche-Archiv«

Inhaltsübersicht

1. Rechnungsbücher
2. Herstellung
3. Werbung
4. Vertrieb
5. Einzelne Vorgänge
6. Schriftwechsel mit buchhändlerischen Verbänden
7. Allgemeine Korrespondenz

---

25 Vgl. Cron, S. 13 und S. 54.

Bestand 51

lfd. Nr.	Inhalt	Jahr

1. Rechnungsbücher

1.1. Grundbücher

1 »Kassabuch«, 1.10.1900-31.12.1906 — 1900-1906

Enthält: »Geschäftscasse«, 1.10.1900-31.12.1906; »Check Casse« (Bergisch-Märkische Bank, Düsseldorf), 1.7.1902-31.12.1906; »Leipziger Casse« (Fr. Volckmar, Leipzig), 1.7.1902-30.9.1906

2 Grundbuch — 1907-1911

Enthält: »Geschäft«, 1.1.1907-30.12.1910; »Bergbank« (Bergisch-Märkische Bank), 1.1.1907-31.12.1910; »Leipzig« (Fr. Volckmar), 1.6.1906-30.6.1911; Postscheck-Konto Leipzig, 1.1.1909-21.10.1910

3 Grundbuch — 1911-1919

Enthält: »Kassa-Konto«, 1.1.1911-31.12.1916; Nassauische Landesbank, 1.1.1914-31.12.1919

4 Grundbuch — 1911-1916

Enthält: »Bergbank«, 1.1.1911-5.11.1913; Deutsche Bank, Fil. Leipzig, 30.4.1913-30.6.1915; Deutsche Bank Düsseldorf (Dep. K. Wehrhahn), 1.1.-31.12.1914; Postscheck-Konto Leipzig, 2.1.1911-5.3.1914; »Leipzig«, 1910/11-1915/16

5 Grundbuch — 1915-1926

Enthält: Deutsche Bank, Fil. Leipzig, 1.7.1915-30.6.1922; Nassauische Landesbank, 1.1.-30.6.1922; »Leipzig«, Juni 1915-Juni 1926

6 Grundbuch — 1917-1922

Enthält: »Kassa-Konto«, 1.1.1917-30.6.1922; Nassauische Landesbank, 1.1.1920-31.12.1921; Büro der Deutsch-Ukrainischen Gesellschaft, 3.10.1918-7.2.1920

7 Grundbuch — 1921

Enthält: Postscheck-Konto Leipzig, 1.1.-9.11.1921

8 Grundbuch — 1921-1924

Enthält: Postscheck-Konto Leipzig, 9.11.1921-10.3.1924

9 Grundbuch — 1922-1926

Enthält: »Kassa-Konto«, 1.7.1922-31.8.1925; Postscheck-Konto Leipzig, 1.2.1923-25.6.1926

10 Grundbuch — 1924-1925

Enthält: Postscheck-Konto Leipzig, 10.3.1924-29.10.1925

Bestand 51

lfd. Nr.	Inhalt	Jahr
11	Grundbuch	1925-1940

Enthält: »Kassa-Konto«, 1.9.1925-30.11.1937; »Leipzig«, Juli 1926-Dezember 1940

12	Grundbuch	1925-1926

Enthält: Postscheck-Konto Leipzig, 30.10.1925-22.12.1926

13	Grundbuch	1926-1940

Enthält: Nassauische Landesbank, 1.1.1926-8.4.1940

14	Grundbuch	1926-1933

Enthält: Postscheck-Konto Leipzig, 25.6.1926-30.5.1933

15	Grundbuch, Verlag »Der Eiserne Hammer«	1927-1933

Enthält: Postscheck-Konto Leipzig, 11.2.1927-31.1.1933; »Kassa-Konto«, 9.7.1927-31.12.1932

1.2. Hauptbücher

16	Hauptbuch I, 5.5.1902-30.6.1906	1902-1906
17	Hauptbuch II, 1.7.1906-30.6.1907	1906-1907
18	Hauptbuch III.B., 1.7.1907-15.7.1910	1907-1910
19	Hauptbuch IV.A., 1.7.1909-27.6.1911	1909-1911
20	Hauptbuch IV.B., 1.7.1910-30.6.1913	1910-1913
21	Hauptbuch V.B., 1.7.1913-31.12.1918	1913-1918
22	Hauptbuch VI.B., 1.1.1919-31.12.1923	1919-1923
23	Hauptbuch VII.B., 1.1.1924-31.12.1930	1924-1930
24	Hauptbuch, Verlag »Der Eiserne Hammer« A., 1.1.1927-31.12.1936	1927-1936

1.3. Strazzen, Kladden

25	Strazze	1907-1909

Enthält: Debitoren, chronologisch, 5.7.1907-10.7.1909

26	Strazze	1911; 1926-1928

Enthält: Debitoren, chronologisch, 1.1.-30.6.1911; Postscheck-Konto Leipzig, 22.12.1926-11.1.1928

27	Kladde	1922-1923

Enthält: Debitoren, chronologisch, 23.9.1922-5.1.1923

28	Desgl., 6.1.-7.9.1923	1923
29	Desgl., 11.9.1923-26.5.1926	1923
30	Desgl., 17.5.1926-12.3.1930	1926-1930

Bestand 51

lfd. Nr.	Inhalt	Jahr
	1.4. Nebenbücher	
31	»Vorkasse«, 1.1.1918-31.12.1928	1918-1928
32	Nebenbuch	1922-1925
	Enthält: Debitoren, Ausland, Oktober 1922-Juli 1925	
33	Nebenbuch	1922-1924
	Enthält: Atlantic Book and Art Corporation (ABACO), New York, 14.7.1922-4.2.1924; Debitoren, Ausland, 1923-1924	
34	BAG, Verlag Karl Robert Langewiesche, 29.1.1924-21.10.1925	1924-1925
35	Desgl., 28.10.1925-25.7.1928	1925-1928
36	Desgl., 1.8.1928-28.5.1930	1928-1930
37	BAG, Verlag »Der Eiserne Hammer«, 8.6.1927-30.4.1929	1927-1929
38	Desgl., 10.4.1929-3.3.1931	1929-1931
	2. Herstellung	
	2.1. Kalkulation	
39	Kalkulationen und Absatzstatistiken	1920-1943
	2.2. Geschäftsverkehr mit Buchdruckereien und graphischen Anstalten	
	2.2.1. Oscar Brandstetter, Buchdruckerei, Leipzig	
40	Rechnungen, 2.1.1914-6.12.1919	1914-1919
41	Desgl., 2.1.1920-22.12.1923	1920-1923
42	Korrespondenz, 2.1.1920-4.11.1921	1920-1921
43	Desgl., 19.1.1922-31.12.1923	1922-1923
44	Korrespondenz u. Rechnungen, 4.1.1924-24.12.1925	1924-1925
45	Desgl., 1.1.1926-6.11.1928	1926-1928
	2.2.2. F. Bruckmann, Graphische Kunstanstalten, München	
46	Korrespondenz, 17.1.1916-18.12.1918	1916-1918
47	Korrespondenz u. Rechnungen, 5.2.1919-31.12.1920	1919-1920
48	Desgl., 3.1.-27.12.1921	1921
49	Desgl., 10.1.-14.12.1922	1922
50	Korrespondenz, 16.1.1923-28.12.1925	1923-1925
51	Rechnungen, 12.7.1924-31.12.1928	1924-1928
52	Korrespondenz, 2.1.1926-21.12.1929	1926-1929
53	Rechnungen, 15.1.1929-15.1.1932	1929-1932
54	Korrespondenz, 9.1.1930-30.11.1931	1930-1931

Bestand 51

lfd. Nr.	Inhalt	Jahr
	2.2.3. Fischer & Wittig, Buchdruckerei, Leipzig	
55	Korrespondenz u. Rechnungen, 17.1.-29.12.1922	1922
56	Desgl., 8.1.1923-31.12.1925	1923-1925
57	Desgl., 2.1.1926-6.11.1928	1926-1928
58	Desgl., 23.1.1929-2.1.1930	1929-1930
	2.2.4. F. Guhl & Co., Graphische Anstalt, Frankfurt a. M.	
59	Korrespondenz u. Rechnungen, 5.3.1923-22.12.1924	1923-1924
	2.2.5. Offizin Haag-Drugulin, Buchdruckerei, Leipzig	
60	Korrespondenz u. Rechnungen, 14.6.-31.12.1929	1929
61	Desgl., 2.1.-31.12.1930	1930
62	Desgl., 2.1.1931-7.1.1932	1931-1932
	2.2.6. Emil Herrmann sen., Buchdruckerei, Leipzig	
63	Rechnungen, 31.12.1913-31.12.1917	1913-1917
64	Desgl., 5.1.1918-31.12.1924	1918-1924
65	Korrespondenz, 3.1.-9.11.1921	1921
66	Desgl., 2.1.-30.12.1922	1922
67	Desgl., 2.1.-28.12.1923	1923
68	Desgl., 1.1.-31.12.1924	1924
69	Desgl., 2.1.-29.12.1925	1925
70	Rechnungen, 19.1.1925-31.12.1928	1925-1928
71	Korrespondenz, 2.1.1926-31.12.1927	1926-1927
72	Desgl., 2.1.-30.6.1928	1928
73	Desgl., 10.7.-31.12.1928	1928
74	Rechnungen, 6.2.1929-31.12.1931	1929-1931
75	Korrespondenz, 2.1.-29.6.1929	1929
76	Desgl., 1.7.-31.12.1929	1929
77	Desgl., 6.1.-30.6.1930	1930
78	Desgl., 1.7.-31.12.1930	1930
79	Desgl., 31.12.1930-31.12.1931	1930-1931
	2.2.7. Julius Klinkhardt, Buchdruckerei, Leipzig	
80	Korrespondenz u. Rechnungen, 28.10.1926-31.12.1927	1926-1927
81	Desgl., 2.1.-31.12.1928	1928
82	Desgl., 9.1.-31.12.1929	1929
83	Desgl., 2.1.1930-23.12.1931	1930-1931
	2.2.8. Adolf Klauss & Co., Chemigraphische Kunst-Anstalt, Leipzig	
84	Korrespondenz u. Rechnungen, 29.12.1915-31.12.1917	1915-1917
85	Desgl., 3.1.1918-31.12.1920	1918-1920
86	Desgl., 1.1.1921-31.12.1924	1921-1924

Bestand 51

lfd. Nr.	Inhalt	Jahr
87	Desgl., 5.1.1925-31.12.1928	1925-1928
88	Desgl., 2.1.1929-31.12.1931	1929-1931

2.2.9. Philipp Kleinböhl, Druckerei, Königstein im Taunus

89	Korrespondenz u. Rechnungen, 19.3.1913-31.12.1923	1913-1923
90	Desgl., 15.1.1924-15.1.1929	1924-1929
91	Desgl., 31.1.1929-8.1.1932	1929-1932

2.2.10. M. Müller & Söhne, Graphische Kunstanstalt, Leipzig

92	Korrespondenz u. Rechnungen, 8.10.1926-20.8.1929	1926-1929

2.2.11. Schirmer & Mahlau, Graphische Anstalt, Frankfurt a. M.

93	Korrespondenz u. Rechnungen, 1.6.1920-16.1.1923	1920-1923

2.2.12. C. Schönert, Graphische Kunstanstalt, Leipzig

94	Korrespondenz u. Rechnungen, 3.12.1926-31.12.1930	1926-1930

2.2.13. C. Schwarz, Galvanoplastische Anstalt, Leipzig

95	Korrespondenz u. Rechnungen, 15.3.1926-8.1.1930	1926-1930
96	Desgl., 8.1.1930-6.1.1932	1930-1932

2.2.14. Spamersche Buchdruckerei, Leipzig

97	Korrespondenz u. Rechnungen, 2.1.-31.12.1920	1920
98	Desgl., 3.1.-31.12.1921	1921
99	Desgl., 15.1.1923-30.12.1925	1923-1925
100	Desgl., 2.1.-18.12.1926	1926
101	Desgl., 6.1.1927-31.12.1928	1927-1928
102	Desgl., 31.12.1928-15.1.1932	1928-1932

2.2.15. Staehle & Friedel, Buchdruckerei, Stuttgart

103	Korrespondenz u. Rechnungen, 13.2.1922-1.12.1923	1922-1923
104	Desgl., 7.2.1924-22.11.1926	1924-1926

2.3. Geschäftsverkehr mit Papierlieferanten

2.3.1. Feucht & Seyfried, Papierfabriken-Vertreter (für Packpapier-Export-Manufaktur, Mannheim-Waldhof), Frankfurt a. M.

105	Korrespondenz, 15.8.-24.12.1924	1924

2.3.2. Krause & Baumann, Papierfabrik, Dresden

106	Korrespondenz u. Rechnungen, 14.3.1924-28.12.1925	1924-1925
107	Desgl., 7.1.1926-6.7.1927	1926-1927
108	Desgl., 19.1.-28.10.1929	1929

Bestand 51

lfd. Nr.	Inhalt	Jahr

2.3.3. München Dachauer AG für Maschinenpapierfabrikation, München, und deren Vertreter Oskar Prässler, Leipzig

| 109 | Korrespondenz u. Rechnungen, 2.1.1920-28.8.1924 | 1920-1924 |

2.3.4. Edmund Obst, Papier-Großhandel, Leipzig

110	Korrespondenz u. Rechnungen, 4.1.1919-27.12.1921	1919-1921
111	Desgl., 5.1.1922-19.6.1923	1922-1923
112	Desgl., 5.3.1924-29.12.1925	1924-1925
113	Desgl., 26.1.-4.3.1926	1926

2.3.5. Scheufelen, Papierfabrik, Oberlenningen-Teck

114	Korrespondenz u. Rechnungen, 26.1.1918-24.12.1921	1918-1921
115	Desgl., 4.1.1922-15.10.1923	1922-1923
116	Desgl., 8.1.1924-22.12.1925	1924-1925
117	Desgl., 13.1.-31.12.1926	1926
118	Desgl., 3.1.-19.12.1927	1927
119	Desgl., 9.1.-13.12.1928	1928
120	Desgl., 2.1.1929-20.1.1930	1929-1930
121	Desgl., 2.1.-22.12.1930	1930
122	Desgl., 12.1.-18.12.1931	1931

2.3.6. Sieler & Vogel (Schroeder'sche Papierfabrik), Leipzig

| 123 | Korrespondenz u. Rechnungen, 16.1.1919-10.1.1922 | 1919-1922 |

2.3.7. Papierhaus F. A. Wölbing, Leipzig

| 124 | Korrespondenz u. Rechnungen, 17.1.1929-22.12.1931 | 1929-1931 |

2.4. Geschäftsverkehr mit Buchbindereien

2.4.1. H. Fikentscher, Buchbinderei, Leipzig

125	Korrespondenz, 2.1.1918-31.12.1919	1918-1919
126	Rechnungen, 26.1.1918-17.8.1923	1918-1923
127	Korrespondenz, 2.1.-31.12.1920	1920
128	Desgl., 4.1.-30.12.1921	1921
129	Desgl., 4.1.1922-29.11.1923	1922-1923
130	Desgl., 11.1.1924-30.12.1925	1924-1925
131	Rechnungen, 9.2.1924-7.1.1932	1924-1932
132	Korrespondenz, 6.1.-22.12.1926	1926
133	Desgl., 3.1.1927-20.12.1928	1927-1928
134	Desgl., 29.1.1929-21.1.1930	1929-1930
135	Desgl., 2.1.1930-14.1.1931	1930-1931
136	Desgl., 3.1.1931-15.1.1932	1931-1932

Bestand 51

lfd. Nr.	Inhalt	Jahr
	2.4.2. Fritzsche-Hager, Buchbinderei, Leipzig	
137	Korrespondenz u. Rechnungen, 5.1.-28.12.1928	1928
138	Rechnungen, 7.1.1929-31.12.1931	1929-1931
139	Korrespondenz, 1.1.1929-22.1.1930	1929-1930
140	Desgl., 3.1.-31.12.1930	1930
141	Desgl., 3.1.-31.12.1931	1931
	2.4.3. Hübel & Denck, Buchbinderei, Leipzig	
142	Korrespondenz u. Rechnungen, 30.10.1926 bis 20.12.1927	1926-1927
	2.4.4. Spamersche Buchbinderei, Leipzig	
143	Korrespondenz u. Rechnungen, 4.1.1916-31.12.1920	1916-1920
144	Desgl., 3.1.1921-30.12.1922	1921-1922
145	Desgl., 9.1.-28.12.1923	1923
146	Desgl., 3.1.1924-21.1.1925	1924-1925
147	Rechnungen, 22.1.1925-31.12.1928	1925-1928
148	Korrespondenz, 5.1.1925-31.12.1926	1925-1926
149	Desgl., 3.1.-28.12.1927	1927
150	Desgl., 3.1.-31.12.1928	1928
151	Rechnungen, 15.1.1929-12.1.1932	1929-1932
152	Korrespondenz, 2.1.-21.12.1929	1929
153	Desgl., 2.1.1930-29.12.1931	1930-1931

2.5. Ausstattung einzelner »Blauer Bücher«

154	2.5.1. Photos »Tiere«, »Park«, »Südost«	1925-1926
	Enthält: Abrechnungen über die Beschaffung von Illustrationsmaterial zu den Blauen Büchern »Tiere in schönen Bildern«, »Der Deutsche Park« und »Deutsch-Südost«, 5.11.1925-17.2.1926	
155	2.5.2. Sondermappe »Tiere« und »Innenraum«	1922
	Enthält: Korrespondenz und Abrechnungen, vor allem über die Beschaffung von Illustrationsmaterial zu den Blauen Büchern »Tiere in schönen Bildern« und »Innenräume Deutscher Vergangenheit«, 9.3.-31.8.1922	
156	2.5.3. Wiederverwendungsrechte für »Das Deutsche Land«	1923
	Enthält: Korrespondenz und Belege, betr. die Wiederverwertungsrechte für die bereits 1915 für den Band »Die Schöne Heimat« (1923 als »Monumentalausgabe« unter dem Titel »Das Deutsche Land« neu aufgelegt) verwendeten Abbildungen, 1.6. bis 20.6.1923	

Bestand 51

lfd. Nr.	Inhalt	Jahr

3. Werbung

| 157 | Börsenblatt-Inserate | 1906-1914 |

Enthält: Inserate im »Börsenblatt für den Deutschen Buchhandel«, 9.1.1906-17.12.1914

| 158 | Desgl., 11.1.1915-29.11.1919 | 1915-1919 |
| 159 | Desgl. | 1920-1923 |

Enthält: Inserate im »Börsenblatt«, 5.1.1920-28.9.1923; Korrespondenz mit und Rechnungen der Geschäftsstelle des Börsenvereins, 13.1.1921-24.12.1923

| 160 | Desgl., 11.1.1924-30.12.1931 | 1924-1931 |

4. Vertrieb

s. a. Kalkulationen und Absatzstatistiken (Nr. 39)

4.1. Auslieferungslisten

161	Auslieferungslisten »Blaue Bücher«, Barverkehr 1928	1928
162	Desgl., Rechnung und Nachnahme 1928	1928
163	Desgl., BAG 1928	1928
164	Desgl., Barverkehr 1929	1929
165	Desgl., Rechnung und Nachnahme 1929	1929
166	Desgl., BAG 1929	1929
167	Desgl., Barverkehr 1930	1930
168	Desgl., Rechnung und Nachnahme 1930	1930
169	Desgl., BAG 1930	1930
170	Desgl., Barverkehr, Rechnung, Nachnahme, BAG 1931	1931
171	Auslieferungslisten »Der Eiserne Hammer«, Barverkehr, Rechnung, Nachnahme, BAG 1929	1929
172	Desgl., 1930	1930

4.2. F. Volckmar, Kommissionsgeschäft (Langewiesches Auslieferung in Leipzig)

| 173 | Zahlungen durch Volckmar, 11.7.1916-12.1.1928 | 1916-1928 |

Enthält: Belege über von Volckmar für Langewiesches Rechnung ausgeführte Zahlungen

Bestand 51

lfd. Nr.	Inhalt	Jahr
175	Zahlungen an Volckmar, 17.7.1916-31.12.1923	1916-1923
	Enthält: Belege über bei Volckmar für Langewiesche eingegangene Zahlungen	
176	Verpackungsgebühren, 29.7.1916-31.12.1923	1916-1923
177	Korrespondenz u. Konto-Auszüge, 30.12.1920-30.12.1921	1920-1921
178	Auslieferungsvorschriften	1922-1923
	Enthält: Anweisungen Langewiesches über die Auslieferung seiner Bücher, 12.1.1922-15.11.1923	
179	Korrespondenz u. Konto-Auszüge, 2.1.1922-31.12.1923	1922-1923
180	Währungs-Konto-Auszüge, 29.3.1923-3.1.1925	1923-1925
181	Zahlungen an Volckmar, 28.12.1923-31.12.1925	1923-1925
182	Korrespondenz u. Konto-Auszüge, 1.1.1924-24.12.1925	1924-1925
183	Verpackungsgebühren, Jan. 1924-24.12.1926	1924-1926
184	Zahlungen an Volckmar, 2.1.-28.12.1926	1926
185	Korrespondenz u. Konto-Auszüge, 2.1.1926-31.12.1927	1926-1927
186	Zahlungen an Volckmar, 4.1.-28.12.1927	1927
187	Verpackungsgebühren, 22.1.1927-21.12.1929	1927-1929
188	Zahlungen an Volckmar, 31.12.1927-27.12.1928	1927-1928
189	Korrespondenz u. Konto-Auszüge, 3.1.-31.12.1928	1928
190	Desgl., 2.1.-30.12.1929	1929
191	Zahlungen an Volckmar, 2.1.-27.12.1929	1929
192	Korrespondenz u. Konto-Auszüge, 6.1.1930-5.1.1931	1930-1931
193	Zahlungen an Volckmar, 28.12.1929-2.1.1931	1929-1931
194	Porto-, Verpackungs- u. Auslieferungs-Spesen, 25.1.-27.12.1930	1930
195	Korrespondenz u. Konto-Auszüge, 5.1.1931-4.1.1932	1931-1932
196	Zahlungen und Zahlungsavise durch Volckmar, 6.1.-29.12.1931	1931
197	Zahlungen an Volckmar, 8.1.1931-2.1.1923	1931-1932
198	Porto-, Verpackungs- u. Auslieferungs-Spesen, 24.1.-24.12.1931	1931

4.3. Schweizerisches Vereinssortiment, Olten

199	Korrespondenz, 23.2.1922-29.12.1926	1922-1926

4.4. Atlantis. Buch, Kunst, Musik GmbH, Leipzig (Gesellschaft zur Förderung des Absatzes von Buch, Kunst und Musik im Ausland)

200	Korrespondenz, 4.5.1922-7.7.1923	1922-1923

4.5. Deutsche Gesellschaft für Auslandsbuchhandel, Leipzig

201	Korrespondenz u. Rechnungen, 10.5.1919-6.2.1924	1919-1924

Bestand 51

lfd. Nr.	Inhalt	Jahr

4.6 Atlantic Book and Art Corporation (ABACO), New York (Generalvertretung und Auslieferungslager deutscher Buch- und Zeitschriften-Verlage für die Vereinigten Staaten und Mexiko)

202 Abrechnungen u. Korrespondenz mit der ABACO und ihrem Leipziger Vertreter Erich Herzog, 3.1.1921-31.12.1923   1921-1923

203 Desgl., 5.1.1924-17.12.1926   1924-1926

5. Einzelne Vorgänge

204 *5.1. Alte Versicherungspapiere*   1906-1924

Enthält: Unterlagen über die von K. R. Langewiesche bei verschiedenen Gesellschaften abgeschlossenen Versicherungen, 1906-1924

Darin: Aufstellungen über das versicherte, mobile und immobile Vermögen aus den Jahren 1909, 1914 und 1921

205 *5.2. Montanus, Siegen*   1911-1917

Enthält: Unterlagen zum Rechtsstreit zwischen K. R. Langewiesche und dem Verlagsbuchhändler Hermann Montanus, Siegen, im Jahre 1915, betr. die Nachahmung der Ausstattung der Blauen Bücher durch Montanus, 16.10.1911-30.8.1917

206 *5.3. »Die Seele deines Kindes«: Titelnachahmung 1928*   1928

Enthält: Korrespondenz, 17.8.-30.9.1928, betr. die Titelgleichheit des bei Langewiesche erschienenen Blauen Buches von Heinrich Lhotzky (Erstauflage 1908) und des 1926 im See-Verlag Heinrich Schneider, Höchst (Vorarlberg), publizierten Buches von Franz G. Metzler

207 *5.4. »Workstudent« 1922-1924*

Enthält: Unterlagen über die Beschaffung von Bildmaterial über deutsche Hochschularchitektur für das nicht bei Langewiesche erschienene Buch »The German Work-Student« (Dresden: Wirtschaftshilfe der deutschen Studentenschaft 1924), 18.12.1922-20.3.1924

Darin: Aachen bis Heidelberg

208 Desgl.

Darin: Jena bis Würzburg

Bestand 51

lfd. Nr.	Inhalt	Jahr

6. Schriftwechsel mit buchhändlerischen Verbänden

6.1 Börsenverein der Deutschen Buchhändler, Leipzig

209	Korrespondenz u. Rechnungen, 4.1.1924-30.12.1925	1924-1925
210	Desgl., 4.1.1926-27.12.1928	1926-1928
211	Desgl., 4.1.-28.12.1929	1929
212	Desgl., 4.1.-31.12.1930	1930
213	Desgl., 5.1.-30.12.1931	1931

6.2. Deutscher Verlegerverein, Leipzig

214	Korrespondenz u. Rechnungen, 3.6.1920-24.11.1924	1920-1924
215	Desgl., 22.12.1924-29.12.1926	1924-1926
216	Desgl., 7.1.1927-18.12.1928	1927-1928
217	Desgl., 17.1.-28.12.1929	1929
218	Desgl., 7.1.-30.12.1930	1930
219	Desgl., 9.1.-22.12.1931	1931

6.3. Wirtschaftliche Vereinigung deutscher Buchhändler, Leipzig

220	Korrespondenz u. Rechnungen, 6.6.1918-6.10.1923	1918-1923

7. Allgemeine Korrespondenz

221	1911: A-Be	1911
222	1911: Bi-Bu	1911

Enthält: Korrespondenz Karl Robert Langewiesche (KRL) mit der Bickhardt-'schen Buchhandlung, Rixdorf, 2.3.-6.8.1911, betr. Konkurs von Hugo und Hans Bickhardt und Übernahme der Firma durch Hermann Wernecke; KRL – Albert Bonnier, Verleger, Stockholm, 11.4.-29.4.1911, betr. die Eröffnung einer Filiale des Verlags Bonnier in Leipzig; KRL – Breitkopf & Härtel, Leipzig, 1.1.-22.2.1911, betr. die Amtliche Stelle für den Deutschen Buch-, Kunst- und Musikalienhandel in Amerika und den von ihr vertretenen Copyrightschutz »deutscher Geistesprodukte«; Zirkularbrief der Firma Buch & Litteratur GmbH, Buch- und Kunsthandlung, Koblenz, vom 27.7.1911, betr. die Verhältnisse ihrer Vorgängerfirma F. Hölscher Nachf.

223	1911: C, D, E	1911

Enthält: Zirkular Johannes Stettner vom Jan. 1911, betr. Übernahme der Fa. Craz & Gerlach, Sortiment, Antiquariat und Verlag, Freiberg in Sachsen, durch ihn und seine Schwester Demiani sowie Prokuraerteilung an Robert Kiepert; Zirkular der Ortsgruppe Mülhausen des Elsaß-lothringischen Buchhändler-Vereins

Bestand 51

lfd. Nr.	Inhalt	Jahr
	vom 20.9.1911, betr. die Veranstaltung einer Ausstellung guter Bücher zur Bekämpfung der Schund- und Schmutzliteratur; zwei Zirkularschreiben der Nachlaßverwalter des verstorbenen Buchhändlers Gustav Schrage, L. von Eye's Buchhandlung, Meiningen, vom 28.12.1910 und 1.3.1911	
224	1911: F, G	1911
	Enthält: Zirkular des Buchhändlers Rudolf Frick vom 3.11.1911, betr. den Konkurs der Buchhandlung Robert Jacoby, Thale, und Übergang der Firma auf ihn; KRL – Hans Grönland, Verleger (Eduard Trewendt's Nachf., Berlin), 13.4.-19.8.1911, betr. Teilhabersuche Grönlands und der Verkauf der Firma	
225	1911: H, I, J	1911
	Enthält: Zirkular Herbert von Thielens, Hahnsche Buchhandlung, Hannover, vom 24.4.1911, betr. die Mitinhaberschaft Georg Schmidts; Zirkularschreiben des Buchhändlers Gustav Horn, Danzig, vom 7.5.1911, betr. Änderung des §5 (Lieferungsverpflichtung) des Satzungsentwurfs des Börsenvereins; Zirkular des Buchhändlers Max Hueber vom 20.7.1911, betr. Eröffnung der Firma Hochschulbuchhandlung und Antiquariat Max Hueber, München	
226	1911: K	1911
227	1911: L	1911
	Enthält: Schreiben des Verlags Die Lese, München, vom 8.5.1911 (Darin: »Die Lese. Was ist sie? Was will sie?«)	
228	1911: M, N, O	1911
	Enthält: KRL – M. Müllern, Buchhändler, Südende bei Berlin, 30.4.-9.5.1911, betr. Teilhaberschaft bei Hans Grönland (s.a. Nr. 224)	
229	1911: P, Q, R	1911
	Enthält: Schreiben des Buchhändlers Robert Pergler (Joh. Palm's Hofbuchhandlung, München) vom 2.5.1911, betr. Teilhaberschaft bei Hans Grönland (s.a. Nr. 224)	
230	1911: S, Sch	1911
	Enthält: Schreiben Wilhelm Süsserott, Berlin, vom 22.6.1911 mit Anlage »Geplantes Erholungsheim für deutsche Buchhändler«; Schreiben des Buchhändlers Th. Schetter, Stuttgart, vom 7.3.1911 mit Angaben zum beruflichen Werdegang; Zirkular des Vorstands der Rheinisch-Westfälischen Buchhändler, Münster i.W., vom 15.4.1911, betr. die Bedeutung der Kantate-Versammlung 1911 des Börsenvereins (Satzungsänderung) und einer ev. notwendigen Stimmvertretung; Schreiben Carl Schütte, Verlagsleiter der Hofbuchdruckerei Trowitzsch & Sohn, Frankfurt a.M., vom 2.5.1911, betr. Teilhabergesuch in Börsenblatt Nr. 98 (Hans Grönland; s.a. Nr. 224)	

Bestand 51

lfd. Nr.	Inhalt	Jahr
231	1911: St, T, U	1911

Enthält: Schreiben vom 31.7.1911 an Frl. Illa Uth, Düsseldorf, die als Repräsentantin des Verlags die Blauen Bücher in den USA propagieren sollte (Darin: Hinweise und Anweisungen KRL's; vertragliche Regelungen; Verzeichnis der zu besuchenden Sortimente mit den Charakterisierungen von KRL)

| 232 | 1911: V, W-Z | 1911 |

Enthält: Zirkular des Verbandes Deutscher Buchbinderei-Besitzer, Leipzig, vom 3.7.1911, betr. Preiserhöhungen nach Abschluß eines neuen Lohntarifs; Zirkular des RA J. Senninger, Passau, vom 6.1.1911, betr. Konkurs der M. Waldbauerschen Buchhandlung, Passau (s.a. Schreiben der Kommissionsbuchhandlung Franz Wagner, Leipzig, vom 28.2.1911); Schreiben an Carl Ziegenhirt, Verleger in Leipzig, vom 27.4.1911, betr. Teilhaberschaft bei Hans Grönland (s.a. Nr. 224)

| 233 | 1912: A-Be | 1912 |

Enthält: Bewerbung mit Zeugnisabschrift des Buchhändlers Hanns Altermann, Düsseldorf, vom 7.10.1912; Zirkularschreiben Theodor Althoff, Warenhaus, Essen, vom 13.8.1912, betr. Eröffnung einer Spezialabteilung für Bücher, Musikalien und Kunstreproduktionen

| 234 | 1912: Bi-Bu | 1912 |

Enthält: Zirkular des Vorstandes des Buchhändler-Hilfs-Verbandes, Leipzig o.D., betr. den Markthelfer- und Burschen-Streik; Zirkular von Heinrich Bungartz, Mülheim-Rhein o.D., betr. die Eröffnung einer Buch- und Schreibwaren-Handlung

| 235 | 1912: C, D, E | 1911-1912 |

Enthält: KRL – Erholungsheim für deutsche Buchhändler e.V., 12.3.-19.4.1912 (Darin: gedruckter Rechenschaftsbericht des Vereins vom Dezember 1911); Zirkular von Karl Ermisch, November 1912, betr. Verkauf seiner »Sommerbuchhandlung« an Erich Thiele

| 236 | 1912: F, G | 1912 |

Enthält: Zirkular des Buchhändlers Theodor Geisenhainer, o.D., betr. Auflösung der Firma Geisenhainer & Blumenstein, Jena, und Etablierung eines eigenen Geschäfts zum 1.7.1912

| 237 | 1912: H, I, J | 1912 |

Enthält: Zirkular des Buchhändlers Max Haase, Friedrichshagen o.D., betr. Übernahme des festen Lagers der Buchhandlung Joh. Seyfarth, Inh. E. Warum; Schreiben der Qu. Haslinger's Buchhandlung J. Sachsperger, Linz, vom 14.3.1912 mit Abbildung der Buchhandlung; Einladung der Geschäftsleitung der Internationalen Ausstellung für Buchgewerbe und Graphik, Leipzig 1914, vom 22.11.1912 zur Teilnahme an der Ausstellung (Darin: farbiger Plan des Ausstellungsgeländes)

Bestand 51

lfd. Nr.	Inhalt	Jahr
238	1912: K	1912
239	1912: L	1912

Enthält: KRL – Heinrich Lhotzky, 4.1.-26.11.1912 (Darin: Mitteilungen aus dem Haus Lhotzky Verlag in Ludwigshafen am Bodensee, Oktober 1912)

| 240 | 1912: M | 1912 |

Enthält: Schreiben von Wilhelm Maudrich, Medizinische Buchhandlung und Antiquariat, Wien, vom 15.10.1912 mit Abbildung des Geschäfts; Zirkular des Buchhändlers W. H. Molls, Buch- und Schreibwarenhandlung, Viersen, vom Oktober 1912, betr. Übernahme der Firma durch Eduard und Johanna Molls

| 241 | 1912: N, O, P, Q | 1912 |

Enthält: Abdruck des Zirkulars der Fa. Robert Peppmüller, Buchhandlung und Antiquariat, Göttingen, vom 19.5.1912, betr. die Übernahme der Firma durch Georg Warkentien

| 242 | 1912: R, S | 1912 |

Enthält: Zirkularschreiben der Kommissionsbuchhandlung Berthold Sutter, München, vom 30.3.1912 mit einer detaillierten Selbstdarstellung mit Abbildungen

| 243 | 1912: Sch, St | 1912 |

Enthält: Postkarte des Buchhändlers Richard Scheffel, Frankfurt a. M., vom 28.2.1912 mit Abbildung der gleichnamigen Buchhandlung am Roßmarkt; KRL – Johannes Storm, Buchhandlung, Bremen, 22.1.-29.11.1912 über buchhändlerische Usancen und das Verhältnis Sortiment–Verlag; Postkarte der Buchhandlung Stuhr & Behr, Berlin, vom 9.1.1912 mit Abbildung des Geschäfts

| 244 | 1912: T, U, V | 1912 |

Enthält: KRL – Verband Deutscher Handlungsgehülfen, Leipzig, 10.6.-17.12.1912, betr. die Aufnahme von Paul Rohrbachs »Der deutsche Gedanke in der Welt« in die Reihe der den Verbandsmitgliedern 1913 auf Verbandskosten zu liefernden Bücher (Darin: Broschüre »Jährlich ein wertvolles Buch unentgeltlich erhält jedes Mitglied vom Verband Deutscher Handlungsgehülfen zu Leipzig«); Zirkular des Barsortiments F. Volckmar, Leipzig, vom 13.11.1912, enthaltend »einen kurzen Bericht über den bisherigen Verlauf des Markthelfer- und Burschen-Streiks«; Schreiben an F. Volckmar vom 6.9.1912, betr. Nichtlieferung Langewiesches an die Firma Karl Schirmer, »Ramsch-Halle«, Leipzig, wegen Schleuderei

| 245 | 1912: W-Z | 1912 |

Bestand 51

lfd. Nr.	Inhalt	Jahr
246	1913: A-Be	1913

Enthält: Zirkular der Allgemeinen Vereinigung Deutscher Buchhandlungsgehilfen, Berlin-Schöneberg, vom Mai 1913, betr. Erleichterungen für das Personal in den heißen Sommermonaten (Darin: Liste von Firmen, die ihren Angestellten regelmäßig Urlaub usw. gewähren); Zirkular der vier deutschen Buchhandlungen in Buenos Aires (Carlos Balzer, Gustav Krause, Casa Jacobo Peuser, Gmo. van Woerden & Cia.) vom 14.11.1913 über die dortigen buchhändlerischen Verhältnisse, insbes. als Abgrenzung gegenüber dem Buchhändler Ernst Beutelspacher; Zirkular des Berliner Sortimentervereins vom 19.5.1913, betr. die geplante Errichtung eigener Vertriebsstellen des Dürerbundes

| 247 | 1913: Bi-Bu | 1913 |

Enthält: Zirkularschreiben Rudolf Kafkas, Leitmeritz o. D., betr. Konkurs der H. Blömer'schen Buchhandlung; Zirkular der Deutschen Bücherei, Leipzig, vom 22.9.1913, betr. Akquisition der Verlagsproduktion 1913 und früherer Jahre; Schreiben an Dr. Ludwig Volkmann i. Fa. Breitkopf & Härtel, Leipzig, vom 25.2.1913, betr. Verkauf des Buchverlags der »Hilfe«, Berlin (s. a. Nr. 255)

| 248 | 1913: C, D, E | 1912-1913 |

Enthält: Gründungszirkular der Buch- und Musikalienhandlung Adolf Dattelbaum, Krakau o. D.; Unterlagen zum Konkurs des Buchhändlers Richard Drischel in Laibach 1912

| 249 | 1913: F | 1912-1913 |

Enthält: Unterlagen betr. Konkurs der Buchhandlung Carl A. Frentzel, Kiel, 31.12.1912-10.1.1913

| 250 | 1913: G | 1913 |

Enthält: KRL – Georg Gaber, Berlin, 3.11.-16.12.1913 betr. das Urheberrecht von Holzschneidern

| 251 | 1913: H, I, J | 1913 |

Enthält: Bewerbung des Verlagsbuchhändlers Bernhard Jung, Leipzig, vom 16.11.1913 mit Zeugnisabschriften

| 252 | 1913: K | 1913 |
| 253 | 1913: L | 1913 |

Enthält: Zirkular Fritz Lauterborn i. Fa. August Lauterborn, Hofbuchdruckerei, Buchhandlung, Lithogr. Anstalt, Ludwigshafen a. Rh., vom 1.9.1913, betr. Übernahme der väterlichen Firma

Bestand 51

lfd. Nr.	Inhalt	Jahr
254	1913: M	1913

Enthält: Zirkular des Buchhändlers Rudolf Bruncken vom 15.9.1913, betr. die Übernahme der Buchhandlung und des Verlags W. Mauke Söhne, Hamburg (s. a. Nr. 259)

| 255 | 1913: N, O | 1913 |

Enthält: KRL – Dr. Friedrich Naumann, 20.2.-5.5.1913, wegen der geplanten Übernahme des Verlags »Fortschritt« (Buchverlag der »Hilfe«, Berlin) durch KRL und Eugen Salzer (s. a. Nr. 257); Schreiben des Bücherrevisors Friedrich Vogler, 18. und 26.2.1913, betr. Konkurs der Fa. G. W. Niemeyer Nachf. (G. Wolfhagen), Hamburg; Schreiben des Großen Amtsgerichts A 4, Karlsruhe, vom 17.5.1913, betr. Konkurs der Fa. Gerhard Oncken, Karlsruhe

| 256 | 1913: P, Q, R | 1913 |

Enthält: Zirkularschreiben der Fa. Puttkammer & Mühlbrecht, Buchhandlung für Staats- und Rechtswissenschaft, Berlin, vom 1.11.1913, betr. die Berechnung des »Rein-Gewinnes« des Verlegers

| 257 | 1913: S, Sch | 1913 |

Enthält: KRL – Eugen Salzer, Heilbronn, 6.2.-27.5.1913, betr. Übernahme des Verlags »Fortschritt« (s. a. Nr. 255)

| 258 | 1913: St | 1913 |
| 259 | 1913: T, U, V | 1913 |

Enthält: Schreiben des Bücherrevisors Friedrich Vogler vom 15.9.1913, betr. Konkurs des Inhabers der Firma W. Mauke Söhne in Hamburg, Ernst Schrader (s. a. Nr. 254)

| 260 | 1913: W-Z | 1913 |
| 261 | 1914: A | 1914 |

Enthält: Bewerbung des Buchhändlers Walther Bolle, Charlottenburg, vom 27.3.1914 mit Zeugnisabschrift

| 262 | 1914: B | 1914 |

Enthält: Schreiben des Börsenvereins vom 2.3.1914 mit Abschrift einer Bekanntmachung des Vorstands, betr. den Büchervertrieb des Vereins vom hl. Karl Borromäus in Bonn

| 263 | 1914: C, D, E | 1914 |

Enthält: Bewerbung des Buchhändlers Theodor Eissfeldt, geschäftsführender Verwaltungsbeamter der Allgemeinen Vereinigung Deutscher Buchhandlungsgehilfen und Mitarbeiter der Buchhändler-Warte, vom 7.7.1914 mit Zeugnisabschriften und Foto; KRL – Erholungsheim für deutsche Buchhändler e. V., 1.1.-9.2.1914 (Darin: Broschüre »Das Erholungsheim für deutsche Buchhändler«, Berlin 1914)

Bestand 51

lfd. Nr.	Inhalt	Jahr
264	1914: F, G	1914
	Enthält: KRL – RA Fritz Grünspach, Berlin, vom 14. und 16.7.1914, betr. Rechtsstreit S. Fischer – Ullstein	
265	1914: H, I, J	1914
266	1914: K	1914
	Enthält: 2 Schreiben KRL's an Karl Köster vom 12. und 27.2.1914, betr. die Gestaltung der Vitrine des Verlags auf der BUGRA 1914	
267	1914: L	1914
	Enthält: Bewerbung des Verlagsbuchhändlers Willy Laue, München, vom 14.7.1914 mit Zeugnisabschrift; Zirkularschreiben des Buchhändlers F. Lehmkuhl vom 15.1.1914, betr. Trennung von seinem bisherigen Sozius, Teilung der Firma Georg C. Steinicke und Eröffnung der neuen Firma F. Lehmkuhl (früher C. Steinicke) Buchhandlung, München	
268	1914: M	1914
269	1914: N, O	1914
	Enthält: Bewerbung des Buchhändlers Max Niderlechner, Frankfurt a. M., vom 16.7.1914	
270	1914: P, Q, R	1914
271	1914: S, Sch	1914
	Enthält: Schreiben M. Patkiewicz vom 1.5.1914, betr. Übergang der Sallmayer'schen Buchhandlung, Wien, in seinen alleinigen Besitz am 1.10.1913: KRL – Friedrich und Toni Schünemann, 12.1.-27.3.1914, betr. Übernahme der Buchhandlung Gebr. Rahning in Bünde i.W.; Bewerbung des Sortiments- und Verlagsbuchhändlers Jakob L. Schwalbach, Degerloch b. Stuttgart, vom 16.6.1914 mit Zeugnissen und Lebenslauf	
272	1914: St	1914
273	1914: T, U, V	1914
	Enthält: Bewerbung des Sortiments- und Verlagsbuchhändlers Erich Thelemann, Weimar, vom 5.5.1914 mit Schilderung des beruflichen Werdegangs; KRL – Konrad D. Vay, Buchhandlung, Bad Kissingen, 22.3.-28.3.1914, betr. Auchbuchhandel	
274	1914: W-Z	1914
	Enthält: Bewerbung des Sortiments- und Verlagsbuchhändlers Ulrich Westphal, Frankfurt a.M., vom 11.7.1914 mit Zeugnisabschrift; KRL – Otto Zehrfeldt, Geschäftsleitung der Sonderausstellung »Das deutsche Buch« auf der Weltausstellung San Franzisko 1915, 27.5. und 4.6.1914	

Bestand 51

lfd. Nr.	Inhalt	Jahr
275	1915: A	1915
276	1915: B	1915
	Enthält: Schreiben an die Schriftleitung des »Börsenblatts« vom 6.12.1915 (Darin: Typoskript KRL's »Antwort auf Briefe aus dem Felde«); KRL – Geschäftsstelle des Börsenvereins, 24.6.-1.7.1915, betr. Aufnahme der Deutschnationalen Buchhandlung GmbH in Hamburg als Börsenvereins-Mitglied	
277	1915: C, D, E	1915
	Enthält: KRL – Geschäftsstelle der deutschen Kriegsliteratur-Ausstellung (Philipp Reclam jun.), Leipzig, 22.12.-30.12.1915 (Darin: Ausstellungs- und Verkaufsbedingungen für die Sonder-Ausstellung »Kriegsliteratur«); KRL – Deutschnationale Buchhandlung, Hamburg, 20.5.-Juli 1915, betr. deren Mitgliedschaft im Börsenverein	
278	1915: F, G	1915
279	1915: H, I, J	1915
280	1915: K	1915
	Enthält: Zirkular des Buchhändlers Ernst Koehler, Frankfurt a. M., vom September 1915, betr. sein Ausscheiden aus seiner Firma C. Koenitzer's Buchhandlung (Reitz & Koehler) und alleinige Inhaberschaft seines bisherigen Teilhabers Heinrich Tiedemann; Zirkular des Kreisvereins der Rheinisch-Westfälischen Buchhändler, Münster i.W., vom 1.4.1915, betr. Bitte an Besucher der Leipziger Ostermesse, sich dem Kreisverein für die Übernahme von Stimmvertretungen zur Verfügung zu stellen	
281	1915: L	1915
282	1915: M, N, O	1915
	Enthält: Zirkularschreiben der Treuhandgesellschaft vereinigter beeidigter Bücherrevisoren Hamburgs vom 28.7.1915, betr. Konkurs der Buchhandlung Reinhard Müller, Hamburg (Darin: Status über das Vermögen der Firma) (s. a. Nr. 284)	
283	1915: P, Q, R	1915
284	1915: S, Sch	1915
	Enthält: Schreiben des Beeidigten Bücherrevisors Wilhelm Settemeyer, Hamburg, vom 9.10.1915, betr. Konkurs der Buchhandlung Reinhard Müller (s. a. Nr. 282)	
285	1915: St	1915
	Enthält: Schreiben der Firma F. C. Stechert, New York, vom 20.2.1915, betr. Ausstellung deutscher Bücher in New York	

Bestand 51

lfd. Nr.	Inhalt	Jahr
286	1915: T, U, V	1915
	Enthält: Schreiben des RA Dr. Hugo Hoffer, Bodenbach, vom 26.2.1914, Börsenblattausriß o. D., Zirkularschreiben Adolf Tzschautzsch, Bodenbach, vom 1. 7. 1913, betr. Konkurs seiner Buch- und Musikalienhandlung; Zirkular der Vereinigung der Schulbuchverleger vom Oktober 1915, betr. Erhöhung der Ladenpreise um 10 Prozent	
287	1915: W-Z	1915
288	1916: A	1916
	Enthält: Zirkular des Kgl. Hofbuchhändlers Friedrich Stahl, Gent, vom 26.6.1916, betr. Übernahme der Geschäftsführung der Armeebuchhandlung des A.O.K. 4; Zirkular des Ausschusses für Versendung von Liebesgaben an kriegsgefangene deutsche Akademiker und zur Errichtung von Lagerbüchereien für Kriegsgefangene in Feindesland, Berlin, vom Juli 1916, betr.»Neue Bestimmungen über die Versendung von Büchern an Kriegsgefangene in Rußland«	
289	1916: B	1915-1916
	Enthält: Zirkularschreiben des Kgl. Amtsgerichts in Beuthen vom 13.9.1915, betr. Konkurs der Firma Blochel und Kasprzyk, Buch-, Papier- und Kunsthandlung in Beuthen; Zirkular des Börsenvereins vom 16.11.1916, betr. die Mitwirkung des Börsenvereins an der Vereinheitlichung und Vereinfachung der fachwissenschaftlichen Zensur (Darin: Verfügung des Kriegsministeriums Berlin Nr. 266/10.16. Z.1. vom 2.11.1916, betr. die Einrichtung einer fachwissenschaftlichen Zensurberatungsstelle »Fach-ZB«); KRL vom 15.5.1916 an die Schriftleitung des Börsenblatts (Darin: Typoskript »Sind wir bereit?«), Vertrauliche, nur für die Mitglieder des Börsenvereins bestimmte Erklärung des Vorstandsmitglieds Arthur Seemann vom 2.4.1916, betr. die Stellungnahme des Deutschen Velegervereins zu den Satzungen des Börsenvereins und zur Person seines Ersten Vorstehers Karl Siegismund	
260	1916: C, D, E	1916
	Enthält: Schreiben der Caritas Buchhandlung, Freiburg i. Br., vom 8.4.1916, mit Abbildung des Geschäfts; Zirkular des Hauptvorstands des Deutschen Buchdrucker-Vereins und der Prinzipals-Kreisvertreter der Tarifgemeinschaft der Deutschen Buchdrucker von Anfang November 1916, betr. Preisaufschläge im Buchdruckgewerbe vom 1.11.1916 an	
291	1916: F, G	1916
292	1916: H, I, J	1916
293	1916: K	1916
	Enthält: Postkarte der Buch- und Kunsthandlung Otto Kaven, Hamburg, vom 22.11.1916 mit Abbildung des Geschäfts; Kurzer Bericht vom 1.8.1916 über die 73. ordentliche Hauptversammlung des Kreisvereins der Rheinisch-Westfäli-	

Bestand 51

lfd. Nr.	Inhalt	Jahr

schen Buchhändler am 23.7.1916 zu Bielefeld (Darin: Auszug aus den Verkaufsbestimmungen ab 1. Oktober 1916); Informationsblatt der Oesterreichisch-ungarischen Kriegsausstellung, Wien 1916, betr. die Ausstellung von Kriegsliteratur

294	1916: L	1916
295	1916: M, N, O	1916
296	1916: P, Q, R	1916
297	1916: S, Sch	1916
298	1916: St	1916
299	1916: T, U, V	1916
300	1916: W-Z	1916
301	1917: A	1917

Enthält: Zirkular von Dr. Friedrich Brandstetter von Mitte Januar 1917, betr. den Übergang der Feldbuchhandlungen im Bereich des Armee-Ober-Kommandos I im Westen an die neu gegründete GmbH Armee-Buchhandlung der 1. Armee und Brandstetters Ernennung zum Geschäftsführer der GmbH

| 302 | 1917: B | 1917 |

Enthält: Zirkular des Vereins Deutscher Bahnhofs-Buchhändler zu Leipzig vom August 1917, betr. »die gegen den Bahnhofsbuchhandel eingeleitete Bewegung und über die von Hans v. Weber mit Hilfe der buchhändlerischen Organisationen geplante Vergesellschaftung des deutschen Eisenbahnbuchhandels«; Gründungszirkular der Balkan-Buchhandlung Edwin Furrer, Berlin, vom 13.4.1917; Bekanntmachung des Vorstands des Börsenvereins vom 12.9.1917, betr. die durch Papierknappheit und gestiegene Herstellungskosten notwendig gewordenen Maßnahmen beim »Börsenblatt«; Vertrauliches Schreiben des Vorstands des Börsenvereins vom 14.2.1917, betr. die Verhandlungen einer gemeinsamen Kommission des Reichsausschusses für Druckgewerbe, Verlag und Papierverarbeitung sowie des Papiermacher-Kriegsausschusses über die Marktpreise für Papier und Pappe; Faltblatt »An die Freunde unserer Bücherstube« von Boeskings Bücherstube, Bremen, vom Dezember 1917; Merkblatt der Presse-Abteilung des Oberbefehlshabers Ost »Bestimmungen über die Einfuhr von Druck-Erzeugnissen in das Gebiet des Oberbefehlshabers Ost. (Gültig vom 15. April 1917 ab.)«; Zirkular des Bundes der chemigraphischen Anstalten Deutschlands, Gruppe I, vom Februar 1917, betr. zehnprozentige Preiserhöhung vom 28.2.1917 an

| 303 | 1917: C, D, E | 1917 |

Enthält: Zirkular des Vorstands der Deutschen Buchhändlergilde vom 24.9.1917, betr. die Sitzung des von der Hauptversammlung des Börsenvereins O. M. 1917 gewählten »Ausschusses zur Beratung der Anträge des Vorstands der Deutschen Buchhändlergilde« über die Festsetzung von Teuerungszuschlägen am 8.9.1917;

Bestand 51

lfd. Nr.	Inhalt	Jahr
	2 Zirkulare der Abteilung zur Massenverbreitung guter Volksschriften der Deutschen Dichter-Gedächtnis-Stiftung vom 30.3. und 1.5.1917, betr. die Zusammenstellung einer umfangreichen Bücherei für ein großes Zivilgefangenenlager in England; Schreiben der Deutschen Gesellschaft für Künstlerische Volkserziehung e. V., Berlin, vom 10.12.1917, betr. die Intentionen der Gesellschaft	
304	1917: F, G	1917
305	1917: H, I, J	1917
	Enthält: KRL – Handelskammer zu Frankfurt a. M., 26.3.-18.5.1917, betr. Anmeldung von Auslandsforderungen	
306	1917: K	1917
	Enthält: Zirkular des Barsortiments K. F. Koehler, Leipzig, vom 25.4.1917, betr. die Notwendigkeit einer Ausfuhrgenehmigung des einheimischen General-Kommandos für alle Druckschriften, die ins verbündete und neutrale Ausland versandt werden sollen; 2 Zirkulare des Vorstands des Kreisvereins der Rheinisch-Westfälischen Buchhändler vom 23.9.1917, betr. einen Teuerungszuschlag von 10 Prozent vom 1.10.1917 an	
307	1917: L	1917
308	1917: M, N, O	1917
	Enthält: Beschluß des Kgl. Amtsgerichts Berlin-Lichterfelde vom 31.5.1917, betr. eine Geschäftsaufsicht über das Vermögen des Verlagsbuchhändlers Karl Maussner in Zehlendorf	
309	1917: P, Q, R	1916-1917
	Enthält: 3 Beschlüsse des Kgl. Amtsgerichts Tilsit vom 18.6.1916, 11.1. und 9.2.1917, betr. die Geschäftsaufsicht über das Vermögen der Buch- und Kunsthandlung Arthur Richter Nachf. Inh. Alfred Benda in Tilsit; Zirkular der Buch-, Kunst-, Papier- und Schreibwarenhandlung Karl Riedmann in Lana bei Meran, betr. die durch die Kriegsverhältnisse erschwerte Geschäftsführung; KRL – Max Röder, Buchhändler, Mülheim (Ruhr), 4.10.-18.10.1917, betr. die Einführung des zehnprozentigen Teuerungszuschlags	
310	1917: S, Sch	1917
	Enthält: Schreiben an Karl Siegismund vom 19.2.1917, betr. Auswirkungen der Preissteigerungen im Papierbedarf des Langewiesche-Verlags; Zirkular der Svenska Bokhandelscentralen (Zentrale der vereinigten schwedischen Sortimenter), Stockholm, vom 1.12.1917, betr. ihre Begründung am 20.10.1917	
311	1917: St	1917

Bestand 51

lfd. Nr.	Inhalt	Jahr
312	1917: T, U, V	1917

Enthält: Vertrauliches Zirkular des Vorstands des Vereins der Deutschen Musikalienhändler zu Leipzig vom 30.12.1917, betr. die »Sicherung des Urheberschutzes für die Vereinigten Staaten von Nordamerika« und die Begründung einer »Zentralstelle für Eintragung zum Schutze des Copyrights« bei der Firma Breitkopf & Härtel, Leipzig; Zirkular der Vereinigung schönwissenschaftlicher Verleger, Berlin, vom 15.10.1917, betr. 1. Festsetzung eines künftigen Höchstrabatts bis zu 20 Prozent für rein militärisch verwaltete Feldbuchhandlungen, Feldbüchereien, Marketendereien und ähnliche nichtbuchhändlerische, militärische Betriebe, 2. Nichtgewährung eines Rabatts für Soldaten-Leihbüchereien, 3. Kürzung des Rabatts für Bahnhofsbuchhandlungen

313	1917: W-Z	1917
314	1918: A	1918

Enthält: Zirkular des Armeebuchlagers (Nr. 1100 Deutsche Feldpost 292), Leipzig, vom 16.12.1918, betr. die Situation des Armeebuchlagers und der Feldbuchhandlungen der 1. Armee nach dem Ende des Krieges

| 315 | 1918: Ba-Bi | 1918 |

Enthält: Zirkular des Barsortiments-Katalog-Verlags (BKV), Leipzig, vom Juli 1918, betr. die Erstellung eines neuen Lager-Katalogs (Darin: »Wunschzettel des Bibliographen«)

| 316 | 1918: Bl-Bu | 1918 |

Enthält: Schreiben des Kgl. Amtsgerichts in Konitz vom 2.11.1918 und zwei Schreiben des Buchhändlers Fritz Büchner vom 7.9. und 6.11.1918, betr. Konkurs der Buchhandlung W. Dupont Nachf. Fritz Büchner in Konitz

| 317 | 1918: C, D, E | 1918 |

Enthält: Zirkular des Geschäftsführenden Ausschusses (Richard Doetsch-Benziger u.a.) zur Vorbereitung einer Wanderausstellung in der Schweiz »Das schöne Buch in deutscher Sprache« vom 20.9.1918

| 318 | 1918: F | 1918 |

Enthält: Zirkular der Zentrale der Feldbuchhandlung der III. Armee vom 16.10.1918, betr. Verlegung bzw. Liquidation der Feldbuchhandlungen; Zirkular der Feldbuchhandlung des k.u.k. Etappen-Gruppen-Kommandos Feldpost 494 vom 15.10.1918, betr. Liquidation des Unternehmens

| 319 | 1918: G | 1918 |

Enthält: Verfügung des Stellvertretenden Generalkommandos des XVIII. Armeekorps und des Gouvernements der Festung Mainz vom 15.8.1918, betr. die Versendung von Druckschriften ins Ausland; Brief Prof. Dr. Alfred Grotjahns vom 12.11.1918 (Darin: Typoskript »Der Aufbau oder Der Wiederaufbau unserer

Bestand 51

lfd. Nr.	Inhalt	Jahr
	Volkskraft oder Völktertod und Volksverjüngung«; 10 S. Entwurf für ein »Blaues Buch«)	
320	1918: H	1918
321	1918: I, J-Ki	1918
322	1918: Kl-Ku	1918
	Enthält: Vertrauliches Zirkular des Ersten Vorsitzenden des Kreisvereins der Rheinisch-Westfälischen Buchhändler, Max Röder, vom 18.6.1918, betr. die Errichtung einer »Jubelstiftung« anläßlich des 75. Geburtstages des Kreisvereins	
323	1918: L	1918
	Enthält: Wilhelm Langewiesche-Brandt: Eine neue Art Schulbuch, wodurch in Deutschland jährlich viele Millionen Mark eingespart werden könnten. 4 S. Typoskript. O. D.	
324	1918: M	1918
	Enthält: Zirkular des k. u. k. Hofbuchhändlers Julius Meyerhoff vom 1.9.1918, betr. Verkauf seiner Firma Ulrich Mosers Buchhandlung (J. Meyerhoff) in Graz an den Katholischen Preßverein, Graz	
325	1918: N, O, P, Q	1918
	Enthält: Aufruf des Niederschlesischen Pionier-Bataillons Nr. 5 in Glogau vom 18.3.1918 zur Errichtung einer Bücherei und eines Lesezimmers für Unteroffiziere und Mannschaften	
326	1918: R	1918
327	1918: S, St	1918
	Enthält: Zirkular Kurt Säuberlich, Leipzig, vom August 1918, betr. Begründung der Buchdruckerei Dr. Kurt Säuberlich	
328	1918: Sch	1918
	Enthält: Zirkular des Schutzverbandes Deutscher Schriftsteller (SDS) vom 15.11.1918, betr. Beschlüsse der letzten Vorstandssitzung des SDS (Autorenbeiräte, Mindestgrenze für die Honorierung von Beiträgen in Zeitungen und Zeitschriften)	
329	1918: T, U, V	1918
	Enthält: Zirkular des Buchhändlers Albert van der Vekene vom Mai 1918, betr. die Eröffnung einer Buchhandlung unter seinem Namen in Luxemburg; Zirkular des Verbandes Deutscher Buchbindereibesitzer, Leipzig, vom August 1918, betr. die Erhöhung der Teuerungszulagen der Buchbindereigehilfen und die damit verbundene Neufestsetzung der Buchbinderpreise; Bekanntmachung des Vereins Leipziger Kommissionäre, betr. die Beschlüsse der außerordentlichen Hauptversammlung vom 23.12.1918; Umfrage des Vorstands der Vereinigung schönwis-	

Bestand 51

lfd. Nr.	Inhalt	Jahr
	senschaftlicher Verleger vom Dezember 1917, betr. den Vorschlag, die »Ladenpreise der gangbaren Bücher« um 25 bis 40 Prozent zu erhöhen; Zirkular des Barsortiments F. Volckmar, Leipzig, Auslandsabteilung, vom 5.11.1918, betr. die Auflösung des Armeebuchlagers Nr. 1100 Feldpost 292 und der von diesem versorgten Feldbuchhandlungen	
330	1918: W-Z	1918

Literaturverzeichnis

Ammermann-Estermann, Monika: Verlagsarchive als Problem. In: Buchhandelsgeschichte. 1982. S. B 121-B 125.

Archive – eine Umfrage der Historischen Kommission. In: Buchhandelsgeschichte. 1983. S. B 87-B 88.

Boyer, Josef: Neue Impulse für die Verlags-, Leser- und Buchmarktforschung [Rez. der Dissertation von Udo Zöller]. In: Buchhandelsgeschichte. 1985. S. B 155-B 157.

Brauer, Adalbert: Die Historische Kommission des Börsenvereins 1876-1934. In: Hundert Jahre Historische Kommission des Börsenvereins, 1876-1976. (Sonderdruck aus: Buchhandelsgeschichte. Heft 8. 1976. S. B 331-B 341.) Frankfurt a. M.: Börsenverein des Deutschen Buchhandels 1976, S. 47-71.

Bremen: »Der Springer-Verlag und seine Autoren. – Eine Archiv-Ausstellung«. In: Bibliotheksdienst. 23. 1989. H. 8/9. S. 965-966.

Cron, Sabine: Die Blauen Bücher des Verlags Langewiesche von den Anfängen bis zur Weimarer Republik unter besonderer Berücksichtigung der Zeit von 1911 bis zu den 20er Jahren unseres Jahrhunderts. Hausarbeit zur Erlangung des Akad. Grades eines Magister Artium. Mainz, Johannes Gutenberg-Univ., Fachbereich 16, 1988.

Ein Vierteljahrhundert »Die Blauen Bücher«. In: Börsenblatt für den Deutschen Buchhandel (Leipzig), Nr. 104 vom 5.5.1927. S. 542.

75 Jahre Verlag Langewiesche – Königstein. Königstein: Langewiesche 1977. Faltblatt 4 S.

Karl Robert Langewiesche. Fünfzig Jahre Verlagsarbeit. Königstein im Taunus: Langewiesche 1952.

Köster, Hans: Art. Karl Robert Langewiesche. In: Neue Deutsche Biographie. 13. Bd. Berlin: Dunker & Humblot 1982. S. 594-595.

Langewiesche, Karl Robert: Aus Fünfundzwanzig Jahren: Buchhändlerische Erinnerungen 1891/1916. 4. Aufl. Königstein im Taunus, Leipzig: Langewiesche 1936.

Langewiesche, Karl Robert: Rundschreiben. In: Börsenblatt für den Deutschen Buchhandel (Leipzig), Nr.103 vom 6.5.1902, S. 3755-3756.

Meyer, Horst: Buchhandel. In: Die Erforschung der Buch- und Bibliotheksgeschichte in Deutschland. Hrsg. von Werner Arnold (u.a.) Wiesbaden: Harrassowitz 1987. S. 188-260.

O. Z.: Karl Robert Langewiesche †. In: Börsenblatt für den Deutschen Buchhandel (Leipzig), Nr. 222 vom 24.9.1931, S. 855-856.

Reihe, Hans: Die buchhändlerischen Archivalien der ehemaligen Bibliothek des Börsenvereins der

Deutschen Buchhändler zu Leipzig im Deutschen Buch- und Schriftmuseum. In: Jahrbuch der Deutschen Bücherei. 14. 1978. S. 53-74.

Sarkowski, Heinz: Das Archiv des Springer-Verlags in Heidelberg. Ausgabe Februar 1989. Heidelberg: Springer 1989. 45 S. Als Manuskript vervielfältigt.

–,–: Autorenbriefe aus dem Springer-Archiv: Martin Kirschner und »Der Chirurg«, »Der Chirurg« und seine ersten Autoren, Ferdinand Sauerbruch und sein Verleger Ferdinand Springer. Katalog einer Ausstellung zum 100. Kongreß der Deutschen Gesellschaft für Chirurgie in Berlin vom 6.-9. April 1983. Berlin usw.: Springer 1983. 16 S.

–,–: Firmarchive im Buchhandel. Eine Ermunterung. In: Buchhandelsgeschichte. 1986. S. B 100-B 104.

–,–: Sehr geehrter Herr! Autorenbriefe aus dem Springer-Archiv. Katalog einer Ausstellung, gezeigt aus Anlaß der Einweihung des Neubaus in Heidelberg am 7. Mai 1982. Berlin, Heidelberg: Springer 1982. 48 S.

–,–: Der Springer-Verlag und seine Autoren. Katalog einer Archiv-Ausstellung. Heidelberg 1989.

–,–: Der Wissenschafts-Verleger und seine Autoren. In: Buchhandelsgeschichte. 1985. S. B 134-B 143.

Schulz, Gerd: Demokratisierung der Kunst. 75 Jahre Verlag Langewiesche. In: Börsenblatt für den Deutschen Buchhandel, Frankfurter Ausgabe, Nr. 36 vom 6.5.1977, S. 71.

–,–: Hat Ihre Firma ein Archiv? In: Börsenblatt für den Deutschen Buchhandel, Frankfurter Ausgabe, Nr. 46 vom 10.6.1983, S. 1399.

–,–: Die Gesellschaft vom Dachboden. Das Archiv des Springer-Verlages Berlin und Heidelberg. In: Börsenblatt für den deutschen Buchhandel, Frankfurter Ausgabe, Nr. 56 vom 6.7.1982, S. 1575-1576.

–,–: Umfrage der Historischen Kommission. In: Börsenblatt für den Deutschen Buchhandel, Frankfurter Ausgabe, Nr. 13 vom 15.2.1983. S. 376.

Schulz, Hans Ferdinand: Das Schicksal der Bücher und der Buchhandel. System einer Vertriebskunde des Buches. 2., stark erw. u. völlig umgearb. Aufl. Berlin: de Gruyter 1960, S. 161-164.

Volke, Werner: »Viel gerettet, viel verloren...« Vom Schicksal deutscher Verlagsarchive. In: Buchhandelsgeschichte. 1984. S. B 81-B 90.

Walter, E.G. [d.i. Gerd Schulz]: Ungeöffnete Königsgräber. In: Börsenblatt für den Deutschen Buchhandel, Frankfurter Ausgabe, Nr. 34 vom 30.4.1985, S. 1182-1183.

Zöller, Udo: Der Verlag Langewiesche-Brandt im literarischen Vermittlungsprozeß der Zeit 1906-1914. Weilheim: Spheroid-Verlag 1982.

Bibliographie der Veröffentlichungen von Heinz Sarkowski

1. Ein Briefband wird vorbereitet. In: Der Hersteller (*1957*) Heft 7, S. 185 f.
2. Stimmt unsere Deckungsauflage wirklich? Ebenda Heft 8, S. 225 f.
3. Keine Angst vor Werklieferungsverträgen! Ebenda (*1958*) Heft 2, S. 38-41.
4. Der Sortimenterrabatt in der Kalkulation. Ebenda Heft 10, S. 271 f.
5. Copyright, Berner Konvention und Welturheberrechtsabkommen. Ebenda Heft 11, S. 305 f.
6. Wenzel Goldbaum: Kommentar zum WUA. [Rez.] Ebenda Heft 11.
7. S. Fischer Verlag. Ebenda Heft 11, S. 308-310.
8. Moderne Buchkunst. Ruari McLean: Modern Book Design. [Rez.] Ebenda Heft 11, S. 314.
9. Der Werklieferungsvertrag im Verlagsbuchhandel. G. A. Marx Verlag, Wiesbaden *1959*.
10. Oliver Simon: Printer und Playground. [Rez.] In: Der Hersteller (*1959*) Heft 1, S. 21 f.
11. Heinz Rambour: Die Lizenzausgabe. [Rez.] Ebenda S. 22 f.
12. Autorenhonorar und Ladenpreis. Ebenda Heft 5, S. 107-111.
13. Fünfzig Jahre Insel-Bücherei. 1912-1962. Insel-Verlag, Frankfurt am Main 1962.
14. Fünfzig Jahre Insel-Bücherei. In: Linotypepost (*1962*) April.
15. Dem Werdenden gilt unser Streben... (S. Fischer). Ebenda Heft 11, S. 20-23.
16. Zur Geschichte des Dünndruckpapiers und der Insel-Klassiker. In: Das Inselschiff, NF 5 (*1963*) März, S. 1-3.
17. Begegnungen mit Siegfried Buchenau. Blätter des Gedenkens. [Herausgeber] Rowohlt Verlag, Reinbek *1964*.
18. Ein Verlag der 20er Jahre [Buchenau & Reichert]. In: Ebenda S. 23-32 und 107-117 (Bibliographie).
19. Buchenau & Reichert. Ein Verlag der 20er Jahre. In: Börsenblatt (*1964*) Nr. 94, S. 2325-2330.
20. Aus der Frühzeit der dünnen Druckpapiere. In: Der Druckspiegel (*1964*) Juli, S. 469-474.
21. Wenn Sie ein Herz für mich und mein Geisteskind haben... Dichterbriefe zur Buchgestaltung. Mergenthaler-Verlag der Linotype GmbH, Frankfurt am Main *1965*.
22. Zum Thema ›Deckungsauflage‹. In: Verlagspraxis (*1965*) Heft 1, S. 21-24.
23. Der Holzstecher Andreas Brylka. In: Illustration Nr. 63 (*1965*), November.
24. Imprimatur. Ein Jahrbuch für Bücherfreunde. [Herausgeber] NF Band V. Frankfurt am Main *1967*.

25. Die Bücherstube. Blätter für Freunde des Buches und der zeichnenden Künste. Ebenda, S. 81-89.
26. Der Buchbinder Willy Pingel und die Arbeiten seiner Werkstatt. (Mit Kurt Londenberg). Ebenda, S. 180-184.
27. Ein Verlegerleben in Briefen: Kurt Wolff. Ebenda, S. 237-239.
28. Aus dem Tagebuch eines Herstellers. In: Die Bücherkommentare (*1968*) Nr. 5, S. 48.
29. Typographie von Emil Ruder. [Rez.] In: Börsenblatt (*1968*) Nr. 67, S. 2805 f.
30. Imprimatur. Ein Jahrbuch für Bücherfreunde. [Herausgeber] NF Band VI. Frankfurt am Main *1969*.
31. J. C. C. Bruns in Minden. Hinweis auf einen fast vergessenen Verlag. Ebenda, S. 121-131.
32. München literarisch. [Rez.] Börsenblatt (*1969*) Nr. 41, S. 1175-1177.
33. Vom Kolportagebuchhandel zur Buchgemeinschaft. Die ›Bibliothek der Unterhaltung und des Wissens‹. In: Das Buch zwischen gestern und morgen. Georg von Holzbrinck zum 11. Mai 1969. Stuttgart *1969*, S. 33-64.
34. Der Insel-Verlag. Eine Bibliographie 1899-1969. Insel-Verlag, Frankfurt am Main *1970*.
35. Die ›Bibliothek der Unterhaltung und des Wissens‹. [Gekürzt und korrigiert gegenüber Nr. 33]. In: Aus dem Antiquariat (*1970*) Heft 8, S. A 185-197.
36. Buchumschläge 1900-1950. [Rez.] In: Nachrichten aus dem Kösel-Verlag, Nr. 34 (*1971*) S. 20.
37. Imprimatur. Ein Jahrbuch für Bücherfreunde. [Herausgeber] NF VII. Frankfurt am Main *1972*.
38. Bruno Cassirer. Ein deutscher Verlag 1898-1941. Ebenda, S. 106-138.
39. Deckungsauflage. In: Buchmarkt (1972), Heft 5.
40. Bruno Cassirer (1872-1941). In: Aus dem Antiquariat (*1973*) Heft 1, S. A 14-A 20.
41. Die Darmstädter Pessach-Haggadah. Eine ungewöhnliche Buchbinderarbeit. In: Allgemeiner Anzeiger für Buchbindereien (*1973*) Nr. 5, S. 258-262.
42. Science und Fiction gemischt? Überlegungen zur Ladenpreiskalkulation. In: Börsenblatt (*1973*) Nr. 63, S. 1272-1278.
43. Stirbt das ›Schöne Buch‹ an der Technik? Ebenda (*1974*) Nr. 37, S. 663-666.
44. Aus den frühen Jahren des Insel-Verlags. In: Aus dem Antiquariat (*1974*) Heft 10, S. A 305-317.
45. Das Bibliographische Institut. Verlagsgeschichte und Bibliographie 1826-1976. Bibliographisches Institut, Mannheim, Wien, Zürich *1976*.
46. Begegnungen mit Amerika. Zur frühen Geschichte des Bibliographischen Instituts. In: Aus dem Antiquariat (*1976*) Heft 6, S. A 184-188.

47. Um das Recht auf irdischen Lohn. Bücher als ›Geschenk‹ des Himmels. Buchverkauf von Tür zu Tür. In: Bücher und Menschen. Vom Buch und seinen Wirkungen in Geschichte und Gegenwart. C. Bertelsmann, Gütersloh *1976*, S. 88-93.
48. Meyer's Contor-Handbuch 1827-1829. Altona, Bremen, Hamburg. [Teil-Reprint.] Hanseatischer Merkur, Hamburg *1977*.
49. Das Contor-Handbuch und sein Autor. (Nachwort zu Nr. 48) S. 110-119.
50. Willy Pingel wurde siebzig. In: Aus dem Antiquariat (*1977*) Heft 12, S. A 496-497.
51. August Prinz: Stand, Bildung und Wesen des Buchhandels. Faksimile der Ausgabe Altona 1856. Carl Winter, Heidelberg *1978*.
52. Hinweis auf August Prinz. Ebenda, S. I-VIII.
53. Der ›historische‹ Verlagskatalog. Hinweise zu seiner Geschichte und Anlage. In: Buchhandelsgeschichte (*1979*) Nr. 2/2, S. B 78-95.
54. Fiffsch. (Johannes Rüger zum Gedenken). In: Buchmarkt (*1979*) Nr. 12, S. 115.
55. Buchhandel und Buchhändler vor hundert Jahren. Beiträge von F. Hermann Meyer für Meyers Konversations-Lexikon 1874ff. Auswahl, Nachwort und Register. [Teil-Reprint.] Bibliographisches Institut, Mannheim, Wien, Zürich *1980*.
56. Nachwort. Ebenda.
57. Rilke und Axel Juncker. [Rez.] In: Buchhandelsgeschichte (*1980*) Nr. 2/5, S. B 297-299.
58. Entwicklung der Papierpreise oder ... Kuckucksei im Börsenblatt? In: Börsenblatt (*1980*), Nr. 33, S. 953.
59. Die Jugendbücher des Julius Springer-Verlags in Berlin, 1852-1866. In: Die Schiefertafel 3 (*1980*) Heft 2, S. 75-80.
60. Christian Heinrich Kleukens. Friedrich Wilhelm Kleukens. In: Neue deutsche Biographie. Band 12. München, Berlin *1980*, S. 54-56.
61. August Prinz: Der Buchhandel vom Jahre 1815 bis zum Jahre 1843. Bausteine zu einer spätern Geschichte des Buchhandels [Reprint der 2. Auflage.] Altona 1855. Carl Winter, Heidelberg *1981*.
62. Nachwort. Ebenda, S. I-VII.
63. Der Katalog der ›American Type Founders Library‹. [Rez.] In: Buchhandelsgeschichte (*1981*) Nr. 2/9, S. B 609-626.
64. ›Der deutsche Buch-Club‹, Hamburg, 1927-1935. In: Buchhandelsgeschichte (*1981*) Nr. 2/11, S. B 609-626.
65. Sehr geehrter Herr! Autorenbriefe aus dem Springer-Archiv. Katalog einer Ausstellung, gezeigt aus Anlaß der Einweihung des Neubaus in Heidelberg am 7. Mai 1982. Springer-Verlag, Berlin, Heidelberg, New York *1982*.

66. Heidelberger Provisorien und: Ein Neubau vor 70 Jahren. In: Unser neues Haus in Heidelberg. Zum 7. Mai 1982. Springer-Verlag *1982*, S. 19-23.
67. Der Verlag von Julius Springer im Jahre 1912. Ein bibliographischer Jahresbericht. Privatdruck zum 8. August 1982. Springer-Verlag *1982*.
68. Der Buchvertrieb von Tür zu Tür im 19. Jahrhundert. In: Buchhandel und Literatur. Festschrift für Herbert G. Göpfert zum 75. Geburtstag am 22. September *1982*. Hrsg. von Reinhard Wittmann und Bertold Hack. Harrassowitz, Wiesbaden 1982, S. 221-246.
69. Friedrich Johnson: Meine Orientfahrt. Reiseskizzen 1925. [Herausgeber] Privatdruck für Erika Boyens. Boyens & Co., Heide *1983*. – Nachbemerkung. Ebenda S. 35-38.
70. Autorenbriefe aus dem Springer-Archiv. Martin Kirschner, Der Chirurg, Ferdinand Sauerbruch. Springer-Verlag *1983*, 16 S.
71. Einhundertfünfunddreißig Jahre Deutsche Verlags-Anstalt. [Rez.] In: Buchhandelsgeschichte (*1983*) Nr. 2, S. B 82.
72. Almanache und buchhändlerische Werbekataloge 1871-1914. Anmerkungen zu einem hybriden Buchtyp. In: Aus dem Antiquariat (*1983*) Heft 6, S. 193-210. Corrigenda S. 326.
73. Karl Jaspers und sein Verleger Ferdinand Springer. In: Karl Jaspers in seiner Heidelberger Zeit. Hrsg. von Joachim-Felix Leonhard. Heidelberger Verlagsanstalt *1983*, S. 159-168.
74. Matthias Boyens: Föhrer Erinnerungen 1878-1914. [Herausgeber] Privatdruck. Boyens & Co., Heide *1984*.
75. Worterklärungen und Namen; Lebensdaten; Nachwort. Ebenda, S. 136-144.
76. Ein Hinweis auf Fehlanzeigen. Vom Druckhandwerk über das Buchgewerbe zur grafischen Industrie. In: Börsenblatt (*1984*) Nr. 28 vom 6. 4. 1984.
77. Julius Springer und seine Familie. Zwölf Übersichten. Herrn Dr. Konrad F. Springer zum 23. September 1985 zugedacht. Privatdruck. Heidelberg *1985*.
78. Zunächst war an die Schweiz gedacht. In: Konrad F. Springer zum 60. Geburtstag. Hrsg. von Dieter Czeschlik. Springer Verlag *1985*, S. 8-9.
79. ›Wissenschaft und Buchhandel‹ im Deutschen Museum. In: Spektrum der Wissenschaft (*1985*) April, S. 30 f.
80. Der Wissenschaftsverleger und seine Autoren. In: Buchhandelsgeschichte (*1985*) Nr. 4, S. B 134-143.
81. Der Wissenschaftsverleger und seine Autoren. [Sonderabdruck von Nr. 80, ohne die Abbildungen.] Heidelberg *1986*, 33 S.
82. Das Archiv des Verlags von Julius Springer. Findbuch 1858-1936. Privat-

druck in drei Exemplaren. Heidelberg *1986*, 157 S. (Korrigierte Version 1989).
83. Das Archiv des Springer-Verlags. Ein Arbeitsbericht. Den Teilnehmern der ›Ligue des Bibliothèques Européennes de Recherche‹ am 9. Juli 1986 vom Springer-Verlag überreicht. Privatdruck *1986*. – Auch in Englisch.
84. Piraterie mit dem Kopiergerät. Das Urheberrecht im Schatten neuer Technik. Süddeutsche Zeitung Nr. 60 vom 30. 4./1. 5. *1986*.
85. Die Revolution in der Graphischen Industrie seit 1960. In: IHK-Mitteilungen Mannheim/Heidelberg (*1986*) Nr. 7, S. 457f.
86. Firmenarchive im Buchhandel. Eine Ermunterung. In: Buchhandelsgeschichte (*1986*) Nr. 3, S. B 100-104.
87. Alte Lehrbücher des Druckhandwerks. [Rez.] Ebenda, Nr. 4, S. B 142-146.
88. Ligatur. Dem Buchbinder Willy Pingel in Heidelberg zu Ehren. [Herausgeber]. Hermann Emig, Amorbach *1987*.
89. Der Werdegang eines Buchbinders und die Arbeiten seiner Werkstatt. Ebenda, S. 13-31.
90. 75 Jahre Insel-Bücherei. 1912-1987. Eine Bibliographie. Bearbeitet und hrsg. von Herbert Kästner. [Unter Zugrundelegung der Bibliographie ›Fünfzig Jahre Insel-Bücherei‹; siehe Nr. 13]. Insel-Verlag, Leipzig *1987* und Insel Verlag, Frankfurt am Main.
91. 125 Jahre ›Fresenius' Zeitschrift für analytische Chemie‹. In: Fresenius' Zeitschrift für analytische Chemie, Band 326 (*1987*) S. 1-4.
92. Das deutsche Buch und die zaristische Zensur. [Rez.] In: Buchhandelsgeschichte (*1987*) Nr. 1, S. B 42f.
93. Bibliopolisches und Antiquarisches aus dem Berlin des Jahres 1842. In: Aus dem Antiquariat (*1987*) Heft 3, Seite A 102-107.
94. Berliner Verlagsgeschichte(n). In: Börsenblatt (*1987*) Nr. 42, S. 1519f.
95. Der Deutsche Buch-Club, Hamburg (1927-1935). In: Ernst Hauswedell 1901-1983. Hrsg. im Auftrage der Maximilian-Gesellschaft von Gunnar A. Kaldewey. Maximilian-Gesellschaft, Hamburg *1987*, S. 9-35. – Erweitert und überarbeitet gegenüber Nr. 64.
96. Amerikanische Nachdrucke deutscher Wissenschaftsliteratur während des Zweiten Weltkriegs. In: Buchhandelsgeschichte (*1987*) Nr. 3, S. B 97-103.
97. Von der Entstehung und vom Wandel des Herstellerberufs. Vortrag, gehalten anläßlich der 38. Arbeitstagung der Herstellungsleiter in Irsee bei Kaufbeuren am 12. Mai 1988. Domus-Presse, Dielsdorf bei Zürich *1988*. 30 S.
98. Der Herstellerberuf. Entstehung und Wandel. In: Buchhandelsgeschichte (*1988*) Nr. 3, S. B 107-118. – Erweitert und überarbeitet gegenüber Nr. 97.
99. Die Entwicklung ingenieurwissenschaftlicher Verlagsprogramme im 19. Jahrhundert. In: Buchhandelsgeschichte (*1988*) Nr. 1, S. B 1-8.

100. Lehrbücher des Druckhandwerks 1608-1825. [Rez.] In: Journal für Druckgeschichte 1 (*1988*) Nr. 1, S. 27-30. – Erweitert gegenüber Nr. 87.
101. Das Archiv des Springer-Verlags in Heidelberg. Ausgabe Februar *1989*. Als Manuskript vervielfältigt. – Nicht identisch mit Nr. 83.
102. Der Springer-Verlag und seine Autoren. Katalog einer Archiv-Ausstellung (Bremen, 6. Juli-14. Oktober 1989). Springer-Verlag *1989*.
103. Von Gutenberg zu den modernen Satz- und Drucktechniken. In: Typographie für Informatiker. Vortragsreihe über wissenschaftliche Textverarbeitung im Wintersemester 1985/86. Hrsg. von A. Gerold. Technische Universität München *1989*, S. 111-121.
104. Max Niderlechner – MN oder »Der kleine Mann im großen Haus.« In: Aus dem Antiquariat (*1989*) Heft 11, S. A 440f.
105. Das Kursbuch als Verlagsobjekt. In: (Dumjahns) Jahrbuch für Eisenbahnliteratur 1990, (*1989*) S. 43-47.

Nicht verzeichnet sind die zahlreichen Artikel im »Zentralblatt«, der Hauszeitschrift des Springer-Verlags. Auch die anonyme Mitwirkung an Publikationen wurde nicht berücksichtigt. – Abschluß der Bibliographie: Dezember 1989.

Erbkam 19
Erbt, Wilhelm 188
Ermisch, Karl 356
Erné, Nino 200
Ernst Letsch-Verlag 195
Escher, Henry 65
Ettinger, Carl Wilhelm 76
Eucken, Rudolf 160f., 169, 174
Eulenburg, Albert 143, 145
Eulenburg, Herbert 198
Euler, Leonhard 77
Europa-Verlag 292
Eye's Buchhandlung 355
Eyssen, Jürgen 321

Fabian, Bernhard 65ff., 69f., 75
Fabricius, Johann Christian 67
Fahrenkrog, Ludwig 191
Falk, Johannes Daniel 24
Fallada, Hans 289
Faulkner, William 282, 289, 293
Feather, John 69
Fein, Franz 292f.
Ferdinand I. 111
Feucht & Seyfried 348
Fichte, Johann Gottlieb 161
Fikentscher, H. 349
Finckenstein, F. L. C. von 53
Finckh, Ludwig 198
Finke, Edmund 224
Fischer, Carl 144
Fischer, Ernst 217
Fischer, Eugen 248
Fischer, Gustav 146, 150, 156, 268
Fischer Verlag, S. 159, 205, 219, 360, 369
Fischer, Samuel 202f., 298
Fischer, Theodor 144
Fischer's medizinische Buchhandlung H. Kornfeld 144
Fischer & Wittig 347
Flaischlen, Cäsar 138
Flake, Otto 205
Flaubert, Gustave 200, 205, 312f.
Fleischer, Benjamin 80
Fleischer, Friedrich 87, 337
Fleischer, Gerhard 80f., 82, 86
Fleischmann, Johann Michael 326
Flex, Walter 180

Flexner, Abraham 238, 240
Flohr, Paul 175
Förster, Friedrich 92
Foitzick, Walter 293
Fortschrittliche Buchhandlung 196
Foucault, Michel 117
Fouquet-Plümacher, Doris 88ff., 141
Fournier, Pierre Simon 46
Fränzel, Walter 170, 173f.
Fragonard, Jean Honoré 323
Frank, Hans 254
Frank, Walter 265
Frankenberger, Julius 167, 170, 173f.
Frankfurter, Felix 245
Franzos, Karl Emil 130
Frauenholzische Kunsthandlung 44
Freideutschland-Verlag 191
Freytag, Gustav 134
Frentzel, Carl A. 358
Frerichs, Theodor 151
Fresenius, Remigius 152
Freud, Sigmund 125, 265
Freyer, Hans 276
Frick, Rudolf 355
Friedenthal, Richard 205
Friedländer, Carl 144
Friedländer, Henri 330
Friedrich II. von Preußen 23
Friedrich, Caspar David 90
Friedrich, Hugo 199
Friedrich, Johann 192
Frisch, Otto 240f.
Frischauer, Paul 218
Frisé, Adolf 291
Fritsch, Theodor 185, 195
Fritz, Georg 194
Fritzsche-Hager Buchbinderei 350
Frölich, Heinrich 80ff., 86
Frommann, Friedrich 80
Frommann & Wesselhoeft 43
Fuchs, Klaus 241
Fulda, Friedrich Wilhelm 180, 183
Funk, Gottlieb Benedict 14, 25
Funk, Werner 90
Furrer, Edwin 363

Gaber, Georg 358
Gädicke, Johann Christian 43

Gärtner, Carl Gottlieb 43
Galsworthy, John 208, 230
Garnett, David 286
Garve, Christian 72
Garzmann, Manfred R. W. 199
Gebauer & Schwetschke 191
Gebhardt, Rudolf 186
Gebhart, J. W. L. 65
Gecks, Anna 153
Gecks, Leonhard 153
Gecks, Wilhelm 153
Gehlhaar, Sabine S. 172 f.
Gehring, Hansjörg 290
Geiger, Ludwig 19
Geisenhainer, Theodor 356
Geisenhainer & Blumenstein 356
Geisweiler, Constantin 64, 75, 78
Genet, Jean 202
Gentz, Friedrich von 109
Georg von Sachsen-Meiningen 19
George, Stefan 171
Gerber, Klaus 148
Gerhardt, Luise 4, 21
Germann, Martin 76
Gerolds Sohn, Carl 143
Gerold-Tucholsky, Mary 288
Gerstenhauer, Max Robert 190
Gessner, Salomon 35, 44
Geusen-Verlag 189
Geyer, Rudolf 224
Gibbon, Edward 75 f.
Gide, André 289, 292
Giliarevskii, R. S. 235
Gill, Eric 319
Gilles, Werner 321
Ginzkey, Franz Karl 203, 222, 224, 228
Girardet & Co 288, 291 ff.
Giseke, Paul Dietrich 69
Gmo. van Woerden 358
Gobineau, Arthur Comte de 181
Goebbels, Joseph 227 f., 242, 274, 278
Göckingk, Leopold Friedrich Günther 40
Goedeke, Karl 136
Göpfert, Herbert G. 1 f., 86 f., 123, 337, 372
Göring, Hermann 252, 255, 258
Göring, M. H. 277
Görres, Joseph 89
Göschen, Georg Joachim 1-32, 34, 38 ff., 41, 52

Goethe, August 93
Goethe, Johann Wolfgang von 12, 15 ff., 23 f., 40, 53, 64, 73, 76, 88 ff., 92 f., 103 ff., 114 f., 205, 314, 318, 328
Goetting, Alexander 195
Gogarten, Friedrich 189
Goldbaum, Wenzel 369
Goldfriedrich, Johann 10, 17, 84, 336 f.
Goldmann Verlag, Wilhelm 201
Goldsmith, Maurice 252
Goltz, Hans 302 f.
Gombrich, Sir Ernst 48
Goodrick-Clarke, Nicholas 184
Gorki, Maxim 289
Goschen, George Joachim [Viscount] 8 ff., 17, 42
Gottschall, Rudolf 132
Grabisch, Joseph 294
Graedener, Hermann 224
Graefe, Carl Ferdinand von 141
Gräff, Otger 180
Grau, Wilhelm 253
Gravelot, Hubert François 323
Greene, Graham 293 f.
Gregorovius, Ferdinand 200
Greifen-Verlag 179, 181
Greiner & Pfeiffer 191
Grenzius, M. G. 24
Griepenkerl, Wolfgang Robert 200
Griesbach, Johann Jakob 3, 6, 8, 19
Grillparzer, Franz 109, 125
Grimm, Jacob und Wilhelm 89, 313
Grönland, Hans 355 f.
Grogger, Paul 205
Groh, Georg 196
Groh, Otto Emmerich 224, 227
Großdeutscher Verlag 193
Grosser, J. F. G. 304
Großmann 109
Grotjahn, Alfred 365
Grünspach, Fritz 360
Gruenter, Rainer 66
Gubitz, Friedrich Wilhelm 49
Gühring, Adolf 130
Gülke, Otto 130
Günther, Hans 147, 189
Guhl & Co., F. 347
Gumbel, Erich Julius 266

Gunneweg, Antonius H.J. 93
Gutbrod Verlag, Karl 192
Guttentag Verlagsbuchhandlung, J. 147

Haacke, Helmut 190
Haag-Drugulin 347
Haake, W. 133
Haarmann, Hermann 273
Haas, Wilhelm 39, 41, 44
Haasbauer, Anton 225
Haase, Max 356
Habbel, Franz Ludwig 179
Hack, Bertold 123, 372
Haeften, Bernd von 225
Haessel, H., Verlag 195
Haferkorn, Hans-Jürgen 1
Haffke, Ulrich 142
Hagen, Waltraud 73, 93
Hager, Hermann 148, 156
Hahn, Hans Werner 94
Hahn'sche Buchhandlung 355
Hakenkreuz-Verlag 184f., 195
Halbey, Hans A. 321
Hall, Murray G. 223, 228, 230, 262ff.
Hamaker, Charles 263
Hammerich, J.F., Altona 73
Hammer-Purgstall, Joseph Frhr. von 109
Hammer-Verlag, Leipzig 195
Handke, Peter 120f.
Hannemann, Kurt 237
Hanseatische Verlagsanstalt 224
Hapke, Thomas 268
Hardekopf., Ferdinand 292
Harris, Michael 69
Hart, Julius 159
Hartknoch, Johann Friedrich 22, 77, 134
Hartmann, Carl Johann Gottfried 22
Hartmann, Eduard von 160f.
Hartmann, Georg 321
Hartmann, Karl Julius 251
Hartmann, Richard 256
Hartmann, Walter 19
Hartmann, Walter Georg 205
Hartung, Wilhelm 191
Haslinger's Buchhandlung 356
Hauck, Ernst 182, 196
Haude & Spener 92
Hauer, Jakob Wilhelm 192

Hauff, Bruno 145f.
Hauptmann, Gerhart 200
Hauser, Heinrich 204, 293
Hausmann, Manfred 205
Hauswedell, Ernst 373
Havighurst, R.J. 244f.
Hay, Gerhard 301
Heckenast, Gustav 103-121
Heckenast Risa 114
Hederich, Karl-Heinz 275
Hegel, Georg Wilhelm Friedrich 161
Hegenbarth, Josef 316, 324, 328
Hegner, Jacob 201
Heiber, Helmut 265, 267
Heidegger, Martin 74, 165, 318
Heine, Heinrich 91
Heinsius, Wilhelm 70, 73ff.
Heisenberg, Werner 246, 248, 250, 253, 255, 258
Hemingway, Ernest 289ff., 300, 302, 303
Henry, J. 166
Hentschel, Willibald 181, 190
Herder, Johann Gottfried 72, 118
Herrmann sen., Emil 347
Hertel, Karin 88, 91
Herzfelde, Wieland 298
Herzog, Erich 353
Hesekiel, Fürchtegott 285
Heske, Henning 280
Hesse, Hermann 289, 303f.
Hettner, Otto 326
Heuschele, Otto 204f.
Heyck, Eduard 90
Heym, Georg 319
Heyne, Christian Gottlob 5, 13, 25
Heynold, Kurt 130ff.
Heyse, Paul 134
Hieronimus, Ekkehard 182, 194
Hilbert, David 235
Hiller, Helmut 142
Hiller, Kurt 283
Himmler, Heinrich 188
Hinkel, Hans 212, 227
Hirschwald, August 140
Hirschwald'sche Buchhandlung 140, 144, 148, 151, 153, 155f.
Hirt, Karl Emerich 229f.
Hirzel, Karl 96

Hirzel, Salomon 96
Hirzel, S. (Verlag) 266, 276
Hitler, Adolf 169, 182, 246, 251, 254, 257, 273f., 275, 286
Hölderlin, Friedrich 331
Hölscher, F. 354
Hoetzsch, Otto 267
Hövel, Paul 148, 239, 247, 263, 277
Hoffer, Hugo 362
Hoffmann, Felix 325
Hoffmann, Fritz Hugo 186
Hoffmann, Dieter 246
Hofmannsthal, Hugo von 103, 121, 200, 202ff.
Hogarth, William 76
Hohlbaum, Robert 203
Hohlfeld, Johannes 149
Holzbrinck, Georg von 370
Homan, Balint 249
Honeit, Maria 292
Honig, Richard 241
Honour, Hugh 35f.
Hopp, Ernst Otto 135
Horch, Franz 231
Horkheimer, Max 165
Hormayr, Joseph Frhr. von 109
Horn, Gustav 355
Horodisch, Abraham 320
Horschitz, Annemarie 291
Huber-Frauenfeld 146
Huber, Michael 12f.
Huch, Ricarda 200
Huch, Rudolf 199f.
Huder, Walter 273
Hübel & Denck 350
Hueber, Max 355
Hülsen, Hans von 199
Hüttner, Johann Christian 78
Hufeland, Christoph Wilhelm 141
Humblot, Peter 80
Humboldt, Wilhelm von 113
Hunkel, Ernst 190f.
Hunkel, Margart 191
Hupel, August Wilhelm 14
Husserl, Edmund 165f., 171
Hutten, Ulrich von 21, 92
Hutter, Elias 74
Huxley, Aldous 289

Idenburg, P. J. 251
Iffland, August Wilhelm 2
I. G. Farben 257
Ihde, Wilhelm 271
Imhoff 39f.
Ingarden, Roman 166
Insel-Verlag 203, 322, 369f., 373
Internationaler Psychoanalytischer Verlag 264f.

Jacob, Heinrich Eduard 218
Jacoby, Robert 355
Jäger, Georg 122ff., 127, 133, 137
Jaloux, Edmond 199, 204
James, William 161
Jantsch-Streerbach, Albert von 224f.
Jasper, Christian 125
Jasper, Christoph 125
Jasper, Friedrich 125
Jaspers, Karl 372
Jean Paul 19f., 86, 89, 92
Jefcoate, Graham 65, 70, 75, 77
Jelačić, Josef 111
Jelusich, Mirko 227
Jenisch, Erich 86
Jensen, Inge 15
Johnson, Friedrich 372
Johst, Hanns 212
Joliot-Curie, Frédéric 252
Jósika, Miklós Baron 108
Jünger, Ernst 183
Juncker, Axel 371
Jung, Bernhard 358
Jung, Carl Gustav 276f.
Jungborn-Verlag 190f.
Junghans-Verlag 172
Jungk, Peter Stephan 220, 304
Jung-Stilling, Johann Heinrich 103
Jussow, Heinrich Christoph 48
Justi, Carl 17
Jux, Hubert 264

Kabitzsch Verlag, Curt 193, 195
Kaegbein, Paul 5f.
Kähler, Ludwig August 19
Kästner, Erhart 318, 319ff., 325
Kästner, Erich 286, 292f., 296, 303f.
Kästner, Herbert 373

Kafka, Rudolf 358
Kahn, David 257
Kahnweiler, Daniel-Henry 322
Kaindl, Olga 207
Kaldewey, Gunnar A. 373
Kallmeyer, Georg 179
Kalthoff., Albert 158, 164
Kant, Immanuel 37, 72, 126
Kantorowicz, Gertrud 171 f.
Kapp, Friedrich 337
Karger, Samuel 147
Kassner, Rudolf 164, 175
Kater, Michael H. 186, 189
Katz, David 272
Katzer, Ernst 190
Kausche, Martin und Eva 293
Kaven, Otto 362
Kayser Verlag, Christian 189
Kayser, Christian Gottlob 87
Keil, Ernst 135
Kell, Lebrecht 44
Keller, Gottfried 103, 198
Keller, Thomas 116
Keller, Werner 235
Kellermann, Hans 195
Kempf., C. 144
Kenstler, Georg August 186
Kerkhof, Karl 234, 236 ff., 247
Kerlen, Dietrich 90
Kessler, Harry Graf 318 f.
Kesten, Hermann 186
Keyserling, Hermann Graf von 166
Kiaulehn, Walther 282, 284 ff., 291 ff.
Kiepenheuer & Witsch 201
Kiepert, Robert 354
Kilpper, Gustav 286
Kindermann, Heinz 205
Kindervater, Christian Viktor 3
Kindt, Werner 183, 192
Kippenberg, Anton 202 f., 311
Kircher, Erich 161
Kirchhoff, Albrecht 336
Kirchner, Ernst Ludwig 321
Kirsch, Franz 135
Klabund 198
Klages, Ludwig 192
Klare, Kurt 264 f.
Klatt, Fritz 185

Klauss, Adolf 347
Klein-Verlag, Adolf 191
Kleinböhl, Philipp 348
Kleist, Franz von 53
Kleist, Heinrich von 89, 92, 313
Klessmann, Christoph 267
Kleukens, Christian Heinrich 371
Kleukens, Friedrich Wilhelm 371
Klinger, Friedrich August Wilhelm 5
Klinger, Friedrich Maximilian 11, 77
Klinkhardt, Julius 347
Klopstock, Friedrich Gottlieb 2, 6, 8, 20 f., 23, 25, 27 ff., 41, 46
Klopstock, Margareta 20
Kluckhohn, Paul 272, 276, 280
Knapp, Hermann 151
Knebel, Karl Ludwig von 28
Knigge, Adolf Franz Friedrich Frhr. von 76
Knight 48
Knoke, Heinz 294
Koch, André 200
Koch, Franz 276
Koch, Hans Albrecht 199 f., 202, 204
Koch, Robert 141
Koehler, Ernst 361
Koehler Verlag, K. F. 195, 364
Koehler & Volckmar 258, 338
Kölcsey, Ferenc 109
König, Karl 161, 164 f.
Koenitzer, C. 361
Körner, Otto 152
Köster, Hans 338 f., 340
Köster, Hans-Curt 337, 340 f.
Köster, Karl 342, 360
Koestler, Arthur 289
Kohlhammer Verlag 276
Kohn-Abrest, F. 126
Kokoschka, Oskar 328
Kolb, Annette 201
Kommender Tag Verlag 189
Konrad, Karl 183
Kopernikus, Nikolaus 255
Kopp, Hans 192
Koppitz, Hans-Joachim 74
Kornfeld, Heinrich 144
Korshin, Paul J. 66
Kortner, Martina 284 f.
Kosegarten, Gotthold Ludwig Theobul 125

Kossina, Gustav 193
Kossuth, Lajos 108, 111
Kotas, Walter Hjalmar 224, 226
Kottje, Leonore und Friedrich 172 f.
Kotzde-Kottenrodt, Wilhelm 183
Kotzebue, August von 64 f., 75, 78
Koyré, Alexandre 165
Kramer, Henriette 100
Kratzsch, Gerhard 196
Krause, Gustav 358
Krause, John A. 292
Krause & Baumann 348
Krauss, Ernst 186
Kreidel, Christian W. 150 ff.
Kreitz, Werner 183
Kreuder, Ernst 293
Krieg, Walter 79
Krieger'sche Buchhandlung, J. C. 144
Kriele, Petersburg 77
Kröner, Gebr. 130
Krünitz, Johann Georg 40
Krüss, Hugo Andres 246
Krupp, Friedr. 236, 257
Kubin, Alfred 324
Kuby, Erich 290
Kügler, Rudolf 328
Kürschner, Joseph 126
Kugler, Franz 316
Kuh, Emil 107
Kuhn, Dorothea 64, 90 f.
Kummer, Bernhard 191
Kummer, Paul Gotthelf 6, 17, 26
Kusenberg, Kurt 288

La Farge, Oliver 293
Lagarde, Paul de 184
Lampe, Jörg 183
Landau, Fritz 242
Landgrebe, Erich 224
Landmann, Michael 171
Landsberger, Franz 34
Landwirtschaftliche Druckerei und Verlagsanstalt 294
Lange, Allert de 207
Lange, Horst 305
Lange & Springer 148, 258
Langen Verlag, Albert 159
Langenbucher, Hellmuth 217

Langewiesche, Karl Robert 338 ff., 342, 353 f.
Langewiesche, Karl Robert Nachf. (Verlag) 336-368
Langewiesche, Stefanie 340
Langewiesche, Wilhelm 338, 342
Langewiesche-Brandt KG. 341 f., 366
Langhoff., Johann Georg 43
Lankheit, Klaus 48
Laqueur, Walter 179, 236
Laske, Gotthard 316, 324
Lasson, Adolf 171
Last, Albert 124 ff., 127, 133 f., 137 f.
Last, Elisa 125 f., 129
Latham, John 67
Laube, Heinrich 110
Laube, Oskar, Verlag 195
Laub'sche Verlagsbuchhandlung, E. 189
Laue, Max von 265
Laue, Willy 360
Lauterborn, Fritz 358
Lauterer, Ernst 184
Lavater, Johann Kaspar 76
Leber, Hermann R. 224 f., 227
Ledig-Rowohlt, Heinrich Maria 283, 285 ff., 290 f., 303
Lehmann, Julius Friedrich 146 f.
Lehmanns Verlag, J. F. 146, 153, 156, 178, 189, 193
Lehmkuhl, F. 360
Leisner, Gustav 184
Lenz, Wilhelm 4, 13 f.
Lenz, Hermann 121
Leonhard, Joachim-Felix 372
Leopold Friedrich Franz von Anhalt-Dessau 17
Lerch, Eugen 174 f.
Less, Gottfried 72
Lessing, Gotthold Ephraim 21, 72
Letsch-Verlag, Ernst 195
Leubuscher, Rudolf 141
Levi-Civita, Tullio 243
Lewis, Sinclair 289, 292, 303
Leyden, Ernst Victor von 151
Leyh, Georg 261 f.
Lhotzky, Heinrich 353, 357
Lichtenberg, Georg Christoph 76, 103
Lichtkampf-Verlag 184 f.
Liebermann, Max 311, 325

Liebig, Justus von 152
Lietzau, Hans 202
Lindau, Paul 132, 136
Lindermann, F. A. 241
Linklater, Eric 297
Linse, Ulrich 180, 183f., 190
List, Guido von 184
List, Rudolf 227
List Verlag, Paul 212
Löbeneck, Hermann von 19
Logan, Johann Zacharias 77
Lohrer, Liselotte 90ff.
Loisy, Alfred 163
Londenberg, Kurt 370
London, Jack 293
Lorenz, Erich 264
Lothar, Ernst 217
Lotte, Joseph 163
Lucas, Ernst Herbert 293
Ludendorff, Erich und Mathilde 192, 196
Ludendorff-Volkswarte-Verlag 192
Ludwig, Emil 211, 222
Ludwig, Nadeshda 294
Lüdtke, Gerhard 147
Lukács, Georg von 165
Luther, Martin 21
Lutzhöft, Hans-Jürgen 189

Maass, Willy 205
Macrakis, Christie 237f., 245
Maeterlinck, Maurice 159ff.
Magd, Veza 294
Magnus, Erwin 293
Mailáth, Johann Graf 109
Maillol, Aristide 318f.
Mann, Heinrich 211, 222
Mann, Klaus 205
Mann, Thomas 103, 121, 200, 240, 289f., 303f., 314
Marcks, Gerhard 328
Marek, Kurt W. 283f., 291f.
Maril, Konrad 202f.
Marinetti, Emilio Filippo Tommaso 329
Martini, Karl Friedrich 4, 7f., 11, 29
Martino, Alberto 122ff., 127, 132ff., 137
Martyni-Laguna, Alois s. Martini, Karl Friedrich
Masereel, Frans 291, 324

Mason, Max 238, 245
Matthes, Erich 179, 180ff., 195
Maudrich, Wilhelm 357
Mauke Söhne, W. 359
Maupassant, Guy de 201, 205
Maupertuis, Moreau de 74
Maurenbrecher, Max 188
Maussner, Karl 364
Mauthner, Ludwig 151
Maxted, Ian 67
Maxwell, Robert 239
Mayer, Gustav 108
Mayer, Paul 285f.
McLean, Ruari 369
Mechel, Christian von 64
Mehl, Ernst 237
Mehrtens, Herbert 266, 270
Meinecke, Friedrich 265
Meiner, Arthur 153
Meister Eckehart 158, 171
Meitner, Lise 240
Melanchthon, Philipp 21
Mell, Max 203
Melville, Herman 328
Mendelssohn, Moses 72
Menghin, Oswald 224
Mengs, Raphael 10
Menz, Gerhard 271
Menzel, Adolph von 313, 315f.
Menzel, Eberhard 183
Merz, Georg 189
Metternich, Klemens Fürst von 105, 108
Metzler, Franz G. 353
Metzler Verlag, J. B. 76, 279
Meyer, F. Hermann 336, 371
Meyer, Horst 337
Meyer, Rudolf W. 166
Meyerhoff, Julius 366
Meyer-Nelthropp 300
Mikhailov, A. I. 235
Miller, Norbert 48
Mimir-Verlag 184, 186
Minder, Robert 199
Miró, Joan 319
Mises, Richard von 266
Mitterwurzer, Friedrich 125
Mittler & Sohn, E. S. 140
M. Müller & Söhne 348

Moberg, Vilhelm 226
Mörschner, C. F. 108
Möser, Justus 68
Moeser Buchhandlung, W. 271
Mogge, Winfried 179
Mohler, Armin 183, 191, 195
Mohn, F. 53
Mohr, J. C. B. 86, 280
Molière 130
Molina, Tirso de 202
Mollier, Siegfried 156
Molls, Eduard und Johanna 357
Molls, W. H. 357
Molo, Walter von 212 ff., 216
Monnier, Thyde 290 ff., 293, 300, 302
Montanus, Hermann 353
Montherlant, Henry de 199, 201
Montigny, René 199
Moos, Salomon 151
Moreau, Clément 292
Moreau, Jean-Michel gen. le jeune 323
Morgenstern, Karl Simon 1-32
Morison, Stanley 45
Morris, William 317
Mosengeil, Friedrich 20
Moser, Ulrich 366
Mosse, George L. 181
Mudie, Charles Edward 125
Mühr, Michael 292
Müller, Alfred 188
Müller, Friedrich 152
Müller, Gerhard Friedrich 77
Müller, Johannes 141
Müller, Johannes von 15, 21 ff., 29
Müller, Johann Gottwerth 76
Müller, Karl Alexander von 275
Müller, Reinhard 361
Müller & Söhne, M. 348
Müllern, M. 355
Muhr, Adelbert 205
Murger, Henri 200, 205
Musset, Alfred de 205
Mussgnug, Dorothee 273
Myers, Robin 69

Nadler, Joseph 279
Nankos, Ulrich 192
Napiersky, Karl Eduard 14

Napoléon I. 88, 92
Naumann, Friedrich 359
Nay, Ernst Wilhelm 321
Needham, Joseph 270
Nekrassow, Viktor 294
Nemnich, Philipp Andreas 64 ff., 68, 71 f., 78
Neubeck, Valerius Wilhelm 6, 47
Neuer Verlag Deutsche Zukunft 191
Neugebauer, Otto 243, 266, 270
Neuland-Haus 196
Neuland-Verlag G. Koehler 190
Neuland-Verlag Guida Diehl 190
Neumann, Janos (John) von 238, 242
Neumann, Paul 220
Neumann, Robert 231
Nibelungen-Verlag 192
Nick, Ingeborg 301
Nicolai, Friedrich 68, 83
Nicolaische Buchhandlung s. Borstell & Reimarus
Nicolovius, Königsberg 43
Niderlechner, Max 140, 148, 360, 374
Niebuhr, Carsten 74, 77
Niedlich, Joachim Kurd 190
Niemeyer Nachf., G. W. 359
Niemeyer Verlag, Max 280
Nietzsche, Friedrich 103, 111
Noblett, William 67, 70
Nohl, Herman 160
Novalis 89

Obst, Edmund, Leipzig 349
Oldenbourg Verlag, R. 275
Ollé-Laprune, Léon 163
Oncken, Gerhard 359
Opitz, Martin 115
Oppeln-Bromkowski, Friedrich von 159
Orrell Füssli Verlag 146
Ortner, Hermann Heinz 224
Osterkamp, Ernst 12
Osteuropa-Verlag 235, 267
Oudry, Jean-Baptiste 323

Paetel, Karl O. 183
Pagenstecher, Alexander 151
Pallas, Peter Simon 77
Palm, Joh. 355
Palm & Enke 142

Panofsky, Erwin 238, 240
Paoli, Betty 109
Parrot, Georg Friedrich 5
Pater, Walter 201
Patkiewicz, M. 360
Pauli, Hans 146
Peep, Laine 2, 5f.
Peierls, Rudolf 240
Penzoldt, Ernst 204, 329
Peppmüller, Robert 357
Pergler, Robert 355
Perthes, Friedrich Christoph 43, 84f., 87
Perutz, Leo 223
Peschkau, Emil 135
Peter, Carl 191
Petersen, Julius 279
Petrarca 23
Petzold, Alfons 203
Peuser, Jacobo 358
Pevsner, Nikolaus 48
Pfaundler, Meinrad von 149
Philippi, Klaus-Peter 180
Philips, N. V. Gloeilampenfabricken 252
Picasso, Pablo 319ff.
Pindar 23
Pingel, Willy 370f., 373
Pirckheimer, Willibald 114
Pius X. 163
Plancherel-Walter, Roswitha 173f.
Planck, Max 234, 237
Pleister, Werner 68
Plievier, Theodor 300, 302, 305
Plümacher, Eckhard 93
Pöggeler, Otto 166
Polak, Hans W. 223f.
Pongs, Hermann 279f.
Potyka, Berta und Marie 143
Prässler, Oskar 349
Preciosci 253
Predeek, Albert 257
Preetorius, Emil 293f., 315f., 322, 327
Prestel-Verlag 322
Prévost, Antoine-François, Abbé 202
Priestley, John Boynton 289
Prillwitz, Johann Carl Ludwig 3, 8, 10, 46f.
Prinz, August 371
Probst, Friedrich 154
Prochaska, Carl 143

Proctor, Robert 265
Puttkammer & Mühlbrecht 359

Quadflieg, Roswitha 325f.
Quehl, Friedrich 177
Quelle & Meyer 272
Querido-Verlag 292
Quisling, Vidkun 253

Raabe, Paul 2
Raabe, Wilhelm 126, 200
Raamin-Presse 325
Rade, Martin 161
Rahning Buchhandlung, Gebr. 360
Rainalter, Erwin 217, 222, 224, 227
Rambour, Heinz 369
Ramler, Karl Wilhelm 40, 46
Rascher & Co. 292
Raspe, Rudolf Erich 72, 76
Rauch Verlag, Karl 178f., 181, 193, 196, 292
Rawlings, Marjorie Kinnan 292
Realschulbuchhandlung 88
Rebhuhn, Werner 292
Recke, Johann Friedrich von 4, 14
Reclam, Ernst 198, 202ff.
Reclam, Hans Emil 198
Reclam, Hans Heinrich 198
Reclam, Philipp 108
Reclam jun. Verlag, Philipp 108, 130, 198-206, 361
Reger, Erik 283, 289
Rehm, Walther 13, 17
Reich, Philipp Erasmus 44, 90
Reichart, Hans 186
Reichel, Hellmut 132
Reid, Constance 235, 239, 241, 243
Reihe, Hans 337
Reimann, Hans 182
Reimer, Georg Andreas 88-102, 141, 144, 148
Reimer, Georg Ernst 141
Reinecke, Adolf 195
Reiner, Imre 325, 328
Reinhart, Christian 26
Reissner, Carl 128, 132, 135
Reitz & Koehler 361
Remnant, James 64-78
Remnant, William 66, 69f., 78
Renner, Gerhard 218

Renouard 49
Repton, Humphrey 38
Requadt, Paul 112
Reuter, Otto Sigfrid 191
Reves, Emery 283
Richards, Pamela Spence 256
Richter & Kappler 129, 136
Richter, Ludwig 313
Richter Nachf., Arthur 364
Rickert, Heinrich 175
Riedel, Ulrich 90
Riedmann, Karl 364
Riegel, Hermann 90
Rilke, Rainer Maria 204, 371
Ritter GmbH, Carl 155
Ritterbusch, Paul 250
Robert, Karl 342
Rockefeller-Stiftung 237f., 245
Roda Roda, Alexander 215, 231
Rodenberg, Julius 314f.
Rodewald, Otto 292
Röder, Max 364, 366
Röth, Dieter 182
Röth, Erich 179, 182ff., 186, 192, 196
Röttger, Karl 212
Rohrbach, Paul 342, 357
Rohse, Otto 318, 324f., 327f.
Rolland, Romain 289, 303
Roller, Theodor 141
Romains, Jules 289
Rosegger, Peter 103, 107, 125
Rosei, Peter 121
Rosenberg, Alfred 253, 255, 276
Rosenstrauch, Hazel 1
Roth, Alfred 194
Roth, Joseph 186
Rothacker, Erich 272, 276, 280
Rothacker, Oskar (Tokyo) 144, 239
Rousseau, Jean-Jacques 169
Rowohlt, Ernst 283, 285f., 295
Rowohlt Verlag 282-306
Rudek, Valeska 122
Ruder, Emil 370
Rüger, Johannes 371
Ruhe, Algot 168
Rumohr, Carl-Friedrich von 200
Runge, Philipp Otto 90, 328
Ruske, Walter 265, 267

Ruskin, John 312
Rust, Bernhard 251

Saal, Adolf 179
Saar, Ferdinand von 125
Sabartés, Jaime 320
Sachslehner, Johannes 227
Sachsperger 7, 356
Säuberlich, Kurt 366
Saint-Exupéry, Antoine de 292
Salamon 108
Salle, Otto, Frankfurt a. M. 244
Sallet, F. von 200
Sallmayer'sche Buchhandlung 360
Salmon, André 320
Salten, Felix 218, 223
Salzer, Eugen 359
Samuel, Richard 1
Samwer, Karl 154
Sander, Ernst 198-206, 291
Sander, Johann Daniel (Verlagsbuchhändler) 40, 43, 46
Sandner, Gerhard 274f., 278
Saphir, Moritz Gottlieb 109f.
Saphir, Sigmund 109
Sarkowski, Heinz 45, 79, 148, 178, 336f.
Sartre, Jean-Paul 289
Schacht, Hjalmar 283
Schäfer, Wilhelm 193, 198
Schäffle, Albert 90
Schaffner, Jakob 212, 214, 224, 227
Schalit, Leon 218
Schall & Grund 139
Scharl, Franz 130
Schatzki, Walter 196
Schaub, Irma 201
Schauer, Georg Kurt 34, 38, 45, 47, 50f., 327
Schaumann, Ruth 205
Schaxel, Julius 241
Scheerer, Eckart 272
Scheffel, Richard 357
Scheffel, Victor 131
Scheffer, Theodor 190
Scheibe, Wolfgang 185
Scheibelreiter, Ernst 205
Scheler, Max 160f., 165, 169, 171
Schelle, Hansjörg 1
Schelling, Friedrich Wilhelm Joseph von 161

Schemann, Ludwig 181
Schetter, Th. 355
Scheuchzer, Johann Jakob 74
Scheufelen, Oberlenningen 349
Schiller, Friedrich von 15, 19, 23, 35, 37, 41, 44, 51, 53, 89f., 106f., 114
Schiller, Herbert 90, 95
Schirmer, Karl 357
Schirmer & Mahlau 348
Schlabbrendorf 17
Schlegel, August Wilhelm 23, 86, 89
Schlegel, Friedrich 89, 92
Schleier, Hans 265
Schleiermacher, Friedrich 93, 102
Schlichter, Rudolf 292f.
Schlözer, August Ludwig von 77
Schlosser, Anton 103, 107
Schlossmann, Arthur 149
Schmaus, Hans 152
Schmidt, Arno 121
Schmidt, Georg 355
Schmidt, Rudolf 17, 22, 107
Schmidt (Leihbuchhändler, Leipzig) 127
Schmitt, Eugen H. 158
Schnabel, Ernst 293
Schneck, Peter 141
Schneider, Heinrich 353
Schnitzler, Johann 143
Schnoor'sche Buchdruckerei 44
Schöll, Friedrich 184, 186
Schönert, C., Leipzig 348
Schönert, Jörg 123
Schönherr, Karl 203
Scholochow, Michail Alexandrowitsch 289
Schopenhauer, Arthur 126, 160
Schorer, J. H., Verlag 129, 134f.
Schrader, Ernst 359
Schrage, Gustav 355
Schreiner, I. H. C. 44
Schreyvogl, Friedrich 220, 222, 224
Schrieber, Karl-Friedrich 275
Schröder, Hans Eggert 192
Schroeder, Max 292, 294
Schröder, Rudolf Alexander 203
Schröder Verlag, Marion von 291ff.
Schrödinger, Erwin 242, 258
Schröter, J. S. 72
Schüddekopf., Jürgen 291f.

Schünemann, Toni 360
Schütte, Carl 355
Schütz, Christian Gottfried 7f.
Schulz, Friedrich 92
Schulz, Gerd 336, 337f., 340
Schulz, Günther T. 291
Schulz, Hans Ferdinand 143
Schulze-Dierks, Marga 293
Schuster, Gerhard 203
Schutting, Jutta 121
Schwalbach, Jakob L. 360
Schwan, Christian Friedrich 76
Schwaner, Wilhelm 196
Schwarz, C. 348
Schwarzenberg, Felix Fürst zu 111
Schwarzenberg, Eugen 143
Schweinfurter Druckerei und Verlagsanstalt 293
Schweizer, Gerhard 177
Schweizerisches Vereinssortiment 352
Sedlmayr, Hans 34
Seemann, Arthur 362
Seemann, E. A., Verlagsbuchhandlung 146, 150
Seghers, Anna 282, 292
Seidlitz, Julius 110
Seifert, Otto 152
Selbmann, Rolf 11
Selge, Martin 112
Senff, Karl von 10
Senninger, J. 356
Settemeyer, Wilhelm 361
Seume, Johann Gottfried 17, 25, 27
Seuse, Heinrich 158
Seyfahrt, Carly 149
Seyfarth'sche Buchhandlung, Joh. 356
Seyss-Inquart, Arthur 250
Shakespeare, William 23
Shaw, Bernhard 289
Sheridan, Richard Brinsley 64, 75
Sibyllenverlag 193
Sichowsky, Richard von 324ff., 330
Sickler, Friedrich Karl Ludwig 26
Sidow, Max 205
Siebeck s. Mohr, J. C. B.
Siebenhaar, Klaus 273
Siegfried-Verlag 184
Siegismund, Karl 362, 364

Siegmund-Schultze, Reinhard 234, 237, 239, 247, 251, 265, 270
Sieler & Vogel 349
Silesius, Angelus 158
Silone, Ignazio 289, 292
Simmel, Georg 166f., 171f.
Simmel, Hans 167, 171
Simon, Oliver 369
Simonow, Konstantin Michajlowitsch 289
Sinclair, Upton 289
Skroch, Irmgard 105, 111
Smith, James Edward 67
Soenke, Jürgen 275
Sosnosky, Theodor von 134
Spamer'sche Buchdruckerei 348, 350
Spatz, Bernhard 146
Spielhagen, Friedrich 128, 133f.
Spindler Verlag, Lorenz 195
Springer, Brunold 189
Springer, Ferdinand d.J. 149, 153, 155, 238, 243f., 247, 262, 372
Springer, Julius d.J. 148
Springer, Konrad F. 372
Springer-Verlag 79, 148f., 150-157, 238f., 243f., 247, 262, 265f., 268, 270, 272, 275, 371ff.
Spunda, Franz 224
Staackmann Verlag 219, 222f.
Stackelberg, Jürgen von 199
Stadion 109
Staehle & Friedel 348
Staehr, Christian 145, 265
Stahl, Friedrich 362
Stammler, Georg 182, 186
Stark, Gary D. 193
Stark, Johannes 237, 247, 265
Starnes, Thomas C. 5, 24
Staub, Hermann 122, 179
Stauss, Emil Georg von 249
Stechert, F.C. 361
Steegemann, Paul 182
Steenbergen, Albert 161, 163, 167, 169f.
Steinbeck, John 293
Steinberg Verlag 293
Steiner, Rudolf 189
Steiner'sche Buchhandlung, Winterthur 76
Steinicke, C. 360
Steinicke, Georg C. 360

Steinkopff, Dietrich 146
Steinkopff, Theodor 146
Stelzhamer, Franz 109
Stern, Leo 237
Stern, William 272
Stettner, Johannes 354
Steyrermühl Papierfabriks- und Verlagsgesellschaft 135
Stifter, Adalbert 103-121
Stifter, Amalia 106, 117
Stocker, Leopold 195
Stoeckel, Walter 152
Stöhr, Philipp 243
Stomps, V.O. 330
Storm, Johannes 357
Stosch, Philipp Baron von 17
Strauß und Torney, Lulu von 293
Strecker & Schröder 195
Streisand, Joachim 265
Streitfeld, Erwin 117
Stresow, Gustav 322
Strindberg, August 305
Strobl, Karl Hans 203, 224, 231
Strothmann, Dietrich 273
Strümpell, Adolf 149
Strünckmann, Karl 183, 186, 189
Stucken, Eduard 212, 216f.
Stürtz, Heinrich 152f.
Stürtz, L. 152
Stürtz Universitätsdruckerei, H. 152ff.
Stuhr & Behr 357
Stuppäck, Hermann 224
Süskind, Wilhelm Emanuel 205
Süss, Wilhelm 4, 11, 13f., 16, 24, 28f.
Süsserott, Wilhelm 355
Suhrkamp Verlag 295f.
Sulzer, Johann Georg 72
Susman, Margarete 172
Sutter, Berthold 357
Świerk, Alfred G. 138
Széchényi, Stefan 108
Szilard, Leo 240, 242

Täubert, Klaus 200, 204
Tal & Co., E.P. 207, 231
Tanzmann, Bruno 184ff.
Tanzmann, Edwin 186
Tarnhari s. Lauterer, Ernst

Tasso, Torquato 53
Tauchnitz 85
Tauler, Johannes 158
Techow, Hans-Gerd 183
Teichmann, Hans 183
Teller, Eduard 240
Tenorth, Heinz-Elmar 178
Tepp, Max 185
Tesche, Walter 109
Teubner, B.G., Leipzig 244, 278
Tgahrt, Reinhard 179, 279
Thaer, Albrecht Daniel 81
Theinsche Druckerei 152
Thelemann, Erich 360
Thiele, Erich 356
Thielens, Herbert von 335
Thieme, Georg, Leipzig 143 ff., 153
Thienemann, E. F. 150
Thiess, Frank 217
Thomann, Klaus Dieter 146
Thomas Verlag, Theodor 195
Thost, Willy 181 f.
Thraemer, E. 4
Thümmel, Moritz August von 25
Thurneysen, Eduard 189
Thurneysen, Johann Jakob 76
Tieck, Ludwig 89, 92
Tiedemann, Heinrich 361
Tiemann, Hermann 20
Tiemann, Walter 198
Tiessen, Wolfgang 321, 328
Tisserand, Pierre 174
Titze, Adolf 130
Toepffer, Rodolphe 285
Toeplitz, Otto 266
Tolstoi, Alexei 289
Tolstoi, Leo 126, 158
Traub, Gottfried 164, 188, 190
Trewendt's Nachf., Eduard 355
Triepel, Hermann 157
Tröger, Jörg 240, 259
Troeltsch, Ernst 188
Trott, Heinrich von 292
Trowitzsch & Sohn 355
Trübner, Karl J. 148
Tschichold, Jan 316, 321, 323, 325 f., 330
Tucholsky, Kurt 289, 291, 298, 301
Tukhachevsky, Michail Nikolaevič 236

Tulpanov, Sergej J. 288
Turmhaus Druckerei 293
Tzschautzsch, Adolf 362

Uhland, Ludwig 89
Ulbricht, Justus H. 180
Ullrich, Johannes 190
Ullstein, Verlag 360
Umlauff, Ernst 284, 286, 288, 290
Unger, Johann Friedrich 34, 38, 40, 43 ff., 49 ff.
Ungern-Sternberg, Wolfgang von 1, 122
Unseld, Siegfried 285
Urban, Ernst 143
Urban & Schwarzenberg 143 f., 153
Urbanitzky, Grete von 218, 220, 224, 228
Urquell-Verlag 179, 182, 186, 196
Uth, Illa 356

Varnhagen von Ense, Karl August 92
Vay, Konrad D. 360
VEB Georg Thieme 145
Veit, Johann 152
Veit, Moritz 141 f.
Veit & Comp. 141, 148
Vekene, Albert van der 366
Verlag Chemie 262
Verlag Die Arche 173
Verlag der Baensch-Stiftung 267
Verlag »Der Eiserne Hammer« 340, 345 f., 351
Verlag der Mitteldeutschen Rundschau 195
Verlag Deutschordensland 195
Verlag Deutsche Botschaft 184 f.
Verlag Die Lese 355
Verlag Deutsche Kultur-Wacht 192
Verlag »Fortschritt« 359
Verlag Germanische Welt 193
Verlag Gesundes Leben 195
Verlag Hohe Warte 192
Verlag Neue Generation 189
Verlagshaus für deutsche Art 184
Verlag und Buchhaus für deutsche Art 186
Verlaine, Paul 318
Vesper, Will 224, 226 f., 276
Vibert 46
Viebig, Clara 198
Viehöfer, Erich 179
Vieweg, Friedrich 86
Vieweg & Sohn, Friedr. 43, 51, 84

Virchow, Rudolf 141f., 151
Vötterle, Karl 179
Vogel, F. C. W., Leipzig 148f., 153, 155
Voggenreiter, Ludwig 179
Vogler, Friedrich 359
Voigtländer Verlag, R. 195
Volckmar, F., Kommissionsgeschäft 258, 338, 344, 351f., 357, 367
Volke, Werner 341
Volkmann, Hans Erich 263
Volkmann, Ludwig 358
Volkswarte-Verlag 192
Vollard, Ambroise 320, 322
Vollrath Hoffmann, Karl Friedrich 97
Voltaire 76, 205
Vondung, Klaus 185, 187
Voß, Georg, Leipzig 21
Voss, Johann Heinrich 73
Voss, Leopold, Leipzig 141
Vosskamp, Wilhelm 280
Vring, Georg von der 205
Vucinich, Alexander 235

Wache, Karl 224
Waechter, Oscar 117
Waflard, Pierre-Louis 46
Wagner, Ernst 19f.
Wagner, Franz, Kommissionsbuchhandlung 356
Wagner'sche Druckerei 74
Waiblinger, Wilhelm 97
Walbaum, Justus Erich 47
Waldbauersche Buchhandlung, M. 356
Walpole, Horace 48
Walter, E. G. s. Schulz, Gerd
Walther'sche Hofbuchhandlung 74, 76
Warburg, Aby 240f.
Warkentien, Georg 357
Wassermann, Jakob 199, 201, 289f., 303
Watteau, Jean-Antoine 323
Weber, Friedrich Benedikt 79, 80, 83ff.
Weber, Hans von 363
Wedgwood, Josiah 45
Wegeler, Cornelia 241
Weicher, Theodor 193, 195
Weidmanns Erben & Reich 44
Weidmann'sche Buchhandlung 89f., 96
Weigelt, Kurt 249

Weingärtner, Marianne 293
Weinheber, Josef 226
Weisenborn, Günther 289, 292
Weiss, Ernst Rudolf 198f., 327
Weiß, Wisso 39
Weisse, Christian Felix 72
Weisse Ritter Verlag 179
Weisskopf, Victor 240
Weitsch, Eduard 185
Wendrin, Franz von 193
Wenter, Josef 224
Werckshagen, Carl 199, 202
Werfel, Franz 208, 209f., 217, 219f., 222f., 303f.
Werkland-Verlag 186
Werkman, H. N. 331
Werneck-Brüggemann, Fritz 196
Wernecke, Hermann 354
Westermann, Georg 186
Westphal, Ulrich 360
Wette, Wilhelm Martin Leberecht de 93
Weygand'sche Verlagsbuchhandlung 73
Weyrauch, Erdmann 1f.
Weyrauch, Wolfgang 292
Wichtl, Friedrich 194
Widar-Verlag Guido Roeder 185
Widukind-Verlag Alexander Boß 192
Wiechert, Ernst 303f.
Wieland, Christoph Martin 1ff., 21, 23f., 29, 40ff., 46
Wieland, Hermann 193
Wigand, Ottilie 113
Wigand, Otto 107f.
Wigand, Otto (Verlagsbuchhandlung) 136
Wigner, Eugen 240
Wilde, Oscar 200, 205
Wilker, Karl 185
Willamowitz-Moellendorf, Ulrich von 175
Wille, Bruno 159
Wille, Hansjürgen 205
Wilpert, Gero von 130
Wilser, Ludwig 195
Winckelmann, Johann Joachim 10ff., 15ff., 22, 25, 35, 48
Windelband, Wilhelm 170
Windischgrätz, Alfred Fürst zu 105, 111
Wir-Verlag 186
Wittmann, Reinhard 123f., 133, 135, 279, 284, 287, 372

Wittram, Reinhard 5
Wöhlert, Ernst 200
Wölbing, F. A., Leipzig 349
Wohlwill, Joachim F. 272
Woitschach, Marcel 298
Wolf, A. 252, 254f.
Wolf, Friedrich August 3f., 7, 17, 29
Wolf, Gustav 129
Wolf, Johann Christoph 71
Wolfe, Thomas 289
Wolff, Günther, Plauen 179
Wolff, Kurt 222, 319, 370
Wolfhagen, G. 359
Wolter, Michael 88
Wolzogen, Hans von 190
Woolfe, Virginia 289
Wustmann, Gustav Moritz 336
Wyneken, Gustav 186

Young, E. J. 181

Zachäus, Herbert 293

Zängl (Buchdrucker), München 44
Zahn, Peter von 283
Zahn, Wilhelm 97
Zamarski, Ludwig Johann Carl 128, 134f.
Zapf, Hermann 33
Zebrowski, Bernhard 294
Zech, Paul 205
Zehm, Edith 122
Zehrer, Hans 283
Zehrfeldt, Otto 360
Zeman, Herbert 1
Ziegenhirt, Carl 356
Ziegler, Leopold 160f., 164
Zimmermann, Peter 177
Zöller, Udo 341
Zöllner, Nepomuk 156
Zola, Emile 202
Zschaetsch, Karl Georg 194
Zsolnay-Verlag, Paul 207-232
Zweig, Arnold 289
Zweig, Stefan 200, 202, 204f., 289
Zwei-Welten-Verlag W. Heimberg 195